Vorwärts –
und nicht vergessen

Herausgegeben von der
»Projektgruppe Arbeiterkultur Hamburg«
im Auftrag der
Kulturbehörde der Freien und Hansestadt Hamburg

zur Ausstellung
Vorwärts und nicht vergessen.
Arbeiterkultur in Hamburg um 1930
vom 1. Mai bis 30. September 1982

»Projektgruppe Arbeiterkultur Hamburg«
verantwortlich:
Roland Jaeger
Ursula Schneider
Maike Bruhns
Marina Schneede

Hans-Michael Bock
Michael Diers
Karen Hagemann
Agnes Handwerk
Werner Skrentny
Helga Stachow

Redaktion: Werner Skrentny
Fotodokumentation: Roland Jaeger
Beratung: Uwe M. Schneede
Gestaltung: Gisela Büchelmaier, Peter Wehr
Katalog-Produktion: Peter Wehr
Katalogtitel Foto: Erich Andres
Verlag Frölich und Kaufmann GmbH
Willdenowstraße 5, 1000 Berlin 65

Satz: Alfred Utesch GmbH, Hamburg
Druck: Benedict Press, 8711 Münsterschwarzach
Lithos: Bundschuh & Wehner, Würzburg
Auflage: 5000 Exemplare
Berlin (West) 1982
Printed in Germany
ISBN 3-88725-110-5

© Für den Gesamtkatalog bei der
»Projektgruppe Arbeiterkultur Hamburg«,
für Einzeltexte und -fotos bei den
Autoren, Archiven und Fotografen

Projektgruppe Arbeiterkultur Hamburg

Vorwärts-
und nicht vergessen

Arbeiterkultur
in Hamburg um 1930

Materialien
zur Geschichte der Weimarer Republik

Mit Beiträgen von

Hans-Michael Bock	Hermann Hipp
Jürgen Bönig	Roland Jaeger
Maike Bruhns	Axel Schildt
Michael Diers	Marina Schneede
Karen Hagemann	Ursula Schneider
Agnes Handwerk	Werner Skrentny
Helga Stachow	

Vorwärts - und nicht vergessen

Arbeiterkultur in Hamburg um 1930

Eine Ausstellung
der Kulturbehörde der
Freien und Hansestadt
Hamburg

1. Mai–30. September
1982

Geöffnet täglich
von 10–17 Uhr
Mittwoch 10–20 Uhr

Kampnagel-Fabrik
Jarrestraße 20–26
2 Hamburg 60

Verkehrsverbindungen: Bus 172 (Haltestelle Barmbeker Str.) aus Richtung Fuhlsbüttel/Mundsburg (U 2) und Ohlsdorf/Barmbek (S 1, U 2, U 3); Bus 106 (Haltestelle Gertigstr.) aus Richtung Mundsburg (U 2) und Wartenau (U 1); Bus 108 (Haltestelle Gertigstr.) aus Richtung Alsterdorf/Borgweg (U 3) und Hauptbahnhof. Parkplatz auf dem Ausstellungsgelände. Von der U-Bahn-Station Saarlandstraße ca. 10 Minuten Fußweg zur Ausstellung.

Ausstellungsbüro:
Jarrestraße 20–26
2 Hamburg 60
0 40/27 31 83

(Kontakt ab 15. 10. 1982:
Kulturbehörde, Tel. 040/2 91 88-27 24
oder 2 91 88-27 52).

Planung und Konzeption: Roland Jaeger, Ursula Schneider, Maike Bruhns, Marina Schneede

Bearbeitung: Hans-Michael Bock (Film), Maike Bruhns (Arbeitswelt, Arbeitslosigkeit, Jugend), Michael Diers (Theater), Karen Hagemann (Arbeitswelt, Frauen, Arbeiterwohlfahrt), Agnes Handwerk (Radio), Roland Jaeger (Politik, Presse), Marina Schneede (Kunst, Foto, Musik), Ursula Schneider (Arbeitswelt, Genossenschaften, Wohnen, Haushalt), Werner Skrentny (Sport) und Helga Stachow (Feste)

Beratung: Uwe M. Schneede

Bauten: Andreas Heller/AG horizont
Technische Leitung: Karl Stantin, Thalia-Theater, Hamburg
Werkstätten-Leitung: Jakob Althaus, Thalia
Licht: Georg Michahelles, Robert Windecker,
Deutsches Schauspielhaus Hamburg
Tischlerei: Alwin Muhs
Schlosserei: Willi Huch
Tapezier-Werkstatt: Arthur Schulz
Malersaal: Egon Buttschaft
Kostüme: Rainer Pfannkuche
Transport: Peter von der Heide, Wilfried Voigt
alle Thalia-Theater

Grafik: Wulf Niestendiedrich, Wolfgang A. Schneider
Organisation: W. A. Schneider Medienkommunikation
(Ulrike Hagen, Wulf Niestendiedrich,
Wolfgang A. Schneider)
Plakat: Peter Wehr; Foto: Erich Andres

Ausstellungsbüro, Begleitprogramm,
Öffentlichkeitsarbeit: Werner Skrentny

»Vorwärts und nicht vergessen
unsere Straße und unser Feld.
Vorwärts und nicht vergessen,
wessen Straße ist die Straße
Wessen Welt ist die Welt?«

»Solidaritätslied« (1931) aus dem Tonfilm »Kuhle Wampe«
Text: Bert Brecht/Musik: Hanns Eisler

Vorwort

Das künstlerische Prinzip, das Heinrich Vogeler 1928 in seinem Komplexbild »Hamburger Werftarbeiter« angewendet hat, war Grundmuster und Leitgedanke für die Anlage dieser Ausstellung und des sie begleitenden Katalogbuches: eine Montage aus Realitätsausschnitten ohne Anspruch auf Vollständigkeit, in der das private Einzelne im Zusammenhang mit den übergeordneten Ideen und politischen Programmen dargestellt wird, eine Montage, die Ursachen und Wirkungen nachspürt, die eher Fragen stellt und Widersprüche weitergibt als daß sie Lösungen und Antworten bereithält.

Arbeiterkultur in Hamburg behandeln heißt: ein Stück Forschungsarbeit leisten. Selten konnte auf bereits zusammengetragene Materialien zurückgegriffen werden. Es galt, verschüttete Spuren zu sichern, Zeugen zu befragen. Denn will man ernst machen mit einer Geschichtsschreibung, die nicht nur von Gesetzen und Statistiken, von Verfassungen und Verträgen handelt, dann gilt es, den subjektiven Erfahrungen von Zeitgenossen Gehör zu verschaffen.

Der Recherche, die kaum ein Jahr dauerte, waren Grenzen gesetzt, finanzielle und zeitliche Grenzen. Was wir vorlegen, sind Zwischenergebnisse von unterschiedlichem Bearbeitungsstand, in jedem Fall aber Ausgangspunkte für eine Weiterarbeit.

Strittig ist nicht nur unter uns die Verwendung des Begriffs »Arbeiterkultur«. Sollten wir besser »Arbeiteralltag« sagen? Es geht zwar in dieser Ausstellung um den Arbeiteralltag; er ist der materielle Hintergrund und der Rahmen. Unser wesentliches Interesse aber richtet sich auf die neuen Formen und Inhalte, die die Arbeiterschaft auf der selbstbewußten Suche nach einer veränderten Lebensführung entwickelte. Darin sehen wir einen die gesamte Gestaltung der eigenen Umwelt betreffenden kulturellen Anspruch. Deshalb haben wir einen erweiterten Kulturbegriff zugrunde gelegt, der nicht nur Musik, Theater, Fotografie, Radio, Feste umfaßt, sondern auch Arbeitswelt und Wohnverhältnisse, Frauenbewegung, Erziehung und Sport.

Eine viel größere Rolle als heute spielte damals unter Arbeitern das Moment der Gemeinsamkeit und der Geselligkeit. Solidarität war kein Lippenbekenntnis, sondern elementares Bedürfnis und gelebte Praxis. Diese Gemeinsamkeit ermöglichte überhaupt erst die Organisation der Interessen durch die Parteien und ihre kulturellen Einrichtungen, eine Organisation, die dem einzelnen zum selbständigen Ausdruck verhelfen wollte und allen gemeinsam das Gefühl vermitteln konnte, als gesellschaftliche Kraft verändernd zu wirken. Diese historische Tatsache ist der Grund dafür, daß wir vor allem nach der Rolle der Parteien, ihrer kulturellen Organisationen und der Rolle des einzelnen darin gefragt haben.

Auf den Zeitschnitt um 1930 haben wir uns konzentriert, weil die Arbeiterkultur in diesen Jahren vielfältiger ausgebildet und besser organisiert war als zu irgendeinem anderen Zeitpunkt und weil gleichzeitig Anzeichen politischer Veränderungen sichtbar wurden, deren Bedrohlichkeit vie-

**Heinrich Vogeler:
»Hamburger Werftarbeiter« (1928)**

Staatliche Eremitage Leningrad/UdSSR

le nicht hoch genug eingeschätzt haben. Wir wollen verstehen, welche Kräfte wenig später zerstört wurden und warum sie zerstört werden konnten.

In unserer Stadt möchten wir mit Ausstellung und Katalog einen Beitrag zur demokratischen Heimatkunde leisten. Geschichte soll sich hier nicht als Abstraktum abspielen, sondern als das Wiedererkennbare. Straßen und Plätze, von denen viele im Krieg und danach ihr Gesicht verloren haben, sollen als geschichtliche Orte voller Leben bewußt gemacht werden. Daher zeigen wir diese Ausstellung auch in einem authentischen Zusammenhang, in einer Fabrikhalle und in der Nähe eines typischen Wohngebiets, der Jarrestadt.

In dieser Stadt, in der die Arbeiterbewegung so stark wie kaum anderswo war, gibt es bisher keinen Ort, wo ihre Geschichte dokumentiert wird. Die Zeugnisse ihrer Kultur sind dreimal zerstört worden: durch die Nazis, durch den Krieg und durch das nachfolgende Desinteresse. Ohne die tatkräftige Unterstützung der Zeugen von damals gäbe es diese Ausstellung daher nicht.

Das Engagement vieler älterer Hamburger, die stolz und eindringlich so viel über ihre Jugend mitgeteilt haben, hat uns immer wieder beeindruckt. Ihnen ist es zu verdanken, daß das Vorwärts der Hamburger Arbeiterbewegung der 20er Jahre nicht vergessen ist.

Projektgruppe Arbeiterkultur Hamburg

Dieses Gelände hat Geschichte. Seit 1875 wurden beim »Eisenwerk Nagel & Kaemp« Kräne für den Hamburger Hafen hergestellt. »Kampnagel«, so die Kurzform des Firmennamens, ist auch Schauplatz des 1930 erschienenen Betriebsromans »Maschinenfabrik N&K« des Hamburger Arbeiterschriftstellers Willi Bredel. Arbeitswelt und Arbeiterbewegung der Hansestadt sind mit diesem traditionsreichen Terrain also gleichermaßen verbunden. Grund genug, hier eine Ausstellung über »Arbeiterkultur in Hamburg um 1930« anzusiedeln.

Hamburgs Verkehrsknotenpunkt: St. Pauli–Landungsbrücken, 1930

Hochbahn-Ringlinie am Hafen: Straßenzug Vorsetzen zwischen Station »Baumwall« und Überseebrücke, 1928

»Wie komme ich billig und sicher zur Arbeitsstätte?«

Wirtschaftskrise und Lohnkürzungen zwangen um 1930 viele Arbeiter, den Weg zwischen Wohnort und Arbeitsplatz zu Fuß oder per Fahrrad zu bewältigen. Für die Benutzung von Straßenbahn oder Hochbahn fehlte insbesondere den zahlreichen Erwerbslosen das nötige Fahrgeld.

Die Straßenbahn-Linie 35 verband die Wohngebiete von Winterhude mit den Arbeitsplätzen im Hafen

»Wohl mancher, der morgens seine Wohnung verläßt und eilig in überfüllten Straßen- oder Hochbahnwagen, zu Fuß oder sonstwie seiner Arbeitsstätte zustrebt, wird sich angesichts der Massen, die gleich ihm aus allen Stadtteilen der Innenstadt oder dem Hafen zueilen, gefragt haben, wie viele Tausende wohl täglich morgens ihre Wohnung verlassen müssen, um zu ihrer Arbeitsstätte zu gelangen. Wie eine interessante Arbeit des Statistischen Landesamts zeigt, sind es aber nicht nur Tausende, sondern Hunderttausende, die regelmäßig morgens von der Wohnung zur Arbeitsstätte und abends von der Arbeitsstätte zur Wohnung hin- und herpendeln. Im Jahre 1925 waren es von rund 555 000 Erwerbstätigen, die in der Stadt Hamburg wohnten, nicht weniger als 450 000 Personen... Die Hauptmasse der Erwerbstätigen ist im Hafen und in der Innenstadt beschäftigt. In diesem großen Arbeitszentrum der Stadt Hamburg arbeiten 221 000 Personen oder fast 44% aller Erwerbstätigen der Stadt Hamburg, ungerechnet der Personen, die aus dem hamburgischen Landgebiet oder aus den preußischen Nachbargemeinden hier zusammenströmen. Wenn man diese noch hinzurechnet, so werden es schätzungsweise im ganzen mehr als 250 000 Personen sein, die in der Innenstadt oder im Hafen beschäftigt sind. Demgegenüber wohnen in diesem Gebiet nur rund 60 000 Erwerbstätige.« (Echo, 29. März 1930.)

Rechtzeitig zur Arbeit: Barkassen beförderten die Hafenarbeiter zu ihren Arbeitsplätzen

Diese 1930 veröffentlichte Studie des Statistischen Landesamtes über »Wohnort und Arbeitsstätte der hamburgischen Bevölkerung am 16. Juni 1925« (Statistische Mitteilungen über den hamburgischen Staat, Heft 24) dokumentiert die Folgen einer urbanen Funktionstrennung in Hamburg: Geschäftsstadt im Zentrum und reine Wohngebiete in den Außenbezirken. Vorläufige Höhepunkte dieser bereits Ende des 19. Jahrhunderts einsetzenden Citybildung waren Mitte der 20er Jahre die Sanierung der Altstadt als »Kontorhausviertel« sowie die Errichtung neuer Wohnsiedlungen, die sich wie ein »Gürtel um Hamburgs alten Leib« (Fritz Schumacher) legten. Für den Alltag der Arbeiterschaft bedeutete diese typische Großstadtentwicklung ein Anwachsen der Wege zwischen Wohnort und Arbeitsplatz – und damit eine Verlängerung des Arbeitstags zu Lasten privater oder politischer Aktivitäten.

Allerdings verfügte Hamburg um 1930 bereits über ein gut ausgebautes System öffentlicher Verkehrsverbindungen – zum einen die Linien der Hamburg-Altonaer Stadt- und Vorortbahn sowie der Walddörferbahn, zum anderen die seit 1918 in der gemischtwirtschaftlichen Hamburger Hochbahn-Aktiengesellschaft (HHA) zusammengefaßten Autobusse, Straßen- und Hochbahnen (die Bezeichnung »U-Bahn« erfolgte erst 1937). Allein das Straßenbahnnetz umfaßte vierzig verschiedene Linien, die auch eine Reihe von Vororten und Wohnsiedlungen an die Innenstadt anschlossen.

Der Preis für eine Einzelfahrt betrug damals 20 bis 30 Pfennige – zuviel für die immer zahlreicheren Erwerbslosen, häufig aber auch zuviel für jene, die zwar noch Arbeit hatten, aber von Lohnkürzungen betroffen waren. Viele Arbeiter konnten sich daher allenfalls eine Fahrt pro Tag leisten, der Rückweg wurde zu Fuß angetreten.

Mit steigender Arbeitslosigkeit ging der Straßenbahnverkehr im Jahre 1932 gegenüber dem Vorjahr um zwanzig Prozent zurück; ein Viertel der Linien mußte eingestellt werden. Als die Verkehrszahlen 1933 ihren Tiefpunkt erreichten, führte die finanziell in Bedrängnis geratene HHA sogar einen 10-Pfennig-Sondertarif für Erwerbslose ein, ohne damit allerdings einen nennenswerten Erfolg zu erzielen.

Für eine verkehrsgünstige Anbindung der Arbeiterwohngebiete Barmbek, Eppendorf und St. Pauli an die Hafenarbeitsplätze sorgte vor allem die 1906–12 als Hoch- und Untergrundbahn ausgeführte »Ringlinie«, die 1926–31 um

Maurer aus dem Gängeviertel mit dem Fahrrad auf dem Weg zur Arbeit, um 1930

die Strecke Kellinghusenstraße–Jungfernstieg ergänzt wurde. Bereits 1912–18 waren Zweiglinien in Richtung Langenhorn, Eimsbüttel und Rothenburgsort angelegt worden. Mit Barkassen und Fähren oder durch den 1911 eingeweihten Elbtunnel erreichten die Benutzer der »Ringlinie« von den Stationen »Baumwall« oder »Landungsbrücken« aus den Hamburger Hafen.

Das wichtigste private Verkehrsmittel der Arbeiterschaft war das Fahrrad. Motorrad oder gar Kleinstwagen hingegen blieben für die meisten Arbeiter ein Traum und wurden in ihren Zeitungen auch als solcher annonciert. Das »DKW-Volksrad« beispielsweise kostete 1929 immerhin 425,–RM bei einer Anzahlung von 125,–RM und wöchentlichen Mindestraten von 6,70 RM (AIZ, 1929, Nr. 44). Für die Arbeiterschaft war das »Volksrad« damit ebenso unerschwinglich wie der als »Volks-Auto« angebotene – und bespöttelte – »kleine Hanomag«: »Ein Pfund Eisen, ein Pfund Lack, fertig ist der Hanomag!«.

Im Bereich des Möglichen lag jedoch, die Anschaffung eines Fahrrades, das gebraucht schon für 10,– bis 20,– Mark zu haben war und häufig den einzigen »Besitz« eines Arbeiters darstellte (40 Fahrraddiebstähle täglich in Hamburg waren Ausdruck des Zusammenhangs von Verzweiflung und Kleinkriminalität unter den Erwerbslosen). Ein günstiges fabrikneues Fahrrad kostete demgegenüber rund 75,–RM und war bei wöchentlichen Raten um zwei Mark ohne Anzahlung für regelmäßige Lohnempfänger gerade noch finanzierbar.

Der Besitz eines Fahrrades bewirkte ja nicht nur eine Verkürzung des Arbeitswegs, sondern bedeutete gleichzeitig auch eine Ersparnis. In diesem Sinne jedenfalls appellierte das große Berliner Gewerkschaftsunternehmen »Lindcar-Fahrradwerke« an »die tüchtige Kollegin«: »Mehr Einkommen? Nein, das wohl nicht. Aber ein Fahrrad anschaffen heißt wöchentlich mindestens 3,–Mk. Fahrgeld sparen. Dann reicht Dein Einkommen weiter, und das ist genauso, als ob Du mehr hättest.« (Frauenwelt, 1932, Heft 10, S. 230).

Fahrrad-Anzeige der Konsumgenossenschaft »Produktion«, 1931

»Lindcar«-Fahrräder wurden in Hamburg im Ladengeschoß des ebenfalls gewerkschaftseigenen Ledigenwohnheims am Nagelsweg 16–18 angeboten: »Achtet auf Modell ›Hamburg‹!«. Preisgünstige Fahrräder für Arbeiter verkauften neben kleinen Privathändlern auch die in Wohngebieten der Arbeiterschaft gelegenen technischen Spezialläden der Konsumgenossenschaft »Produktion«.

Fahrrad-Anzeige der gewerkschaftseigenen »Lindcar-Fahrradwerke« im

»Hamburger Echo«, 6. Juli 1930

Mit dem Fahrrad gelangte man also nicht nur vergleichsweise billig zur Arbeitsstätte, sondern auch sicher und zuverlässig. Denn pünktliches Erscheinen am Fabriktor war wichtig: Wer nur fünf Minuten nach Arbeitsbeginn an der Kontrolluhr stempelte, bekam gleich eine halbe Stunde Arbeitszeit abgezogen. Darüber hinaus aber war das Fahrrad besonders für den Arbeitersport, private Ausflüge und Reisen sowie nicht zuletzt für die Beweglichkeit bei der politischen Arbeit von Bedeutung. Schutzformationen, von Reichsbanner oder Rotfrontkämpferbund etwa, erreichten so ihre Einsatzorte, jugendliche Wahlkampftruppen von SPD oder KPD betrieben ihre Straßen- und Landpropaganda ebenfalls mit Fahrrädern.

Wer jedoch wegen der ständigen Lohnkürzungen nicht einmal die Ratenzahlungen für ein Fahrrad erübrigen konnte, mußte seine oft viele Kilometer weiten Arbeitswege zu Fuß erledigen. Zu Fuß wurden nach Feierabend aber auch die Parteisitzungen, Veranstaltungen oder Kundgebungen in den Verkehrslokalen oder Versammlungssälen der Innenstadt besucht. Ein Gutteil der Freizeit von noch in Lohn und Brot stehenden Arbeitern wurde daher um 1930 von solchen Fußmärschen ausgefüllt.

Die meisten Erwerbslosen aus den äußeren Arbeiterwohngebieten waren ohnehin oft Stunden unterwegs, um sich in der Neustadt ihren Stempel zu holen. Fritz Lachmund, 1930 gerade 20 Jahre alt und als Maler auf Arbeitssuche, erinnert sich: »Täglich mußte ich damals von der Uhlenhorst zur Stempelstelle Kohlhöfen. Für die Straßenbahn hatte ich bei 7,80 Mark wöchentlicher Wohlfahrtsunterstützung, von der allein 5,50 Mark für die Miete abgingen, keinen Pfennig übrig. Also ging ich zu Fuß – eine Stunde hin, eine Stunde zurück. Man hatte ja Zeit...«.

»Das hält der Stahl nicht aus!«
Arbeitswelt von Maike Bruhns, Karen Hagemann und Ursula Schneider

Die größte Werft in Hamburg — Blohm & Voss

»Die Werftfläche bedeckt 580 000 qm, die Länge des Werftufers 3 km, der Riesenkran, der größte der Welt, hebt, von nur 2 Mann bedient, 250 t und erreicht eine Höhe von ca. 111 m, und auch durch die Anzahl der 8 Docks (sehr wichtig für den Reparaturbetrieb) marschiert B. & V. an der Spitze der Werften.« (AIZ 1930, Nr. 18, S. 358)

1877 gründeten Hermann Blohm und Ernst Voss auf der Elbinsel Kuhwärder einen Werftbetrieb, der sich trotz starker Konkurrenz mit der Zeit zur führenden Werft Hamburgs mit internationalem Ansehen entwickelte. Bis 1933 entstanden dort 493 Schiffe, Fracht- und Passagierdampfer, große Rahsegler, Docks und Kriegsschiffe. Nebenbei stellte die Werft Maschinen her und führte Reparaturen aus.

Bei aller Vielseitigkeit im Handelsschiffbau war Blohm & Voss ein bedeutender Rüstungsbetrieb: Hier entstanden Schlachtkreuzer und U-Boote für die kaiserliche Marine, seit 1934 Flugzeuge, im 2. Weltkrieg nur noch U-Boote (255 Stück).

1945–50 wurde die Werft auf englische Anordnung vollkommen demontiert. Der Wiederaufbau begann 1951. Heute produziert der 7000-Mann-Betrieb wie früher Schiffe, Maschinen, Fregatten und Panzerteile.

Die Werft — ein anonymer Massenbetrieb

Blohm & Voss bestand 1930 aus vielen Einzelbetrieben, Diensten und Büros. Die unterschiedlichsten Gewerke arbeiteten unabhängig voneinander dem Neubau zu. Es gab z. B. zwei Maschinenfabriken, zwei Schlossereien, drei Kesselschmieden, zwei Tischlereien und viele andere Branchen mehr. Der Betrieb beschäftigte 1919 über 10 000 Arbeiter und Angestellte und blieb für den einzelnen relativ unüberschaubar. Die Belegschaft gliederte sich entsprechend in eine Hierarchie aus Meistern, Vorarbeitern, Gelernten, Angelernten und Ungelernten. (Gelernte waren in der Industrie, z. B. bei Blohm & Voss in der Werftschule, ausgebildete und geprüfte Facharbeiter. Sie entsprachen den durch die Innungen geprüften Handwerksgesellen.)

Solidarität im Betrieb?

»Manchmal haben wir die Nachtschicht entlastet, indem wir am Tag vorgearbeitet haben. Wir waren ein Team« (Alfred Heyder, Dreher).

»Die einzelnen Arbeitsgruppen kapselten sich voneinander ab, man sprach wenig miteinander« (Johann Schult, Tischler).

»Die Solidarität der Arbeiter untereinander kam nur mühsam zustande, sie war nicht selbstverständlich.« (Kurt Schröder, Betriebsrat).

»Ein großer Teil des Hamburger Hafens gleicht einem Friedhof. Schiff um Schiff liegt dort verankert, regungslos und tot mit zugedeckten Schornsteinen.« (AIZ, 1931)

Beschäftigungslage der Werft um 1930

Die Werft hatte seit 1927 umfangreiche Neubauten in Arbeit, dazu ein stabiles Reparaturgeschäft, das sie weniger krisenanfällig machte als reine Neubaubetriebe. Seit 1926 erzielte sie beträchtliche Gewinne und konnte eine Dividende zahlen. 20 % des Aktienkapitals gehörten Blohm & Voss, der Rest anderen Aktionären.

Auch 1928 und 1929 war noch gut zu tun. Die Beschäftigungslage der Werft stand seit 1930 in engem Zusammenhang mit der Wirtschaftspolitik Brünings. Die Einführung der Devisenbewirtschaftung und die Schutzmaßnahmen für die Landwirtschaft, die die Preise herabdrückten, die Ausfuhr steigern und die Wettbewerbsposition auf dem Weltmarkt verbessern sollten, wirkten sich für Hamburg katastrophal aus: die Geschäfte der Getreideimporteure schrumpften bis zu 75 %, der deutsche Außenhandel um 44 %. Die Hamburger Reedereien legten einen Großteil ihrer Flotte auf (1932 37 % in Deutschland), die Schiffahrtskrise setzte ein (1). Für die Werften fielen Neubauaufträge jetzt völlig aus, das Reparaturgeschäft ging zurück. Die Werftzeitung berichtet im November 1930:

Seit Mitte Juli »haben wir eine verhältnismäßig stille Zeit zu verzeichnen. Neubauaufträge sind trotz angestrengtester Bemühungen nicht eingegangen. Das Dock- und Reparaturgeschäft war seit Juli oftmals recht unbefriedigend.«

1931 erfaßte der allgemeine Schrumpfungsprozeß auch die Werft. Der Bilanzposten »im Bau befindliche Schiffe und Vorräte« schmolz 1931/32 auf 9,2 Millionen RM gegenüber 60,5 Millionen RM 1928/29. Durch Inanspruchnahme der Rücklagen konnte das Defizit ausgeglichen werden.

Im August 1932 wurden im Rahmen eines nationalen Arbeitsbeschaffungsprogramms 400 000 BRT Schiffsraum verschrottet. Das bedeutete für Blohm & Voss anderthalb Jahre Beschäftigung, allerdings nur für 200–400 Arbeiter.

Während die starre Deflationspolitik und die sozialen Abbaumaßnahmen der Regierung Brühning wie historisch erwiesen die Wirtschaftskrise in Deutschland förderten und verstärkten, schob die Firmenleitung in der Werftzeitung die Verantwortung für den Niedergang dem »Staatssozialismus« und der »Zerstörung der gesamten Weltwirtschaft durch Tribute und Kriegsschulden« zu. (Werftzeitung, September 1932)

Der politische Standort der Werftleitung

Er ist in einem Flugblatt vom Oktober 1927 veröffentlicht und war immer wieder Angriffsziel der linken Parteien:

Arbeiter der Seeschiffswerften!

Kam es von ungefähr:

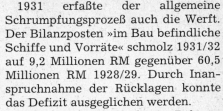

Daß der Werftbesitzer Walter Blohm an 5. Stelle auf der Liste der Deutschnationalen Volkspartei zur Bürgerschaft kandidiert?

Daß die Firma Blohm & Voß ihrem Direktor Gok die Annahme eines deutschnationalen Reichstagsmandates gestattete?

»Ganz bestimmt nicht; denn beide sind nicht in den Parlamenten aus politischem Betätigungsdrang, sondern um die Interessen der Werftunternehmer wahrzunehmen, wobei ihnen sowohl im Reichstag als auch in der Hamburger Bürgerschaft von allen bürgerlichen Parteien nur allzu willig Unterstützung geliehen wird.«

(1) vgl. Ursula Büttner »Die Finanzpolitik des Hamburger Senats in der Weltwirtschaftskrise 1929–1932, in: Zeitschrift des Vereins für Hamburgische Geschichte Bd. 64/1978

Offizielles Werftorgan, von der Leitung redigiert und kostenlos verteilt. Es enthält Werftneuigkeiten, Arbeitsplatzschilderungen, Familiennachrichten etc. (Kommentar der kommunistischen Betriebszeitung »Knochenmühle«: »Gartenlaubenstil«)

Arbeitswelt

Wege

Werftarbeiter wohnten in Altona, Barmbek, Eimsbüttel, Rothenburgsort oder auf der Veddel, die Meister vielfach in Eppendorf. Sie kamen zu Fuß oder mit dem Fahrrad zur Arbeit. Der Elbtunnel war vor Arbeitsbeginn zu Dreiviertel voll Menschen. Die Arbeitermassen verteilten sich auf 30 Eingänge.

Wer mit der Barkasse zum B & V-Anleger fuhr, zahlte fünf Pfennig (die Meister fuhren im Schlepper, dem »Armendampfer«, umsonst). Wer zu spät kam, mußte eine halbe Stunde vor dem Tor warten. Der Lohn wurde entsprechend reduziert.

Arbeitszeiten

Normale Arbeitszeit war von 7 Uhr bis 15.30, sonnabends von 7 bis 13.30, wenigstens 49 bis 51 Stunden. Bei dringenden Reparaturen wurde rund um die Uhr in drei Schichten gearbeitet.

Auf Anordnung machten die Arbeiter Überstunden: »Wenn du keen Överstunnen moken wullt, dann könnt wi di nich bruken.« Überstunden wurden mit 40 %, nachts mit 50 % über Tarif bezahlt. Facharbeiter arbeiteten manchmal bei Spezialaufgaben und plötzlichem Arbeitsanfall zwölf Stunden Schicht um Schicht, z. B. bei einer Schiffsschraubenreparatur.

Auf dem Weg zum Arbeitsplatz, die Werft war immer ein Massenbetrieb

Mit einfachen Werkzeugen und viel Fingerspitzengefühl wurde Qualitätsarbeit geleistet

Maler auf solchen Stellagen mußten absolut schwindelfrei sein.
Außenarbeiten wurden bei jeder Witterung durchgeführt, es gab kein Aussetzen.
Wenn die Schiffe vom Helgen gelaufen waren, wurden oft alle Maler entlassen und erst bei neuem Bedarf wieder eingestellt

Viele Arbeiten wurden noch mit mechanischen Hebeln und Menschenkraft durchgeführt

Arbeiten auf der Werft

Täglich vier Unfälle

Die Zahl der Arbeitsunfälle bei Blohm & Voss lag sehr hoch.

1929 ereigneten sich 1707 Unfälle, der Betriebsstatistik zufolge 23 % beim Transport, 18 % durch Herabfallen von Leitern, Gerüsten oder Fallen über Gegenstände. Nur zehn Prozent der Unfälle geschahen an Arbeitsmaschinen. Am häufigsten verunglückten Arbeiter im Schiffbau, in der Bordmontage und Kesselschmiede. 1930 ging die Unfallzahl aufgrund der hohen Entlassungsquote auf 1265 zurück.

Für bestimmte Arbeiten waren Schutzkleidung und Sicherheitsgeräte, z. B. Gasmasken zum Spritzen, vorgeschrieben. Stahlkappenschuhe und Schutzhelme wurden jedoch erst nach 1951 eingeführt.

Die hohe Unfallquote von fast vier Fällen täglich trug dem Betrieb den Spitznamen »Knochenmühle« ein. Nach Ansicht der Kommunisten waren die vielen Unfälle eine Folge von Arbeitshetze und Antreiberei. Sozialdemokraten sahen die Ursachen eher in den unzulänglichen Schutzvorrichtungen (Hängestellagen z. B.) oder im Leichtsinn der Arbeiter infolge von Routine.

Der Werftarbeiterstreik 1928/29

Bereits im März 1928 hatten angesichts der guten Beschäftigungslage 24 500 organisierte Werftarbeiter eine Lohnerhöhung um zehn Pfennig gefordert und Streikbereitschaft gezeigt. Die Löhne betrugen damals in der Spitze 78 bis 82 Pfg. Es kam zu einem Schiedsspruch des Schlichters, der eine Erhöhung der Löhne um vier Pfennige vornahm. Der Spruch war verbindlich und galt ohne Einspruchsmöglichkeit bis zum 30. September 1928. Da die Lebenshaltungskosten weiter stärker als die Löhne stiegen, wurde deren Heraufsetzung für viele Arbeiter eine Existenzfrage:

»Jeder von uns weiß, daß die Verdienstverhältnisse des Werftarbeiters miserabel sind. Die Leute können Frau und Kindern keine kräftigen Nahrungsmittel kaufen. Hierdurch werden die Kinder skrofulös und bleiben in der Entwicklung zurück. Trotzdem die Leute in festem Arbeitsverhältnis standen, waren kinderreiche Familienväter gezwungen, bei Krankheitsfällen die Wohlfahrt in Anspruch zu nehmen. Das sind unhaltbare Zustände. Der Verdienst soll so geregelt werden, daß er den Teuerungsverhältnissen einigermaßen entspricht.« (HVZ, 20. 10. 28)

Nach dem Ablaufen des Tarifvertrages traten am 1. Oktober 1928 42 000 Arbeiter der deutschen Werften an Ost- und Nordsee in den Streik; 26 599 von ihnen waren organisiert. Ihre Forderungen waren u. a.:
– 45-Stunden-Woche (Achtstundentag und freier Sonnabendnachmittag,
– Erhöhung der Löhne der Gelernten auf 1,20 Mark, der Angelernten auf 1,15 Mark, der Ungelernten auf 1,10 Mark.

Dagegen setzten die Unternehmer ihren Vorschlag für einen Schiedsspruch, der eine Stunde Arbeitszeitverkürzung und vier Pfennige Lohnerhöhung für die nächsten 13 Monate vorsah. Er wurde vom Reichsarbeitsminister jedoch für nicht verbindlich erklärt.

Der Ausstand dauerte 14 Wochen, bis zum 8. Januar 1929.

Einige Unternehmer – uneinige Gewerkschaften

Während die Werftunternehmer an Nord- und Ostsee im Unternehmerverband eine geschlossene Abwehrfront bildeten, war die Arbeiterschaft in mehr als 40 Organisationen der Freien, der Christlichen und Hirsch-Dunckerschen Gewerkschaften organisiert. Innerhalb des ADGB hatte der Deutsche Metallarbeiterverband mit 17 959 Organisierten das Primat, der Deutsche Holzarbeiter-Verband zählte 3237 Mitglieder.

»Die für eine erfolgreiche Durchführung von Arbeitskämpfen notwendige Geschlossenheit konnte daher auf Arbeitnehmerseite nie zustandekommen. Wenn auch die Mitgliederzahlen der Verbände außerhalb des ADGB gering waren, so machten diese jedoch in allen tarifpolitischen Angelegenheiten Mitspracherecht geltend. Das bedeutete, daß vor jeder Auseinandersetzung zunächst einmal eine interne Übereinkunft gefunden werden mußte.« (Herbig; Wirtschaft Arbeit Streik Aussper-

Trotz des 1918 gesetzlich festgelegten Achtstundentags wurde auf den deutschen Werften immer noch 52 Stunden gearbeitet

rung an der Unterweser; 1979)

Die Streikorganisation

Nach verschiedenen Ansätzen wurden in der sechsten Streikwoche Kampfleitungen in den Belegschaftsversammlungen gewählt, für jeden Betrieb eine. Daraus bildete sich die zentrale Kampfleitung mit zwölf Kollegen.

Es »wurden insgesamt 39 öffentliche, 87 Betriebs-, sechs Erwerbslosen- und drei Frauenversammlungen abgehalten. Es fanden 52 Sitzungen der Kampfleitung und des Aktionsausschusses statt. Plakate, Flugblätter, Mitteilungsblätter und Handzettel wurden 98 in einer Gesamtauflage von 689 000 herausgegeben, Betriebszeitungen wurden zehn herausgebracht...« (KPD-Bericht 1927–29)

Die Arbeiter bildeten Streikposten vor den Betrieben, um Streikbrecher am Arbeiten zu hindern. 200 Arbeiter setzten dennoch auf Angebot der Werftleitung die Arbeit fort; sie übernachteten aus Furcht vor Mißhandlungen durch die Streikposten in der Speisehalle. Die Stimmung der Streikenden war eher bedrückt, da der Streik in den Winter fiel und Heizkosten eine zusätzliche Belastung waren.

Das Ende des Streiks

Nach zweieinhalb Monaten kam im Auftrag der Reichsregierung ein Schiedsspruch zustande, der keine der Parteien zufriedenstellte. Sein Inhalt im Auszug:

- die Arbeitszeit beträgt bis zum 1. Oktober 1929 50 Stunden, vom 1. November 1929 an 49 Stunden die Woche
- für Arbeitsstunden über 48 die Woche hinaus wird ein Aufschlag von 25 % bezahlt
- Erhöhung der Löhne für alle über 20 Jahre alten Arbeiter um fünf Pfennig.

Danach sollten in Hamburg Gelernte 88–92 Pfg., Angelernte 81–85 Pfg., Ungelernte 71–76 Pfg. pro Stunde erhalten. Die Forderungen zur Erinnerung: 1,20, 1,15 und 1,10 Mark. Die Streikleitung rief zur Urabstimmung auf:

90 Prozent der Belegschaft lehnten den Schiedsspruch ab. Obwohl sich auch der Unternehmerverband gegen den Spruch ausspracht, erklärte ihn der Arbeitsminister am 3. Januar 1929 für verbindlich. Er galt bis zum 30. Juni 1930. Ein Antrag der Gewerkschaftsopposition (RGO) auf Fortsetzung des Streiks wurde mit 160 zu 100 Stimmen abgelehnt.

Freitag, 28. Dezember, von 9–11 Uhr Urabstimmung in den Kontrollokalen der organisierten streikenden Werftarbeiter statt.

»In Deutschland gelingt es noch immer mit Hilfe des Schlichtungswesens die Arbeiter in die Betriebe zurückzujagen. Die we-

nigen Pfennige Lohnerhöhung, die durch das Schlichtungswesen von Zeit zu Zeit bewilligt werden, sind stets durch das Anziehen der Marktpreise für die wichtigsten Waren schon überholt, bevor sie überhaupt ausgezahlt werden.« (AIZ 1928, Nr. 45, S. 3)

28 Mark Streikgeld – 35 Mark Miete

»Es wurde wieder ein langer Streik von Oktober bis Januar. Aber die Kollegen der Werften waren zu 75 bis 80 % im Deutschen Metallarbeiterverband (DMV) organisiert. Das Streikgeld war für mich, verheiratet, zwei Kinder, Miete 35 M, 28 Mark die Woche. So mußte die Frau verdienen, einen Laden morgens saubermachen. Somit kamen wir einigermaßen über die Runde. Das Streikkomitee bildeten die Arbeiterräte der einzelnen Werften, Streiklokale waren die Lokale am Hafen. Wir waren bei Haberland in der Davidstraße untergebracht, wo wir immer die Informationen erhielten. Lehrlinge, Vorarbeiter und Meister sowie Feuerwehr und alle Angestellten streikten nicht mit.

Als Herr Walter Blohm nach Ende des Streiks wie jeden Tag durch den Betrieb ging, sagte er: »Guten Morgen«, immer freundlich, »alles wieder da? Es kann jeder Vorschuß bekommen.« Ich sagte: »Tut nicht nötig, die Gewerkschaft zahlt uns noch eine Woche Streikgeld.« Denn wir mußten ja zwölf Tage arbeiten, dann gab es eine Woche Lohn.« (Carl Bohn, Maschinenbauer).

Ein Großdreher trägt Koffer

»Viele Betriebe mußten durch Kurzarbeit die vorhandenen Aufträge strecken. Streiks oder Betriebsschließungen waren die Folgen dieser kritischen Beschäftigungslage.

Was proletarische Solidarität vermag
Während des englischen Bergarbeiterstreiks 1926 überwies die deutsche Sektion der Internationalen Arbeiterhilfe den streikenden englischen Brüdern 700 000 Mark.

Als Jungverheirateter war ich (während des Streiks) gezwungen, diese Notzeiten durch alle Möglichkeiten des Geldverdienens zu überstehen. Die persönlichen Arbeitspapiere blieben bei den Firmen, um bei Beendigung der Arbeitskämpfe gleich wieder an die Arbeitsplätze zurückkehren zu können. Die Folge, ohne Papiere, keine soziale Unterstützung, keine Erwerbslosenunterstützung!

Ich habe in dieser Notzeit den Garten meines Vermieters gegen kleinen Mietnachlaß in Ordnung gehalten und auf dem Altonaer Bahnhof Gepäck der eingetroffenen Fahrgäste transportiert. Diese Tätigkeit war nicht ungefährlich, da die zugelassenen Dienstmänner mit Nummernmützen keinen Einbruch in ihre Obliegenheiten duldeten. Reisende oder Vertreter habe ich als Fremdenführer durch die Stadt und das Geschäftswesen begleitet. Um aus dieser ungesicherten Situation herauszukommen, entschloß ich mich wieder zur christlichen Seefahrt.« (Alfred Heyder, Dreher)

Arbeitswelt 19

80 Prozent entlassen

Nach dem Streik: Lohnabbau und Kürzungen

Neue Entlassungen bei Blohm & Voß
Einzelpreis 15 Pf. Mittwoch, 21. Mai 1930. 13. Jahrg. – Nr. 116

Die Krise brachte massenweise Entlassungen mit sich. 1929 waren im Durchschnitt 10 701 Menschen auf der Werft beschäftigt, 1932 nur noch 2316, eine Reduzierung um 80 Prozent.

Auch Vollbeschäftigung war nicht in allen Abteilungen durchzuhalten: Seit Anfang 1931 wurde erst für die Schiffbauer Kurzarbeit eingeführt, später für die Kupferschmiede und andere Gewerke. Die 4. Notverordnung führte die 40-Stunden-Woche ohne Lohnausgleich ein; montags wurde jetzt »gefeiert«.

Brachte schon der 14-Wochen-Streik nicht das erhoffte Ergebnis, so ging es in der Folgezeit nur noch um die Verhinderung von Lohnkürzungen. Im Frühjahr 1930 versuchten die Unternehmer, die Löhne auf den Werften zu reduzieren: Der Sonderschlichtungsausschuß fällte den Schiedsspruch, der die Arbeitszeit von 49 auf 48 Stunden kürzte – ohne Lohnausgleich.

Tages-Bericht Hamburg
Werftarbeiterschiedsspruch abgelehnt
Werftunternehmer wollen Lohnabbau

Die Löhne blieben bis 31. Oktober 1931 unkündbar. Bereits 1930 wurden die Zulagen, die die Firma für Betriebstreue, Überstundenbereitschaft, Anwesenheit (bei wenigen »blauen Montagen« und seltener Krankheit) gewährte, abgebaut und schließlich auf Null reduziert. Im Oktober 1931 erreichten die Werftunternehmer durch einen neuen Schiedsspruch einen Lohnabbau von zehn Prozent. Ihm folgte durch Notverordnung im Dezember eine weitere Senkung um zehn Prozent. Der damit erreichte Tiefstand blieb auch während der Nazizeit bis nach Ende des 2. Weltkrieges bestehen.

Das politische Verhalten der Belegschaft

Die Belegschaft reagierte zunächst entsprechend auf den kontinuierlichen Lohnabbau. 77 Prozent nahmen im April 1930 an den Betriebsratswahlen teil, die eine Mehrheit für die kommunistische Revolutionäre Gewerkschafts-Opposition (RGO) brachte. Seit Ende 1930 veranlaßten die Furcht um den Arbeitsplatz und die Existenz »Schwarzer Listen« mit den Namen aktiver Kommunisten manchen Arbeiter zum Stillhalten. Die Mehrheit der Belegschaft war nun sozialdemokratisch ausgerichtet. Die Zahl der Organisierten sank jedoch gegen 1933 rapide.

Politische Aktionen mußten heimlich durchgeführt werden:

»Auf einem Schiffsneubau auf der Werft Blohm & Voss malte ich mit blauer Wasserstoffarbe auf einem großen Stück Sperrholz ›Nie wieder Krieg‹. Diese Platte stellte ich auf einem gut sichtbaren Platz auf. Es muß wohl die Zeit gewesen sein, als Sacco und Vanzetti hingerichtet wurden (Anm.: 22. 8. 1927). Diese Alleinaktion wurde noch genau untersucht, denn zu der damaligen Zeit waren freie Meinungsäußerungen nicht sehr angebracht.« (Johann Schult, Tischler)

»Man mußte sich an die Regeln halten«

Arbeiter über Blohm & Voss

Blohm & Voss gehörte zu den schlecht angesehenen Betrieben in Hamburg. Blohm & Voss war »billig und vornehm«.

Carl Bohn (Maschinenbauer, seit 1948 Betriebsratsvorsitzender): »Die Arbeitsstelle war gut, die Arbeitskämpfe notwendig, Überstunden in Hinsicht auf den Arbeitsablauf ebenfalls.«

Alfred Heyder (Dreher, später Betriebsleiter, nicht organisiert): »Blohm & Voss war ein Massenbetrieb, vieles blieb anonym. Großdreher waren geschätzte Leute, kein Meister konnte ihnen dreinreden.«

Kurt Schröder (Betriebsrat): »Das war immer ein Betrieb der Schwerindustrie. Vom Grundsatz gab es da keine leichten Arbeiten. Dazu die Termine. Wer länger da war, verstand es, sich im Akkord zu bewegen. Jeder Handwerker schaffte sich seine Hilfsmittel.«

Betriebszeitung der KPD

Betriebszeitung der SPD

Nr. 10 September 1930 2. Jahrgang

Die Entmachtung der Gewerkschaften

Die Freien, sozialdemokratisch geführten Gewerkschaften (ADGB) und die kommunistische RGO verdächtigten sich im Betrieb gegenseitig, die Interessen der Arbeiterschaft zu verraten.

In wirtschaftspolitischen Fragen entsprach die Haltung des ADGB bis 1933 der SPD-Politik. 1927 noch warnte die SPD vor »allerkrassester Interessenpolitik« Der Werftunternehmer, die sich in »Behinderung jedes sozialpolitischen Fortschritts« und »Entrechtung der Betriebsräte« auswirke.

Seit der Septemberwahl 1930 dann tolerierten die SPD und mit ihr der ADGB aus Furcht vor einem neuen Regierungswechsel die Notverordnungen Brünings. Als im Dezember 1931 mit der 4. Notverordnung der Eingriff in die laufenden Tarife um zehn Prozent erfolgte, waren die Gewerkschaften vom Lohnfindungsprozeß ausgeschlossen und praktisch entmachtet. Ihre Finanzkraft war mit der steigenden Zahl der (zu unterstützenden) arbeitslosen Mitglieder geschwächt – an Streik war nun kaum noch zu denken.

Dazu wirkte die Ansicht vieler sozialdemokratischer Gewerkschaftsführer, daß in der Krise nicht gestreikt werden dürfe, weil Lohnkürzung Gesetz sei, lähmend auf die Arbeiter. Der ADGB hegte zudem aus Furcht vor dem Einfluß der RGO eine Abneigung gegen Streiks.

Noch 1929 hatte der ADGB in der Betriebsratswahl bei Blohm & Voss weniger Stimmen als die RGO bekommen. Ab 1930 dominierten die Freien Gewerkschaften. Der ADGB sah seine Hauptaufgabe in der institutionalisierten Vertretung von Arbeiterinteressen in Tarifverhandlungen, in Kontakten mit der Staatsbürokratie und Arbeitsgerichtsprozessen. Die scheinbar passive Tolerierung des Lohnabbaus hatte allerdings viele Mitglieder resignieren lassen. Sie trug überdies zur Spaltung innerhalb der Arbeiterschaft bei, denn die Kritik der RGO am »unternehmerfreundlichen« Verhalten des ADGB erschien dadurch glaubwürdig.

»Nachdem die Firma im Einverständnis mit der reformistischen Arbeiterratsmehrheit die Kollegen im Schiffbau bereits durch die Drei-Tage-Woche um 50 % ihres Lohnes geplündert hat, geht sie nunmehr dazu über, in sämtlichen Branchen den Lohn abzubauen ... Die Reformisten, die dauernd auf ihre ›Tariftreue‹ pochten, wenn die Lebensbedingungen der Arbeiter durch Preiserhöhung und neue Steuern verschlechtert wurden, tun jetzt bei dem Tarifbruch der Firma absolut nichts.« (»Knochenmühle«, 4/31)

Kommunisten wurden zuerst entlassen

1929 schloß der ADGB die Kandidaten der Opposition aus dem Verband aus – die RGO verselbständigte sich. Ihre Politik galt der »roten Einheitsfront der Arbeiterschaft im Betrieb« unter Führung der KPD. Eine weitere Aufgabe sah sie in der »Entlarvung« reformistischer, sozialdemokratischer Gewerkschaftsfunktionäre.

Erklärtes Kampfmittel der RGO war der Streik, zur Abwehr von Unternehmerangriffen, Notverordnungen und des staatlichen Schlichtungswesens. Alle Versuche, die Werftarbeiter nach 1929 noch einmal geschlossen in den Ausstand zu bringen, scheiterten allerdings an einer unrealistischen Einschätzung der Wirklichkeit.

Die RGO deckte Mißstände im Betrieb auf, verwies in ihrer Betriebszeitung »Knochenmühle« verschiedentlich auf mangelnde hygienische Verhältnisse, Antreiberei und Arbeitshetze im Betrieb, »Spitzel«, mangelnden Arbeitsschutz, warnte vor Fahrlässigkeit am Arbeitsplatz usw. Konsequent kämpfte sie gegen Überstundenschieberei als »Verrat an den Erwerbslosen«.

Das Wahlergebnis der Betriebsratswahlen im April 1930 zeigte die Stärke der RGO in 3432 Stimmen gegen 3062 des ADGB und 427 der Christlichen Gewerkschaft. Es existierte zu dieser Zeit ein »starker revolutionärer Block« (HVZ, 3. 4. 1930) im Betrieb.

Stellte die RGO zunächst noch 13 Betriebsräte gegenüber elf des ADGB, so verlor sie im Arbeiterrat dennoch die Mehrheit, weil die Firma – unter aktiver Mithilfe der ADGB-Führer – maßregelnd eingriff und die roten Betriebsräte aus ihren Positionen entfernte, z. B. den Oppositionsführer Warnke und sechs weitere. In der Folge verlor die RGO erheblich an Einfluß, was auf Fehlern in ihrer Strategie beruhte (Überorganisation, Überforderung der Mitglieder, Arbeitskampf bei jedem Anlaß) wie auch auf Entlassungen, der steigenden Arbeitslosigkeit und der damit verbundenen Schwächung der Gewerkschaft. Bei Entlassungen bekamen regelmäßig Kommunisten zuerst ihre Papiere:

»Die Firma will neue Verschlechterungen, Akkordabbau, Abbau der Leistungszulagen usw. durchführen und gebraucht dazu einen kommunistenreinen Betrieb.« (Knochenmühle, 9/1930)

Den Anspruch, die KPD-Linie im Betrieb durchzusetzen, konnte die RGO trotz gegenteiliger Proklamationen zu keiner Zeit erfüllen. Es fehlte am entsprechenden Engagement der Basis.

»Der Ausbau des roten Vertrauensmännerkörpers bei Blohm & Voss muß energisch wieder in Anspruch genommen werden ... Man muß ausdrücklich einen Mangel darin erkennen, daß unsere Genossen bei Blohm & Voss zum Teil die Notwendigkeit der Politisierung der Gesellschaft nicht begriffen. Zweifellos hat sich ein Teil der Belegschaft ... übertriebene Vorstellungen von den roten Arbeiterräten gemacht und ihnen Aufgaben zugemutet, die auf dem Boden des kapitalistischen Systems nicht zu lösen sind.« (HVZ, 3. April 1930)

Die hier angesprochene ungenügende Schulung der RGO-Funktionäre in Fragen des Arbeitsschutzes, der Tarifverträge und des Krankenversicherungswesens war eine Folge der schnellen Neubesetzung der Funktionärskader nach Entlassungen. Durch die hohe Fluktuation in den Betrieben erreichte auch die 1931 eingerichtete zentrale RGO-Schulung reichsweit nur noch 30 Prozent der Funktionäre.

»Europa« war das, »was in Hamburg Fritz Högers Chilehaus war: Werk der klaren Linien und der übersichtlichen Flächen, ohne überflüssigen Zierrat.«

(Schmelzkopf, Die deutsche Handelsschiffahrt 1919–39, Bd. 1, 1974)

Schnelldampfer, Koloß, Prestigeobjekt — die »Europa«

Die 1930 bei Blohm & Voss fertiggestellte »Europa« war ein Prestigeobjekt für Hamburg, ein Schiff der Superlative; das größte, schnellste, neueste, aufs modernste eingerichtete Passagierschiff Deutschlands.

Kurzchronik der Entstehung:

13. Dezember 1926, Auftrag: Der Norddeutsche Lloyd bestellt bei Blohm & Voss einen Schnelldampfer.

15. August 1928: Stapellauf.

Oktober 1928 – Januar 1929: Der Werftarbeiterstreik verzögert die geplante Ablieferung um ein Vierteljahr. Nur Meister, Vorarbeiter und Lehrlinge arbeiten in dieser Zeit an dem Bau.

26. März 1929: Aus ungeklärter Ursache brennt die »Europa« noch vor Fertigstellung vollkommen aus. Sie wird geflutet und ist nur noch ein auf Grund liegender Schrotthaufen.

10. April 1929: Das Schiff wird gehoben und neu ausgebaut.

22. März 1930: Die »Europa« geht in Fahrt und gewinnt auf ihrer transatlantischen Jungfernreise das »Blaue Band«.

Ein Augenzeuge über die erste Ausfahrt: »Als die ›Europa‹ damals hier runterkam, dachte ich, die Elbe läuft über.«

Der Stapellauf

> »Im August findet der Stapellauf statt, und wir werden wieder das ergötzliche Bild zu sehen bekommen, daß die Herren und Dämchen der Oberen Zehntausend einen Tam-Tam veranstalten und zum Schluß ›Hurrah‹ bellen. Die hungrigen und schwitzenden Proleten werden wieder beiseite stehen und eventuell den Herrschaften noch auf die Nerven fallen.«
> (Betriebszeitung »Knochenmühle«, 1. 8. 1928)

»Es herrschte die klare Linie, der schön gegliederte Raum, die Harmonie der Farben, die Proportion.
Was sich nach der Fertigstellung bot, war ein Schiff des 20. Jahrhunderts, des Zeitalters der Technik und der Jugend.«
(Schenzinger, Schnelldampfer, 1975)

Der Versicherungsschaden belief sich auf 18 368 661 RM

Der leere Fahrstuhl

»Nur für Herrschaften! Am Helgen der ›Europa‹ befindet sich ein Fahrstuhl, der bisher auch von Arbeitern benutzt wurde. Kein Wunder, denn mancher ist durch seine Beschäftigung gezwungen, die 40 Meter 8–10mal täglich raufzukraxeln – bei der warmen Witterung gerade kein Vergnügen. Nun aber verbot man einem Teil der Kollegen, den Fahrstuhl zu benutzen. Nur Arbeiter mit Lasten und natürlich Ingenieure und ähnliche ›Vorgesetzte‹ werden befördert (nebenbei: sollten die so ›belastet‹ sein?). Sonst aber läßt man den Fahrstuhl lieber leer stehen – die Proleten können's ja klettern!«
(»Knochenmühle«, 1. 8. 1928)

Fürchterlicher Qualm

Beim »Europa«-Bau herrschte in den elf Decks ständig fürchterlicher Qualm von unzähligen Feldschmieden der Nietenwärmer. Es war nicht möglich, die Schmieden an die Fenster zu stellen, weil die Entfernung zur jeweiligen Arbeitsstelle auf dem 31 Meter breiten und fast 300 m langen Schiff viel zu groß war.

Einrichtungen für die Passagiere und die Mannschaft

»In der 1. Klasse, in der bis zu 800 Passagiere befördert werden können, bieten sich neben den Kabinen ein Wintergarten, ein Rauchsalon, ein Kunstsalon, eine Bibliothek, Schreibzimmer, ein Ballsaal, Speisesäle, Kinder- und Bedienstetenspeisezimmer, ein Restaurant, ein Schießstand, ein Sportdeck, ein Schwimmbad und eine Turnhalle. Den Passagieren der 2. Klasse stehen unter anderem zur Verfügung: ein Speisesaal, ein Rauchsalon, ein Damensalon, ein Kinderspielzimmer, eine Turnhalle... Die Bibliotheken enthalten beispielsweise etwa 2000 Bände. Dazu gibt es dann noch Rundfunkanlagen, ebenso eine Tageszeitung.

Man kommt trotzdem nicht ganz ohne Vorbehalte aus dem Schiff heraus. Man denkt vornehmlich an die Mannschaftsräume und an die Arbeitsplätze des Teiles der Besatzung, der tief unten in den Schiffsräumen sein Tageswerk verrichten muß, ein Dienst, der weder leicht, noch angenehm, noch einträglich ist.«
(Echo, 16. 2. 1930)

»Unglücksschiff für die Belegschaft«

Während sich die bürgerliche Presse in lobenden Berichten erging, wies die Betriebszeitung »Knochenmühle« auf die Schattenseiten des Superbaus hin.

»Die ›Europa‹, die noch im August vom Stapel gelassen werden soll, ist ein wahres Unglücksschiff für die Belegschaft. Die Anzahl der leichten und schweren Unfälle auf diesem Kasten ist enorm; er ist im wahrsten Sinne des Wortes auf Kosten unserer Knochen zusammengebaut. Denkt daran, wenn anläßlich des Stapellaufs die hohen Herren ihre Zeremonien veranstalten, während ihr beiseite steht! Denkt daran!«
(»Knochenmühle«, 8/1928)

Arbeitswelt 23

Die Nieter bei Blohm & Voss

Rechts- und Linkshänder: ein Traumpaar

Bei Blohm & Voss wurden 1930 die Außenhäute der Schiffe, oft auch der Boden, noch mit der Hand genietet. Heute ist Nieten ein Beruf, der der Vergangenheit angehört.

Handnieten war ein altes Verfahren: Zwei Nieter schlugen im Rhythmus mit langen, dünnen Niethämmern abwechselnd das glühende Niet zum Schließkopf. Ideal waren ein Rechts- und ein Linkshänder – sie galten als Traumpaar. Jeder Handnieter hatte einen Korb mit sechs bis sieben Nietenhämmern für die verschiedenen Nietengrößen. Die Holzstiele waren elastisch und wurden mit größter Sorgfalt gepflegt. Niemand außer dem Nieter durfte sie anfassen.

1930 nietete man Schotten und Innenteile bereits mit Preßluft. Nach 1951 wurden die Platten geschweißt.

Nieten war Kolonnenarbeit

Nieten war schwere körperliche Arbeit für Gruppen von vier bis fünf Mann. Morgens um sieben Uhr trafen sich die Kolonnen am »Markt« bei Blohm & Voss, um die Arbeitsplätze einzuteilen, Anordnungen entgegenzunehmen und Material zu ordern.

Nieterkolonnen arbeiteten bei jedem Wetter. In dringenden Reparaturfällen konnten auch am Wochende bis zu 25 Kolonnen auf einem Schiff beschäftigt werden.

Zum Nietverfahren gehörten mehrere Arbeitsgänge. Bei Neubauten kamen die Platten bereits gelocht aus der Schiffbauhalle. Sie wurden mit Schrauben an ihrem Bestimmungsort vorbefestigt. Vor dem Nieten arbeitete der Bohrer die Löcher der zu verbindenden Platten oder Teile noch einmal durch. Innen im Schiff stand der Nietenwärmer, ein Jungarbeiter, auf der Stellage an der stark qualmenden Feldschmiede und erhitzte in einem durchlöcherten Blech die Nieten. Die Feldschmieden wurden um 1930 mit Schmiedekohle geheizt und mit einem Blasebalg auf Glut gebracht. Das heiße, glühende Niet warf der Wärmer dann mit einer Zange über eine Entfernung von bis zu sechs Metern dem Einstecker zu, der es in einem Eimer (Pütz) auffing und ins vorgebohrte Loch steckte. Der Vorhalter hielt dann von innen das Niet, während der Nieter von außen mit dem Hammer den Schließkopf schlug. Durch das Hämmern und beim Erkalten zogen die Nieten die Schiffsplatten fest zusammen und preßten sie aufeinander. Anschließend dichtete ein Stemmer die Plattenränder ab.

Ein guter Handnieter schlug bis zu 300 Nieten am Tag. Mit dem Preßlufthammer waren je nach Größe bis zu 1000 Stück zu schaffen.

Der Nieter unter dem Schiffsboden hat sich über Böcke und ein Führungsrohr eine Hilfskonstruktion zum Halten, Heben und Weiterbewegen des Hammers geschaffen.

»Nietenprobierer« kontrollierten die Festigkeit des Niets mit einem Spezialhammer. Hatte er einen »Dröhn«, d. h., saß das Niet nicht fest, mußte es wieder entfernt werden.

Buscheruntje und Nieterslang

Nieter lernten drei Jahre auf der Werft. Sie begannen als Nietenwärmer, wurden Vorhalter und schließlich Nieter, gesuchte Facharbeiter.

Innerhalb des Standes bestand eine Hierarchie. Am höchsten waren Boden- und Außennieter angesehen: Sie hatten die stärksten Nieten zu schlagen und mußten mit komplizierten Platten, z. B. im Heckbereich, fertigwerden. Schwierig waren auch Bodenreparaturen. Außennieter hatten die »sauberste« Arbeit – in frischer Luft, ohne Qualm und Baudreck. Sie sprachen kaum mit den Innen- oder Kesselnietern. Ihr Selbstbewußtsein äußerte sich auch in den Wohnungsschildern, Beispiel:

Emil Meyer, Außennieter

1930 bildeten die Nieter noch eine Art Zunft. Zu ihrer Kleidung gehörten der Hamburger Kittel (Buscheruntje), ein weißes Heizertuch (Halstuch), eine blaue Hose mit Schlag und Lackschuhe.

Gute Nieter hatten bei Blohm & Voss einen Sonderstatus, sie besaßen eine Art Schlüsselstellung; um sie kümmerte sich Eduard Blohm persönlich.

Obwohl sie Angelernte waren, wurden sie wie Gelernte bezahlt. Der Gruppenakkord lag bei 20–25 Prozent. Der Nieter war Kolonnenführer und bekam als Schermeister zwei Pfennige mehr als die anderen.

Nieter, Stemmer und Bohrer gehörten auf der Werft zu den revolutionär gesinnten Arbeitern mit sichtlicher Streikbereitschaft. Bei den Betriebsratswahlen 1930 war das Verhältnis RGO–ADGB bei ihnen 477 zu 95 Stimmen.

Das laute, monotone Geräusch der Nieten- und Preßlufthämmer drang weit über die Elbe. Den Hamburgern war es als typisches Alltagsgeräusch der Stadt vertraut.

Der Nieterslang

Bei Blohm existierte eine Nieter- und Kesselschmiedesprache, ein scherzhaft verschliffenes Platt. So wurde aus »Blohm & Voss« – »ohmbli un ossvi«, aus »gew mi mol den Homer« – »ewgi imi olmi omerhi«. Oder ärgerlich: »udi annstki imi olmi orsmi einkli«. (nach Robert Seiffert).

Hier arbeitet eine Reparaturkolonne in den fünfziger Jahren am Anbringen einer neuen Außenhautplatte. Sie ist bereits vorgeschraubt.

Gut erkennbar sind hier die Konstruktionen: Der schwere Hammer hängt jeweils an einem Seil, das über eine Rolle oben an der Bordwand zu einem Kontergewicht führt. So kann der Nieter ohne viel Kraftaufwand den Hammer einsetzen.

Ein Schiffbauer bringt die Platte an (Anbringer)

Nietreihen am Schiff

Das genietete Heck der »Europa«

Arbeitswelt 25

Arbeitsplatz Hafen

Die Arbeit im Hafen ist zumindest in einem Punkt anders als die in Industrie und Handwerk: der tägliche Arbeitsanfall schwankt zum Teil ganz erheblich. Das galt für die Zeit um 1930 noch in stärkerem Maße als heute, wo vieles auf Grund moderner Technologien planmäßiger ablaufen kann. Für den Hafenarbeiter bedeutete das in der Regel Unregelmäßigkeit: er war oft nicht sicher, ob er Arbeit bekommt oder nicht, er wußte häufig nicht, wie lange und wo er arbeiten, wofür er eingesetzt wird. Und die, die Arbeit zu vergeben hatten, sahen sich vor das Problem gestellt, wie kurzfristig anfallende Arbeit unter ständig Beschäftigung suchenden Arbeitern zu verteilen sei – eine Frage, die sehr viel Konfliktstoff enthält.

Auch die Arbeit selbst unterlag besonderen Bedingungen. Ein Großteil mußte – unabhängig vom Wetter – im Freien oder in zugigen Hallen getan werden; dies und der direkte Umgang mit stark staubenden oder gifthaltigen Gütern brachten erhöhte Gesundheitsrisiken mit sich. Rheuma und Ischias zählten zu den häufigen Berufskrankheiten. Wenn ehemalige Hafenarbeiter sich erinnern, fällt das Wort ›Knochenarbeit‹. Vor allem das Anheben und Stapeln von Kisten, Säcken und Fässern erforderte damals – ohne Gabelstapler – schwerste körperliche Anstrengung. Größer als in anderen Bereichen war im Hafen auch die Gefährdung durch Unfälle, u. a. wegen des ständigen Wechsels des Arbeitsplatzes. Als Unfallursachen wurden immer wieder genannt: »Sturz und Bewegen von Lasten, Einsturz und Umfallen von Gütern, Herabfallen von Arbeitsmaschinen, Bruch von Ketten und Tauschlingen, Zurückfallen von Hieven in die Laderäume.« (W. Klugmann, Die Hamburger Hafenarbeiter, 1954, S. 25)

»Hafenarbeiter – da muß man unterscheiden«

Einmal sind das die, die mit dem Güterumschlag auf den Schiffen beschäftigt sind – die Schauerleute, der Stauervize, die Decks- und Winschleute und andere.

Auf der Landseite wickeln die Kaiarbeiter – unter ihnen Spezialisten wie Stapelleute, Kranführer, Elektrokarrenfahrer, Lademeister – die Verteilung der Güter im Schuppen bzw. ihre Verladung zum Weitertransport ab.

Auf dem Weg zur Arbeit
Barkassen der Stauer, die ihre Leute zur Arbeit bringen

Vizen-Vermittlung
»10 Leute werden verlangt – Hunderte strecken dem Vermittler ihre Arbeitskarten entgegen«

Der ›Handhaken‹ gehörte zur Ausrüstung des Hafenarbeiters

Die Mittler zwischen Schiff und Kai sind die Tallyleute: Sie müssen das ›Manifest‹ anfertigen, einen Lade- und Stauplan, auf dem jedes entladene Stück aufgeführt ist, sowie den Lade- bzw. Löschvorgang regeln und überwachen.

Weil der Kaiumschlag teuer war, legten Schiffe, deren Ladung nicht mehrfach aufgeteilt werden mußte, häufig an Liegeplätzen auf der Elbe an. Den Transport der Güter besorgten dann die Ewerführerei-Betriebe mit ihren Schleppern, Barkassen und Schuten. Ewerführer war schon damals einer der Lehrberufe im Hafen. Letzteres gilt auch für die Quartiersleute, die jeweils bestimmte Waren zu begutachten, zu sortieren und ihre Lagerung in den Speichern zu kontrollieren hatten.

»Bei uns am Staatskai«, berichtet Arthur Wendlandt (geb. 1908), ehemaliger Lademeister bei der Kaiverwaltung, »saßen mittags alle in verschiedenen Räumen; die Hilfsarbeiter, die »Festen« und die Vorarbeiter und Lademeister. Die Räume waren auch eingerichtet nach Rang. Was einer war, konnte man gleich an der Staatsarbeitermütze, dem »Kaihelm«, erkennen; die Vorarbeiter hatte einen schmalen Goldstreifen, die Lademeister doppelt so breite und die von den Schuppenvorstehern waren noch mal so breit. Abgeschlossene Toiletten gab es nur für die Lademeister und Büroangestellten, für die anderen den »Donnerbalken.«

Wir am Kai waren damals zu 100 Prozent organisiert, im Staats- und Gemeindearbeiterverband, sonst wurde man gar nicht eingestellt. Da paßte der Betriebsrat auf, weil die Kollegen es ablehnten, mit Unorganisierten zu arbeiten. Bis 1933 war der Hafen knallrot. Unter den Kaiarbeitern waren die meisten, circa 60 Prozent, SPDler, vielleicht 30 Prozent KPD.

Die Schauerleute waren eine Gruppe für sich. Unter ihnen waren viele ehemalige Seeleute. Organisiert waren sie im Transportarbeiterverband. Die KPD war unter ihnen stärker vertreten.«

»Der wundeste Punkt des Hamburger Hafens«

war nach Ernst Francke, der 1897 den großen Hafenarbeiterstreik untersuchte, das Arbeitsvermittlungswesen. Der Streik, der nach elf harten Wochen aufgegeben werden

Decksleute weisen den Kran ein
Hier werden Apfelsinenkisten entladen.

Die hölzerne Sackkarre, der ›Brustklemmer‹ war eines der wichtigsten Hilfsmittel
Hier transportiert ein Kaiarbeiter einen »Schottiballen« (schottische Wolle)

Am ›Kaihelm‹ waren sie zu erkennen
Kaiarbeiter beim Transport von Glas

Elektrokarrenzug, beladen mit getrockneten Häuten. (Für die Arbeit mit solchen Häuten gab es ›Schmutzgeld‹ – wegen der Gefahr von Milzbrand)

Arbeitswelt

mußte, war insofern erfolgreich, als Politiker und Verwaltung sich dadurch gezwungen sahen, sich mit den Mißständen im Hafen, vor allem bei der Arbeitsvermittlung durch Kneipenwirte, zu befassen.

Eine Lösung des Vermittlungsproblems im Sinne der Unternehmer war 1906 die Gründung des Hafenbetriebsvereins (HBV), einer Arbeitgeberorganisation zum Zwecke der »Erhaltung und Förderung des friedlichen Einvernehmens zwischen Arbeitgebern und Arbeitnehmern«, der »gemeinsamen Abwehr der dieses Einvernehmen störenden Bestrebungen«. Dieses Ziel sollte u. a. durch geregelte Arbeitsvermittlung und Ordnung des Arbeitsverhältnisses mittels Tarifverträgen erreicht werden. Bis 1913 hatte der HBV die Arbeitsvermittlung sämtlicher Zweige des Hafenbetriebs – mit Ausnahme des Staatskais – übernommen.

Durch Registrierung und Klassifizierung der Arbeiter versuchte der HBV das Arbeitsangebot zu begrenzen: Die *»Festen«* gehörten zum Stamm, arbeiteten ständig für den gleichen Betrieb und rekrutierten sich aus den *»Hilfsarbeitern«*, die bei Bedarf zusätzlich angefordert wurden, aber kein festes Arbeitsverhältnis hatten. Beide erhielten als Berechtigungsausweis die »Hafenarbeitskarte«. War noch mehr Arbeit zu vergeben, wurden »Gelegenheitsarbeiter« angeworben, die ›Zettelleute‹, benannt nach dem Zettel, den sie als Legitimation für die Arbeit erhielten. Die im HBV zusammengeschlossenen Betriebe mußten sich verpflichten, nur mit registrierten Leuten zu arbeiten, sonst hätte das System nicht funktionieren können.

Die Staatliche Kaiverwaltung verfuhr im Prinzip ähnlich: auch sie hatte einen festen Stamm, zog Hilfsarbeiter (über einen eigenen Nachweis in der Harburger Straße) heran und holte sich, wenn nötig, weitere »unständig Beschäftigte« – vom HBV oder vom Arbeitsamt.

Dieses Verfahren brachte zwar für einen Teil der Arbeiter eine gewisse Sicherheit und Regelmäßigkeit. Für viele Hilfsarbeiter und die »Zettelleute« stellte sich aber die Frage »Arbeit oder nicht?« weiterhin jeden Morgen um sechs Uhr, wenn sie sich bei einer der Vermittlungsstellen melden mußten. Waren sie bei einem Büro des HBV registriert, so mußten sie warten, bis der Vize oder Inspektor eines Hafenbetriebs sie in »freier Wahl« aussuchte – ein Verfahren, das die gleichmäßige Verteilung der Arbeit sicher nicht begünstigte. Bei der staatlichen Arbeitsvermittlung dagegen ging

Rationalisierung der Arbeit im Hafen hieß in den 20er Jahren: verstärkter Einsatz von technischen Mitteln um Kraft und Zeit zu sparen:

Von der Schute auf den Dampfer, direkter Warenumschlag an einem Liegeplatz auf der Elbe

Neueste Technik damals: Hubkarre, der Vorläufer des Gabelstaplers
Hier werden Kupferstäbe damit aufgenommen. Massenhaft eingesetzt wurden Gabelstapler erst in den 50er Jahren.

›Moderner‹, fahrbarer Stapelkran, der Baumwollballen hochhievt.

es der Reihe nach, nach Nummern. Die Beseitigung der »Vizen-Vermittlung« und die Arbeitsvermittlung durch die städtischen Arbeitsnachweise gehörte deshalb zu den wiederholten Forderungen der organisierten Hafenarbeiter.

Arbeitszeit und Löhne

Mit dem Acht-Stunden-Tag wurde im Hafen der Drei-Schichten-Turnus eingeführt: Die erste Schicht dauerte von 7 bis 15.30 Uhr, die zweite von 15.30 bis 23.30, die dritte von 23.30 bis 7 Uhr mit jeweils einer 30minütigen, unbezahlten Pause.

Zum Grundlohn für die erste Schicht (1929 pro Woche für Schauerleute 9,10 RM, 1931 dann 8,80 RM) kamen Zuschläge für jede Arbeit außerhalb der Acht-Stunden-Schicht, 1,70 RM bzw. 3,– RM für die zweite und dritte Schicht. Bei besonders schmutzigen oder gesundheitsgefährdenden Arbeiten gab es zusätzlich Schmutzgeld. Doch bei der Unregelmäßigkeit der Beschäftigung der Hafenarbeiter damals konnte man vom Schichtlohn nicht auf das Einkommen schließen. Wer keine Arbeit hatte, mußte stempeln gehen, und das hieß 1930 weniger als die Hälfte des Lohnes zu bekommen.

Damals und Heute

Wer auf eine über 40jährige Tätigkeit im Hafen zurückblicken kann und die gegenwärtige Entwicklung verfolgt, macht sich natürlich Gedanken:

»Heute gibt es fünf Tage Garantielohn für alle Kartenarbeiter, das ist schon eine wesentliche Verbesserung, aber es gibt auch viel weniger Arbeit: in der alten Zeit hatte ein Löschgang bei Frucht 24 Mann, heute schlagen vier Mann in der gleichen Zeit noch mehr um, außerdem sind kaum noch Stapelleute erforderlich, nur noch Anweiser...« – Arthur Wendlandt fragt sich, wie das weitergeht.

»Es ist alles schneller geworden, es heißt ja ›der schnelle Hafen‹ und ›Zeit ist Geld‹. Das hieß es früher auch, aber es war trotzdem eine geruhsamere Arbeit. ›Wi mokt foftein‹ oder ›smoktime‹, Pause hieß das, nach einem Arbeitsgang, das war drin, das war nichts Außergewöhnliches, man hat sich das so eingeteilt untereinander, die Aufsichten waren nicht so perfektioniert...« meint Johannes Wist (geb. 1908), ehemaliger Seemann und Kaiarbeiter.

Unfallverhütung durch Plakate

»Unter schwebenden Lasten, arbeiten nur die ›Fasten‹« – ein Hafenarbeiterspruch, der auf die größere soziale Sicherheit der »Festen« anspielt.

Hafenarbeit in Zahlen		
Der Güterverkehr im Hamburger Hafen hatte 1928 seinen höchsten Stand gegenüber der Vorkriegszeit erreicht. Den ersten wirtschaftlichen ›Einbruch‹ brachte das Jahr 1930, vor allem wegen der – durch die Zollgesetzgebung verursachten – Abnahme von Getreideimporten. Es wurden umgeschlagen (in 1000 Tonnen Bruttogewicht):	1913 29 235 = 100 % 1928 29 661 = 101 % 1929 28 757 = 98 % 1930 25 847 = 88 % 1931 23 250 = 80 % 1932 19 827 = 68 % 1933 19 580 = 67 % Diese Entwicklung schlägt sich in der Beschäftigungszahl wie folgt nieder: Die Anzahl der Arbeiter, die im Durchschnitt je Werktag in den Hafen-	betrieben beschäftigt waren, betrug: 1928 20 960 (= höchste Zahl nach 1929 20 402 dem 1. Weltkrieg) 1930 15 816 1931 13 449 1932 10 195 1933 9 914 (alle Zahlen nach den Jahresberichten des Hafenbetriebsvereins = HBV, 1930 bis 1933)

Arbeitswelt 29

Rationalisierung ging jeden etwas an

Rationalisierung – ein Schlüsselwort der 20er Jahre – alles sollte wissenschaftlich vernünftiger und effektiver gestaltet werden: die Produktion, die Verteilung, die Arbeit, der Haushalt und sogar die individuelle Lebensführung.

Rationalisierung sollte die Folgen des 1. Weltkrieges beseitigen, die Inflation vergessen machen, den Weltmarkt für die deutsche Industrie eröffnen, den Weg zum Wohlstand für alle weisen.

Am Ende der 20er Jahre verflog der Glanz einer bloß im einzelnen vernünftigen Effektivierung, als die Folgen der Rationalisierung für die Arbeitenden sichtbar wurden: Überproduktion und sinkender Lebensstandard, Stillegungen und Arbeitsmangel, Entlassungen, Arbeitslosigkeit und Arbeitshetze für die noch Beschäftigten.

Das Reichskuratorium für Wirtschaftlichkeit (RKW), der Dachverband aller Vereinigungen, die die Rationalisierung vorantrieben, definierte 1928:

»Rationalisierung ist die Anwendung aller Mittel, die Technik und planmäßige Organisation bieten zur Hebung der Wirtschaftlichkeit und damit zur Steigerung der Gütererzeugung, zu ihrer Verbilligung und damit auch zu ihrer Verbesserung.«

In einer 1. Rationalisierungsphase bis 1925/26 stand die *Konzentration und Zentralisation von Kapital* im Vordergrund, Zusammenschlüsse und Übernahme von Unternehmungen, Verminderung der gemeinsamen Verwaltung, koordinierte Verkaufs- und Produktionspolitik, Stillegung unrentabler Anlagen usw. Beispiele: die Gründung der Vestag (Vereinigte Stahlwerke AG) und der IG Farben. Für Hamburg dokumentierte sich die Konzentrationstendenz in einer engeren Verbindung der Stahlindustrie mit Werften und Maschinenbaubetrieben, in der Gummiindustrie und z. B. in der immensen Steigerung der Marktanteile der Zigarettenkonzerne Reemtsma und Neuerburg, in deren Händen 1930 über 80 % der deutschen Gesamtproduktion lagen. Auf wessen Kosten diese Zusammenschlüsse gingen, ist klar: Nach der Übernahme der Firma Halpaus in Breslau durch Reemtsma wurden z. B. von den 969 Arbeitern 437 und von den 202 Angestellten 122 entlassen, ohne daß die Produktion verringert wurde.

In der Folgeperiode (1926–27) kam ein Rationalisierungsprozeß bis hinunter auf die Ebene des Einzelbetriebes in Gang. *Technische Neuerungen* wurden eingeführt, so z. B. so in größerem Umfang Elektromotoren und Preßluftantriebe, Automaten z. B. bei der Herstellung und Abfüllung von Flaschen u. ä. Unmittelbare Folge: Entlassung von Arbeitskräften, so von Transportarbeitern im Maschinenbau, deren Aufgaben von Elektrokarren, Förderbändern etc. übernommen wurden.

Noch bedeutender für eine große Anzahl von Arbeitenden waren die *organisatorischen Umstellungen* und die Einführung von *Kontrollmaßnahmen*, die – bei wenig geänderten technischen Anlagen – die Produktivität der Arbeit steigerten und ale »*wissenschaftliche Betriebsführung*« Taylors und als *Fordismus* zu Beginn der 20er Jahre bekannt geworden waren.

Die 3. Phase der Rationalisierung (ab 1928) war gekennzeichnet durch die *Intensivierung der Arbeit* mittels Umstellung der Produktionsorganisation, veränderte Lohnsysteme und Krisendruck. Taylorismus und Fordismus stellten von seiten der Unternehmer den Versuch dar, den Rhythmus und Ablauf der Arbeit auch bei den Arbeitsplätzen zu bestimmen, an denen die Arbeitsgeschwindigkeit noch nicht von Maschinen gesetzt wurde.

Technische Neuerung, die Arbeitskräfte ersetzt

Automatische Flaschenabfüllanlage bei der Holsten-Brauerei, Altona, 1929

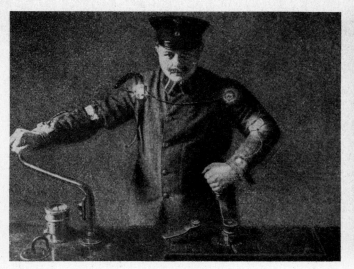

Auf der Suche nach der optimalen Bewegung...
Straßenbahnfahrer mit Glühlampenausrüstung für Bewegungsstudien

...ist die Fotografie ein Hilfsmittel.
Arbeitsbewegung an der Bohrmaschine, die in einer Lichtkurve festgehalten wird

Fig. 128. Unterweisungskarte.

Jeder Arbeitsschritt wird festgelegt
Detaillierte Arbeitsanweisung für Metallarbeiter mit genauer Festlegung der Arbeitszeiten

Durch Fragebogen und Probearbeiten gab es eine *Auslese von Arbeitskräften*. Die Bewertung der Arbeitskraft lieferte nicht allein der Meister, vor der Einstellung erfolgte eine Überprüfung nach wissenschaftlichen Methoden der sich herausbildenden Psychologie – damals noch *Psychotechnik* genannt. Das neue Psychologische Laboratorium der Universität Hamburg entwickelte solche Methoden – für die »Eignungsprüfung« von Straßenbahnfahrern und Schreibkräften. Beim Arbeitsamt Hamburg arbeitete man in der Berufsberatung mit der Psychotechnik; in einigen Großbetrieben wie bei Blohm & Voss bei der betrieblichen Eignungsprüfung ebenfalls.

Zur Kontrolle der Arbeit gehörte die genauere Feststellung des Arbeitsbeginns mit Stechuhren und die Festlegung der Pausen, die Gegenstand umfänglicher psychotechnischer und arbeitsphysiologischer Untersuchungen war und nicht mehr dem Willen der Arbeitenden selbst unterworfen bleiben sollte.

Hauptteil der Rationalisierung menschlicher Arbeit blieb die weitere Arbeitsteilung, die Zerlegung der Arbeit in einzelne Schritte und die Bestimmung des Arbeitsablaufes durch *Unterweisungskarten* aus dem *Arbeitsbüro*. Die Zeit für die jeweiligen Arbeitsschritte ermittelten Rationalisierungsexperten durch *Zeit-* und *Bewegungsstudien*. Sie dienten zwar auch der Effektivierung der Arbeitsinstrumente, hauptsächlich aber bildeten sie die Grundlage der Lohnfestsetzung in leistungsabhängigen *Akkordsystemen*.

Das bekannteste System in Deutschland, das *Refa-System* des 1924 gegründeten »Reichsausschusses für Arbeitszeitermittlung«, vereinheitlichte die Zeiten für bestimmte Arbeitsvorgänge und ermöglichte eine überbetriebliche Vorkalkulation der Akkorde. 68 Prozent der Metallbetriebe wandten um 1930 dieses Verfahren an. Der *Zeitstudienmann* neben der Arbeitskraft, der Refa-Mann, gehörte in seiner antreibenden und lohndrückenden Funktion zu den Symbolen der Rationalisierungsphase.

Die Betriebsleitungen versuchten mit Hilfe der Wissenschaft sich Kenntnisse über die Leistungen der Maschinen, Werkzeuge und Menschen verfügbar zu machen. An die Stelle der nur mündlich zwischen den Arbeitern weitergegebenen Erfahrungen sollte die schriftlich fixierte, exakt wissenschaftliche, rechnerisch genaue Erfassung der Arbeitsfaktoren treten. Eine Kontrolle der Arbeit durch die Betriebsführung gelang aber nur der Tendenz nach: Trotz aller Bemühungen der Ingenieure, Physiologen und Psychologen waren z. B. in der Metallindustrie immer noch Erfahrung, Fingerspitzengefühl und Improvisationsgeist der Arbeitskräfte erforderlich, um bei detaillierten Vorschriften eine Arbeitsaufgabe überhaupt ausführen zu können.

Am Ende der 20er Jahre, als die Grenzen der Rationalisierungsbemühungen sichtbar wurden, erhielten die *psychologischen Methoden* der Leistungssteigerung, die Motivierung

Arbeitswelt 31

durch Verbesserung der Arbeitsumgebung, Berücksichtigung der sozialen Beziehungen, Lohnanreize usw. stärkeres Gewicht. Mit der betriebsübergreifend vereinheitlichten Ausbildung versuchte die Unternehmerseite ein »Gemeinschaftsgefühl« zu vermitteln, das die Lohnabhängigen ohne materielle Vorteile oder direkte Mitwirkungsmöglichkeit zu effektiverer Arbeit antreiben sollte. Vor allem die Werksschulen und Berater des DINTA (Deutsches Institut für technische Arbeitsschulung) strebten neben der fachlichen Ausbildung mit sportlichen und kulturellen Veranstaltungen u. ä. die Herausbildung einer Schicht von Arbeitern und Meistern an, die sich eng mit dem Betrieb verbunden fühlten, das »Betriebswohl« anstrebten und den Kampf um Arbeiterinteressen aufgaben. Die Unternehmer verstärkten ihren »Kampf um die Seele des Arbeiters« von oben.

REFA bei Kampnagel; ein ehemaliger Facharbeiter berichtet über die Zeit um 1930:

»Gemessen wurde mit Stoppuhren, die Kalkulatoren standen neben der Maschine; man hat die Umdrehungen und die Schnitttiefen festgestellt und danach die Zeit bemessen für den Akkord; man durfte bis zu 15 % schneller sein als die festgestellte Akkordzeit – das wurde dann angerechnet. Wenn man mit der Zeit nicht auskam, gab es Sabbelei mit dem Meister und Kalkulator.

Wir haben gefordert, daß jeder Arbeitsgriff genau aufgeführt ist auf dem Akkordzettel – wir haben bei Kampnagel im Akkord gearbeitet –, auf dem Akkordzettel stand nämlich nur das Zeitergebnis. Wir wollten den Akkord abschaffen, weil der eine abgesackt ist, aber dafür eine gute Arbeit gemacht hat, und der andere hat nur für Akkord und mehr Geld gearbeitet.«

Ein typisches Bild im REFA-Betrieb
Zeitstudienmann, der Arbeiter an einer Mehrspindelbohrmaschine beobachtet

---

Wer im rationalisierten Betriebe steht, wird die Eindrücke bei der Arbeit auch nach der Arbeit nicht los. Sie prägen sich in das Gehirn deshalb fest und unverletzbar ein, weil das Tempo der Arbeit am Fließband oder am rollenden Arbeitsstück so viele schreckliche Begleiterscheinungen mit sich bringt, die man früher in diesem Ausmaße und in dieser Form nicht kannte. Ich will ein Beispiel herausgreifen, um das Bild anschaulicher zu gestalten. Es ist die Frage der solidarischen Hilfeleistung, eine der wichtigsten im Verhältnis der Arbeiter untereinander. Ich will unten im Betrieb anfangen, beim Transporteur. Er hat auf eisernen Karren halbfertiges und fertiges Material an andere Maschinen oder ans Versandlager zu befördern. Sehr schwer ist die Arbeit, handelt es sich doch um Lasten von zwei, drei, manchmal sogar von vier Zentnern. Der Transporteur muß aber sehr schnell arbeiten, damit die Maschinenarbeiter immer mehrere Karren zur Seite haben, auf die sie das produzierte Material werfen können, ist kein Karren da, dann fliegt alles auf den Boden und der Transporteur muß dann doppelt schnell alles auf seinen Karren verladen. Dadurch kommt er mit der Arbeit zurück, und andere Maschinenarbeiter, bei denen er dann den Karren nicht zeitig genug entleeren kann, werfen nun auch das Material auf den Boden. Ist dieser Zustand einmal eingetreten, dann hat der Transporteur in seiner ganzen Arbeitszeit keine Minute Zeit mehr, um auch nur einmal seine Notdurft zu verrichten. Der Abteilungsleiter hetzt, die Arbeiter an den Maschinen schimpfen, und der geplagte Transporteur weiß nicht, wo er zuerst hingreifen soll. Da ist nun der Konflikt da. Die

Arbeiter an der Maschine, die im Akkord arbeiten, müssen sehen, daß sie in der Stunde ihre Stückzahl erreichen, und weil sie etwas verdienen wollen und müssen, dann geht bei solch einer Hetze die ganze Solidarität unter den Arbeitern in die Brüche. Übt der Maschinenarbeiter einmal praktische Solidarität aus, indem er selber seinen Karren zur anderen Maschine fährt, so verringert sich dadurch sein Verdienst. Er schwankt also zwischen dem Wunsche, seinem Kollegen zu helfen und dem Zwang, seine Stückzahl zu erreichen, und das letztere gibt dann den Ausschlag. Im Laufe der Zeit gewöhnt es sich der Maschinenarbeiter an, mit einer gewissen Verachtung auf den Transportarbeiter herabzusehen, und die Meister und Vorarbeiter helfen mit, diese Auffassung zu verstärken. So bildet sich eine tiefe Kluft zwischen den Transportarbeitern und den Maschinenarbeitern heraus, die sich zu den qualifizierten Arbeitern rechnen. Zu den schmutzigsten und schwersten Arbeiten wird der Transporteur benutzt. Fast immer hat er die Finger voller Schnittwunden von scharfkantigem Blech und anderem Material, und sein Kollege an der Maschine sieht nicht ein, daß sie doch zusammengehören in die gemeinsame Front.
Auswirkungen der Rationalisierung, beschrieben von einem jungen Metallarbeiter,
zuerst veröffentlicht in: Kulturwille – Monatsblätter für Kultur der Arbeiterschaft, Jg. 1930, Nr. 9, S. 164.
(Zitiert nach: W. Emmerich, Proletarische Lebensläufe, 1975, Bd. 2, S. 255)

Otto Schwenke (geb. 1909) hat 50 Jahre bei der Hamburger Metallgießerei und Armaturenfabrik Th. Rose gearbeitet, er kennt das REFA-System noch aus den 20er Jahren:

»Mit der Einführung des REFA-Systems wurde von Stückakkord auf Zeitakkord umgestellt; die normale Spanne war bis zu 20 % mehr als der Grundlohn, das wurde bezahlt. Aber in Einzelfällen, wenn jemand besonders schnell arbeitete, wurden bis zu 50 % über dem Grundlohn bezahlt.

Gestoppt wurde mit einer normalen Stoppuhr. Es gab aber bereits mechanische Zeitaufzeichnungen an den Maschinen, die wurden damals vom Betriebsrat abgelehnt, ›Menschen sind keine Automaten‹ sagte man. Die Zustimmung des Betriebsrates war erforderlich.«

Rationalisierung aus der Sicht der Gewerkschaften

Das Taylor-System erntete zunächst, d. h. bis in den 1. Weltkrieg hinein, heftige Kritik von Seiten der Gewerkschaften. Sie richtete sich nicht allein gegen die gesteigerte Arbeitshetze und ihre physischen Folgen, sondern vor allem auch gegen die drohende Dequalifizierung der Arbeiter.

In der 1914/15 verfaßten Anklageschrift der amerikanischen Gewerkschaften heißt es u. a.

»Die ›wissenschaftliche Betriebsführung‹ hat ... folgende Konsequenzen:

Sie neigt dazu, dem Arbeiter Denken, Initiative, Stolz und Arbeitsfreude zu nehmen.

Sie führt tendenziell zur Abschaffung qualifizierter Tätigkeiten. Sie wirkt zerstörerisch auf den technischen Wissensstand und die Geschicklichkeit.

Sie nimmt dem Arbeiter tendenziell die Möglichkeit, ein Handwerk zu lernen.

Sie belohnt Muskeleinsatz und Geschwindigkeit stärker als geistigen Einsatz.

Sie verdammt den Arbeiter zu monotonen Routinetätigkeiten.

Sie infantilisiert und unterdrückt den Arbeiter geistig.

Sie stimuliert und treibt die Arbeiter bis zur Grenze der nervlichen und körperlichen Belastbarkeit und führt zur Übermüdung und Überanstrengung.«

(Zitiert nach H. Spitzley, Wissenschaftliche Betriebsführung, REFA-Methodenlehre und Neuorientierung der Arbeitswissenschaft, 1980, S. 181)

Die anfangs ablehnende Haltung der Gewerkschaften gegenüber dem Taylorsystem ging angesichts der Notwendigkeiten der Kriegswirtschaft im alle vereinenden Patriotismus unter.

Mit ihrer stärkeren politischen Integration nach 1918, in einer extrem schwierigen Wirtschaftslage, wuchs die Bereitschaft der Gewerkschaften, der Einführung tayloristischer Prinzipien aus nationaler Notwendigkeit – wegen der ›Konkurrenz auf dem Weltmarkt‹ – zuzustimmen.

Der Arbeiterrat (Organ der Arbeiter und Betriebsräte Deutschlands) stellte 1920 fest:

»Es wird eine gewaltig erhöhte Produktion von Austauschstücken notwendig sein, um dafür dringend notwendige Auslandsartikel und Rohstoffe zu erhalten. Hierfür brauchen wir das Taylor-System wie das tägliche Brot.«

Die Gewerkschaften hofften aber, allzu negative Auswirkungen durch den Einfluß der Betriebsräte verhindern oder zumindest mildern zu können.

Eine fast uneingeschränkt positive Resonanz fand die Konzeption Henry Fords. Die hochgradige Technisierung und die Regelung der Lohnfrage in den Betrieben Fords erschienen als Schlüssel zum allgemeinen Wohlstand. »Warum arm sein?« Unter diesem Titel entwickelte *der* gewerkschaftliche Protagonist Fordscher Ideen, Fritz Tarnow, seine vielbeachtete Argumentation: »Je höher der Produktionsprozeß technisiert ist, um so größer der Zwang, den Absatz zu sichern, um so empfindlicher und verlustreicher macht sich jede Absatzstockung im Produktionsmechanismus bemerkbar.« Tarnow stellte damit »eine neue Seite der sozialen Klassenverhältnisse« fest, »die Abhängigkeit des Kapitals vom Arbeiterkonsumenten.« (Fritz Tarnow, Warum arm sein? in: Gewerkschaften und Wirtschaft, hrsg. von Kurt Heinig, Berlin 1928, Heft 3,71).

Demnach mußte die Hebung der Kaufkraft durch hohe Löhne und niedrige Preise auch im Interesse der Unternehmer liegen. Die Gewerkschaften gingen davon aus, daß die Senkung des Kostenpreises eines Produkts aus Konkurrenzgründen auch die Senkung des Marktpreises zur Folge haben müsse. Und: Die Erhöhung der Produktion sei eben nur dann sinnvoll, wenn – durch Anhebung der Reallöhne – auch ein entsprechend hoher Absatz gesichert sei.

Der ADGB sah deshalb seine Aufgabe vor allem darin, durch Druck auf die Unternehmer für Lohnerhöhungen und Preissenkungen, und damit für eine harmonische Wirtschaftsentwicklung zu sorgen. Den Mißbrauch der Rationalisierung durch die Unternehmer galt es zu bekämpfen, nicht die Rationalisierung selbst, dies wäre ›Maschinenstürmerei‹.

Offensichtlich negative Folgen der Rationalisierung wie Arbeitslosigkeit wurden durchaus zugegeben. Doch man war der Meinung, man müsse diese kurzfristig in Kauf nehmen, um sie längerfristig bekämpfen zu können – durch weitere Rationalisierung und Ausdehnung der Produktion. Es galt der Grundsatz: Rationalisierung schafft zwar Arbeitslosigkeit, ist aber zur Bekämpfung von Arbeitslosigkeit notwendig.

Kritische Stimmen in der Weltwirtschaftskrise

Die Hoffnungen der Gewerkschaften auf eine »harmonische Entwicklung« erfüllten sich nicht. Angesichts von

---

TAYLORISMUS

F. W. Taylor zielte mit seinem System der ›wissenschaftlichen Betriebsführung‹ darauf ab, durch Veränderung der Arbeitsorganisation die Produktivität der Arbeiter zu erhöhen. Die wichtigsten seiner Maßnahmen waren:
- die Zerlegung des Arbeitsprozesses in kleinste Teilschritte,
- eine Optimierung der Arbeitsgeräte, Maschinen usw. und der Arbeitsbewegungen,
- die Analyse der Arbeitsbewegungen durch Zeit- und (später) durch Bewegungsstudien
- ein Personalauswahlverfahren,

das Arbeitskräfte aussortierte, die für die jeweilige Teilarbeit gerade noch das notwendige Qualifikationsniveau erreichten,
- die Einrichtung eines gesonderten Arbeitsbüros, das nach den Zeit- und Bewegungsstudien die Ausführungsart für jede Arbeit bis ins Detail festlegte und kontrollierte,
- eine Verteilung der Meisterfunktion auf mehrere Funktionsmeister z. B. für Werkzeuge, Material, Zeitfestsetzung usw.
- ein ausgeklügeltes Akkord-Lohnsystem (sog. Differentiallohnsystem), nach dem nicht nur – wie üblich – bei Nicht-Erreichen der

Höchstleistung die Prämie wegfällt, sondern auch noch der ursprüngliche Grundlohn für die vollbrachte Arbeit gekürzt wird.
Das Taylor-System – entwickelt in den Jahren zwischen 1895 und 1911 – richtete sich gegen die bis dahin vorherrschende Art der Arbeitsorganisation, bei der die Methode der Ausführung weitgehend dem Wissen und der Erfahrung des Arbeiters überlassen blieb. In dieser Erfahrung der Arbeiter, in ihren speziellen Kenntnissen, steckten Widerstandsmöglichkeiten gegen gesteigerte Leistungsansprüche der Betriebsleitung.

Arbeitswelt 33

bedrohlich anwachsender Arbeitslosigkeit, Lohnabbau und Verminderung der Sozialleistungen Ende der 20er Jahre mehrten sich kritische Stimmen: von einem »allzu überstürzten Tempo« ist die Rede, davon, daß »die Arbeitsrationalisierung Selbstzweck geworden« ist; »... wir müssen erkennen, daß die Arbeitsrationalisierung in vielen Fällen mehr aus dem Arbeitnehmer herausgeholt hat, als durch Verkürzung der Arbeitszeit bedingt war.« (Die 40-Stunden-Woche, hrsg. vom ADGB, 1931, S. 115).

Von »Fehlrationalisierung« sprach der österreichische Sozialdemokrat Otto Bauer und stieß damit auch bei den Gewerkschaften auf Interesse. Seiner Meinung nach kommt sie dann zustande, wenn die durch Rationalisierung erzielten Einsparungen des Unternehmers geringer sind als die Kosten für die dadurch freigesetzten Arbeiter und somit der Staat mehr an Arbeitslosenunterstützung aufwenden muß, als der Unternehmer durch geringere Lohnkosten einspart. So vergrößert die Fehlrationalisierung »den Profit des einzelnen Unternehmers, aber sie verkleinert den Reinertrag der gesellschaftlichen Gesamtarbeit... Sie macht den einzelnen reicher und die Gesamtheit ärmer.« (O. Bauer, Kapitalismus und Sozialismus nach dem 1. Weltkrieg, Bd. 1, Rationalisierung – Fehlrationalisierung, 1931, S. 167). Weil die Unternehmer aber immer im Eigeninteresse handelten, könne erst eine staatliche Planung im Sozialismus Fehlrationalisierungen verhindern.

Das Ziel einer »völligen Umgestaltung des Wirtschaftssystems« wurde zwar nach wie vor hochgehalten, doch die Maßnahmen, die man jetzt von gewerkschaftlicher Seite vorschlug – z. B. Arbeitszeitverkürzung –, hatten primär den Zweck, Abhilfe gegen die konkrete Notlage zu schaffen.

Wovon nicht mehr die Rede war

An der grundsätzlichen Bejahung des technischen Fortschritts, an der Hoffnung auf Arbeitserleichterungen durch Technisierung, auf ›Wohlstand für alle‹ durch Steigerung der Arbeitsproduktivität hielten die Gewerkschaften weiterhin fest. Die Bedenken der amerikanischen Arbeiterorganisationen, die sich auf den Dequalifizierungsprozeß bezogen, gerieten dabei aus dem Blickfeld.

Heute, wo sich angesichts einer weitgehend automatisierten Produktion, bei der zunehmend auch das Steuern, Regeln und Kontrollieren an elektronische Instrumente übertragen wird, die Frage nach Dequalifizierungsprozessen mit aller Dringlichkeit stellt, erscheint die Ausklammerung dieser Frage in der Rationalisierungseuphorie der 20er Jahre als ein Defizit gewerkschaftlicher Positionen.

Die Haltung der KPD

Im Gegensatz zu den reformistischen Gewerkschaftern bekämpfte die KPD die kapitalistische Rationalisierung als Ursache für die schärfere Ausbeutung der Arbeitskraft, für Lohnabbau und Arbeitslosigkeit. Doch auch die KPD wehrte sich heftig gegen den Vorwurf der ›Maschinenstürmerei‹. Nicht gegen die Einführung neuer Maschinen und gegen die Erhöhung der Arbeitsproduktivität wende sie sich, sondern ihre Aufgabe sei es, den Arbeiter gegen alle Methoden der Ausbeutung in Schutz zu nehmen und alle negativen Auswirkungen der Rationalisierung abzuwehren. Für die KPD als Opposition in der Gewerkschaft und andere nicht reformistische Gruppen war es sehr schwer zu zeigen, was der Kampf gegen die Auswirkungen der Rationalisierung anderes bedeuten sollte – als die Verhinderung der Rationalisierung.

Vorbildlich war für die KPD die Rationalisierung in der Sowjetunion. Es wird zugestanden, daß »auch die russischen Arbeiter durch Maßnahmen zur Erhöhung der ›Arbeitsdisziplin‹, verschärfte Kontrollbestimmungen, teilweise Anwendung tayloristischer Arbeitsmethoden zu Mehrleistungen gezwungen« würden, aber es bestünden doch entscheidende Unterschiede: »... derjenige Produktionsanteil, den der Arbeiter nicht direkt zur Verbesserung seiner Lebenshaltung erhält, dient dem Sowjetstaat... zum Ausbau der Industrie, zu technischen Verbesserungen, zur Ausdehnung der Produktion und Neubeschäftigung der Arbeiter.« (G. Reimann, Das deutsche »Wirtschaftswunder, 1927, S. 66) Außerdem würden bei Rationalisierung die Arbeiterinteressen berücksichtigt:

Bei der wissenschaftlichen Organisation der Unternehmen »muß man nicht nur die Arbeitsschutzmaßnahmen im Auge haben, sondern auch die Schutzvorrichtungen, um die Möglichkeit der Verarmung der Persönlichkeit, wie es bei einer langwierigen Ausführung kleinlicher und monotoner Arbeit eintreten kann, zu verhindern.« (Aus den Thesen der ersten allrussischen Konferenz für Initiativen der wissenschaftlichen Arbeitsorganisation... 1921, zitiert nach H. Weiss, Rationalisierung und Arbeiterklasse, 1926, S. 51)

Ob der Konflikt zwischen Steigerung der Arbeitsproduktivität und physischem und psychischem Wohlbefinden auch tatsächlich zugunsten der Arbeiter gelöst werden konnte, war für die KPD damals ebensowenig eine Frage wie die, wer eigentlich darüber entscheidet, was und wie produziert wird.

FORDISMUS

Die Zerlegung des Arbeitsprozesses in kalkulierbare Einzelelemente nach den Prinzipien Taylors war eine Voraussetzung für die »fließende Fertigung«, wie sie Henry Ford 1913/14 in der Automobilherstellung einführte.
Die Arbeitsplätze wurden jetzt nach den jeweils zeitlich aufeinanderfolgenden Arbeitsschritten angeordnet, der Transport zwischen den Arbeitsplätzen geschah mit Rollwagen, Rutschen oder durch Fließbänder. Die Abhängigkeit eines Arbeitsschrittes vom anderen erforderte einen bestimmten Arbeitstakt; das Tempo des Taktes war steigerungsfähig: am einfachsten durch Erhöhung der Bandgeschwindigkeit, bei anderen Formen der Fließarbeit z. B.

durch schnelle Anfangsarbeiter. Auch die Konkurrenzsituation der im Akkordlohn stehenden Arbeiter untereinander mußte sich auf das Arbeitstempo auswirken. Und ein weiterer Vorteil für den Unternehmer: Viele Anweisungen und Kontrollmaßnahmen erübrigten sich, die mit der Fließarbeit gesetzten ›Sachzwänge‹ sparten Personal und Reibereien.
Weit revolutionärer aber als die Einführung des Fließbandes wurden damals die wirtschaftlichen Versprechen Fords empfunden: Hohe Löhne für die Arbeiter, niedrige Preise für die Konsumenten und trotzdem Gewinne für die Unternehmer. In der Tat zahlte Ford damals die höchsten Löhne. Doch die unternehmerische Absicht Fords war – neben der Anhebung der Kaufkraft der

Arbeiter – vor allem die Bindung der Arbeiter an ihren Betrieb, denn die Fluktuationsrate war unprofitabel hoch gewesen. Die hohen Löhne erlaubten es Ford, auf strengster Disziplin zu bestehen, ja sogar das Privatleben der Arbeiter zu kontrollieren. Von Gewerkschaften hielt Ford nicht viel: »Der einzig wahre Arbeiterführer ist der, der die Arbeiter zur Arbeit und zu guten Löhnen führt, statt zu Streiks...« (H. Ford, Mein Leben und Werk, 1923, S. 300).
Die Fordsche Philosophie lief letztlich auf die Herstellung einer ›Betriebsgemeinschaft‹ hinaus. Das war es, was unter dem verführerischen Namen ›weißer Sozialismus‹ nicht nur deutsche Unternehmer, sondern auch viele Gewerkschafter faszinierte.

Der Dreher — ein Lieblingsobjekt der Rationalisierer

Schon Taylor hatte sich bei seinen Analysen zur Steigerung der Arbeitsleistung besonders mit der Arbeit des Drehers beschäftigt, der damals zu den für die moderne Industrie wichtigsten Handwerkern gehörte.

Die Arbeit des Drehers begann mit dem Studium der Werkstattzeichnung, auf der die gewünschte Form, die Art der Oberflächenbearbeitung und das Material des Werkstückes angegeben waren. Der Bearbeitungsprozeß setzte eine Vielzahl von Kenntnissen und Fertigkeiten voraus; der Spielraum für im Verlauf zu treffende Entscheidungen war groß.

Wichtig war beispielsweise, daß der Dreher die Eigenschaften des zu bearbeitenden Materials genau kannte; je nach Materialbeschaffenheit des Werkstücks, nach Art der Oberflächenbearbeitung und nach Antriebsleistung seiner Drehbank suchte er den Drehstahl aus und bestimmte Schnittgeschwindigkeit, Spanstärke, Schnittiefe sowie das Kühlmittel und die Art der Messung. Die Abfolge der einzelnen Bearbeitungsschritte war seiner Erfahrung überlassen, ebenso wie die Wartung und Pflege von Drehbank und Stählen.

Von diesen Fähigkeiten des Drehers und seinen jeweiligen Entscheidungen hing nicht nur die Qualität des Arbeitsergebnisses, sondern auch die Produktionsgeschwindigkeit ab.

Durch Zerlegung des Bearbeitungsprozesses in Einzelelemente, genaueste Zeitmessung und Bestimmung der Reihenfolge der Arbeitsschritte versuchte man deshalb – vor allem beim Drehen von größeren Serien – den Zeitaufwand zu verringern und damit die Arbeitsproduktivität zu erhöhen. Wie man im einzelnen dabei verfuhr und welchen Einsparungseffekt man sich davon erhoffte, verdeutlicht das hier abgebildete REFA-Blatt.

Refa-Blatt

Zur Erläuterung: *Schruppen* ist eine grobe Oberflächenbearbeitung, *schlichten* eine feinere und *schleifen* die feinste.

In einer Szene seines 1930 erschienenen Romans »Maschinenfabrik N&K«, hat Willi Bredel dargestellt, zu welchen Konflikten diese Art Rationalisierung führte, nicht nur weil sie den Leistungsdruck erhöhte, sondern auch weil sie die Erfahrung des Drehers zu entwerten drohte.

Mit Hochdruck wurde jetzt im Betrieb rationalisiert. Bereits am Nachmittag hatte Melmster die gebohrten Flanschen wieder zurück. Er richtete nun den Federdorn aus und begann die Stähle an der neuen Vorrichtung auszuprobieren. Da näherte sich auch schon der Oberkalkulator mit seinen Kalkulationsgehilfen. Sie gruppierten sich um Melmsters Bank und wollten ihr an Tabellen zurecht addiertes und multipliziertes Wunderwerk praktisch erprobt sehen.

Melmster nahm sich bei Anwesenheit dieser Akkordteufel selbst ein feierliches Versprechen ab, ruhig und überlegt zu bleiben und keine Hetzpsychose aufkommen zu lassen.

Er rechnete noch die Entfernung der beiden Stähle aus, als der eine Kalkulator auch schon die erste Belehrung vom Stapel ließ.

»Nehmen Sie doch ein genaues Zwischenstück!«

»Haben Sie eins?«

Schweigen!

Damit war die Unterhaltung fürs erste wieder beendet. –

Dann ließ er die Bank laufen. Mindestens acht Augenpaare verfolgten den Arbeitsvorgang. Beide Stähle setzten zugleich an. Melmster kurbelte vorsichtig. Die Stähle schnitten gut.

Der erste Flansch war zwei Millimeter zu stark. Melmster gab dem einen Stahl einen kleinen Schlag. – Sein durch die dauernde Dreherei entwickeltes Gefühl für die Arbeit bestimmte die Schnelligkeit der Umdrehungen und des Kurbelns. So wurden einige Flanschen fertig. Zwei Kalkulatoren rechneten ununterbrochen. Einige flüsterten. Es schien etwas nicht zu stimmen.

»Lassen Sie einen Gang schneller laufen und kurbeln Sie auch ruhig schneller, die Flächen brauchen nicht direkt blank zu werden!«

»Das hält der Stahl nicht aus!« widersprach Melmster.

»Natürlich hält er das aus!«

Melmster wußte genau, wie schwach der Federdorn war und daß der Stahl nicht haken durfte, sonst schlug der Dorn, darum sagte er standhaft: »Das ist unmöglich!«

»Es gibt nichts Unmögliches!« belehrte ihn der »Ober«: »Ich will Ihnen das zeigen!«

Melmster ging bereitwilligst zur Seite.

»Ja, so dürfen Sie die Stähle nicht schleifen!« Er spannte die Stähle aus und ging sie schleifen.

Olbracht ginste über Melmsters Demütigung.

Der »Ober« kam mit den Stählen zurück, spannte sie ein, nahm das Maß und warf den Riemen einen Gang schneller.

Melmster sah, daß der hintere Stahl viel zu niedrig eingespannt war, so mußte er unterhaken, – sagte aber nichts.

Der »Ober« drehte. Seine Gehilfen sahen ihm aufmerksam und bewundernd zu.

»Notieren Sie die Zeit!« rief er siegesgewiß und kurbelte drauflos. Fast hatte er die Flächen herunter, da rutschte der hintere Stahl unter den Flansch. Es knackte, der Stahl würgte sich ins Material, holperte über den Federdorn und verbog die leichten Federflügel. Erschreckt riß der »Ober« den eingeklemmten Stahl zurück. Er war vollkommen abgeschliffen und der demolierte Federdorn schlug wie ein Lämmerschwanz.

Die Kalkulatoren standen mit aufgerissen Mäulern dabei, hilf- und fassungslos. Der »Ober« hatte einen zum Platzen knallroten Kopf. – Melmster aber erglühte bis oben hin vor Schadenfreude.« In der Ausgabe von 1977, S. 109 ff.

Arbeitswelt 35

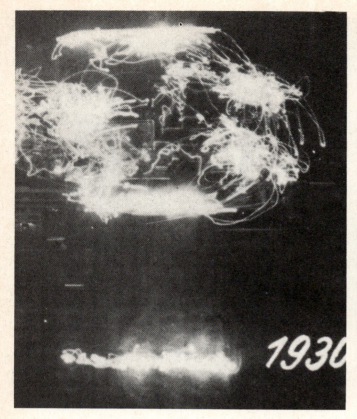

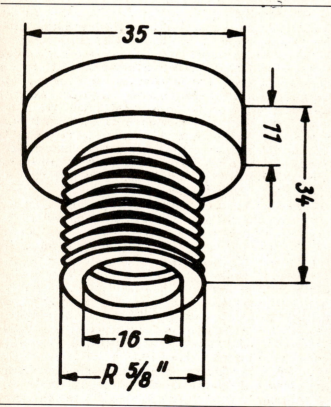
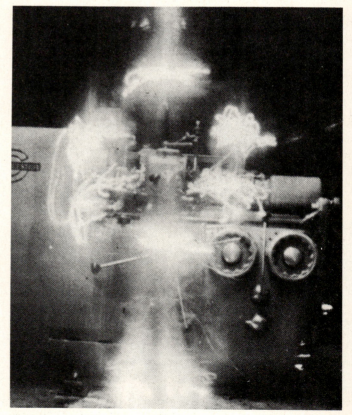

Der zeitliche Abstand zeigt die Tendenz

In Lichtkurven festgehaltene Bewegungen (sog. »Bewegungsstudien« s. S. 31) bei der Fertigung des in Zeichnung abgebildeten Werkstücks an Revolverdrehbänken aus den Jahren 1930, 1940 und 1950. Gemessen an den nur noch ganz kleinen Handbewegungen an der Bank von 1950 erscheint der Dreher von 1930 noch als hochgradiger Handarbeiter.

»Die Frauenerwerbsarbeit ist das gute Recht der Frau...«

»Liebes Mädchen!
Nun hast du dein Entlassungszeugnis von der Schule in Händen und der Ernst des Lebens tritt an dich heran... Was nun beginnen? Nur wenige Wege stehen den Arbeitertöchtern offen... Die Möglichkeiten, höhere Schulbildung und höheres Wissen zu erlangen, ist vorläufig noch ein Vorrecht der besitzenden Klassen. Beim Mädchen noch mehr als beim Knaben. Denn wenn manchmal auch eine Arbeiterfamilie für die Erziehung mehr aufwenden kann, so tut sie dies für den Knaben. Das Mädchen muß sich in seinen Ansprüchen bescheiden – ›Du heiratest ja doch!‹ –. Die Arbeitertöchter aber haben nur eine sehr beschränkte Berufswahl. Die Fabrik, die Schneiderlehre, der häusliche Dienst oder irgendein Kurs für Maschineschreiben, über das hinaus gibt es für arme Mädchen wenig Auswahl, weil alles andere Geld und Zeit erfordert. Arbeitertöchter aber müssen rasch verdienen... Glaube nicht, daß für Mädchen Ernst und Überlegung im Beruf nicht notwendig seien, weil man Euch gesagt hat, das schließliche Schicksal des Mädchens sei die Ehe. Es ist nicht immer so. Es gibt mannigfache Umstände, die viele Mädchen verhindern, in die Ehe einzutreten... Es soll aber auch nicht das Ziel des Mädchens sein, unter allen Umständen seine ganze Zukunft für die Ehe auszurichten. Dadurch macht ihr euch minderwertig als Arbeiterin, aber auch minderwertig als Geschlecht. Wenige Mädchen lernen den Beruf so gründlich, wie dies Männer tun, und das ist eine der Ursachen, warum sie schlechter bezahlt werden...
Jedes Mädchen trachte, tüchtig im Beruf zu werden, es strebe höchste Entfaltung der im Innern schlummernden Kraft, es trachte auf eigenen Füßen zu stehen, dann wird es als Arbeiterin und später auch als Gattin ein geachtetes, würdiges Los finden.«
Aus: Adelheid Popp. Mädchenbuch. Berlin/Wien 1924.

»In den Werkstätten der Reemtsma Cigarettenfabriken, Arbeiterinnen und Mischtrommel in Tätigkeit« – so ist dieses Bild in dem 1930 im Auftrag der Handelskammer herausgegebenen Buch »Hamburg als Industrieplatz« betitelt.

Diese Broschüre wurde in vielen Hamburger Jugendweihe-Kursen der 20er Jahre an die schulentlassenen Mädchen verteilt und sollte ein Ratgeber für den weiteren Lebensweg sein.

»Ich arbeite nicht in der Fabrik...«

In Hamburg, Stadt des Handels und der reichen Kaufleute, waren schon vor dem 1. Weltkrieg mehr Arbeitertöchter als in anderen Großstädten des Reiches im Handelsgewerbe und den Häuslichen Diensten tätig. Da eine Massenfabrikation in typischen Frauenindustrien wie der Textilindustrie fehlte, arbeiteten weniger Frauen in den Fabriken. Von den 35,6 % Frauen, die 1925 erwerbstätig waren, arbeiteten in der Hansestadt 43,4 % in Handel, Verkehr und Verwaltung, im Reich hingegen nur 16,7 %.

Viele Arbeitereltern schickten ihre Töchter nach der Schule erst einmal als Dienstmädchen in einen bürgerlichen Haushalt, wo sie Haushaltsführung »ordentlich erlernen« sollten. Doch im Vergleich zur Zeit vor dem 1. Weltkrieg waren immer weniger Proletariermädchen bereit, in den Haushalt zu gehen. Die Fabrikarbeit, vor allem aber die Tätigkeit als Angestellte, erschien den jungen Mädchen erstrebenswerter als das unfreie, abhängige Dasein der Hausangestellten. 1925 waren nur noch 22,5 % der Frauen und Mädchen Hamburgs in Häuslichen Diensten beschäftigt. Ihr Anteil an den erwerbstätigen Frauen war im Vergleich zum Reichsdurchschnitt mit 12,5 % jedoch immer noch deutlich höher, da die Nachfrage der hanseatischen Oberschicht nach Dienstpersonal groß war.

Auffallend ist, daß in den 20er Jahren die Zahl der weiblichen Angestellten ständig zunahm: Während sich die Zahl der männlichen Angestellten im Reich von 1907 bis 1925 um 10,4 % erhöhte, stieg die der weiblichen Angestellten um 22,4 %. In der Hansestadt gab es seit Mitte der 20er Jahre mehr weibliche Angestellte als Arbeiterinnen! Die meisten Angestellten waren als Verkäuferinnen (rund 46 %), Kontoristinnen (23 %) und Stenotypistinnen (16 %) in Handel und Verkehr Hamburgs beschäftigt, vorwiegend in kleinen Betrieben mit fünf bis 50 Arbeitern und Angestellten. Voraussetzung für diese Entwicklung war das überproportionale Wachstum von Handel, Banken und Dienstleistungen in den 20er Jahren: Immer mehr billige weibliche Angestellte wurden benötigt. Für die Arbeitertöchter war die Tätigkeit als Verkäuferin oder Kontoristin ein erstrebenswerter Aufstieg. 40 % der schulentlassenen Mädchen wollten diese Berufe ergreifen. Fabrikarbeit und Häuslicher Dienst, die früher typischen Frauenberufe, lockten sie weniger an als die scheinbar besser bezahlte und freiere Angestelltentätigkeit. Alle anderen Wege beruflicher Qualifikation waren ihnen in der Regel verschlossen. In der Arbeit als

Arbeitswelt 37

»... Das Transportband trägt die Tuben durch zwei Reihen von Arbeiterinnen. Die letzte auf der linken Seite bedient die Maschine. Die übrigen verpacken die Tuben, wobei sie sich die Zeit mit lustigem Gesang vertreiben...« Bild und Text der Hamburger Firma Beiersdorf, Anfang der 30er Jahre.

Angestellte sahen sie den einzigen Weg, ihre Berufssituation zu verbessern. 80 % der Verkäuferinnen, Kontoristinnen und Stenotypistinnen war jünger als 30 Jahre. Die meisten schieden bereits im Alter von 25 Jahren, dem durchschnittlichen Heiratsalter der damaligen Zeit, aus dem Berufsleben aus.[2]

»Im Haus sind die Kinder, in der Fabrik ist die Arbeit...«

Für die meisten Frauen war die Berufstätigkeit »Durchgangsstadium zur Ehe«. Ihre Hoffnung, durch die Heirat »vom notwendigen Übel der Erwerbsarbeit befreit zu werden«, erwies sich jedoch als trügerisch! Immer mehr verheiratete Frauen mußten hinzuverdienen, da das Einkommen des Mannes zum Überleben nicht ausreiche. Rund 32 Prozent der erwerbstätigen Frauen waren 1925 verheiratet, neun Prozent verwitwet oder geschieden. Die Not drängte diese Frauen so sehr, daß sie gezwungen waren, die ungesundesten, dreckigsten und schlechtbezahltesten Tätigkeiten zu übernehmen: Sie arbeiten in der Metallbearbeitung, der Jutesacknäherei, der Asbestspinnerei, in Darmzubereitungsfabriken, Wäschereien, Kaffeeröstereien und der Fischindustrie der Hansestadt. Dagegen waren nur 15 Prozent der Angestellten verheiratet.

Die Lebensbedingungen der verheirateten Arbeiterin waren noch viel schlechter als die der ledigen Arbeiterin oder Angestellten. Sie mußte neben der acht- bis zehnstündigen Arbeitszeit noch Haushalt und Kinder versorgen. Eine exemplarischer Tagesablauf: Morgens früh zwischen fünf und sechs Uhr stand sie auf, bereitete das Frühstück, kochte das Essen vor; dann wurden Mann und Kinder geweckt. Ein Fußweg von einer halben bis einer Stunde zur Arbeit – z. B. von Eimsbüttel nach den Landungsbrücken – war die Regel, öffentliche Verkehrsmittel waren zu teuer. Von acht bis 18 Uhr in der Fabrik, dazwischen eine Stunde Mittagspause. Schnell hastete sie nach der Arbeit zurück: Einkäufe, nur das allernotwendigste, Mann und Kinder warteten ja schon auf das Essen, das die älteste Tochter bereits aufgesetzt hatte. Sie mußte der Mutter nach der Schule im Haushalt helfen und auf die kleineren Geschwister aufpassen. Ihr älterer Bruder hatte es da besser: Er durfte sich – wie der Vater – bedienen lassen. Nach dem Essen war noch vieles im Haushalt zu erledigen: Strümpfe mußten gestopft, ein Loch geflickt werden. Samstagnachmittag war große Wäsche in der Küche. Während der Arbeitszeit plagte die Frau die

In den großen Sälen der Tabakfabriken hocken in weißen Kitteln über den aufzulockernden Tabakblättern Hunderte von Arbeiterinnen

ALLTAG DER ARBEIT

Hier
müssen die Arbeiterinnen ihre Jahre verbringen, um Pralinen für verwöhnte Gaumen zu füllen

Bereits Teil der Maschine
sind die Frauen an der Zigarettenmaschine geworden

Arbeitswelt 39

»Fabrikationsraum für Fliegenfänger« Frauenarbeit in der GEG-Chemischen Fabrik, Hamburg; Konsumgenossenschaftliches Volksblatt 1930, Nr. 15. S. 12

Sorge um ihre Kinder, die unbeaufsichtigt zu Hause blieben.

Diese Situation wurde durch die schlechten Wohnverhältnisse der Arbeiterschaft in den 20er Jahren für die Frauen noch schwerer erträglich. Denn je ungünstiger die Wohnsituation war, desto schwerer fiel es ihnen, eine gewisse Ordnung und Hygiene aufrechtzuerhalten.

»Welches ist das kleinere Übel? Die Arbeitslosigkeit der Frau oder die des Mannes?«

(Gertrud Hanna, Reichsfrauensekretärin des ADGB)

Die Lebens- und Arbeitsbedingungen der Frauen waren in der Weimarer Republik bedeutend schlechter als die ihrer männlichen Kollegen. Während des 1. Weltkrieges mußten sie in der Industrie die Arbeitsplätze der eingezogenen Männer einnehmen; nach dem Kriege wurde der größte Teil von ihnen im Rahmen der Demobilmachungspolitik, die auch von den Gewerkschaften und der SPD getragen wurde, wieder aus den Betrieben entlassen. Selbst viele Frauen in den Arbeiterorganisationen unterstützten die Demobilmachungspolitik. So forderten die Hamburger Sozialdemokratinnen in einem Antrag an den SPD-Parteitag 1920 in Kassel:

> »In Anbetracht der immer mehr um sich greifenden Erwerbslosigkeit und der dadurch bedingten Not ist es unbedingt notwendig, daß die Verordnung der Demobilmachungskommission, nach der die gleichzeitige erwerbstätige Beschäftigung von Mann und Frau verboten ist, streng durchgeführt wird ... Wir verlangen, daß das Gesetz auch auf die Beamten angewandt wird, solange die Arbeitslosigkeit es erfordert.«[3]

Sie unterstützten mit dieser Haltung die antifeministischen Vorurteile vieler männlicher Genossen und Kollegen, für die die »Frau ins Haus gehörte«, und die in der Kollegin nur eine lästige Konkurrentin sahen.

Die wirtschaftliche Entwicklung zeigte, daß durch die Entlassung der Frauen nur wenige Arbeitsplätze für die Männer frei wurden. Darum wurde die Haltung der Partei zur Frauenarbeit von immer mehr Sozialdemokratinnen kritisiert:

> »Die Frauenerwerbsarbeit ist das gute Recht der Frau... In weiten Kreisen – nicht nur unserer Genossen, sondern auch Genossinnen – ist aber leider die Meinung verbreitet, daß man nur aus Hunger erwerbstätig sein dürfe.«[4]

Trotz der Demobilmachungspolitik zu Beginn der Weimarer Republik stieg die Zahl der erwerbstätigen Frauen in den 20er Jahren kontinuierlich an. Ihre Löhne blieben jedoch immer noch erheblich hinter denen der Männer zurück: Verdienten die Frauen vor dem 1. Weltkrieg 30 bis 60 Prozent der Männerlöhne, so erhielten sie auch in den 20er Jahren nur 60 bis 80 Prozent des Verdienstes der Männer.

Auch die Arbeitsbedingungen verbesserten sich für die Frauen nicht grundlegend. Ein wichtiger sozialer Fortschritt der Novemberrevolution – die Einführung des Acht-Stunden-Tages – wurde bald wieder eingeschränkt. Schon 1924 arbeiteten 60 Prozent der erwerbstätigen Frauen mehr als 48 Stunden in der Woche.

Die hohe Zahl der Betriebsunfälle und Berufskrankheiten zeigte, wie mangelhaft der Arbeitsschutz, insbesondere der Mutterschutz war. In Hamburg führte der Senat 1929 zur Verbesserung des Mutterschutzes eine ›weibliche Gewerbeaufsicht‹ ein, die die Einhaltung der Schutzbestimmungen in den Betrieben kontrollieren sollte. Die Gewerbeaufsichtsbeamtinnen meldeten ihren Kolleginnen in den sieben Bezirksstellen der öffentlichen Schwangeren-Fürsorge die schwangeren Frauen aus den Betrieben. In jeder Bezirksstelle standen den Schwangeren ein Arzt, eine Hebamme und die Fürsorgerin unentgeltlich mit Rat und Hilfe zur Seite.[5]

Die Rationalisierung seit Mitte der 20er Jahre verschärfte die Arbeitshetze der Frauen und bedrohte auch ihre Arbeitsplätze. Die Frauen, vor allem die verheirateten Erwerbstätigen, waren verhältnismäßig stärker an der Arbeitslosigkeit beteiligt als die Männer.

Die Statistiken der Hansestadt täuschen: da Frauen, die längere Zeit keine Arbeit fanden, nicht mehr als Arbeitslose, sondern als ›Hausfrauen‹ galten.

»Gegen das weibliche Doppelverdienertum«

Vor dem Hintergrund der Massenarbeitslosigkeit seit Ende der 20er Jahre wurde der Ruf nach der Entlassung der »weiblichen Doppelverdiener« – gemeint waren die verheirateten Erwerbstätigen – wieder lauter. Initiiert wurde diese Kampagne von konservativen Standes- und Berufsorganisationen. So forderte der ›Deutschnationale-Handlungsgehilfen-Verband‹ 1930 in einer Denkschrift an den

Hamburger Senat die Entlassung der verheirateten Angestellten und Beamtinnen im Staatsdienst. Aufgegriffen wurde diese Forderung von den bürgerlichen Parteien, lautstark propagiert von der NSDAP.

Die Kampagne entsprach der antifeministischen Auffassung vieler Arbeiter und Angestellten, auch innerhalb von SPD und ADGB, die die billigere Konkurrenz der Kollegin fürchteten. Nur vereinzelt wurde von ihnen kritisiert, daß die Notverordnungen besonders die sozialen Rechte der arbeitenden Frauen einschränkten:

- Die Verordnung vom Juli 1930 erweiterte den Begriff der geringfügigen, versicherungsfreien Beschäftigung so außerordentlich, daß alle, die weniger als 30 Wochenstunden arbeiteten oder weniger als zehn Mark wöchentlich bzw. 45 Mark monatlich verdienten, nicht mehr sozialversichert waren. Sie betraf vor allem die verheirateten Frauen, die die schlechtbezahltesten Tätigkeiten annehmen mußten und wegen der Kinder nicht die volle Stundenzahl arbeiten konnten.
- Im Juni 1931 wurde per Notverordnung bestimmt, daß nur »bedürftigen« verheirateten Frauen die Arbeitslosenunterstützung zu gewähren sei. In der Regel wären sie nicht bedürftig, da ihr Mann sie versorgen könne.
- Die Entlassung aller verheirateten Staatsangestellten, Lehrerinnen und Beamtinnen wurde im Oktober 1932 per Notverordnung durchgesetzt.

Auch in der Weimarer Republik bildeten die arbeitenden Frauen die »industrielle Reservearmee«: Sie wurden nach Bedarf geheuert und gefeuert. Von ihnen erwarteten Unternehmer und Politiker weniger Widerstand als von den Männern, denn verhältnismäßig wenig Frauen waren gewerkschaftlich organisiert. Im ADGB waren 1930 nur 14 Prozent der Mitglieder Frauen. Die jugendliche Arbeiterin und Angestellte wollte sich nicht organisieren, da sie ja doch bald heiraten würde. Die verheiratete Erwerbstätige fand keine Zeit mehr, sich neben Haushalt, Kindern und Beruf gewerkschaftlich zu engagieren. Die Gewerkschaften, die die Interessen der arbeitenden Frauen nur am Rande vertraten, förderten das politische Engagement der Erwerbstätigen ebensowenig wie die antifeministische Haltung vieler Kollegen im Betrieb. Von ihnen konnten die Frauen nicht erwarten, daß sie für die Interessen ihrer Kolleginnen aktiv wurden.[6]

Kommunistinnen und Sozialdemokratinnen Hamburgs bekämpften energisch die Forderung nach Entlassung der »weiblichen Doppelverdiener«. Mit Artikeln und Flugblättern wollten sie die Demagogie dieser Forderung aufzeigen, Teil ihres Kampfes gegen die frauenfeindliche Politik der NSDAP.

Die KPD griff die Probleme der arbeitenden Frauen darüber hinaus in einem ›Gesetzentwurf zum Schutze und für die volle Gleichberechtigung der Frauen‹ auf, den sie im Oktober 1931 im Reichstag einbrachte. In ihm forderte sie u. a.:
- gleichen Lohn für gleiche Arbeit,
- eine Höchstarbeitszeit der Arbeiterin, Angestellten und Beamtin von täglich sieben Stunden bei vollem Lohnausgleich,
- volle Gleichberechtigung der Frau bei der Besetzung sämtlicher Arbeits- und Dienststellen,
- keine Entlassung der verheirateten Frauen,
- gleiche Leistungen der Arbeitslosenversicherung für Mann und Frau,
- Aufnahme aller erwerbstätigen Frauen sowie aller Hausfrauen in die Sozialversicherung.

»Auch die weibliche Jugend ist in den Produktionsprozeß eingespannt.« Volk u. Zeit, 1930, Nr. 36

Der Antrag wurde jedoch mit den Stimmen der SPD-Reichstagsfraktion abgelehnt, obwohl die Sozialdemokraten sich auf ihrem Parteitag Anfang Juni 1931 in einer ›Resolution zur Frage der Frauenerwerbsarbeit‹ für das »Gleiche Recht der Frau auf Erwerbsarbeit« ausgesprochen hatte. Diese Resolution schloß mit folgenden Worten:

> »Wir wenden uns aufs entschiedenste gegen die Versuche, auf diesem Wege einen Kampf der Arbeiter untereinander zu inszenieren. Unsere Forderung heißt nicht ›Kampf gegen die Erwerbsarbeit der Frau‹, sondern ›Kampf gegen das kapitalistische System, das allein die Schuld an der wachsenden Arbeitslosigkeit trägt‹. Zu diesem Kampfe brauchen wir alle Männer und Frauen. Die Frauen werden nur dann geschlossen und kampffreudig in den Reihen der kämpfenden Massen des Proletariats stehen, wenn sie gleichberechtigt sind und nicht unter ein Sonderrecht gestellt werden.«[7]

1 Die Frau im Arbeitsleben und in der Arbeitsverwaltung, in: FbHE, 25. 8. 1929; Bajohr, Die Hälfte der Fabrik, S. 17 ff.
2 Hamburgs erwerbstätige Frauen, in FbHE, 23. 2. 1930; Hinter Schreibmaschine und Ladentisch, in: Echo, 15. 6. 1930; Suhr, Die weiblichen Angestellten, 1930, S. 4 ff.
3 Stellungnahmen der Hamburger Genossinnen zum Parteitag, in: Echo, 1. 10. 1920.
4 Bericht von der Reichsfrauenkonferenz 1927, Kiel (Nachdr.) 1974, S. 316.
5 Der Arbeiterinnenschutz, in: FbHE, 25. 8. 1929; Bajohr, S. 61 ff. und S. 192 ff.
6 Bajohr, S. 168 ff.; Losseff-Tillmanns, Frauenemanzipation und Gewerkschaften, 1978, S. 300 ff. und S. 383.
7 Schutzprogramm der KPD für die arbeitende Frau, in: Dokumente der rev. dt. Arbeiterbewegung z. Frauenfrage, 1975, S. 124 ff.; Protokoll des SPD-Parteitages 1931, Leipzig (Nachdr.) 1974, S. 284.

»Kontoristin — das war schon was«

Vierzig Prozent der jungen Mädchen strebte 1930 in den Angestelltenberuf. In Arbeiterkreisen glaubte man, als Kontoristin seien sie bessergestellt. In Wirklichkeit unterschied sich der Beruf jedoch kaum von dem einer Fabrikarbeiterin.

Die zunehmende Rationalisierung und Technisierung des Bürobetriebs verminderten die Selbständigkeit und Entscheidungsfreiheit der Angestellten. Arbeitsstreß, -hetze und -monotonie waren die Folgen. Moderne Großraumbüros nach US-amerikanischem Vorbild steigerten den Schreibmaschinenlärm, schlechtes Mobiliar erzeugte Haltungsschäden. In einigen Büros wurde das Kontrollsystem ausgebaut: Mattglasfenster verhinderten den Blick nach draußen, Glasscheiben zwischen den Abteilungen schufen »durchsichtige«, leicht einsehbare Räume. So konnten »Plaudern, Essen und Toilettemachen« während der Arbeitszeit unterbunden werden (Fritz Giese, »Methoden der Wirtschaftspsychologie«, 1927).

Die Arbeitszeit lag selten unter zehn Stunden, und die Arbeit der Kontoristinnen war meist rein mechanisch: »man wird bald selbst zur Maschine«.

Da in der Wirtschaftskrise ein Überangebot an weiblichen Arbeitskräften bestand, konnte der Verdienst niedrig gehalten werden — Kontoristinnen erhielten zudem stets weniger als männliche kaufmännische Angestellte. Bewerberinnen um eine freie Stelle mußten sich in der Regel einer Begutachtung unterziehen: Wer über 23 Jahre alt war, galt als »zu alt«.

In der Betriebshierarchie standen die Kontoristinnen an unterster Stelle und waren entsprechend abhängig von Vorgesetztenlaunen u. ä. Mädchen, die außer Maschineschreiben noch Stenographie beherrschten oder eine Fremdsprache gelernt hatten, besaßen als Sekretärin bessere Aussichten. Die meisten Kontoristinnen hatten jedoch keine geregelte Ausbildung, da Arbeiterfamilien für Mädchenausbildung im allgemeinen kein Geld hatten oder ausgaben. Das Bewußtsein für den Grad ihrer Ausnutzung und die verpaßten Lebenschancen stellte sich häufig erst später ein.

»Man hätte alles hinschmeißen müssen«

Anita Sellenschloh, geb. 1913, arbeitete seit 1929 als Kontoristin:

»Ich war vorgeschlagen zum Gymnasium, aber meine Eltern waren dagegen, weil sie kein Geld für die lange Schulzeit hatten. 1928 machte ich die Mittlere Reife, das war schon was Gewaltiges.

Die Sozialbehörde machte damals Tests unter den Schulabgängern. Obwohl ich die Zweit- oder Drittbeste war, kriegte ich keinen Bescheid, geschweige denn eine Arbeitsaufforderung. Ich war erst sechzehn und nahm das so hin. Für eine Lehrstelle war es dann zu spät. Meine Mutter hörte später, ich sei nicht genommen worden, weil mein Vater ab und zu die HVZ kaufte.

So machte ich Kurse für ältere Erwerbslose auf dem Arbeitsamt mit, um Schreibmaschine zu lernen. Es gab da kaum Lehrer, mit Anleitungsheften habe ich mir das beigebracht. Sonst habe ich keine Ausbildung bekommen.

Ich fing als Fakturistin in einer kleinen Im- und Exportfirma an. Dort arbeiteten zehn bis 15 Fakturistinnen im Saal. Aus Körben mit Aufträgen mußten wir Kolonnen schreiben und abends alles zusammenzählen. Ich erinnere noch sehr genau meine Wut auf die Kollegen, die sich immer die größeren Rechnungen rauspickten und abends eher fertig waren als wir Jüngeren und Unerfahreneren. Abends mußte alles ausgewiesen werden. Es war laut dort, ein ewiges Geklapper. Ich habe eigentlich mehr unter dem Arbeitsstreß und der Hetze gelitten. In der Firma war ich ein halbes Jahr und kriegte 80 bis 90 Mark im Monat. Das habe ich alles bis auf zehn Mark zu Hause abgegeben.

1930 ging ich in eine andere Firma, für ein halbes bis dreiviertel Jahr, auch in einem großen Büro mit zehn bis zwölf Mann. Dort verkauften sie Sandalen aus Preßpappe und Glasperlen nach Afrika, Negertand eben. Es war eine reine Exportfirma. An jedes Warenkästchen war ein Etikett angebunden. Ich mußte die Nummern auflisten, nichts als das den ganzen Tag.

Mittags war ich oft sehr müde. Einmal bin ich auf dem Klo eingeschlafen. Ab da habe ich ab und zu dort geschlafen. Wir hatten ein bis zwei Stunden Mittag, das war eher eine Belastung als Erholung, weil das Büro in der Stadt war und ich nicht nach Hause konnte. Die Arbeitszeit war von acht bis sechs Uhr abends, um acht Uhr war ich dann zu Hause.

Für das Maschineschreiben nahm man nur Frauen. Es war nie richtig rauszukriegen, was die Männer verdienten, die kriegten irgendwelche Zuschläge. Arbeitskräfte waren billig. Man hat den untersten Dreck im Büro gemacht als Ablegerin und Fakturistin. Ich war sehr frustiert.

Abends hatte ich kaum noch Kraft, mein Privatleben zu gestalten. Fast jeden dritten Tag mußten die Strümpfe gestopft werden, Makostrümpfe, die gingen immer kaputt. Man mußte gut angezogen sein, freundliche Miene machen, bescheiden und höflich sein. Ich bin erst in der Nachkriegszeit richtig wütend geworden. Meine Mutter war nur Reinmachefrau, in meinem Beruf machte man sich nicht schmutzig. Er galt als gehobener Beruf, und ich verdiente zehn Mark mehr als sie. Ich brauchte nicht so unzufrieden sein wie meine Mutter. Im Jugendverband (KJVD) konnte man sich aussprechen. Den andern ging es ja auch so, die wurden auch ausgebeutet.

Die Beleuchtung und Belüftung in den Büros war schlecht, ich hatte einen schlechten Stuhl, immer Rücken- und Nackenschmerzen, hatte später auch Folgeschäden.

Es war sehr wichtig, bei den Chefs beliebt zu sein. Ich habe einmal statt »Frohe Weihnachten« »Frohes Sticheln« unter eine Rechnung geschrieben, darauf flog ich. Weihnachten wurden sowieso immer alle entlassen. Ich habe diese Abhängigkeit sehr empfunden.

Wenn ich mich bei einer neuen Stelle vorstellte, war mir morgens oft übel. Manchmal war ich bei sechs verschiedenen, bevor ich eine Anstellung fand. Man hätte alles hinschmeißen müssen und selbst eine Lehre anfangen, um unabhängig zu sein.«

»Opfer von Zuständen, die sie nicht verschuldet haben...«

Arbeitslosigkeit
von Maike Bruhns

Wirtschaftskrise und Arbeitslosigkeit

Wachsende Arbeitslosigkeit im Reich

Massenhafte, ständig zunehmende Arbeitslosigkeit kennzeichnete die Zeit zwischen 1928 und 1933. Schon 1928 gab es zwei Millionen Erwerbslose, eine Folge der zunehmenden Rationalisierungsmaßnahmen in den Betrieben. Die Weltwirtschaftskrise bewirkte seit 1929 Auftragseinbußen, Produktionseinschränkung, Stillegungen und Konkurse. Für die Arbeiterschaft bedeutete das Kurzarbeit und Entlassungen in großem Ausmaß. Die Arbeitslosenzahl im Reich stieg rapide an: 1930 auf 22 Prozent, 1932 auf 44 Prozent, d. h. die Erwerbslosenzahl belief sich auf über sechs Millionen Menschen. Diese Zahl erfaßte nicht die Kurzarbeiter und jene, die es aufgegeben hatten, sich beim Arbeitsamt zu melden.

Fast jeder zweite Arbeiter mußte »feiern«

In Hamburg setzte die Wirtschaftskrise durch die enge Verflechtung von Schiffahrt und Handel mit dem Weltmarkt erst später ein; die Wirtschaftslage blieb bis Ende 1929 stabil.

Der mit den Zollgesetzen vom April 1930 eingeleitete Agrarprotektionismus der Regierung Brüning bewirkte im Verein mit dem Deflationskonzept für Hamburg eine verheerende Entwicklung. Die Maßnahmen sahen vor, durch Herabdrücken der Preise die Wettbewerbsfähigkeit auf dem Weltmarkt zu verbessern und die Ausfuhr zu steigern. Die Wirkung war entgegengesetzt: Der deutsche Außenhandel schrumpfte bis 1932 um 44 Prozent gegenüber 1929. Die Hamburger Getreideimporteure verzeichneten infolgedessen bis 75 Prozent Geschäftsrückgang. Die Reeder legten große Teile ihrer Flotte auf.

1930 stiegen die Firmenzusammenbrüche auf das Doppelte des Vorjahrs. Die Hamburger Industrie war im Schnitt nur noch zu 50–60, 1931 zu 40–50 Prozent ausgelastet. Der internationalen Schiffahrtskrise folgte in Hamburg eine schwere Schiffbaukrise. Folge war Massenarbeitslosigkeit gerade in den traditionellen Hamburger Berufszweigen (Schiffbau, Hafen, Handel). 1930 z. B. wurden in der Hamburger Schiffsindustrie etwa 10 000 Arbeitsplätze abgebaut. Seit 1931 erfaßte die Wirtschaftsschrumpfung infolge der Krise auch Unternehmen, die bis dahin noch nicht betroffen waren.

Symptome der Zeit – Sorge um Arbeit. 1930 waren 3 Millionen Menschen erwerbslos, 1933 hatten 6 Millionen keine Arbeit.

Eine Betriebszählung am 16. Juni 1933 zeigte, daß durch Auflösung, Stillegung usw. von Unternehmen seit 1925 fast ein Viertel der Arbeitsplätze in Hamburg vernichtet worden war und das bei einem Bevölkerungszuwachs von 5,7 Prozent. Einschließlich der Familienangehörigen war fast ein Viertel der Bevölkerung arbeitslos, am stärksten betroffen die Gruppe der Arbeiter und Angestellten. Fast jeder zweite Arbeiter und jeder vierte Angestellte mußte »feiern«. (Nach Büttner, »Hamburg in der großen Depression«, Diss. 1979)

Vollbeschäftigung durch Krieg

Das nationalsozialistische Regime versuchte mit dirigistischen Maßnahmen und geschickten Arbeitsbeschaffungsprogrammen die Massenarbeitslosigkeit abzubauen. Es raubte die Rechte der Arbeiterschaft auf Organisation in politischen Parteien und Gewerkschaften, das Streikrecht und das Recht auf kollektive Tarifverträge. Hitler stellte die Wirtschaft unter staatliche Aufsicht und schrieb vor, was produziert werden sollte.

Durch gewaltige Ankurbelung und Steigerung der Rüstungsproduktion, große staatliche Aufträge, wie den Bau der Reichsautobahn, und kategorische Einführung des Arbeitsdienstes für die Jugend wurde die Arbeitslosigkeit zwar nicht wirklich beseitigt, aber allgemein der Eindruck einer Verbesserung erweckt.

Erst 1936 war die Arbeitslosigkeit wieder auf dem Stand wie vor Ausbruch der Weltwirtschaftskrise (ca. 1,5 Millionen). Im Sommer 1939 war dann durch vollkommene Umstellung der Wirtschaft auf den kommenden Krieg die Vollbeschäftigung erreicht.

»Die Arbeitslosen sind Opfer von Zuständen, die sie nicht verschuldet haben«

(Volk und Zeit, Nr. 11, 1930)

Physische Auswirkungen der Arbeitslosigkeit

Die Erwerbslosenunterstützung betrug 1930 weniger als die Hälfte des vorherigen Einkommens. Da die Notverordnungen die Leistungen immer stärker einschränkten, gerieten viele Familien bei länger währender Arbeitslosigkeit in bitterste Not. Die Unterstützung reichte nicht zum Leben. Allein die Miete schluckte mindestens ein Drittel, häufiger mehr als die Hälfte des kümmerlichen Betrages.

Hunger, körperliche Schwäche und Anfälligkeit für Krankheiten waren die physischen Folgen der Dauererwerbslosigkeit.

Viele ältere Erwerbslose gaben den Kampf um ihre Existenz auf. Nachdem sie ihren Besitz ins Leihhaus gebracht hatten, verhungerten oder erfroren sie in elenden Behausungen ohne Feuerung.

Psychische Folgen

Die seelischen Auswirkungen der unfreiwilligen Untätigkeit waren gravierend: Verlust von Selbstsicherheit und Ansehen, plötzliche Vereinzelung aus der Gemeinschaft der Arbeitenden. Die Menschen wurden depressiv und anfällig für politische Verketzerung.

»Der Arbeitslose leidet nicht nur unter dem Mangel an materiellen Mitteln, sondern er verfällt, je länger die Arbeitslosigkeit dauert, desto mehr einer tiefen Depression, kommt sich unnütz und aus der Gesellschaft ausgestoßen vor, wird stumpf und inaktiv und erliegt nur zu leicht kriminellen Versuchungen. Er verliert die Kraft, die furchtbare Zeit der Arbeitslosigkeit zu überstehen, und Fälle von völliger Verzweiflung und Selbstmord häufen sich.«
(Auszug aus einer Eingaben an die Reichsregierung, 1931 von ADGB, der Allgemeinen Gewerkschaft der Angestellten (AFA), dem Reichsausschuß für soziale Bildungsarbeit u. a.)

»Die Gedanken eines Arbeitslosen:
Ich martre mich über »Wo« und »Wie«,
Hetze mich müde durch die Straßen.
Ich komme mir vor wie ein Hundevieh –
So wertlos, gekränkt und verlassen.
Die Füße brennen vom Pflasterstein,
Ohne Sohlen lauf ich seit Wochen.
Man blickt mir ins Gesicht hinein,
Als hätt ich was Böses verbrochen.
Ich fürchte die Nacht, die mich schreckt,
In den Traum verfolgen mich Sorgen!
Wie oft hat mich das Grauen geweckt
Vor dem dürren, brotlosen Morgen!
Arbeitslos, ein verfluchtes Los!
Es wächst die hungrige Schlange,
Füllt Straßen und Städte, wächst riesengroß...
Noch ist sie geduldig...! Wie lange?«
Hans Marchwitza, 1929

»Man konnte auch nichts weiter tun«

Hermann Sanne erzählt von seiner Arbeitslosigkeit:

»Ich war damals 19 und insgesamt fünf Jahre arbeitslos. Jeden Tag mußte ich stempeln gehen, man hatte einen halben Tag zu tun, um den Stempel zu kriegen. Es gab 5 Mark in der Woche. Da ich zu Hause wohnte, gab ich alles ab und behielt nur ein paar Groschen fürs Rauchen.

Vom Kohlhöfen ging ich dann zum Gänsemarkt, da war der »Generalanzeiger«, da kriegte man die Zettel mit den Arbeitsangeboten. Für jede Stelle gab es Dutzende von Bewerbern. Und die Stellen wurden einem so billig angeboten, daß man mehr Unterstützung vom Arbeitsamt kriegte. Das brachte alles nichts. Man konnte auch nichts weiter tun, man mußte zurückstecken. Es fehlte am Geld und an den notwendigsten täglichen Sachen.

Ich habe zwischendurch Gelegenheitsarbeiten gemacht, ohne Papiere schwarz gearbeitet. Erst 1936/37 habe ich als Kraftfahrer wieder Arbeit gekriegt, bin später zur Polizei gegangen. Die Löhne sind nach 1933 nicht gestiegen, es gab ja keine Tarife mehr. Da hat sich nicht gleich alles geändert, man hat dann so weitergemacht.«

Zeitsymptom Selbstmord

»Ein trauriges Zeitsymptom ist die Zunahme des Selbstmords. Man kann heute geradezu von einem Bilanzselbstmord sprechen. Dieser Faktor schwillt an, so daß sich die Selbstmorde gegenüber der Vorkriegszeit schon verdoppelt haben, mehrfach in der traurigsten Form des Familienselbstmordes.«
(Hamburger Nachrichten, 29. Januar 32)

Jugenderwerbslosigkeit

Besonders gefährdet waren Jugendliche, die nach Abschluß der Lehre arbeitslos wurden. Seelische und geistige Schäden, die sie bleibend veränderten, sind vielfach belegt.

Viele entflohen der Stempelmisere, gingen auf Wanderschaft durch Deutschland. Oskar Meyer berichtet:

»Ich war nach 1930 arbeitslos und ging jeden Tag stempeln in der Stempelstelle Gotenstraße. Ich erhielt vier Mark Erwerbslosenunterstützung die Woche, davon gab ich meinen Eltern drei Mark, eine brauchte ich fürs Rauchen. Dann ging ich mit Kollegen auf Wanderschaft durch Deutschland, mit dem Wanderschein vom Arbeitsamt. Darauf konnte man bei jedem Arbeitsamt in Deutschland seine 4 Mark Arbeitslosengeld abholen. Wir kriegten auch auf der Walz keine Arbeit. In den Herbergen zur Heimat haben wir fürs Übernachten manchmal Holz gehackt. Insgesamt waren wir fünf Monate unterwegs.«

Ein großer Teil der Jugend wurde durch die Arbeitslosigkeit aber auch wach und politisch motiviert. Er verlor die Lässigkeit und Gleichgültigkeit und schloß sich den linken Organisationen an.

Arbeitslosigkeit 45

Sozialeinrichtungen und Sozialpolitik

Einrichtungen zur Unterstützung der Arbeitslosen

Die Erwerbslosenversicherung:

1927 wurde ein Gesetz für die Arbeitslosenversicherung erlassen, das die seit 1924 bestehende Bedürfnisprüfung aufhob und dem Arbeitslosen den Anspruch des Versicherten gab. Trägerin der Versicherung war die Reichsanstalt für Arbeitsvermittlung und Arbeitslosenversicherung. Die Unterstützung erfolgte unabhängig von der Vermögenslage des Arbeitslosen für eine Dauer von 26 Wochen bei Arbeitern, die mindestens 16 Jahre alt waren und 54 Wochen versicherungspflichtige Arbeit geleistet hatten. Drei Prozent Beitrag vom Grundlohn waren je zur Hälfte vom Arbeitnehmer und Arbeitgeber zu zahlen. Damit konnten im Jahr 800 000 Arbeitslose unterstützt werden. Die Überschüsse des Sommers bildeten den »Notstock« (Reserve) für den Winter, in dem die Zahl der Erwerbslosen stets zunahm. Der Notstock betrug im November 1928 110 Millionen Reichsmark. Sollte die Summe nicht ausreichen, war das Reich verpflichtet, Darlehen zu gewähren.

Die Krisenfürsorge:

Nach Ablauf der normalen Arbeitslosenunterstützung trat die Krisenfürsorge in Kraft. Sie wurde nach 26 Wochen Erwerbslosenunterstützung für weitere 32 Wochen gewährt und war bei Erwerbslosen über 40 Jahren bis zu 45 Wochen zu verlängern. Die Mittel der Krisenfürsorge wurden zu vier Fünfteln aus Beiträgen der Regierung und zu einem Fünftel aus Beiträgen der Stadt oder Gemeinde aufgebracht.

Die Wohlfahrtsunterstützung:

War der Arbeitslose nach 58 Wochen ausgesteuert, trat die städtische Wohlfahrtsbehörde ein.

Die Entwicklung der Sozialpolitik im Reich bis 1933

Schon Ende Januar 1929 war der Notstock aufgezehrt. Bis Mai hatte die Reichsanstalt für Arbeitslosenversicherung ein Defizit von 320 Millionen Mark. Während es der Regierung 1929 noch gelang, den von Unternehmensverbänden und der bürgerlichen Presse geforderten Unterstützungsabbau zu verhindern, bestand nach dem Notwinter 1930 ein Fehlbetrag in der Arbeitslosenversicherung von 460 Millionen Mark, in der Krisenfürsorge von 150 Millionen Mark.

Die Regierung Brüning begegnete den immer schneller ansteigenden Arbeitslosenzahlen mit Notverordnungen, die die Sozialhilfe bis 1933 immer weiter abbauten. Der Erlaß von allgemeinen Krisensteuern brachte außerdem die unteren Einkommensgruppen an den Rand des Existenzminimums. Je mehr sich die Finanz- und Wirtschaftskrise zuspitzte, desto stärker wurden die Sozialleistungen eingeschränkt. Ab April 1931 war die Arbeitslosenversicherung vom Reichsetat vollends abgehängt.

Hamburg: Am Rand der Zahlungsunfähigkeit

In Hamburg wuchs die Zahl der Unterstützungsempfänger der Arbeitslosenversicherung und Krisenfürsorge immens. Anfang 1930 waren es 39 000 Personen, im Februar 1932 82 000. Zunehmende Bedeutung gewann die Unterstützung der »Wohlfahrtserwerbslosen«, die von den Fürsorgebehörden mit dem Notwendigsten zu versorgen waren. Bis Juli 1930 lag ihre Zahl noch bei 10 000, Ende 1931 bei 48 000. Im Dezember 1932 hatte die Stadt mehr Arbeitslose zu versorgen als die Arbeitslosenversicherung: 95 000 Wohlfahrtserwerbslose.

Die Arbeitslosenunterstützung entwickelte sich zu einem brisanten wirtschaftspolitischen System. Schon 1930 betrug der Beitrag zur Krisenfürsorge in Hamburg 2 337 000 RM statt der veranschlagten eine Million, die Wohlfahrtsbehörde verbrauchte 73 Millionen statt 51,8. Dagegen schrumpften

---

September 14 Montag

Kundgebung
im Gewerkschaftshaus, gr. Saal

Hamburgs Sozialpolitik

Es sprechen über dieses Thema:

Johanne Reitze Reichstagsabgeordnete
Paul Neumann Senator

Anfang 20 Uhr
Eintritt frei!

SPD. Hamburg

die Steuereinnahmen um 28 Millionen.

Eine schwere Kredit- und Bankenkrise brachte den Stadtstaat Hamburg an den Rand der Zahlungsfähigkeit. Die Reichsregierung bot nur in geringem Umfang Hilfeleistung. Sie forcierte statt dessen die Sparpolitik. Mit Sparprogrammen immer härterer Art versuchte der Senat, die Fehlbeträge in der Kasse auszugleichen. So wurden z. B. der Personalbestand vermindert, Sachausgaben eingeschränkt, öffentliche Arbeiten und Zuschüsse eingestellt. Auch im Sozialsektor wurde über die Notverordnungen hinaus gespart: Die Arbeitsfürsorge und die vorbeugende Fürsorge (Schulspeisungen, Verschickung kranker Kinder) wurden gestrichen. Wohlfahrtserwerbslose erhielten 15 Prozent, Vollarbeitslose 25 Prozent der Barbeträge weniger.

All diese und andere Maßnahmen brachten nicht den gewünschten Ausgleich. Bis 1933 blieb das wichtigste Ziel der Finanzpolitik, den völligen Bankrott des Staats zu verhindern.
(Nach Büttner, »Hamburg in der großen Depression«, Diss. 1979)

Die Notverordnungen (Auszug)

1. Notverordnung vom Juli 1930:

Beitragserhöhung der Arbeitslosenversicherung von 3,5 auf 4,5 Prozent. Erhebliche Kürzung der Unterstützung Arbeitsloser mit weniger als einem Jahr Beschäftigung. Verlängerung der normalen Wartezeiten von sieben auf 14 Tage bei Arbeitslosen ohne zuschlagsberechtigte Angehörige, Verlängerung der Sperrfrist im Fall von Arbeitsverweigerung auf sechs Wochen, Ausdehnung der Versicherungsfreiheit bei geringfügiger Beschäftigung, keine Unterstützung von Jugendlichen unter 17 Jahren.

2. Notverordnung vom Juni 1931:

Kürzung der Gesamtunterstützung von 13,4 Prozent. Erhöhung der Beiträge auf 6,5 Prozent. Starke Kürzung der Krisenfürsorge, Einstellung der Unterstützung bei Jugendlichen, berufsüblichen Arbeitslosen, verheirateten Frauen und Rentenempfängern. Herabsetzung der Stempeltage auf maximal drei Tage in der Woche.

4. Notverordnung vom Dezember 1931:

Abbau der Erwerbslosenunterstützung um fünf Prozent, Streichung der Unterstützung aller Arbeiter und Arbeiterinnen unter 21 Jahren, Verschlechterung der Versicherung für Saison- und Bauarbeiter, Garten- und Hafenarbeiter, Erhöhung der Wartezeit auf sieben Tage für Erwerbslose mit zahlreichen Kindern, von zwei auf drei Wochen für Alleinstehende.

5. Notverordnung vom Juni 1932:

Senkung der Unterstützungssätze der Arbeitslosenversicherung um 23 Prozent im Durchschnitt. Unterstützungsdauer der Versicherung begrenzt auf 20 Wochen, bei Saisonarbeitern auf 16 Wochen. Die Krisenfürsorge wird weiterhin gezahlt an »hilfsbedürftige« Arbeitslose in derselben Höhe wie die Versicherung (Ausnahme: landwirtschaftliche Berufe, häusliche Dienste und Arbeitslose unter 21 Jahren). Höchstdauer der Unterstützung: 58 Wochen.

Das Kabinett Papen kürzte die Arbeitslosenunterstützung im September 1932 auf eine Summe, die unter dem Existenzminimum lag: Eine vierköpfige Familie erhielt monatlich 51 RM.

Arbeitslosigkeit 47

Nur noch eine Nummer in der Masse

Die Entlassung

Wer die Papiere bekommen hatte, mußte sich um den Bezug von Unterstützung und um neue Vermittlung beim Facharbeitsnachweis bemühen. Der kostete Tage – Tage auch, bis der Entlassene die erste Zahlung beantragen konnte. Bis zum ersten Zahltag mußte er mindestens eine Woche, in vielen Fällen bis vier Wochen warten.

Zahlungsanspruch hatte nur, wer sich drei- bis fünfmal wöchentlich auf der Stempelstelle meldete. Den täglichen Fußmarsch, das stundenlange Anstehen, die Kontrolle in den Ämtern empfanden viele als Schikane. Durch das lange Anstehen in Wind und Wetter, die unzureichende Kleidung und die Unterernährung wurden viele Erwerbslose krank. Der bisher so selbstbewußte Arbeiter wurde zur Nummer in der Masse.

Die bürgerlichen Reaktionäre und ihre Presse bezeichneten derweil die Erwerbslosen gern als »Sozialrentner« oder »Stempelpensionäre«.

Die Arbeitgeberzeitung (Nr. 19, 1930) machte sich entsprechend lustig über sie:

Stempellied
Leben ist jetzt ein Vergnügen
Hier auf dieser schönen Welt;
Ist der Ausweis uns gestempelt,
Dann erhält man auch sein Geld.
Warum soll man da noch schaffen,
Wenn das Nichtstun wird bezahlt?
Mögen Dumme schwitzen, pusten,
Ob es warm ist oder kalt.
Darum, liebe Stempelbrüder,
Macht euch keine Sorgen mehr!
Pflicht des Staates ist's zu sorgen
Für den Stempelpensionär.

Täglich Kohlhöfen: »die reinste Schikane«

Fritz Lachmund, später Schriftsteller, war von 1929 bis etwa 1934 arbeitslos:

»Im Arbeitsamt Kohlhöfen herrschte dazumal ein regelrechter Massenbetrieb. Es war eine ehemalige Volksschule, und wir mußten jeden Tag hin, um uns unseren Stempel in die Stempelkarte drücken zu lassen. Zu diesem Zweck mußten wir uns ganz unten anstellen, dann ging es im Zeitlupentempo von Stockwerk zu Stockwerk und von Korridor zu Korridor. Nach etwa vier Stunden war man dann ganz oben angelangt, und man durfte seinen Stempel in Empfang nehmen.

Bis dahin hatte sich unter manchen Arbeitslosen viel böses Blut angesammelt, das sich häufig in Aggressivitäten Luft machte, was besonders auf die ständig wachsende Zahl der Kommunisten zutraf, die dann erst durch Überfallkommandos der Polizei »beruhigt« werden mußten.

Ich hatte zunächst 1926 eine handwerkliche Lehre als Maler begonnen. Aus Protest gegen den uns zugemuteten Zwölf-Stunden-Tag und die häufige Sonntagsarbeit gingen viele von uns – so auch ich – in die Gewerkschaft, was für meinen Chef ein rotes Tuch war. So wurde ich schon einen Tag vor Beendigung meiner Lehrzeit auf die Straße gesetzt und mußte den Gang zum Stempelamt antreten. Ich erhielt den niedrigsten Unterstützungssatz von 7,80 RM pro Woche. Hiervon gingen schon gleich 5,50 Mark an Zimmermiete ab, so daß mir zum eigentlichen Leben noch ganze 2,30 RM verblieben (Preis für ein Stück Butter 2,10 RM, ein Schwarzbrot 16 Pfennig).

Gestempelt wurde jeden Tag. Fahrgeld war natürlich nicht drin, und so ging ich jeden Tag von Barmbek-Uhlenhorst gute zwei Stunden zum Arbeitsamt Kohlhöfen hin und zurück zu Fuß. In unseren Augen war diese »Beschäftigungstherapie« die reinste Schikane. Das ging so einige Jahre bis etwa 1934.

»Schlechter behandelt als ein Tier«

Ein kleiner Lichtblick in den Jahren um 1930 war die Gewerkschaft. Hier bekamen wir des öfteren mal einen Gutschein im Wert von einer Mark, dann konnten wir uns in den Läden der Produktion Lebensmittel holen oder auch mal ein verbilligtes Mittagessen im Gewerkschaftshaus. Dazu absolvierte ich auf Grund eines Stipendiums noch einige Semester an der damaligen Landeskunstschule Lerchenfeld. Nebenher belegte ich noch ein paar Kurse vom Arbeitsamt in Schriften- und Holzmalerei. Wer lernwillig war, konnte also etwas für seine Weiterbildung tun.

Es waren kurze Lichtblicke in einem damals recht tristen und trostlosen Dasein, das sonst kaum einen Hoffnungsschimmer zuließ. Bei vielen stellte sich eine zunehmende Wut wegen der Aussichtslosigkeit der Lage ein. Andere wiederum trieb es in die radikalen Parteien von links und rechts. Der Rest vegetierte dahin.«

Kohlhöfen 22 war der größte Hamburger Facharbeitsnachweis und die Stempelstelle mit den größten Schlangen.

Kohlhöfen 22 war der größte Hamburger Facharbeitsnachweis und die Stempelstelle, an der die meisten Menschen anstanden. Die Verhältnisse auf den Stempelstellen beschreibt die kommunistische Zeitung »Der Arbeitslose« (1931, Nr. 43):

»Ein unbeschreiblicher Dunst von Menschen und Schweiß, Tabak und Krankheit, Staub und Speichel herrscht in dem grauen Bau. Zum Ersticken übel. Wie kann ein Mensch dort stundenlang anstehen, um seinen Stempel zu bekommen? Ist dem erwerbslosen Arbeiter eigentlich klar, daß man ihn schlechter behandelt als ein Tier? (Ich denke an die Prachtställe für Pferde an der Rothenbaumchaussee). Es sind in der Mehrzahl Metallarbeiter, die hier stempeln.«

Dieselbe Zeitung, Nr. 42, 1931:

»Da stehen die Nieter und Dreher, die Fräser, Schlosser und Maschinenbauer. Alte Werftgrandis und junge Kerle, sie haben schon monate- und jahrelang kein Werkzeug mehr in der Hand gehabt. Sie sind sich vollständig klar über ihre Lage und wissen, daß der Kapitalismus ihnen nicht mehr Arbeit und Brot geben kann. Die Metallarbeiter gehörten von jeher zu den fortgeschrittensten Schichten des Proletariats. Sie sind klassenbewußt und politisch gut geschult. Das wirkt sich auch in ihren Diskussionen aus.«

»Einige Schaltergitter und Planken sorgen für Grenzen zwischen den Hungernden und den von der Bourgeoisie gegen die Stempelnden häufig losgelassenen Bürokraten. Einigen Schalterbeamten sieht man an, daß sie bis heute noch nicht begriffen haben, daß die Bourgeoisie sie gegen die Hungernden ausspielt.« (»Der Arbeitslose«, 1931, Nr. 13)

Eine Stelle – 150 Arbeitssuchende

Die Hoffnung auf Arbeit war fast immer illusorisch, da auf eine offene Stelle im Durchschnitt 150 Arbeitssuchende kamen.

Arbeitslosigkeit

Wie Hamburg
die Arbeitslosigkeit bewältigen wollte

Dem kontinuierlichen Steigen der Arbeitslosigkeit suchten Politiker und Wirtschaftsexperten vergeblich mit gezielten Maßnahmen zu begegnen.

Viele erhofften sich von der Ausschaltung der sogenannten Doppelverdiener neue Arbeitsplätze. Bei Ehepaaren mit zwei Einkommen appellierte man an die Frau, die Berufstätigkeit aufzugeben. Einzelpersonen mit zwei Beschäftigungen wurden auf-

Erwerbslose und Doppelverdiener

gefordert, ihre Nebentätigkeit einzustellen. 1931 wies der Senat die Behörden an, bei Entlassungen von Angestellten in erster Linie diese Gruppe zu berücksichtigen. Die Kampagne widersprach der Realität, da die Berufstätigkeit der Frauen meist soziale Notwendigkeit oder durch Arbeitslosigkeit des Mannes bedingt war.

Das Notopfer

1930 wurde kurzfristig erwogen, die sozial abgesicherte Beamtenschaft zu einem Notopfer zugunsten des Erhalts der Arbeitslosenversicherung aufzufordern – »im Geist gegenseitiger Solidarität« (Echo 28. 2. 1930). Die Beamten sollten auf die kommende Gehaltserhöhung verzichten oder zur Beitragsleistung der Arbeitslosenversicherung herangezogen werden. Diese Idee scheiterte am Protest der Betroffenen, von denen 90 Prozent selbst zu den »armen Schluckern« gehörten.

Kurzarbeit und Überstunden

Die Stadt appellierte an die Wirtschaft, das Überstundenwesen einzuschränken und die Arbeitszeit der Beschäftigten zu verkürzen, um mehr Arbeiter einzustellen. Die Betriebe lehnten das ab: Sie wollten an ihrem Facharbeiterstamm festhalten und die mit Neueinstellungen verbundenen sozialen Leistungen sparen. Kurzarbeit wurde, mit wenigen Ausnahmen, nur bei Beschäftigungsmangel eingeführt. Für Staatsarbeiter hatte die Stadt beispielgebend eine Arbeitszeitverkürzung auf 44 Wochenstunden durch-

gesetzt und auf diese Weise bis Juli 1931 1429 Wohlfahrtserwerbslosen Arbeit verschafft. Nachdem diese entlassen waren, folgten jedoch im Zuge der Sparmaßnahmen keine Neueinstellungen mehr.

Notstandsarbeiten

Seit 1926 führte Hamburg folgende Notstandsarbeiten durch, um Arbeitslose zu beschäftigen: Verkehrsbauten am Jungfernstieg, Vollendung des U-Bahnbaus, Uferschutzbauten an der Cuxhavener Seeküste, Erdarbeiten für die Straßenrampe am Ausschläger Billdeich, Aufschließung von weiterem Staatsgrund in der Horner Geest.

Bis 1500 Empfänger der Krisenfürsorge, zum Teil auch Erwerbslose der Arbeitslosenversicherung, fanden dadurch vorübergehend Arbeit. 1929 brachte Hamburg dafür fast zwölf, 1930 noch sechs Millionen RM auf (jeweils 90 Prozent des Gesamtaufwands, die Reichsanstalt zahlte pro Tagwerk drei RM dazu). Im August 1931 fiel auch dieses Beschäftigungsprogramm dem Rotstift zum Opfer.

Fürsorgearbeiten

Die Arbeitsfürsorge wurde eingerichtet, um die Wohlfahrtserwerbslosen wieder in den Arbeitsprozeß einzugliedern und die kommunale Fürsorge zu entlasten. 2000 Hamburger leisteten bis 1931 Lohnarbeit bei gemeinnützigen- oder Notstandsarbeiten und verdienten weniger als normale Arbeiter (bei drei Kindern eine Mark pro Tag).

Die Beschäftigung von rund 3000 Menschen fiel bei einer Zahl von 100 000 Arbeitssuchenden so gut wie nicht ins Gewicht.

> »Letztlich gilt für alle Maßnahmen und Überlegungen zur Bekämpfung der Arbeitslosigkeit, daß sie nicht geeignet waren, den wirtschaftlichen Niedergang aufzuhalten. Da die Projekte aus Mitteln des ordentlichen Etats bezahlt wurden, konnten sie nicht antizyklisch

wirken; der Arbeitsmarkt empfing keine belebenden Impulse. Die Bemühungen liefen vielmehr darauf hinaus, die schlimmsten sozialen Härten zu mildern und die vorhandene Arbeit... einer größeren Zahl von Menschen zugute kommen zu lassen. Auch in Hamburg wurde die Not nicht wirklich bekämpft, sondern... verteilt und verwaltet.« (Büttner, »Hamburg in der großen Depression«)

Erwerbslosenbildung, Unterhaltung, Speisung

Hamburger Ämter und Institutionen boten für Erwerbslose zahlreiche Weiterbildungskurse an, die von Erwerbslosen stark besucht waren.

Die Arbeitsämter führten Umschulungskurse, z. B. in Bürotechniken, Haushaltslehre oder handwerkliche Berufe mit Einstellungsaussichten durch. Zur »geistig-künstlerischen Anregung« organisierte die Stadt im Winter 1930 107 Veranstaltungen – Konzerte, Museumsbesuche, Vorträge, an denen 100 000 Erwerbslose teilnahmen. Auch die Volkshochschule beteiligte sich.

> »Diese Führungen wurden von den Arbeitslosen als völlig neue Erlebnisse, als innere Bereicherung aufgenommen: »Zu so etwas haben wir nie Zeit gehabt!« »Jetzt wissen wir eigentlich erst, wozu wir da sind!« Solche und ähnliche Aussprüche habe ich immer wieder zu hören bekommen.« (Das bürgerliche »Hamburger Fremdenblatt«, 29. 5. 1932)

SPD und KPD führten Kurse zur politischen Bildung durch. In Parteiheimen oder Kneipenhinterzimmern konnten Organisierte Aufenthaltsmöglichkeit und Unterhaltung finden, andere in städtischen Tagesheimen. Für Ernährung und Kleidung sorgten u. a. die Wohlfahrtsbehörde, die AWO und die Gewerkschaften, die ihre Mitglieder nach Möglichkeit auch finanziell unterstützten. (So gab der ADGB z. B. 1930 5 260 306 RM für Erwerbslosenunterstützung, Krankenbeihilfe und Invalidität aus; Echo 28. 5. 31)

All diese Maßnahmen blieben jedoch Behelf und Stückwerk angesichts rapide steigender Arbeitslosenzahlen und der sich immer mehr ausbreitenden sozialen Not.

Das Programm von ADGB und SPD

> »Der Kampf um Preußen ist ein Kampf um die Arbeit« (ADGB-Vorsitzender Schumann auf dem Krisenkongreß)

SPD und ADGB bemühten sich bis zuletzt, durch Arbeitsbeschaffungsvorschläge und Konzepte der wirtschaftlichen Stabilisierung die Weimarer Republik zu retten.

Hatte Brünings Politik das Ziel, mit Notverordnungen die Löhne, Gehälter und Sozialleistungen zu senken, dadurch die Exportfähigkeit der deutschen Industrie zu verbessern und den Reichshaushalt auszugleichen – was mißlang –, so entwickelte die SPD schon 1930 »Richtlinien zur Krisenbekämpfung«, allerdings noch ohne Konzept zur Konjunkturbelebung. Die vorgeschlagenen Maßnahmen: Stärkung der Massenkaufkraft durch Senkung der Preise, Schaffung neuer Arbeitsplätze, Sicherung des Achtstundentags, Senkung der Rüstungsausgaben, Besteuerung der vermögenden Schichten.

In der Folge stieß jede sozialdemokratische Initiative zur Stärkung von Wirtschaft und Sozialpolitik auf das starre Festhalten der Regierung Brüning an der Deflationspolitik und den sozialen Abbaumaßnahmen.

Wladimir Woytinsky, der Leiter des statistischen Büros des ADGB, entwickelte Anfang 1931 ein »Aktionsprogramm für die Belebung der Wirtschaft« auf der Grundlage einer Ausweitung des staatlichen Kreditsystems – Konjunkturpolitik durch Staatsverschuldung. Das Programm stieß auf scharfe Ablehnung wegen seiner angeblich inflationistischen Wirkung. Die darin vorgesehene Kreditausweitung zur Arbeitsbeschaffung wurde, als die Zahl der Arbeitslosen 1931 auf 4,5 Millionen stieg, zur Grundlage des sog. »WTB-Plans« (benannt nach Woytinsky, dem Holzarbeiterführer Tarnow und Baade, Leiter eines Wirtschaftsinstituts).

Am 13. April 1932 hielten ADGB und SPD einen Krisenkongreß ab, der den WTB-Plan zum Programm erhob: Eine Million Arbeitslose sollte mit einem Finanzvolumen von zwei Milliarden RM für ein Jahr bei Einhaltung der 40-

Arbeits-beschaffung

Die Forderung der Gewerkschaften

Sieben Millionen Arbeitslose verlangen Arbeit und Brot!

Stunden-Woche in den Produktionsprozeß eingegliedert werden. Arbeit sollte vor allem im Straßen- und Hausbau, im Siedlungswesen und auf dem Agrarsektor beschafft werden. Zur Finanzierung war eine »volkstümliche Arbeitsbeschaffungsanleihe« vorgesehen. Gleichzeitig sollte der Einfluß des Staats auf die Wirtschaft durch Verstaatlichung einiger Schlüsselindustrien, Schaffung eines Kartell- und Monopolamtes, Demokratisierung der Reichsbank, Aufbau einer europäischen Wirtschaftszusammenarbeit und einer geplanten Wirtschaftsentwicklung verstärkt und die Krisenanfälligkeit der kapitalistischen Wirtschaft behoben werden.

Der Gesetzentwurf für einen Arbeitsbeschaffungsplan wurde Ende August im Reichstag ebenso abgelehnt wie die Anträge zur Stabilisierung der Sozialversicherung und zum Aufbau einer anderen Wirtschaft.

> »Daß das sozialdemokratische und gewerkschaftliche Konzept nicht irreal war, bewiesen dann die Nazis. Sie benutzten eine defizitäre Konjunkturpolitik – nun allerdings auf eine perverse Art: für die Aufrüstung. So bleibt der bittere Eindruck einer verpaßten Chance.« (Nach Schneider, Das Arbeitsbeschaffungsprogramm des ADGB, 1975)

Das Reich: zu spät und zu wenig

Die Erfahrung, daß Erwerbslosigkeit ein gesamtgesellschaftliches Problem wurde, aktivierte die Regierung. Schon 1930 wurden Sonderaufträge der Reichsbahn und Reichspost für 500 Millionen Mark vergeben. Sie brachten jedoch nur in beschränktem Umfang die Einstellung neuer Arbeitskräfte.

Das Arbeitsbeschaffungsprogramm, das im Frühjahr 1932 entwickelt und im Juli erweitert wurde, stellte für Arbeiten im Straßenbau, der Reichsbahn und Reichspost, für Bodenverbesserungsmaßnahmen und Wasserbauten bis zu 385 Millionen Mark in Aussicht. Davon waren 50 Millionen für den Ausbau des Freiwilligen Arbeitsdienstes (FAD) vorgesehen. Doch die Mittel für alle diese Maßnahmen waren zu knapp bemessen. Die neu geschaffenen Arbeitsplätze erwiesen sich im Verhältnis zur Gesamtzahl der Arbeitslosen als unerheblich. Und vor allem kam das Arbeitsbeschaffungsprogramm zu spät, um noch Erfolg zu bringen.

Arbeitslosigkeit

Die Politik der RGO

»Den Massen den Weg aus Not und Elend zeigen«

Wesentlich anders als SPD und ADGB verhielt sich die kommunistische Revolutionäre Gewerkschafts-Opposition (RGO) in der Arbeitslosenfrage. Während die Taktik des ADGB der Verhandlungsweg war, propagierte die RGO der KPD den Kampf. Die Kommunisten arbeiteten auf Systemveränderung hin und gewannen mit ihren Argumenten immer mehr Wähler: Bei der Reichstagswahl 1928 bekam die KPD 3,2 Millionen Stimmen, 1932 sogar 5,9 Millionen und 100 Sitze.

Haus der RGO Hamburg

Es gelang der RGO in Hamburg jedoch nur langsam, Mitglieder zu gewinnen: 1931 zählte sie 2800, 1932 9232 Mitglieder. Ihre Verankerung in den Betrieben blieb zudem gering, weil Kommunisten gezielt entlassen wurden. Die RGO entwickelte sich zunehmend zu einer Organisation der Arbeitslosen. Ihr Bemühen richtete sich darum auf eine Erfassung »Hunderttausender« ehemaliger Arbeiter und ADGB-Mitglieder. Es galt, »den Massen den Weg aus Not und Elend« zu zeigen, den Entlassenen neue politische Perspektiven zu weisen und die »wirkliche Einheitsfront ohne Unterschied der gewerkschaftlichen und politischen Richtung« zu bilden (Der Arbeitslose, 4. 3. 31).

Erwerbslose waren ein unübersehbares Potential: Sie waren erbittert, hatten Zeit und Hunger.

Zum Organ der kommunistischen Erwerbslosenbewegung wurde »Der Arbeitslose«, ideologisches Bindeglied aller »Stempelstellenproletarier«. Der Verlag befand sich in Kohlhöfen 20.

Erwerbslosenausschüsse

Die RGO bemühte sich, an möglichst vielen Stempelstellen »Erwerbslosenausschüsse« zu bilden. Für 1932 vermerkt der KPD-Bericht des Bezirks Wasserkante 70 Ausschüsse. Ihre Aufgaben:

> »Täglich sind Werbekolonnen einzusetzen, die Diskussionsgruppen organisieren, kurze Ansprachen über den Massenkampf und ›Was will die RGO?‹ halten. Jeder Kollege ist individuell zu bearbeiten und zum Beitritt in die RGO aufzufordern.« (Der Arbeitslose, 4. 3. 31)

Die Erwerbslosenausschüsse bekämpften Schikanen auf den Stempelstellen, ungerechte Bemessung von Zuschüssen, Vergabe offener Stellen an Bevorzugte u. a. mehr. 1929 reichten sie allein 2432 Gesuche und Beschwerden ein. Wenn die Arbeit trotzdem nicht zufriedenstellend ausfiel, war das eine Konsequenz der Überorganisation: Entgegen den Vorstellungen der Partei arbeiteten in den Ausschüssen überwiegend KPD- und RGO-Mitglieder, es fehlte der Unterbau.

> »Die Hauptschwäche der Erwerbslosenbewegung hat ihre Ursache in dem Nichtvorhandensein eines unteren Kampfapparates, der eine systematische Kleinarbeit unter den Erwerbslosen entfaltet und die Erwerbslosenausschüsse fest mit den Massen der Erwerbslosen verbindet.« (Der Arbeitslose, 4. 8. 1931)

Der Staat dezentralisierte als Reaktion auf die RGO die Stempelstellen, um die Ansammlung größerer Menschenmassen zu verhindern. Zugleich wurde die tägliche Stempelzeit verlängert und die Häufigkeit des wöchentlichen Stempelns auf höchstens zweimal verkürzt. Das erschwerte die Arbeit der RGO. Die KPD forderte darum 1932 eine Verlegung der Ausschüsse in die Stadtteile und die Bildung von Häuserblockausschüssen und Vertrauensleuten.

Streiks als »Kampfbündnis der Betriebsarbeiter und Erwerbslosen«

Das Hauptkampfmittel der RGO war der Streik, der als politische Aktion zu einer revolutionären Situation überleiten sollte. Aufgrund der Spaltung der Arbeiterbewegung war der Massenstreik in Hamburg jedoch nicht zu realisieren, auch Teilstreiks brachten nur unzureichende Erfolge. Um Arbeitslose nicht zu Streikbrechern werden zu lassen (was nach der 4. Notverordnung fast ein Zwang wurde, denn die Erwerbslosen verloren den Anspruch auf Unterstützung, wenn sie nicht *jede* Arbeit annahmen!), propagierte die RGO ihre Beteiligung an Streikleitungen und beim Streikpostenstehen.

Das häufig beschworene »Kampfbündnis der Betriebsarbeiter und Erwerbslosen« blieb Theorie, die Rückführung der Arbeitslosen in die Betriebsarbeiterschaft war bei den ohnehin nicht zahlreichen Streiks nicht zu leisten. Auch sog. »Stempelstellenstreiks«, die die RGO initiierte, brachten nur Minimalerfolge. Die Bezeichnung »Streik« trifft überdies nicht die realen Gegebenheiten, da Arbeitslose im Gegensatz zu Beschäftigten über keine Druckmittel verfügten.

> »Die abstrakte Übertragung der revolutionären Strategie auf die völlig anders gelagerte Situation der Arbeitslosen mußte schon deshalb mit einem Mißerfolg enden, weil die Negation der Unterschiede diese nicht beseitigen konnte.« (Caspar, »Die Politik der RGO«, in: Dt. Arbeiterbewegung vor dem Faschismus, 1981).

Die Polizei
ließ nicht auf sich warten...

Erfolgreicher waren die RGO und die Ausschüsse bei der Verhinderung von Exmittierungen, wenn also Wohlfahrtserwerbslose ihre Miete nicht mehr zahlen konnten und mit ihren Möbeln auf die Straße gesetzt wurden. Diesen Ärmsten der Armen halfen die Genossen, indem sie die Möbel wieder in die Wohnung zurückbrachten, den Gerichtsvollzieher vertrieben oder eine Notunterkunft besorgten. Fast täglich verhinderte die RGO Exmittierungen (KPD-Bericht 1932). Meist wurde damit jedoch nur ein Aufschub erreicht.

Von einem anderen Ausgang der Aktion berichtet Rudi Homes:

Im Spätherbst 1931 wurde Willi Hinrichs, KPD-Mitglied und »Poggenmöhl« genannt, aus seiner Wohnung in der Nähe vom Barmbeker Markt exmittiert. Hinrichs Möbel standen schon auf der Straße, und er wußte nicht, wo er bleiben sollte. Es war selbstverständlich, daß wir, seine Freunde, uns mit den Genossen solidarisierten. Wir waren ungefähr 50 Leute, die helfen wollten. Einige Freunde hatten Schilder aus Pappe mit Parolen, die auch ausdrückten, um was es hier ging.

Ungefähr um die Mittagszeit kam ein Freund mit dem Bescheid, daß Hinrichs in der Schmalenbeckerstraße eine Notwohnung beziehen konnte. Nun nahmen wir alle, die aus Protest da waren, jeder ein Möbelstück und die beschriebenen Pappschilder und vollführten eine Demonstration in der Hamburger Straße. Die Polizei ließ nicht lange auf sich warten. Es gab einen Zusammenstoß mit der Polizei. Die armseligen Habseligkeiten wurden dabei zum größten Teil demoliert.

𝕬𝖚𝖋 𝖟𝖚𝖒 𝕳𝖚𝖓𝖌𝖊𝖗𝖒𝖆𝖗𝖘𝖈𝖍 𝖓𝖆𝖈𝖍 𝕳𝖆𝖒𝖇𝖚𝖗𝖌!

Die Hungermärsche

Die RGO bezeichnete die Hilfeleistungen des ADGB als »Hilfe für das Unternehmertum, eine Teil-Sozialunterstützung«, mit der sie nicht konkurrieren wollte und aus Geldmangel auch nicht konnte.

Zu den Weltkampftagen der Erwerbslosen (am 26. März 1930 und 25. Februar 1931) oder zu Kongressen veranstalteten KPD und RGO Hungermärsche der Arbeitslosen, zuweilen initiierten sie auch spontane Hungerdemonstrationen, die Massenzulauf fanden: Am 25. Februar 1931 demon-

strierten z. B. 30 000 Erwerbslose in Hamburg.

Nicht selten kam es dabei zu Auseinandersetzungen mit der Polizei. So zogen am 6. März 1929 die erbitterten Erwerbslosen vor das Rathaus und überschritten die staatlich festgelegte »Bannmeile«:

> **»Die Stimmung der Arbeiter war sehr erregt. Auf den mitgeführten Transparenten übermittelten sie ihre Forderungen wie: »Wir wollen Arbeit und Brot« »Nieder mit der Koalitions- und Hungerregierung«. Trotz des Masseneinsatzes der Polizei gelang es der Demonstration, bis zum Rathaus, wo gerade die Bürgerschaft tagte, vorzudringen. Jetzt ging die Polizei mit größter Brutalität vor. 20 Demonstranten wurden zum Teil erheblich verletzt von der Polizei zur Wache gebracht.«** (KPD-Bericht Bez. Wasserkante, 1927–29)

Einige Hungerdemonstrationen wurden verboten. Häufig räumte die Polizei die Stempelstellen und löste Spontandemonstrationen auf. Die Empörung, die sich bei den Erwerbslosen äußerte, brachte der RGO jedoch nicht den gewünschten Zulauf. Den Erwerbslosen waren mit abstrakter Propaganda für das revolutionäre Ziel auf die Dauer nicht geholfen. Die grundlegende Misere der RGO lag entsprechend in der »Funktionalisierung von Teilkämpfen für ein von ihr selbst gesetztes höheres Ziel, der Überbetonung revolutionärer Parolen und in der Fixierung auf die eigene Führerrolle.« (Caspar, »Die Politik der RGO«)

Nach der Trennung der RGO von der Erwerbslosenbewegung kam diese fast vollständig zum Erliegen. (KPD-Bericht Bez. Wasserkante, 1932)

Das Krisenkonzept der Kommunisten

Schon im Mai 1931 entwickelte die RGO ein Krisenkonzept, das wie das Programm des ADGB auf der Erkenntnis basierte, daß die fehlende Massen-Kaufkraft die Krise nur verschärfe. Zur Bekämpfung der Verelendung der Arbeitslosen stellte die RGO auf dem Bezirkskongreß im Juni 1931 folgende Forderungen:

> 1. **Einführung einer obligatorischen Arbeitslosenversicherung auf Kosten der Unter-**

nehmer und des Staats
> 2. **Auszahlung der Unterstützung in voller Lohnhöhe für alle Erwerbslosen während der ganzen Dauer der Erwerbslosigkeit**
> 3. **Kurzarbeiterunterstützung bis zur vollen Lohnhöhe**
> 4. **Siebenstundentag und 40-Stunden-Woche bei vollem Lohnausgleich**
> 5. **Kampf gegen Zwangsarbeit und Arbeitsdienstpflicht**

Das Arbeitsbeschaffungsprogramm der Kommunisten wurde ebenfalls im Juni 1931 veröffentlicht. Es sah vor:

> I. **Ausnutzung aller vorhandenen Arbeitsmöglichkeiten durch Herabsetzung der Altersgrenze auf 60 Jahre, Wiederherstellung der alten Löhne, Untersagung aller Stillegungen, Rationalisierungen und Entlassungen**
> II. **Schaffung neuer Arbeitsmöglichkeiten durch Erweiterung des Wohnungsbauprogramms, Kanalisierung von Flüssen, Ausbau von Krankenhäusern und Sozialeinrichtungen**
> III. **Finanzierung der Arbeitsbeschaffung durch Streichung der Osthilfe, der Militärausgaben, der Ausgaben für militarisierte Polizei, aller Kirchenzuschüsse und Kürzung der Gehälter und Pensionen der höheren Beamten.**

Die Vorschläge zur Schaffung neuer Arbeitsmöglichkeiten entsprachen in etwa den Positionen von SPD und ADGB. Die Finanzierungsvorschläge (III) waren unter den politischen und wirtschaftspolitischen Verhältnissen der Krise allerdings in keiner Weise zu verwirklichen. Sie demonstrierten einmal mehr die Position der KPD: die Beseitigung der kapitalistischen Wirtschaft und des Systems. Wo sich die SPD erfolglos bemühte, den Erwerbslosen durch Wirtschaftsstabilisierung unter Beibehaltung der Regierung und Staatsform behilflich zu sein, sah die KPD nur den Weg der Zerschlagung.

Der Alleinvertretungsanspruch, den die beiden großen Arbeiterorganisationen durchhielten, ihre Uneinigkeit und Machtlosigkeit gegenüber dem Kapital waren letztlich die Ursache, daß keine von ihnen den Erwerbslosen wirksame Hilfe leisten konnte.

Arbeitslosigkeit 53

»Neues Leben blüht aus den Ruinen...«

Wie die ›Erwerbslosen-Selbsthilfe-Küche‹ Jarrestraße entstand

Anfang 1932 schlossen sich erwerbslose Arbeiter und Angestellte, die sich meist durch die Gewerkschaft oder die SPD kannten, zusammen, um in der Jarrestraße 18 eine ›Erwerbslosen-Selbsthilfe-Küche‹ aufzubauen.

Die Maschinenfabrik Kampnagel stellte eine alte Baracke zur Verfügung. Die arbeitslosen Maurer und Zimmerer, Maler und Tischler packten selbst an und bauten das Gebäude aus, richteten Großküche, Speisesaal und Büroraum ein und begannen im August 1932 mit dem Küchenbetrieb. Eine Küchenmannschaft, die »Maggigesellschaft« – rund 40 Arbeitslose, die von ihren Frauen tatkräftig unterstützt wurden –, fing an zu kochen und verteilte das Essen an die erwerbslosen Mitglieder. Für viele war es seit langer Zeit das erste warme Mittagessen. Ein Fotoalbum, das die Mitglieder selbst gestalteten, erzählt die Geschichte dieser ›Selbsthilfe-Küche‹:

»Die Arbeit schreitet rüstig fort. Die ersten Kessel stehen und warten auf die Inbetriebnahme. ›Eigener Herd ist Goldes wert!‹ Der Küchenherd wird aus altem Material zusammengeschustert.«

»Die Einrichtung muß gebaut werden. Die Holzwürmer (Tischler) lassen sich nicht stören.«

»Neues Leben blüht aus den Ruinen. Mit Loren mußten ca. 100 m³ Boden bewegt werden.«

»Lastzug Nr. 1«

»Die Zimmerleute sind die ersten, die anfangen. Das Gebiet muß abgegrenzt werden. Sie bauen eine Planke. Das Bauholz wurde durch Abbruch alter Schuppen gewonnen und mußte mit Loren herbeigeschafft werden.«

»Eine hiesige Autofirma stellte uns, d. h. allen Hamburger Selbsthilfe-Küchen, den Wagen unentgeltlich zur Verfügung. Dadurch ist das Einkaufen auf dem Gemüsemarkt leichter und billiger gewesen.«

»Im Büro. Ausgabe der Essenskarten!«

»Ausgabe des Essens.«

»Große Mengen Gemüse müssen zubereitet werden!«

»Es schmeckt! Für viele seit langer Zeit das erste warme Mittagessen.«

»Die Maggigesellschaft: Keine Hotelküche, sondern unsere Küche in der Jarrestraße 18.«

»Weihnachtsfeier: Große Mengen Kakao und Berge von Kuchen wurden von den kleinen Erdenbürgern verdrückt. Jedes Kind (120) bekam: 1 Hemd, 1 Unterhose, 1 Paar warme Hausschuhe sowie Äpfel, Nüsse und dergleichen. 20.12.1932.«

Arbeitslosigkeit

Selbsthilfe der Erwerbslosen

»Arbeiten aus Hilfswillen und dem Geist der Zeit«

Da die Erwerbslosen weder vom Staat noch von den beiden Arbeiterorganisationen eine Verbesserung ihrer desolaten Situation erwarten konnten, bildeten sich allerorten Selbsthilfegemeinschaften. Sie schafften mit Kücheneinrichtungen, Essenausgaben, Reparaturdiensten u. ä. Hilfe zum Überleben.

In Hamburg gründete Anfang 1932 eine Gruppe junger Erwerbsloser und sozial Engagierter in der Straße Raboisen einen »Verein Erwerbslosenselbsthilfe Groß-Hamburg e.V.«. Räume stellte die Stadt zur Verfügung. Der Verein errichtete distriktweise insgesamt 15 Küchen, darunter auch die in der Jarrestraße (s. a. S. 54). Im zentralen Büro Raboisen wurden Arbeitskräfte vermittelt, Baumaterialien und Lebensmittel sowie die Spendenwerbung bei Firmen und Rundfunk organisiert. Die Kücheneinrichtungen wurden aus Spenden der Stadt und von Firmen finanziert, zum Teil auch aus der Abwrackaktion im Hafen. Alle Arbeiten verrichteten Erwerbslose, die ihre Arbeitskraft für ein Mittagessen zur Verfügung stellten. Wer dem Verein angehörte, brauchte nur einmal in der Woche zu stempeln.

Karl Büscher, Maurer, seit 1930 arbeitslos, gehörte zu den Vereinsgründern und leitete die Organisation.

Lebensmittel konnten zum Großhandelspreis eingekauft werden. Häufig kamen Spenden oder Stiftungen in Form von Waren vom Gemüsemarkt. Eine Portion Essen kostete für Mitglieder 30 Pfennige, für Erwerbslose 15 Pfennige, ein Preis, der nur durch die große Zahl der Förderer zu halten war. Immer mehr Essen konnten ausgegeben werden.

Die Erwerbslosenhilfe veranstaltete am 4. Dezember 1932 einen »Tag des guten Willens« mit einem Wagenumzug, Radballspielen der Polizei und einer großangelegten Sammelaktion.

Die Erwerbslosenküchen waren so gut organisiert und bewirtschaftet, daß sie sofort nach dem 5. März 1933 von den Nationalsozialisten übernommen und weitergeführt wurden. Als die allgemeine Arbeitslosigkeit durch die Rüstungs- und Baumaßnahmen der Nationalsozialisten zurückging, wurden die Küchen zusammengelegt, später aufgelöst.

Es waren meist jüngere Arbeitslose, die sich aus der Vereinzelung des Nichtarbeitenden befreiten, Initiative entwickelten und in den Selbsthilfegemeinschaften aktiv wurden. Zentren, die von jungen Erwerbslosen aufgezogen wurden, bestanden im Stuvkamp (Barmbek) und in der Niendorfer Straße (Niendorf) in einem alten Fabrikgebäude. Hier arbeiteten neben der Küche Schuhmacher, Tischler, Schlosser und Schneider zum Selbstkostenpreis. Eine gängige Methode, Schuhe haltbar zu machen, war, die Sohlen mit schweren Kopfnägeln zu beschlagen; das klapperte zwar, hielt aber lange. Diese Arbeiten wurden vielfach im Tausch bargeldlos entlohnt, wenn keine Geldmittel vorhanden waren.

»Man mußte einfach Schmumachen« – Tricks zum Überleben

»Meine Schwester wohnte zu Hause. Damit ihr deshalb die Erwerbslosenunterstützung nicht gekürzt wurde, zog sie offiziell zu einer Freundin.« (Rudi Homes)

Willi Peters hatte bei der Wohlfahrtsbehörde eine Beschäftigung für ein halbes Jahr bekommen. Um sie behalten zu können, heiratete er, verlor die Stelle aber trotzdem und wurde ausgesteuert, weil seine Frau als Stahlstichprägerin 38 Mark verdiente.

Freiwillige Kurzarbeit oder oftmaliges Krankmelden, auch wenn man gesund war, sicherte häufig die Weiterbeschäftigung: Wer nur drei Tage in der Woche arbeitete oder sich offiziell lediglich drei Arbeitstage anschreiben ließ, sparte der Firma Lohn- und Sozialleistungen ein.

Aus der Geschichte lernen?

Aus heutiger Sicht waren die Selbsthilfemaßnahmen, erwachsen aus dem Versagen von Staat, Parteien und Gewerkschaften, Aktivitäten einer kleinen Minderheit und im Verhältnis zur allgemeinen Not unerheblich. Das Gros der Erwerbslosen blieb passiv im Kampf mit den existentiellen Sorgen. Es gibt heute wieder Versuche, Arbeitslose in Gemeinschaften handwerklich Tätiger zu integrieren und sie so aus ihren Isolierungsproblemen zu lösen. Auch Lebensformen auf Tauschebene werden erprobt – ein Bemühen, die Bedarfsdeckung unabhängig von Markt und Geldmitteln mit Selbstproduzieren, gegenseitigen Hilfeleistungen und Tausch zu vollziehen und menschliche Qualitäten in der Gemeinschaft wieder stärker erfahrbar zu machen. Die Auswirkungen dieser Versuche sind noch nicht abzusehen.

Das Nachlassen des Wirtschaftswachstum und der Kaufkraft haben auch heute wieder zu steigender Arbeitslosigkeit geführt. Überlegungen zu Arbeitsbeschaffung und Einschränkung arbeitsplatzsparender Rationalisierungen dominieren die politische Diskussion. Obgleich die wirtschaftliche und soziale Situation unserer Zeit und Gesellschaft nicht mit der von 1930 zu vergleichen ist – ein Netz sozialer Sicherung schützt die Arbeitslosen vor existentieller Not –, verdeutlichen die Verhältnisse der Weimarer Republik beispielhaft, was Deflationspolitik und Abbau der Sozialversorgung in der Krise bewirken können.

Hier kann die Geschichte Wege weisen, die nicht mehr begangen werden müssen.

»Wo wohnt das Proletariat?«
Wohnverhältnisse der Arbeiterschaft von Hermann Hipp und Roland Jaeger

»Immer noch Wohnungsnot!«

Die Schaffung menschenwürdiger Wohnverhältnisse für die Arbeiterschaft gehörte vor dem ersten Weltkrieg zu den ungelösten Problemen großstädtischer Sozialpolitik. Während der Weimarer Republik wurde daher auch in Hamburg versucht, die Wohnungsnot der minderbemittelten Bevölkerungsschichten durch Errichtung vorbildlicher Wohnsiedlungen zu beheben. Trotz staatlicher Förderung lagen die Neubaumieten jedoch so hoch, daß die durchschnittliche Arbeiterfamilie weiterhin auf den Kleinwohnungsbestand aus der Vorkriegszeit angewiesen blieb. Zumal das erst 1925 wirkungsvoll einsetzende Wohnungsbauprogramm infolge der Weltwirtschaftskrise bereits 1931 wieder zum Erliegen kam.

Neben qualitativem Wohnungselend wie im Gängeviertel der Neustadt (S. 62) oder in den Mietskasernen von Hammerbrook (S. 69) bestimmte vor allem quantitative Wohnungsnot nach dem 1. Weltkrieg die Wohnungssituation der Hamburger Arbeiterschaft. Denn einer Summe von bedarfssteigernden Faktoren – angestauter Bedarf der Kriegsjahre, Eheschließungen von Kriegsteilnehmern, Umsiedler aus den vom Reich abgetrennten Gebieten, andauernder Verstädterungsprozeß und fortgesetzte Kleinfamilienentwicklung – stand krisen- und inflationsbedingt ein völliger Stillstand der privaten Bauwirtschaft und des Kapitalmarkts gegenüber.

Die daraus resultierende Mangelsituation traf zwar alle Bevölkerungsschichten und alle Kategorien von Wohnungen, schwergewichtig aber die der Arbeiter und Angestellten als stärkster und zugleich wirtschaftlich schwächster Gruppe der Bevölkerung. Denn die weitaus größte Nachfrage herrschte bei kleinen Wohnungen – und sollte im Laufe der 20er Jahre trotz der gewaltigen Neubauleistung noch zunehmen: 1931 suchten rund 56 000 Hamburger Familien eine solche Kleinwohnung.

Mit der Veränderung der politischen Verhältnisse nach dem 1. Weltkrieg, die die Sozialdemokratie auch in Hamburg zur bestimmenden Kraft gemacht hatte, wurde dementsprechend die Lösung der Kleinwohnungsfrage zur Hauptaufgabe staatlicher Wohnungspolitik: Reich, Länder und Kommunen unterwarfen den gesamten Wohnungsmarkt mit gesetzlichen, organisatorischen und finanziellen Maßnahmen einer sozialreformerischen Zwangswirtschaft. Einerseits sollte der Altwohnungsbestand durch Sanierung und Renovierung, räumliche Aufteilung und sachgerechte Belegung besser genutzt werden, andererseits aber mußte vor allem der Wohnungsneubau wieder in Gang kommen.

Doch weder Grundbesitz noch marktwirtschaftliche Prinzipien im Bauwesen wurden dabei politisch ernsthaft in Frage gestellt. Im Unterschied zu Großstädten wie Frankfurt oder Wien versuchte die aus Sozialdemokraten und Bürgerlichen gebildete Senatskoalition in Hamburg die Wohnungsnot der Arbeiterschaft nicht durch eine Verstaatlichung der Wohnungswirtschaft, sondern vielmehr durch eine regulierende Unterstützung privater Bauunternehmen und gemeinnütziger Wohnungsbaugenossenschaften zu beheben.

Finanzierungsinstrument der öffentlichen Hand für diese bürgerlich orientierte Wohnungsbaupolitik war gleichwohl die 1924 gegen den andauernden Widerstand der Grundeigentümer eingeführte »Hauszinssteuer«. Durch sie konnte der inflationsbedingte Entschuldungsgewinn des Althausbesitzers abgeschöpft, zur Förderung des Mietshausneubaus verwendet und so zur Senkung der Neubaumieten nutzbar gemacht werden.

Die Vergabe dieser Mittel – und durch die damit verbundenen Auflagen praktisch die Lenkung des gesamten Wohnungsneubaus - oblag in Hamburg der »Beleihungskasse für Hypotheken«, der seit 1925 mit Paul de Chapeaurouge (DVP) ein bürgerlicher Senator vorstand. Diese Beleihungskasse leistete jedoch keine Baukostenzuschüsse, sondern stellte lediglich zinsgünstige nachrangige Hypotheken für ansonsten frei zu finanzierende Projekte bereit. Blieb die Lösung der Kleinwohnungsfrage also auch ökonomisch dem kapitalistischen Markt überlassen, doch trug diese Kreditvergabepraxis entscheidend zur Vermehrung des Hamburger Wohnungsbestands bei, der zwischen 1918 und 1932 um über 55 000 Einheiten anwuchs. Mit dieser gewaltigen Neubauleistung stand die Hansestadt hinter Berlin reichsweit an zweiter Stelle.

Wohnsiedlungen statt Mietskasernen

Als einzig effektive Bauform zur Verringerung der großstädtischen Wohnungsnot hatte sich auch in Hamburg der zu Großwohnblöcken oder ganzen Wohnsiedlungen verdichtete und für Mietzwecke reservierte Geschoßwohnungsbau erwiesen. Die Selbstorganisationen von Arbeitern, Angestellten und Beamten (Genossenschaften, Gewerkschaften und gemeinnützige Gesellschaften) traten dabei als Bauträger ebenso auf wie die private Bauwirtschaft.

Als für die städtebauliche Entwicklung verantwortlicher Leiter des Hochbauwesens konnte Oberbaudirektor Fritz Schumacher ein planloses »Werden der Wohnstadt« verhindern, indem er bereits bestehende Bebauungspläne reformierte und die neuen Wohnsiedlungen wie einen »Gürtel um Hamburgs alten Leib« legte. Darüber hinaus gelang es durch im einzelnen zwar abwechslungsreiche, im ganzen aber einheitliche Anwendung von Backsteinbauweise und Architekturformen im sachlichen Stil des »Neuen Bauens«, den Wohnungsbau der Weimarer Republik gegenüber dem der »unumschränkten bürgerlichen Herrschaft« als Beitrag zur sozialen Harmonisierung erscheinen zu lassen.

Doch auch hinsichtlich des Wohnstandards bedeuteten die neuen Siedlungen wie am durchgrünten Dulsberg (S. 70) oder in der großzügig gegliederten Jarrestadt (S. 71) einen wesentlichen Fortschritt gegenüber dem kritisierten Kleinwohnungsbau der Vorkriegszeit:

Die Wohngegend am Dulsberg präsentiert sich heute, verglichen mit den Arbeiterwohngegenden im alten Barmbek oder in der Hamburger Innenstadt, als wahrhaftes Paradies. Licht und

Großstadtproblem Wohnungsnot: Trotz gewaltiger Neubauleistung suchten 1931 noch immer fast 60 000 Hamburger Familien eine Kleinwohnung.

Sozialdemokratische Doppelstrategie: Im Wahlkampf Werbung für den genossenschaftlichen Wohnungsbau, im Koalitionssenat Unterstützung für eine eher bürgerliche Wohnungsbaupolitik.

Luft in Überfülle bieten die Gewähr, daß dort ein gesunder Menschenschlag heranwachsen wird, dem die ganze stickige Atmosphäre des Hinterhauses und Hofes fremd sein wird.« (Hamburger 8 Uhr-Abendblatt, 19. 3. 1930).

Ob es aber wirklich »Wohnungen für Arbeiter« waren, die hier so gelobt wurden, und ob der große Umzug aus den Altbauten der traditionellen Arbeiterviertel in die neuen Siedlungen tatsächlich stattfand, läßt sich nicht zweifelsfrei klären. Zum einen gibt keine Statistik zuverlässig Auskunft, wo der 1925 noch mit 43 Prozent bezifferte Bevölkerungsanteil der Arbeiterschaft im einzelnen wohnte. Zum anderen wurde der durch den Wandel der Beschäftigungsstruktur bedingte Rückgang des Anteils der Arbeiter

Wohnverhältnisse 59

Plakative Propaganda: Der große Umzug von Hamburger Arbeiterfamilien aus den »Wohnruinen der Vorkriegszeit« in die neuen Wohnsiedlungen konnte wegen des unterschiedlichen Mietpreisniveaus gar nicht stattfinden.

Sozialpolitischer Leistungsnachweis: Postkarte vom Otto-Stolten-Hof, dem großen Wohnblock der Schiffszimmerer-Genossenschaft in der Jarrestadt.

durch eine erhebliche Vergrößerung der Gruppe der Angestellten ausgeglichen, deren überwiegender Teil aber einkommensmäßig kaum anders dastand als die ebenfalls differenziert einzustufende Arbeiterschaft. Im amtlichen Sprachgebrauch der 20er Jahre war denn auch nicht mehr von »Arbeiterwohnungen«, sondern von »Wohnungen für die minderbemittelte Bevölkerung« die Rede.

Aufschluß über die Wohnungssituation der Hamburger Arbeiterschaft um 1930 gewährt hingegen ein Vergleich des Mietpreisniveaus der Alt- und Neubauten mit den Einkommensverhältnissen breiter Bevölkerungsschichten. So erforderten Zwei- bis Dreizimmerwohnungen, auf die die meisten Familien von Arbeitern, kleinen Angestellten und Beamten angewiesen waren, vor dem ersten Weltkrieg eine Jahresmiete von rund 400 Mark. In den 20er Jahren wurde der Mietpreis für diese Altbauwohnungen im Rahmen der Wohnungszwangswirtschaft staatlicherseits in Prozentsätzen der Friedensmiete festgesetzt. Von anfangs 20 Prozent steigerte sich dieser Betrag bis 1930 auf 124 Prozent der Friedensmiete. Statt 400 Mark mußten nun also 500 Mark jährlich für denselben Wohnraum bezahlt werden.

Soweit die betreffenden Wohnungen durch die Beleihungskasse gefördert worden waren, unterlagen auch die Neubaumieten staatlicher Festsetzung und Kontrolle. Sie wurden jedoch nicht den Altbaumieten angeglichen, sondern als reine Kostenmiete ermittelt, wobei allein die niedrigen Zinssätze der Hauszinssteuerdarlehen eine Senkung gegenüber der Miete frei finanzierter Wohnungen erbrachte. Ende 1931 betrug diese Neubaumiete jährlich 10,50 bis über 12 Mark pro m² je nach Ausstattung und Lage. Für eine typische Kleinwohnung von 65 m² mußten damals also jährlich rund 700 Mark gezahlt werden. Das waren gut 40 Prozent mehr als in einer vergleichbaren Altbauwohnung. Darüber hinaus wurden die meisten Neubaumieter noch durch die Zahlung von Baukostenzuschüssen oder Genossenschaftsanteilen belastet.

Neubauwohnungen für Arbeiter unerschwinglich

Gemessen an der Leistungsfähigkeit eines durchschnittlichen Arbeiterhaushalts mit einem jährlichen Familieneinkommen von insgesamt 3767 Mark (1927) war diese Spanne zwischen Alt- und Neubaumiete kaum zu überbrücken. Dementsprechend waren die Bewerber für Altbauwohnungen weitaus zahlreicher als für Neubauten. Nur wer überdurchschnittlich verdiente oder zu anderweitigen Einschränkungen zugunsten der Wohnung bereit war, konnte sich die »Neue Wohnkultur« leisten. Die meisten Neubauwohnungen wurden daher auch von jungen, noch kinderlosen Familien, bei denen die Ehefrau mitverdiente, bezogen. Ideologisch waren diese Mieter häufig eng mit den Genossenschaften, der SPD und den Gewerkschaften verbunden und gehörten überwiegend zur besser verdienenden Schicht der Facharbeiter (»Arbeiteraristokratie«) oder als »soziale Aufsteiger« bereits zu den Angestellten. Zeitgenössische Bezeichnungen wie »Bonzenburg« für einen entsprechenden Neubau in der Jarrestadt oder gar »Bonzenhausen« für das Neubaugebiet Barmbek-Nord jedenfalls geben dafür Hinweise.

Denn obwohl es im koalitionsregierten Hamburg keine schlechthin sozialdemokratische Wohnungsbaupolitik gab, spielten einzelne Wohnungsbauprojekte von Gesellschaften, die den Gewerkschaften oder der SPD nahestanden, eine von diesen – zumal im Wahlkampf – oft betonte Rolle als sozialpolitischer Leistungsnachweis und ideologischer Identifikationsfaktor. Der große Wohnblock der Schiffszimmerer-Genossenschaft in der Jarrestadt beispielsweise wurde nach Otto Stolten benannt, dem ersten sozialde-

Wohnungsbau als Inbegriff sozialdemokratischer Aufbauleistung nach Kaiserreich und Krieg: Plakat der Hamburger Sozialdemokraten zu den Bürgerschaftswahlen 1927/28.

mokratischen Mitglied der Hamburger Bürgerschaft und 1919 einer der ersten Sozialdemokraten im Senat. Nicht zuletzt waren diese Siedlungsbauten ja auch sinnfälligster Ausdruck einer von der Sozialdemokratie getragenen Aufbauleistung nach Kaiserreich und Krieg: »Wir bauen eine neue Welt!«. SPD und Gewerkschaften nutzten daher Grundsteinlegung, Richtfest und Einweihung zu politischer Selbstdarstellung.

Die Kommunisten hingegen pflegten bei solchen Anlässen auf die sozialen Widersprüche des Neubaumarkts hinzuweisen. So lobte ihre Tageszeitung zwar den genannten Otto-Stolten-Hof als hervorragend gebaut, beobachtete bei seiner Einweihung jedoch keine Arbeiter, dafür aber »elegante Privatautos, wohlgenährte Herren, ein paar elegante Damen...«, und meinte, dieses Haus sei »wohl geeignet, dem Arbeiter die notwendigsten Voraussetzungen einer Wohnungskultur zu geben – wenn eben der Prolet die Wohnungen bezahlen könnte« (HVZ, 28. 9. 1928).

Allerdings entsprach es nicht den Tatsachen, wenn die kommunistische Propaganda daraufhin den überteuerten Neubauwohnungen – als typisch sozialdemokratischen, den Arbeitern nicht zugänglichen Errungenschaften – das »Gängeviertel« der Neustadt als wirkliche Wohngegebenheit des Proletariats gegenüberstellte. Denn die durchschnittliche Wohnsituation der Hamburger Arbeiterfamilie bestand um 1930 wohl eher in einer Zwei- bis Dreizimmerwohnung in einem Haus mit fünf oder sechs Geschossen und vier Wohnungen an einer Treppe, erbaut Ende des 19. oder Anfang des 20. Jahrhunderts und gelegen in einem der dicht besiedelten Kleinwohnungsstadtteile wie Barmbek.

Am Ende der 20er Jahre griffen mit sinkenden Löhnen und zunehmender Arbeitslosigkeit dann auch in den Neubausiedlungen jene Mißstände um sich, die an diesen Altbauten anfangs so kritisiert worden waren, nämlich die Teilung der Miete durch zwei oder mehr Familien sowie die Untervermietung der ohnehin kleinen Wohnungen: »Was eine warmherzige Wohnungsbaupolitik vermeiden wollte, stellt sich in immer stärkerem Maße wieder ein: die Übervölkerung der Wohnungen.« (Hamburger Anzeiger, 14. 11. 1930). Zumal die Neubautätigkeit, die 1930 mit gut 11 000 Einheiten ihren Höhepunkt zwischen den Weltkriegen erreichte, infolge der Weltwirtschaftskrise abrupt zum Erliegen kam. Nachdem sich eine wirksame Senkung der Neubaumieten als politisch nicht durchsetzbar erwiesen hatte, mußten die Sozialdemokraten daher im Bürgerschaftswahlkampf 1931 resignierend bilanzieren: »Auch heute besteht noch Wohnungsnot in Hamburg.«

Fazit: Der in städtebaulicher, architektonischer und wohnreformerischer Hinsicht vorbildliche Massenwohnungsbau im Hamburg der 20er Jahre war zwar den minderbemittelten Bevölkerungsschichten zugedacht gewesen, hatte letzten Endes jedoch seine eigentliche Zielgruppe verfehlt. Denn trotz öffentlicher Förderung, rationalisierter Bauweise und zuletzt auch reduzierter Ansprüche an die »Neue Wohnkultur« blieben die Neubaumieten für den durchschnittlichen Arbeiterhaushalt unerschwinglich. Erst heute haben die Siedlungen als preiswerter Altbauwohnraum das Mietpreisniveau erreicht, das ihrer sozialpolitischen Intention entspricht.

Eine ausführliche Darstellung des Themas enthält das 1982 im Hans Christians Verlag, Hamburg, erschienene »Sonderheft zur Denkmalpflege« von Hermann Hipp über die »Wohnstadt Hamburg« (ISBN 3-7672-0770-2).

Wohnverhältnisse 61

Schmale, dunkle Gassen, grauenvolle verschmutzte Hinterhöfe, feuchte enge Wohnungen, aus denen das Ungeziefer trotz aller Mühe nicht zu vertreiben ist, das ist das Hamburger Gängeviertel. Kinder spielen auf den verschmutzten Straßen und Höfen, Prostituierte stehen vor den Haustüren. Die Gesichter der Arbeiterfrauen sind zermürbt von den täglichen Sorgen und Mühen. Selten, daß noch ein Arbeiter im Gängeviertel in Lohn und Brot steht. Krankheit, Not und Elend und eine ungeheure Erbitterung gegen das System, das Elend und Not zertrümmern die Familien. Die Tragödie des einen ist die Angelegenheit des anderen. „Je größer die Armut, desto mehr Streit", sagte uns ein Arbeiter aus dem Langen Gang. „Aber die Leute haben ja nichts zu essen!" .... Und nichts zu hoffen? Sie hoffen, zäh und erbittert auf den Tag der Abrechnung. Das Gängeviertel hat seine Bedeutung in der Geschichte der Arbeiterschaft Hamburgs.

Langer Gang 31
Eine von Tausenden Hamburger Arbeiterwohnungen

Hier wohnt der 78 jährige Invalide August Scharnberg mit seiner bejahrten Frau. In der durch behördliches Edikt als „Arbeitsraum" anerkannten Kammer müssen die alten Leute wohnen, kochen, die Wäsche waschen und trocknen, trotzdem die in dem winzigen Raum herrschende Stickluft sogar für ein Tier unerträglich wäre

Menschen recht- und wehrlos macht, hat unter der Arbeiterschaft Platz gegriffen.

Langergang 31. Ein 78 jähriger, der an Krücken geht, zeigt uns seine Wohnung. Drei Löcher, das eine kleiner wie das andere. Ein finsterer Flur soll die Küche sein. Der Mietpreis beträgt RM 27.90 pro Monat. Ein paar Quadratmeter groß ist der Hof, die Treppen sind so eng und steil, daß es als ein Wagnis erscheint, sie zu benutzen.

Eng wohnen die Leute beieinander, so eng, daß der eine am Leben des anderen teilnehmen muß. Nie ist Ruhe in den Gängen. Die vielen Menschen, zusammengedrängt in Häuserruinen, haben verschiedene Lebensgewohnheiten.

Schlafraum im Langergang 31. Die Wände sind feucht, die Fenster dürfen nie ganz geschlossen werden, weil man sonst nicht atmen könnte. Die sogenannte Küche befindet sich in einer stockfinsteren Flurecke, der Herd ist überhaupt nicht zu gebrauchen

Über 12 000 Menschen drängten sich um 1930 in den baufälligen Fachwerkhäusern des jahrhundertealten Gängeviertels der nördlichen Neustadt. Das winkelige Gewirr der engen Gassen und dunklen Höfe erstreckte sich zwischen den Straßenzügen Alter Steinweg, Kohlhöfen, Neustädter Straße und Kaiser-Wilhelm-Straße. Zur Orientierung: oben links das Museum für Hamburgische Geschichte, oben rechts das Justizforum.

Soziales Spannungsgebiet

Gängeviertel« hießen in Hamburg jene dicht bebauten Gegenden der Alt- und Neustadt, in denen teilweise bereits seit dem Mittelalter die ärmeren Bevölkerungsschichten lebten. Nach der Cholera-Epidemie von 1892 wurden diese ungesunden Wohnquartiere schrittweise flächensaniert. Städtebauliche und sozialhygienische Gründe waren dafür ebenso maßgebend wie wirtschaftliche und politische Motive. Denn mit der schlechten Bausubstanz sollten zugleich soziale Spannungsgebiete beseitigt werden. So mußte Mitte der 20er Jahre auch das als »dunkelstes Hamburg« berüchtigte Gängeviertel der südlichen Altstadt dem dort entstehenden »Kontorhausviertel« weichen.

Die aus den Sanierungsbezirken vertriebenen Hafen- und Gelegenheitsarbeiter waren jedoch weiterhin auf innerstädtische Wohnungen angewiesen. Unterkommen fanden die meisten von ihnen im letzten noch verbliebenen Gängeviertel in der nördlichen Neustadt. Um 1930 wurde dieses proletarische Milieu zu einem schon damals legendären Schauplatz für erniedrigende Lebensbedingungen, politische Radikalisierung, Kleinkriminalität und Prostitution.

Über 12 000 Menschen drängten sich hier in baufälligen Fachwerkhäusern. Kinderreiche Arbeiterfamilien mußten sich in niedrigen Kleinwohnungen einrichten. Küchen dienten auch als Schlafstätten. Mehrere Mietparteien teilten sich eine Toilette. Selbst am Tage mußten Lampen die düsteren Treppen und Flure erhellen. Fehlende Kanalisation und mangelnder Luftdurchzug sorgten in den Gängen für Schmutz und Gestank. Gleichwohl herrschte dort rege Betriebsamkeit, da die Bewohner ihr Alltagsleben wegen der beengten Wohnräume weitgehend nach draußen verlagerten.

»Das sind doch nur Löcher, aber keine Wohnungen, die ins 20. Jahrhundert passen. Ihr müßtet mal ein Leben lang drinnen wohnen«, meinte der KPD-Vorsitzende Ernst Thälmann zu jenen bürgerlichen Beobachtern, die mit Skizzenblock und Kamera durch das »romantische« Gängeviertel spazierten. Denn so malerisch diese Wohnverhältnisse aus der Besucherperspektive erscheinen mochten, so menschenunwürdig waren sie für die Betroffenen. Wer hier aufwuchs, der wußte, was Klassenkampf bedeutete.

Wohnverhältnisse

KPD-Demonstration zur Reichstagswahl von 1930 im Gängeviertel, Ecke Kohlhöfen und Neustädter Straße.

Häuser im Hintergrund: Bauke, Arbeitsnachweis, Bücherhalle und RGO-Bezirksbüro.

Das Gängeviertel war die politische Hochburg der Hamburger Kommunisten. Bei Wahlen erhielt die KPD hier mehr als die Hälfte der Stimmen. Häuser und Höfe wurden entsprechend dekoriert.

Lichtscheues Gesindel!

sind die Werktätigen der Neustadt – schreibt das Hamburger Echo vom 14. September 1931

„Die Gänge der Neustadt werden seit jeher von dem lichtscheuen Gesindel für Bluttaten u. Terrorakte bevorzugt"
(„Echo" vom 14. September 1931)

Die 12000 KPD-Wähler in der Neustadt sind nach der Auffassung der Echo-Redaktion lichtscheues Gesindel

Das „Echo" fordert stärkeren Polizeieinsatz in der Neustadt

„Gerade in der Neustadt wird man sich auf neue KPD-Verbrechen gefaßt machen müssen. Gerade in der Neustadt wird daher ein erhöhter Einsatz von Polizeikräften gegen kommunistisches Banditentum erforderlich sein"
(„Echo" vom 14. September 1931)

Werktätige der Neustadt!
Die SPD-Partei, die mit Rollkommandos Arbeiterlokale demoliert und Arbeiter niederschießt, beschimpft Euch als lichtscheues Gesindel und schreit nach der Polizei!
Die Partei der Notverordnungen, Sparmaßnahmen und des Hunger-Programms für die Werktätigen muß am 27. September 1931 eine schallende Ohrfeige erhalten

Heraus mit dem „Echo" aus Arbeiter-Wohnungen

**Keine Stimme der SPD!
Die Neustadt wählt rot!**

Kommunisten

LISTE 2

Die zahlreichen Zusammenstöße zwischen Polizei und radikalisierten Arbeitern im Gängeviertel waren 1931 Gegenstand des Bürgerschaftswahlkampfs.

»Klein Moskau«

Die Bewohner des Gängeviertels, hauptsächlich Hafen- und Gelegenheitsarbeiter mit ihren Familien, waren schon immer stärker als andere von Erwerbslosigkeit betroffen gewesen. Die Weltwirtschaftskrise jedoch brachte sie in eine nahezu aussichtslose Lage. Politisch wurde daher diejenige Partei unterstützt, die am radikalsten Abhilfe versprach. So erzielte die KPD bei der Bürgerschaftswahl 1931 in der Neustadt mit 41,6 Prozent ihr bestes Hamburger Stadtteilergebnis. In einzelnen Wahlbezirken des mit Fahnen und Transparenten entsprechend geschmückten und im Volksmund als »Klein-Moskau« bezeichneten Gängeviertels bekamen die Kommunisten sogar mehr als zwei Drittel der Stimmen. Ihr Parteibüro am Valentinskamp 40–42 lag ohnehin gleich um die Ecke, ebenso die als politische Treffpunkte bedeutsamen Verkehrslokale von Bauke, Kohlhöfen 23, und Stein (später Scheffler), Valentinskamp 43. Und vom RGO-Büro, Kohlhöfen 20, aus konnte agitatorisch aussichtsreich auf Tausende von Erwerbslosen eingewirkt werden, die am benachbarten Arbeitsnachweis, Kohlhöfen 22, oft Stunden auf ihren Stempel warten mußten.

Ordnungspolizei räumt die Straße Kohlhöfen von demonstrierenden Erwerbslosen, 1930

Feuerwehr entfernt Transparente von der Fassade des RGO-Bezirksbüros, 1932

SA marschiert durch das zum Abriß bestimmte »rote Gängeviertel«, Anfang 1933

Polizisten kontrollieren Proletarier beim Betreten des Gängeviertels, 1931

»Latenter Bürgerkrieg«

Vertreter der Staatsgewalt befanden sich im Gängeviertel »dauernd im Zustande des latenten Bürgerkriegs«. Die Radikalisierung der politischen Auseinandersetzungen forderte hier um 1930 auf beiden Seiten Verletzte und auch Tote.

Krawalle erwerbsloser Jugendlicher und von den Kommunisten inszenierte »Hungerunruhen« wurden von der Polizei mit Razzien und Großeinsätzen beantwortet. Eine nachhaltige soziale Kontrolle dieses Arbeiterwohngebiets scheiterte jedoch an der Solidarität unter den Bewohnern und der Unübersichtlichkeit der Gegend. Die Hamburger Polizei drängte daher auf eine rasche Sanierung:

> »Es liegt auf der Hand, daß das Gängeviertel bei seiner heutigen Gestalt... zu einer außerordentlich ernsten Gefahr für die Sicherheit des Staates und der gesamten Bevölkerung wird, wenn es dort zu wirklichem, bewaffneten Aufruhr kommt.«

Wirtschaftliche Not der öffentlichen Finanzen und politischer Widerstand der Grundeigentümer verhinderten jedoch die damals bereits geplanten Sanierungsmaßnahmen.

Die Nationalsozialisten allerdings hatten nach der Machtergreifung nichts Eiligeres zu tun, als noch 1933 mit der Beseitigung dieser »Brutstätte des Marxismus« zu beginnen.

Heute erinnert lediglich eine stehengebliebene Häuserzeile am Bäckerbreitergang an das Gängeviertel der Neustadt, das wie kein anderes Wohngebiet »seine Bedeutung in der Geschichte der Arbeiterschaft Hamburgs« (AIZ, 1931, Nr. 35, S. 697) hat.

Wohnverhältnisse

Wo kehren wir ein?
Ein kommunistisches Verkehrslokal in Hamburg: Autobiografische Erinnerungen von Wilhelm Bauke

Wilhelm Bauke hinter der Toonbank:
Er duldete nicht, daß in seinem Lokal ein politisch anders denkender Arbeiter wegen seiner Gesinnung verprügelt wurde.«

»Das Lokal des Vaters wurde Agitationslokal der Kommunistischen Partei…«
Gaststätte Wilhelm Bauke, Kohlhöfen 23, in der Nähe des Gängeviertels.

In Hamburg gab es zahlreiche Gaststätten, die als Verkehrslokale politischer Parteien galten. Sie hatten im politischen Leben eine wichtige Funktion als Umschlagplatz von Informationen und Versammlungsort. Die Geschichte von »Baukes« Gaststätte in der Nähe des Hamburger Gängeviertels bei der damaligen Stempelstelle hat Wilhelm Bauke jun. (geb. 1903) in einer unveröffentlichten Autobiographie über seinen Vater, Wilhelm Bauke sen., niedergeschrieben, mit dem er in der Zeit steigender Arbeitslosigkeit Ende der 20er Jahre hinter der »Toonbank«, dem Tresen, gestanden hatte.

Wilhelm Bauke sen., von Beruf Drechsler, war auf der Wanderschaft in den 80er Jahren des letzten Jahrhunderts mit Carl Legien zusammengetroffen und hatte sich mit ihm in Hamburg niedergelassen. Eigentlich war es ein Vorschlag von Carl Legien, der Wilhelm Bauke veranlaßte, nach Aufhebung der Sozialistengesetze eine Kneipe zu gründen, wo sich Gleichgesinnte treffen konnten. 1893 übernahm Wilhelm Bauke sen. die Gaststätte in der Nähe des Gängeviertels, die dort bis 1941 von Familie Bauke bewirtschaftet wurde.

Den Behörden war es damals ein Dorn im Auge, daß sich in diesem Gebiet ausgerechnet eine »Sozi-Kneipe« etablierte, die zum Treffpunkt »de Piependreiers«, der Tabakarbeiter wurde (auch Willi Bredels Vater verkehrte dort), die bekannterweise eine politisch aktive Berufsgruppe waren. Aber den Polizeischikanen leistete Wilhelm Bauke erfolgreich Widerstand.

In der Autobiographie beschreibt Wilhelm Bauke jun. die Situation der Gaststätte in den 20er Jahren:

»Vater verfolgte die politische Entwicklung mit Spannung und versuchte im Sinne der Einigung zu wirken. Er duldete nicht, daß in seinem Lokal ein politisch anders denkender Arbeiter wegen seiner Gesinnung geprügelt wurde. Immer verwies er auf den Spruch: ›Seid einig, einig, einig!‹, den er inzwischen im Lokal angebracht hatte. Mit Recht kann ich behaupten, daß durch sein Wirken die Zerfleischung der Arbeiterschaft in dem Stadtteil Neustadt wenig an Boden gewann…

Schritt für Schritt wurde die Arbeiterschaft zurückgedrängt, und langsam gingen die Errungenschaften der Revolution wieder verloren. Reaktionäre Kräfte erhoben wieder ihr Haupt, diktierten Preise und Löhne, und die Arbeitslosigkeit nahm erschreckend zu.

Als unmittelbare Folge entwickelte sich die Inflation sehr schnell. Kundgebungen, Massenversammlungen und Streiks wechselten miteinander ab. Die Interessen der Erwerbslosen wurden durch einen Erwerbslosenausschuß vertreten. Im Klubzimmer des Vaters tagten die verschiedenen politischen Organisationen wie: Kommunisten, Syndikalisten, Freie Sozialisten – Anarchisten, die Antroposophen, die Gewerkschaften, kleinere Betriebe, Delegierte, Vertrauensleute, Betriebsräte, Streikleitungen usw. Oft genug warteten die Gruppen am Tage auf das Freiwerden des gut hundert Personen fassenden Klubzimmers, das fortlaufend besetzt war. Auf Grund dieser verschiedenen politischen Auffassungen wurde viel bis zur Polizeistunde diskutiert.

Während die eine Richtung die Diktatur des Proletariats vertrat, wurde dieser Auffassung der klassenlose Staat entgegengesetzt. Während dieser Diskussionen traten einige Gäste besonders in den Vordergrund. Einer der eifrigsten Propagandisten für den gerechten Kampf der Arbeiterschaft war der Tischler Ludwig Schaub. Er verstand es, zündende Reden zu halten und die sich ihrem Schicksal ergebenden Arbeiter immer wieder wachzurütteln. Ja, er hielt öffentliche Referate. Eines Tages entschloß er sich, den Arbeitslosen vor der Baracke des Arbeitsamtes auf dem Heiligengeistfeld eine flammende Rede zu halten. Einige Tage vorher wurde durch kleine Handzettel auf diese Versammlung aufmerksam gemacht. In Ermangelung eines Podiums wurde ein Handwagen gemietet und vom Vater Tisch und Stuhl mitgenommen. Auf dem Heiligengeistfeld angekommen, begann man sofort mit dem Aufbau. Der Tisch wurde auf den Handwagen gestellt und der Stuhl daneben. Ludwig Schaub begann zu reden und wurde umjubelt.

In dem Klubzimmer wurden nicht nur politische, gewerkschaftliche oder andere Versammlungen und Sitzungen abgehalten, sondern es stand auch für kulturelle Zwecke zur Verfügung. So wurde dort seit 1920 eine Abteilung des Arbeiter-Schachbundes ansässig, die dort an bestimmten Tagen Übungsabende und auch Wettkämpfe mit Mannschaften anderer Stadtteile abhielt. Mein Vater, der dem Schachspiel sehr zugetan war, stand auf dem Standpunkt, daß durch das intensive Spielen der Geist des Spielers angeregt und das Bewußtsein gestärkt würde, daß der im täglichen Daseinskampf stehende Mensch unbedingt braucht. Die Abteilung Neustadt, wie sie genannt wurde, erfreute sich eines regen Zuspruchs, weil auch bei den vielen Erwerbslosen großes Interesse bestand, denn sie machten von der Spielmöglichkeit reichlich Gebrauch. Oftmals, wenn der Schriftsteller Willi Bredel in Hamburg war, versäumte er es nicht, meinen Vater aufzusuchen, und wenn Gelegenheit war, Schach zu spielen.

Er hatte auch Verbindung mit dem ›Arbeiter-Streichorchester Soermus‹. Dieses Orchester wurde von Laienmusikern gegründet, nachdem in verschiedenen Konzerten der russische Geiger Soermus mit seiner Ehefrau als Pianistin den Anstoß dazu gegeben hatte. Die stattgefundenen Konzerte verbunden mit Spendensammlungen waren der »Internationalen Arbeiterhilfe« gewidmet. Das Streichorchester wurde mit einigen Vortragsreisen in das Programm des Geigers miteingebaut und erfreute sich dadurch der Beliebtheit des Publikums. Es wurde oftmals von Organisationen für Veranstaltungen angefordert. Auch für die Übungsabende stellte mein Vater das Klubzimmer zur Verfügung, und die Laienmusiker freuten sich, dafür an Wochenenden für die anwesenden Gäste Unterhaltungsmusik machen zu können.«

Mit steigender Arbeitslosigkeit war viel Betrieb in Baukes Gaststätte, denn die Stempelstelle, wo sich die Arbeitslosen tagtäglich melden mußten, lag nebenan, Kohlhöfen Nr. 22.

»Das Lokal des Vaters wurde Agitationslokal der Kommunistischen Partei: Anläßlich der Wahlen wurde es außen mit roten Transparenten versehen. Oft genug war der Transportarbeiter Ernst Thälmann, der inzwischen Vorsitzender der KPD geworden war, als Gast anwesend. Er unterhielt sich oft angeregt mit dem Vater und den alten Gästen über den zukünftigen politischen Weg. Der Vater war stolz auf ihn und freute sich über seinen Besuch; zumal er die persönliche Entwicklung des »Teddi«, wie man ihn kurz nannte, vom Transportarbeiter bis zum Parteivorsitzenden miterlebt hatte.

Allein den gegnerischen Parteien war dieser Stützpunkt der organisierten Arbeiterschaft ein Dorn im Auge. Die wirtschaftliche Not derselben, insbesondere die der Erwerbslosen, wurde immer größer, die Lebenshaltungskosten immer höher, während die Höhe der Unterstützung blieb. Die Folge waren Demonstrationen, Massenversammlungen und drohende Unruhen... Es waren äußerst gespannte Verhältnisse. Jeder ahnte, daß in kurzer Zeit eine Entscheidung fallen mußte, zumal auch die Hitlerbewegung gewaltig an Stimmen gewonnen hatte. Werden in dieser schwierigen Situation die Arbeiterparteien dem Gegner des Marxismus kampflos das Feld überlassen oder im letzten Augenblick eine gemeinsame Plattform finden?

Der Vater setzte seine ganze Kraft dafür ein, eine Einigung herbeizuführen; denn immer noch kamen alte Kampfgefährten der Sozialdemokratischen Partei zu ihm, um sich zu unter-

Otto Stein war auf der Deutschen Werft Finkenwerder Betriebsratsvorsitzender.

Nach dem Oktoberaufstand in Hamburg 1923 wurde er entlassen. Weil es für ihn unmöglich war, eine neue Arbeitsstelle in Hamburg zu finden, eröffnete er die Gaststätte am Valentinskamp.

halten und zu diskutieren. Da waren Friedrich Ehlers, der mit ihm, Adolph von Elm und anderen zu den Gründern der Konsumgenossenschaft »Produktion« gehörte; Heinrich Dahnke, der als Meister bei der »GEG« tätig war, Heinrich Uhlmann, Heizer im »Hamburger Echo«, sowie viele andere. Insbesondere versäumten die alten Freunde Carl Legien, Theodor Leipart und Louis Brunner nie, den Vater aufzusuchen, sobald sie in Hamburg zu tun hatten. Ja, Carl Legien ließ es sich trotz seiner vielen Arbeit nicht nehmen, den Vater 1925 am Krankenbett zu besuchen, als er mit einem Schlüsselbeinbruch das Bett hüten mußte. Es war doch trotz der inzwischen eingetretenen verschiedenen politischen Auffassung ein Zeichen ehrlicher Freundschaft. Der plötzliche Tod Legiens 1926 hat ihn darum sehr mitgenommen...

Mit der Ernennung Hitlers zum Reichskanzler begann dann 1933 eine grausame Zeit. Der Reichstag wurde von SA- und SS-Leuten in Brand gesteckt und als Anlaß genommen, sämtliche Funktionäre der KPD und später der SPD, der Gewerkschaften sowie anderer politischen, religiösen und rassischen Organisationen zu verhaften. Willi wurde verhaftet und in ein Konzentrationslager gebracht, ihm folgte später Ernst, der mit Fritz zusammen dem Vater im Geschäft half.«

1941 wurde Baukes Gaststätte von der Gestapo geschlossen und das Haus, mit der Begründung, es sei baufällig, abgerissen.

Wohnverhältnisse 67

"Romantik" des Hinterhauses

Ein Streifzug durch Hamburgs Höfe

Das äußere Stadtbild Hamburgs hat in den letzten Jahren gewaltig sein Gesicht verändert. Tausende von Wohnungen sind dort errichtet worden, mächtige Baublöcke, ganz neue Stadtteile sind aus dem Boden gewachsen. Hunderttausende von Menschen zogen aus engen, überbölkerten Wohnungen hinaus in ihre neuen Heime, die sich in Licht und in Luft baden. Eine Wohltat von unermeßlichem Umfang ist getan worden. Und bis in weiteste Kreise hinein herrschte Uebereinstimmung mit diesem Werk Hamburgs. Nun scheint das anders zu sein. In bürgerlichen Kreisen und in deren Sprachrohr, der bürgerlichen Presse, werden immer mehr Stimmen laut, den Wohnungsbau zu drosseln, und tatsächlich werden, wie wir an anderer Stelle bereits gezeigt haben, durch die Auswirkungen der Notverordnungen Millionen von Mark neu dem Wohnungsbau entzogen. Schon hat man auch im bürgerlichen Lager eine Ausrede bereit, und zwar behauptet man, eine Wohnungsnot bestünde nicht mehr. Jawohl, es gibt in Hamburg bereits wieder Hunderte von leerstehenden Wohnungen, aber doch nicht, weil es keine Wohnungsnot gibt, sondern, weil es sich um dermaßen unwirtschaftliche, große Wohnungen handelt, die selbst Tausende aus dem sogenannten Bürgertum nicht mehr bezahlen können. Diese Wohnungen sind etwas für die verhältnismäßig geringe Zahl der Begüterten, aber bei weitem nicht für die überwiegende Mehrheit der Bevölkerung.

Es gibt keine Wohnungsnot mehr? Nicht allein das Wohnungsamt kann mit einem Satz diese irreführende Behauptung entkräften, jeder einzelne kann sich überzeugen von den ganz unerträglichen Wohnungsverhältnissen, in denen noch Zehntausende von Hamburgern leben müssen. Am schlimmsten sieht es in der Neustadt, in Hammerbrook, in Teilen von Barmbeck, Eimsbüttel und in Rothenburgsort aus. Als man diese Wohnungen errichtete, gab man sich keine allzu große Mühe. Gedankenlos, schnell und billig wurden die Wohnungen für das Proletariat errichtet. Hygiene, Licht, Luft und Sonne, das waren Vokabeln, die man in den Büros der verantwortlichen Erbauer nur in Verbindung mit Wohnungen für reiche Leute kannte. Wenn man jetzt durch Hinterhöfe und Hinterhäuser von Hamburgs dichtbevölkertsten Wohnvierteln geht, mit dem offenen, kritischen Blick an moderner Wohnkultur geschulten, dann wird einem nicht nur bildlich, sondern tatsächlich schwarz vor Augen.

Es genügt in diesen Wohnvierteln nicht, daß die Straßen jeden Augenblick das Gefühl der Freudlosigkeit, der Oede und Kälte hervorrufen, nein, die langen Häuserreihen sind eine durchsichtige Fassade, hinter der man fortwährend an Tuberkulose erinnert wird. Das erste, was man sieht, wenn man durch dunkle Torwege gegangen ist, sind hohe schwarze Wände. Wie eine große, dunkle Stube, fünf bis sieben Meter im Quadrat, so groß sind die Höfe; dann stößt man auf Häuserwände, auf Anbauten, Aufbauten oder Vorbauten. Man ist ganz klein, inmitten solcher Wände. Dicht vor einem wachsen sie auf und lassen nur ein Stückchen hellen Himmel sehen, als sei es wie ein Leinentuch über den Hof gespannt. Jeder Meter Boden ist geizig ausgenutzt. Die Häuser sitzen sich so eng aufeinander, daß mitunter nur ein Meter Abstand ist zwischen einem Hinterhaus zum andern. Und dieser schmale Streifen, den frühere Bauherren nur widerwillig unbenutzt gelassen haben, ist dann Lichtschacht. In diesen Mauern, die Armlängen voneinander getrennt sind, gibt es noch Fenster, im ersten Stock sowohl wie unten oben. Sonst kann man wenigstens zu Fenstern heraussehauen und Licht bekommen. Diese Fenster aber sind beinahe völlig überflüssig; zu sehen nichts und den ganzen hellen Tag sind die Bewohner gezwungen, Licht zu brennen.

Solche Verhältnisse sind aber beileibe nicht die einzigen, die man gerne annehmen möchte — vereinzelt, nein, man kann überall Hinterhäuser sehen, in denen an hellem Tage Licht gebrannt werden muß, weil die Mauern des Nachbarhauses viel zu nahe auf den Fenstern der andern sitzen. Aehnlich ist es mit den Nischen, die in manche Häuserreihen eingebaut sind. Sechs Stockwerke hoch gehen die Rückbauten, wie Sektoren abgeteilt. Die Lichtschächte für Küchen, Schlafstuben und Treppenhaus. Die obersten Stockwerke haben etwas davon, aber in den unteren herrscht ewige Dämmerung.

Das Erdrückendste, das Niederdrückendste aber ist etwas anderes: das sind die schwarzen, grauen Wände! Wohin man schaut, nichts als schwarze oder graue Mauerflächen; höchstens unterbrochen durch farblose, schmale Fenster, durch die sich die Familien gegenseitig in die Kochtöpfe schauen können. Wenn die Wände hell wären, weiß oder gelb, es würde bestimmt freundlicher, leichter, weiter und nicht so freudloser aussehen. Warum man das wohl nicht macht? Wer läßt auch noch die Hinterhäuser und Hinterfronten streichen?! Aber es wäre ein Mittel, den Aufenthalt in diesen Wohnverhältnissen erträglicher zu gestalten.

So lebt die Bevölkerung Jahr für Jahr in trostloser Umgebung. Die Kinder müssen auf der Straße spielen, zwischen Rollwagen, Autos, Motor- und Fahrrädern. In den dunklen Höfen dürfen sie sich nicht aufhalten, die werden von Klempnereien, Schlachtereien, Bäckereien, Destillationen oder von Lager- und Stallungen gebraucht. Kleine Fabriken, ja, auch Speisesalzfabriken haben sich ebenfalls in diesen engen, dunklen Ecken niedergelassen. Wo noch ein bißchen Helle ist, fressen die schwarzen Balkone sie auf. Diese Balkone sind bis zum äußersten mit allem möglichen Hausrat vollgestellt. In den Wohnungen ist kein Platz, um mit dem Zeug fertig zu werden.

Mitten in diesem Durcheinander und Häusergewirr liegen Schulen, Volksschulen natürlich. Die Spielhöfe erinnern an Zuchthaushöfe; eng, rings von hohen Hauswänden umstellt. Glücklicherweise hat man sie grauweiß gestrichen; es sieht freundlicher aus.

Was sonst der Bevölkerung zugemutet wird, zeigt ein Beispiel in Hamm, hinter den Höfen. Da hat ein zartfühlender Hausbesitzer den Bewohnern von Hinterhäusern einen Schuppen dicht vor die Fenster gesetzt. Die Holzwand ist sechs Meter hoch; sie reicht bis zum zweiten Stock der Hinterhauswohnungen. Die Holzplanke raubt den Familien alles Licht und zieht eine ungesunde Feuchtigkeit an. Kinder und Eltern müssen sich mit dieser Aussicht schon jahrelang begnügen, ohne daß die Polizei energisch eingeschritten. Doch so etwas gibt es noch häufiger. Diese Verhältnisse haben den Vorteil, daß sie sich abstellen lassen.

Aber an den andern Hinterhöfen und Hinterhäusern läßt sich nichts mehr machen, bevor sie nicht gänzlich niedergerissen werden. Und das ist nicht möglich, die Bevölkerung muß in diesen Mauern hausen, bevor nicht irgendwo anders Wohnungsersatz für sie geschaffen ist. Und in solcher Situation wagt man noch in aller Oeffentlichkeit zu behaupten, es gäbe keine Wohnungsnot mehr! Solange auch nur zehn Familien in solchen dunklen Löchern und Höhlen leben müssen, wie man sie in zahlreichen Stadtvierteln sehen kann, so lange herrscht Wohnungsnot. Und so lange darf der Bau von neuen, gesunden, hellen Wohnungen nicht ein einziges Jahr unterbrochen werden!

Hamburger Echo, 31. Dezember 1930: Porträt proletarischer Wohnverhältnisse.

Proletariers Perspektive: Der Lichtschacht einer Hamburger Mietskaserne, 1931

»Mietskasernen« und »Terrassen«

Weder das Gängeviertel, noch die neuen Wohnsiedlungen, sondern dicht bebaute Stadtteile wie Barmbek, Eimsbüttel oder Hammerbrook bildeten um 1930 die typische Wohnsituation einer durchschnittlichen Hamburger Arbeiterfamilie. In gewinnbringender Grundstücksausnutzung hatten hier private Wohnungsbauunternehmer Ende des 19. und Anfang des 20. Jahrhunderts fünf- bis sechsstöckige Mietshäuser aneinandergereiht (»Schlitzbauweise«). Vier Kleinwohnungen je Etage lagen dort an einem eingebauten Mitteltreppenhaus (»Vierspänner«). Tageslicht erhielt nur ein Teil der Zimmer. Fenster von Küchen und Aborten, aber auch Wohnräume lagen am ebenfalls lichtlosen Treppenhaus oder an einem dunklen Schacht zwischen den einzelnen Mietskasernen. Eine Querlüftung dieser Wohnungen war nicht möglich. Berüchtigt für seine unhygienischen Wohnverhältnisse war besonders der 1943 völlig zerstörte Arbeiterstadtteil Hammerbrook. Im Hinterhof solcher Mietskasernen schlossen sich häufig noch zwei schmale Häuserzeilen an. »Terrassen« hießen diese für Hamburg typischen Wohnverhältnisse (S. 57: Terrasse Talstraße in St. Pauli, 1931). Vom politischen Leben in Wohngebieten der Hamburger Arbeiterschaft handelt Willi Bredels 1931 erschienener Roman »Rosenhofstraße«.

Hammerbrooker Hinterhöfe:
Gotenstraße 55a und Idastraße 36.

KPD-Broschüre von 1927: »Es gibt wohl kaum ein Gebiet, auf dem sich die katastrophalen Folgen der kapitalistischen Mißwirtschaft so kraß und deutlich zeigen wie in der Miet- und Wohnungsfrage«.

Wohnverhältnisse

Strandleben in der Großstadt

Im Hintergrund: Der Wohnblock (Laubenganghaus in Nordbarmbeck)

Die Aufnahmen dieser Seite fotografierte die Arbeiter-Foto-Gilde in einem Hamburger Stadtteil, in Nordbarmbeck. Die Anlage, von der sie berichten, sowohl der wundervolle Wohnblock des Laubenganghauses wie die davor sich ausdehnenden Spielplätze, Planschbecken und Erholungsgärten sind nicht das einmalige Paradestück dieser Stadt, sondern mehr, ein typisches Beispiel für die Baugesinnung, in der die Arbeiterschaft allein oder durch ihren Einfluß im Staat ihre Forderungen nach gesunden Wohnstätten erfüllt. Trotz der fürchterlichen Wirtschaftsnot ist diese Ausgestaltung der neuen Wohnstädte, in denen heute bereits Hunderttausende wohnen, nicht eingestellt worden, im Gegenteil wird auf Grund des Arbeitsbeschaffungsprogramms des Staates auf dem Wege der Notstandsarbeit dafür gesorgt, daß nicht nur Häuser, sondern auch überall Erholungs- und Freistätten für die Jugend wie für die Erwachsenen geschaffen werden.

Freibad auf dem Dache

Unten:
Belustigung auf der „Strandpromenade"

Ein Badestrand mitten in der Stadt
Kinderspielplatz in Nordbarmbeck (Hamburg)

Die Hamburger Wohnsiedlungen der 20er Jahre waren eine integrale Leistung von Städtebau und Architektur, Sozialpolitik und kultureller Reform. Bemerkenswerte Beispiele dieser »Neuen Wohnkultur« bildeten das Dulsberg-Gelände (links) in Barmbek, die »Jarrestadt« (oben) in Winterhude und die Wohnblöcke in Hamm (unten). Bewohnt wurden diese vorbildlichen Neubauten vor allem von der aufstrebenden Schicht der kleinen und mittleren Angestellten. Arbeiterfamilien hingegen blieben auch weiterhin auf die Altbauwohnungen der Vorkriegszeit angewiesen.

Kinderfest im Wohnblock!

Die neue Bauweise, bei der große Wohnblocks einen gemeinsamen Gartenhof umschließen, ist nicht einfach ein privater Geschmack der jeweiligen Architekten, sondern Ausdruck des zum Kollektiven, zur Gemeinschaft drängenden sozialen Willens unserer Zeit. Logischerweise kann es darum nicht allein bei der architektonischen Lösung dieser Absicht bleiben, sondern muß sie auch in den menschlichen Beziehungen der Blockbewohner zum Ausdruck kommen. Ein Beispiel dieses jungen Gemeinschaftsgeistes ist das Kinderfest, das jetzt in einem solchen Hamburg-Dammer Wohnblock gefeiert wurde. Es ist begreiflich, daß Kinder als Mittler auftreten zwischen den Erwachsenen, sie kennen sich nicht nur vom Spiel her, in ihnen gewinnt vor allem der neue Geist viel einfacher und unmittelbarer Gestalt als bei den Erwachsenen, die mit sich die Begriffe von gestern herumtragen, theoretisch das Neue zu erfassen vermögen, es verstandesmäßig anerkennen, aber doch kaum die ungezwungene Natürlichkeit aufbringen, die ein solches Fest zur Voraussetzung hat. Ueber das Kind aber ist der Kontakt zu anderen einfacher geschaffen und der Geist, die Herzlichkeit eines solchen Festes am ehesten gewährleistet, vor allem aber sind die Mieter damit nicht mehr nur ein kühler unpersönlicher Rechts- und Verwaltungsverband, sondern auf dem Wege zur echten Mietergemeinschaft, was letzter Zweck solcher Feste ist. Die Hamburger Veranstaltung ist programmatisch, möge sie viele Nachahmer finden!

*

Festlich geschmückt ist der Wohnblock

Alt und jung freut sich

Zu gleicher Zeit: In einer alten Wohnterrasse!

Wohnverhältnisse

Reichstagswahl 1932: Sozialdemokratische Propaganda am Schwalbenplatz.

Reichspräsidentenwahl 1932: Hamburger Wohnblöcke werben für den »roten Einheitskandidaten Ernst Thälmann«.

»Bonzenburgen«

Im Wahlkampf blieb die politische Propaganda im Hamburger Stadtbild nicht auf das Gängeviertel und die anderen Arbeiterwohngebiete beschränkt. Auch die roten Backsteinbauten der neuen Wohnsiedlungen warben für ein »rotes Hamburg«. Unter den Bewohnern überwog das Bekenntnis zur Sozialdemokratie und zur Republik. Revolutionäre Ausnahmen wurden entsprechend aufmerksam registriert:

> »Geht man von Eppendorf weiter nach Winterhude, so sieht man auch hier, daß in den Hochburgen der SPD und Nazis die rote Front unaufhaltsam im Vorwärtsdringen ist. Besonders groß ist die Wut der SPD-Führer, wenn sie ihre Bonzenburgen in der Jarrestraße und am Glindweg ansehen. Dort, wo sie glaubten, nur hundertprozentige Sozialdemokraten wohnen zu haben, müssen sie mit Schrecken feststellen, daß auch in diese Hochburgen der SPD der Kommunismus Einzug gehalten hat. Besonders in der Jarrestraße in dem Wohnblock Jarrestraße—Glindweg haben die klassenbewußten Arbeiter der SPD ein Schnippchen geschlagen. In diesem Wohnblock haben die SPD-Bonzen ihr möglichstes getan, um durch Heraushängen von großen Transparenten, die nicht etwa Forderungen der Arbeiter enthalten, sondern lediglich gegen den Kommunismus hetzen, Wahlstimmung zu machen... Und dann das Furchtbare: Die verflixten Kommunisten haben in der vierten Etage über den ganzen Block hinweg ihre Forderungen durch Anbringung von Transparenten den Werktätigen kundgetan. Vom Glindweg bis zur Jarrestraße zwei riesige Transparente mit der Inschrift ›Sozialismus bringt Frieden, Freiheit und Brot‹. Über diesen Transparenten haben die Genossen einen großen Sowjetstern angebracht, so daß ein jeder, der dieses Gebäude ansieht, Sowjetstern und das Transparent der klassenbewußten Arbeiter sieht.« (HVZ, 17. September 1931)

Am Schwalbenplatz der Wohnsiedlung Barmbek-Nord: Fahnen für Republik und Eiserne Front.

»Wie richte ich meine Wohnung ein?«

Wohnen und Haushalt von Ursula Schneider

»Wie richte ich meine Wohnung ein?«

Für die einen war es der Aufbruch in eine neue Zeit, für die anderen die Bedrohung durch den ›Kulturbolschewismus‹: Das Bauhaus, das ›Neue Frankfurt‹, die Werkbundausstellungen lösten mit ihren Entwürfen einer neuen Wohnkultur eine breite öffentliche Diskussion aus – nicht nur in bürgerlichen Kreisen. Zeitschriften der Arbeiterbewegung, der SPD und der KPD, machten diese neue Kultur zu ihrer Sache, die Arbeiterschaft selbst aber stand ihr eher ablehnend gegenüber – aus unterschiedlichen Gründen.

Zentrales Anliegen der Architekten und Designer war es, unter Ausnutzung der Möglichkeiten moderner industrieller Produktionsweise brauchbare und zweckmäßige Möbel und Haushaltsgeräte herzustellen. Mit Slogans wie ›Form ohne Ornament‹ oder ›Nur das Zweckmäßige ist schön‹ warb man für ein Design, das den Zweck eines Gegenstandes sichtbar machte und seine industrielle Herstellung nicht verleugnete. Beides, ihre ›sichtbare‹ Zweckmäßigkeit und ihre industrielle (Massen-)form ließen Produkte dieser Art zu Symbolen für eine neue vernünftige Lebensgestaltung und eine egalitär-demokratische Kultur werden.

Die Basis für den Entwurf einer solchen Gleichheits-Kultur schien damals, in den stabileren Jahren der Weimarer Republik, durch die gesellschaftliche und ökonomische Entwicklung gegeben: Infolge der Inflation waren große Teile der Mittelschichten verarmt, die Tendenz zum Massenbedarf war offensichtlich; auf der anderen Seite ließ die Steigerung der Arbeitsproduktivität durch Rationalisierungsmaßnahmen auf eine billige Massenproduktion von Konsumgütern hoffen.

»Geist einer neuen Zeit«

In einer solchen gesamtgesellschaftlichen Perspektive wurde die neue Kultur auch von Zeitschriften der Arbeiterbewegung gesehen. Man erkannte – in einer Werkbundausstellung beispielsweise – »den Geist einer neuen Zeit, in der das Bedürfnis die Produktion bestimmt« und »...einen starken Vorgeschmack von dem, was uns als Ausdruck einer proletarischen Kultur vorschwebt« (Frauenwelt, 1932, H. 18, S. 420).

Oder, etwas konkreter auf die Form bezogen: »Die Beschränkung auf Grundformen und Typen... hat ihren Sinn in der Gleichheit der Alltagsbedürfnisse aller Menschen, sie ist der vorweggenommene Ausdruck einer auf dieser Gleichheit basierenden sozialen Ordnung, einer auf die Allgemeininteressen zugeschnittenen Produktion.« (Blätter für Alle, 1927, Nr. 2, S. 31/2.)

Die Gestaltungskonzepte bürgerlich-avantgardistischer Architekten und Designer konnten auf diese Weise von der Arbeiterbewegung übernommen werden, weil von ihr selbst keine eigenen Vorstellungen entwickelt worden waren und diese neue Wohnkultur ganz eindeutig gegen den Repräsentationsstil des Bürgertums im Kaiserreich gerichtet war.

Zweckmäßigkeit für wen?
Die Wohnung für das Existenzminimum

Die Architekten des Neuen Bauens waren angetreten, bedarfsgerechte und zweckmäßige, das hieß den Anforderungen der Gesundheit und Hygiene, der Raum- und Ar-

Preis des Bestecks: kleine Gabel 0,45, große Gabel 0,48, Messer 0,95, Löffel 0,50 RM

Preis der Lampe: ca. 33 RM

›Gute Form‹ – von der Lampe bis zum Eßbesteck.

Der Bruch mit der Tradition machte intensive Aufklärungsarbeit nötig. Mit populären Buchreihen, mit Zeitungsartikeln, Vorträgen und Ausstellungen wurde für die neuen Produkte geworben, vielfach mit Preisangabe und Hersteller, denn die Industrie griff diese Neuerungen zunächst nur zögernd auf.

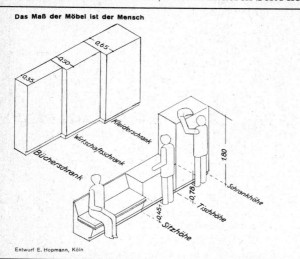

Zweckmäßig hieß u.a., den Maßen des menschlichen Körpers angepaßt.

Die Wohnstube dieser Wohnung — hell und freundlich

beitsökonomie entsprechende Wohnungen und Möbel zu schaffen. Doch dieser Ansatz schrumpfte bei den großen kommunalen und gemeinwirtschaftlichen Wohnungsbauprogrammen mit den wachsenden wirtschaftlichen Schwierigkeiten Ende der 20er Jahre zu einer rein ökonomischen Zweckrationalität zusammen:

Die ›Wohnung für das Existenzminimum‹ wurde geschaffen, unter Mithilfe von Medizinern, Sozialhygienikern usw. wurden Mindestanforderungen errechnet, Wohnungsgröße und Möbelentwürfe darauf abgestimmt. Der Rahmen für die Berechnung des ›Minimums‹ war selbstverständlich vorgegeben: die zur Verfügung stehenden Finanzmittel und das Lohnniveau der Arbeiterschaft.

Zielscheibe des NS-Kulturkampfes

Die Nationalsozialisten haben diese Neuansätze schon in den 20er Jahren als »Kulturbolschewismus«, als »eisigkalten Materialismus«, als Zeichen der »allgemeinen Entseelung« bekämpft; dennoch lehnten sie die ›Sachlichkeit‹ industrieller Produkte nicht grundsätzlich ab. Sie reagierten damit – wie in vielen Bereichen – auf unterschiedlichste Bedürfnisse und Interessen: Mit der Beschwörung der »allgemeinen Entseelung« u. ä. vereinnahmten sie das weitverbreitete Bedürfnis nach Gemütswerten gerade im Wohnbereich.

Daß sie sachliches Industriedesign »tolerierten«, war zum einen ein Zugeständnis an die nicht total zu reglementierende Industrie; außerdem ließ sich die industrielle Zweckform ökonomisch und ideologisch nutzen. Spätestens mit dem 1935 angelaufenen Volkswohnungsprogramm wurden ge-

Auf 38 qm Platz für Drei.

Zweckmäßige Einrichtung einer Kleinstwohnung, ein Vorschlag zur Behebung der Wohnungsnot.

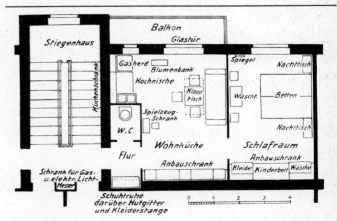

38 qm Wohnfläche. Die Wohnungen in diesen Blocks sind klein, aber bieten für alles Raum

normte Zweckmöbel unerläßlich – wie hätte man sonst den Normaltyp einer Volkswohnung mit 74 m², gedacht für zwei Erwachsene und fünf Kinder, möblieren können?

Für die ideologische Besetzung industrieller Serienprodukte bot sich die Gemeinschaftsideologie an: Das Unpersönliche von seriellen Massenprodukten wurde zum Ausdruck von ›Gemeinschaft‹, der das Persönliche untergeordnet ist.

Wohnen und Haushalt 75

83. Zweckmäßige Möbelstellung

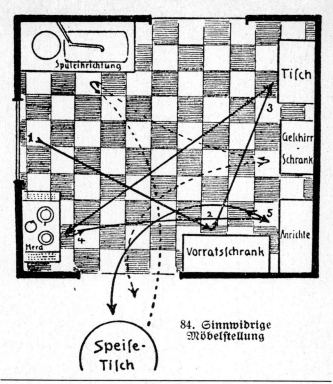

84. Sinnwidrige Möbelstellung

Die neue Küche
Der neue Haushalt

Die Vorschläge zur vernünftigen, zweckmäßigen Gestaltung der Wohnung fanden ihre konsequenteste Realisierung in der Küche als dem Arbeitsplatz der Frau. Wie in der Industrie sollte die Einführung der ›wissenschaftlichen Betriebsführung‹ auch im Haushalt zu rationelleren, d. h. zeit-, raum- und kräftesparenderen Arbeitsformen führen. Deshalb wurden Körperhaltungen untersucht, Schritte und einzelne Handbewegungen bei der Hausarbeit gemessen, zu optimalen Arbeitsabläufen zusammenkonstruiert und Möbel und Geräte danach angeordnet.

Die Frage, ob Wohnküche oder nicht, wurde nicht eindeutig entschieden. Einerseits sollte der Arbeitsbereich Küche wegen der Raum-, Zeit- und Kraftersparnis auf kleinsten Raum beschränkt sein, andererseits sprachen Heizkosten und Beaufsichtigung der Kinder gegen die abgeschlossene Arbeitsküche. So wurden Zwischenlösungen gefunden: Kochnischen oder Kleinstküchen, räumlich abgeteilt oder auch mit einer Glasschiebetür verschließbar.

Befreiung der Frau durch Haushaltsrationalisierung

Der Einbau solcher Musterküchen blieb, wenn man von bürgerlichen Wohnhäusern absieht, reichsweit auf einige Modellsiedlungen beschränkt. Doch die Verfechter der ›wissenschaftlichen Betriebsführung‹ im Haushalt wandten sich gerade auch an die Arbeiterfrau in Altwohnungen. Ihr wurde empfohlen, bei der Hausarbeit auf Zeit- und Kraftersparnis zu achten und – wenn möglich – die technischen

Eines von vielen Piktogrammen, herausgegeben vom Reichskuratorium für Wirtschaftlichkeit.

Nach »den Gesetzen des möglichst geringen Kräfteverbrauchs und der Anwendung der ergiebigsten Hilfsmittel« wurde hier errechnet, was oft nicht mehr ist als alltägliche Erfahrung: Stehen ist anstrengender als Sitzen und im Knien scheuern anstrengender als im Stehen. Ein Zeichen für die Rationalisierungseuphorie dieser Jahre.

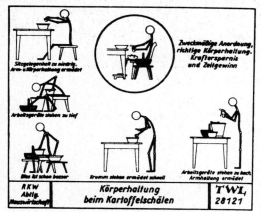

Neuerungen zu nutzen. Denn, so die SPD-Frauenwelt (1932, H. 6, S. 131):

»Das Aufgehen der Frau im Haushalt wie in früheren Zeiten ... ist heute ein Luxus, den sich die moderne Frau nicht mehr leisten kann. Ihre Zeit ist zu kostbar, und der Nutzen, den sie der Familie oder der Gesamtheit durch andere Arbeit bringt, ist größer als die Annehmlichkeit, die sie durch rastlose Tätigkeit im Haushalt erringt.«

Die Haushaltsrationalisierung sollte der Arbeiterfrau mehr Zeit für die Familie und »für die Pflichten ihrer Klasse gegenüber« bringen. Bei dieser Art ›Lösung‹ des Frauenpro-

Eine der ausgefeiltesten dieser neuen Küchen, die sog. Frankfurter Küche.
Sie wurde im Rahmen des kommunalen Wohnungsbaus in Frankfurt in rund 1000 Wohnungen für 250 RM mitgeliefert.

blems wird die Kleinfamilie mit ihrer traditionellen Rollenteilung selbstverständlich vorausgesetzt. Kollektivmodelle, wie sie um die Jahrhundertwende u. a. die Sozialdemokratin Lilly Braun mit dem ›Einküchenhaus‹ entwickelt hatte, wurden in der SPD in diesen Jahren nur noch am Rande erwähnt. (Die Leser von KPD-Zeitschriften werden – mit Hinweis auf das Vorbild Sowjetunion – gelegentlich zur Diskussion über zentrale Versorgungseinrichtungen herausgefordert.)

Doch bei all diesen Vorschlägen, auch bei dem Kollektivmodell Lilly Brauns, blieb die geschlechtsspezifische Arbeitsteilung im Grunde unangetastet. Denn die Frau als die Verantwortliche für den Haushalt sollte entlastet werden, weil die Doppelbelastung nur sie trifft, ein Frauenproblem ist. Hausarbeitsteilung zwischen Mann und Frau rückte gar nicht ins Blickfeld. Auch in der Arbeiterbewegung herrschte die Vorstellung von der ›Natur der Frau‹, die sie für familiäre und häusliche Aufgaben prädestiniert.

Das gilt auch heute noch weitgehend: Der technisierte Haushalt der 60er und 70er Jahre hat zwar unleugbare Arbeitserleichterungen geschaffen, aber er hat die Frau nicht aus der Zuständigkeit für Haushalt und Kinder entlassen.

Ein Problem der Arbeiterfrau?

Auch die Arbeiterfrau träumte von Arbeitserleichterungen durch Staubsauger und Waschmaschine, aber das Problem der langen Wege, der rationelleren Anordnung von Möbeln hat es in den kleinen Arbeiterwohnungen nicht gegeben – es war das Problem des bürgerlichen Haushalts ohne Dienstboten.

Die Arbeiterfrau war ohnehin gezwungen, höchst rationell zu arbeiten und sich auf das Nötigste zu beschränken. Außerdem wären die tatsächlichen Einsparmöglichkeiten durch Umorganisierung des Haushalts bei der weitgehend manuellen Arbeitsform gering gewesen.

Wohnen und Haushalt

69. Dinge, deren Reinigung kein Kopfzerbrechen mehr macht, wenn sie nicht vorhanden sind!

Vorauswahl aus dem Tapetenbuch

Vortäuschung unzeitgemäßer Pracht. Damast gehört in die Königsschlösser des 18. Jahrhunderts. Da wir das wissen, verfehlt die Damasttapete ihre Wirkung

Wände sind keine Laubwälder oder Ablage für Hochzeitsbukette

Alte Möbel verändern — 1. Das Vertikow

Dasselbe Vertikow: Überflüssiges Aufsatz, aufgeleimte Zierate weg. Schublade nach unten, neue Füße, Glasscheiben als Türfüllung aufpoliert

Gegen Staubfänger und Spitzendeckchen

Gleichzeitig mit dem Engagement für eine neue Wohnkultur wurde ein hartnäckiger Kampf gegen den an bürgerlichen Vorbildern orientierten »Repräsentationsstil des kleinen Mannes« geführt. Möbel mit aufgesetzten Ornamenten, Porzellanfigürchen, Spitzendeckchen und Papierblumen, das »Andenken an Tante Malchens Reise« wurden nicht nur als »zwecklose, ererbte Gegenstände«, als »überflüssige Staubfänger« bekämpft, sondern auch als »Beispiele für die Unkultur der Kleinbürger«, die – das wird immer wieder betont – in vielen Arbeiterhaushalten schon überwunden sei.

Ein Schlafzimmer, wie es aussieht und wie es aussehen sollte

So sieht es in tausenden von Wohnungen aus: ewig staubig oder immer Arbeit für die Hausfrau

Dieselben Möbel wie oben, aber die Leute sind vernünftig geworden: nur das Notwendige

(Aus „Neundörfer, Wie wohnen?", Verlag Der Eiserne Hammer; phot.: Grieshaber, Offenbach)

Neue Wohnkultur mit alten Möbeln

Ein entscheidendes Hindernis für die Aufnahme der neuen Wohnideen in der Arbeiterschaft war die für viele extrem schwierige materielle Situation. Darüber waren sich auch die Journalisten der Arbeiterbewegung im klaren. Sie versuchten, dieser Realität mit Modernisierungsvorschlägen entgegenzukommen: »Praktisch veranlagte Hausväter« wurden aufgefordert, »alte, unmoderne Möbelstücke von ihren Schnörkeln, Aufsätzen usw. zu befreien und womöglich mit dem Hobel alle Rillen zu glätten. Nachher müßten die zu einem Zimmer gehörenden Möbelstücke gleichmäßig mit einer frischen Farbe und einem dauerhaften Lack gestrichen werden ... Alten Schränken, die meistens so hoch sind, daß niemand hinaufreichen kann, könnte man noch die Füße nehmen. Sie würden ein ganzes Stück niedriger, und wenn sie am Boden rundum geschlossen sind, legt sich kein Staub darunter. Die Hausfrau braucht dann auch nicht auf dem Bauch zu kriechen...« (Frauenwelt 1930, H. 4, S. 77).

Wohnen und Haushalt

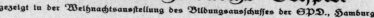

Die gute Stube **Der Unterricht durchs Beispiel** Die schlechte Stube
gezeigt in der Weihnachtsausstellung des Bildungsausschusses der SPD., Hamburg

Küche, »die die Abänderung einer alten Küche in neuzeitlichem Sinne veranschaulichen sollte.«
Beitrag der Behörde für Wohnungspflege zur Ausstellung »Neues Wohnen«, 1927 in der Stadthalle Hamburg.

Die neue Wohnkultur in Hamburg

Hamburg gehörte nicht zu den Zentren des Neuen Wohnens. Doch gab es auch hier eine Reihe von Aktivitäten in dieser Richtung. Anders als etwa im ›Neuen Frankfurt‹ waren es in Hamburg nicht in erster Linie kommunale Behörden, die die Einführung und Verbreitung der neuen Wohnkonzepte – etwa im Rahmen öffentlich geförderten Wohnungsbaus – gezielt vorantrieben. Es blieb der Initiative verschiedenster Organisationen bzw. Einzelpersonen überlassen, dafür zu werben.

Einige Beispiele dafür:
Der SPD-Bildungsausschuß stellte im Rahmen der Weihnachtsausstellung 1926/27 im Gewerkschaftshaus ›Neues Wohnen‹ vor; 28 000 Besucher kamen.

Kochnische und Wohnraum im Laubenganghaus Heidhörn;
Architekt: Paul A. R. Frank.

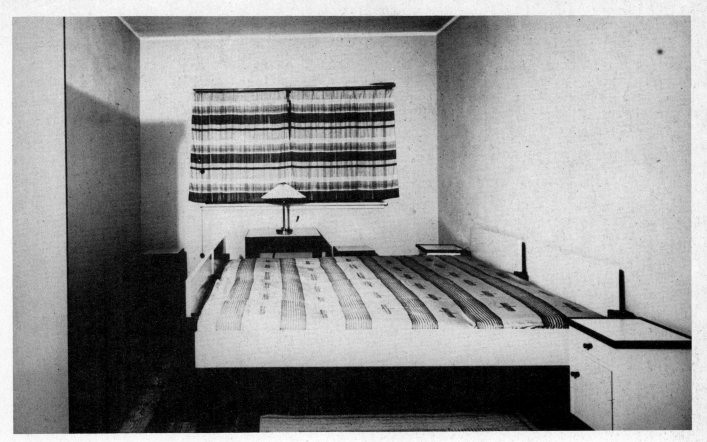

Schlafzimmer einer Musterwohnung am Poßmoorweg; Bauhaus Weimar.

TYPENMÖBEL VON PROFESSOR KARL SCHNEIDER

wohnzimmermöbel ausführung in eiche, rüster, kaukasisch, nußbaum, kirsche, tabasco-mahagoni, afrikanisch. birnbaum	**SWO1**, eßtisch plattengröße 130 · 80 cm RM 57	**SWO1a**, ausziehtisch plattengröße 130 80 cm ausgezogen 240 80 cm RM 96	**SWO2**, stuhl gurtsitz und -lehne (eisengarnstoff in grau, rot, schwarz, blau) RM 30	**SWO3**, geschirrschrank 3türig, links 2 böden, rechts 1 boden, darüber 2 züge, 180 cm breit RM 291	**SWO3a**, geschirrschrank 3türig, links 2 böden, rechts 1 boden, darüber 2 züge, 165 cm breit RM 246	**SWO4**, liege füße vernickeltes stahlrohr, federpolsterung, ohne bezugstoff (zum bezuge: 250 cm bei 130 cm breite) RM 120
SWO4a, liege füße vernickeltes stahlrohr, schlaraffiapolsterung, ohne bezugstoff (zum bezuge: 250 cm bei 130 cm breite) RM 135	**SWO5**, armlehnstuhl mit gurtsitz u. lehne RM 54 **SWO5a**, armlehnstuhl mit peddigrohrgeflecht RM 57	**SWO6**, liegesessel peddigrohrgeflecht auf vernickeltem stahlrohrbügel, gestell in holz RM 84	**SWO7**, bücherbort mit 3 verstellbaren böden und vollem sockel; offen ohne türen RM 72	**SWO7a**, bücherbort wie SWO7, jedoch mit 2 kristallglasschiebetüren RM 99	**SWO8**, bücherschrank mit 2 türen, einer mittelwand und 8 verstellbaren einlegeböden, verschließbar RM 222
SWO8a, bücherschrank	**SWO9**, geschirr- u. bücher-	**SWO9a**, geschirr- u. bücher-	**SWO10**, runder tisch	**SE76**, runder eßtisch	**SWO11**, schreibtisch

TYPENMÖBEL VON PROFESSOR KARL SCHNEIDER

Wohnzimmermöbel

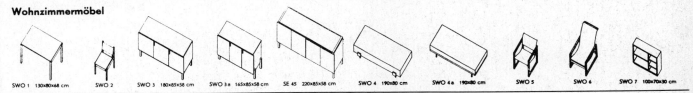

SWO 1 130×80×68 cm SWO 2 SWO 3 180×85×58 cm SWO 3a 165×85×58 cm SE 45 220×85×58 cm SWO 4 190×80 cm SWO 4a 190×80 cm SWO 5 SWO 6 SWO 7 100×70×30 cm

Der Bund Deutscher Architekten (BDA) organisierte zusammen mit der Behörde für Wohnungspflege im Sommer 1927 eine Ausstellung ›Neues Wohnen‹ in der Stadthalle, die Tischlerinnung 1930 eine Ausstellung zum Thema ›Normenmöbel‹.

In der Kunsthalle fand Anfang 1928 eine Vortragsreihe zum Thema ›Reform der Altwohnungen‹ statt, mit Bildern aus dem Lichtbildarchiv der Behörde für Wohnungspflege.

Solche Vorträge gehörten auch zum Rundfunkprogramm in der ›Stunde der Werktätigen‹.

Außerdem wurden Musterwohnungen in Neubauten eingerichtet:
– in der Süderstraße (Karl Schneider)
– am Poßmoorweg (Bauhaus Weimar)
– in einem Laubenganghaus am Heidhörn (Paul A. R. Frank)

Es ist auch bekannt, daß Hamburger Architekten, z. B. Karl Schneider, Typenmöbel entwarfen.

Das spärlich erhaltene Bildmaterial dieser Aktivitäten läßt eine gewisse stilistische Variationsbreite erkennen: vom sehr ›gemäßigten‹, mit traditionellen Elementen gemischten Beispiel der neuen Wohnkultur des SPD-Bildungsausschusses bis zur streng-sachlichen Bauhauseinrichtung; ein Phänomen, das ja ähnlich auch an der Architektur der Hamburger Wohnsiedlungen dieser Jahre zu beobachten ist.

Wohnen und Haushalt

Wie die Arbeiter wirklich wohnten

Von den engagierten Architekten und Journalisten wurde schon damals die geringe Resonanz der Arbeiterschaft auf die neuen Wohnkonzepte bedauert. Die Hoffnung, »daß der Arbeiter im Bewußtsein des ihm zukommenden Einflusses als Masse den braven Möbelhändlern, die ihn mit bürgerlichem Abfall speisen wollen, rundheraus sagt: Behaltet euren Kram! Wir wollen unsere eigenen Möbel, von denen einst die Geschichte sagen soll, daß sie Dokumente der Lebensauffassung und der Energie des zu sich selber gekommenen Proletariats sind« – diese Hoffnung des Architekten Marcel Breuer (zit. nach M. Sack, Das deutsche Wohnzimmer, 1980, S. 10) hat sich nicht erfüllt.

Materielle Gründe, die Angebote der Möbelhäuser, die Zählebigkeit von Gewohnheiten werden dafür verantwortlich gemacht. Wir sind in Gesprächen mit ›Zeitgenossen von damals‹ noch auf andere Aspekte gestoßen.

Was wir auf Grund der breiten ›Aufklärungskampagnen‹ vermuteten, hat sich in diesen Gesprächen bestätigt: Für die um 1930 jüngere Generation war es geläufig, daß »glatte, einfache Möbel« damals modern wurden.

Die materielle Situation der Arbeiterschaft ließ Überlegungen, wie man sich am liebsten einrichten würde, vielfach gar nicht zu: Die Leute mußten nehmen, was sie günstig bekamen.

Das Wohnzimmerbuffet der Familie W., wie es heute benutzt wird.

Martin W. (geb. 1909), Maschinenbauer bei Kampnagel, und seine Frau, von Beruf Kontoristin, sind nach ihrer Heirat 1934 in das zum Wohnhaus umgebaute Wochenendhaus des Vaters in Sasel gezogen. Martin W. hat es nach und nach erweitert, »mal wurde auch ein Mauermann zu Hilfe genommen«. Sie leben heute noch dort.

»Die Wohnzimmermöbel haben wir damals von den Schwiegereltern bekommen, sie hatten sie 1924 gekauft. Ich wollte eigentlich lieber ein Herrenzimmer, aber wir waren froh, daß wir was hatten, denn das Haus instand zu halten hat viel gekostet, entweder das Haus oder die Einrichtung. Heute kann ich mich aber von den Möbeln nicht mehr trennen.«

Ein extremes Beispiel, aber kein Einzelfall.
In diesem Untermietraum lebte eine Familie mit zwei Kindern. Mit solchen Wohnbedingungen mußten sich vor allem nach Hamburg zugewanderte Familien abfinden, die sich erst nach einem Jahr Aufenthalt als Wohnungssuchende melden durften und dann meist noch jahrelang warten mußten.

Der Tisch von Martha Zallin, den sie 1924 für 12 RM beim Trödler gekauft hat.

Martha Zallin (geb. 1899), Zigarrenmacherin, ist 1924 mit ihrem Mann Walter Zallin, Dreher, aus Ostpreußen nach Hamburg gekommen, »ohne irgend etwas in der Tasche«.

»Zuerst wohnten wir möbliert in Altona, von dort zogen wir in einen Keller in die Dennerstraße, von da aus in die Lohmühlenstraße in einen größeren Keller, der war freundlicher und hatte mehr Licht.«

Sie waren noch ein paarmal umgezogen, bis sie 1932 in Schnelsen, am Walter-Schuler-Weg, ein Grundstück kauften – »auf Abzahlung, denn wir hatten ja kein Geld. Mein Bruder hat Fischkisten aus der Elbe gefischt, damit wir die Laube bauen konnten. Er hat auch noch die verrosteten Nägel mitgebracht.« Aus der Laube ist dann in langjähriger Arbeit das Häuschen geworden, in dem Martha Zallin heute noch lebt.

Marie Putzar (geb. 1905), Kontoristin, und Hans Putzar (geb. 1903), Arbeiter bei der Stadtreinigung, heirateten 1935. »Wir haben Betten und Nachtschränke für 50 RM von Freunden gekauft, Eiche und Mahagoni; der Schrank war zu groß, und sie wollten auch 100 RM dafür. Wir haben einen billigen Schrank dazu gekauft und passend dazu streichen lassen.«

»Als wir nach Hamburg kamen, haben wir auf Abzahlung ein Schlafzimmer gekauft, erst das eine Bett, später das ganze. Unser Sohn hat in einem Korb auf zwei Stühlen geschlafen. Vom Trödler haben wir einen alten Tisch geholt, für 12 RM, der hält heute noch.«

Bilder aus dem Familienalbum:
Das kaiserzeitliche Vertiko, das Plüschsofa und Spitzendeckchen standen auch 1930 noch in den Wohnungen der ›Eltern‹.

Martha Dähne (geb. 1878) 1927 in ihrer Küche.

August Wischmann (geb. 1882), Klempner und aktiver Sozialdemokrat, Weihnachten 1931 mit seiner Familie.

Lilly Dähne, Advent 1928, mit Freunden in der Wohnung der Eltern (ihr Vater war Malergeselle und aktiver Sozialdemokrat).

»Wenn man eingerichtet war, war man eingerichtet.«

Dies ist die (typische) Antwort einer Rentnerin auf die Frage, ob sie denn daran gedacht hätte, sich beim Aufkommen der modernen Möbel neu einzurichten. Darin zeigt sich eine grundsätzlich andere Einstellung zu Alltagsgegenständen als heute. Es war nicht allein die Tatsache, daß die Möbel in harter Arbeit sauer verdient waren; sie waren haltbar und für die Dauer gebaut. Und solange sie brauchbar waren, waren sie gut. Kaum ein Arbeiter wäre auf die Idee gekommen, Möbel, die noch ihren Zweck erfüllen, für moderne Zweckmöbel hinauszuwerfen.

Diese Einstellung blieb bis in die Nachkriegszeit hinein vorherrschend. Sie hat sich erst mit der enormen Steigerung der Warenproduktion in den 50er Jahren, die eine entsprechend schnelle Verwertung verlangte, verändert. Das Bild der Wegwerfgesellschaft, das uns die großstädtische Sperrmüllberge bieten, ist relativ jung.

Es sind nicht nur die Jugendlichen, die mit Sperrmüllmöbeln und alten Kleidern ihren Widerstand gegen diese Art von Verschwendung anmelden, sondern es sind gerade auch die alten Menschen, die »einfach nichts wegwerfen können«.

›Entrümpelt‹ und modernisiert haben manche aber doch...
»Wir Mädchen haben der Mutter die Nippessachen vom Vertiko geräumt.«
»Die beiden Porzellanpudel auf dem Buffet hat die Mutter verschwinden lassen, sie war ja fürs Moderne.«
»Manche haben das Gedrechselte damals wegmachen lassen, alles sollte ja technisch glatt und gerade sein. Deine Möbel haben ja Dackelbeine, sagte man.«

Wohnen und Haushalt

Eßzimmermöbel der Familie Kloss heute

Paul Kloss (geb. 1906), Maschinenschlosser, später Ingenieur bei Kampnagel und seine Frau Herta (geb. 1909), Büroangestellte, haben ihre Möbel 1931 bei der ›Produktion‹ gekauft.

»Wir hatten Sparbücher bei der ›PRO‹ und Angst vor weiterer Geldentwertung und deshalb schon ein Jahr vor unserer Heirat Möbel gekauft. Ein Eßzimmer, Nußbaum furniert, mit Vitrine und Kredenz, Tisch und sechs Stühle; die Möbel waren nicht so billig, es waren damals gute Möbel, 900 RM kosteten sie. Es war auch ein besonderes Holz, die meisten hatten damals Eichenfurnier. Es war damals ganz modern; Leute, die fünf Jahre später gekauft haben, hatten auch noch solche Möbel. Sie sind heute noch im besten Zustand.«

»Glatt und ›ohne Rosetten‹ war modern«

Wer sich um 1930 neu einrichtete, hatte verschiedene Möglichkeiten. Händler und Kaufhäuser boten – neben Möbeln mit aufgesetzten Ornamenten, wie sie 1925 noch üblich waren – ein Spektrum von ›modernen‹ Möbeln an.

Es waren vorwiegend komplette Wohn-, Eß-, Herren- und Schlafzimmer mit relativ großen Schränken bzw. Buffets; meist hatten sie abgerundete Ecken und gewölbte oder geschwungene Profile. Die ›weniger modernen‹ erinnern in ihrer Grundform an das frühere Wohnzimmerbuffet (s. a. S. 82), moderner waren Mehrzweck-Wohnzimmerschränke. Auffällig an diesen Möbeln sind ausgesucht wirkende Furnierkombinationen, stark geflammter Birnbaum mit Rosenholz, Wurzelhölzer, Mahagoni, »kaukasisch Nußbaum« oder ausgefallene Ahornsorten. Ein immer wiederkehrendes (Stil-)Detail: querfurnierte Kanten und Profile.

Weil sie glatte, polierte Flächen statt aufgeklebter Rosetten hatten, galten diese Möbel als modern. In dieser polierten Glattheit stecken Rudimente der ›Form ohne Ornament‹, allerdings wohnlich abgerundet, individualisiert und veredelt durch exotische Holzmaserungen. Nicht aufgesetztes Beiwerk zeugt von mehr-als-bloßem-Zweck, sondern die Form mit ihren Details und das Material selbst.

Auch die vieleckig-geflammten Muster und die abstrahierten Pflanzenformen auf Teppichen und Stoffen sind ohne die Impulse der neuen Wohnkultur nicht denkbar.

Eine Aufnahme von Gretl Strauchs Wohnzimmer, Anfang der 30er Jahre.

Gretl Strauch (geb. 1907) war als junges Mädchen bei der SAJ und den Naturfreunden. Gerne wäre sie Schneiderin geworden, aber das fand man unnötig: »Du heiratest ja doch.« Gretl hat dann in einem Geschäft für Deutsche Frauenkultur (Reformkleidung) volontiert.

Heirat dann 1930: »Wir mußten – weil wir eine Wohnung bekamen, zwei Zimmer im Postblock –, Neubau, Buchsbaumweg, denn mein Mann war Postbeamter.« Die Kosten: 32 RM monatlich Miete, 600 RM Geschäftsanteil, die Bäder mußten selbst bezahlt werden, 150 RM für ein Duschbad, 250 RM für ein Wasserbad. »Mit 5 RM im Monat haben wir das alles abbezahlt, denn wir hatten natürlich nicht das Geld.«

»Wir haben damals neue Sachen gekauft, zuerst das Schlafzimmer und die Küche, alles roh, das war billiger, der Vater, der Maler war, hat es dann angestrichen, Schleiflack war damals modern. Das Wohnzimmer haben wir etwas später gekauft – manche hatten gar keins, da stand das Fahrrad drin. Wir waren für das Einfache, viele hatten so aufgeklebte Rosetten am Buffet, das mochten wir nicht, das waren nur Staubfänger. Unser Buffet war Nußbaum und Eiche, dazu gehörten ein Ausziehtisch und vier Stühle. Es kostete über 300 RM; ein Teppich kam erst nach ein paar Jahren dazu.«

Mehr oder weniger viel von diesen Neuansätzen lassen auch die modernen Küchenschränke erkennen: Der hier abgebildete der »Produktion« ist kein Einbau- sondern ein Einzelmöbel wie das ›alte Küchenbuffet‹, ausgestattet aber ist er mit jeder denkbaren, ausklappbaren Zweckmäßigkeit.

Diese Art moderner Möbel fand damals breite Resonanz. Nur wenige haben ihre alte Einrichtung heute noch, die Bomben des 2. Weltkrieges sind der Hauptgrund dafür. Auch Fotos davon sind selten, denn im allgemeinen hat man auch damals seine Möbel nicht fotografiert.

Möbel aus der „Produktion".

Aus der Möbelausstellung „Produktion" am Steindamm.

Seit langen Jahren liefert die „Produktion" ihren Mitgliedern auch Hausrat aller Art. Der Vertrieb erfolgt durch eigene Möbelläden, die sich Steindamm 103/105 und Banksstraße 61/65 befinden. In diesen Läden können die Mitglieder Möbel aller Art erwerben und sich von der Leistungsfähigkeit der Genossenschaft auf diesem Gebiet überzeugen.

Auch in der Möbelerzeugung setzt sich der Gedanke, das Zweckmäßige mit dem Schönen zu verbinden, immer mehr und mehr durch. Ein modernes Küchenbüfett ist geradezu ein Muster von Zweckmäßigkeit, wie aus dem nebenstehenden Bild hervorgeht. Es enthält

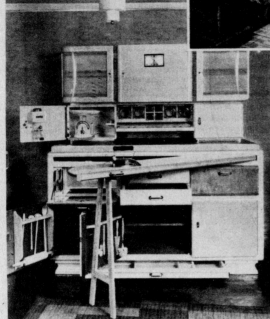

Modernes Küchenbüfett.

nicht nur den notwendigen Raum zur Unterbringung des Geschirrs und der Töpfe, sondern es hat auch Raum für Dinge, die sonst nur in der Speisekammer verwahrt werden, ja, sogar ein Plättbrett ist mit angebracht. Wie außerordentlich bequem hat es doch die Hausfrau von 1933 im Vergleich zu früheren Zeiten.

Durch die Möbel soll das Heim aber auch gemütlicher und wohnlicher gestaltet werden. Die beiden nebenstehenden Bilder zeigen Wohnmöbel in neuen, schlichten Formen, die aber durch Verwendung guten Materials von guter Wirkung sind. Der moderne Wohnzimmerschrank mit Schreibplatte ist praktisch und für alle Zwecke zu gebrauchen;

außerdem macht er den Schreibtisch überflüssig. — Es ist selbstverständlich, daß auch alle sonstigen Möbel preiswert, in guter Ausführung im eigenen genossenschaftlichen Unternehmen bezogen werden können. Die Ausstellungen am Steindamm 103/105 und in der Banksstraße 61/65 sind sehenswert, und kein Mitglied, das irgendwelchen Bedarf an Hausrat hat, sollte versäumen, sich diese Ausstellungen anzusehen. Ein reichliches Lager und fachmännische Bedienung bieten den Mitgliedern die Gewähr, daß sie bestimmt zufrieden mit ihren Einkäufen sein werden.

Deshalb, Genossenschafter,
Möbel nur aus dem Möbellager der „Produktion".

Möbelläden: Steindamm 103/105.
Banksstraße 61/65.

Aus der Möbelausstellung „Produktion" am Steindamm. Photos von A. Hartleff (Hamburg)

Die Anzeige und die Fotos von Möbeln aus der »Produktion« dokumentieren die Bandbreite an ›modernen‹ Möbeln, wie sie normalerweise in Kaufhäusern und Möbelläden Anfang der 30er Jahre zu bekommen waren.

Das Jahr 1933 brachte hier nicht den ›Bruch‹ wie in anderen Lebensbereichen. Die Nationalsozialisten haben zwar die Genossenschaften als Organisation der Arbeiterbewegung bekämpft, sie haben auch das ›Bauhaus‹ geschlossen und die Avantgarde zum Exil gezwungen, doch ihr Kulturkampf richtete sich – bei aller Deutschtümelei – nicht programmatisch gegen die moderne Warenhauskultur. In deren Art von gediegen-eleganter Sachlichkeit witterten sie weder ›Entseelung‹ noch ›Kulturbolschewismus‹.

Wohnen und Haushalt

Schlafzimmer WK-27 »Aufbauheim«:
Kanadische Birke mit Birnbaum, entworfen 1929/30 von Paul Grießer, Preis s. Text.

WK-Möbelprogramm eines anonymen Entwerfers, 1932/33 entwickelt.
Angeboten in Rüster mit Birnbaum, Birke mit Eiche, Eiche mit Birnbaum oder Nußbaum.

Vielen zu schlicht, aber nicht unbedingt teurer

Die Industrie bot auch sog. Normen- oder Aufbaumöbelsysteme an. Zu den bekannteren gehörten die WK-Programme. Ganz im Sinne des WK-Verbandes sollten diese Möbel keineswegs avantgardistisch-revolutionär sein, sondern »den bürgerlichen Konventionen mit Anstand und Verantwortung der Form gegenüber« entgegenkommen. Es waren relativ schlichte, kleine Anbaumöbel, aber auch sie hatten auffällige, ›kostbare‹ Furnierkombinationen.

In Hamburg soll es diese Möbel nur in wenigen Möbelläden gegeben haben, z. B. bei Bornhold. Sie waren aber nicht unbedingt teurer als ›gute Möbel‹ sonst: Ein Eßzimmer mit ›Vitrine‹, ›Kredenz‹, Tisch und vier Stühlen kostete beispielsweise 1933 699 RM, ein Schlafzimmer mit zwei Betten, Nachtschränkchen, einem Kleiderschrank, Frisiertoilette, Hocker und Stuhl 1930 985 RM.

Wie unterschiedlich diese Art Möbel eingeschätzt wurden, haben wir durch Hamburger Familien erfahren, die sich damals mit solchen Aufbaumöbeln einrichteten.

Die wohlwollend-spöttische Bemerkung »die Kisten« und die Äußerung: »Was hättest ihr für das Geld kaufen können!« sind charakteristisch für die damals verbreitete Haltung in der Arbeiterschaft. Diese Art Möbel wurden als ärmlich und wertlos empfunden, auch wenn sie wie die WK-Möbel durch Edelholzfurniere und besondere Griffe ›zusätzliche‹ Wertqualitäten besitzen (verglichen etwa mit den strengen Zweckmöbeln des Frankfurter Entwerfers Ferdinand Kramer).

Doch auch diese (gemäßigte) Reduzierung auf das Notwendigste, für die die neuen Möbel standen, konnte einer Generation von Arbeitern, die im Kaiserreich schlimmstes Wohnungselend erlebt hatte und zum Teil noch um sich herum erlebte, schwerlich als erstrebenswerter Fortschritt erscheinen.

Es war außer dem Zweck-Design des Einzelmöbels anscheinend die veränderte Gesamtatmosphäre der neuen Räume, die abgelehnt wurde. Die luftig-leeren Zimmer, die durch die relativ kleinen Möbel entstanden waren, wurden als »nackend und arm«, als »zu kahl und zu kalt« empfunden. Fülle war auch ein Zeichen von Wohlstand.

Für die positive Aufnahme der Neuen Wohnkultur bei Teilen der jungen Generation scheint die (klassenübergreifende) Lebensreformbewegung eher Impulse gegeben zu haben als die diesbezüglichen Aktivitäten von seiten der politischen Arbeiterbewegung. Jedenfalls haben wir bisher niemanden getroffen, der im Sinne des Neuen Wohnens eingerichtet war und dies als Ausdruck einer Gleichheitskultur verstanden wissen wollte, wohl aber Leute, die damit eine einfache, vernünftig-praktische, gesunde Lebenshaltung verbanden.

**Das Wohnzimmer von L. und H. Dähne.
... mit Freunden, aufgenommen
Anfang der 30er Jahre.**

»Unser Wohnzimmer war das Modernste, was es damals gab. Es war von Bornhold, denn nur Bornhold hatte damals die ›neue Linie‹; es kostete 1130 RM – das war viel Geld damals, es war das Geld, mit dem ich 1931 als ›Doppelverdiener‹ abgefunden wurde. Wir wollten keine Plüschmöbel wie die Eltern, keine Stickereien und Nippessachen, statt dessen Schwedisch-Leinen und Bunzlauer Geschirr. Wir wollten, wie die Jugend so ist, was ganz anderes, wir trugen Reformkleidung, Reformschuhe, beschäftigten uns mit Reformkost...«

Lilly und Herbert Dähne waren damals sehr stolz auf ihre Wohnung. »Nur wenige politische Gesinnungsfreunde verstanden das, die meisten Nachbarn und Bekannten fanden diese Möbel ›viel zu kalt‹.«

In der Nazizeit mußten beide als engagierte Sozialdemokraten weg aus Hamburg; 1945 auf der Flucht hieß es: alles zurücklassen. Zu den wenigen Sachen, die sie mitnahmen, gehörten Fotos. Lilly hatte schon früh angefangen zu fotografieren und ihr ganzes Leben in Bildern festgehalten.

»Was wir heute an Möbeln haben, haben wir fast alles nach und nach geschenkt bekommen, wir haben nach dem Krieg nicht noch einmal mit dem gleichen Engagement angefangen.«

Lilly und Herbert Dähne (geb. 1904), Lebensreformer, SAJler, seit 1928 in der SPD. Lilly Dähne war als ›Fräulein vom Amt‹ eines der wenigen Arbeiterkinder unter vielen ›höheren Töchtern‹. Herbert Dähne wurde nach einer Elektrikerlehre Telegrafenwerkmeister ›im Amt‹.

Lilly und Herbert heirateten 1930, bekamen eine Neubauwohnung im Brauns Park. »Mit 300 RM mußte man sich einkaufen, dann zahlten wir für 2½ Zimmer 32 RM monatlich.«

Anita Behrens und ihr Mann haben ihre Möbel damals selbst fotografiert.

Anita Behrens (geb. 1909) kommt aus einer politisch aktiven Arbeiterfamilie. Ihr Lehrer in der Volksschule, ein pazifistischer Sozialdemokrat und Lebensreformer, hat sie sehr geprägt. »Er hat auch dafür gesorgt, daß ich nicht ›in Stellung‹ kam.« Sie wurde Buchhändlerin in der Heinrich-Heine-Buchhandlung. Auch nach ihrer Heirat hat sie sich intensiv mit Fragen der Lebensreform beschäftigt. Für ihre Einrichtung bekam sie Anregungen aus Büchern des Architekten Bruno Taut.

In Anita Behrens' altem Haushaltsbuch stehen noch die Preise:

Der WK-Bücherschrank kostete 1931	356 RM
Der WK-Tisch mit vier Stühlen	305 RM
Die Couch, auch ein WK-Möbel	175 RM

»Die niedrigen Stahlrohrbetten«, erinnert sich Anita Behrens, »hat sich außer uns nur noch ein Ehepaar gekauft, den anderen waren sie zu teuer. Wir haben sie später wieder abgeschafft, sie waren einfach zu niedrig.« Die Reaktion ihrer Mutter auf all diese Möbel: »Was hättet ihr für das Geld kaufen können!«

Kleider- und Wäscheschrank kosteten zusammen	385 RM
die beiden Stahlrohrbettgestelle	200 RM

Kleider- und Wäscheschrank benutzt Anita Behrens heute noch, sie sehen aus wie neu.

Johannes Schult (geb. 1905), Tischler bei Blohm und Voss, hat keines seiner ersten Möbel mehr und auch kein Foto davon. Er schrieb uns: »Bezugnehmend auf unser Gespräch über Wohnkultur in der Zeit von etwa 1920 bis 1933, besonders Möbel aus dem Bauhaus Dessau, schreibe ich Ihnen die Einstellung vieler Arbeiter zu diesen schlichten, funktionellen Formen. Ich hatte mir die Möbel für eine Zweizimmerwohnung im vorgenannten Stil während der Erwerbslosigkeit auf dem Hausboden meiner Eltern angefertigt. Als ich dann Anfang 1933 verheiratet war und wir eine Wohnung gefunden hatten, sagte mein Schwiegervater, ›dann will ich mir die Kisten man mal ansehen, die Hans gemacht hat‹.«

Wohnen und Haushalt 87

Hausarbeit

Die tägliche Realität der Hausarbeit in Arbeiterfamilien

Die auf dieser Seite zusammengestellten Fotos zeigen ein Stück der Hausfrauen-Realität um 1930; sie stammen aus verschiedenen Nummern des Konsumgenossenschaftlichen Volksblattes, das unermüdlich die Fortschritte und Arbeitserleichterungen im modernen Haushalt anpreist: Gemeint sind chemische Hilfsmittel wie Spül- und Waschpulver, die das mechanische Reinigen durch Scheuern und Bürsten erleichtern sollen.

Zu den härtesten Arbeiten gehörte Waschen, damals noch mit Kessel oder Kochtopf, Ruffel und Wringmaschine. Waschtag hieß manchmal mehr als acht Stunden mit nassen Füßen in der Waschküche in Dampf oder Zugluft stehen und dabei Schwerarbeit leisten. Da wurden mechanische Geräte, wie Wäsche-Wringer oder der ›Original Waschmeister Heise‹, eine Art Wäschestampfer mit Saugglocke, durchaus als Erleichterung empfunden.

Gemeinschaftseinrichtungen zur Erleichterung der Hausarbeit gab es auch in den neuen Wohnsiedlungen nur selten. Der Wohnblock der Schiffszimmergenossenschaft in der Jarrestadt hatte eine zentrale Waschanlage.

Eine anschraubbare Wringmaschine kostete 14,50 RM

– und die für die meisten unerschwinglichen ›Traum-Angebote‹.

Preise für PROTOS-Elektrogeräte	
Waschautomat (der nur wäscht)	180 RM
Waschautomat (der wäscht und schleudert)	575 RM
Staubsauger	von 165 bis 255 RM
runde Backröhre	60 RM
Bohnermaschine	175 RM
Haartrockner	28 RM
Küchenmaschine, Motor ohne Zusatz	240 RM
Fleischwolf	13 RM
Reibemaschine	18 RM
Kaffeemühle	17 RM
Saftpresse	16 RM
Brotschneider	24 RM
Buttermaschine	46 RM
Wäschemangel	140 RM
Bügeleisen 6,60, 8.75 und	15 RM

Ein Vergleich mit durchschnittlichen Stundenlöhnen im Jahr 1930 läßt errechnen, wie viele Stunden damals für solche Anschaffungen gearbeitet werden mußte.
Durchschnittlicher Lohn
für männliche
Facharbeiter   102,9 Pfennige/Stunde
Hilfsarbeiter   80,8 Pfennige/Stunde
für weibliche
Facharbeiter   64,7 Pfennige/Stunde
Hilfsarbeiter   53,7 Pfennige/Stunde

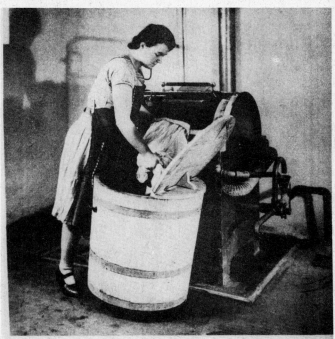

Moderne, gasbeheizte Waschmaschine

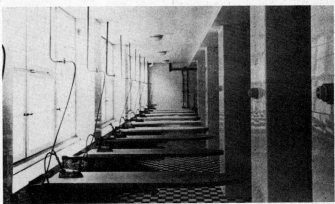

Bügelraum im Wohnblock der Schiffszimmerer-Genossenschaft in der Jarrestadt.

Else Wulf (geb. 1901), die »von Anfang an« in der Jarrestadt wohnt, erinnert sich: »Von 1929 an wurde da unten gewaschen. Da war ein Waschmeister, der hat das beaufsichtigt, der nahm die Wäsche an, hat sie gewogen, eingetragen, und der hat sie dann auch in die Maschinen hineingelegt. Wenn das fertig war, dann bekamen wir eine Zeit, dann konnten wir dabei sein, wenn er sie herausnahm…
Wir hatten zwei große Heißmangeln da, die konnten wir dann bedienen. Wir hatten sechs oder acht Plättbretter, mit Gaseisen; wir konnten unten auch gleich plätten, so daß wir mit unserer fertigen Wäsche in die Wohnung gehen konnten. Wir hatten da Heizschränke, solche, die man rein- und rausrollen konnte, da hängten wir das auf, was man trocknen mußte.« (zitiert nach Hänsel u. a. Die Jarrestadt, 1981, S. 43)

Wohnen und Haushalt

Die Kochkiste und andere Brennstoff-Sparmöglichkeiten

Wie stellt man sich selbst eine Kochkiste her?

Die Kochkiste ist eine an allen Innenseiten mit einem schlechten Wärmeleiter (Holzwolle, Heu, Roßhaare, Zeitungspapier usw.) ausgefütterte Holzkiste, die den Zweck hat, irgendwie vorgekochte Speisen im warmen, verschlossenen Kochtopf aufzunehmen und gar werden zu lassen.

Ankochzeiten (vom Augenblick des Kochens an gerechnet):

Hülsenfrüchte 5—20 Minuten, Haferflocken, Reis, Grieß, Grütze und Graupen 2—5 Minuten, Suppe 3—5 Minuten, alle frischen Gemüse 2—5 Minuten, Kartoffeln (geschälte) 3—5 Minuten, Kartoffeln (in der Schale) 5—8 Minuten (darnach Kartoffeln abgießen, bei offenem Deckel dämpfen und noch etwa zwei Minuten mit geschlossenem Deckel auf den Gaskocher stellen; Kartoffeln dürfen nicht im Wasser in der Kochkiste stehen).

In einer gut gearbeiteten Kochkiste werden die Speisen nicht nur völlig gar, sondern halten sich noch 4—5 Stunden lang warm. Die mit Deckel verschließbaren Kochtöpfe können, brauchen aber nicht besonders konstruiert zu sein; nur sollten sie oben keinen störenden Griff haben. Man dreht die Deckel also um.

WIE SPAR' ICH?

Friedel Schneider, Wust b. Brandenburg a. d. H.
3. Preis unseres Weihnachts-Preisausschreibens.

Wozu die Zeitung gut ist.

Ich lese, trotz Geldknappheit, unsere Zeitung mit Interesse weiter! Ich bin auf diese Weise als Frau über alles Wirtschaftsgeschehen stets rechtzeitig unterrichtet und stehe den Dingen und Anforderungen des Lebens nicht dumm hilflos gegenüber.

Die Zeitung, die meine Weltanschauung vertritt, kämpft ja für meine Interessen! Ich lerne aus ihr meine Rechte zu wahren auf allen sozialen und wirtschaftlichen Gebieten!

Doch auch auf gesundheitlichem und hauswirtschaftlichem Gebiet ist die Zeitung ein guter Helfer, denn durch ihre praktischen Ratschläge habe ich schon viele wirtschaftlichen Vorteile gehabt.

Tue desgleichen, rate ich dir! Denn die 3 Mk. monatlicher Bezugspreis werden ja zur Hälfte durch den Wert des Zeitungspapieres wieder gedeckt.

Du darfst es nur nicht in den Müllkasten werfen oder ohne weiteres dem Lumpenhändler verkaufen.

Zuerst mußt du dir alle wichtigen Ratschläge und Veröffentlichungen auf sozialem, wirtschaftlichem oder gesundheitlichem Gebiet sauber herausschneiden. Damit du sie jederzeit ohne Suchen zur Hand hast, werden die Ausschnitte in drei alte, beschriebene Schulhefte deines Kindes eingeklebt, und zwar ihrem Inhalt entsprechend zusammengehörig in je ein Heft. Jedes Heft bekommt ein neues Schild mit Aufschrift, ob das Heft soziale Veröffentlichungen, gesundheitliche oder hauswirtschaftliche Ratschläge enthält.

Zum weiteren verwende ich das Zeitungspapier hauptsächlich im Haushalt, und zwar:

1. Zum Putzen von Fensterscheiben und Spiegeln. Zuerst wird der Staub trocken abgewischt, dann eine zusammengeknüllte Zeitung mit etwas Brennspiritus angefeuchtet, das Glas tüchtig abgerieben und mit trockener Zeitung nachgerieben.

2. Zum Reinigen der Waschschüsseln nimmt man auf eine zusammengeknüllte Zeitung etwas Salz und reibt die schmutzige Schüssel gut aus.

3. Schwarze Stiefeln werden, mit Zeitungspapier abgerieben, besonders glänzend.

4. Aus sechsfach zusammengelegtem und zusammengestepptem Zeitungspapier werden sehr wärmende Einlegesohlen für Stiefel gemacht.

5. Mehrfach zusammengelegtes Zeitungspapier wird unter Fußdecken und Teppiche gelegt, es wärmt, schützt gegen Motten und verhütet die Staubbildung.

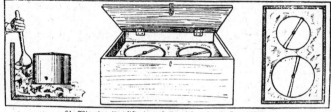

61. Wie eine Kochkiste hergestellt wird und wie sie aussieht

Hausarbeit war aber noch mehr

Die materiellen Bedingungen erforderten von der Arbeiterfrau ein höchstes Maß an Wirtschaftlichkeit. Das hieß nicht nur günstig einkaufen, sondern möglichst wenig kaufen.

›Wie spare ich?‹ war Thema vieler Zeitschriftenartikel und Ratgeber-Broschüren. Die Tips und Antworten darauf waren vielfältig. Sie reichten von der Bauanleitung für eine energiesparende Kochkiste bis zu Vorschlägen zur Verwendung von Zeitungspapier und Abfällen. Denn weggeworfen wurde fast nichts. Der Mülleimer hieß Ascheimer und Asche war normalerweise das einzige, was im Arbeiterhaushalt übrigblieb.

Flicken einsetzen und Stopfen gehörten zur täglichen Hausarbeit wie das unter der Rubrik ›Alt für Neu‹ vorgeführte Umschneidern alter Kleidungsstücke.

Die Arbeiten der Frauen im Haushalt, ihre Kenntnisse und Fertigkeiten waren gerade in der Zeit der Wirtschaftskrise für viele Familien eine unabdingbare Voraussetzung zum materiellen Überleben.

Ausbessern eines Oberhemdes.

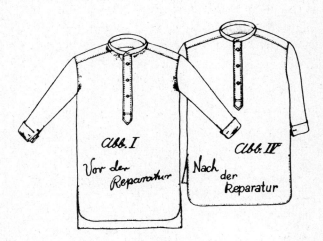
Abb. I — Vor der Reparatur
Abb. IV — Nach der Reparatur

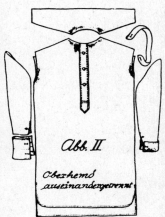
Abb. II — Oberhemd auseinandergetrennt

Abb. III — Alte Schnittlinie / Neue Schnittlinie / Kolterfutter aus weißem Wäschestoff / Neues Kolterstück

Bei den heutigen wirtschaftlichen Verhältnissen muß die Hausfrau mehr denn je bestrebt sein, ihren Wäschebestand so lange als möglich zu erhalten. Ein besonderes Kapitel bilden die Herrenoberhemden, die sehr teuer sind und geflickt sehr häßlich aussehen. Meist wandern sie, wenn sie an den an der Zeichnung ersichtlichen Stellen zerscheuert sind, in die Lampenecke (Abb. 1). Auf folgende Weise ausgebesserte Hemden konnten sogar im Sommer mit Gürtelhose ungefähr ein halbes Jahr lang getragen werden:

Man trennt Kolterstück, Halsbündchen, Aermel und die Manschette ab (Abbildung 2) und verkürzt das Hemd um soviel, als es verschlissen ist. Meist haben die Hemden längere Rücken- als Vorderteile. Ist nun das Kolterstück nicht mehr zu gebrauchen, dann schneidet man nach dem abgetrennten ein Unterteil aus weißem Wäschestoff und das Oberteil dazu, aus dem unteren Stück des Rückens (Abb. 3). Der Rücken wird dann glatt geschnitten und gesäumt.

Der Aermel wird an der Manschette auch abgescheuert sein. Man trennt die Manschette ab, durchstopft die durchscheuerte Stelle leicht und dreht die Manschette um, so daß dadurch die äußere Seite nach innen kommt. — Wenn Kolterstück und Kragenbündchen wieder angesetzt sind, setzt man den Aermel wieder ein, und das so ausgebesserte Hemd wird den Gatten restlos zufrieden stellen. Die Kleinigkeit, um welche das Hemd kürzer geworden ist (Abb. 4) wird er kaum bemerken. Vor allen Dingen hat es den Vorzug, nicht geflickt auszusehen. D. K.

Aus einem alten Mantel — ein neuer

Mutter mußte einen neuen Mantel haben, es ging nicht anders! Trotz all ihrer Anspruchslosigkeit und Bescheidenheit. Viele Jahre lang hatte sie den alten getragen und man sah ihm sein Alter noch immer gar nicht so sehr an, weil der Stoff gut und fest war. Selbst jetzt, in ihrer Freude über den neuen, konnte sie sich nicht entschließen, die alte treue Hülle fortzuwerfen. Er wurde von allen Seiten gemustert, mit dem Ergebnis: die Schulter und Nähten ist er schon sehr abgetragen und dünn, aber in der Mitte sind die Teile noch schön fest und ergeben vielleicht noch ein Mäntelchen für die Siebenjährige. Sie begibt man sich voll Feuereifer an das Trennen, um dann alle Teile mit einem feucht aufgelegten Tuch auszubügeln. Wo die Teile am besten erhalten sind, steckt man die Schnittteile des Kindermantels auf, nachdem man den Rückenteil im Bruch zusammengelegt und auch Vorderteile und Aermel genau aufeinandergesteckt hat, um die Teile gleich doppelt zuschneiden zu können. Wir zeigen unseren Leserinnen, wie man die Schnittteile am praktischsten auflegt. An den Vorderteilen muß ein kleiner Keil angesetzt werden, da wir sie mehr zur Seite rücken müssen, um nicht die Knopflöcher mit hineinzubekommen. Bei der Innenbekleidung läßt es sich nicht ganz möglich vermeiden, die Knopflöcher des Kindermantels an dieselbe Stelle zu bringen. Nachdem man alle Teile zugeschnitten hat, führt man zuerst am Vorderteil und am unteren Aermelrande die Biesensäumchen aus. Hat man sie von links etwas aufgedämpft, näht man die Innenbekleidung verstürzt von links gegen und schließt dann die Achsel- und Seitennähte. Der Kragen wird zunächst aus Oberstoff und Leinen gearbeitet und dem Halsrand angesetzt. Wir haben in unseren früheren Nummern genaue Details dazu gebracht. Hat man den Kragen nun mit Oberstoff bekleidet, führt man an den rechten Vorderteil erst die beiden Knopflöcher aus und am linken Vorderteil näht man die Knöpfe an. Die Taschen können noch aus dem unteren Teil des Rückens vom Frauenmantel gewonnen werden. Der Umschlag, der gleich angeschnitten wurde, wird erst aufgesteppt und die Tasche dann dem Vorderteil aufgesetzt. Die Aermelnaht näht man nur bis zu der angeschnittenen Patte zusammen, diese füttert man ab und näht sie mit Knöpfen dem Aermel auf. Beim Einnähen des Aermels muß man darauf achten, daß die Aermelnaht sich an die Achselnaht anschließt. Hat man sie als Modell mit auf dem Arm liegt. Will man das Mäntelchen besonders warm haben, arbeitet man als Futter. Dieses schneidet man nach dem Schnitt des Mantels zu (die Vorderteile allerdings nur bis zur Innenbekleidung) und näht es mit Saumstichen an. Zum Schluß arbeitet die sorgsame Mutter noch ein kleines Garniturkrägelchen und heftet es lose ein, um es leichter waschen zu können, und ist so stolz auf das fertige Werk, wie sie es noch nie bei einem Stück aus neuem Stoff war, zumal dem hübschen Mäntelchen nicht anzusehen ist, daß es aus einem alten Frauenmantel entstand.

Schnitt auf dem Schnittmusterbogen. Originalschnitt 60 Pf.

PRAKTISCHE WINKE
Neu für Alt

H. 16. Der reparierte Strumpf.

Bei jeder Durchsicht des Strumpfvorrates wird die Hausfrau mit Bedauern feststellen, daß beim Aussortieren verstopfter Strümpfe auch die guten Beinlängen in die Putzlappenkiste gesteckt werden müssen.

In diesen Beinlängen stecken Werte, die man noch ausnutzen sollte, denn mit wenig Mühe ergeben drei oder vier Beinlängen ein gutes Paar Strümpfe.

Diese Reparatur geht so vor sich:

Aus dem Schnittmusterbogen dieses Heftes radelt man den Füßlingsschnitt heraus und legt ihn auf Bruch zusammen (Abb. b). Nach Auflegen dieses Schnittes auf den auszubessernden Strumpf schneidet man das Stück heraus, welches nachher durch den neuen Füßling ersetzt wird (Abb. c). Nun näht man einen nach der Abb. d aus einem Beinling gewonnenen Füßling an Ferse und Spitze in offener Kappnaht zusammen und fügt ihn mit überwendlichen Stichen der guten Beinlänge an.

Das ist die ganze Arbeit und diese Nähte drücken nicht!

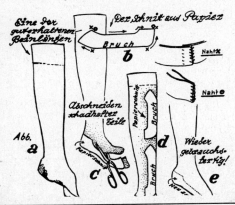

Eine der guterhaltenen Beinlängen / Der Schnitt aus Papier / Bruch / Naht / Abb. a / Abschneiden schadhafter Teile / Papierschnitt / Bruch / Naht / Abb. b, c, d, e / Wieder gebrauchsfertig!

Wohnen und Haushalt 91

Löhne, Preise, Lebenshaltung

Die Unterschiede zwischen Arbeiterlöhnen waren auch 1930 erheblich: Maurer mit 1,57 RM und Buchdrucker mit 1,22 RM Stundenlohn gehörten z. B. zu den gutbezahlten Facharbeitern in Hamburg, die Werftarbeiter waren mit 1,01 RM pro Stunde wesentlich schlechter gestellt.

Wie groß wiederum die Lohndifferenz zwischen Gelernten und Ungelernten, zwischen Männern und Frauen war, zeigt die folgende Tabelle mit durchschnittlichen tariflichen Stundenlöhnen der höchsten tarifmäßigen Altersstufen im Reich. Die Zahlen dokumentieren zugleich den Lohnabbau seit 1931:

Stundenlohn in Pfennigen
für männliche Arbeiter   weibliche Arbeiter

	Facharb.	Angelernte	Hilfsarb.	Facharb./Angel.	Hilfsarb.
1929	101,7	82,2	79,9	63,9	52,9
1930	102,9	83,4	80,8	64,7	53,7
1931	96,8	78,8	76,0	61,1	50,7
1932	81,8	69,1	63,8	53,3	44,1
1933	80,1	68,4	63,0	52,2	43,5

Alle Zahlen nach: Statistisches Jahrbuch für das Deutsche Reich 1930, 1931, 1932, 1933

Was diese Löhne damals wert waren, d. h. wie viele Stunden jeweils gearbeitet werden mußte, um bestimmte Lebensmittel, Haushaltswaren oder Kleidungsstücke kaufen zu können, läßt sich anhand der folgenden Preisangaben leicht errechnen.

Zollgesetze und Notverordnungen — eine Politik, die für die Verschlechterung der Lebenshaltung verantwortlich war
Volk und Zeit 1930, Nr. 23

Echo 2. Juli 1930

Echo 7. Mai 1930

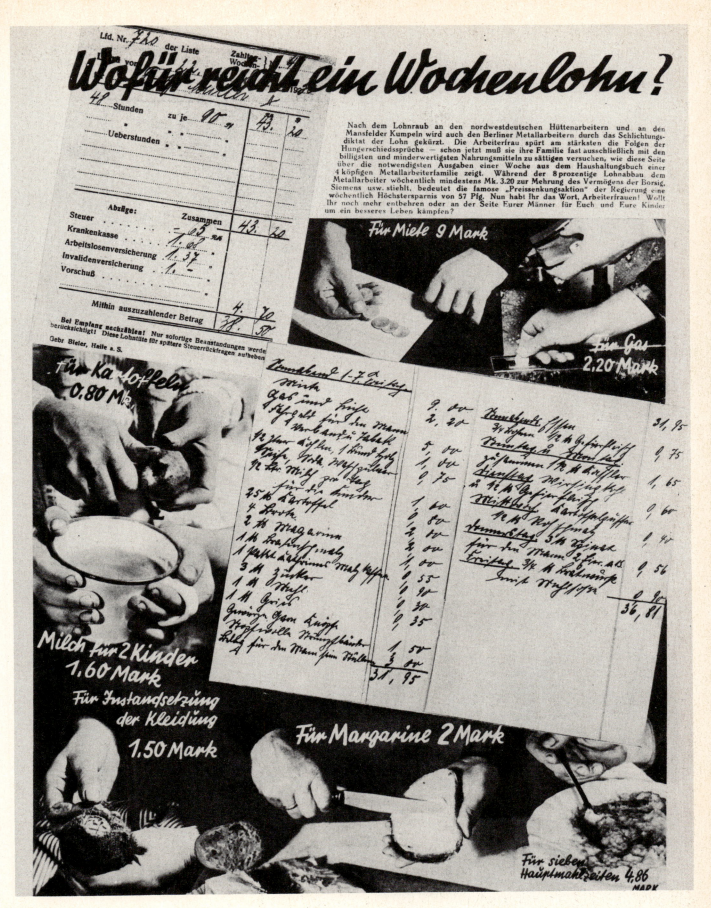

AIZ 19. 10. 1930

Arbeiterhaushalte – statistisch gesehen...

Eine Untersuchung des Statistischen Landesamtes, die Einkommen und Ausgaben von 146 Hamburger Arbeiterfamilien im Jahre 1927 umfaßt, kommt u. a. zu folgenden Ergebnissen:

Sechs Familien haben jährliche Einnahmen bis 2500 RM,
17 Haushalten stehen 2500 bis 3000 RM zur Verfügung,
48 jeweils 3000 bis 3600 RM,
47 jeweils 3600 bis 4300 RM,
28 Familien haben mehr als 4300 RM, wobei die hohen Einnahmen der beiden letzten Gruppen vor allem durch Beiträge mitverdienender Kinder zustande kommen (10,25 bzw. 16,67 Prozent der Gesamteinnahmen).

In der niedrigsten Einkommensgruppe hat das Arbeitseinkommen aus dem Hauptberuf des Mannes den höchsten Anteil (85 Prozent).

In mehr als einem Drittel der Fälle tragen die Ehefrauen durch eigenen Verdienst zum Haushaltseinkommen bei. Ihr Anteil an den Gesamteinnahmen ist allerdings relativ niedrig, in den einzelnen Einkommensgruppen unterschiedlich von 0,93 bis 2,76 Prozent.

Die durchschnittlichen Einnahmen einer Arbeiterfamilie betrugen jährlich 3767,91 RM.

Davon wurden für Nahrungsmittel 1614,43 RM (= 42,84 Prozent) ausgegeben.

Dieser Anteil liegt unter dem Durchschnitt bei Familien mit weniger als 3600 RM Einkommen.

Den niedrigsten Ausgaben-Anteil für Nahrungsmittel (= 38,9 Prozent) haben Familien mit weniger als 2500 RM.

Diese Abweichung von der »Regel«, nach der bei wachsendem Einkommen der Anteil der Ausgaben für Nahrungsmittel fällt, wird mit der zunehmenden Zahl der Personen in den Haushaltungen mit höherem Einkommen erklärt.

Von den Ausgaben für »sonstige Lebensbedürfnisse« entfallen im Durchschnitt auf:

Wohnungsmiete	376,07 RM (= 9,98 %)
Einrichtung und Instandhaltung der Wohnung	145,14 RM (= 3,85 %)
Heizung und Beleuchtung	140,75 RM (= 3,74 %)
Bekleidung und Wäsche	402,48 RM (=10,68 %)
Körperpflege	25,47 RM (= 0,68 %)
Gesundheitspflege	14,54 RM (= 0,39 %)
Versicherungen	250,36 RM (= 6,64 %)
Bildung	69,68 RM (= 1,85 %)
Vergnügungen und gesellige Anlässe	41,68 RM (= 1,10 %)
Erholung	43,28 RM (= 1,15 %)
Verkehrsausgaben	83,33 RM (= 2,21 %)
Vereins- und Verbandsbeiträge	83,15 RM (= 2,20 %)
Steuern	121,49 RM (= 3,22 %)

Die Untersuchung ist veröffentlicht in:
Aus Hamburgs Verwaltung und Wirtschaft, 1929, S. 300 ff.

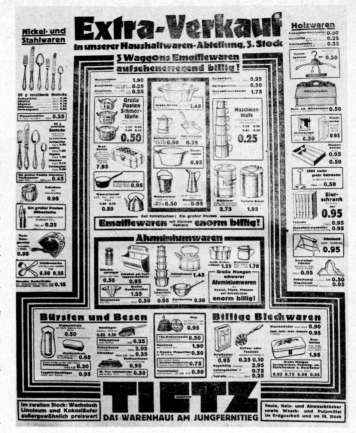

Echo 5. Juli 1930

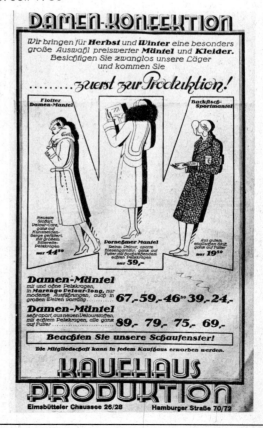

50 Jahre Leonhard Tietz 1879–1929, Köln o. J.   Echo 2. Okt. 1930

»Einer für alle, alle für einen«

Selbsthilfe-Organisationen
von Karen Hagemann
und Ursula Schneider

Genossenschaften — die ›dritte Säule‹

Es dauerte eine ganze Weile, bis die Genossenschaften von den beiden anderen Arbeiterorganisationen als ›Dritte Säule‹ anerkannt wurden. Die Gründer der Hamburger »Produktion« hatten daran nicht unerheblichen Anteil: nach ihrer Vorstellung sollten die Konsumgenossenschaften mehr sein als nur eine günstige Einkaufsquelle für den einzelnen. Auch wenn dieses ›Mehr‹ unter den Leistungsbilanzen konsumgenossenschaftlicher Jahresberichte fast verschwindet, kann man auch heute noch erfahren, was es bedeutete: wenn sich alte Genossenschafter erinnern.

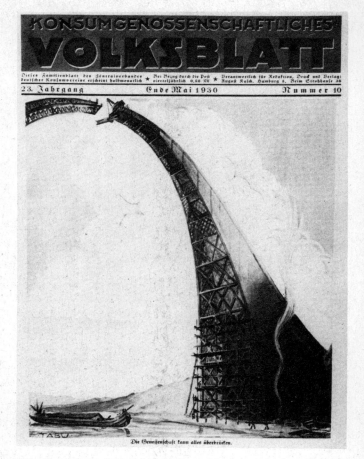

Konfliktreiche Anfänge

Der 1899 in Hamburg gegründete »Konsum-, Bau- und Sparverein ›Produktion‹« war führend unter den 98 Genossenschaften, die auf dem Genossenschaftstag in Bad Kreuznach 1903 als mittelstandsfeindlich und unter dem Verdacht »sozialdemokratischer Tendenzen« aus dem »Allgemeinen Verband deutscher Erwerbs- und Wirtschaftsgenossenschaften« ausgeschlossen wurden. In dem »Allgemeinen Verband« waren nämlich die kleingewerblich-mittelständischen Genossenschaften führend, denen in erster Linie daran gelegen war, das Kleingewerbe durch gemeinsamen Großeinkauf, gemeinsame Absatzorganisation und Maschinenhaltung gegenüber der aufkommenden Industrie zu stärken.

Mehr als materieller Nutzen für den einzelnen

Für die Gründer der »Produktion« war die Verbesserung der materiellen Lage der »schwächeren Mitbürger« durch billigen Großeinkauf durchaus ein wichtiges Anliegen – die Schwierigkeiten bei der Unterstützung der Arbeiter während des großen Hafenarbeiterstreiks (1896) waren ja ein Anlaß für die Gründung.

Doch während andere Konsumvereine an die Mitglieder eine möglichst hohe Dividende ausbezahlten, sollte in der »PRO« ein Großteil des Gewinns als Rücklagenbildung für ›Arbeiterangelegenheiten‹ (z. B. für Bildungseinrichtungen und für ein Gewerkschaftshaus) einbehalten werden. Außerdem sollte ein Notfonds eingerichtet werden, um z. B. einzelne in ihrer Widerstandsfähigkeit bei Wirtschaftskämpfen zu stärken. Und: Was andere Arbeiterorganisationen damals mit Waren-Kontrollmarken praktizierten, die angaben, ob in den Herstellerfirmen geregelte Lohn- und Arbeitsverhältnisse herrschten, erhofften sich die »PRO«-Gründer vom Zusammenschluß der Verbraucher: Einfluß auf die Unternehmer ausüben zu können. Längerfristig allerdings wollte man den Bedarf der Genossenschafter möglichst durch eigene Betriebe decken. Dies alles mit eigenen Mitteln und in kleinen Schritten, nach der Devise: »Arbeiterpfennige im Arbeiterinteresse in Arbeiterkapital umzubilden«.

Der Zentralverband in Zahlen
Sein Anteil an der allgemeinen Güterversorgung:
1925   2,8 %
1930   4,4 %
Umsatzentwicklung:
ständige Steigerung seit 1924,
1929   1242 Millionen RM
1930   1212 Millionen RM
1932   944 Millionen RM
Der Rückgang der Umsätze blieb prozentual hinter dem des Einzelhandels zurück. (Konsumgen. Volksblatt, 1932, Nr. 2, S. 2)
Auflage des Konsumgenossenschaftlichen Volksblattes
1929   1 515 170

Konsumgenossenschaften und Gewerkschaften

Unter gewerkschaftlich organisierten Arbeitern gab es um die Jahrhundertwende bereits eine große Anzahl von Anhängern der Genossenschaftsidee. Doch die Mehrzahl war noch skeptisch und sah in den Genossenschaften keine anderen Entwicklungsmöglichkeiten als in den kleingewerblichen Konsumvereinen.
Trotzdem wurde – anläßlich der geplanten Gründung der »Produktion« – auf einer Gewerkschaftsversammlung 1898 eine Resolution angenommen, die die Unterstützung für das zu gründende Unternehmen zusagte.
In der Folgezeit entwickelte sich – schon auf Grund vieler personeller Verbindungen – ein enges Verhältnis zwischen Konsumgenossenschaften und Gewerkschaften, das u. a. 1912 zur gemeinsamen Gründung der »Volksfürsorge« führte.
Weil das Genossenschaftsgesetz politische Neutralität vorschrieb, wurden die leitenden Stellen der Konsumgenossenschaften nicht mit Gewerkschaftsführern, sondern mit entsprechenden Fachleuten besetzt.

Neugründung, Aufstieg und Bedrohung

Die 98 ausgeschlossenen Vereine der ›Hamburger Richtung‹ gründeten 1904 auf Reichsebene den »Zentralverband deutscher Konsumvereine« mit Sitz in Hamburg. Dieser Verband vertrat die Interessen der Konsumvereine gegenüber der Öffentlichkeit, den Parlamenten, Behörden usw. und war u. a. Herausgeber des »Konsumgenossenschaftlichen Volksblattes«, einer illustrierten Zeitschrift für Mitglieder.

Bis zum Jahre 1930 war aus dem Zentralverband eine mächtige Verbraucherorganisation mit über drei Millionen Mitgliedern geworden. Danach war die Mitgliederzahl rückläufig. Den Grund dafür sehen die Genossenschafter nicht nur in der Wirtschaftskrise, sondern auch in den politischen Veränderungen. Denn die Nationalsozialisten führten schon vor 1933 einen harten Kampf gegen die Konsumgenossenschaften, der von Einschüchterung bis zum offenen Terror reichte: sie versuchten, die Konsumvereine als »marxistisch — jüdisch — kapitalistisch« zu diffamieren, riefen zum Boykott auf, zertrümmerten Schaufenster und Läden, mißhandelten Mitarbeiter. Die Nazis hatten den Kleinhändlern, für die die Konsumgenossenschaften zur ernsthaften Konkurrenz geworden waren, deren Zerschlagung nach der Machtergreifung versprochen – ein Grund, weshalb viele ihre Spareinlagen zurückzogen.

Nach 1933 wurden die Genossenschaften aber nicht wie geplant aufgelöst, sondern aus wirtschaftlichen Gründen ›gleichgeschaltet‹.

1932 Appell an Treue und Geschlossenheit

Angriffe der Nazis auf die Konsumgenossenschaften – ein von der SA zerstörter Laden in Eutin (1932)

Konsumgenossenschaften und SPD

Die Sozialdemokratie stand den Konsumgenossenschaften bis zum Ende des 19. Jahrhunderts ablehnend gegenüber. Der sozialdemokratische Führer Lassalle stellte jedes Bemühen der Arbeiter um Erhöhung des Reallohns innerhalb der kapitalistischen Wirtschaft als aussichtslos hin. Sein Ziel waren staatliche Produktivgenossenschaften. Außerdem befürchtete man die Zersplitterung der revolutionären Energie durch andere Aktivitäten als den rein politischen Kampf, und man glaubte, die Sympathien von Mitgliedern kleinbürgerlicher Herkunft zu verlieren. Auf dem Berliner Parteitag 1892 wurden die Genossen aufgefordert, »der Gründung von Genossenschaften entgegenzutreten«. Wenige Jahre später, 1899, war bereits von ›Neutralität‹ die Rede, die Linken (u. a. August Bebel und Rosa Luxemburg) waren allerdings nach wie vor skeptisch. Viele Konsumvereins-Gründungen durch Arbeiter und das Stärkerwerden revisionistischer Positionen in der SPD haben die Haltung zu den Genossenschaften verändert. Eine Resolution des Magdeburger Parteitages (1910) erklärt den Konsumgenossenschaften Unterstützung durch die SPD, weil »die genossenschaftliche Tätigkeit... eine wirksame Ergänzung des politischen und gewerkschaftlichen Kampfes für die Hebung der Lage der Arbeiterklasse (ist)«. Seitdem wurde von der »Drei-Säulen-Theorie« gesprochen: Partei-Gewerkschaft-Genossenschaft = der Arbeiter als Staatsbürger – als Produzent – als Konsument.

Selbsthilfe

Schrittweiser Übergang zur Eigenproduktion: die GEG

Die wachsende Zahl der Arbeiter-Konsumvereine gegen Ende des 19. Jahrhunderts ließ die Gründung eines eigenen Großhandelsunternehmens sinnvoll erscheinen: 1894 wurde die GEG (= Großeinkaufs-Gesellschaft Deutscher Konsumvereine) gegründet. Sie wurde zum Mittelpunkt des Zentralverbandes Deutscher Konsumvereine, zu dessen erklärten Zielen auch der schrittweise Übergang zur Eigenproduktion gehörte.

GEG-Chemische Fabrik in Hamburg, Peutestraße

Damit begann man in Hamburg zunächst mit eigenen Bäckereien und Schlachtereien, die für den lokalen Eigenbedarf produzierten. Seit 1910 wurde der Bereich der Eigenproduktion erweitert. Um 1930 verfügte die GEG über mehr als 50 Betriebe. In Hamburg waren es außer dem Verwaltungsgebäude (Besenbinderhof 52) und verschiedenen Lagerhäusern vor allem solche, die überseeische Produkte verarbeiteten: eine Zigarrenfabrik, zwei Tabakfabriken, eine Kakao- und Schokoladenfabrik, eine chemische Fabrik, und in Altona eine Zigaretten-, eine Zuckerwaren- und eine Fleischfabrik. Der Anteil der Eigenproduktion am Gesamtumsatz der GEG stieg bis 1931 kontinuierlich und betrug 1929 ca. 24 Prozent.

Dem ständigen Anwachsen des genossenschaftlich organisierten Wirtschaftssektors wurde ein hoher politischer Stellenwert beigemessen, denn die Genossenschaften verstanden sich als »Instrument des wirtschaftlichen Kampfes zwischen Kapital und Arbeit«, als »vorwärtsstrebende, auf ein großes Ziel gerichtete Einrichtungen, die nichts geringeres bezwecken, als die schrittweise Verdrängung des kapitalistischen Wirtschaftssystems, an dessen Stelle sie eine auf den organisierten Verbrauch gegründete Wirtschaftsordnung setzen.« (Konsumgen. Volksblatt, 1930, Nr. 17, S. 2)

»Ein Element der ›Wirtschaftsdemokratie‹«

Die Gewerkschaften sahen in den Konsumgenossenschaften ein Element der ›Wirtschaftsdemokratie‹.[1] Nach dieser Auffassung produzieren Genossenschaften nicht für einen freien Markt, um dann die Waren durch Werbung, Vertreter usw. abzusetzen. Vielmehr sei bei der genossenschaftlichen Eigenproduktion »... der Absatz ja gegeben«. Erst wenn dieser gesichert sei, wird die Genossenschaft zur Eigenproduktion übergehen. »Um den Absatz braucht sie sich also keine große Sorge zu machen. Sie wird zwar planmäßig an seiner Ausdehnung arbeiten, sie muß auch alle Bewegungen der Privatwirtschaft sorgfältig verfolgen, aber der Grundstock ist vorhanden, so fallen die ungeheuren Reklamekosten zum großen Teil fort...« (F. Naphtali [Hrsg.] Wirtschaftsdemokratie, 1928, S. 79).

Am schrittweisen, planmäßigen Ausbau der Eigenproduktion von Massenartikeln wie Seife, Tabak und Zündhölzern hin zu anderen Bereichen wird dieses Wirtschaftsprinzip illustriert.

Der Absatz war sicher noch im kleinen Konsumverein »gegeben«, der Grundnahrungsmittel anbot, dessen Mitglieder um der Sache willen dabei waren und sich untereinander kannten, dessen Personal über die Einkaufsgewohnheiten der Mitglieder Bescheid wußte. Doch mit dem Anwachsen der Genossenschaften zu Millionen-Organisationen, mit dem Anspruch, immer weitere Bereiche aus wirtschaftlichen Gründen, »zum Nutzen des Verbrauchers« zu erobern, konnte der Bedarf nicht mehr feststehen, mußten sie mit den Privatunternehmen um den Verbraucher konkurrieren. Werbung nahm immer mehr zu.

Hamburg war eines der Zentren der GEG

Gegenseitige Hilfe, Verbundenheit – damit und dafür wirbt die GEG

Anzeige zum 1. Mai 1928

Die Konsumgenossenschaften selbst haben das gesehen: »Der alte genossenschaftliche Standpunkt, daß man Reklame entbehren könne, hat sich als irrig erwiesen. Eine große Genossenschaft mit vielen zehntausenden Mitgliedern muß diesen auf dem gleichen Wege wie die privaten Unternehmer mitteilen, was an Ware zu haben ist...« (Die Gemeinwirtschaft, 8. Jg. 1928, Nr. 9 Sonderheft »Die Produktion« S. 242)

Anzeigen und Artikel, die für GEG-Produkte oder für Konsumvereine werben, appellieren immer wieder an den Gemeinschaftsgeist, an das damals in der Arbeiterbewegung noch lebendige »Einer für alle, alle für einen«. Sie bezeugen aber auch den Stolz der Konsumgenossenschaften auf ihre Leistungen: auf preiswerte Qualitätsware, vor allem aber auch auf kontinuierliches Wachstum, auf modernste rationale und allen Ansprüchen der Hygiene genügende Produktionsmethoden. Ob es sich um Fragen der Ernährung, der Hausarbeit oder der Schuhproduktion handelt, die Konsumgenossenschaften sind immer »auf dem neuesten Stand«. Insofern geben sie ein Beispiel für die – vor dem Hintergrund der materiellen Situation der Arbeiter verständlichen – Hoffnungen, die damals gerade von Seiten der Arbeiterbewegung an die Weiterentwicklung der Technik geknüpft wurden.

Massenproduktion – gut organisiert und von Fachleuten kontrolliert

Nudelherstellung früher...

...und heute
eine Gegenüberstellung aus dem Konsumgenossenschaftlichen Volksblatt,

und der GEG-Betrieb, der diesen Fortschritt ermöglicht.

[1] Der ADGB-Kongreß in Hamburg 1928 bekannte sich zum Konzept der ›Wirtschaftsdemokratie‹ als Weg zum Sozialismus, »der über die Übernahme der lebenswichtigen Betriebe durch die öffentliche Hand, über die Erweiterung des Bereichs der öffentlichen Wirtschaft, über die Durchsetzung der planwirtschaftlichen Regelung und über die Wandlung des Eigentumsrechtes... führt«. (F. Naphtali, a. a. O., S. 18)

Selbsthilfe 99

Innenraum eines »PRO«-Ladens am Krohnskamp, 1931

»Schon meine Mutter war dabei«

Die Hamburger »PRODUKTION«

Die Hamburger »PRO« war nicht nur politisch richtungsweisend, sondern auch wirtschaftlich erfolgreich. Sie entwickelte sich zu einer der stärksten Genossenschaften des Zentralverbandes, obwohl sie sich ständig mit verleumderischen Kampagnen und vom Einzelhandel und seiner politischen Lobby betriebenen Sonderbesteuerungen auseinanderzusetzen hatte. Die privaten Händler sahen sich unter Druck gesetzt, denn die »PRO« führte in den Anfangsjahren neue Verkaufsprinzipien ein (Verkauf nach festen Maßen und Nettogewicht, Barzahlung im Einkauf und Verkauf).

Die »PRO« in Zahlen

1930
hatte die »PRO« 126 631 Mitglieder mit einem Umsatz von 84 935 790,– RM
in 254 Kolonialwarenläden
    118 Schlachtereien
     92 Brotläden
      2 Kaufhäusern
      2 Läden für technische Artikel
      2 Möbelläden
      2 Kohlenläger
      2 Wanderverkaufsstellen
Eigenproduktionsbetriebe u. a.:
Eine Fleischwarenfabrik
4 Bäckereien
verschiedene Mühlen
2 Molkereien
1 Kaffeerösterei
1 Kellerei
1 Möbelfabrik

Im Besitz der »PRO« waren außerdem:
2011 Wohnungen
 274 Läden, auf
 133 Grundstücken.

1930 waren 4629 Personen bei der »PRO« beschäftigt.
1931 nur noch 3879 – in der Wirtschaftskrise wurde auch bei der »PRO« entlassen!

Außerdem unterhielt die »PRO« das Kindererholungsheim Haffkrug an der Ostsee, das von den Gewinnen aus der Konservenfabrikation für die Armee im 1. Weltkrieg gestiftet worden war. Dort konnten jährlich etwa 1000 Hamburger Kinder vier Wochen kostenlos Ferien machen.

Wirtschaftskrise und Naziterror ließen die Mitgliederzahlen schrumpfen.
1932 traten   7 411
aus,
1933   29 831
1934   11 701

Berufsstatistik der Mitglieder am 31. Dezember 1930.

Arbeiter (ohne Berufsangabe)	20 472	Holzarbeiter	4 939
Arbeiterinnen (ohne Berufsangabe)	2 551	Kupferschmiede	330
Artisten	63	Landarbeiter	605
Bauarbeiter	3 883	Lebensmittel- und Getränkearbeiter, Brauer und Gastwirtsgehilfen	545
Beamte usw.	5 212	Lederarbeiter	238
Bekleidungsarbeiter	2 307	Lehrer(innen)	922
Berufsfeuerwehrmänner	337	Lithographen und Steindrucker	294
Böttcher	415	Maler und Lackierer	1 846
Buchbinder	333	Maschinisten und Heizer	2 228
Buchdrucker	1 467	Metallarbeiter	11 371
Dachdecker	219	Musiker	367
Ehefrauen und Witwen	32 207	Nahrungs- u. Genußmittelarbeiter, Bäcker, Konditor, Mühlenarbeiter usw.	1 384
Eisenbahner	1 937	Personenvereinigungen	54
Fabrikarbeiter	1 471	Privatiers	1 204
Fleischer	938	Sattler und Tapezierer	664
Freie Berufe, Ärzte, Rechtsanwälte usw.	635	Schuhmacher	720
Friseure	294	Steinarbeiter	508
Gärtner	675	Tabakarbeiter	798
Gemeinde- und Staatsarbeiter	2 057	Textilarbeiter	177
Gewerbetreibende und Händler	2 894	Techniker	885
Graphische Hilfsarbeiter	159	Verkehrsarbeiter (ohne Eisenbahner)	8 280
Handlungsgehilfen	6 961	Zimmerer	2 196
Hotel-, Restaurations- und Caféangestellte	589	Insgesamt	128 631

»Die Lebenshaltung ihrer Mitglieder zu verbessern«, darin sah die »PRO« auch 1930 ihre »Gegenwartsaufgabe«. »Das geschieht durch die Versorgung mit guten, einwandfreien Lebensmitteln zu gerechten Preisen, durch die Errichtung eigener Betriebe, durch den Bau von vorbildlichen Wohnungen, durch die Ansammlung von Geldern auf Notfondskonten und durch soziale Einrichtungen. Gewinne werden nicht erzielt. Alle Überschüsse kommen der Gesamtheit der Mitglieder zugute.« (Handbuch für Werbearbeit, Produktion, 1930, S. 8)

Konkret hieß das z. B.: man hatte Anspruch auf bis zu 5 Prozent Rückvergütung auf den eigenen jährlichen Umsatz, die man allerdings bis zu einem Betrag von 100 RM als ›Notfonds‹ anlegen mußte;
man durfte mit reellen Preisen rechnen, wenn auch Einzelangebote von Händlern – für die »PRO«: »Lockartikel« – manchmal billiger waren;
man konnte sicher sein, daß das Gewicht der Waren und ihre sachgemäße Lagerung kontrolliert wurden;
man war berechtigt, sich um eine Wohnung der »PRO« zu bewerben, wenn man einen ›Wohnungsfonds‹ in Höhe einer Jahresmiete einbezahlt hatte (er wurde verzinst und bei Auszug voll zurückgezahlt);
man durfte, falls man fünf Jahre Mitglied war, seine Kinder zum Erholungsurlaub im Kinderheim der »PRO« in Haffkrug (Ostsee) anmelden. Ob diese erholungsbedürftig waren, entschied ein Arzt. Das Los entschied, ob sie einen Platz erhielten.

Organisation und Wahlen

Gewählt wurden in den ›Verteilungsstellen‹ (Läden) je drei Vertreter und ein Ersatzmann für die Vertreterversammlung (= Generalversammlung), die den Aufsichtsrat wählte, die Bilanz und Gewinnverteilung genehmigte, über Erwerb und Verkauf von Grundstücken u. ä. entschied. Der Aufsichtsrat bestimmte die Geschäftsleitung. Die Vertreter bildeten gleichzeitig den ›Mitgliederausschuß‹, ein Bindeglied zwischen Mitgliedern und Geschäftsleitung: er sollte für die Genossenschaft werben und die ›Verteilungsstellen‹ kontrollieren.

Man wurde aufgefordert, sich umgehend zu beschweren, wenn man unzufrieden war,
und man hatte das Recht, seine Vertreter zu wählen.
Denn die Konsumgenossenschaften waren demokratisch organisiert. Jeder Erwachsene konnte Mitglied werden. (Bei Eintritt mußte ein Geschäftsanteil von 30 RM gekauft werden, der aber über die Rückvergütung abgerechnet werden konnte.) Und jedes Mitglied hatte eine Stimme, ob es einen oder zehn Geschäftsanteile besaß, – ein entscheidender Unterschied zur Aktiengesellschaft.

Was aus der »PRO« geworden ist

Auch die »PRO« war schon vor 1933 Angriffen der Nazis ausgesetzt. Nach der Machtergreifung folgten Verhaftungen, alle wichtigen Stellen wurden zusätzlich mit zuverlässigen Nazis besetzt. Schließlich mußte auch der Name »Produktion«, der an Arbeiterbewegung und Selbsthilfe erinnerte, gelöscht werden: ab 1936 hieß die »PRO« »Niederelbische Verbrauchergenossenschaft«. Nach 1945 wurde die »PRO« von ›alten‹ Genossenschaftern neu gegründet; nach der Erfahrung der Nazi-Zeit war es schwierig, die junge Generation für den Gemeinschaftsgedanken zu gewinnen.

Die »PRO« versuchte jetzt durch Modernisierung der Betriebe *Verbraucher* zu gewinnen, 1949 eröffnete sie z. B. den ersten Selbstbedienungsladen. Ein weiterer Schritt weg vom alten Genossenschaftsgedanken war die Öffnung der Läden für Nicht-Mitglieder 1954. Mit der Umwandlung der »PRO« in eine Aktiengesellschaft 1974 wurde dann das letzte genossenschaftliche Element – jedes Mitglied hat eine Stimme, unabhängig von der Menge der Geschäftsanteile – aufgegeben.

Daß damit ein Veränderungspotential verloren ging, rückte vor einiger Zeit durch eine Mitglieder-Aktion im Schweizer Genossenschaftskonzern Migros ins Bewußtsein. Hier hat sich erstmals in der Geschichte dieser Genossenschaft eine Mitglieder-Opposition gegen die Erfolgsbilanzen des Managements formiert. Statt Umsatzzuwachs wollte sie bessere Arbeitsbedingungen für die 50 000 Mitarbeiter, »statt weiterer Zentralisierung kleine Netze von Migros-Betrieben, statt Gigantismus Rückkehr zum menschlichen Maß«. (DER SPIEGEL, Nr. 25, 1980, S. 142)

Kein Einzelfall:
Allein im ersten Vierteljahr 1932 wurden über 100 Scheiben von »PRO«-Läden von Nazis zertrümmert.

Selbsthilfe

Dokumente...

Drei Superlative –
aus denen der Stolz der »Produktion« auf ihre wirtschaftliche Aufbauleistung spricht.

Die »Produktion« nennt solche Veranstaltungen – 15 bis 20 im Monat – »Werbearbeit unter Frauen«; ein besonderer Frauenausschuß mit 30 Mitgliedern war dafür zuständig.

»Im Gegensatz zu den meisten anderen Konsumgenossenschaften hat es die ›Produktion‹ stets abgelehnt, sogenannte ›Kaffeenachmittage‹ zu veranstalten. Kaffee und Kuchen können sich die Hausfrauen auch zu Hause leisten, außerdem ist dadurch in Groß-Hamburg wenig zu erreichen. Es kam vielmehr darauf an, den Frauen etwas zu bieten, was sie nicht zu Hause finden.

So wurde besonderer Wert darauf gelegt, daß die Frauenabende einen ernsten und einen unterhaltenden Charakter bekamen... (Es) wird ein Vortrag gehalten, der sich mit genossenschaftlichen Fragen beschäftigt. Den Frauen wird eine kurze Niederschrift des Vortrages ausgehändigt, damit sie in der Lage sind, das Gehörte im Hause noch einmal durchzulesen und in Gesprächen mit anderen Frauen zu verwenden.

Eine Aussprache findet nicht statt, weil dabei auf Grund langjähriger Erfahrungen wenig oder nichts Ersprießliches herauskommt. Außerdem wird eine derartige Aussprache selbst abgelehnt. Im zweiten Teil bieten die Abende Vorlesungen ernster und heiterer Natur aus den Werken anerkannter Schriftsteller, gute Musik, Tanz oder Gesang.« (Die Gemeinwirtschaft, 1928, Nr. 9, Sonderheft »Die Produktion«, S. 245)

...und Erinnerungen

Erinnerungen von Mitgliedern, die aus Arbeiterfamilien kommen und nicht nur aus »praktischen Gründen« in der »PRO« waren.

Lilly Dähne (geb. 1904): »Das war Vaters Überzeugung, daß ein Unternehmen wie die »PRO« sein muß, auch wenn's mal ein bißchen teurer war. Aber die Ware war in jedem Fall einwandfrei, da konnte man ganz sicher sein. Und dann waren wir noch dabei wegen der Einkaufsbücher, wegen der Prozente. In die Bücher hat man eingetragen, was man brauchte – das mußte man sich zu Hause überlegen, anders als heute – auf der Theke stand ein Kasten mit Schlitz, da wurden die Bücher reingeworfen und dann der Reihe nach von den Verkäuferinnen rausgenommen. Am Ende des Jahres wurde mit den Einkaufsbüchern der Gesamtumsatz ausgerechnet, und danach bekam man dann seine Prozente. Niemals wurde von der »PRO« frei Haus geliefert und niemals konnte man auf Pump kaufen.

Ich fühlte mich in der »PRO« am wohlsten. Wenn wir in den Laden kamen, gab es immer eine freundschaftliche Begrüßung, man wußte, wer man ist... Ich kaufe immer noch da, aber es ist etwas ganz anderes jetzt, auch das Publikum. Jetzt ist die PRO ja auch eine Aktiengesellschaft.«

Inge Osbar (geb. 1919): »Der Arbeiterstand war ja damals sehr ausgeprägt, und man hatte eigene Läden, man kaufte da, weil man da etwas Gutes an Waren bekam und es oft auch billiger war und weil das weiter ausgebaut werden sollte. Und man bekam Prozente, davon hat meine Mutter immer die Kohlen für den Winter gekauft.

Und es waren einfach Bindungen da: unsere Geselligkeit spielte sich mit dem Gesangverein ab – die Ausflüge und so – die anderen waren auch alle in der »PRO« oder Genossen von der Partei und der AWO, man kannte sich.«

Caroline Schluck (geb. 1900), ist seit 1923 Mitglied in der »PRO« und hat lange Jahre im Mitgliederausschuß ehrenamtlich gearbeitet.

»Meine Mutter hat schon in der »PRO« gekauft, und wir haben auch nie woanders gekauft, wir sind dann auch gleich eingetreten, als wir geheiratet haben. Wir gehörten einfach dazu, das war ein Arbeiterunternehmen. Viele benutzten die »PRO« nur zum Einkaufen, aber das Genossenschaftliche, das ja so bindet, ging vielen nicht ein...

Die Wahlen fanden abends im Laden statt, nach Feierabend, wenn 30 da waren, waren es viele, es waren immer nur die Aktivsten. Als Mitgliederausschuß haben wir die Gewichte kontrolliert, wir haben gemeutert, als dann später alles in Päckchen abgepackt war, weil das Verschwendung war, und das mußten ja die Mitglieder bezahlen! Wenn Mitglieder unzufrieden waren, haben wir sie aufgesucht und mit ihnen gesprochen. Jede Woche mußten die Sparschränke leergemacht und das Geld auf die Bank gebracht werden. Und Berichte nach oben über den Laden waren auch jeden Monat zu schreiben.

Vom Frauenausschuß wurden auch Abende für Frauen organisiert, mit Vorträgen über die Fabriken und Firmen zum Beispiel, es gab auch mal Besichtigungen und Kochvorführungen. Die Abende waren gut besucht, man kannte sich und freute sich, wenn man jemanden traf, es waren immer wieder dieselben, wir waren eine richtig verschworene Gesellschaft; wir sind heute noch zusammen, haben noch unser Kaffekränzchen, einmal im Monat.

Wir sind alle sehr enttäuscht darüber, was aus der »PRO« geworden ist, es gibt jetzt nicht mal mehr die Zeitung; ich wollte mich eigentlich beschweren, aber es nützt ja doch nichts...«

Ebenso wichtig wie die »Prozente« waren also »die Bindungen«, das Gefühl, zusammenzugehören, an einer gemeinsamen Aufgabe teilzuhaben. Das ist es, wovon bewußte Genossenschafter von damals vor allem noch reden, weniger von Genossenschaftstagen, Vortragsabenden oder Vertreterwahlen.

Vom Recht zu wählen, von der Möglichkeit der demokratischen Kontrolle, haben offensichtlich – auch unter den politisch aktiven – nur wenige Mitglieder Gebrauch gemacht. (Protokolle aus der Zeit vor 1933, die darüber Aufschluß geben könnten, waren bisher nicht auffindbar.) Unsere Gespräche mit alten Genossenschaftern ließen zumindest einen Grund dafür erkennen: es schien nicht wichtig zu sein, weil man einfach sicher war, daß die Sache gut ist.

Käthe Pohl (2. v. l.) als Verkäuferin bei der »PRO«, ca. 1920

»Das war ne Ehre« – Die Genossenschaften als Arbeitgeber

Käthe Pohl (geb. 1902), hat 1919 bei der »PRO« als Verkäuferin angefangen.

»Es gab eine einjährige Probezeit, im Rechnen mußte man dann eine Prüfung machen. Wir haben noch keine Ausbildung gehabt, nur aus der Praxis gelernt, der Betrieb hat erst später ausgebildet.

Gearbeitet wurde von morgens 8 Uhr bis 7 Uhr abends, von eins bis drei war Tischzeit – da konnte man schnell nach Hause – und sonntags Milchverkauf. Wir waren Angestellte und mußten alle in der Gewerkschaft sein, im Zentralverband der Angestellten, es wurden immer Tariflöhne bezahlt. Bei den Genossenschaftstagen mußten die Angestellten demonstrieren.

Zur Kundenbedienung kam noch die ganze Abpackerei im Keller. Alles mußten wir selber abpacken, mit drei Mann, fünf Zentner Mehl in Pfundtüten, Salz, Soda und Rosinen viertelpfundweise. Und immer Nettogewicht, also ohne die Tüten, da haben wir ganz strenge Kontrollen gehabt vom Mitgliederausschuß, auch ob es sauber ist, wir hatten einen Kontrolleur, der ging immer an der Theke längs mit dem Finger. Wenn die Kunden sich beim Mitgliederausschuß beschwerten, kriegten wir eins auf den Deckel.

In unserem Frühstücksraum stand ein Spruch, den kann ich noch heute auswendig:

›Ehrlichkeit, Gewissenhaftigkeit und Fleiß sind die tragenden Säulen der Genossenschaft. Wer an diesen Säulen rüttelt, schließt sich damit selbst aus der Gemeinschaft aus.‹

Wir haben nie ein Bonbon in den Mund gesteckt oder so was, wir mußten jede Scheibe Wurst genauso bezahlen, wie die Kunden ... Es war besser als in Privatbetrieben, es gab ein Zusammengehörigkeitsgefühl, auch mit den Kunden. Die meisten waren echte Genossenschafter, die haben wirklich als Arbeiter gekauft in der »PRO«. Die Kunden kamen meist mit ihren Büchern, da stand drin, was sie brauchten, manchmal hieß es aber auch: ›Lüttn, was kann ich man heute mal kochen?‹ Alles mußte immer in bar bezahlt werden.

Ich kauf' heute noch in der »PRO«, aber nicht mehr aus Idealismus; wir waren früher stolz, daß wir da arbeiten durften, das war 'ne Ehre, man ging dahin, weil man Genossenschafter war. Für die Verkäuferinnen heute ist das ein Job, weiter nichts, die haben keine Ahnung von Genossenschaft, ist ja auch keine mehr. Viele alte Mitglieder sind enttäuscht – wir sind jetzt Aktionäre.«

Käthe Pohl arbeitete gerne bei und für die »PRO«, weil es ihr um die gemeinsame Sache ging.

Von Seiten der Arbeitgeber, also der Geschäftsleitung der »PRO« – und anderen Genossenschaften –, wurden um der gemeinsamen Sache willen Leistungsbereitschaft und Disziplin als selbstverständlich erwartet, weil die Genossenschaften sonst nicht bestehen könnten: die Konsumgenossenschaften sind zwar »sozialistisch organisiert, sie leben aber in und mit der Wirtschaftswelt, die leider noch immer die kapitalistische heißt ... Und wenn sie auch positiv nicht auf Konkurrenz eingestellt sind, so werden sie ... zu konkurrierenden Maßnahmen gezwungen.« (Konsumgenossenschaftliche Rundschau 1929, S. 55/56)

Deshalb wurde beispielsweise auf Personalauswahl durch Eignungsprüfungen und auf Ausbildung des Personals zunehmend Wert gelegt.

Die Forderung der genossenschaftlichen Arbeitgeber nach Leistung und Disziplin mußte mit ihrem Anspruch »stets bemüht (zu sein) für ihre Arbeiter und Angestellten vorbildliche Bedingungen zu schaffen« (Handbuch für die Werbearbeit, 1930, S. 29) kollidieren. Arbeitskonflikte, gelegentlich sogar Streiks, blieben deshalb nicht aus. Allerdings hatten die Arbeitgeber, die sich strikt an die tariflichen Vereinbarungen mit den Gewerkschaften hielten, diese meistens auch auf ihrer Seite. So auch beim »Produktions«-Streik im Mai 1930, bei dem das Fuhrparkpersonal wegen »gewisser Kontrollmaßnahmen« die Arbeit niederlegte.

»Mag sie in äußerlichen Formen sich der kapitalistischen Umwelt vielfach angleichen, in der Sache unterscheidet sie sich von ihr in den grundlegendsten Fragen.« (Naphtali, Wirtschaftsdemokratie, S. 74). Dieser Unterscheidung hätten damals sicher die meisten Mitarbeiter der Genossenschaften noch zugestimmt.

Heute, nach 50 Jahren, in denen sich der Blick für die Verselbständigungstendenzen von Organisationen geschärft hat, fällt uns diese Unterscheidung sehr viel schwerer.

Selbsthilfe

»Arbeiterwohlfahrt ist Selbsthilfe der Arbeiterschaft«

(Friedrich Ebert)

Trotz 397 wohltätigen Vereinen in Hamburg herrschte nach dem Ende des 1. Weltkrieges bittere Not in vielen Arbeiterfamilien. Die bürgerlichen Damen und Herren, die sich bisher »um das Wohl der Armen sorgten«, taten wenig gegen die Ursachen der Armut.

Darum beschloß die sozialdemokratische Arbeiterschaft der Hansestadt im Sommer 1919 zur Gründung des ›Hamburger Ausschusses für soziale Fürsorge e. V.‹ aufzurufen:

> »Durch die Gesetzgebung allein ist dem großen sozialen Notstand nicht abzuhelfen. Viele Hände und Köpfe müssen zusammenarbeiten, um Hunger und Krankheit, körperliche, geistige und moralische Not zu lindern. Von dieser Arbeit dürfen wir Sozialdemokraten, die wir mit unserem Wirken schon von jeher den Beweis sozialen Denkens und Fühlens erbracht haben, uns nicht ausschließen.«[1]

Auch im Reichsgebiet kam es im Dezember 1919 zur Gründung einer Selbsthilfeorganisation der sozialdemokratischen Arbeiter, der ›Arbeiterwohlfahrt‹ (AWO), der sich der »Hamburger Ausschuß für soziale Fürsorge« bald anschloß. Über die Selbsthilfe hinaus wollten die Mitarbeiter des Hamburger Ausschusses als Sozialisten »bewußt kritisch bei der Durchführung und dem Ausbau der Sozialgesetze und bei der staatlichen und privaten Fürsorge« mitwirken. Zu diesem Zweck faßte der Verein alle sozialdemokratischen Männer und Frauen, die in der Wohlfahrtspflege tätig waren, einmal monatlich in den Distriktsausschüssen zusammen, um neue wie alte Kräfte zu schulen. Auf diesen Versammlungen wurden sozial-politische und wohlfahrtspflegerische Vorträge gehalten, in deren Anschluß über konkret anstehende Aufgaben im Stadtgebiet diskutiert wurde. Der Ausschuß bot im Rahmen der SPD-Bildungsarbeit auch regelmäßig Kurse zu aktuellen Problemen der Sozialpolitik und -gesetzgebung an. Weitere Informationen bot die Zeitschrift »Arbeiterwohlfahrt«, die seit 1926 vom Reichsausschuß in

Berlin herausgegeben wurde. Angeleitet wurden die Aktivitäten des ›Vereins für Arbeiterwohlfahrt‹, wie sich der ›Hamburger Ausschuß für soziale Fürsorge‹ seit Juli 1926 nannte, von einem Hauptausschuß, der sich aus den Leitern der Distriktsausschüsse zusammensetzte. Vorsitzender des Vereins war seit der Gründung Louis Korell.[2]

Die AWO finanzierte ihre Arbeit allein durch Spenden. Um ihre Aktivitäten unter den SPD-Mitgliedern bekannter zu machen und deren Spendenfreudigkeit zu steigern, veranstaltete sie seit 1925 jährlich ein »großes geselliges Fest mit Programm für jung und alt« im Gewerkschaftshaus. Für die Tombola strickten, häkelten und bastelten die Frauen das ganze Jahr über auf Handarbeitsabenden der AWO. Dieses Fest war meist der Auftakt der Reichslotterie, mit der die Einrichtungen der Arbeiterwohlfahrt finanziert wurden.

»Durch Wechselbeistand die Not vertreiben«

Seit Beginn der 20er Jahre baute die Hamburger Arbeiterwohlfahrt ihre Aufgabengebiete systematisch aus. Arbeiteten die Mitglieder in den ersten Jahren vor allem im Hamburgischen Wohlfahrtsamt mit – von den 2500 eh-

Nähstube der Arbeiterwohlfahrt; die Frauen stellen zu Weihnachten ihre Arbeit aus: 626 Kinderkleidungsstücke.

renamtlichen Wohlfahrtspflegern stellte die AWO 1924 bereits 1500 –, so leisteten sie bald in immer größerem Umfang ehrenamtlich auch praktische soziale Hilfe.

Sie organisierten gemeinsam mit Kinderfreunden und Sozialistischer Arbeiterjugend Schulspeisungen und schickten erholungsbedürftige Kinder zu Ferienaufenthalten auf die Insel Sylt. Dort besaß die Hamburger AWO seit 1925 das Kinderheim ›Dr. Rudolf

Roß«, benannt nach dem Hamburger Bürgermeister. Durch Mittagsfreitische sorgten sie für die alten Menschen, die jedes Jahr im Dezember zu »Feierstunden für die Alten« im Gewerkschaftshaus und in den Stadtteilen eingeladen wurden. Ausgesperrte und Arbeitslose erhielten seit dem Winter 1923/24 durch die »gewerkschaftlichen Notspeisungen«, die die Hamburger AWO gemeinsam mit dem ADGB organisierte, ein warmes Essen. 25 000 Portionen wurden täglich für je 15 Pfennig ausgegeben. Bedürftige Wöchnerinnen wurden durch Wäsche-

»Aus Alt wird Neu!« – Frauen schneidern für die »Winterhilfe«.

sammlungen unterstützt. In den Nähstuben der einzelnen Stadtteile besserten die Sozialdemokratinnen Kleidung aus, die als »Altkleider« eine neue Besitzerin fanden. Darüber hinaus stand das Büro in der Großen Theaterstraße in den Sprechstunden jedem offen, denn der Verein half nicht nur SPD-Mitgliedern. 1932 kamen 7500 Auskunftssuchende.

Vor allem die sozialdemokratischen Frauen waren in dem ›Verein für Arbeiterwohlfahrt‹ aktiv, denn seine Aufgaben entsprachen ihrem Bedürfnis, konkrete Hilfe zu leisten. Hier konnten sie, ohne die in der Partei sonst vorherrschende Konkurrenz der Männer, mitarbeiten.

Wirtschaftskrise und Massenarbeitslosigkeit seit Ende der 20er Jahre steigerten die Hilfsanforderungen an die Mitglieder der AWO in einem solchen Ausmaß, daß sie kaum noch zu bewältigen waren. Die Leistungen des Reiches und der Hansestadt, ohnehin ungenügend, wurden mit der Zuspitzung der Krise weiter gekürzt.

Ein neuer Winter stand vor der Tür. In dieser Situation bat der ›Hauptausschuß der Arbeiterwohlfahrt‹ in Berlin alle befreundeten Organisationen Ende Oktober 1931 um Unterstützung beim Aufbau einer ›Notgemeinschaft des arbeitenden Volkes‹, die die Arbeiterschaft zur Solidarität aufrief. Im Rahmen dieser »Winterhilfe«, wie die Notgemeinschaft allgemein genannt wurde, sammelten die AWO-Mitglieder Hamburgs von Tür zu Tür alles, was eine Arbeitslosen-Familie brauchen konnte: Geld, Kleidung, Lebensmittel... Doch immer mehr Arbeiter konnten nicht mehr helfen, sie brauchten selbst Hilfe.

»Frauenwelt«, 31. 10. 1931

»Arbeitende Mutter, wir betreuen Dein Kind!«

Die Sorge um ihre Kinder, die sie allein zu Hause lassen mußten, lastete auf vielen arbeitenden Müttern Hamburgs. Und das waren nicht wenige.

Kindertagesheim der Arbeiterwohlfahrt in der Tarpenbekstraße in Eppendorf: Spielraum für die Kleinen.

Das macht Spaß: Musikalisch-rhythmisches Turnen im Kinderhort Böhmkenstraße der AWO.

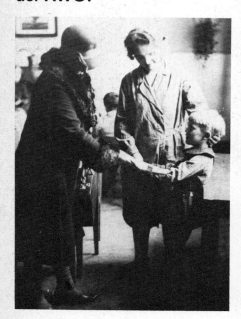

Es geht wieder nach Hause: Kindertagesheim der Arbeiterwohlfahrt im Nagelsweg.

Fast ein Drittel der erwerbstätigen Frauen war 1925 verheiratet; rund die Hälfte dieser Frauen hatte Kinder, von denen mehr als 30 Prozent unbeaufsichtigt zu Hause bleiben mußten! Die Mütter waren glücklich, wenn Nachbarinnen, Verwandte oder Großeltern auf die Kinder aufpaßten, denn ein Kindergartenplatz war für die Arbeiterin unbezahlbar. Hinzu kam, daß die wenigen Kinderkrippen und -gärten Hamburgs meist konfessionell gebunden oder bürgerlich-konservativ waren.

Die Arbeiterwohlfahrt richtete deshalb 1924 die ersten drei Kindergärten in Eppendorf, Hamm und Hammerbrook ein. Bis 1930 gelang es dem Verein, in acht Kindergärten bzw. -tagesheimen in Arbeiterstadtteilen (Barmbek, Langenhorn, St. Georg, St. Pauli) bis zu 580 Kinder zu betreuen. Ausgebildete Kindergärtnerinnen kümmerten sich nach den fortschrittlichsten pädagogischen Grundsätzen um sie: Jungen und Mädchen sollten gemeinsam vor allem soziales, kameradschaftliches Verhalten lernen, selbständig und selbstverantwortlich tätig sein.

Schon morgens um 7 Uhr, oft noch früher, brachten die Mütter ihre Kinder, die mindestens drei Jahre alt sein mußten. Gemeinsam mit ihrer Gruppe – 15 bis 20 Kinder und eine Betreuerin – spielten und bastelten sie nach dem Frühstück. Besonders freuten sich die Kleinen auf die zweimal wöchentlich stattfindende Turn- und Musikstunde. Die Großen – sie durften nicht älter als 14 Jahre sein – kamen nach der Schule zum Mittagessen. In der Gruppe erledigten sie ihre Schularbeiten. Endlich hatten auch sie frei und konnten spielen. Zwischen 17 und 19 Uhr ging es wieder nach Hause.

Wichtig waren für die Arbeiterkinder Sonne, frische Luft und gesunde Ernährung. Darum zogen die Gruppen mit ihren Betreuerinnen im Sommer für zwei bis vier Wochen zur Kinderferienkolonie auf die Elbinsel Köhlbrand. 50 Pfennige pro Tag mußten Mütter und Väter, durch regelmäßige Elternabende in die pädagogische Arbeit einbezogen, für die Betreuung ihrer Kinder bezahlen.

Große Schwierigkeiten machte den erwerbstätigen Müttern die Unterbringung ihrer Krabbelkinder. Es gab in Hamburg noch weniger Krippen als Kindergärten und -horte. Einzelne Heime der AWO versuchten die Einrichtung von sog. ›Krabbelstuben‹, doch für deren Ausbau fehlte das Geld.

Die Wirtschaftskrise bedrohte auch diese Arbeit. Im Jahresbericht 1931 mußte die Hamburger Arbeiterwohlfahrt feststellen: »Die Sparmaßnahmen des Staates machten einen recht fühlbaren Eingriff in den Tagesheimbetrieb erforderlich. Diese Einrichtungen werden am stärksten von der Krise beeinflußt. Obwohl die Erziehung und Betreuung von Klein- und Schulkindern bei den heute herrschenden schlechten familiären und häuslichen Verhältnissen mehr denn je geboten erscheint, läßt der Besuch der Heime durch steigende Bedürftigkeit der Eltern immer mehr nach, auch die Wohlfahrtsbehörde schränkt die Übernahme der Kosten für bedürftige Kinder ständig ein.«

Die drohende Schließung der Heime versuchte die AWO dadurch aufzuhalten, daß sie sie für die freie Kinderarbeit öffnete: Es wurden Bastel-, Handarbeits- und Musikgruppen eingerichtet, für die die Kinder nur eine geringe Teilnahmegebühr bezahlen mußten.

Jedes Kind hat seinen Platz: Kindertagesheim der AWO im Nagelsweg.

Für Mütter mit Halbtagsbeschäftigung wurden zu ermäßigten Preisen Vormittagsgruppen geschaffen, in denen ihre Kinder betreut wurden.(3)

»Und die ledige Mutter?«

Immer mehr unverheiratete Frauen, nicht wenige mit Kind, suchten in Hamburg einen eigenen Wohnraum. Sie wollten nicht mehr länger »als Untermieterinnen in einer fremden Wohnung ein geduldetes Dasein führen«.

Die Sozialdemokratinnen griffen dieses Problem mit der Forderung nach Ledigenwohnheimen mit Kindergarten auf. Auch die unverheiratete Frau habe das Recht auf eigenen Wohnraum, eine eigene Sexualität und ein Kind! Viele der Frauen blieben gezwungenermaßen allein. Im 1. Weltkrieg waren so viele Männer gefallen, daß auf 122 Frauen im Alter zwischen 30 und 40 nur 100 Männer kamen.

1928 beschloß der ADGB Hamburg die Finanzierung eines Ledigenwohnheimes mit Kindertagesstätte im Nagelsweg. Die AWO übernahm die Geschäftsführung des Heimes, das 1929 eröffnet wurde. 70 Einzimmerappartements standen den Frauen zur Verfügung. Das Heim hatte vielfältige Gemeinschaftseinrichtungen: Lesesaal, Bibliothek, Tagesraum sowie gemeinsame Küche, Wäscherei und Nähstube. Ein Heimrat der Bewohnerinnen kontrollierte gemeinsam mit der Geschäftsführerin der AWO die Verwaltung des Hauses. Im angeschlossenen Kindertagesheim der AWO mit 80 Plätzen für Krabbel-, Klein- und Schulkinder waren die Kleinen und Großen gut versorgt.(4)

Das Ende...

Nach der Machtübernahme der Nationalsozialisten versuchte die Hamburger Arbeiterwohlfahrt im März 1933 einer Auflösung durch Satzungsänderung und Annahme des alten Namens ›Hamburger Ausschuß für soziale Fürsorge e.V.‹ zu begegnen. Doch die Beschlagnahme des Vermögens und die Überführung des Vereins konnte dadurch nicht verhindert werden: Am 14. September 1933 um 9 Uhr besetzte die Staatspolizei auf Anordnung des Senats das neue Kontor in der Gerhofstraße 32. Am 29. September 1933 wurde der Verein aufgelöst. Alle Einrichtungen der Arbeiterwohlfahrt überführte der Senat in die ›NS-Volkswohlfahrt‹. Die meisten der rund 70 Bürokräfte, Erzieherinnen und Kindergärtnerinnen wurden entlassen.(5)

Blick in ein Einzimmerappartement des Frauenwohnheims.

Frauenwohnheim des ADGB und der AWO im Nagelsweg.

Die Wäscherei

Frauenwohnheim Nagelsweg: Blick in das Treppenhaus.

Selbsthilfe 107

»Wir wollen zum Köhlbrand!«

Ein Hamburger Arbeiterjunge, geb. 1921, berichtet:

»Morgens um 7 Uhr ging's aus dem Haus. Pünktlich um 7.30 Uhr mußten wir an unserem Sammelpunkt U-Bahnhof Wagnerstraße sein. Zwei Gruppenhelfer und die anderen Mädels und Jungs warteten schon. Rein in die U-Bahn und ab in Richtung Landungsbrücken. Ohne Lärm ging es nicht. Jeder wollte einen Fensterplatz oder hatte sonst eine wichtige Sache, die er der ganzen Gruppe mit entsprechender Lautstärke mitteilen mußte. Die Helfer hatten genug damit zu tun, die Rasselbande einigermaßen ruhig zu halten. Landungsbrücken alles raus! Hier trafen nach und nach die Gruppen aus den verschiedenen Stadtteilen ein. Jetzt gings auf die Hafendampfschiffe, die uns zum Anleger Maakendamm am Köhlbrand schippern sollten. Die kurze Fahrt durch den morgendlichen Hafen war für uns Hamburger Buttjes ein immer wiederkehrendes Erlebnis. Was gab's da nicht alles zu sehen! Die großen Dampfer in den Schwimmdocks von ›Blohm & Voss‹, die tutenden Schlepper, schnelle Barkassen und die elbabwärts fahrenden Frachtschiffe. Am Maakendamm ging's an Land. Ein kurzer Fußweg noch und wir waren am Ziel: die Kindertageskolonie Köhlbrand!

Bevor es in den Gruppenbereich ging, ein Blick auf den Badestrand. Ebbe, so'n Schiet! Na, erstmal gab's was zu futtern. Milchbrötchen und einen großen Becher Kakao. Wir hatten ja Zeit, wir konnten erst nachmittags baden. So alberten wir rum und heckten Blödsinn aus: Mit Milchbrötchen, ausgehöhlt und mit Kakao gefüllt, kann man herrlich spritzen. Die Helfer schimpften zwar, doch was soll's. Danach stand ›Basteln‹ auf dem Plan. Das Material lieferte uns der Köhlbrand. Bei Ebbe kamen wir an große Lehmflächen im Köhlbrand heran, die wir für unsere Zwecke ausbeuteten. Nun wurde emsig geknetet und geformt. Wir Jungs bauten Schlepper und Dampfer. Der Hafen gab ja Anregung genug. Auf die Dauer wurde das aber langweilig. Also gingen wir unter die Kanalbauer. Selbstgebaute Holz- oder Papierschiffchen befuhren die Kanäle und wurden be- und entladen. Jedenfalls war die ganze Bande im Nu schwarz wie die Neger. Schwarzer fetter Lehm ist eben für alles zu gebrauchen. Klar doch, das endete in einer Schlammschlacht. Schietig? Machte nichts, wir hatten sowieso nichts an. Vor dem Mittagessen schnell noch duschen, damit der hartgewordene Dreck runterkommt, kratzte ganz schön. Die Helfer waren schon dabei, das Essen auszuteilen. Erbsensuppe mit Bockwurst. Schmeckte prima! Nur Bockwurst hätte reichlicher sein können!

Danach Mittagsruhe. Die ganz Kleinen mußten schlafen, wir etwas Größeren gingen an den Strand. Dort wurde mit den Helfern gesungen oder es wurde vorgelesen. Aber dann war keiner mehr zu halten, die Flut ist da. Es durfte gebadet werden. War das ein Trubel! Der lange Badestrand voller braungebrannter quirliger Deerns und Jungs. Viel zu schnell verging die Zeit. Die Glocke rief ›Alles raus aus dem Wasser‹ und ›Kaffeetrinken‹. Der Becher Milch und die Schnecke waren schnell verdrückt. Nun wurde aufgeräumt und der Gruppenbereich gesäubert. Gruppenweise zogen wir los zum Hafendampfer. Was sangen wir noch? ›Wir Arbeiterkinder, wir wohnen in der Stadt, die finstre Höfe und graue Mauern hat...‹.«

Hamburg, 6. Januar 1982, Günther Hagemann

Jeden Sommer wurde der »Koehlbrand-Spiegel«, eine selbst vervielfältigte Zeitschrift, von drei jungen Helfern herausgegeben. Der »Koehlbrand-Spiegel« nahm die Arbeit kritisch-satirisch unter die Lupe.

»Wir Arbeiterkinder, wir wohnen in der Stadt, die finstre Höfe und graue Mauern hat...«

Die Anfänge der Tageskolonie Köhlbrand waren klein und bescheiden: 1000 Kinder konnte die Arbeiterwohlfahrt in den Sommermonaten des Jahres 1922 auf die Elbinsel schicken.

Mit jedem Jahr wurden es mehr Arbeiterkinder, die von den ehrenamtlichen Helfern und Helferinnen zwischen Mai und September betreut wurden: 1928 machten dort bereits 28 000 Hamburger Jungs und Deerns zwischen drei und vierzehn Jahren ein bis drei Wochen Tag für Tag Ferien. Für die meisten – 100 000 in acht Jahren! – waren es die ersten Ferien in ihrem Leben, das erste Mal richtig Licht, Luft und Sonne! Bis zu 2750 Schulkinder und 250 Kleinkinder konnten täglich verpflegt und ärztlich betreut werden. Die jungen Helfer, meist arbeitslos, hatten alle Hände voll zu tun. Ihre pädagogischen Erfahrungen brachten sie aus den ›Kinderfreunden‹ und der SAJ mit. Sie machten die zahlreichen großen und kleinen Feste zu immer neuen Höhepunkten für die Kleinen: Kasper oder der Zirkus kam, der Meeresgott Neptun höchstpersönlich erschien zum Strandfest, es gab Kostüm- und Burgenbau-Wettbewerbe... Doch auch das politische Empfinden der Kinder wurde geweckt, u. a. durch die Verfassungsfeier und eine Kundgebung gegen den Krieg.

Der besondere Stolz von Kindern und Helfern war die Radioanlage, die 1931 von den Mitgliedern des Arbeiter-Radio-Bundes gebaut wurde. Das von den Kindern selbst gestaltete Programm unterhielt und informierte, kommentierte aber auch das Leben auf der Elbinsel.

KOEHLBRAND-SPIEGEL

4. Jahrgang.   6. August 1931.   Nummer 1.

Leib- und Magenblatt der Platzleitung, der Helfer, des Büros, des Küchenpersonals, der Hallenschmidt, der Kleinkindertanten.

Unverantwortliche Redaktion: DREI ruhige Leute vom Köhlbrand.

Zehn Gebote für Helfer und Helferinnen.

1. Kümmere Dich nicht um die Anordnung der Platzleitung – als erwachsener Mensch weiß man doch selbst was man zu tun hat.

2. Komme nie rechtzeitig zum Sammelplatz – Die Kinder wollen auch einmal unter sich sein.

3. Halte Dich in der Hochbahn von den Türen fern – die Kinder könnten beim Herausfallen behindert werden.

4. Du sollst Platzleitung und Büro ehren, auf daß Dir's wohl gehe und Du lange bleibst auf dem Köhlbrand.

5. Esse langsam und viel – Du sollst den Kindern in jeder Beziehung ein Vorbild sein.

6. Liebe – aber zu Hause.

7. Auf das Einsammeln der Geräte nachmittags lege keinen großen Wert – es sammeln ja genügend Helfer.

8. Störe die Kinder nie beim spielen mit den Wasserhähnen, beim Überklettern der Gitter, beim Verstopfen der Aborte, denn – spielende Kinder sind gesund.

9. Helfe nie einen anderen Helfer – er könnte arbeitslos werden.

10. Du sollst nicht begehren Deines Nächsten Seife, Badehose, Handtuch oder alles was sein ist.

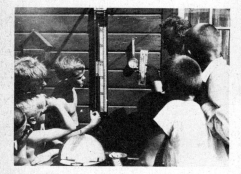

**Neptun kommt!
Fest des Meeresgottes auf dem Köhlbrand.**

So macht Unterricht Spaß: Die »Freiluftschule« auf dem Köhlbrand.

Verfassungsfeier am 11. August auf der Ferienkolonie Köhlbrand.

Luft und Sonne für 100 000 Hamburger Kinder!

Die ›Arbeitsgemeinschaft Köhlbrand‹, deren Geschäfte die AWO führte, wurde finanziell von der Jugendbehörde und der Oberschulbehörde unterstützt, denn außerhalb der Ferienzeit kamen mehr und mehr Schulklassen, begleitet von ihren Lehrern und Lehrerinnen, zum Köhlbrand; 1930 waren es 168 Klassen. Die »Freiluftschule«, die fortschrittlichsten Unterrichtskonzeptionen entsprach, war Höhepunkt so manchen Schuljahres. Seit 1930 standen sogar eine Unterrichtshalle und ein Klassenzimmer mit naturkundlichen Lehrmitteln zur Verfügung. Doch langweiligen Unterricht gab es deshalb nicht. Die Kindern lernten beim Spielen und Sehen: Die Dampferfahrten wurden zum Anlaß von Gesprächen über Hafen, Handel und Schiffahrt. Sonne, Regen und Natur waren Anschauungsmaterial für Natur- und Wetterkunde.

Doch auch diese erfolgreiche Arbeit war von der Wirtschaftskrise in Frage gestellt. Trotz des niedrigen Kostgeldes – 3,75 Mark einschließlich Fahrgeld mußten die Eltern pro Woche bezahlen – konnten immer weniger Arbeiterfamilien das Geld aufbringen. Die Jugendbehörde strich 1930 die meisten Zuschüsse. AWO und Schulvereine sprangen verstärkt ein, doch es reichte nicht. So rief die ›Arbeitsgemeinschaft Köhlbrand‹ alle, die noch helfen konnten, auf, eine Wochen- oder Tageskarte für die Ferienkolonie zu kaufen und dadurch einem Kind den Aufenthalt zu ermöglichen. (6)

1) Richtlinien des Hauptausschusses der AWO, in: G1, Jg. 31, 26. 6. 1920, S. 206.
2) Partei und soziale Fürsorge, in: FbHE, 27. 11. 1921; Juchacz/Heymann, Die AWO. Voraussetzungen und Entwicklung, 1924, S. 151 ff.
3) Jahresbericht 1931. AWO in Hamburg, 1931, S. 4 ff.; Jb. der AWO in Hamburg, 1930, Verein für AWO e.V. (Hbg'er Ausschuß für soziale Fürsorge) 1921–1935, StA. HH: Sozialbehörde I, EF 1417.
4) Und die ledige Frau, in: VuZ, 1929, Nr. 14; Die Wohnungsnot, ihre Auswirkungen unsere Forderungen, in: FbHE, 25. 11. 1928.
5) StA. HH: EF 1417, Akten zur Übernahme der AWO in die NS-Volkswohlfahrt 1933.
6) AWO-Jb. 1931, S. 16 ff.; Juchacz/Heymann, S. 153 ff.

»Schafft uns die Mehrheit!«
Arbeiterbewegung
zwischen Parlament und Straße
Text: Axel Schildt
Dokumentation: Roland Jaeger

»Hamburg bleibt rot!«

Der Wahlkampfagitation für SPD oder KPD widmete die organisierte Arbeiterschaft einen Gutteil ihrer Freizeit. Zu den Reichstagswahlen von 1930 und Bürgerschaftswahlen von 1931 erlebte Hamburg eine Massenmobilisierung beider Arbeiterparteien.

Während der Weimarer Republik verging kaum ein Jahr, in dem nicht, zum Teil mehrfach, gewählt wurde. So hatte Hamburgs Bevölkerung allein bis 1931 je sechsmal über die Neubesetzung von Reichstag und Bürgerschaft abgestimmt, sie hatte sich an zwei Reichspräsidentenwahlen in vier Wahlgängen beteiligt sowie drei Volksbegehren und zwei Volksentscheide erlebt. Bezieht man die für die Arbeiterbewegung wichtigen Betriebsratswahlen, Wahlen zu Elternvertretungen und in kulturellen sowie Sportvereinen mit ein, so kann man von einem Wahlkampf in Permanenz sprechen. Die politisch aktive Arbeiterschaft mußte dementsprechend einen Gutteil ihrer Freizeit der Werbung für SPD oder KPD widmen. In einem Bericht der Hamburger Sozialdemokratie heißt es symptomatisch: »Ein Ausruhen gab es nicht, das hätte bei der Schärfe des politischen Ringens Verlust bedeutet.« (SPD-Bericht 1927/28)

Hamburg war in den Jahren der Weimarer Republik eine wichtige Bastion der Arbeiterbewegung. Sozialdemokraten und Kommunisten erhielten zusammen jeweils etwa die Hälfte aller Stimmen. Nachdem sich bei den Bürgerschaftswahlen im Oktober 1927 eine SPD/KPD-Mehrheit ergeben hatte, kam es sogar zu Verhandlungen zwischen den beiden Arbeiterparteien, die allerdings nicht zur Bildung eines gemeinsamen Senats führten. Zu unterschiedlich waren politisches Profil und Generallinie von Sozialdemokraten und Kommunisten.

Die SPD war traditionell Regierungspartei, stärkste Kraft im Senat, den sie gemeinsam mit DDP bzw. Staatspartei und DVP stellte. Stolz waren Sozialdemokraten auf die geleistete Kommunalarbeit, auf soziale Errungenschaften und eine fortschrittliche Schulpolitik. In Wirtschaftsfragen appellierte man an Vernunft und Pragmatismus:

> »Gute hamburgische Politik muß immer in dem Rahmen bleiben, der ihr durch Tatsachen gezogen ist, und beste hamburgische Politik wird immer sein: möglichst wenig zu regieren, aber so gut wie irgend möglich zu verwalten.« (Bürgermeister Roß vor SPD-Funktionären am 13. 6. 30)

Die rigorosen Sparmaßnahmen in den Jahren der Wirtschaftskrise schufen für die Sozialdemokratie eine schwierige Situation. Es galt, eine als notwendig erachtete Kompromißpolitik zu verteidigen und einer radikalisierten Arbeiterschaft zu vermitteln, daß »frisch-fröhlicher Klassenkampf« (SPD-Bericht 1929/30) nicht in Frage käme.

Die KPD kannte derartige Rücksichtnahmen nicht. Die Wirtschaftskrise wurde von ihr als Beweis für den endgültigen Bankrott des Kapitalismus angesehen. Auch die Kommunalpolitik war auf das Gesamtziel »Rätedeutschland« ausgerichtet: »Für ein rotes Hamburg in der deutschen Arbeiter- und Bauernrepublik« (KPD-Bericht 1932).

Die politische Eroberung der Mehrheit der Arbeiterschaft in Hamburg wurde als Teil der Weltrevolution gesehen: »Die Klassenkämpfe in Hamburg haben nicht nur Bedeutung für Deutschland, sondern für die ganze Welt.« (ebd.). Die Koalitionspolitik der Sozialdemokratie galt als Verrat an den Interessen des Proletariats, die SPD selbst wurde als bürgerliche Partei bekämpft.

Eine Massenmobilisierung beider Arbeiterparteien erlebte Hamburg zu den Reichstagswahlen von 1930 und zu den Bürgerschaftswahlen von 1931. »Hamburg bleibt rot!« hieß vielfach die Parole auf den Straßen und in den Sälen, von Sozialdemokraten und Kommunisten allerdings unterschiedlich interpretiert. »Ja, man hat doch noch stärker nach außen hin sein politisches Gesicht gezeigt«, erinnert sich eine aktive Wahlkämpferin von damals.

Hamburgs Sozialdemokraten konn-

Sozialdemokratischer Wahlkampf im Hamburger Hafen, 1928

Kommunistische Haus- und Hofpropaganda in Winterhude, 1928

Plakatwand der Sozialdemokraten zur Reichstagswahl 1930

Kommunistische Wahlpropaganda im Luruper Weg in Eimsbüttel, 1931

Wähleraufruf der Sozialdemokraten zur Bürgerschaftswahl 1931

Werbewagen der Nationalsozialisten im Bürgerschaftswahlkampf 1931

Kommunistisches Agitationslokal an der Vogelweide in Barmbek, 1931

Politik

KPD-Transparent im Luruper Weg, 1931

ten sich in den Wahlkämpfen auf die Unterstützung der freien Gewerkschaften und der Genossenschaften verlassen. Das Reichsbanner garantierte den Schutz der Veranstaltungen. Neben den traditionellen Wahlkampfmedien wie Plakaten, Transparenten, Zeitungen, Flugblättern und Broschüren wurden auch die neuen technischen Agitationsmittel eingesetzt. Vor allem Filmvorführungen sorgten für gut besuchte Wählerversammlungen. Im Bürgerschaftswahlkampf 1931 etwa warb der Streifen »Vorstoß« für den »sozialdemokratischen Aufbau in Hamburg«. Bis dahin gebräuchliche Lichtbildserien verloren demgegenüber an Attraktivität.

Höchste Aufmerksamkeit herrschte, wenn Lautsprecherwagen durch Hamburgs Arbeiterviertel fuhren. Um Zuhörer herbeizulocken, wurde zunächst eine Musikplatte aufgelegt, anschließend eine Grammophonrede führender SPD-Politiker abgespielt oder über Mikrophon zu den Anwohnern gesprochen. Straßenpropaganda besorgten auch die anläßlich von Wahlkundgebungen durchgeführten Umzüge und die mit Plakaten und Aufschriften versehenen Lastkraftwagen der SPD. Dazu wurde, etwa am Klockmannhaus, Lichtreklame eingesetzt. Und im Hafen verbreiteten sogar gemietete Barkassen die Losung »Wählt Sozialdemokraten!« Zusätzlich zu den zahlreichen Saalveranstaltungen in den Stadtteilen wurden jeweils gegen Ende des Wahlkampfes zentrale Großkundgebungen im Freien abgehalten, meist auf dem Lübeckertorfeld oder im Stadtpark.

Auch die KPD mußte sich den veränderten Wahlkampfanforderungen stellen und klagte entsprechend über »gewaltige Anstrengungen finanzieller Art« (KPD-Bericht 1932). Wurden im gesamten Bezirk Wasserkante zu den Reichstagswahlen 1930 Flugblätter in einer Gesamtauflage von 922 500 verteilt, so betrug diese bei den Bürgerschaftswahlen 1931 für Hamburg allein 1 160 000 (ebd., S. 125). Die KPD hielt daneben die Mitgliedschaft an, selbständig Werbematerial in den Betriebs- und Straßenzellen herzustellen.

Die mit der Organisation der Wahlkämpfe befaßten Agitprop-Abteilungen konnten vor allem mit der Unterstützung durch die vielen erwerbslosen Mitglieder der Partei, des KJVD, der RGO oder der IAH rechnen. Besondere Bedeutung für den Vertrieb von Werbematerial hatte bei der KPD die von »Agitationslokalen« aus betriebene Haus- und Hofpropaganda in den Wohngebieten der Hamburger Arbeiterschaft. Dem ehemaligen KJ-Mitglied Ludwig Levien sind diese Wahlkampfeinsätze unvergessen:

»Mit roten Fahnen und aktuellen Losungen auf den Transparenten zogen wir los. Ein oder zwei Kampflieder vorweg, um die Hof- und Terrassenbewohner an die Fenster zu locken. Dann sprach ein Genosse einige passende Worte. Inzwischen wurden Flugblätter treppauf und treppab von Tür zu Tür gebracht oder Zeitungen und Broschüren verkauft. Dadurch kam es dann auch zu guten Diskussionen. Manches neue Mitglied wurde so für den Kommunistischen Jugendverband oder die Partei geworben.«

Anlaß zur politischen Diskussion gaben auch die an Häuserwänden und Fabrikmauern geklebten Schriftplakate, die die KPD ab 1930 gegenüber einfachen Bildplakaten bevorzugte. Ihren sichtbarsten Ausdruck fand die KPD-Agitation in der Ausschmückung ganzer Straßenzüge mit Transparenten, roten Fahnen und Sowjet-Sternen.

Höhepunkte des Wahlkampfs bildeten auch für die Kommunisten Großveranstaltungen wie der Sternmarsch des »Roten Hamburg« zum Lübeckertorfeld am 12. September 1930 oder die Kundgebung mit Ernst Thälmann in allen Sälen bei Sagebiel am 18. September 1931.

Weniger spektakulär hingegen betrieben 1931 die Nationalsozialisten ihren Bürgerschaftswahlkampf. Auch sie hatten zwar plakatiert und Werbewagen durch Hamburgs Straßen geschickt, ihre Großveranstaltungen aber waren deutlich schwächer besucht als die von SPD oder KPD. Die Überbewertung solcher äußeren Anzeichen verleitete die noch so selbstsicheren Sozialdemokraten zu einer fatalen Unterschätzung der politischen Bedrohung, die von den Nationalsozialisten ausging:

»Wie kümmerlich wirkte dagegen (Volksfest der Sozialdemokraten im Stadtpark, d. Verf.) der Aufmarsch der Nazis, der sich (am 20. September 1931, d. Verf.) zwischen 1 und 2 Uhr auf der Moorweide vollzog. Welch ein Unterschied auch zu der großen Reichsbannerkundgebung vor acht Tagen auf demselben Platze! Schon die Schar der Zuschauer, die, wie üblich, den Platz umsäumte, stand in keinem Vergleich zu den Massen, die zu dem Reichsbanneraufmarsch geeilt waren. Die Nazis selbst hatten sich in die hintere Ecke der Moorweide zurückgezogen, der ›besseren Wirkung‹ halber; aber das Drei- bis Vierfache des benötigten Raumes abgesperrt. Der Abmarsch, der in Viererreihen erfolgte, dauerte eine knappe halbe Stunde. Es war also nur ein recht bescheidenes Aufgebot, obwohl sämtliche verfügbaren Kräfte aus der Umgebung und dem Landgebiet herangezogen waren.« (Echo, 21. 9. 1931).

Bereits am folgenden Sonntag sollte die Gefolgschaft dieses »bescheidenen Aufgebots« ein Viertel der Hamburger Wählerschaft stellen.

In den Abendstunden des Abstimmungstags schließlich drängten sich Wähler aller Parteien zu Tausenden auf dem Gänsemarkt, um die dort am Gebäude des »Hamburger Anzeigers« projizierten Resultate zu erfahren. Die Anhänger der beiden Wahlgewinner von 1930 und 1931, NSDAP und KPD, quittierten die aufleuchtenden Ergebnis jeweils mit »Heil Hitler!« oder »Rot Front!«

Wenige Jahre später veröffentlichten die Nazis ein Buch – Titel: »›Hamburg bleibt rot‹ – Das Ende einer Parole«.

Am Abend des Wahltags auf dem Gänsemarkt: Tausende verfolgen die am Gebäude des »Hamburger Anzeigers« aufleuchtenden Resultate.

Reichsbanner im Wahlkampfeinsatz für die SPD, 1928

Politik 115

Plakat der SPD zur Reichstagswahl 1930

Plakat der KPD zur Reichstagswahl 1930

»Produkt der Verzweiflung«

Die Reichstagwahl von 1930 stand bereits im Zeichen der Wirtschaftskrise. Beide verfeindeten Arbeiterparteien unterschätzten dabei die drohende Gefahr von rechts. Die SPD zeigte sich vom Wahlausgang ebenso überrascht wie enttäuscht, die KPD hingegen feierte ihren Erfolg.

Im Juli 1930 wurde der Reichstag aufgelöst. Mit großem Elan zogen die Sozialdemokraten auch in Hamburg in den Wahlkampf. Demonstrativ stellten sie dabei die enge Verbindung zu den freien Gewerkschaften heraus. Der Spitzenkandidat der Hamburger Sozialdemokratie, Peter Graßmann, war gleichzeitig stellvertretender Vorsitzender des ADGB im Reich. Er betonte: »Freie Gewerkschaften und Sozialdemokratie stehen in geschlossener Front« (Volksgericht. Blätter zur Reichstagswahl 1930). Grundsätzlich sah sich die SPD in einem Zweifrontenkampf. Zum einen wandte sie sich gegen die Angriffe der »mißvergnügten Großverdiener« auf die Sozialpolitik, zum anderen gegen den »Mißbrauch« der Erwerbslosen durch die Kommunisten.

Die Erosion der bürgerlichen Parteien und ihre Rechtswendung deutete sich auch in Hamburg an, wo die DVP im Senat vertreten war. Voller Bitterkeit konstatierte die Sozialdemokratie Ende 1930 beim Bürgertum eine »Kapitulation vor dem Faschismus«.

Die Auseinandersetzung mit der NSDAP selbst spielte im Reichstagswahlkampf 1930 noch keine erstrangige Rolle. An einen Erdrutsch zugunsten der Nazis (von 12 auf 107 Abgeordnete), wie er sich dann tatsächlich vollzog, mochte man auch in Hamburg nicht glauben. Typisch für die Berichterstattung der sozialdemokratischen Presse über das Auftreten der Nazis im Wahlkampf ist der folgende Bericht, der unter der Überschrift »Nazis pöbeln durch die Straßen« einen Umzug durch Eppendorf schilderte:

> »Und dann sah der Beobachter sie selbst im Gleichschritt herannahen, angetan mit braunen Hemden, die Sturmriemen kühn unterm Kinn. Eine grotesk-komische Maskerade! Man sah in ausdruckslose Gesichter, voll von geistiger Stumpfheit. (...) Freilich, zu entscheiden haben diese Burschen ja nicht.« (Echo, 10. 8. 30)

Die SPD stellte fest: Die Nazipartei ist nicht national, nicht sozialistisch, ist keine Arbeiterpartei und wird von Unternehmern bezahlt. Vor allem Vorwürfe der Nazis über Korruption in der SPD wurden mit gleicher Münze heimgezahlt: »Die Hitler-Partei ist die Partei der Lüge und Verleumdung!«

Meist aber wurde die NSDAP in einem Atemzug mit der KPD angegriffen. Die Nazis seien »nur eine andere Spielart kommunistischer Zerstörungswut« (Aufruf der SPD zur Reichstagswahl im Echo, 11. 9. 30). Graßmann forderte von den Behörden ein »tatkräftigeres Vorgehen gegen das politische Banditentum, daß sich jetzt, von Nationalsozialisten und Kommunisten getragen, breitmacht«.

Auch die Kommunisten unternahmen im Wahlkampf große propagandistische Anstrengungen. Überfüllte Kundgebungen mit Ernst Thälmann am 8. August bei Sagebiel und am 2. September in Altona bildeten Höhepunkte der Wahlkampagne. Inhaltlich wurde die gerade verabschiedete »Programmerklärung zur nationalen und sozialen Befreiung des deutschen Volkes« der KPD in den Mittelpunkt der Agitation gestellt. »Die KPD zerrreißt die Sklavenketten«, lautete die Schlagzeile in der HVZ über eine Kundgebung mit Hermann Remmele bei Sagebiel (1), »Die Massen antworten den Young-Parteien«, diejenige über die Altonaer Thälmann-Versammlung (2). Entsprechend wurden die Nazis nicht nur als »faschistische Schutztruppen des Finanzkapitals« apostrophiert; gleichzeitig wurde ihnen die Kampfbereitschaft gegen den Young-Plan abgesprochen (3).

Gegenüber der SPD betonte man den Charakter der KPD als einzig authentischer Arbeiterpartei. »Kein Arbeiter steht auf der SPD-Liste« (4). Während die sozialdemokratische Führung der Korruption und des Arbeiterverrats bezichtigt wurde, forderte man die

Plakat der NSDAP zur Reichstagswahl 1930

SPD-Mitglieder in Anwendung der Taktik der »Einheitsfront von unten« auf, den Charakter ihrer Führung zu erkennen und die entsprechende Konsequenz zu ziehen: »SPD-Arbeiter, her zur kommunistischen Partei« (5).

Auch der antifaschistische Kampf wurde stets im Kontext der Entlarvung der Sozialdemokratie gesehen. So heißt es etwa über eine Veranstaltung der NSDAP mit dem späteren Naziinnenminister Frick bei Sagebiel, die unter Polizeischutz stand: »Frick provoziert das rote Hamburg! SPD-Schönfelder schützt die Faschisten« (6). Die Politik der SPD wurde direkt identifiziert mit dem Polizeiknüppel des Staates. Gegen alle Verteidiger dieses Staates hieß die Parole der KPD: »Wir stürmen für Sowjetdeutschland!« (7).

Das Wahlergebnis wurde von der KPD als »gewaltiger Sieg« (8) gefeiert. Tatsächlich aber wurde im Vergleich zur Reichstagswahl 1928 in Hamburg nur 19 000 Stimmen hinzugewonnen, man hielt damit 18 Prozent. In zwei Stadtteilen der Innenstadt – St. Pauli und Neustadt – hatte man die SPD geschlagen und war zur stärksten Partei geworden. Das demgegenüber sensationelle Vordringen der NSDAP wurde erst an zweiter Stelle notiert.

Große Überraschung und Enttäuschung löste das Wahlergebnis in der Sozialdemokratie aus. »Das Wahlergebnis hat alle bedrückt, denn keiner hatte ein solches Ergebnis vorausgesehen« (SPD-Bericht 29/30). Man hatte

Wahlaufruf von SPD und ADGB zur Reichstagswahl 1930

einen großen Wahlkampf geführt, aber die mit »ungeheurer Wucht« geführte Agitation hatte sich als »Stoß ins Leere« erwiesen. »So haben wir glänzende Siege im Wahlkampf erfochten, die jedesmal erneut die Stimmung unserer Mitglieder hob, aber die Schlacht verloren« (ebd.). Dabei war es auch kein Trost, daß die Verluste in Hamburg – Abnahme von 36,8 auf 32,1 Prozent – etwas geringer ausfielen als im Reichsmaßstab. Dieses Ergebnis sei »kein Produkt der Vernunft und Überlegung (...), sondern ein Produkt der Verzweiflung«. »Mehr Aufklärung über den Wert der Demokratie und die Gefahren des Faschismus und des Bolschewismus« (ebd., S. 10) – so lautete die Konsequenz aus der Wahlniederlage für die Hamburger Sozialdemokratie.

Quellen:
In HVZ 1930 vom: 1) 30. 8., 2) 3. 9., 3) 3.7., 4) 8. 8., 5) 13. 8., 6) 19. 8., 7) 13.8., 8) 15. 9.

Das Ergebnis der Reichstagswahl vom 14. September 1930 in Hamburg (Reichsvergleich in Klammern):

SPD	DDP (Staatspartei)
32,1 (24,5)	8,5 (3,8)
DNVP	Wirtschaftspartei
4,2 (7,0)	2,3 (3,9)
Zentrum	NSDAP
1,5 (14,8)	19,2 (18,3)
KPD	Rechte Splitterparteien
18,0 (13,1)	4,4 (9,6)
DVP	Sonstige
9,2 (4,5)	0,7 (0,5)

Politik 117

Kundgebungsplakat der SPD zur Bürgerschaftswahl 1931

Aufruf des Senats zur Bürgerschaftswahl 1931

»Welle der Radikalisierung«

Die Bürgerschaftswahl von 1931 brachte für die KPD einen großen Erfolg nach einem mit beispiellosem Einsatz geführtem Wahlkampf. Die SPD dagegen sprach von einer »Katastrophenwahl«, die sich zum Schaden Hamburgs auswirken müsse. Der Koalitionssenat verlor seine parlamentarische Mehrheit.

Bei der Wahl ging es für die Hamburger Sozialdemokratie darum, den Koalitionssenat zu verteidigen und einen Damm gegen die »Welle der Radikalisierung« zu errichten, die sich in den Reichstagswahlen des vorhergehenden Jahres gezeigt hatte: »Haltet das Tor offen!« Dieser Titel einer Wahlkampfbroschüre, die in Gemeinschaftsarbeit von Mitgliedern der Parteien SPD, Staatspartei und DVP entstanden war, drückte die Leitlinie auch der Sozialdemokratie aus. Angesichts eines »harten Sparprogramms Hamburgs« befand man sich von vornherein in der Defensive. Gegen die NSDAP führte man vor allem Fälle von Korruption, Hochstapelei und Ordensschwindel lokaler Nazigrößen auf. Schwerpunktmäßig allerdings richtete man sich gegen die KPD. Angesichts von Auseinandersetzungen zwischen kommunistischen Demonstranten und der Polizei in der Neustadt wurde in Flugblättern ein »erhöhter Einsatz von Polizeikräften gegen kommunistisches Banditentum« gefordert. Schlagzeile des Echo auf dem Höhepunkt des Wahlkampfes: »Front gegen Kapitalismus und Strolchewismus! Hamburgs Arbeiter marschieren für die Liste 1« (11. 9. 31).

Auch 1931 war der Wahlkampf der Sozialdemokratie von großen Aufmärschen und Kundgebungen geprägt. Massenbeteiligung erlebte das SPD-Volksfest im Hamburger Stadtpark, bei dem neben Bürgermeister Roß auch Karl Seitz, der Bürgermeister des »Roten Wien«, und Reichstagspräsident Paul Löbe sprachen.

Eindrucksvoll war auch die kommunistische Wahlkampagne. »Die Ausschmückung des Stadtbildes in Hamburg erreichte während der Bürgerschaftswahl 1931 einen Höhepunkt, der seitdem bei allen darauffolgenden Wahlkämpfen nicht wieder erreicht wurde« (KPD-Bericht 1932). »Malstuben in allen Stadtteilen« sollten zumindest optisch dafür sorgen, daß aus

Plakat der KPD zur Bürgerschaftswahl 1931

Plakat der NSDAP zur Bürgerschaftswahl 1931

Echo, 28. 9. 1931

HVZ, 28. 9. 1931

Hamburg »ein zweites Leningrad« (HVZ, 17. 9. 31) wurde. Kommunistische Wahllosungen beherrschten ganze Straßenzüge. »Unter größter Lebensgefahr bestieg ein entschlossener Arbeiter den Turm der Michaeliskirche und entrollte dort unter begeisterten Zurufen die rote Fahne« (AIZ, 1931, Nr. 40, S. 790). Werbewirksam waren nach der Schilderung Ludwig Leviens auch die entsprechend dekorierten Fabrikschornsteine im Arbeiterstadtteil Barmbek:

»Tagelang wehte vom Schornstein der Kupferschmiede Schmidt-Söhne in der Herderstraße die rote Fahne. Der Schornstein von Nagel & Kaemp (Kampnagel) war in großen Lettern mit ›Wählt KPD!‹ beschriftet, weithin von der Barmbeker Straße zu lesen. Da die Sprossen der Steigeleiter anschließend mit Schmierseife eingesalbt worden waren, blieben Fahne und Schrift tagelang zu sehen.«

An großen Kundgebungen mit Thälmann bei Sagebiel am 18. September und am 20. September (HVZ: »50-55 000 auf der Moorweide!«) beteiligten sich Zehntausende von Menschen. Im Mittelpunkt der Agitation stand die Losung: »Gegen die Reichen – für die Armen! Rotes Hamburg für ein freies sozialistisches Deutschland!« (HVZ, 26./27. 9. 31). In einer Wahlkampfbroschüre wurde der in dieser Losung auffällig grobschlächtige Revolutionarismus besonders plastisch gestaltet:

»Wir werden die Reichen aus ihren Villen und Luxuswohnungen in die Obdachlosenasyle umquartieren und in die Wohnungen der Reichen kinderreiche Proletenfamilien einziehen lassen. Wir werden die Kapitalisten, soweit sie nicht rechtzeitig zu Mussolini und zur Schweiz in »Erholung« gefahren sind, Holz fällen und Kartoffeln buddeln lassen« (KPD-Broschüre zur Bürgerschaftswahl: »Was wollen die Kommunisten?«).

Verjagt werden sollte die »ganze Senatsclique« als »Vertreter der Reichen gegen die Armen«. Die Perspektive Hamburgs in einem zukünftigen Sowjetdeutschland wurde in dieser Broschüre folgendermaßen ausgemalt:

»Man braucht sich nur vorzustellen: Wenn der Tag gekommen ist, wo von Wladiwostok am Stillen Ozean bis Brunsbüttelkoog die Arbeiterschaft herrscht, was für eine Macht wir dann sein werden! Unbesiegbar vom Weltkapital! Und welche Rolle wird unser Hamburg im Sowjetdeutschland spielen? Diese große Hafenstadt mit ihren ausgezeichneten Einrichtungen und bedeutenden Anlagen wird eine einzigartige Stellung im Verkehr Deutschlands mit der Sowjetunion einnehmen« (ebd.).

Das Wahlergebnis brachte für die KPD einen triumphalen Erfolg und bestätigte, daß große Teile der Arbeiterschaft und vor allem der Erwerbslosen ihre Hoffnung auf die Kommunisten setzten: Zugewinn von acht Sitzen und 33 000 Stimmen, stärkste Partei neben der Neustadt und St. Pauli nun auch in St. Georg. In der ganzen Zeit der Weimarer Republik, weder vorher noch nachher, war der Abstand zwischen der SPD, die fünf Prozent verloren hatte, und der KPD jemals wieder so gering.

Entsprechend war die sozialdemokratische Reaktion: »Wieder Katastrophenwahl«. Allerdings habe man »den andrängenden Fluten eines verbrecherischen Radikalismus« letztlich standgehalten. Wahlgewinner waren gleichwohl die Nationalsozialisten, die ihren Stimmenanteil gegenüber der letzten Bürgerschaftswahl von 1928 mehr als verzwölffachen konnten — zu Lasten der bürgerlichen Parteien. Die Senatskoalition verlor dadurch ihre parlamentarische Mehrheit, führte aber bis zum März 1933 die Geschäfte weiter.

Ergebnis Hamburger Bürgerschaftswahl, 27. September 1931 (in Klammern Vergleichszahlen Bürgerschaftswahl, 19. Februar 1928):

Parteien	Mandate	Stimmen	Prozent
SPD	46 (60)	214 553 (246 685)	27,8 (35,9)
DNVP	9 (22)	43 278 (94 048)	5,6 (13,7)
Zentrum	2 (2)	10 798 (9 402)	1,4 (1,4)
KPD	35 (27)	168 674 (114 257)	21,9 (16,6)
DVP	7 (20)	36 927 (85 507)	4,8 (12,5)
Staatspartei (DDP)	14 (21)	67 105 (87 553)	8,7 (12,8)
Wirtschaftspartei	2 (4)	11 375 (20 136)	1,5 (2,9)
NSDAP	43 (3)	202 506 (14 760)	26,2 (2,2)
Rechte Splitterparteien	2 (1)	11 904 (5 609)	1,6 (0,8)
Sonstige	– (–)	4 252 (8 373)	0,5 (1,2)

Politik 119

»Sozialismus als tägliche Pflicht«

Die SPD verlor zwar Stimmen bei den Wahlen 1930 und 1931, aber das Fundament der Partei blieb stabil; die Mitgliederzahl stieg sogar leicht an. Insgesamt behauptete sich die Sozialdemokratie Hamburgs organisatorisch.

»Was im Leben jedes einzelnen in den vergangenen 2 Jahren die schwere Schicksalsfrage bedeutet, die Weltwirtschaftskrise mit all ihren Begleiterscheinungen, das hat auch im allgemeinen politischen Leben wie für die Partei im besonderen bestimmenden Einfluß ausgeübt« (SPD-Bericht 1929/30). Tatsächlich muß die schwere wirtschaftliche und politische Krise bei jeder Rückschau auf die SPD-Entwicklung jener Jahre, sei es auf die Finanzlage oder auf die Agitationsarbeit als prägende Rahmenbedingung mitbedacht werden.

Dabei fällt zunächst auf, daß dem Wählerrückgang um acht Prozent von 1928 bis 1931—1932 erfolgte eine vorläufige Erholung – nicht von einem Mitgliederrückgang begleitet wurde. Im Gegenteil: Die Mitgliederzahl der Hamburger SPD stieg kontinuierlich an: Waren es am 31. 12. 1929 51 045 und am 31. 12. 1930 53 204 Mitglieder, so zählte man am Jahresende 1931 bereits 56 774 Genossinnen und Genossen (Echo 26. 2. 32). Besonders stolz war man auf die Tatsache, daß trotz der Krise die Kassierung im allgemeinen zufriedenstellend blieb.

Die SPD war in Hamburg eine »Arbeiterpartei im weitesten Sinne des Wortes« (SPD-Bericht 192/30). Etwa 60 Prozent der Mitgliedschaft bestand Ende 1930 aus Handarbeitern, zehn Prozent aus Angestellten und 18 Prozent stellten Hausfrauen. Der Anteil der Beamten war mit nicht einmal vier Prozent angesichts jahrelanger Senatszugehörigkeit der Partei nicht besonders hoch. Die Leserschaft der Parteizeitung »Hamburger Echo« setzte sich überwiegend – in noch stärkerem Maße als die Partei selbst – aus Arbeitern zusammen. Diese Anhängerschaft ließ sich in ihrer Treue zur Sozialdemokratie nicht beirren. Trotz der Krise nahm die Organisation der SPD stetigen Aufschwung. Die Zahl der erfaßten Betriebe stieg von 462 Ende 1929 auf 524 Ende 1930, die der Betriebsvertrauensleute von 1921 auf 2525 im gleichen Zeitraum (SPD-Bericht 192/30).

Die politische Bindung großer Teile der Arbeiterschaft an die Sozialdemokratie hatte sich über Generationen aufgebaut. In den 20er Jahren hatte der sozialdemokratisch geführte Senat beeindruckende kommunalpolitische Leistungen vorzuweisen: Bei der Hafenerweiterung, in der Wohnungspolitik und Sozialfürsorge sowie im Ausbau des Volksschulwesens. Daran erinnerte die SPD auch in der Krisenzeit. Angesichts der harten Sparmaßnahmen im Hamburger Haushalt büßte die kommunalpolitische Bilanz allerdings an Überzeugungskraft ein, vor allem unter den Erwerbslosen.

Vor den Stempelstellen wuchs die politische Radikalisierung. Die SPD ging dazu über, eigene Lokale für Erwerbslose einzurichten und spezielle Erwerbslosenversammlungen abzuhalten. Vor allem die Politik der Nazis und der KPD wurden dabei hart attackiert:

> »Wo immer die Faschisten zur Macht streben, wird ihnen die Sozialdemokratie im Wege stehen! (...) gilt es heute, mehr aus der Reserve herauszutreten, auf den Stempelstellen die Verräterrolle der Kommunisten anzuprangern wegen ihrer Politik!« (Echo 22. 1. 32)

Aber alle Bemühungen änderten nichts daran, daß die SPD eher die Partei der noch in Arbeit stehenden Arbeiterschaft blieb.

Der traditionelle Einfluß der Sozialdemokratie unter Arbeitern wurde vor allem von zahlreichen Vorfeldorganisationen vermittelt, die sich der Freizeit und kultureller Interessen in vielfältiger Weise annahmen. Von der Arbeitersportbewegung bis zu den Arbeitersängern, von Arbeiteresperantisten bis zu den Naturfreunden – ein dichtes Netz sozialdemokratisch inspirierter Vereinigungen sicherte der SPD ein im Arbeiterleben fußendes Fundament der Partei. In den letzten Jahren der Weimarer Republik allerdings kam es in vielen Verbänden zu fraktionellen Auseinandersetzungen mit kommunistischen Oppositionsgruppen, die aber meist Minderheitspositionen einnahmen (Ausnahme Freidenkerverband).

Am wichtigsten aber war für die Sozialdemokratie auch in Hamburg die enge »Symbiose« von Partei und freien Gewerkschaften: »Partei und Gewerkschaften sind eins« (Echo, 29. 10. 30). Zeitweise erschien das Verbandsorgan des ADGB als wöchentliche Beilage des »Hamburger Echos«. Angesichts antisozialdemokratischer Agitation wurde der KPD vorgeworfen, die Gewerkschaften zu schwächen. Die freien Gewerkschaften verloren krisenbedingt in Hamburg Jahr für Jahr etwa 10 000 Mitglieder; von Sozialdemokraten wurde dieser Aderlaß mit Sorge beobachtet, da dies wiederum als Schwächung der Partei angesehen wurde.

Der Fluktuation auch innerhalb der Partei sollte vor allem mit einer Ausdehnung und Intensivierung der Bildungsarbeit begegnet werden. Zunächst sollte für eine »möglichst hohe Durchschnittsbildung des ganzen Funktionärskörpers der Partei« (Echo, 26. 2. 32) gesorgt werden, wozu auf Parteilehrgängen neben Themen der »großen Politik« auch spezielle kommunalpolitische Kurse angeboten

Sozialdemokraten im 1928 gewählten Senat:

Roß (Bürgermeister), Eisenbarth (Gesundheit), Schönfelder (Polizei), Krause (Schule), Naumann (Wohlfahrt), Stubbe (Landgebiete), Mendel (Wirtschaft) und Perner (Finanzen).

1. Rudolf Roß
2. Heinrich Eisenbarth
3. Adolf Schönfelder
4. Emil Krause
5. Paul Naumann
6. Heinrich Stubbe
7. Max Mendel
8. Richard Perner

wurden. Für den Lesehunger der Mitglieder stand in Hamburg eine – gemeinsam mit den Gewerkschaften betriebene – Zentralbibliothek zur Verfügung.

Das große Gewicht, das die Sozialdemokratie auch in Hamburg traditionell auf die Bildungsarbeit legte, war Teil und Intention der Selbstdarstellung der Partei, den »Kampf gegen die Schädlinge des Volkes nicht mit Revolver und Messer, nicht mit abgebrochenen Stuhlbeinen und Pflastersteinen, sondern mit der scharfen Waffe der Aufklärung, mit der Waffe des Geistes und der Kultur« (Weckruf, Oktober 1930) zu führen. Dieses Selbstverständnis der sozialdemokratischen Bewegung trug sicherlich zur Immunisierung gegenüber Abspaltungsversuchen bei. Die Gründung der Sozialistischen Arbeiterpartei (SAP) fand in Hamburg noch geringere Resonanz als im übrigen Deutschland.

In diesen schwierigen Jahren appellierte die Sozialdemokratie erfolgreich an ihre Mitglieder und Freunde, den Sozialismus »als tägliche Pflicht« zu begreifen, der Partei in ihrem schwierigen Abwehrkampf »für Republik und

Demokratie – gegen Diktatur und Faschismus« beizustehen. Bei allen Wahlverlusten sah man doch stets den Beweis erbracht, daß die Sozialdemokratie »fest fundiert und nicht klein zu kriegen ist, trotz Verleumdungen und Terror von links und rechts« (SPD-Bericht 192/30).

SPD-Tätigkeitsbericht 1927/28 = Bezirksvorstand (Hrsg.): Sozialdemokratische Partei Bezirksvorstand Hamburg-Nordwest. Tätigkeitsbericht für die Zeit vom 1. Januar 1927 bis 31. Dezember 1928; Hamburg 1929.

SPD-Tätigkeitsbericht 1929/30 = Bezirksvorstand (Hrsg.): Sozialdemokratische Partei Bezirksvorstand Hamburg-Nordwest. Tätigkeitsbericht für die Zeit vom 1. Januar 1929 bis 31. Dezember 1930; Hamburg 1931.

SPD-Leistungsbilanz zur Bürgerschaftswahl 1931

Das Parteihaus der Hamburger Sozialdemokraten an der Großen Theaterstraße 42–44 mit Fahnen der »Eisernen Front«, 1932

Politik 121

»Partei der Erwerbslosen«

Die imponierenden Wahlerfolge der Kommunisten in Hamburg überdeckten ein schwerwiegendes strukturelles Problem: Die KPD wurde immer mehr die Partei der Erwerbslosen und büßte – auch aufgrund ›ultralinker‹ Politik – entscheidend an Einfluß in Betrieben und Gewerkschaften ein.

»Gewinnung der Mehrheit des Proletariats« (KPD-Bericht 1932) – diese Losung des Bezirksparteitags Wasserkante von 1930 charakterisiert die Bemühungen der KPD, bestimmende Arbeiterpartei zu werden und die damit notwendig einhergehende Konkurrenzbeziehung zur SPD. Von der Mitgliederstruktur her war die KPD bis zur Weltwirtschaftskrise nicht sehr von der sozialdemokratischen Partei unterschieden. Man kann also nicht davon ausgehen, daß etwa die SPD die besser qualifizierten und bezahlten Arbeiter in ihren Reihen gehabt hätte und die KPD die unqualifizierten Schichten des Proletariats rekrutierte. Allerdings übte die KPD eine größere Anziehungskraft auf junge Arbeiter aus, unter Umständen wegen ihres größeren außerparlamentarischen Aktivismus. Andererseits forderte dieser einen sehr hohen persönlichen Einsatz der Mitgliedschaft. So heißt es im Bericht zum Bezirksparteitag 1930, daß am Anfang des Jahres 1928 »eine starke Stimmung gegen die vielen Kampagnen« bestanden habe.

Ein Problem für die kommunistische Partei war die hohe Fluktuation, die eine kontinuierliche Qualifizierung der Mitgliedschaft erschwerte. Dieses Problem verschärfte sich in den Jahren der Weltwirtschaftskrise, als auch die Zahl der Betriebsarbeiter in der Partei dramatisch abnahm. Waren im Bezirk Wasserkante im März 1930 noch etwa 40 Prozent der etwa 20 000 Mitglieder in Betrieben beschäftigt, so sank diese Zahl nach Angaben der Parteiführung auf 13,7 Prozent im Herbst 1932. Mit dieser ungewollten Entwicklung zur Erwerbslosenpartei schwanden auch die ehedem zum Teil starken Positionen in Hamburger Betrieben. Traditionelle Hochburgen besaß die KPD im Hafen, der Pulsader der Hamburger Wirtschaft. Erfolge verzeichnete man aber auch in anderen Branchen. Im ersten Quartal 1929 erschienen KPD-Betriebszeitungen in 59 Betrieben mit einer Gesamtauflage von etwa 75 000 Exemplaren.

Anfangs schien die neue ›ultralinke‹ Gewerkschaftspolitik, die allen Ausschlußdrohungen zum Trotz die Bildung von eigenen oppositionellen Listen bei Betriebsratswahlen zur Auflage machte, erfolgreich zu sein. So gab es etwa im Frühjahr 1929 einen »Sieg der roten Betriebsräte bei Blohm & Voss«. Insgesamt aber führte die neue Gewerkschaftspolitik zur Schwächung der Kommunisten, die oft genug ihre Gewerkschaftszugehörigkeit verloren und zudem als erste auf die Entlassungslisten der Betriebe gesetzt wurden. Trotz des Mitgliederanstiegs der KPD und imponierender Wahlerfolge in den letzten Jahren der Weimarer Republik konnte deshalb die Zahl der Betriebszellen im Bezirk Wasser-

Der KPD-Vorsitzende Ernst Thälmann
als Redner einer Wahlkundgebung bei Sagebiel, 1930

Parteihaus der Hamburger Kommunisten
am Valentinskamp 40–42 mit Redaktionssitz der »Hamburger Volkszeitung«

Plakat zur Gedenkkundgebung für den Oktoberaufstand der Hamburger KPD von 1923

kante – für Hamburg selbst liegen keine Zahlen vor – nur mühsam bei etwa 150 gehalten werden.

Auch auf dem Sektor der Agitation unter den vielen Erwerbslosen gelang es nicht, die konkreten Tagesinteressen, die mit dem Organ »Der Arbeitslose« durchaus aufgegriffen und gemeinverständlich artikuliert wurden, mit dem Kampfziel »Rätedeutschland« zu vermitteln und erfolgversprechende Aktionen zu entwickeln. Für das erwerbslose KPD-Mitglied waren die an ihn gestellten politischen Anforderungen nur zu erfüllen, wenn er seine Zeit weitgehend »opferte«, da er nicht nur Parteiversammlungen, RGO-Veranstaltungen und die Sitzungen der von der KPD initiierten Erwerbslosenausschüsse zu besuchen hatte, sondern auch an den kommunistischen Fraktionssitzungen innerhalb der RGO und an den RGO-Fraktionssitzungen innerhalb der Erwerbslosenausschüsse teilnehmen mußte. Diese ganze Arbeit aber ruhte auf den Schultern relativ weniger Mitglieder und unterlag einer großen Fluktuation. Der Bericht zum Bezirksparteitag 1932 registrierte jedenfalls die »fast völlige Einstellung der Erwerbslosenarbeit«.

Insgesamt setzte sich in Hamburg der ›ultralinke‹ Kurs seit 1929 trotz des innerparteilichen Widerstands vor allem aus Bergedorf, Eppendorf, Harvestehude, Rothenburgsort, Bramfeld und Innere Stadt sowie der Betriebszellen Hochbahn, Blohm & Voss und Schiffahrt ziemlich schnell durch (KPD-Bericht 1927/29). Dazu trug vor allem die Radikalisierung der politischen Auseinandersetzungen bei, die mit den Berliner Mai-Zusammenstößen 1929 einen Höhepunkt erlebte. Die KPD zählte im Bezirk Wasserkante für 1930 drei von Nazis oder Polizei getötete Arbeiter, für 1931 bereits elf und für 1932 allein bis zum Oktober 30

KPD-Propaganda zur Bürgerschaftswahl 1931

Todesopfer (KPD-Bericht 1932). In dieser Atmosphäre politischen Terrors und angesichts rapider sozialer Verelendung entsprach die »radikale« Agitation der KPD durchaus dem Bewußtsein von Teilen der Arbeiterschaft, wie dies die Wahlergebnisse ja auch belegten, die wiederum als Beweis für die Richtigkeit der verfolgten Politik herangezogen werden konnten. Dies gilt vor allem für die Haltung zur Sozialdemokratie. Während etwa im Bericht zum Bezirksparteitag 1930 noch von der SPD-Führung als »Reformisten« gesprochen wurde, die sich zum Teil »sozialfaschistischer Mittel« bedienten und durch ihre Politik »der faschistischen Diktatur die Wege ebnet(en)«, ging man Mitte 1932 bereits soweit, die SAP als »linkeste Fraktion des Sozialfaschismus« und »Sammelbecken aller konterrevolutionären sowjetfeindlichen Elemente« (HVZ, 18. 5. 32) zu bestimmen.

Solche Agitation nahm den durchaus ernsthaft und ehrlich gemeinten Appellen der KPD an die sozialdemokratisch eingestellten Arbeiter zum gemeinsamen Kampf gegen die Nazigefahr einiges an Überzeugungskraft und Glaubwürdigkeit. Die KPD blieb in Hamburg die Partei der revolutionär eingestellten Minderheit in der Arbeiterschaft.

KPD-Bericht 1927/29 =
Bericht der Bezirksleitung (BL) der KPD Bezirk Wasserkante über die Tätigkeit der Organisation vom 1. Dezember 1927 bis 31. März 1929.

KPD-Bericht 1932 =
Bericht der BL Wasserkante der KPD an den Bezirkstag, 5. Dezember 1932 (Mss.)

»Gegen Hunger! Gegen Krieg!«

Die »Internationale Arbeiter-Hilfe« (IAH) organisierte als »Proviantkolonne des Proletariats« schwerpunktmäßig Massenspeisungen und Kinderhilfe in wichtigen Streikzentren. Entsprechend fiel es ihr in der fast streiklosen Zeit der Weltwirtschaftskrise schwer, neue Inhalte und Aufgaben für ihre Aktivität zu finden.

Plakat zum Solidaritätstag der IAH, 1931

Die IAH entstand 1921 aus den Hilfskomitees für die von einer Hungersnot betroffenen Teile Sowjetrußlands. Grundgedanke der neuen Organisation war es, »in den Zeiten proletarischer Massennot die ganze finanzielle Leistungsmöglichkeit für die bedrohten Gruppen des Proletariats zu mobilisieren« (Nordd. Volkskalender 1927). Die Tätigkeit der IAH verlagerte sich 1923/24 nach Deutschland. Sie führte Massenspeisungen in den wichtigsten Streikzentren durch und organisierte die Verschickung von Kindern aus den Streikzentren in andere Teile Deutschlands, wo sie von Arbeiterfamilien aufgenommen wurden.

Aus den losen Komitees entstand eine zentralisierte Mitgliederorganisation mit Hauptsitz in Berlin, die in Deutschland 1931 etwa 100 000 Mitglieder besaß. Spendensammlungen für Hilfsaktionen wurden auch von vielen nichtkommunistischen Intellektuellen und Künstlern unterstützt, wie etwa von Käthe Kollwitz, Max Liebermann, Kurt Tucholsky, Erich Mühsam, George Grosz und Heinrich Zille. Die Mitarbeit von Sozialdemokraten war 1924 durch Parteitagsbeschluß unterbunden worden.

Im Landesbezirk Wasserkante der IAH, zu dem Hamburg gehörte, sank die Zahl der Mitglieder von Ende 1930 bis August 1932 rapide von 3900 auf 876 (KPD-Bericht 1932). Dieser Rückgang drückte ein zentrales Problem der »Proviantkolonne des Proletariats« in den Jahren der Weltwirtschaftskrise aus. War es traditionell Aufgabe der IAH gewesen, Streiks schwerpunktmäßig zu unterstützen, so fehlte es jetzt an neuen Inhalten und Aufgaben angesichts einer streikarmen Periode. »Es gelang nicht, die Arbeit der Organisation auf den Kampf gegen Massenelend umzustellen« (ebd.).

Ansätze dazu waren allerdings vorhanden. So wurden im Sommer 1932 etwa Kinderspeisungen in Arbeitervierteln nach Schulschluß durchgeführt. Die Ortsgruppe Altona brachte

200 Kinder in ein größeres Restaurant und erreichte, daß sie kostenloses Essen bekamen. Wie alle anderen Arbeiterorganisationen wurde auch die IAH 1933 verboten.

Zur Bürgerschaftswahl 1931 warben Plakate der »Internationalen Arbeiter-Hilfe« für die KPD. Während des Ausstands der Hamburger Werftarbeiter im Jahre 1928 garantierten Großküchen dieser »Proviantkolonne des Proletariats« die Verpflegung der Streikenden.

»Kampf der Klassenjustiz!«

Die Rote Hilfe unterstützte als überparteiliche, aber von der KPD geführte Organisation viele Tausend wegen politischer Vergehen von der Justiz verfolgter Arbeiter. Die Radikalisierung der politischen Auseinandersetzungen in den letzten Jahren der Weimarer Republik brachte auch in Hamburg eine Flut von Prozessen.

Die Justiz der Weimarer Republik maß mit ungleicher Elle. War sie auf dem rechten Auge blind, so verhängte sie gegen revolutionäre Arbeiter drakonische Strafen. Hunderte von Todesurteilen und Tausende von Zuchthausstrafen wurden vor allem bei der Niederschlagung der Aufstände in Mitteldeutschland und im Ruhrgebiet verhängt. Aber auch in »ruhigen Zeiten« hagelte es Urteile wegen politischer Vergehen. So wurden 1925 2078 Personen zu 391 Jahren Festung, 408 Jahren Zuchthaus, 917 Jahren Gefängnis und etwa 120 000 Mark Geldstrafe verurteilt (Nordd. Volkskalender 1926).

In Hamburg war es die Verfolgung der Teilnehmer des »Aufstandes« von 1923, die eine eigenständige und überparteiliche Organisation notwendig erscheinen ließ, die für die Freilassung der proletarischen politischen Gefangenen, Unterstützung der Familienangehörigen, Rechtsberatung und Prozeßhilfe sorgen sollte. Die Rote Hilfe war von der KPD initiiert worden und stand unter ihrer Führung, zumal Kommunisten das Gros der politisch Verfolgten stellten. Sie wurde aber auch von führenden linkssozialdemokratischen Rechtsanwälten wie Kurt Rosenfeld und Paul Levi – gegen den Willen der SPD-Führung – unterstützt.

Das Bezirksbüro Wasserkante der Roten Hilfe befand sich in Hamburg in der Kaiser-Wilhelm-Straße 47. Leiter war der KPD-Bürgerschaftsabgeordnete Gustav Gundelach, der auch nach 1933 illegal für die Rote Hilfe aktiv war und 1934 ins Ausland emigrierte. Auch in Hamburg bestand die alltägliche Arbeit des aktiven Rote-Hilfe-Mitglieds vorwiegend in Geld- oder Unterschriftensammlungen für die Amnestierung politischer Häftlinge.

Anfang Januar 1932 zählte die Rote Hilfe im Bezirk Wasserkante 28 570 Einzelmitglieder, von denen eine gute Hälfte auch der KPD angehörte. Vor allem eine Flut von Prozessen angesichts schwerer Auseinandersetzungen mit SA und Polizei hielten die Rote Hilfe in den letzten Jahren der Weimarer Republik in Atem. Mit Flugblättern mobilisierte man »die Massen gegen die bürgerliche Klassenjustiz!«

Plakat der Roten Hilfe zur Bürgerschaftswahl 1931

5. Bezirkskonferenz der Roten Hilfe Wasserkante in Hamburg am 1. Juli 1928

»Schutzwall der Republik«

Die Erfolge der Nationalsozialisten seit 1930 führten zu einem Aufschwung der außerparlamentarischen Bewegung für die Errungenschaften der Weimarer Republik und gegen die Nazis. Ihr wichtigster Verband war das Reichsbanner Schwarz-Rot-Gold.

Der Reichstagswahlsieg der Nazis von 1930 veranlaßte die Sozialdemokratie zur außerparlamentarischen »Gegenoffensive«. Damit wuchs die Bedeutung des Reichsbanners Schwarz-Rot-Gold entscheidend an. Das Reichsbanner, 1924 zum Schutz gegen die Feinde der Republik als überparteiliche Organisation gegründet, war allerdings in Hamburg ebenso wie im übrigen Deutschland nach der Zusammensetzung von Mitgliedschaft und Führung eine überwiegend sozialdemokratische Organisation. Die Leitung in Hamburg, das zum Gau Hamburg-Bremen-Nordhannover gehörte, lag in den Händen führender SPD-Funktionäre, unter ihnen Theodor Haubach, Adolf Biedermann und Gustav Dahrendorf. Im Rahmen des Gaues bildete Hamburg einen eigenen Kreis, der wiederum in Abteilungen und Kameradschaften untergliedert war. 1930 zählte man in Hamburg etwa 18 000 »Reichsbanner-Kameraden«. Die Führung des Reichsbanners war betont antikommunistisch eingestellt. Der Rote Frontkämpferbund (RFB), die entsprechende Organisation der Kommunisten, wurde als Feind verstanden. Einzelne Auseinandersetzungen zwischen RFB- und Reichsbannermitgliedern dienten auch in Hamburg zur Abgrenzung von allen Bestrebungen zum gemeinsamen Vorgehen gegen die nationalistischen Wehrverbände. Entsprechende Abgrenzungen gab es allerdings auch auf Seiten der Kommunisten.

Im Laufe des Jahres 1930 häuften sich die Überfälle von SA-Trupps auf Reichsbannerleute. Die wachsende Brutalität in den politischen Auseinandersetzungen führte dazu, daß auch in Hamburg nach den Reichstagswahlen mit dem Aufbau besonderer Schutzformationen (Schufo) als Gegengewicht gegen die SA begonnen wurde. Vor allem körperlich kräftige jüngere Arbeiter wurden in dieser Elite des Reichsbanners zusammengefaßt. Offiziere aus der Hamburger Polizei beteiligten sich an der Ausbildung der Schufo, die etwa 5000 Mitglieder rekrutierte.

Überall in Hamburg erlebte das Reichsbanner 1930/31 einen großen Aufschwung. Demonstrativ marschierte die sozialdemokratische Arbeiterschaft seit Ende 1930 auch in den Stadtteilen auf, in denen die Nazis ihre Hochburgen besaßen. Zwei Wochen vor der Bürgerschaftswahl 1931 veranstaltete das Reichsbanner sein Gautreffen in Hamburg. Wie der offizielle »Wegweiser« zeigte, ging es auch hierbei in erster Linie um die Unterstützung des SPD-Wahlkampfes.

Einen Höhepunkt antifaschistischer Aktivität im Zeichen der »Eisernen Front« erlebte Hamburg noch einmal im Frühjahr und Sommer 1932 aus Anlaß der Reichspräsidenten- und Reichstagswahlen. Der sozialdemokratische Funktionär und Hamburger Gewerkschaftsvorsitzende Jonni Ehrenteit: »Wenn die Hitler-Hugenberg Deutschland regieren wollen, so soll dank des Zusammenstehens der Eisernen Front Deutschlands Wirtschaft keine ruhige Minute mehr haben.« (Hbg. Anzeiger, 15. 1. 32).

Die Dynamik des Reichsbanners erhielt allerdings einen schweren Schlag, als im Frühjahr 1932, um einem Verbot zu entgehen, die Schufo aufgelöst werden mußten. Die KPD nutzte diese Gelegenheit, an die Reichsbannermitglieder zu appellieren, sich den Kommunisten anzuschließen.

Noch deprimierender war für die Reichsbanner-Mitglieder die von der Führung befohlene Passivität nach dem Papen-Staatsstreich, der mit den

Reichsbanner-Gautreffen auf der Moorweide am 12. September 1931

Plakette zum Reichsbanner-Gautreffen in Hamburg 1931

politischen Zusammenstößen vom 18. Juli in Altona (»Blutsonntag«) gerechtfertigt worden war. Das Reichsbanner vermochte zwar bis ins Jahr 1933 hinein Massen für die Sozialdemokratie zu mobilisieren, die Offensivkraft der Phase vom Herbst 1930 bis zum Sommer 1932 aber war gebrochen.

»Rot Front!«

»Wehrverbände« jeder politischen Richtung prägten das Bild der Demonstrationen und Kundgebungen in der Weimarer Republik. Der Rote Frontkämpferbund (RFB) unterstützte die Agitation und Propaganda der KPD.

Mit »Rot Front!« und geballter Faust, die auch das Bundesemblem bildete, grüßten die Mitglieder des RFB, der 1924 auf Beschluß der KPD gegründet worden war. Ziel dieser Vereinigung, der schließlich etwa 150 000 Mitglieder angehörten, war die Zusammenfassung aller klassenbewußten Arbeiter, insbesondere aber der Soldaten des Weltkriegs, zum Kampf gegen das Wiedererstarken des deutschen Militarismus und die internationale Kriegsgefahr. Der RFB, der die politische Führung durch die KPD anerkannte, war keine Militärorganisation der Partei, wiewohl anfangs teilweise so interpretiert, sondern eine Organisation mit spezifischen Aufgaben in der politischen Massenarbeit. Die Mehrzahl der Mitglieder gehörte nach eigenen Angaben nicht der KPD an.

Hamburg gehörte organisatorisch zum RFB-Gau Wasserkante. Das Gaubüro war im Besenbinderhof 70 untergebracht. Gauleiter war der populäre KPD-Funktionär Etkar André. Während sich die Gauvertreter jährlich zur RFB-Reichskonferenz trafen, reisten Tausende von RFB-Mitgliedern zu den zentralen Reichstreffen. Hamburg war im März 1928 Schauplatz der 5. Reichskonferenz und sollte zu Pfingsten 1929 auch das V. Reichstreffen erleben. Bereits 1925 war der Hamburger Ernst Thälmann zum RFB-Bundesführer gewählt worden. Unterorganisationen des RFB bildeten die »Rote Jungfront« für die 16- bis 21jährigen, der »Rote Frauen- und Mädchenbund« (s. a. S. 168) und die für die Hafenstadt Hamburg besonders bedeutsame »Rote Marine«, der hauptsächlich Seeleute und Hafenarbeiter angehörten.

Für ihre Disziplin gelegentlich sogar von der Polizei gelobte Aufmärsche von RFB-Abteilungen, zumeist von Tambourzügen und Schalmeienkapellen angeführt und vom Gesang revolutionärer Kampflieder begleitet, hatten als Bestärkung des politischen Selbstbewußtseins der Arbeiterschaft und des Elans der eigenen Anhänger eher psychologische denn paramilitärische Bedeutung.

1928 existierten in Hamburg 17 RFB-Abteilungen, die beispielsweise mit Agitprop und Saalschutz im Bürgerschaftswahlkampf oder als Streikposten beim Ausstand der Hafen- und Werftarbeiter die Politik der KPD unterstützt hatten. Mit fortschreitender Radikalisierung der politischen Auseinandersetzungen trat neben die Abwehr nationalistischer und faschistischer Kundgebungen von »Stahlhelm« oder SA zunehmend auch die direkte Konfrontation mit der verhaßten Polizei des sozialdemokratischen Innensenators Schönfelder. Wiederholt war deshalb von SPD-Seite aus die Auflösung des RFB gefordert worden.

Während die übrigen Wehrverbände zugelassen blieben, wurde auch in Hamburg nach den blutigen Berliner Mai-Unruhen 1929 ein Verbot des RFB ausgesprochen. Das Gaubüro Wasserkante wurde polizeilich geschlossen, das geplante Pfingsttreffen verboten.

Das Verbot des RFB trug sicherlich zur Steigerung der antisozialdemokratischen Agitation der KPD bei. Hamburgs Rote Frontkämpfer setzten ihre Aktivitäten teils in anderen Massenorganisationen der KPD wie Rotsport-Vereinen (s. a. S. 205) oder Schalmeienkapellen fort, demonstrierten aber gleichzeitig immer wieder, daß der RFB trotz Illegalität existiere. So hieß

Hamburgs »Rote Marine«, 1928

HVZ, 7. Mai 1929

es nach schweren Auseinandersetzungen von jungen Erwerbslosen mit der Polizei Anfang 1930 (HVZ 21. 2. 30): »Das ist der nicht zu verbietende RFB!« Mitglieder des RFB engagierten sich auch im »Kampfbund gegen den Faschismus« und anderen Organisationen, die im Verlauf der folgenden Jahre gegründet wurden.

Politik 127

Der »Internationale Seemannsclub« an der Rothesoodstraße 8 nach einem Reichsbannerüberfall, 1931

»Verrohung des politischen Kampfes«

Politische Auseinandersetzungen verkamen in den letzten Jahren der Weimarer Republik häufig zu schweren Straßenschlachten und nächtlichen Überfällen.

Hamburger Echo, 8. 9. 1930

Latente Bürgerkriegsstimmung beherrschte die Atmosphäre der letzten Jahre vor dem Machtantritt der Nazis auch in Hamburg. Die kämpfenden Parteien begriffen ihre politischen Hochburgen als Festungen, die nötigenfalls mit Waffengewalt gegen das Eindringen feindlicher Kräfte zu schützen waren. So führten gerade demonstrative Kundgebungen des Reichsbanners in Nazivierteln oder der SA in Wohnbezirken mit vielen KPD-Anhängern immer wieder zu schweren Kämpfen. Den berüchtigten Kulminationspunkt bildete in dieser Hinsicht der »Altonaer Blutsonntag« im Juli 1932 mit zwölf Toten, als Nazikolonnen, vornehmlich aus Schleswig-Holstein, provokativ durch die Arbeiterbezirke Altonas marschierten. Aber auch andere Stadtteile waren wiederholt Schauplatz schwerer Straßenschlachten, etwa das Gängeviertel in der Neustadt, wo die KPD die Mehrheit der Bewohner hinter sich wußte (s. a. S. 64). Bei Auseinandersetzungen während eines verbotenen Hungermarsches Anfang 1930 wurde dort ein Jugendlicher von der Polizei getötet.

Die unterschiedliche Reaktion der beiden Arbeiterparteien auf diese Ereignisse ist symptomatisch. Während die Kommunisten von einer »Strafexpedition gegen das Gängeviertel« (HVZ, 27. 1. 30) und einem »Bürgerkriegsmanöver der Polizeifaschisten im Gängeviertel« (HVZ, 29. 1. 30) sprachen, übernahm die sozialdemokratische Presse hundertprozentig die Version der Polizei und interpretierte die Ereignisse als »KPD-Verbrechen in der Neustadt« (Echo, 31. 1. 30). Die Parteinahme der SPD für alle Polizeimaßnahmen gegen kommunistische Demonstranten steigerte im Gängeviertel den Haß gegen alle Sozialdemokraten, die sich dort nicht mehr als solche zu erkennen geben konnten.

Beim Gautreffen des Reichsbanners vor der Bürgerschaftswahl 1931 wurden nach sozialdemokratischer Darstellung fünf auswärtige Gäste aus einem kommunistischen Lokal in der Rothesoodstraße heraus angeschossen (SPD-Flugblatt: »Bestialische Bluttaten der Kommunisten in der Neustadt«). Die Kommunisten dagegen behaupteten, Reichsbanner-Mitglieder hätten zuerst kommunistische Lokale angegriffen.

Aber bei solchen nächtlichen Überfällen handelte es sich nicht um zentral geplante Aktionen, sondern um spontane Rachefeldzüge. Das Zentralkomitee der KPD wandte sich zwei Monate nach diesen Vorfällen in anderem Zusammenhang eindeutig gegen alle Handlungen individuellen Terrors und erklärte sie für unvereinbar mit der Mitgliedschaft in der Partei.

Im letzten Jahr der Weimarer Republik jedenfalls kam es kaum zu Zusammenstößen zwischen Anhängern von KPD und SPD. Vereinzelt wandten sich Reichsbannerleute und Kommunisten sogar gemeinsam gegen SA-Trupps, die versuchten, »in Arbeitergebiete vorzudringen, in denen sie nichts zu suchen haben« (Flugblatt der KPD Wasserkante »Neuer brutaler SA-Mord in Eimsbüttel!«). Von einer wirklichen Gemeinsamkeit gegen die drohende Hakenkreuzgefahr blieb man allerdings weit entfernt.

Polizei sammelt sich vor der Wache am Großneumarkt zu einer Razzia durch das Gängeviertel, 1932

»Mit aufgepflanztem Bajonett«

Häufige Straßenschlachten mit der Polizei, nach dem zuständigen sozialdemokratischen Senator häufig als »Schönfelder-Kosaken« tituliert, prägen die politischen Erfahrungen vor allem der KPD-Anhänger.

Die KPD wurde während der Weimarer Republik oft mit der Polizei konfrontiert. Wiederholt wurden auch in Hamburg kommunistische Büros durchsucht, Zeitungen verboten, Flugblattverteiler oder Streikposten arretiert. Die Straßen waren Schauplatz zahlreicher schwerer Schlachten zwischen Polizeikräften und Demonstranten. Dabei ging die Polizei häufig mit Schlagstöcken und Schußwaffen vor. Es gab in den letzten Jahren vor 1933 Tote, auch auf Seiten der Polizei.

Besondere Erbitterung erregte bei den Kommunisten die Tendenz, daß die Hamburger Polizei gegen linke Demonstranten weitaus härter vorging als gegen rechte, etwa bei Verletzung der Versammlungsgesetze. »Mit aufgepflanztem Bajonett gegen hungernde Erwerbslose!« — unter dieser Überschrift berichtete ein KPD-Flugblatt über illegale Demonstrationen am 10. Dezember 1930 in Hamburg, bei denen ein junger Bäckergeselle durch Kopfschuß getötet worden war. »In der inneren Stadt, in den Arbeiterbezirken setzte man die Polizei mit aufgepflanzten Bajonetten ein. Solche Bilder waren bisher nur aus den Kolonien bekannt, wo der Widerstand der Kolonialsklaven mit Pulver und Bajonetten niedergehalten wurde.«

Dieser Vergleich sagt viel aus über eine politische Psychologie, die Bestandteil dieser von Straßenkämpfen angefüllten Jahre war.

Ebenso wie die Polizei mit großem Aufwand die kommunistischen Aktivitäten observierte und versuchte, Spitzel in die KPD und deren Vorfeldorganisationen einzuschleusen, war die sogenannte »Zer«(setzungs)-Arbeit unter den Soldaten und kasernierten Polizisten eine wichtige Aufgabe des illegalen M(ilitär)-Apparats, den die KPD wie jede andere kommunistische Partei gemäß den Aufnahmebedingungen in die Kommunistische Internationale unterhielt. Dazu gehörte in erster Linie die Verteilung von Flugschriften und Broschüren. Aber auch der RFB wandte sich direkt an die Polizisten. In einem Flugblatt des RFB Bergedorf heißt es nach der Schilderung eines Urteils (Zuchthausstrafe) gegen einen Arbeiter, der im Wald Holz schlug, zunächst drohend:

> »Polizeibeamte! So kann es nicht weitergehen! Wir werden es nicht mehr dulden, daß ihr demonstrierende, für ihre Winterforderungen kämpfende Arbeiter auseinanderprügelt und vor den Klassenrichter schleppt. Wir werden die Demonstranten zu schützen wissen, und sei es mit der Waffe in der Hand!«

Der abschließende Aufruf, das eigene Ausgebeutetsein zu erkennen und sich in den »Roten Schupo Zellen des RFB« zu organisieren, dürfte kaum auf breite Resonanz gestoßen sein. Soweit die – häufig vom Lande stammenden – Polizisten überhaupt an Politik interessiert waren, neigten sie überwiegend zu den Rechtsparteien, teilweise auch zur Sozialdemokratie. Ihr Feindbild jedenfalls bildete die KPD.

Plakat der NSDAP zur Bürgerschaftswahl 1931

Hamburger Echo, 11. April 1932

Hamburg unterm Hakenkreuz

Wie überall in Deutschland errang die NSDAP auch in Hamburg ihren ersten großen Erfolg bei der Reichstagswahl 1930. Allerdings schafften es die Nazis nicht, einen wirklichen Einbruch in die Arbeiterviertel zu erzielen. Antisemitische Hetze, nationalistische Phrasen, soziale Demagogie und brutaler Straßenterror prägten auch in Hamburg das Bild der Nazipartei.

Eine Auseinandersetzung mit den armseligen antisemitischen Phrasen der drei Nazis, die seit 1928 in der Bürgerschaft saßen, erschien niemand lohnenswert. Zwar registrierte man seit 1930 auch in Hamburg Übergriffe von SA-Trupps auf Reichsbanner- und KPD-Mitglieder, die eine wachsende Aggressivität anzeigten, aber mit dem Reichstagswahlergebnis hatte niemand gerechnet: 145 000 Stimmen für die NSDAP, die damit zweitstärkste Partei in Hamburg wurde.

Eine nähere Untersuchung zeigt, daß – wie auch in anderen Großstädten – die Nazis vor allem in bürgerlichen Vierteln (etwa Rotherbaum, Harvestehude, Alsterdorf, Hohenfelde) und landwirtschaftlich geprägten Außenbezirken (etwa Wohldorf/Ohlstedt, Großhansdorf, Teile der Marsch- und Vierlande) ihre größten Erfolge erzielt hatten und dort sogar zur relativ stärksten Partei wurden. Ein Einbruch in die großen Arbeiterwohnviertel gelang ihnen nicht und auch bei den folgenden Wahlen kaum.

In ihrer Agitation verfuhr die NSDAP nach üblichem Rezept, aufgrund der Hamburger Situation allerdings besonders auf die Sozialdemokratie gezielt. Diese wurde immer wieder ohne jeden Beweis der Korruption beschuldigt. SPD-Funktionäre befleißigten sich angeblich einer »feudalen Lebensweise« (NSDAP-Flugblatt zur Reichstagswahl 1930: »›Genossen‹ in Marx«), verrieten die Arbeiter an das »jüdische Leihkapital« etc. Anstatt eigener Vorschläge zur Überwindung der Wirtschaftskrise wurde lediglich gebetsmühlenhaft in der Bürgerschaft die Halbierung der Senatorengehälter gefordert.

Allerdings hatte die Nazipartei Grund, die wirtschaftspolitischen Widersprüche in den eigenen Reihen nicht durch konkrete Programme offenbar werden zu lassen. Die Hamburger Geschäftswelt, die zwar mehrheitlich nicht mit dem Nationalsozialismus sympathisierte, aber doch Hitlers Ausführungen im Hotel »Atlantik« im Dezember 1930 zumindest interessiert und wohlwollend folgte, war deshalb noch lange nicht mit allen autarkistischen Gedankengängen in der NSDAP einverstanden.

Allerdings hatte Hitlers bereits vier Jahre zuvor an gleicher Stelle vor dem Hamburger Nationalklub vorgetragene Ankündigung, die Arbeiterbewegung für immer auszulöschen, den stürmischen Beifall konservativer Bürger und Kaufleute der Hansestadt gefunden:

»Wenn wir siegen, wird der Marxismus vernichtet, und zwar auch restlos; auch wir kennen keine Toleranz. Wir haben nicht eher Ruhe, bis die letzte Zeitung vernichtet ist, die letzte Organisation erledigt ist, die letzte Bildungsstätte beseitigt ist und der letzte Marxist bekehrt oder ausgerottet ist.« (zit. nach Jochmann, Werner: Im Kampf um die Macht. Hitlers Rede vor dem Hamburger Nationalklub von 1919; Frankfurt/M. 1960, S. 114).

Nach den Reichstagswahlen 1930 steigerten sich die Naziübergriffe vor allem gegen Einrichtungen, Mitglieder und Funktionäre der Arbeiterparteien. Angefangen von systematischen Zerstörungsakten gegen das genossenschaftliche Verkaufsunternehmen »Produktion«, Anpöbeleien einzelner SPD- oder KPD-Mitglieder auf der Straße bis zu nächtlichen Überfällen auf einzelne Funktionäre, die brutal mißhandelt oder sogar ermordet wurden, steigerte sich der Naziterror, der besonders vor Wahlen traurige Höhepunkte erreichte.

Aufruf zum Leichenbegängnis für Ernst Henning durch Barmbek und Winterhude

Der Bergedorfer Metallarbeiter und KPD-Funktionär Ernst Henning war 1928 als Interessenvertreter der Hamburger Landgebiete in die Bürgerschaft gewählt worden. So sprach er am Abend des 14. März 1931 vor Marschbauern auch über »Die Ausplünderung der Werktätigen in Stadt und Land«. Ort der Versammlung war das Clubzimmer einer Gaststätte in Kirchwerder. Vorn im Lokal saßen unbemerkt drei SA-Leute, um sich von der Identität des Redners zu überzeugen. Kurz vor Mitternacht nahmen Henning und sein Genosse Louis Cahnbley den letzten Richtung Bergedorf zurückfahrenden Autobus. Wenig später stiegen jene drei Männer aus dem Lokal zu. Einer von ihnen stieß Cahnbley an und sagte: »Du bist der Kommunistenführer André, du wirst jetzt erschossen!« Im selben Augenblick richteten die beiden anderen ihre Pistolen auf ihn. Als Henning mit den Worten »Das ist doch gar nicht André!« dazwischenfuhr und sich zu erkennen gab, rief einer der Attentäter: »Dich suchen wir schon lange, du mußt auch sterben!« Dann fielen mindestens zwölf Schüsse. Ernst Henning war sofort tot, Cahnbley sackte angeschossen zu Boden (Schilderung nach KPD-Flugblatt: »Der Nazi-Mord an Ernst Henning«).

Die Mörder wurden zwar zunächst zu Haftstrafen verurteilt, unmittelbar nach der nationalsozialistischen »Machtergreifung« jedoch wieder freigelassen.

Unerheblich für die politische Bewertung dieses Meuchelmords ist die Frage, ob es sich hierbei um eine Verwechslung gehandelt haben könnte und die SA eigentlich (eher wohl: auch) den ihr besonders verhaßten ehemaligen RFB-Führer und Bürgerschaftsabgeordneten Etkar André ausschalten wollte: Die Nazis hatten ihren Terror erstmals gegen einen offiziellen Funktionsträger der Hamburger Arbeiterschaft gerichtet.

Beisetzungszug für Ernst Henning in der Jarrestraße am 21. März 1931

»Ernst Henning von Nazis ermordet«

Am 15. März 1931 wurde der kommunistische Bürgerschaftsabgeordnete Ernst Henning von SA-Leuten ermordet. Bei seiner Beisetzung kam es zu einer antifaschistischen Massendemonstration der Hamburger Arbeiterschaft.

»Ernst Henning von Nazis ermordet!« Ihre »grenzenlose Wut und Erbitterung« über diese Nachricht brachten Hamburger Arbeiter noch am 15. März während der traditionellen Gedenkfeier an den Revolutionsgräbern der Märzgefallenen auf dem Ohlsdorfer Friedhof zum Ausdruck. Die KPD rief zum politischen Massenstreik auf. Der Senat und die preußische Regierung verboten daraufhin alle Versammlungen, die mit diesem Ereignis in Zusammenhang standen, sowie die Presse von KPD und NSDAP. Bürgermeister Roß (SPD) behauptete am 18. März in der Bürgerschaft:

> »Wenn auch (....) die Nationalsozialistische Partei die moralische Verantwortung trägt (...), so ist doch für die ganze politische Atmosphäre, in der solche Taten allein gedeihen können, die hemmungslose Demagogie der kommunistischen Agitation mit verantwortlich«.

Diese Gleichbehandlung von NSDAP und KPD veranlaßte Carl von Ossietzky zu dem Kommentar, damit stelle man »Mörder und Gemordete auf eine Stufe« (Weltbühne, Nr. 12/1931).

Die KPD ließ sich durch die ausgesprochenen Verbote nicht beirren. Anläßlich der Überführung der Leiche Hennings von der Leichenhalle Jarrestraße zum Krematorium auf dem Ohlsdorfer Friedhof wurde zu einem »Massensturm gegen den Mord-Faschismus« aufgerufen. Rund 35 000 Hamburger nahmen am 21. März 1931 an diesem Trauermarsch teil, darunter die später ebenfalls von den Nationalsozialisten ermordeten KPD-Bürgerschaftsabgeordneten Etkar André und Franz Jacob.

Die Trauerrede auf dem Ohlsdorfer Friedhof hielt der KPD-Vorsitzende Ernst Thälmann, auch er später selbst ein Opfer nationalsozialistischer Gewalt, gegen die Hamburgs Arbeiterschaft hier noch so machtvoll demonstriert hatte.

Krieg Massenausplünderung Faschismus

Das ist der Weg der Erfüllung des Young-Plans!

Den räuberischen Young-Plan durchführen heißt:

die brutalste Hungeroffensive

gegen dich und alle Werktätigen in Deutschland. Das heißt: Einreihung Deutschlands in die

Kriegsfront gegen die Sowjetunion

Wer erfüllt den Young-Plan im Auftrage des Trust- und Finanzkapitals?
Im Reich: **Die Stahlhelm-Reichsbanner-Regierung Brüning-Wirth!**
In Preußen: **Die sozialdemokratische Koalitionsregierung Braun!**
In Thüringen: **Die Hakenkreuz-Regierung Frick!**

Wer aber trägt die Kosten und Folgen dieser Politik?

Du Prolet, du christlicher, du sozialdemokratischer Arbeiter, du Arbeiterin, du Angestellter, du Beamter, du Mittelständler und Kleinbauer!
Wir alle leiden unter Lohnabbau, Massenentlassungen, Steuerraub, Negersteuer, Notopfer, Teuerung, Abbau der Erwerbslosenunterstützung und des Krankengeldes während die Kapitalisten unter dem Schutze des Artikels 48 ihre Profite sichern und weiter erhöhen.
Du schaffendes Volk wirst verraten, betrogen, verfolgt, niedergedrückt und zu Tode gehetzt. Deine Frau, deine Kinder und du selbst hungern, während deine Ausbeuter und ihre Lakaien Millionen verprassen.

Aber nicht genug! Neue imperialistische Kriege werden vorbereitet.

HEUTE werden dir die Geldmittel für die Kriegsrüstungen aus der Tasche gestohlen.
MORGEN sollst du wieder wie 1914-18 Schlachtopfer der Kapitalisten sein, während sich die Brüning, Braun, Frick usw. wieder in den Etappen amüsieren.
Gegen wen wird dieser Krieg vorbereitet?
Gegen das Vaterland aller Arbeiter, das Land des Friedens, die Sowjetunion!

Sie soll ebenso wie wir und du niedergerungen werden im Interesse des kapitalistischen Profits! Sollen und dürfen wir das dulden?
Nein und tausendmal Nein! Deshalb müssen wir und mußt du mit uns kämpfen!

Arbeiter! Werktätiger! Proletarische Frau! Jungarbeiter! Beamter! Angestellter! Städtischer Mittelstand! Kleinbauer!
Wir rufen dich! Schließ mit uns die kämpfende, proletarische Einheitsfront!

Heraus zur

Antikriegsdemonstration am 1. August

Gegen Young-Deutschland, Massenelend, Faschismus und Krieg!
Alle Stimmen der Kommunistischen Partei am 14. September!
Kämpft für ein freies sozialistisches Deutschland!

Verantwortlich: E. Schneller, Berlin
Druck: Friedrichstadtdruckerei, Berlin

Zentralkomitee der Kommunistischen Partei Deutschlands
(Sektion der Kommunistischen Internationale)

»Krieg dem imperialistischen Krieg!«

Den Aufrufen der KPD zum Antikriegstag am 1. August folgten Tausende Hamburger Arbeiter. Dagegen scheiterten die Versuche, wirksame praktische Maßnahmen gegen die Verschiffung von Kriegsmaterial im Hamburger Hafen zu unternehmen.

Jeweils am 1. August demonstrierten seit 1924 Tausende anläßlich des Jahrestages des Weltkriegsausbruchs. Die Demonstrationen, zu denen die KPD aufrief, hatten nicht nur mahnenden Gedenkcharakter. Vor allem innenpolitisch blieb das Militär ein gefährlicher Gegner der Arbeiterbewegung und aller demokratischen Errungenschaften der Republik. Seit der Novemberrevolution waren immer wieder Verbindungslinien zwischen Reichswehr und rechtsradikalen Wehrverbänden deutlich geworden.

Außenpolitisch sah die KPD ihre wesentliche Funktion im Schutz der Sowjetunion, aber etwa auch der revolutionären Bewegung in China. Für die Hafenstadt Hamburg bedeutete dies, den – häufig getarnten – Export bzw. Durchgang von Waffen und Munition aufzudecken und die Arbeiter zu Boykottmaßnahmen aufzurufen.

Dabei wurde jeweils die Sozialdemokratie attackiert, die als Senatspartei Verantwortung für den Hafen trage. Umgekehrt erklärte die SPD, daß sie ein zuverlässiger Schutz für die So-

Dieser Aufruf der KPD zur Antikriegsdemonstration am 1. August 1930 wurde auch in Hamburg plakatiert.

wjetunion sei als die »beitragsscheuenden« Kommunisten, wenn wirklich ein Krieg gegen den ersten sozialistischen Staat vorbereitet werden sollte (SPD-Betriebswacht, Nr. 7/1929).

Anders als in der Frage der Fürstenenteignung fanden Kommunisten und Sozialdemokraten im antimilitaristischen Kampf nicht zusammen, obwohl auch in der SPD viele Mitglieder gegen die neue Phase der Aufrüstung mit Panzerkreuzern seit 1928 auftraten. Die KPD vermochte diese Opposition kaum zu gemeinsamem Vorgehen zu gewinnen, da die Stellungnahme gegen die Aufrüstung mit der Propaganda gegen die Haltung der Sozialdemokratie eng verknüpft wurde. »Die SPD ist schon lange keine Arbeiterpartei mehr, sie ist die Partei der Panzerkreuzer und der Polizei« (HVZ, 29. 6. 31).

Trotz großen Einsatzes endete deshalb die Kampagne für ein Volksbegehren gegen den Panzerkreuzerbau im Oktober 1928 mit einer klaren Niederlage. Auch in Hamburg gab es nicht einmal halb soviel Eintragungen für das Volksbegehren wie KPD-Stimmen bei der vorhergehenden Reichstagswahl (KPD-Bericht 1927/29).

Die in jedem Jahr durchgeführten Antikriegsdemonstrationen am 1. August wiesen zwar eine große Beteiligung auf, waren aber nicht als überparteilich zu bezeichnen. Typisch war die Schlagzeile der Hamburger Volkszeitung am 1. August 1930: »Unter den Sturmfahnen der KPD! Gegen Hungerdiktatur und Kriegsgefahr! Für die Verteidigung der sozialistischen Sowjetunion! Alle Kräfte für den Sieg der Liste 4!«

Die vor allem 1931 und 1932 geführte Kampagne gegen Verschiffung von Kriegsmaterial für Japan hatte keine praktischen Konsequenzen: »Aber trotz einiger guter Erfolge war es uns nicht möglich, die Massen zur aktiven Unterstützung dieses fast nur von der Presse geführten Kampfes zu bringen« (KPD-Bericht 1932). Allerdings galt für etwaige Boykottmaßnahmen generell die Schwierigkeit, daß von ehedem 60 000 Beschäftigten im Hafen lediglich noch 20 000 Arbeit hatten und die Position der KPD durch Entlassungen äußerst geschwächt war.

»Eiserne Front« und »Antifaschistische Aktion«

»Eiserne Front« und »Antifaschistische Aktion« bedeuteten die äußerste Kraftanstrengung der beiden Arbeiterparteien gegen die Nazibewegung, blieben aber jeweils in den Grenzen ihres Lagers befangen und in Konkurrenz zueinander.

In beiden politischen Lagern der Arbeiterbewegung kam es nach dem bedrohlichen Vormarsch der Nazis seit 1930 zu verzweifelten Versuchen, alle Kräfte gegen diese Gefahr zusammenzufassen.

In der Sozialdemokratie verbreitete sich allgemein die Einsicht, daß Hitler »durch Ströme von Blut« seine Macht nicht nur aufrichten, sondern auch festigen werde (Echo, 26. 9. 30). Zugleich mußte man konstatieren, daß das Bürgertum und seine Parteien der Nazipartei zumindest nicht offensiv begegneten. In Hamburg distanzierte sich die Deutsche Volkspartei in der Bürgerschaft von den Erlassen des Senats, die sich gleichermaßen gegen die Mitgliedschaft von Beamten in NSDAP und KPD richteten, da Hitler die Legalität seiner Partei beteuert habe.

Als sich am 16. Dezember 1931 SPD, Reichsbanner, freie Gewerkschaften und Arbeitersportvereine zum lockeren Dachverband »Eiserne Front« im Reichsmaßstab zusammenschlossen, wurde auch in Hamburg mit einer Kundgebungsoffensive der Arbeiterschaft »gegen den deutschen Faschismus« (Echo) begonnen, die große Erfolge aufwies. Bei einer »Rüstwoche« der Eisernen Front im Februar 1932 trugen sich 75 000 Hamburger in das »Eiserne Buch« ein.

Gleichzeitig aber wurden stets die Kommunisten als »Helfershelfer dieses Faschismus« (Echo, 11. 3. 29) vom gemeinsamen Kampf ausgegrenzt. »Goebbels und Thälmann: Zwei Stimmen – Ein Geschrei!« (Echo der Woche, 17. 4. 32) Diese politische Linie wurde auch nicht verlassen, wenn die KPD Angebote zu gemeinsamen Aktionen machte, bewies dies doch nur, »daß die kommunistische Politik schmählich Schiffbruch erlitten hat«. »Die Sozialdemokratie, die Eiserne Front, das ist die wahre proletarische Einheitsfront«, schrieb das Echo am 2. 6. 32. Der Aufruf an die »kommunistischen Arbeiter (...), Seite an Seite mit den sozialdemokratischen Arbeitern unter der Führung der Sozialdemokratischen Partei« (Echo, 3. 11. 32) zu marschieren, war als Parole der »Einheitsfront von unten« exakt das Spiegelbild der entsprechenden kommunistischen Politik.

Auch die KPD warnte vor der Gefahr des Faschismus und bekämpfte die Nazis mit ähnlichen Argumenten, wie es die SPD tat. Auch die KPD betonte die Abhängigkeit der faschistischen Bewegung vom Finanzkapital, warf Naziführern Korruption vor und bezweifelte die Aufrichtigkeit der »nationalen« Beweggründe der NSDAP. Ein KPD-Flugblatt zur Bürgerschaftswahl 1931: »Wer Hitler wählt, wählt Young«.

KJVD und die »Antifaschistische Aktion« in Hamburg 1932

Bereits kurz nach der Reichstagswahl 1930 gründete die KPD den »Kampfbund gegen den Faschismus«, der Ende 1931 etwa 100 000 Mitglieder umfaßte. Im Sommer 1932 wurde auf Vorschlag von Ernst Thälmann die »Antifaschistische Aktion« ins Leben gerufen, die keine Organisation, sondern ein »überparteiliches Sammelbecken« für alle antifaschistischen Kräfte sein sollte, einschließlich der sozialdemokratischen Arbeiter. Andererseits war aber dieser Appell gleichzeitig mit dem Aufruf für die Wahl der Kommunisten verknüpft.

Auch in Hamburg blieben »Eiserne Front« und »Antifaschistische Aktion« von den beiden Arbeiterparteien initiierte kraftvolle Massenbewegungen, die aber die jeweiligen »Lager«grenzen kaum zu überspringen vermochten und in Konkurrenz zueinander standen. Jede ehrliche Absicht wurde der jeweiligen anderen Bewegung abgesprochen.

Wie die Sozialdemokratie, so ging auch die KPD Ende 1932 davon aus, daß die »chauvinistische Welle gebrochen« sei: »Heute herrscht in der Arbeiterklasse absolute Klarheit darüber, daß die Naziwelle durch die Kraft des Proletariats nicht nur gebrochen werden kann, sondern gebrochen ist« (KPD-Bericht 1932). Der illusionäre Charakter dieser optimistischen Lagebeurteilung sollte sich wenige Wochen später herausstellen.

Politik 133

»Sowjet-Nazis« und »Sozialfaschisten«

Unversöhnlich standen sich auch in Hamburg die beiden großen Arbeiterparteien gegenüber. Die Spaltung der Arbeiterbewegung war in allen Lebensbereichen spürbar.

So wie im Kampf gegen die Nazipartei war die Arbeiterbewegung in fast jeder Frage politisch-organisatorisch gespalten, konkurrierten Sozialdemokraten und Kommunisten in Betriebsrat, Elternkammer oder Sportverein. Während die KPD es sich zur Aufgabe machte, den »Zersetzungsprozeß (in der SPD; d. Verf.) sorgfältig zu beobachten und mit Hilfe der Zeitung und unserer mündlichen Agitation stark zu fördern« (KPD-Bericht 1927/29), wandte sich die SPD nur deshalb gegen ein Verbot der Kommunistischen Partei, weil diese »ohne Verbot viel eher ohnmächtig« (Echo, 14. 2. 30) werde.

Unversöhnlich standen die Parolen »Verteidigung von Republik und Demokratie« und »Rätedeutschland« einander gegenüber. Während die Hamburger SPD bei den Kommunisten der Hansestadt keine Spezifika gegenüber der KPD insgesamt erblickte und sie wie üblich als »Sowjet-Nazis« titulierte, entwickelte die KPD in Hamburg eine »Theorie« über den besonders sozialfaschistischen Charakter der Hamburger Sozialdemokratie:

Gleichsetzung von »Sozis« und Nazis durch die KPD.

> »Hier wendete die SPD-Führerschaft zuerst ihre faschistischen Methoden des Überfalls auf Arbeiter an (...) Biedermann und Haubach waren die Schrittmacher der Anwendung derartiger Methoden gegen revolutionäre Arbeiter. Schönfelder und Ehrenteit ergänzen das vierblättrige Kleeblatt (...) Die SPD-Zeitungen der Wasserkante haben stets den Vogel abgeschossen in der Hetze gegen die Sowjetunion.« (HVZ, 16. 5. 30)

In dieser »Theorie« spiegelten sich die erbitterten Auseinandersetzungen mit der Polizei, der der SPD-Senator Schönfelder vorstand, in den Gewerkschaften, deren Vorsitzender Ehrenteit für den Ausschluß Ernst Thälmanns und vieler anderer Kommunisten aus dem ADGB verantwortlich gemacht

Jede Thälmann-Stimme hilft Hitler!

Gleichsetzung von »Kozis« und Nazis durch die SPD.

wurde, und in vielen anderen gesellschaftlichen Bereichen.

Trotz unvereinbarer Programmatik von SPD und KPD hat es in den letzten Jahren der Weimarer Republik zahlreiche lokale Beispiele für gemeinsame Aktionen der Arbeiterbewegung gegen die Nazigefahr gegeben. Hamburg hat solche Beispiele leider kaum aufzuweisen.

Einheitsfront-Aktionen der gespaltenen Arbeiterbewegung blieben in Hamburg die Ausnahme.

»Lesen! Lernen! Kämpfen!«
Arbeiterpresse und Arbeiterbuch von Roland Jaeger

SPD-Presse

»Hamburger Echo« hieß die traditionsreiche Tageszeitung der Hamburger Sozialdemokratie. Mit einer Auflage von rund 55 000 Exemplaren war das überregional bedeutsame Blatt um 1930 das führende politische Organ der Hansestadt.

Wie alle sozialdemokratischen Drucksachen wurde auch das »Hamburger Echo« beim parteieigenen Unternehmen »Auer & Co«, einem der leistungsfähigsten Betriebe der deutschen Zeitungsbranche, hergestellt. Das Verlagshaus an der Fehlandtstraße 11–19 war rückwärtig mit dem Gebäude der SPD-Zentrale an der Großen Theaterstraße 42–44 verbunden.

Als »Organ der schaffenden Massen« wollte das »Hamburger Echo« dem »ganzen Volke« dienen. »Hamburger Tageblatt« (nationalsozialistisch), »Hamburger Nachrichten« (nationalistisch), »Hamburger Fremdenblatt« und »Hamburger Anzeiger« (bürgerlich) sowie »Hamburger Volkszeitung« (kommunistisch) hingegen vertraten nach sozialdemokratischer Auffassung nur politische Partikularinteressen.

Politische Großveranstaltungen nutzten Hamburgs Sozialdemokraten stets auch für Aktionen zugunsten ihrer Parteipresse. Beim Demonstrationszug am 1. Mai 1930 beispielsweise warb ein Transparent für das »Hamburger Echo«.

Sage mir, was Du liest...

Jeder Wahlkampf bringt politische Hochspannung. Zahllos sind die Druckschriften, die von den Parteien und Interessengruppen auf die Bevölkerung geworfen werden. Jede Flugschrift, jede Wahlzeitung will sich im letzten Augenblick die Wählerinnen und Wähler aufklären, sie über Ziele und Absichten, über die vollbrachten Taten der einzelnen Parteien unterrichten. Das ist durchaus nötig, aber diese Versuche werden nie dazu angetan sein, den Wähler oder die Wählerin politisch zu schulen oder sie gar zu selbständigem politischen Handeln zu bringen.

Selbständiges Handeln ist nur möglich, wenn man dauernd, also Tag für Tag, die politischen und wirtschaftlichen Ereignisse verfolgt.

Dazu ist nötig, ständig eine Tageszeitung zu lesen. Aber nicht jede Zeitung ist geeignet, dem Werktätigen, also dem Hand- und Kopfarbeiter, dem Angestellten, dem Beamten, der weiblichen Erwerbstätigen, der Hausfrau, wirtschaftliche und politische Tagesereignisse zu vermitteln. Nur Zeitungen, die das Wohl des gesamten Volkes im Reich, im Staat und in der Gemeinde wollen, können die Interessen aller Schichten der Bevölkerung vertreten und sie gut unterrichten. Die bürgerliche Presse dient nur enggezogenen Interessengruppen. Nicht zum Vergnügen, auch nicht zum bloßen Gelderwerb erwarb Stinnes zahlreiche Zeitungen, trat Hugenberg, der deutschnationale Parteidiktator, der Besitzer einer großen Anzahl Presseorgane. Nein, diese Presse und ihre Politik dient nur dazu, die werktätige Bevölkerung von ihren Interessen abzulenken und sie dem Willen der Unternehmertums dienstbar zu machen, wie die kommunistische Presse nur dem Willen der Sowjetmachthaber dienstbar ist.

Dem Willen der schaffenden Massen dient nur die sozialdemokratische Presse.

Alle politischen und wirtschaftlichen Begebenheiten werden ausschließlich vom Gesichtspunkt des Dienstes am Volke behandelt. Mit dieser unausgesetzten Aufklärungsarbeit ist

das Hamburger Echo das führende politische Blatt Hamburgs

das mit aller Kraft sich täglich einsetzt für Demokratie und Republik, für die Beseitigung der Schäden des kapitalistischen Wirtschaftssystems, vor allem einsetzt für das Wohlergehen der werktätigen Massen in allen ihren Gliedern. Das Hamburger Echo erfüllt für diese wichtigsten politischen Aufgaben, sondern es ist

ein Nachrichtenblatt großen Stils.

Mit einem umfangreichen innen- und außenpolitischen Dienst werden seine Leser schnellstens über alle Weltereignisse unterrichtet. Seinen alten Ruf, ein guter Unterhaltungsteil zu bieten, wird sich das Hamburger Echo auch in Zukunft bewahren. Daneben wird der aktuelle Wirklichkeitsbericht aus allen Wissensgebieten stark gepflegt. Ständige Beilagen sorgen dafür, daß jedes Familienmitglied für sich interessanten Lesestoff findet. Regelmäßig erscheinen die gut bekannten Beilage „Volk und Zeit", dazu die „Frauenbeilage", die sich den besonderen Kämpfen für Gleichberechtigung der Frau annimmt, die „Jugendbeilage", die der Aufklärung und Belehrung der jungen Generation dient. Allwöchentlich erscheinen die Beilagen „Elternhaus und Schule", „Film und Funk", „Arbeit und Wirtschaft" und in regelmäßigen Abständen „Natur und Technik" und „Fremde Länder und Meere". Die wöchentlich zweimal erscheinende Sportbeilage vertritt wirkungsvoll die Interessen des Arbeitersports. Daneben werden den Lesern des Hamburger Echo besondere Vergünstigungen in den Bezug des bekannten illustrierten Witzblattes „Der wahre Jacob" und der beliebten Frauenzeitschrift „Die Frauenwelt" geboten.

So gibt das Hamburger Echo jedem Gelegenheit, sich auf allen Wissensgebieten zu unterrichten und vermittelt sowohl auf politischem Gebiet als auch für alle Vorgänge des täglichen Lebens die Kenntnisse, die zum Urteil und zur Entscheidung bei Wahlen nötig sind.

An alle Werktätigen ergeht deshalb der Ruf:

Lest das Hamburger Echo!

Das Hamburger Echo erscheint täglich, auch Sonntags. Für eine monatliche Gebühr von 2,50 RM wird es jedem frei ins Haus geliefert. Auch wöchentliche Zahlungen sind möglich. Der Bezugspreis frei Haus ist dann 60 ₰. Abheber können das Hamburger Echo für wöchentlich 55 ₰ beziehen.

Bestellungen auf das Hamburger Echo nehmen alle Austräger entgegen oder sind an die Expedition, Hamburg 36, Fehlandtstraße 11, zu richten. Alle Echo-Filialen und die Parteibüros der SPD. in Hamburg, Altona und Wandsbek nehmen ebenfalls Bestellungen entgegen.

Kein Säumen mehr, noch heute das Hamburger Echo bestellen!

Eine vielfältige Parteipresse bildete während der Weimarer Republik die publizistische Basis für eine sozialdemokratische Politik in den Parlamenten: Informationsbedürfnis und ideologisches Bekenntnis prägten damals gleichermaßen die Zeitungslektüre der Arbeiterschaft. Zusätzlich zu den zahlreichen hier genannten Beilagen des »Hamburger Echos« erschien die bisherige Sonntagsausgabe ab Anfang 1932 als eigenständiges, illustriertes »Echo der Woche«.

Einmal in der Woche enthielt das »Hamburger Echo« eine von Heinrich Braune redaktionell betreute Nordausgabe der auch überregional erscheinenden Kupfertiefdruckbeilage »Volk und Zeit«. Die Errungenschaften sozialdemokratischer Realpolitik fanden hier – zumal im Wahlkampf – bei der Bildberichterstattung besondere Berücksichtigung.

Presse 137

Hamburger Volkszeitung

Organ der KPD für die Werktätigen der Wasserkante

Einzelpreis Pf. — Sonnabend, 9. November 1929 — 12. Jahrg. • Nr. 261

„Hamburger Volkszeitung" verboten!

An den
Verlag der „Hamburger Volkszeitung" und der „Norddeutschen Zeitung"
Hamburg, Valentinskamp 42.

Der Senat hat in seiner gestrigen Sitzung beschlossen, auf Grund des Art. 48 Abs. 4 der Reichsverfassung wegen erheblicher Gefährdung der öffentlichen Sicherheit und Ordnung bis auf weiteres das Erscheinen der Hamburger Volkszeitung und der Norddeutschen Zeitung sowie etwaiger Ersatzblätter zu verbieten.

Der Polizeipräsident
Campe.

KPD-Presse

Waffe der Werktätigen: Die »Hamburger Volkszeitung« war mit der Nebenausgabe »Norddeutsche Zeitung« das offizielle Organ der KPD für den Bezirk Wasserkante. Beide Blätter wurden während der Weimarer Republik wiederholt für Wochen verboten.

Proletarisches Pressezentrum: Verlag, Redaktion und Druckerei der Parteipresse befanden sich im Gebäude des KPD-Bezirksbüros am Valentinskamp 40–42. Lieferwagen und Kolporteure besorgten den Vertrieb an Verkaufsstellen, Agitationslokale und Abonnenten.

Rotation für Revolution: Flugblätter, Plakate und Zeitungen für den KPD-Bezirk Wasserkante wurden bei der »Graphischen Industrie« hergestellt. Auch das »Norddeutsche Echo«, eine seit 1932 erscheinende »Illustrierte Wochenzeitung der Werktätigen«, verließ hier die Rotation.

Kunst im Klassenkampf: Hans Käbnick entwarf Werbegrafiken für die »Hamburger Volkszeitung«. Die Auflage betrug 1930 täglich rund 40 000 Exemplare.

Kampf für die KPD: Alle zwei Wochen enthielt die »Hamburger Volkszeitung« die Bildbeilage »Der Rote Stern«.

Politische Photographie: Die »Arbeiter-Illustrierte-Zeitung (AIZ) war das größte Bilderblatt der Arbeiterbewegung. 1928 unterstützte die »AIZ« den Bürgerschaftswahlkampf der KPD mit einer mehrseitigen Hamburg-Reportage.

Agitprop für Arbeiterpresse: »Die Nieter«, eine politische Theater-Truppe, hatte eine eigene Nummer zur Werbung für die »Hamburger Volkszeitung« im Programm.

»Der Arbeiter schreibt seine Zeitung selbst«

Wichtiger Bestandteil der kommunistischen Presse war die »Arbeiterkorrespondentenbewegung«. Hier berichteten Betroffene über Probleme des Arbeiteralltags.

Unsere Arbeiterpresse ist die Zeitung der Betriebe. Sie dient allen Werktätigen als Waffe im Kampf um die Sicherung ihrer Existenz. Der Arbeiter schreibt darum seine Zeitung selbst. Die Arbeiterzeitung steht deshalb in bewußtem Gegensatz zur bürgerlich-sozialdemokratischen Presse« (Hamburger Volkszeitung, 8. Februar 1927).

Deutlichster Ausdruck dieses programmatischen Anspruchs der kommunistischen Tagespresse war die Arbeiterkorrespondentenbewegung. In den Arbeiterkorrespondenzen berichteten Betroffene aktuell und authentisch von Mißständen in den Betrieben, von Problemen der Erwerbslosigkeit, den Übergriffen von Justiz, Polizei oder Nationalsozialisten. So bestand nicht nur eine engagierte Gegenöffentlichkeit zu den unterschlagenen oder einseitigen Nachrichten der bürgerlichen oder sozialdemokratischen Zeitungen, sondern auch ein enger Kontakt zwischen Lesern und Redakteuren, ergaben sich wichtige Informationen über die Alltagssorgen der Arbeiterschaft für die Politik der KPD. Ebenso wie die Arbeiterfotografie war die Arbeiterkorrespondentenbewegung damit Bestandteil einer in die tagespolitischen Auseinandersetzungen eingebundenen Pressearbeit.

Die »Hamburger Volkszeitung« und die »Norddeutsche Zeitung« wurden um 1930 von etwa 230 regelmäßig mitarbeitenden Arbeiterkorrespondenten beliefert. Trotz wiederholter Verbote und der Verfolgung durch die Justiz stieg die jährliche Zahl der Einsendungen an beide Blätter von 4500 im Jahr 1927 auf über 7000 in 1932. Gut zwei Drittel dieser Zuschriften konnten abgedruckt werden. Die Veröffentlichung erfolgte stets anonym als fortlaufend durchnumerierte Arbeiterkorrespondenz bzw. Erwerbslosenkorrespondenz, um die Autoren an ihren Arbeitsplätzen nicht zu gefährden.

Die meisten Arbeiterkorrespondenten waren Betriebsarbeiter. Mit wachsender Wirtschaftskrise trafen in der Redaktion aber auch verstärkt Zuschriften von Angestellten ein. Einsendungen politisch anders organisierter Arbeiter hingegen kamen selten vor. Gleichwohl waren immerhin ein Drittel der Arbeiterkorrespondenten keine Mitglieder der KPD.

Alle zwei Monate führte die Redaktion Konferenzen durch, um Arbeiterkorrespondenten aus der Stadt und den Landgebieten politisch zu schulen, über die Einsendungen einerseits und die Zeitung andererseits kritisch zu diskutieren. Schließlich sollten die Arbeiterkorrespondenten befähigt werden, über die Schilderung konkreter Einzelfälle hinaus zu einer allgemeinen politischen Einschätzung des Berichteten zu gelangen. Darüber hinaus wurde versucht, besonders geeignet erscheinende Einsender zu regelmäßigen Mitarbeitern heranzubilden. Auch der Arbeiterkorrespondent und spätere Arbeiterschriftsteller Willi Bredel (1901–1964) ist auf diese Weise Redakteur der »Hamburger Volkszeitung« geworden. Seine 1930 entstandenen Romane »Maschinenfabrik N + K« und »Rosenhofstraße« sind noch ganz im Stil erweiterter Arbeiterkorrespondenzen geschrieben.

Arbeiterkorrespondenz aus der »Maschinenfabrik N+K«
(Norddeutsche Zeitung, 26. September 1929)

Von Arbeitern für Arbeiter: Schaukasten der »Hamburger Volkszeitung«

Maschinenfabrik N & K

Von Willi Bredel

Zur Einführung

Willi Bredel ist Dreher von Beruf. Als Lehrling — während des imperialistischen Massenmordens — mit der Fabrikation von Unterseeboot-Armaturen beschäftigt. Zusammen mit hunderten erwachsener Kollegen, Reklamierten und Unabkömmlichen. Eine Schicht von Arbeitern, in der der Geist der Rebellion jäh erwachte und der auch auf die Lehrlinge übergriff. Willi Bredel fand so den Anschluß an die revolutionären Jugendgruppen, die sich während der ganzen Kriegszeit in hartem Kampf gegen die Sozialpatrioten Hamburgs befanden. Nach dem Januarstreik 1918 schloß sich der Siebzehnjährige der Gruppe der Linksradikalen an, die Ende 1918 in der KPD (Spartakusbund) aufging. Vorläufig widmete er jedoch seine Kraft der „freien proletarischen Jugend", eine Tätigkeit, von der er selbst sagt, daß er in diesen Jahren einer „dummen, unklaren Illusion" nachhing, wenn er, obgleich überzeugter Anhänger Karl Liebknechts und des Spartakusbundes, Mitglied einer „freien" proletarischen Jugendorganisation, in der alle proletarischen politischen Richtungen vertreten waren, blieb. „Natürlich arbeitete ich in dieser Organisation als Spartakusanhänger, aber ich hätte in der kommunistischen Jugendorganisation positivere Arbeit leisten können." In diesem Zusammenhang soll nicht vergessen werden, daß Willi Bredel als Mitglied der Delegation der freien proletarischen Jugend zum Spaltungskongreß der unabhängigen Sozialistischen Proletarierjugend im November 1920 seine Stimme für den Anschluß der SPJ an die KJI und für die Verschmelzung mit der Kommunistischen Jugend abgab — zur Verblüffung der Führerlein der SPJ, die die FPJ-Delegation in ihre Berechnungen gegen den Anschluß einbezogen hatte.

In den Jahren 1922/23 tippelte W. B. mit zwei Genossen durch Deutschland nach Italien hinein, erlebte dort den Faschistenumsturz und wurde per Schub an die österreichische Grenze gebracht. Es folgen Monate beruflicher Tätigkeit auf den Hamburger Werften und eine Zeit aktiver Parteiarbeit. Nach dem Oktoberaufstand: Verurteilung zu zwei Jahren Gefängnis wegen „Aufkaufs von Waffen". Amnestiert. Erste Versuche als Arbeiterkorrespondent; dann Redaktionsvolontär in Bremen; in Essen, Magdeburg, Berlin. Dann „zur Abwechslung": Schmierer auf dem Flettner-Rotorschiff „Barbara". Also Seemann. Nach der Abmusterung 1926 folgt dann die berufliche Arbeit in der Maschinenfabrik Kampnagel, vormals Nagel u. Kaemp, in Hamburg. Frühere Erfahrungen und die jetzt bei N. u. K. erlebten Dinge: sie gaben das Konzept für den Anfang dieses Jahres im Internationalen Arbeiterverlag erschienenen ersten deutschen proletarischen Betriebsroman „Maschinenfabrik N. u. K.", der in der Festung geschrieben wurde, auf der Bredel heute noch als verantwortlicher Redakteur der „Hamburger Volkszeitung" sitzt.

W. Sch.

1.
Das Werk

Jetzt war es 15 Minuten vor 7. Das grüne Bäckerauto fuhr wie jeden Morgen um diese Zeit hier vorbei. Die drei Arbeitermädel von der Gummifabrik kamen dort um die Ecke. Wie jeden Morgen um diese Zeit humpelte der Alte mit den schlohweißen Haaren und dem merkwürdig langen Kinn über die Kanalbrücke. Dann rasselte auch schon drüben, wie jeden Morgen um diese Zeit, 15 Minuten vor 7, der Schlüssel des Pförtners im Schloß der schweren Eisentür und die Arbeiter, die bereits vor dem Fabrikgebäude standen oder am Geländer des Kanals lehnten, schritten langsam in den Fabrikhof. Es war ein diesiger, naßkalter Februarmorgen. Mit hochgeklappten Kragen, die Hände tief in den Taschen, schritten die Arbeiter mit unwirschen, verschlafenen Gesichtern dahin.

Je mehr die Uhr auf sieben ging, desto lebhafter wurde der Zustrom. Der Pförtner, ein kleiner, verhungert aussehender Kriegsbeschädigter, stand am Eingang und murmelte ununterbrochen: „'n Morgen, 'n Morgen!"

Da heulte die Fabriksirene kurz und schrill. 5 Minuten vor 7. Auch von den andern Fabriken pfiff, heulte, schrie es. Die Arbeiter auf den Straßen beschleunigten ihre Schritte. Einige junge Weiber liefen lautlos über die Kanalbrücke, sie mußten zur Gummifabrik, die noch ein ganzes Stück entfernt lag.

Im Fabrikeingang bei Nagel u. Kopp staute es sich jetzt. Arbeiter mit Fahrrädern hatten Mühe, sich durch das Tor zu zwängen. Gesprochen wurde fast gar nicht. Keiner hatte Lust, den Mund aufzutun, nur der Alte mit dem lahmen Bein murmelte immer wieder: „'n Morgen, 'n Morgen!"

Diejenigen, die sich schon umgezogen hatten, gingen über den Fabrikhof, die nächkalten, dreckigen und öligen blauen Kittel am Leibe hatten und in die kalte, feuchte Luft kamen.

In dem Umkleideraum, gleich links am Eingang, war es jetzt übervoll. Jeder trachtete so schnell wie möglich in seine „Plünnen" zu kommen. Außer einer Schar Lehrlinge, die hinten in der Ecke rumorten, stieg jeder stumm in seine Arbeitshosen, knöpfte den Kittel zu und ging hinaus. An der Zentralheizung standen die Arbeitsleute, alte verhutzelte Gestalten, die klappernd vor Kälte ihre Glieder aufzuwärmen suchten.

Ein Pfiff, lang, abscheulich grell. 7 Uhr. Und dann eine Schreierei in den Lüften in allen Tonarten. Fast gleichzeitig wurden die großen Elektromotoren angestellt und die Vorgelege von hunderten von Maschinen ratterten durch die Räume. An einigen großen Hobelmaschinen, die mitten im Span abgestellt waren, quälte sich kreischend und ächzend der Stahl durch das Eisen.

Bevor Gessert, der lahme Pförtner, das Tor schloß, sah er immer noch einmal nach Nachzüglern aus. Er kannte sie schon, die immer auf die letzte Minute oder gar zu spät kamen. Er wollte gerade seinen Kopf wieder zurückziehen und schließen, als er den langen Erwin drüben um die Ecke rennen sah. Ganz außer Atem kam der an.

Fortsetzung folgt.

Der erste deutsche proletarische Betriebsroman kam aus Hamburg: »Maschinenfabrik N+K« von Willi Bredel

Willi Bredel

Willi Bredel war gegen Ende der Weimarer Republik der wichtigste Hamburger Arbeiterschriftsteller. Politische Erfahrungen und persönliche Erlebnisse, die er 1927/28 als Dreher und Betriebsratsmitglied im Eisenwerk »Nagel & Kaemp« (Kampnagel) gemacht hatte, bildeten die Grundlage für sein erstes Buch: »Maschinenfabrik N+K«. Der Internationale Arbeiterverlag veröffentlichte diesen proletarischen Betriebsroman 1930 als vierten Band der Reihe »Der rote 1-Mark-Roman«. Die in Hamburg erscheinende RGO-Zeitung »Der Arbeitslose« druckte den Text 1931 als Serie nach und stellte der ersten Folge eine Einführung zur Biographie Bredels voran.

Bredel an seinem Arbeitsplatz bei Kampnagel

Bredel (links) als Betriebsratsmitglied bei Kampnagel

Presse 141

Bücherhallen
»Lesestoff für breite Volksschichten«

Einen wesentlichen Anteil an der individuellen Weiterbildung der Hamburger Arbeiterschaft hatten die »Öffentlichen Bücherhallen«. Mit dieser 1898 begründeten und seit 1920 staatlich subventionierten Stiftung wollten Mitglieder der bürgerlichen »Patriotischen Gesellschaft« den »breiten Volksschichten guten, einwandfreien Lesestoff zugänglich machen und dadurch veredelnd und fördernd auf die Leser wirken«. Um 1930 waren rund 30 Prozent der Leserschaft Arbeiter. Mit einer Jahresausleihe von damals einer Million Büchern gehörten die Hamburger Bücherhallen zu den am stärksten benutzten Volksbibliotheken Deutschlands. Die erste Leihstelle, Kohlhöfen 21, grenzte an das »Gängeviertel« der Neustadt und wurde 1910 durch einen Neubau ersetzt. Ende der 20er Jahre geriet das Gebäude, siehe Foto von 1925, in das politische Spannungsfeld zwischen Arbeitsnachweis (Kohlhöfen 22) und RGO-Büro (Kohlhöfen 20). Noch heute beherbergt es eine Filiale der »Hamburger Öffentlichen Bücherhallen«.

Rothenburgsort eine eigene Bücherei im Gebäude des »Volksheims«, Billhorner Mühlenweg 41, erhalten. 1909 folgte das dicht besiedelte Barmbek mit einer Bibliothek in der dortigen Badeanstalt, Bartholomäusstraße 97. Ein Drittel der gesamten Jahresausleihe von 1930 entfiel allein auf diese Leihstelle. Ebenfalls in einer Badeanstalt, Süderstraße 104, fand 1912 eine Bücherei in Hammerbrook Platz. Viele Arbeiterkinder, siehe Foto von 1925, gehörten hier zur Leserschaft. Erst- und letztgenannte Bücherhallen sind 1943 mit ihren Stadtteilen zerstört worden.

Leihstellen in Arbeitervierteln

Drei der sieben um 1930 existierenden Öffentlichen Bücherhallen lagen in Außenbezirken, die von der Hamburger Arbeiterschaft bewohnt wurden. Bereits 1905 hatte

»Geistige Erwerbslosenhilfe«

Während der Weltwirtschaftskrise verzeichneten die Bücherhallen einen derartigen Anstieg der Ausleihentwicklung, daß ab 1932 Lesebeschränkungen eingeführt werden mußten. Als »Werk der geistigen Erwerbslosenhilfe« wurde daher im Gebäude der Norddeutschen Bank an der Adolphsbrücke der »Lesesaal Innenstadt« eröffnet. Für eine monatliche Gebühr von zehn Pfennigen konnten

Erwerbslose hier Zeitungen, Zeitschriften und Bücher einsehen, die von Buchhandlungen, Warenhäusern und Privatleuten gestiftet worden waren. Der Arbeiter-Künstler Max Deiters (S. 251) schuf die Illustrationen zu einem Bericht des sozialdemokratischen »Echos der Woche« über diese Einrichtung.

Buchhandlungen

»Auer-Buchvertriebe« und »Echo-Buchhandlungen«

Mit den »Auer-Buchvertrieben« verfügten Hamburgs Sozialdemokraten um 1930 über einen eigenen Buchhandel. Ihre »Echo-Buchhandlungen« befanden sich in den Stadtteilen Eimsbüttel (Eimsbütteler Chaussee 106), Wandsbek (Grüner Weg/Friedrich-Ebert-Damm 28), Barmbek (Poppenhusenstraße 13 und Diederichstraße 30) und, wie abgebildet, Altona (Große Bergstraße 196). Ein weiteres Zweiggeschäft lag im Gewerkschaftshaus am Besenbinderhof. Das Kreditsystem »Buchkarte« — wöchentlich konnten fünfzig Pfennige auf den Kaufpreis einer Publikation angespart werden — stärkte die wirtschaftliche Basis dieser »geistigen Waffenschmieden« und erleichterte gleichzeitig breiten Bevölkerungsschichten den Bücherwerb.

»Heinrich-Heine-Buchhandlung« und »Internationales politisches Antiquariat«

Die November 1927 eröffnete »Heinrich-Heine-Buchhandlung« in der Kaiser-Wilhelm-Straße 14 war das erste Zweiggeschäft der ursprünglich auf das Echo-Gebäude an der Fehlandtstraße 11–19 beschränkten »Auer-Buchvertriebe«. Das benachbarte »Internationale politische Antiquariat« (»Ipa«), vom Zentralvorstand der SPD als offizielles Partei-Antiquariat anerkannt, nahm als Sammel- und Verteilungsstelle vergriffener sozialistischer Literatur eine für die Arbeiterbewegung überregional bedeutsame Kulturaufgabe wahr. Beide Buchhandlungen

Wieder ein Angriff auf die Heinrich-Heine-Buchhandlung

In der letzten Nacht ist in der Heinrich-Heine-Buchhandlung, Kaiser-Wilhelm-Straße, abermals eine Scheibe eingeschlagen worden. Der sozialistische Buchvertrieb ist offenbar einigen Marxistenfressern ein Dorn im Auge. Und da sie der geistigen Waffenschmiede nicht mit geistigen Waffen zu begegnen vermögen, machen sie es auf die plumpe und feige Weise, indem sie über Nacht die Scheiben einschlagen. Da es sich bei diesem Fenster um eine Sonderauslage der Werke sozialistischer Theoretiker handelte, geht man wohl nicht fehl in der Vermutung, daß auch hier wieder Nazis ihre Hand im Spiele gehabt haben.

waren daher seit 1930 wiederholt Ziel nationalsozialistischer Anschläge.

»Viva-Buchhandlung« und Massenbroschüren

Hamburgs Kommunisten kauften ihre Literatur in der »Viva(= Vereinigung internationaler Verlagsanstalten)-Buchhandlung« am Valentinskamp 49, also gleich gegenüber vom KPD-Bezirksbüro. Ein proletarischer Buch- und Zeitschriftenvertrieb residierte auch neben dem RGO-Büro, Kohlhöfen 19. Politisch bedeutsamer als der Buchverkauf war für die Kommunisten ohnehin die Verbreitung von revolutionären Massenbroschüren durch die »Lit-Obleute« der Agitprop-Abteilungen ihrer Parteiorganisation.

»Lesen! Lernen! Kämpfen!«

Dem bürgerlichen Buchmarkt setzte die Arbeiterbewegung während der Weimarer Republik mit ihren genossenschaftlich organisierten Buchgemeinschaften eigene Buchproduktionen und -vertriebe entgegen: Der von der SPD geschaffene »Bücherkreis«, die KPD-nahe »Universum-Bücherei für Alle« und die gewerkschaftliche »Büchergilde Gutenberg«. Programmatisch stellten die Kommunisten ihren »Kampf an der Kulturfront« anläßlich des »Monats des proletarischen Buches« 1930 unter das Motto »Lesen! Lernen! Kämpfen!«. Parteipublikationen waren vor allem für die Bildungsarbeit bedeutsam: Der Bildungsausschuß der Hamburger SPD verlegte die Reihe »Hamburger Arbeiterbibliothek«. Die KPD hingegen konzentrierte sich auf die Herausgabe von revolutionären Massenbroschüren zu den Wahlkämpfen. Große Verbreitung in Arbeiterhaushalten fanden auch die offiziellen Jahreskalender beider Arbeiterparteien: Der »Neue Welt Kalender« der SPD und der »(Norddeutsche) Volkskalender« der KPD. Chronik und anschauliche Information beziehungsweise Agitation verbanden darüber hinaus der SPD-nahe Abreißkalender »Gesellschaft und Wirtschaft« von Sommer/Bauche und der KPD-nahe »Illustrierte Arbeiterkalender« aus dem Verlag Carl Hoym Nachfolger, Hamburg-Berlin.

Hinweg mit dem Paragraph 218

»Politik war Männersache«
Die Frauen kämpften anders
von Karen Hagemann

»Wann endet die Not der Frauen?« — Ursachen der »Abtreibungsseuche«

Ende der 20er Jahre wurden in Deutschland jährlich rund eine Million Abtreibungen vorgenommen. Auf eine Geburt kam eine Abtreibung. Angesichts dieser Zahlen sprachen bürgerliche Politiker und Wissenschaftler von einer »Abtreibungsseuche«.

Die Frau des seit sieben Monaten arbeitslosen Metallarbeiters Krause wurde wegen Vergehens gegen den § 218 StGB. zu 6 Monaten Gefängnis verurteilt.
Denn nach der Moral des Gesetzes hätte die Frau besser so gehandelt

Der wahre Jacob, 1930, Nr. 12

Doch unter dieser sogenannten »Abtreibungsseuche« litten nicht alle Frauen gleichermaßen. Vor allem die proletarischen Frauen waren gezwungen, illegal, unter unhygienischen und gesundheitsgefährdenden Bedingungen, beim Kurpfuscher abtreiben zu lassen. 80 % der Abtreibungen waren illegal. Die soziale Notlage dieser Frauen verhinderte eine »erfüllte Mutterschaft«: Arbeitslosigkeit bedrohte die materielle Existenz der Familie, die Wohnsituation war häufig miserabel, es fehlten soziale Einrichtungen, in denen die Kinder der erwerbstätigen Mütter während der Arbeitszeit beaufsichtigt werden konnten. Die Säuglingssterblichkeit in proletarischen Familien war mit rund 18 % immer noch bedeutend höher als die in bürgerlichen Familien mit 7 %. Rund 90 % der Abtreibungen wurden aus wirtschaftlichen und sozialen Gründen vorgenommen. Meist waren es Frauen mit mehreren Kindern, die sich trotz der Drohung des § 218 mit einer Gefängnisstrafe bis zu fünf Jahren zu einer Abtreibung entschlossen. Die Notlage, die diese Frauen zur Abtreibung zwang, beschreibt folgender Bericht treffend:

Frauen-Beilage des Hamburger Echo
Ein Schicksal auf der Treppe

Sie war erst 28 Jahre, hatte mit 21 Jahren geheiratet und war Mutter von fünf Kindern. Nun war sie wieder in anderen Umständen...

Ich kann nicht mehr, glauben Sie mir, ich halte es nicht mehr aus. Jedesmal habe ich schwere Entbindung gehabt. Und wenn mir kein Arzt mehr hilft, bleibt mir nur noch der Gashahn. Bei dem Gedanken an meine Kinder tut mir alles weh, es treibt mir die Tränen in die Augen. Ich kann sie aber auch nicht allein zurücklassen, was sollen die fünf kleinen Würmer ohne Mutter! Ein Witwer mit fünf kleinen Kindern bekommt nicht so leicht eine zweite Frau – nein, nein, lieber will ich sie mitnehmen. Wir haben für die fünf Kinder nur zwei Betten, das größte schläft mit bei uns. Auch sonst ist alles verbraucht, keine Wäsche, kein Wagen, kein Federbett ist mehr übrig, und wenn wir auch Geld hätten – wir haben eine so kleine Wohnung, daß wir kein Bett mehr aufstellen können. Mein Mann ist schon lange arbeitslos und hat keine Aussicht auf Arbeit, da ist ja an eine Neuanschaffung gar nicht zu denken.

Und wie schwer sich meine Kinder haben ziehen lassen, besonders die letzten drei. Ich kann ihnen ja nicht mehr genügend Nahrung geben, und so bringen sie die englische Krankheit schon mit auf die Welt. Wie soll ich denn auch noch ein gesundes Kind zur Welt bringen, ich bin ja selbst unterernährt!

Ich weiß ja noch einen Arzt, der mir vielleicht helfen würde, aber ich kann das Geld nicht aufbringen. Ich bin schon bei etlichen Ärzten gewesen, auch bei anderen als Kassenärzten. Einer sagte mir: Ja, liebe Frau – Sie tun mir ja leid, aber helfen kann ich Ihnen nicht, Sie wissen doch, daß es darauf Zuchthaus gibt. Es gibt ja so viele, die es machen, sagte er, Sie brauchen auch gar nicht so weit zu gehen, fragen Sie doch mal Ihren Mann, der hat doch sicher einen guten Freund, von dem er es erfahren kann, aber es wird vielleicht 200 M kosten. Da brachte ich kein Wort mehr heraus. In meinen Ohren klang es nur immer 200 M – 200 M. – Wie schwer mir so ein Weg zum Arzt wird, kann ich Ihnen gar nicht sagen. Ich weiß ja doch schon vorher, daß er mir nicht hilft, und doch versuche ich es immer wieder, bis es vielleicht nicht mehr geht.
(9. Jg., 1927, Nr. 3)

In der Praxis erwies sich der § 218 als Klassenparagraph, denn die Frauen des Bürgertums fanden gegen entsprechende Bezahlung immer einen Arzt, der zu einer Schwangerschaftsunterbrechung bereit war. Für sie war die Abtreibung ein relativ harmloser Eingriff, an dessen Folgen jedoch nach Schätzungen der Ärzte jährlich bis zu 20 000 Proletarierfrauen starben. Von den 10 000 Frauen, die pro Jahr wegen Vergehens gegen die §§ 218/219 angezeigt wurden, kamen rund 90 Prozent aus der Arbeiterschaft; 6000 bis

DIE ARBEITER-FRAU

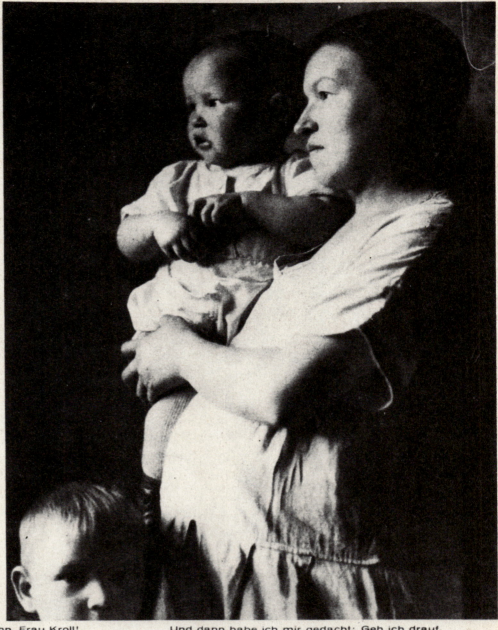

Nun kann es jeden Tag losgehn, Frau Kroll!
Ich weiß einfach nicht, was werden soll!
Ja, wenn mein Mann noch in Arbeit wär!
Dann wärs ja vielleicht nicht allzu schwer,
Auch das dritte noch durchzukriegen!
Aber der kriegt ja nun keine Arbeit mehr!
Wir werden wohl bald auf die Straße fliegen!

Warum ich mirs nicht habe wegmachen lassen?
Ach haben Sie eine Ahnung, Frau Kroll!
Erst war ich beim Doktor von unseren Kassen,
Und fragte ihn, was ich nun machen soll.
Der guckte mich an und sagte: Na und?
ich sagte, ich könnte es nicht mehr füttern!
Da schnauzt er mich an: Sie sind kerngesund!
Aber das wäre so bei den modernen Müttern!
Ich sagte ihm, daß mein Mann keine Arbeit hat.
Da schreit er: Sie haben wohl gar kein Gewissen!
Und wo dreie sind, wird auch das vierte satt!
Dann hat er mich rausgeschmissen.
Na, ich kann Ihnen sagen, Frau Kroll,
Ich hab auf der Straße heulen müssen!
So war mir das Herze voll!
Dann hat mir einer eine Adresse gegeben,
Irgendwo in der Pankstraße, im Hinterhaus.
Aber mein Mann hat gesagt: Dann trags lieber aus!
Denn sowas geht immer auf Tod und Leben!
Es ist ja auch schon mancher bei draufgegangen.

Und dann habe ich mir gedacht: Geh ich drauf,
Was soll dann mein Mann mit den Kindern anfangen?
Und dann sagten wir uns: Schickal, nimm deinen Lauf!

Wissen Sie, Frau Kroll, manchmal des nachts,
Dann fühl ich das Herzchen, und dann erwachts.
Dann sprech ich mit meinem Würmchen im Leibe:
Ich hab dich ja lieb! Doch für dich ist kein Brot!
Bald haben wir alle keine Bleibe!
Das beste für dich, du wärest schon tot!

Sie meinen, daß man sich drin fügen soll?
Und jeder hätte sein Päckchen zu tragen?
Schade, daß mein Mann nicht da ist, Frau Kroll!
Der würde Ihnen wohl was anderes sagen!
Bei Ihnen spukt wohl noch Gottes Fügung?
Von Kapitalismus und Volksbetrügung
Scheinen Sie wohl noch nichts zu verstehn!
Sie sollten in unsre Versammlungen gehn!

Oder lassen Sie sich mal von meinem Mann was erzählen
Ueber Rußland! Da werden Sie Augen machen!
Da braucht sich keiner mehr für die Reichen zu quälen!
Ja, Frau Kroll, da ist nichts zu lachen!
Ihnen machen Sie Angst vor den Kommunisten!
Doch da drüben gilt die Frau erst für voll!
Ja, wenn Sie was näheres darüber wüßten,
Dann ständen Sie auch schon bei uns, Frau Kroll!

ERICH WEINERT.

7000 von ihnen wurden zu einer Gefängnisstrafe verurteilt.[1]

Auch in Hamburg waren nur wenige Ärzte bereit, eine Abtreibung kostenlos oder gegen geringes Entgelt vorzunehmen, u.a. deshalb, weil der § 219 dies unter Strafe stellte. Doch entgegen den offiziellen Verlautbarungen der ärztlichen Standesorganisationen, die wie der Hartmann-Bund gegen jegliche Reform-Versuche der §§ 218/219 mit mehr weltanschaulich-konservativen als wissenschaftlichen Argumenten Sturm liefen, erkannte auch eine immer größere Zahl von Ärzten und Ärztinnen die Notwendigkeit einer Reform der Abtreibungsparagraphen. So ergab eine Umfrage der Hamburger Ärztekammer, die im Sommer 1930 unter 1200 Ärzten der Hansestadt durchgeführt wurde (Rücklauf 70 Prozent), daß 80 bis 90 Prozent von ihnen sich für eine Änderung der §§ 218/219 einsetzten; bereits 78 Prozent der Ärzte und Ärztinnen traten für die Berücksichtigung der sozialen und wirtschaftlichen Notlage bei der Indikation ein.[2]

»Abtreibung oder Verhütung der Schwangerschaft?«

Auf die ausweglose wirtschaftliche und soziale Situation reagierten die Frauen mit zunehmender Geburtenkontrolle. Der Gebrauch von Verhütungsmitteln setzte sich immer mehr durch. Die meist illegale Schwangerschaftsunterbrechung blieb für die einzelne Frau eine allerletzte Notlösung.

Der Staat stellte nicht nur die Abtreibung unter Strafe, sondern behinderte gleichzeitig mit dem § 184 StGB (Gefängnisstrafe bis zu zwei Jahren) die öffentliche Aufklärung und Verbreitung von Verhütungsmitteln: Sie durfte nur »in einer Anstand und Sitte nicht verletzenden Weise erfolgen«. Über »Verletzungen von Anstand und Sitte« wachten Staatsanwälte und Richter der Weimarer Republik.

Für Frauen (und Männer) war es sehr viel schwieriger als heute, sich sachlich fundiert über Verhütungsmittel zu informieren:

In den Familien war das Thema Sexualität meist tabu. Wenn die Mutter, seltener der Vater, die Kinder aufzuklären versuchte, fehlten ihr häufig die entsprechenden Kenntnisse. Auch die Mehrheit der Ärzte lehnte es ab, irgend etwas mit der Regelung der Geburten durch Vorbeugungsmittel zu tun zu haben. Ihrer Ansicht nach gehörte die Beratung über Verhütungsmittel nicht in das Gebiet der hohen Medizin. Die Praxis der Krankenkassen, die diese Beratung ebensowenig wie die Verhütungsmittel selbst finanzierten, bestärkte sie in ihrer Ansicht.

Konsequenz war, daß sich gerade die proletarischen Frauen Beratung und Beschaffung von sicheren Vorbeugungsmitteln nicht leisten konnten. Die Ausgabe für eine Beratung und Verhütungsmittel waren, wenn die Familie vom Arbeitslosengeld oder der Unterstützung der Wohlfahrtsbehörde leben mußte, nicht möglich. Kondom oder Pessar, die einzig sicheren Verhütungsmittel der damaligen Zeit, waren für sie unerschwinglich. So blieb für die Frauen das »Inachtnehmen«, das »Vor-der-Tür-Abladen« des Mannes, wie es im Volksmund auch hieß, neben dem sogenannten Irrigator, einem Gerät zur anschließenden Scheidenspülung, das einzige ›Verhütungsmittel‹.

Erst 1932 wurden die Forschungsergebnisse der Ärzte Knaus und Ogino auch in Deutschland bekannt, die entgegen der damals allgemein verbreiteten Auffassung feststellten, daß die empfängnisbereite Zeit in der Mitte des Zyklus lag. Sie empfahlen den Frauen in diesen Tagen zur Verhütung Enthaltsamkeit. Da diese Methode relativ sicher und darüber hinaus kostenlos war, wurde sie in den Frauenzeitschriften der Arbeiterparteien, so auch in der ›Frauenbeilage des Hamburger Echo‹, als »Fortschritt gepriesen, der im Proletarierleben viel Not und Sorge zu verhüten« vermag.[3]

Der Vertrieb der meisten Vorbeugungsmittel blieb privaten Geschäftsleuten vorbehalten. In den bürgerlichen Zeitschriften fand die Leserin Inserate, in denen chemische Mittel, Schwämmchen, Pillen, Tinkturen, Tees usw. angepriesen wurden: »Zum sicheren Schutz«, »Zur Wiedererlangung der Menstruation«, »Zur sofortigen Beseitigung der Blutstockung der Frauen, Erfolg in drei Tagen garantiert«... Diese Mittel, mit denen auf die Angst der Frauen und Mädchen spekuliert wurde, waren teuer und allesamt unwirksam.

Angesichts dieser Situation forderten kommunistische, sozialdemokratische und parteilose Frauen, unterstützt von fortschrittlichen Medizinern und Pädagogen, nicht nur die Abschaffung bzw. Reform der §§ 218/219, sondern traten vor allem für eine breite öffentliche Aufklärung ein, denn sie befürworteten nicht die Abtreibung an sich. Vom »volksgesundheitlichen Standpunkt« aus lehnten sie die Abtreibung als schädlich und gesundheitsgefährdend ab. Sie initiierten in Hamburg u.a. im Rahmen der ›Arbeiterwohlfahrt‹ und der ›Internationalen Arbeiterhilfe‹ Kurse und Vorträge: Mediziner und Fürsorgerinnen referierten auf Frauenversammlungen, in den Gruppen der Arbeiterjugendorganisationen, in Volkshochschulen und Schulen. Verlage gaben in Zusammenarbeit mit Medizinern Aufklärungsbroschüren heraus; eine der bekanntesten und in der Öffentlichkeit umstrittensten speziell für die Arbeiterjugend war »Bub und Mädel. Gespräche unter Kameraden über die Geschlechterfrage« von dem Berliner Stadtarzt Dr. Max Hodann. Die Staatsanwaltschaft versuchte in mehreren Städten mit Hilfe des § 184 die Verbreitung dieser Broschüre sowie die Durchführung seiner Vorträge zu verbieten. Doch das steigerte eher die Beliebtheit der Broschüre. In Hamburg mußte Autor Hodann im Winter 1929 seinen Vortrag

```
Hamburger Ortsgruppe des Deutschen Bundes
       für Mutterschutz und Sexualreform e. V.
             Hamburg 26, Diagonalstr. 4, I

                        In unsern

   Ehe- und Sexualberatungsstellen
                   erteilen wir Rat
              in Fragen des Geschlechtslebens
                   mit allen seinen Auswirkungen
                   und Folgeerscheinungen

                      Sprechstunden:
   Bezirk Zentrum:
             Montags 7 - 8 Uhr abends, Kaiser-Wilhelm-Str. 95
   Bezirk Eimsbüttel:
             Donnerstags 7 - 8 Uhr abends, Bismarckstraße 79
```

Aus dem Buch »Jugendweihetage 1928«

über ›Sexualerziehung, Abtreibung und Geburtenregelung‹
zweimal wiederholen, da der Saal jedesmal überfüllt war.[4]

Veranstalter dieser Vorträge war der ›Bund für Mutterschutz und Sexualreform‹, der in der Hansestadt diese
Aktivitäten der Frauen unterstützte. Der Bund war die
älteste Organisation dieser Art, dessen Hamburger Ortsgruppe bereits 1905 gegründet worden war. Erster Vorsitzender war in den 20er Jahren Dr. Manes, ein Arzt aus dem
Arbeiterviertel Hamm. Seit 1907 unterhielt der Bund eine
Auskunftsstelle zur Ehe- und Sexualberatung, seit 1910 ein
eigenes Heim für ledige Mütter im Lokstedter Weg.

Nach 1919 hatte die Ortsgruppe zwei Beratungsstellen in
den Räumen der Allgemeinen Ortskrankenkasse in Eimsbüttel und in der Neustadt, zeitweilig auch eine dritte in
Uhlenhorst, die jeweils einen Abend in der Woche geöffnet
waren. Ehrenamtliche Mitarbeiter waren Ärzte, Juristen,
Pädagogen und Fürsorgerinnen. Ziel der Beratungsstellen
war neben der Aufklärung über Verhütungsmittel vor allem
die Beratung über alle Ehe- und Sexualprobleme. Behandelt wurde grundsätzlich nicht, auch Verhütungsmittel
durften nicht ausgegeben werden. Die Ratsuchenden wurden ggf. an einen Arzt, die entsprechende Institution oder
Behörde weiterverwiesen. In die Beratungsstelle kamen
Menschen mit den unterschiedlichsten Problemen, aus den
verschiedensten sozialen Schichten.

Insgesamt aber war die Benutzung dieser Einrichtung
geringer als zu erwarten.[5] Gerade die proletarischen Frauen
scheuten aus Angst und Unsicherheit den Weg dorthin.
Zumindest ihr Freund oder Ehemann mußte sie bei dem
Schritt, eine Ehe- und Sexualberatungsstelle aufzusuchen,
unterstützen. Häufig mußte er sogar die Initiative ergreifen.
Da dem ›Bund für Mutterschutz‹ die finanzielle Unterstützung seitens der Hamburger Behörden fehlte, war eine
massenwirksame Information, die auch die einfache Arbeiterin hätte erreichen können, nicht möglich. So war der
Mehrheit der Hamburger Frauen das Vorhandensein dieser
Einrichtung vermutlich überhaupt nicht bekannt. Hinzu
kam, daß eine Beratungsstelle, die keine direkte Hilfe leistete, d. h., die keine kostengünstigen Verhütungsmittel vertrieb und die Frauen nicht in der sicheren Benutzung dieser
Mittel unterwies, gerade für die Arbeiterinnen und Arbeiterfrauen von geringem Nutzen war.

Ein Opfer der »Sparnotwendigkeiten« – die Ehe- und Sexualberatungsstelle

Darum war schon seit Beginn der 20er Jahre die Einrichtung einer öffentlichen Ehe- und Sexualberatungsstelle in
Hamburg, die breitere Aufklärungsarbeit leisten und ko-
stengünstige Verhütungsmittel ausgeben sollte, eine zentrale Forderung nicht nur der Arbeiterparteien. In anderen
Städten des Reiches gab es bereits seit Mitte der 20er Jahre
solche staatlichen Beratungsstellen; so hatte Berlin allein 13
städtische Einrichtungen dieser Art. Als die Eröffnung einer
staatlichen Beratungsstelle der Gesundheitsbehörde in Zusammenarbeit mit der Allgemeinen Ortskrankenkasse endlich geplant, für Januar 1931 vorbereitet und öffentlich
angekündigt worden war, fiel sie den »Sparnotwendigkei-
ten« des Hamburger Senats zum Opfer.[6]

Reichsverband für Geburtenregelung

und Sexualhygiene e. V., Ortsgruppe Hamburg

Adresse: **Besenbinderhof 67 II.**
Geschäftszeit: Dienstags und Freitags von 17 – 19 Uhr
Fernsprecher: 24 35 03

Vorsitz: Paula Henningsen M. d. B., 2. Vors. W. Lehfeldt
1. Kassier: L. Lehfeldt, 2. Kassier: A. Ihlo, Schriftf.: A. Klemm
Beirat: A. Reiche, W. Preuß, Dr. med. R. Elkan

Mitglieder-Versammlung: jeden vierten Dienstag im Monat

Postscheckkonto: Hamburg 84251 - Bank-Konto: Nr. 640
Bank der Arbeiter, Angestellten und Beamten A.-G.
Besenbinderhof

Aus dem Jahresbericht des Reichsverband für
Geburtenregelung und Sexualhygiene, Ortsgruppe
Hamburg, 1931.

Um eine massenwirksamere Aufklärungs- und Bera-
tungsarbeit als der ›Bund für Mutterschutz‹ zu leisten,
wurden im Mai 1930 von der sozialdemokratischen Bürgerschaftsabgeordneten Paula Henningsen gemeinsam mit
fortschrittlichen Hamburger Medizinern die Gründung einer Hamburger Ortsgruppe des ›Reichsverbandes für Geburtenregelung und Sexualhygiene‹ initiiert. Vorsitzende
der Ortsgruppe, die auch praktische Hilfe leisten wollte,
war Paula Henningsen. Tatkräftig unterstützt wurde die
Gründung vom Arbeiter-Samariter-Bund.

Bis 1932 warb der Verband in Hamburg 1500 Mitglieder,
deren politische und weltanschauliche Auffassungen keineswegs homogen waren. Jedes Mitglied mußte einen Monatsbeitrag von 40 Pfg. (Erwerbslose 25 Pfg.) bezahlen,
erhielt dafür die Zeitschrift ›Sexualhygiene‹ und durfte
kostenlos an den monatlichen Vortragsabenden sowie den
Kursen teilnehmen. Besonders beliebt war ein seit 1931
ständig durchgeführter Frauenkursus, der theoretisch und
praktisch in die Technik der Schwangerschaftsverhütung
einführte. Der Verband warb insbesondere in den Arbeitervierteln Hamburgs durch öffentliche Aufklärungsvorträge
für die Sexualberatung in seiner Geschäftsstelle am Besenbinderhof, in der auch Verhütungsmittel ausgegeben
wurden.[7]

Dieser Initiative bereiteten die Nationalsozialisten 1933 ebenso ein schnelles Ende wie den anderen vielfältigen, wenn auch noch nicht massenwirksamen Versuchen, durch Aufklärung das Ausmaß der gesundheitsgefährdenden, illegalen Abtreibungen einzuschränken.

»Vorbeugen ist besser als abtreiben«

Eine Hamburger Sozialdemokratin berichtet:

»Was heute nicht deutlich genug wird: Wir waren nicht für die Abtreibung an sich, wir waren eigentlich mehr dafür, daß vorbeugende Möglichkeiten geschaffen werden. Wir haben die Frauen mehr aufgeklärt: Was tue ich, um gar nicht erst in diese Situation zu kommen? Das Thema überhaupt war in den Familien meist tabu. Auch waren viele Männer gegen die Verhütung. Die Frauen hatten ja auch kein Geld, um – wenn es passiert war – zum Arzt zu gehen. Doch gab es in Hamburg einige Ärzte, die haben Schwangerschaftsunterbrechungen umsonst gemacht, z. B. Dr. Manes aus Hamm. Wenn nun wirklich jemand in Not war, dann ging man eben zu diesen Ärzten.

Und dann hat sich 1930 eine Organisation gebildet, die hat Paula Henningsen geleitet (der Reichsverband für Geburtenregelung und Sexualhygiene, d. V.). Die Männer sagten immer: »Paula Henningsens unanständiger Verein«. Dort haben wir versucht, uns darüber Kenntnisse zu verschaffen, welche Mittel es gibt, um eine Schwangerschaft zu verhüten. Wir sind damals z. B. in Hamm zusammengekommen, in dem Block der Kinderreichen, und sie hat uns Pessare usw. gezeigt. Wir sollten lernen, wie man ein Pessar einsetzt, darum fragte sie: ›Wer will sich zur Verfügung stellen, damit ich es mal zeigen kann?‹ Eine von uns machte es.*

Wir haben uns also überlegt: Was kann man praktisch tun, um vorzubeugen? Wir betonten, vorbeugen ist besser als abtreiben. Unabhängig davon lehnten wir die gerichtlichen und gesetzlichen Maßnahmen ab, die die Frauen betrafen, wenn sie bei einer Abtreibung ertappt wurden. Denn die richteten sich natürlich überwiegend gegen die Frauen der arbeitenden Schichten, die selbst nicht imstande waren, sich Verhütungsmittel zu verschaffen, denn sie waren ja auch noch furchtbar teuer. Alles steckte noch sehr in den Anfängen. Wir sind zusammengekommen, um uns überhaupt darüber zu unterhalten.

Abgebrochen wurde die Arbeit durch die Nazis. Die Nazis haben später, als sie an die Macht kamen, die Patientenlisten der Ärzte – und besonders der jüdischen Ärzte – durchgesehen. Ich weiß Namen von verschiedenen Frauen, die aufgrund dieser Patientenlisten vorgeladen wurden, um auch ihnen noch den Prozeß wegen der Abtreibung zu machen.«

Interviews vom 25. 1. 1981 u. 8. 1. 1982

»Nieder mit den Abtreibungsparagraphen!«

Das Engagement der parteilosen, sozialdemokratischen und kommunistischen Frauen für die Einrichtung staatlicher Ehe- und Sexualberatungsstellen war Teil ihres Kampfes gegen die §§ 218/219, der von ihnen schon seit Beginn der 20er Jahre geführt wurde. Doch erst Anfang der 30er Jahre bewirkten ihre Aktivitäten das Entstehen einer Massenbewegung.

Der Kampf gegen das Abtreibungsverbot war fester Bestandteil der Sozial- und Gesundheitspolitik der Arbeiterparteien. Unterstützt wurde er vom »Verein Sozialistischer Ärzte«, parteipolitisch unabhängig, sowie bürgerlichen Linkskräften. Während die SPD mehrheitlich für die Liberalisierung der Abtreibungsparagraphen in Form einer Fristenlösung eintrat, setzte sich die KPD unter der Parole »Dein Körper gehört Dir« für die vollständige Streichung des § 218 aus dem Strafgesetzbuch ein.

Innerhalb der SPD, besonders im Parteivorstand und in den Fraktionen der Länderparlamente und des Reichstages, war die Haltung zu den §§ 218/219 jedoch umstritten. Die Mehrheit der sozialdemokratischen Frauen trat für die Abschaffung der Abtreibungsparagraphen und deren Ersetzung durch eine dreimonatige Fristenregelung ein, »weil sie der Überzeugung waren, daß eine soziale Krankheitserscheinung... nicht durch das Strafgesetz geheilt werden« könne.[8] Darum unterstützte die Frauenbewegung der SPD die Initiative von 51 der 102 Abgeordneten der Partei, die 1920 im Reichstag einen Antrag einbrachten, der die Straffreiheit der Abtreibung in den ersten drei Monaten forderte. Er wurde von den bürgerlichen Parteien abgelehnt. Die sozialdemokratischen Gegner der Aufhebung des Abtreibungsverbotes, deren Hauptsprecher Prof. Grotjahn war, traten für eine Indikationslösung ein. Von Grotjahn wurde nur die medizinische und eugenische Indikation befürwortet; die soziale Indikation lehnte er ab. Ausgangspunkt seiner bevölkerungspolitischen Argumentation war der in seinen Augen bedrohliche Geburtenrückgang. Er sprach der Frau das Recht auf Selbstbestimmung über ihren Körper ab. Sein Ziel war die »Rationalisierung der Fortpflanzung«, eine durch »Fortpflanzungsregeln« gelenkte »Aufzucht von drei bis vier Kindern in jeder Familie«, als deren Voraussetzung er die wirtschaftliche Bevorzugung kinderreicher Familien ansah.[9]

Diese Argumentation, die allein von dem staatlichen Interesse an einer Bevölkerungsvermehrung bestimmt war, stand im Widerspruch zu der Konzeption einer »sozialistischen Geburtenpolitik«, wie sie von der sozialdemokratischen Frauenbewegung entwickelt worden war. Doch trotz dieses Widerspruchs wurde die Position der Abtreibungsgegner innerhalb der Partei kritiklos hingenommen.

Dem Widerspruch entsprach die Haltung der SPD zu den §§ 218/219: In der Agitation unter den Frauen wurde die Abschaffung der Paragraphen und deren Ersetzung durch eine Fristenregelung gefordert, auf Fachkonferenzen sowie im Reichstag befürworteten profilierte Mitglieder der Partei wie Grotjahn, Professor für soziale Hygiene, unwidersprochen die Beibehaltung der Bestrafung einer Schwangerschaftsunterbrechung. Diese ambivalente Haltung der Gesamtpartei war wesentliche Ursache dafür, daß die sozialdemokratische Frauenbewegung in der Partei kein kon-

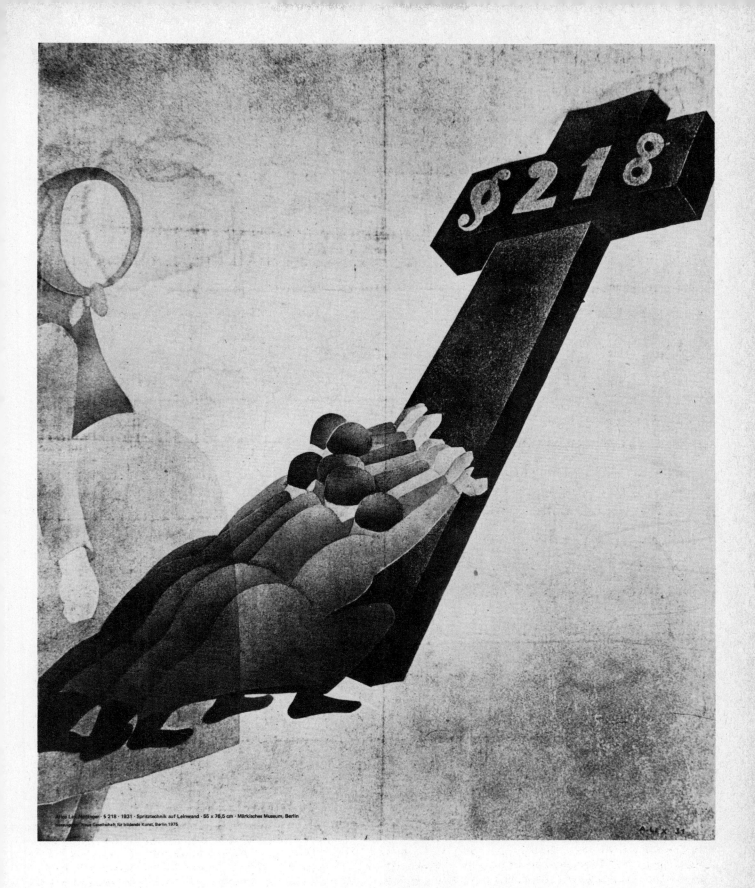

gegen den § 218

Frauen

sequentes Vorgehen gegen die Abtreibungsparagraphen durchsetzen konnte, weder innerhalb noch außerhalb der Parlamente.

Eine konsequentere Position vertrat die KPD, die eine grundsätzliche Stellungnahme gegen den § 218 bereits Anfang der 20er Jahre veröffentlichte. Für sie erwiesen sich die §§ 218/219 »wie jedes andere Gesetz im Kapitalismus als Klassenparagraphen, die im kapitalistischen System aufrechterhalten werden müssen, um möglichst hohe Geburtenzahlen und damit einen Überschuß an Arbeitskräften zu sichern, der als industrielle Reservearmee lohndrückend gegen die Arbeiterklasse eingesetzt werden soll.« Doch noch mehr, so die KPD, fürchten sich Staat und Kapitalisten, »bei ihrem nächsten Kriege um die Aufteilung der Welt zu kurz zu kommen, wenn nicht genügend Kanonenfutter vorhanden ist«.

Plakat der KPD im Hamburger Reichstagswahlkampf 1930

Darum forderte die KPD als einzige Partei die völlige Aufhebung der Abtreibungsparagraphen, auch wenn sie die Abtreibung an sich ablehnte. Die Kommunistinnen wandten sich dagegen, »daß die Frauen von der kapitalistischen Gesellschaftsordnung gezwungen werden, Kinder in die Welt zu setzen, für die der Staat keine Lebensmöglichkeiten schaffen kann«.[10] In einem Gesetzentwurf forderte die KPD u. a.: »Verpflichtung der Krankenkassen und Gemeinden zur Übernahme der Kosten für Schwangerschaftsunterbrechung durch Ärzte. Kostenlose Abgabe von empfängnisverhütenden Mitteln durch Krankenkassen und Gemeinden. Fürsorgemaßnahmen der Gemeinden zum Schutze von Mutter und Kind. Aufbau der Wochenhilfe und Wochenfürsorge. Kinderbeihilfe für Haushaltungen mit einem Jahreseinkommen von 6000 M. Begünstigung bei der Einkommensteuer. Zuweisung von Wohnungen für kinderreiche Haushaltungen«[11].

»Wir fordern Amnestie für alle verurteilten Frauen...«

Die Frauenagitationskommission der KPD initiierte in Hamburg bereits 1923 eine erste breitere Bewegung von Frauen gegen die Abtreibungsparagraphen. In einem Schreiben vom April 1923 schlug sie dem Frauenaktionsausschuß der SPD gemeinsame Aktionen aller proletarischen Frauen Hamburgs vor. Der Frauenaktionsausschuß reagierte ablehnend.

Die Bereitschaft, gegen die §§ 218/219 aktiv zu werden, war jedoch auch unter den Sozialdemokratinnen so groß, daß es trotzdem zu gemeinsamen Aktionen parteiloser, sozialdemokratischer und kommunistischer Frauen kam. Sie bildeten eine ›Kommission zur Bekämpfung der Abtreibungsparagraphen‹, die 1923/24 eine Reihe von Protestveranstaltungen organisierte, auf denen eine von den Frauen eingeübte Szenenfolge gegen den § 218 aufgeführt wurde. Die erste Aufführung im Gewerkschaftshaus fand so großes Interesse, daß viele hundert Besucherinnen mangels verfügbarer Plätze wieder umkehren mußten.

Zentrale Forderungen der Kommission an den Hamburger Senat waren eine regionale Amnestie für die Frauen, die auf Grund des § 218 verurteilt waren, sowie die Einrichtung einer öffentlichen Ehe- und Sexualberatungsstelle. Diese Forderungen, die die KPD in einem Antrag an die Bürgerschaft aufgriff, wurden mit den Stimmen der Hamburger SPD abgelehnt[12]. Der Versuch der SPD-Fraktion im Februar 1925, dem Reichstag einen Antrag auf Fristenregelung zur Abstimmung vorzulegen, war eine Reaktion auf die rapide steigende Zahl der illegalen Abtreibungen. Er scheiterte schon im Vorfeld der parlamentarischen Verhandlungen bei der Abstimmung im Rechtsausschuß. Am 7. Mai 1926 verabschiedete der Reichstag statt dessen einen sozialdemokratischen Eventualantrag, der für Abtreibungsdelikte die Umwandlung der Zuchthausstrafe in eine Gefängnisstrafe vorsah, sowie die Möglichkeit, mildernde Umstände zu berücksichtigen. Diese geringfügige Änderung wurde von der SPD als »entscheidende Milderung« gewertet.

»Hilft uns denn niemand?«

Wirtschaftskrise und Massenarbeitslosigkeit zwangen Ende der 20er Jahre immer mehr proletarische Frauen zu einer illegalen Abtreibung. Der Kampf gegen die §§ 218/219 erhielt einen erneuten Aufschwung. Das gewachsene Bewußtsein um die Abtreibungsproblematik fand auch in Romanen und Bühnenstücken literarischen Niederschlag. So griff u. a. Willi Bredel in seinem Roman ›Rosenhofstraße‹ über das Leben und die politischen Auseinandersetzungen in einem Hamburger Arbeiterquartier im Jahre 1930 dieses Thema auf. Er beschreibt eindringlich die Not einer jungen Verkäuferin, Trudel Merker, die ihr uneheliches Kind abtreiben lassen muß. Aufgrund einer Denunziation werden sie und andere Frauen ebenso wie die hilfsbereite Krankenpflegerin Frau Hinz wegen Vergehens gegen die §§ 218/219 angeklagt.

Bahnbrechende Wirkung hatte Friedrich Wolfs Schauspiel ›Cyankali‹ (Uraufführung 1929, Berlin), das vom

Schicksal der jungen erwerbslosen Arbeiterin Hete Fent handelt, die an den Folgen der illegalen Abtreibung stirbt. Das Stück endet mit dem verzweifelten letzten Aufschrei Hetes: »TAUSENDE... MÜSSEN... SO STERBEN... HILFT... UNS... DENN NIEMAND?«

Ebenso wie die § 218-Filme ›Kreuzzug des Weibes‹ und ›Frauennot – Frauenglück‹ wurde der Film ›Cyankali‹ von SPD und KPD im Hamburger Reichstagswahlkampf 1930 eingesetzt. Szenen aus ›Cyankali‹ führte auch eine »Frauentheatergruppe: § 218« auf, die bei Wahlkampfveranstaltungen der Hamburger KPD auftrat.

Der Kampf gegen die Abtreibungsparagraphen war seit Ende der 20er Jahre ein zentrales Thema des Wahlkampfes der Arbeiterparteien unter den Frauen. Nur noch ein geringer Anstoß war nötig, um aus den Aktivitäten gegen die Abtreibungsparagraphen eine breite Massenbewegung werden zu lassen.

Diesen Anstoß gab im Februar 1931 die Verhaftung der Ärzte Dr. Friedrich Wolf und Dr. Else Kienle wegen »gewerbsmäßiger« Abtreibungen bei mindestens 100 Frauen. Die Anzeige erging auf Grund der anonymen Denunziation eines Stuttgarter Kollegen. Kernpunkt der Anklage war der Vorwurf der sozialen bzw. sozial-medizinischen Indikation. Die Verhaftung am 19. Februar 1931 erregte großes Aufsehen, da Wolf als Verfasser von ›Cyankali‹ allgemein bekannt war. Innerhalb kürzester Zeit bildeten sich im Reichsgebiet etwa 800 »Kampfausschüsse gegen § 218 und für die Verteidigung Dr. Friedrich Wolfs und Dr. Else Kienles«, die über 1500 Protestversammlungen organisierten, zu denen z. T. bis zu 20 000 Menschen kamen. Unterstützt wurden diese Aktivitäten auch in Hamburg, vor allem von der Internationalen Arbeiterhilfe.[13] Die SPD beteiligte sich offiziell nicht, trotzdem waren auch Sozialdemokratinnen in den Kampfausschüssen aktiv.

Anläßlich des Internationalen Frauentages im April 1931 war die SPD durch den Druck der Massenbewegung gezwungen, im Reichsgebiet zu Protestkundgebungen unter dem Motto ›Gegen § 218, gegen Krieg und Naziterror – für Frieden und Sozialismus‹ aufzurufen. Zur Kundgebung des Hamburger Frauenaktionsausschusses der SPD bei Sagebiel kamen rund 4000 Frauen. Wie im ganzen Reichsgebiet wurde eine Resolution gegen den § 218 verabschiedet.[14]

Im Unterschied zur SPD konzentrierte sich die KPD auf die Verbreiterung der außerparlamentarischen Massenbewegung. Die Kommunistinnen bemühten sich, gemäß der KPD-Strategie einer antifaschistischen Aktionseinheit von unten, vor allem parteilose und sozialdemokratische Frauen in die Aktivitäten der Kampfausschüsse einzubeziehen. Mit Hilfe der Frauen-Delegiertenbewegung versuchten sie darüber hinaus eine weitgehendere Politisierung und Organisierung der Frauen. Auf der ›Länderkonferenz werktätiger Frauen‹ des Bezirkes Wasserkante am 18. Oktober 1931, die Höhepunkt der Frauen-Delegiertenbewegung in Norddeutschland war, stand deshalb der Kampf für das ›Schutzprogramm für die arbeitende Frau‹ im Mittelpunkt. Dieses Schutzprogramm hatte die KPD-Fraktion am 15. Oktober 1931 als »Gesetzentwurf zum Schutze und für die volle Gleichberechtigung der Frau« im Reichstag eingebracht. Es enthielt neben der Forderung nach Aufhebung des § 218 sowie eines umfassenden Mutter- und Säuglingsschutzes weitreichende Forderungen zu sämtlichen Lebens- und Arbeitsbereichen der Frauen. Doch die Einbeziehung der So-

zialdemokratinnen mit Hilfe der Frauen-Delegiertenbewegung ist der KPD Hamburgs im Vergleich zu Berlin und anderen Städten des Reiches nur in begrenztem Maße gelungen.[15]

Im Vordergrund der Aktivitäten der Hamburger Sozialdemokratinnen stand nicht der außerparlamentarische Kampf für die Abschaffung der §§ 218/219, sondern das parlamentarische und fürsorgerische Engagement für eine Verbesserung der Lebensbedingungen von Mutter und Kind, die Bekämpfung der Ursachen des Geburtenrückganges. Allein diese Arbeit konnte nach ihrer Auffassung Veränderungen bringen. Deshalb arbeiteten sie u. a. ehrenamtlich als Wohlfahrtspflegerinnen in Arbeiterwohlfahrt und Behörden mit, unterstützten die Maßnahmen des Hamburger Senats, der seit 1929 eine ›weibliche Gewerbeaufsicht‹ zur Kontrolle der Einhaltung der Arbeitsschutzbestimmungen für schwangere Arbeiterinnen eingerichtet hatte, und waren im öffentlichen ›Ausschuß für Säuglings- und Kleinkinderanstalten‹ aktiv.

»Zum Schutze des deutschen Volkes«

Die Gegner des Abtreibungsverbotes erreichten zwar die Haftentlassung von Friedrich Wolf und Else Kienle, aber letztlich war ihnen in ihrem Kampf gegen die §§ 218/219 kein Erfolg beschieden. Angesichts der zunehmenden Rechtsentwicklung und der drohenden Faschismusgefahr konnte das Abtreibungsverbot nicht zu Fall gebracht werden. Erbittertster Gegner waren die bürgerlichen Parteien. Sie lehnten selbst eine Milderung der Abtreibungsparagraphen mit dem Hinweis auf die rückläufige Geburtenentwicklung ab, die eine ernsthafte »Bedrohung für die militärische, wirtschaftliche und kulturelle Zukunft« darstellen würde. Ideologisch unterstützt wurden sie in ihrem Widerstand von der katholischen Kirche. Papst Pius XI. gab am 31. Dezember 1930 seine Enzyklika »Über die christliche Ehe...« heraus, in der die kirchlichen Dogmen über Ehe und Familie programmatisch fixiert wurden: Der Hauptzweck der ›heiligen Ehe‹ bestehe in der Vermehrung der Menschheit, jede Form der Ehescheidung sei unzulässig. Da der Mann das Haupt der Familie sei, hätten ihm Frau und Kinder Gehorsam zu leisten. Jede bewußte Verhütung der Schwangerschaft sei ein Verbrechen gegen die Gesetze Gottes und der Natur, die Abtreibung sei Mord. Beides wurde daher verboten. Es sei »Sache der staatlichen Autorität,... das Leben der Unschuldigen zu schützen«.[16]

Neben der katholischen Kirche waren die Nationalsozialisten die radikalsten Gegner der Bewegung gegen die §§ 218/219. Mit Verweis auf die Notwendigkeit einer »aktivistischen Bevölkerungspolitik«, die die »Kampfkraft« des deutschen Volkes in zukünftigen Auseinandersetzungen um Volk und Raum stärken solle, brachte die NSDAP bereits am 12. Mai 1930 einen Gesetzentwurf »zum Schutze des deutschen Volkes« im Reichstag ein, dessen § 5 bereits ahnen ließ, was für eine ›Bevölkerungspolitik‹ nach einer nationalsozialistischen Machtübernahme zu erwarten war: »Wer es unternimmt, die natürliche Fruchtbarkeit des deutschen Volkes zum Schaden der deutschen Nation künstlich zu hemmen, oder in Wort, Schrift, Druckbild oder in anderer Weise solche Bestrebungen fördert, oder wer durch Vermischung mit Angehörigen der jüdischen Blutsgemeinschaft oder farbigen Rassen zur rassistischen Verschlechterung und Zersetzung des deutschen Volkes beiträgt oder beizutragen droht, wird wegen Rassenverrats mit Zuchthaus bestraft.«[17]

1 Halle, Geschlechtsleben und Strafrecht, 1931, S. 12 ff.; Höllein, Gebärzwang und kein Ende, 1931, S. 32; Die Genossin (Ge), Jg. 3, Nr. 2/1926, S. 35 ff.
2 Echo, 30. 11. 1930
3 FbHE, 18. 9. 1932 und 23. 2. 1930; Halle, S. 24 ff.
4 Echo, 15. 2. 1929; Halle, S. 28
5 FbHE, 25. 4. 1926 und 23. 2. 1930
6 Vorstoß zum Volksstaat in Hamburg, 1931, S. 76 f.
7 Der Reichsverband f. Geburtenregelung u. Sexualhygiene, Jahresbericht d. Ortsgruppe über ihre Tätigkeit 1931, Hamburg o. J.
8 Ge, 5. 5. 1931, S. 166
9 Grotjahn, Das Gesundheitsbuch der Frau, 1922; Radbruch/Grotjahn, Abtreibung der Leibesfrucht, 1921, S. 9 ff.
10 Die Internationale, 7. 5. 1922, S. 562 ff.
11 Referentenmaterial f. d. Volksaktion gegen § 218 und f. d. Verteidigung Dr. F. Wolfs, hg. v. »Kampfausschuß gg. § 218, o. J. (Manuscr.), S. 14
12 HVZ, 16. 5. 1923 und 8. 8. 1923
13 Schneider, Weg mit dem § 218!, 1975, S. 61 ff; Kontos, Die Partei kämpft wie ein Mann, 1979, S. 84 ff.
14 Ge, Juli/Aug. 1931, S. 246 ff.
15 Kontos, S. 83 f.; Bericht der KPD-Bl. Wasserkante a. d. Bezirksparteitag am 5. 12. 1932, o. J. (Manuscr.), S. 89 f.; Schutzprogramm der KPD f. d. arbeitende Frau, in: Dokumente der revolutionären dt. Arbeiterbewegung zur Frauenfrage, 1975, S. 124 ff.
16 Ge, Mai 1931, S. 177 ff.
17 Halle, S. 37

»Für uns Frauen war es viel schwieriger als für die Männer...«

Paula Karpinski, geb. Theefs, als Mitglied der Hamburger Bürgerschaft 1931

Paula Karpinski im Jahr 1981

Paula Karpinski, geb. 1897 in Hamburg als Tochter eines Hafenarbeiters, nach Besuch der Handelsschule von 1913 bis 1925 als Kontoristin tätig, anschließend Ausbildung an der Sozialen Frauenschule, 1920 Heirat, 1930 Geburt eines Kindes. Mit 14 Jahren Arbeiterjugend, mit 16 SPD. Seit diesem Zeitpunkt immer in der Partei aktiv. 1931 bis 1933 und 1946 bis 1966 Mitglied der Bürgerschaft. 1946 bis 1961 als erste Senatorin Hamburgs Leiterin der Jugendbehörde. Lebt heute als Rentnerin in Hamburg.

»Mein Vater war Sozialdemokrat. In unserem Hause war es üblich, daß Mutter am Abend die Zeitung vorlas und daran anschließend wurde diskutiert. So habe ich schon als Kind einen Einblick in die politischen Verhältnisse bekommen und vor allen Dingen ein Gefühl dafür, daß die Arbeiterklasse eine Klasse war, die kaum Rechte hatte im Staate. Von daher ist eigentlich durch mein Leben immer der Gedanke gegangen, daß diese Verhältnisse, in denen wir als Arbeiterklasse lebten, verbessert werden müßten.

Die Kinder der sozialdemokratischen Familien wurden für die Arbeiterjugend geworben: Es kamen zwei junge Leute und fragten meine Eltern, ob ich zum Arbeiterjugendbund mitgehen dürfte. Sie waren einverstanden. Das Leben und der Zusammenhalt in der Abteilung haben mich angesprochen, und gar nicht lange, da war ich Schriftführerin. Von der Jugendbewegung kam ich in die Jungsozialistische Vereinigung und dann in die SPD. 1928 wurde ich Mitglied des Frauenaktionsausschusses und des Parteivorstandes Hamburg.

Bereits 1931 kam ich in die Bürgerschaft. Ich war Mitglied der Jugendbehörde (heute Jugenddeputation, d. V.), der gemischten Kommission zur Festsetzung der Mieten und später auch des Haushaltsausschusses. Dieser Ausschuß war für mich, wie für jeden jungen Parlamentarier, eine gute Möglichkeit zur Einarbeitung in die Sachgebiete der Verwaltung. Mit mir in der Bürgerschaft waren von unserer Partei noch vier Genossinnen, u. a. auch Paula Henningsen...

Für uns Frauen war es viel schwieriger als für die Männer in die Leitungsgremien der Partei zu kommen. Häufig lief es einfach so: Es wurde eine Liste mit Namen aufgestellt, darunter waren Männer und Frauen. Und dann strich man an, wen man hinein haben wollte. Die Männer haben eine Frau sehr oft nicht gewählt. Da die Zusammensetzung der Versammlung so war, daß wir Frauen immer in der Minderheit waren, fielen wir, wenn wir von den 80% Männern keine Stimme bekamen, eben nachher, wenn 20 aufgestellt wurden und nur zwölf zu wählen waren, einfach unter den Tisch. Nur eine Frau, die vielleicht hervorgetreten war, die wurde von den Männern mitgewählt, weil sie sich auch zu Wort meldete und aktiv war. So einfach war es nicht, wenn eine große politische Versammlung war, da zu reden. Ich glaube, das verkennt man in der heutigen Zeit, wie schwer es für uns war, sich mit unseren Hemmungen durchzusetzen und das zu sagen, was wir dachten. Das kostete Kraft und Überwindung...

In meiner Ehe war es eine Selbstverständlichkeit, daß, solange beide sowohl berufstätig wie auch politisch tätig waren, man auch im Haushalt die Dinge teilte. Weil ich dann noch – da war ich schon 32 Jahre – ein Kind haben wollte, bin ich im Hause geblieben. Ich wollte nicht mehr berufstätig sein, da ich ja soviel mit der Partei zu tun hatte. Als ich in die Bürgerschaft kam, mußte ich meinen Jungen oft zu meinen Eltern bringen. Man mußte sehr flott sein im Haushalt, beim Kochen usw., um alles zu schaffen. Nach der Hausarbeit setzte ich mich an meinen Schreibtisch und las das, was im Moment für die politische Arbeit und die Referententätigkeit notwendig war, und arbeitete es aus. Abends war mein Mann da, der paßte dann auf das Kind auf, ich ging in die Versammlung oder zum Referat, je nachdem was sich ergab. Das war natürlich leichter, solange kein Kind da war. Zwei bis drei Abende waren es doch, die ich politisch pro Woche unterwegs war. Und dazu gehörte eben – mein Mann hatte ja auch Funktionen in der Gewerkschaft –, daß man sich einig war, daß immer einer für das Kind sorgte.

In unserer Ehe haben wir nicht viel über Gleichberechtigung diskutiert. Darüber muß man nicht viel reden, das tut man, so lebt man in der Familie, da beginnt es nämlich.«
(Interviews v. 25. 1. 1981 u. 8. 1. 1982)

»So hat die Republik die Stellung der Frau verbessert...«

In der Novemberrevolution 1918 erhielten endlich auch Frauen das Wahlrecht; in der Weimarer Republik war die Gleichberechtigung der Frau erstmals in der Verfassung festgelegt. Zwei zentrale Forderungen der sozialistischen Frauenbewegung des Kaiserreiches waren damit erfüllt.

Die SPD war die einzige Partei des Deutschen Kaiserreiches, die sich konsequent für die Forderung des allgemeinen und gleichen Wahlrechtes für Männer und Frauen eingesetzt hatte. Selbst die bürgerliche Frauenbewegung trat mehrheitlich für das von den Sozialdemokratinnen sogenannte »Damenwahlrecht« ein; die Bevorzugung der Besitzenden durch das Dreiklassenwahlrecht sollte auf die Frauen ausgedehnt werden. Erst die Erfahrungen des 1. Weltkrieges, in dem die Frauen in allen wirtschaftlichen Bereichen die Männer ersetzen mußten, politisch aber weiterhin rechtlos blieben, bewegte auch sie dazu, sich gemeinsam mit den Sozialdemokratinnen für dieses Recht einzusetzen. Das aktive und passive Wahlrecht war nach der Novemberrevolution für sozialdemokratische und bürgerliche Frauen »der sichtbare Ausdruck der Gleichberechtigung der Frauen im neuen Deutschland...«

Eine »Frauenfrage im alten Sinn« gab es damit für die Sozialdemokratinnen nicht mehr: Sie erschien für sie gelöst. In der demokratischen Republik sollte sich ihr Kampf innerhalb der Parteien und Parlamente abspielen. Doch auch dort wollten sie ihr »Frauentum« nicht verleugnen. Die Frauen seien zwar »gleichberechtigt, aber nicht gleichartig«. In der Frauenbeilage des Echo wurde darum die Frau als eine »notwendige Ergänzung des Mannes« in der Politik beschrieben:

> »Der Mann ist kühl überlegend, vernunftgemäß eingestellter Taktiker. Die Frau ist stark gefühlsmäßig, hat eine leichte Auffassungsgabe und reagiert sehr temperamentvoll. Sie kann für ihre Überzeugung große Opfer bringen und ist im Kampfe viel ausdauernder als der Mann.«

Aufgabe der Frauen sei es daher, der »Nurmännerpolitik des Verstandes« eine Politik gegenüberzustellen, die von »verstehendem Gefühl durchströmt« sei.[1] Spezifisch weibliche Tätigkeitsbereiche, die der »Naturveranlagung der Frauen« besonders entsprächen, waren daher für die Sozialdemokratinnen Sozialpolitik und Wohlfahrtspflege, Erziehung und Volksbildung. Sie begriffen die Frauenfrage nicht mehr als soziale Frage. Darum kämpften sie auch nicht mehr für die grundlegende sozialistische Veränderung der Gesellschaft als Voraussetzung für die Emanzipation der Frau, sondern für die Verwirklichung des »spezifisch weiblichen Einflusses« in allen gesellschaftlichen Lebensbereichen. Dieses Verständnis der sozialdemokratischen Frauenbewegung seit Beginn der Weimarer Republik unterschied sich nicht von dem der bürgerlichen Frauenbewegung.

Die Kommunistinnen erkannten zwar das Wahlrecht als wichtige Re-

»So hat die Republik die Stellung der Frau verbessert...« (aus: Illustrierte Reichsbanner Zeitung 1930)

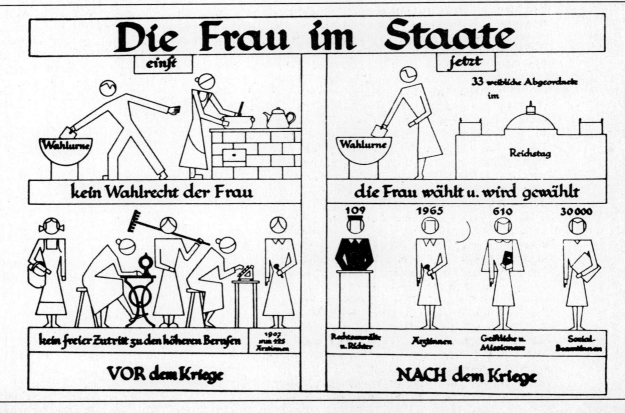

Flugblatt V des Wahlwerbeausschusses Hamburgischer Frauenvereine.

Deutscher Familienvater!

Deiner Frau und Deinen Töchtern von 20 Jahren an ist das Wahlrecht verliehen worden! Ihre Stimmen werden bei den Wahlen zur Nationalversammlung maßgebend sein, sogar entscheiden, denn die Frauen sind in der Überzahl. Es gibt etwa zwei Millionen mehr weibliche Wähler als männliche.

Ob Du, dessen Wort in Deiner Familie gilt, einverstanden bist mit diesem neuen Wahlrecht? Nun, man hat Dich nicht gefragt!

Wir wenden uns an den Teil der deutschen Familienväter, die nicht einverstanden sind mit dieser Neuerung. Was gedenkt Ihr zu tun? Wollt Ihr unmutig beiseite stehen und selbst nicht wählen oder doch Eure Frauen und Töchter zurückhalten mit der Begründung: die Frau gehört ins Haus?

Bedenke, was Du tust!

Wer wählt, unterstützt die Partei, der er selber angehört!

Wer seine Frau und Töchter aufklärt über die Ziele seiner Partei und sie für diese gewinnt, verstärkt sie um ein Vielfaches.

Wer nicht wählt, stärkt die Partei der **Gegner!**

Wer aus dem Bürgertum nicht wählt, hilft mit dazu, das Bürgertum rechtlos zu machen.

Deutscher Familienvater! Du brauchst Deine Stellung im häuslichen Kreise nicht zu ändern; bleib nur, der Du warst und der Du bist, aber hole Deine Frau und Deine Töchter heran, so ungewohnt es Dir auch ist, Politik mit Ihnen zu verhandeln.

Bedenke, es geht um die Zukunft des ganzen deutschen Volkes, der Männer und der Frauen!

Du sollst Deiner Frau und Deinen Töchtern politischer Leiter und Führer werden.

Frauen sind die Überzahl,
wählt und werbet für die Wahl!

Herausgegeben vom Ausschuß der Frauenverbände Deutschlands.
Wahlwerbeausschuß Hamburgischer Frauenvereine.
Geschäftsstelle: Brandsende 8, I., täglich 9 bis 4 Uhr; Telephon: Vulkan 2475. Bankkonto: Wahlwerbeausschuß Hamburgischer Frauenvereine, Vereinsbank. Postscheckkonto: 20287.

Buchdruckerei Josef Holl, Hamburg, Markthof

So sollt ihr sein!

So sollt ihr sein, wie eure Mütter waren:
Am stillen Herd, im trauten Lampenschein,
Im Stricken und im Fliden wohl erfahren,
In Mann und Kindern liebend glücklich sein.

Die laute Welt, die soll euch nicht berüden,
Der andern Praßen laß euch lächelnd kalt.
Ihr bietet frohbewegt den Kinderblicken
Die deutsche Sage dar, den deutschen Wald.

Und streckt nach euch die Sorge ihre Arme,
Und schliefen eure Kinder hungernd ein,
Dann kniet ihr betend, daß sich Gott erbarme.
So sollt ihr sein, ihr deutschen Fraun? Ach nein!

Ihr, Pol des Lebens, Quelle neuer Jugend,
Steckt höher euer Ziel für diese Welt.
Glaubt: stumm entsagen ist nicht höchste Tugend.
Zur Weggenossin wurdet ihr erwählt.

Und ist des Mannes Weg voll spitzer Dornen,
Wie kann da euer Weg so milde sein?
Den Pfad befreien helfen, den verworrnen,
Scheint besser da als stilles Dulden sein.

Daß eure Kinder nicht mehr hungernd schreien,
Helft wirken an dem ewgen Menschheitstraum,
Vom Dünkel und vom Hunger zu befreien
Die Welt, das seid ihr wert, ihr deutschen Fraun!

Dann einst, wenn euren lebensvollen Sagen
Voll Andacht lauscht beglückter Enkel Schar,
Wird man mit Recht zu euren Töchtern sagen:
So sollt ihr sein, wie eure Mutter war!

Emma Fuchs.

---

form an, sahen aber, daß damit noch keine reale Verbesserung der rechtlichen und sozialen Situation der Frauen erreicht war. Der Kampf um die Emanzipation der Frau wurde von ihnen schon zu Beginn der Weimarer Republik als Teil des Kampfes für eine sozialistische Gesellschaftsordnung gesehen. Nur gemeinsam mit den Männern sei dieser Kampf zu führen. Für sie war die Frau auch in der Weimarer Republik noch doppelt unterdrückt: vom Kapitalisten und vom eigenen Mann. Das unterschiedliche Rollenverhalten von Mann und Frau war in ihren Augen nicht ›natur‹-, sondern ›kulturbedingt‹. Die Frauen seien »nicht mißratene Kopien der sogenannten ›Herren der Schöpfung‹…, sondern weibliche Menschen, gerade deshalb vermögen… (sie, d. V.) eigene neue andere Werte in das Gesellschaftsleben aller Gebiete« einzubringen.[2]
Ihre Hoffnungen und Erwartungen wurden sehr bald ebenso enttäuscht

wie die der sozialdemokratischen und bürgerlichen Frauen. Denn die Situation der Frauen in der Weimarer Republik war bestimmt durch ständige existentielle Probleme: Inflation, Arbeitslosigkeit und politische Krisen prägten die Erfahrungen der Frauen.

Wahlrecht und verfassungsmäßige Gleichstellung erwiesen sich gegenüber der fortdauernden Diskriminierung in allen gesellschaftlichen Bereichen als wirkungslos. Der Einfluß der Frauen im Parlament war gering. Der Anteil der weiblichen Abgeordneten in Reichstag und Länderparlamenten ging kontinuierlich zurück: Waren 1919 noch 10,7 Prozent der Abgeordneten in der Hamburger Bürgerschaft Frauen, so waren es 1932 nur noch 6,2 Prozent. Fünf der zehn Parlamentarierinnen kamen aus der KPD, fünf aus der SPD. Da sich ihre Arbeit meist auf Bildung und Erziehung, Sozialpolitik und Wohlfahrtspflege beschränkte, war ihnen der Einfluß auf alle anderen Bereiche weitgehend vorenthalten.[3]

Aus »Frauenwelt«, 1925, Heft 19

Auch außerhalb der Parlamente waren die genannten Arbeitsgebiete in der SPD, teilweise auch der KPD, typische Aufgabenbereiche der Frauen. Innerhalb der SPD allerdings kritisierten immer häufiger vor allem jüngere Frauen die Selbstbeschränkung auf wenige Bereiche in der Politik, da so die Interessen der Frauen nicht wirksam vertreten werden könnten. So wurde in einem Artikel der ›Frauenbeilage des Echo‹ gefragt:

>»Ist darum ein jahrzehntelanger Kampf von unseren tüchtigsten Frauen geführt worden, damit er allein und fast ausschließlich in der Wohlfahrtspflege verebben sollte?… Verkehrt war es, daß sich die Frau aus ihrem engen Gesichtskreis heraus verleiten ließ, in einem engen Tätigkeitsbereich gefangen zu bleiben…«[4]

1 Frauen u. Partei, in: FbHE, 26. 10. 1924; Frauenstimmen aus der Nationalversammlung, 1921, S. 13.
2 Die Kommunistische Partei und die Frauenfrage, Referat Clara Zetkin

1920, in: Dokumente der revolutionären dt. Arbeiterbewegung zur Frauenfrage, 1975. S. 76 ff.; Richtlinien für die Frauenagitation, in: Dokumente, s. 88 ff.

3 Verzeichnis der Mitglieder der Bürgerschaft der Freien und Hansestadt Hamburg, Hamburg 1919 bis 1933.
4 Die Frau u. d. Politik, in: FbHE, 25. 4. 1924.

Schon bei den ersten Wahlen zur Nationalversammlung und zur Bürgerschaft in Hamburg im Jahre 1919 wurden die Hoffnungen der Partei enttäuscht. Die Frauen wählten eher christlich-konservativ.

In Hamburg wurde nur einmal, zur Bürgerschaftswahl 1924, Gebrauch von der Möglichkeit einer getrennten Stimmabgabe gemacht. Die Auswertung dieses Wahlergebnisses bestätigt die Tendenz, die sich in den 20er Jahren im Reich abzeichnete: Frauen wählten in größerer Zahl DVP, DNVP und Zentrum. Hätten 1924 allein die Frauen Hamburgs die Bürgerschaft gewählt, so hätten die bürgerlichen Parteien mit 55,5 % im Vergleich zu 52,6 % bei der gemeinsamen Wahl von Männern und Frauen eine eindeutigere Mehrheit gehabt. Erst gegen Ende der 20er Jahre nahm der Anteil der Wählerinnen für die SPD zumindest in den Industrieregionen, den traditionellen Zentren der Arbeiterbewegung, wie wahrscheinlich auch in Hamburg zu.[5] Doch auch der Anteil der weiblichen (und männlichen) Stimmen für die NSDAP stieg seit 1930 bedrohlich an.

»Die politische Indifferenz der Frau...«

Eine wesentliche Ursache dieses Wahlverhaltens der Frauen war, daß sie bis 1918 wenig Einflußmöglichkeiten in Gesellschaft und Politik erhalten hatten. Hinzu kam die rollenspezifische Erziehung. »Politik war und blieb Männersache«. Die soziale Situation, vor allem der Arbeiterinnen und Arbeiterfrauen, nahm die Zeit für gesellschaftliche Bildung und Betätigung. Die Sorgen um das tägliche Überleben bestimmten Fühlen und Denken. Die Anregung durch das Gespräch mit dem Ehemann oder Freund fehlte meist, da er »mit einer Frau nicht über Politik sprach«. Es erschien den Männern ausreichend, wenn sie sich politisch engagierten. Nur wenige Ehemänner waren bereit, der Frau im Haushalt und bei der Kindererziehung zu helfen. Auch die Erwerbstätigkeit erweiterte den Gesichtskreis der Frauen nur bedingt, denn am Arbeitsplatz galt ihre Sorge vorrangig Haushalt und Kindern. Die Berufstätigkeit war für sie ›nur‹ notwendiger Broterwerb. Schlechte Möglichkeiten und Bedingungen im Beruf verhinderten meist, daß die Erwerbsarbeit zur Emanzipation der Frau beitrug. Viele gerade der verheirateten Frauen wären froh gewesen, wenn sie vom Zwang der Erwerbsarbeit befreit worden wären. Bei ihnen konnte deshalb auch die Propaganda der konservativen Parteien und vor allem der NSDAP fangen, die sich in der ›Doppelverdienerkampagne‹ gegen die Erwerbstätigkeit der verheirateten Frau aussprachen und demagogisch ein existenzsicherndes ›Familieneinkommen‹ forderten.

Diese vielfältigen Ursachen für die »politische Indifferenz der Frau« wurden nur selten berücksichtigt, wenn innerhalb der Hamburger SPD über die Ursachen eines Wahlausganges diskutiert wurde. Vor allem männliche Parteigenossen gaben den »rückschrittlich eingestellten Frauen« nur allzu gerne die »Schuld an dem Rückschlag«; so auch in der innerparteilichen Diskussion nach der Reichstagswahl 1930.

SPD-Plakat zur Reichstagswahl 1930

»Frauen, Ihr habt die Wahl!«

Da die SPD das Wahlrecht für die Frauen erkämpft hatte, erwartete sie von den Wählerinnen, daß sie der Partei ihre Stimme geben würden. Doch das Wahlverhalten der Frauen entsprach diesen Erwartungen nicht.

Frauen 159

Plakat der KPD zur Reichstagswahl 1930

SPD-Flugblatt zur Reichstagswahl im Juli 1932

Frauen und Mädchen!

Wollt Ihr den Bürgerkrieg?
Unnütz Menschenleben opfern?
Und noch tiefer in ein Hungerelend steigen?
Nein!
Wollt Ihr nichts als Magd und Dienerin sein, wie es die Nazis wollen?
Nein!
Wollt Ihr Eure und Eurer Kinder Rechte gegen blinde Terrorgewalt verteidigen?
Ja!
Diese Aufgabe erfüllt allein die Sozialdemokratische Partei!

Darum wählt am 27. September

Liste 1, Sozialdemokratische Partei!

Mutter!
Wer schützt dein Kind?

Schutzlos waren die Kinder der Straße überlassen — wenn Mutter oder Vater während einer langen Arbeitszeit abwesend waren. — So war es im kaiserlichen Deutschland!
Im neuen Volksstaat schuf die Sozialdemokratie in Hamburg für Eure Kinder sonnige Spiel- und Sportplätze.
Sorgt dafür, daß diese Errungenschaften erhalten bleiben!

Frauen, denkt daran am 27. September und wählt

Liste 1
Deine Stimme schützt dein Kind!

Da der Erfolg der konservativen Parteien nicht zuletzt darauf zurückgeführt wurde, daß sie dem »Bedürfnis der indifferenten Frau nach Abwechslung und Entspannung« in ihren Agitationsmethoden Rechnung tragen würden, versuchte die SPD in Hamburg, ebenso wie auf Reichsebene, diesem Bedürfnis seit Mitte der 20er Jahre mit ›Frauenfeierstunden‹, Film- und Lichtbildabenden entgegenzukommen.

Im Mittelpunkt der ›Frauenfeierstunden‹ standen kurze politische Ansprachen, die von »schöner Musik, Gesangsvorträgen und Rezitationen umrahmt« wurden; durchschnittlich kamen 1500 bis 2000 Frauen im Gewerkschaftshaus zusammen. Beliebt waren bei den Frauen auch die Vorführungen, bei denen z. B. sozialkritische Filme wie ›Mutter Krausens Fahrt ins Glück‹, ›Giftgas‹ (Antikriegsfilm) oder ›Cyankali‹ gezeigt wurden. Bei den 22 Vorführungen von ›Kreuzzug des Weibes‹, einem Film gegen die §§ 218/219, der im Reichstagswahlkampf 1928 im gesamten Hamburger Stadtgebiet gezeigt wurde, zählte man 15 000 Besucherinnen. Höhepunkt des SPD-Wahl-

Aus: »Roter Stern«, Nr. 10, 1932

kampfes unter den Frauen war in Hamburg seit Ende der 20er Jahre eine große Frauenkundgebung, so auch bei der Reichstagswahl 1930.

Am 11. September 1930, wenige Tage vor der Wahl, formierten sich die Frauen, verstärkt durch Reichsbanner, SAJ und Kinderfreunde, in den einzelnen Stadtteilen zu Demonstrationszügen, die sich auf dem Lübeckertorfeld trafen. Gemeinsam ging es dann zur Kundgebung auf den Rothenburgsorter Sportplatz Marckmannstraße, wo Bürgermeister Dr. Rudolf Roß sprach. Vorbereitet wurde diese Kundgebung durch öffentliche Frauenversammlungen in den einzelnen Stadtteilen.[6]

Im Unterschied zur SPD konzentrierte sich die KPD 1930 in ihrem Hamburger Reichstags-Wahlkampf stärker auf die erwerbstätigen Frauen, die sie in Betriebsversammlungen anzusprechen versuchte. Daneben führte sie in fast allen Stadtteilen Hamburgs Häuserblockversammlungen durch, die u. a. die Arbeiterfrauen erreichen sollten. Geworben wurde zuvor durch Haus- und Hofagitation, Filme sowie Propaganda-Lastwagen. Inhaltlicher Schwerpunkt des Wahlkampfes unter den Frauen war 1930 bei SPD und KPD der Kampf gegen die §§ 218/219.

»Auch die Frauen kämpften noch getrennt voneinander...«

Die drastischen Stimmengewinne der NSDAP bei der Reichstagswahl 1930 zwangen die Arbeiterparteien, sich stärker mit dem Thema ›Nationalsozialismus und Frauen‹ auseinanderzusetzen. Die erste Reaktion der Kommunistinnen und Sozialdemokratinnen auf den Wahlausgang 1930 war nicht selten Betroffenheit und Unverständnis:

> »Ganz unverständlich allerdings ist, daß ein sehr erheblicher Prozentsatz der Frauen der Nationalsozialistischen Partei ihre Stimme gegeben hat. Das ist um so weniger zu verstehen, als diese Partei den Frauen jedes Recht auf politische Betätigung abspricht und infolgedessen auch keine einzige Frau unter ihren Abgeordneten hat.«[7]

Seit 1930 erschienen in den Frauenzeitschriften bzw. Frauenbeilagen von KPD und SPD eine Vielzahl von Artikeln, die sich mit dem Verhältnis der Nationalsozialisten zur Frauenfrage auseinandersetzen. In ihnen wurde nach Erklärungen dafür gesucht, warum Frauen die frauenfeindliche NSDAP wählten. Als eine Ursache wurde nicht nur von den Kommunistinnen, sondern nun auch von den Sozialdemokratinnen erkannt, daß »in großen Mengen der Arbeiterschaft noch höchst gefährlich der Antifeminismus schlummert«.

»Unser Kampf gegen den Nationalsozialismus muß deshalb intensive Aufklärungsarbeit sein, er muß zum nicht geringen Teil die endgültige Regelung im Kampf der Geschlechter in unseren eigenen Reihen bringen. Jeder Genosse, der die Frau in ihrem Kampf um Gleichberechtigung und Wissen nicht unterstützt, schafft Anhänger des Nationalsozialismus.«[8]

Zur Aufklärungsarbeit unter den Frauen gaben SPD und KPD in den folgenden Wahlkämpfen bis 1933 eine Vielzahl von Broschüren und Flugblättern heraus. Den Wählerinnen sollte gezeigt werden, »in welches Unglück sie sich selbst stürzen, wenn sie Hitler und den Nationalsozialisten, die die Frauen entrechten und zu Sklavinnen machen sollen, ihre Stimme geben.«[9]

Die Frauen wurden aufgefordert, sich am Kampf der Arbeiterbewegung gegen die Nationalsozialisten zu beteiligen:

KPD: »Arbeitende Frauen und Mädchen! Das Gebot der Stunde ist Handeln, jetzt gibt es kein Beiseitestehen mehr. Es gilt zu kämpfen! Es geht um euer und eurer Familie Leben!... Macht Schluß mit der braunen Mordpest! Hinein in die Antifaschistische Aktion!... Allein die Kommunistische Partei führt euch den Weg des Kampfes zur Vernichtung des Faschismus.«

SPD: »Frauen, reiht euch ein in die Eiserne Front! Die Eiserne Front ruft auch die Frauen auf zur Hilfe... Es geht um eure Existenz. Es geht um die Erhaltung von Leben und Kultur. Es geht um die Erhaltung der Errungenschaften der Arbeiterbewegung. Unterstützt die Eiserne Front!«[10]

Auch die Frauen kämpften noch getrennt voneinander, bis es zu spät war...

5 Jahresbericht der Landesorganisation über die Geschäftsjahre 1924/25. Sozialdemokratischer Verein für das Hamb. Staatsgebiet, 1925, S. 51 f.
6 Tätigkeitsbericht 1. 1. 1931 bis 31. 12. 1930, SPD Bezirksverband Hamburg-Nordwest, 1931, S. 57 f.
7 Wie wählten die Frauen?, in: FbHE, 19. 10. 1930.
8 Der Nationalsozialismus und die Freiheit der Frau, in: FbHE, 29. 6. 1930.
9 Bildet die Eiserne Front der Frauen!, in: ›Arbeiterwohlfahrt‹, 1. 4. 1932, S. 194.
10 KPD-Flugblatt: Arbeitende Frauen und Mädchen!, Rt.wahl v. 31. 7. 1932, Thälmann-Gedenkstätte; Aufruf der FbHE: Reiht Euch ein in die Eiserne Front!, 20. 2. 1932.

»Wo bleibt der zweite Mann?«*
Frauen in Arbeiterorganisationen

* Parole der SPD zur Mitgliederwerbung 1931

Nach der Novemberrevolution organisierten sich viele Frauen erstmals in einer Arbeiterpartei. Die Erfahrungen des 1. Weltkrieges und der Auseinandersetzungen 1918/19 politisierten auch eine große Zahl von Arbeiterinnen und Arbeiterfrauen.

Im Vergleich zu ihrem Anteil an der Hamburger Bevölkerung waren die Frauen in den Arbeiterorganisationen aber nur gering vertreten: Rund 24 Prozent der SPD-Mitglieder Hamburgs zwischen 1919 und 1931 waren Frauen. Der Anteil der Frauen in der KPD war vermutlich noch geringer. Anfang der 20er Jahre lag er im Reichsdurchschnitt bei 12 Prozent.[11]

Für die meisten Frauen war der Eintritt in eine der Arbeiterparteien der erste Schritt zu gesellschaftlichem Engagement. Sie traten in die Partei – wie auch viele Männer – nicht auf Grund einer durchdachten sozialistischen Weltanschauung ein, sondern waren ihr mehr gefühlsmäßig verbunden. Die Mehrzahl der Frauen, die nicht aus einem traditionell sozialistischen Elternhaus stammten, setzte sich erstmals mit den Ideen der SPD bzw. KPD auseinander, wenn ihr Freund oder Ehemann sie dazu anregte. Im Unterschied zu ihren Männern fehlte den Frauen häufig der Anstoß zur Beschäftigung mit gesellschaftlichen und politischen Fragen durch die Diskussion mit engagierten Arbeitskollegen.

Den Weg über SAJ bzw. KJVD gingen vor allem Mädchen und Frauen aus Arbeiterfamilien, deren Angehörige traditionsgemäß in der sozialistischen Bewegung mitarbeiteten. Für sie war es selbstverständlich, mit 13 oder 14 Jahren in die Arbeiterjugendorganisation einzutreten. Sie stellten später viele Funktionärinnen im kleinen Kreis der aktiven Frauen von SPD und KPD. Der Masse der Sozialdemokratinnen und Kommunistinnen fehlten Voraussetzungen und Zeit für die Übernahme von Funktionen.

Trotz der Ausrichtung der Frauenagitation auf unterschiedliche Zielgruppen – die SPD konzentrierte sich auf die Gewinnung der Arbeiterfrauen, der nichtorganisierten Ehefrauen der Parteigenossen, die KPD versuchte vor allem die Arbeiterinnen anzusprechen – gewannen beide Parteien in der Mehrheit Hausfrauen als Mitglieder.

Aus Frauenbeilage des Echo, 19. April 1931

Die Länderkonferenz werktätiger Frauen Norddeutschlands, am 13. Oktober 1931 bei »Wachtmann«, Große Freiheit in Hamburg.

In der Hamburger SPD waren 1931 rund 72 Prozent aller weiblichen Mitglieder Hausfrauen, nur 13 Prozent Arbeiterinnen und 9 Prozent Angestellte. Inwieweit es der KPD gelang, mehr erwerbstätige Frauen als die SPD anzusprechen, läßt sich nicht überprüfen. Da in ihr jedoch mehr junge Frauen, überhaupt mehr Jugendliche als in der SPD organisiert waren, ist dies zu vermuten. Denn die Arbeitertöchter waren bis zu ihrer Heirat, häufig auch noch danach, zur Erwerbstätigkeit gezwungen. Diese jungen Arbeiterinnen und Angestellten waren aber mehr im KJVD als in der KPD aktiv.

Es war viel schwieriger, die Arbeiterin oder Angestellte, besonders die verheiratete Frau mit Kindern zu gewinnen, als die ›Nur‹-Hausfrau, weil sie durch Beruf, Haushalt und Kinder stärker belastet war. Darum waren die meisten Genossinnen der sozialdemokratischen Frauenbewegung Hamburgs zwischen 30 und 50 Jahre alt. – Ihre Kinder waren »aus dem Gröbsten raus«. Sie brauchten nicht mehr erwerbstätig zu sein. Dies ermöglichte ihnen ihr politisches Engagement.[12]

»... dann gehen die Genossen nach Hause«

Sozialdemokratinnen und Kommunistinnen verstanden die Frauenarbeit als Teil der Parteiarbeit. Ideologie und Politik der Frauenbewegung ordneten sie der Gesamtstrategie der Partei unter; emanzipatorisch konnte ihre Frauenarbeit also nur insoweit sein, wie ihre Partei eine emanzipatorische und systemverändernde Politik betrieb. Anspruch der sozialdemokratischen und kommunistischen Frauen war gleichermaßen, daß die Aktivitäten ihrer Partei unter den Frauen auch von den männlichen Genossen mitgetragen werden sollten. Doch die Realität sah in Hamburg anders aus. Von den Frauen beider Parteien wurde die Haltung der männlichen Genossen kritisiert. Die Kommunistinnen mußten feststellen:

»Die Arbeit unter den Frauen wird in ihrer Notwendigkeit von den Parteigenossen noch immer verkannt... Die einzelnen Leitungen sehen die Mobilisierung der Frauen eben immer noch als eine Arbeit an, die bis in die kleinste Einzelheit nur von Genossinnen gemacht werden muß.«

Die Sozialdemokratinnen bemängelten: »Uns Frauen, die wir einen recht großen Prozentsatz in der Partei ausmachen, überläßt man die Gewinnung und Schulung der Frau und ist froh, wenn wir überhaupt nicht die

Frauen

Zeit der Genossen dafür in Anspruch nehmen. Über die kleinlichsten Dinge werden in Sitzungen stundenlange Debatten geführt. Aber wenn wir über Frauenfragen diskutieren wollen, ist auf einmal keine Zeit mehr, die Genossen müssen nach Hause gehen.«[13]

Diese Haltung vieler Genossen zur Frauenarbeit, deren Ursache die traditionelle rollenspezifische Erziehung in der Schule und den Arbeiterfamilien war, behinderte die gleichberechtigte Mitarbeit der Frauen auch in den Leitungen der Partei. Auf allen Ebenen der Organisation von SPD und KPD in Hamburg waren Frauen unterrepräsentiert. Beispielsweise war nur in fünf von 35 Hamburger Distrikten der SPD 1931 eine Frau im Vorstand. Typische Frauenfunktion war die Schriftführerin.

»Hast du schon eine zweite Genossin geworben?«

Ziel der Frauenarbeit der SPD war die Gewinnung der Frau als Wählerin und Genossin. Die Aktivitäten der Hamburger Sozialdemokratinnen konzentrierten sich, gemäß der Bedeutung, die die Partei den Wahlen beimaß, auf Wahlkampfzeiten. Zur Aktivierung und Schulung der Genossinnen wurden in allen Distrikten und darüber hinaus in vielen Bezirken der Hamburger SPD monatlich Frauenversammlungen durchgeführt. Angeleitet wurde die Frauenarbeit durch den Frauenaktionsausschuß. Seit 1919 erschien monatlich eine ›Frauenbeilage des Hamburger Echo‹.

Wichtiges Hilfsmittel für die Funktionärinnen war daneben ihr Informationsorgan, die ›Genossin‹. Zur Agitation unter den »indifferenten Frauen« gab der Parteivorstand der SPD in Berlin seit 1924 alle 14 Tage die »Frauenwelt« heraus. In ihr war die sozialdemokratische Tendenz unter Feuilleton, Erbauungsgedichten, Schnittmustern und Modezeichnungen jedoch schwerlich zu entdecken. Darum lehnten viele Hamburger Sozialdemokratinnen die ›Frauenwelt‹ ab. Sie wurde im Unterschied zu anderen Gebieten des Reiches in der Hansestadt nur ungern vertrieben.[14]

Durch die Frauenarbeit der KPD sollte insbesondere die parteilose Arbeiterin, aber auch die Arbeiterfrau angesprochen und als »Mitstreiterin im Klassenkampf« gewonnen werden. Mittel hierzu war neben dem ›Roten Frauen- und Mädchenbund‹ die ›Frauendelegiertenbewegung‹, die eine enge ständige »Verbindung der Partei durch die Delegierten mit den breiten, bisher politisch unaufgeklärten und inaktiven Schichten der werktätigen Frauen« schaffen sollte. Obwohl die Partei bereits seit 1926 versuchte, die arbeitenden Frauen mit Hilfe der Wahl von Delegiertinnen in Betriebs- und Häu-

serblockversammlungen zu erfassen, blieb die Bewegung bis Ende der 20er Jahre auch in Hamburg sehr schwach. Auftrieb erhielt die Frauendelegiertenbewegung der KPD durch den 1. Reichskongreß der werktätigen Frauen im Oktober 1929 in Berlin. Die Begeisterung, die die Frauen von diesem Kongreß mitbrachten, belebte an der »Wasserkante« die Aktivitäten, deren Höhepunkt am 18. Oktober 1931 die Länderkonferenz Nordwest in Hamburg war. Von den 680 Delegiertinnen waren 358 parteilos, 72 freigewerkschaftlich und 34 sozialdemokratisch organisiert. Der KPD gelang es nur unzureichend, auch sozialdemokratische Frauen in diese ›Einheitsfront von unten‹ mit einzubeziehen.

Zur Aufklärung der proletarischen Frauen, zur Anleitung der Kommunistinnen diente, neben der monatlichen Zeitungsbeilage ›Die Kommunistin‹, die ›Kämpferin‹. Sie wurde seit 1927 vom Zentralkomitee der KPD zweimal im Monat herausgegeben. Ein Erfolg der Frauendelegiertenbewegung im Bezirk ›Wasserkante‹ war, daß der Verkauf der ›Kämpferin‹ von 1700 Exemplaren pro Monat im Jahr 1930 auf 7500 Exemplare im Jahr 1932 gesteigert werden konnte.[15]

Diese angesichts der Schwierigkeiten recht erfolgreichen Anfänge einer sozialdemokratischen und kommunistischen Frauenarbeit in Hamburg wurden 1933 jäh abgebrochen...

---

11 Witt, Die Hamburger Sozialdemokratie in der Weimarer Republik, 1971, S. 53; Protokoll IV. Weltkongreß der KI 1922, Hamburg 1923, Bd. II (Nachdr. Erlangen 1972), S. 738 f.
12 Hagemann, K./Söllner, B., ›Denn der Mann hat gesagt: es genügt, wenn ich in der Partei bin‹. Die sozialdemokratische Frauenbewegung Hamburgs in der Weimarer Republik, in: Berlin (Hg.), Das andere Hamburg, 1981, S. 245 ff.; Protokoll der KI, IV. Wk., S. 740; Witt, S. 56.
13 Bericht der Bl. KPD Wasserkante, 1927–1929, S. 102 f.; Protokoll SPD-Parteitag 1929 Magdeburg, 1929 (Nachdr. 1974), S. 238 f.
14 Hagemann/Söllner, S. 245 ff.
15 Die Arbeit der KPD unter den Frauen, in: Dokumente, S. 108 f.; Bericht der Bl. Wasserkante 1932, S. 89 f.; Die Frau und die Gesellschaft, S. 108 ff.; Kontos, S. 76 ff.

Von uns aktiven Frauen wurde selbstverständlich erwartet, daß wir neben der allgemeinen politischen Arbeit auch die Frauenarbeit machten.

1928 wurde ich Mitglied des Frauenaktionsausschusses, der leitete die Frauenarbeit innerhalb der Partei an. Wir waren fünf Frauen, die in einer Versammlung der Genossinnen der Distriktsfrauenausschüsse gewählt wurden. Erweitert wurde dieser Aktionsausschuß durch die Vorsitzenden der Frauenausschüsse in den SPD-Distrikten der Stadtteile. Gemeinsam überlegten wir u.a., welche größeren Versammlungen abgehalten werden sollten. Das waren zu meiner Zeit meist rein politische Veranstaltungen, zu denen wir Bürgerschaftsabgeordnete oder Reichstagsabgeordnete holten. Die Frauenarbeit war furchtbar schwer, man muß sich einmal überlegen, wie wenig Voraussetzungen die Frauen mitbrachten. Die meisten hatten keine Ahnung von gesellschaftlichen Zusammenhängen...

In den Stadtteilen mußten wir uns häufig darauf beschränken, die Frauen zu sogenannten Handarbeitsabenden zusammenzuholen, doch gerade wir Jungen legten Wert darauf, daß trotzdem ein politisches oder kulturelles Referat gehalten wurde. Und wenn die Frauen dabei arbeiteten, dann war das z. T. einfach auch eine Notwendigkeit. Wenn mehrere Kinder da waren, hatten sie immer etwas zu stricken oder zu stopfen.

Einmal im Monat trafen die Frauengruppen sich in einer Wirtschaft oder Schule. Wir hatten da ja zum Teil schon Räume in Schulen zur Verfügung, in denen mußten wir dann natürlich Punkt 10 Uhr weg sein. In Wirtschaften war es unangenehmer, weil wir da immer etwas verzehren mußten.

Wichtig fand ich, daß die Frauen überhaupt angeregt wurden zum Nachdenken. Wir haben immer empfunden, daß uns viel mehr Frauen verloren gegangen wären, wenn wir die Frauenarbeit nicht gemacht hätten. Denn der Mann hat in dieser Beziehung häufig negativ gewirkt. Viele Männer sagten: ›Es genügt, wenn ich in der Partei bin. Was soll meine Frau noch da? Die hat viel wichtigere Aufgaben im Hause. Die soll sie gut machen.‹

So war die Einstellung. Für mich ist das eigentlich schon der Beweis dafür, daß die Gleichberechtigung auch in unserer Organisation bei den Männern nicht so bewußt war. Für die aktiven Genossinnen war die Frauenarbeit wirklich eine zusätzliche Sonderarbeit, so habe ich es immer empfunden.«
(Interview v. 25. 1. 1981 u. 8. 1. 1982)

»Die Frauenarbeit war furchtbar schwer...«

Paula Karpinski berichtet:

Aus Frauenbeilage des Echo, 16. Juli 1932

Frauen-Beilage des Hamburger Echo

Nummer 7   Sonnabend, 16. Juli 1932   14. Jahrgang

Frauen, Ihr habt die Wahl!
Von Judith Grünfeld

»Heran an die Massen!«
Der Rote Frauen- und Mädchenbund

Unter dem Motto ›Heran an die Massen‹ gründete die KPD Ende November 1925 den ›Roten Frauen- und Mädchenbund‹ (RFMB), die »Schwesterorganisation« des bereits 1924 entstandenen ›Rotfrontkämpferbundes‹ (RFB). Er sollte »breite, indifferente Frauenmassen, ohne Unterschied der Partei und Religion... erfassen, sie sowohl durch Vorträge, Kurse usw. theoretisch, als auch durch Teilnahme an allen Aktionen der Arbeiterklasse, politisch schulen«. Um die ›indifferenten Frauen‹ von bürgerlichen und vaterländischen Frauenvereinen zu lösen, bot er auch »proletarische Unterhaltung« an.[16] Die Frauen des Bundes begriffen ihre Aktivitäten, die vorrangig auf die Erhaltung des Friedens und die Bekämpfung der drohenden Kriegsgefahr ausgerichtet waren, als Teil des Kampfes der Arbeiterklasse. Die KPD verstand den RFMB als »Hilfsorganisation«, die jedoch nicht die Arbeit der Partei unter den Frauen ersetzen könne.

Im November 1926 gehörten dem RFMB im Reichsgebiet bereits 20000 Frauen an; etwa 70 % von ihnen waren parteilos. In Hamburg wurde eine der ersten Ortsgruppen des RFMB gegründet. Den in der Ortsgruppe aktiven Kommunistinnen gelang es nur sehr schwer, die parteilosen Frauen in die Aktivitäten einzubeziehen. Wieviel Frauen in Hamburg Mitglied der Organisation waren, ist nicht bekannt.

Nach den blutigen Maiergebnissen 1929 in Berlin und dem Verbot des RFB wurde auch die Arbeit der »Schwesterorganisation« durch Veranstaltungsverbote und Zensur massiv behindert. Ende 1930 beschloß der RFMB, der faktisch nur noch halbillegal arbeitete, seine Arbeit in dem neugegründeten ›Kampfbund gegen den Faschismus‹ fortzusetzen.

Um den Einfluß auf die »indifferenten Frauen« nicht zu verlieren, wurde seit Mai 1931 von der KPD neben der ›Kämpferin‹ die Frauenzeitschrift ›Der Weg der Frau‹ herausgegeben (Auflage: 150000). Die Zeitschrift war von Beginn an ein Erfolg: Die erste Nummer war innerhalb von drei Tagen vergriffen! Neben allgemeinen politischen Fragen wurden die Probleme der Frauen im Beruf, in der politischen Bewegung, mit Männern und Kindern behandelt.

Gebälk umher oder sind tief unten mit dem ersten Ausbau des Tunnelbodens beschäftigt. Es war keine leichte Arbeit, in diesem feuchten Boden zu arbeiten. Sand, Torf und wieder Sand wechselten meterweise ab in größere Tiefen ab. Unter und über dem

zu Ende geführt. Die Aufräumung des Jungfernstiegs wird dann in der Richtung nach dem Reesendamm weitergeführt.

Die Ecke Colonnaden-Jungfernstieg ist inzwischen zu einem unschönen Lagerplatz geworden, an dem Tausende von Menschen

Internationaler Frauentag
Kundgebungen im großen Saal des Gewerkschaftshauses und des Curiohauses
am Dienstag, 27. Mai
um 20 Uhr. Es sprechen die belgischen Genossinnen
Berthe Masson, Verviers
Alice Pels, Brüssel
Ferner wirken mit: Käte Herckel, Hanns Stolpe, Chorverein „Treue" von 1877 und Arbeiter-Singakademie.
Preis der Eintrittskarten **30** Pfennig. Karten sind bei allen Vertrauensfrauen der Partei zu haben.

Zum internationalen Frauentag

Einmal im Jahre ruft die Sozialistische Internationale die Frauen aller Völker auf, in Demonstrationen und Kundgebungen ihren Forderungen auf

ausreichenden Schutz für Mutter und Kind, ausreichenden Schutz für die Frau im Betriebe, ausreichende Fürsorge für Hilfsbedürftige, gleichen Lohn für gleiche Arbeit, Völkerfrieden und Völkerverständigung

Ausdruck zu geben.

Aus dem gemeinsamen Schicksal im Wirtschafts- und Gesellschaftsleben sind diese gemeinsamen Forderungen der Frauen aller Länder entstanden. Wie das Wesen des Kapitalismus, dessen Wesen die Ausbeutung des Menschen durch den Menschen ist, die ganze Welt erfaßt hat, so muß auch die Abwehr und der Kampf um seine Beseitigung die Arbeitenden aller Länder erfassen. Alle arbeitenden Menschen der kapitalistischen Welt führen diesen Kampf in solidarischer Verbundenheit in der

Sozialistischen Internationale,

und mit ihnen auch die Frauen aller Länder. Wir wollen, daß die Gesellschaft der Menschen auf Arbeit und Gemeinschaft aufgebaut wird, die keine kapitalistische Ausbeutung, keine Herren und Knechte kennt, eine Gesellschaft, in der Gemeinnützigkeit die Gesetze des Handelns vorschreibt.

Die Frauen sind berufen und auch entschlossen, tatkräftige Hilfe bei diesem Aufbau zu leisten. Darum erheben wir am internationalen Frauentage unsere Forderungen, um die Voraussetzungen für eine erfolgreiche Arbeit zu schaffen. Die deutschen Frauen haben in diesem Jahre besondere Ursache, wachsam und auf dem Posten zu sein. Bedroht doch die reaktionäre Regierung Brüning unter anderem auch die Sozialpolitik des neuen Deutschlands in bezug auf Mutter- und Jugendschutz, Wochenhilfe und Wochnerinnen-, Invaliden- und Säuglingsfürsorge.

Mit unsern Schwestern in der ganzen Welt wollen wir die Reaktion überwinden durch unsere Arbeit für eine Gesetzgebung, die dem Wohl und dem Schutz aller Menschen gilt.

Dem Sozialismus gehört die Zukunft!

Frauen und Mädchen!
Heraus zur Demonstration und Kundgebung am 27. Mai
Dieser Tag gehört den Frauen!

Unsere belgischen Schicksalsgenossinnen Alice Pels und Berthe Masson werden in den Kundgebungen im Gewerkschaftshaus und im Curiohaus zu den Frauen sprechen.

Aufstellungsplätze für die Demonstrationszüge am Dienstag, 27. Mai

Nachfolgende Distrikte gehen nach dem Curiohaus:
Neustadt: Schaarmarkt, 18.30 Uhr;
St.-Pauli-Süd: Wilhelmsplatz, 18.45 Uhr;
St.-Pauli-Nord: Neuer Pferdemarkt, 19 Uhr;
Eimsbüttel: Eimsbütteler Marktplatz, 18.15 Uhr; Kaiser-Friedrich-Ufer, 18.45 Uhr;
Harvestehude-Hoheluft: Ecke Gärtner- und Wrangelstraße, 18.45 Uhr;
Winterhude, Groß-Borstel: Winterhuder Marktplatz, 18.15 Uhr;
Eppendorf: Eppendorferbaum, Ecke Eppendorfer Landstraße, 18.45 Uhr;
Langenhorn schließt sich an: Bahnhof Eppendorferbaum 19 Uhr.

Nachfolgende Distrikte gehen nach dem Gewerkschaftshaus:
Uhlenhorst: Lölchplatz Osterbeckstraße, 18 Uhr;
Barmbeck-Süd und -Nord, Farmsen-Berne, Fuhlsbüttel: Mundsburg, 18.30 Uhr;
Eilbeck: Ecke Eilbecker Weg und Wagnerstraße, 18 Uhr;
Hohenfelde: Anlagen Landwehr, 18.15 Uhr;
St.-Georg-Nord, Hamm-Horn-Borgfelde, Bezirke 1 bis 8, 12 bis 22, 25 bis 28, 32 bis 34, Bergedorf, Billwärder: Berliner Tor, 18.45 Uhr;
Hamm, Bezirke 9 bis 11, 23, 24, 29 bis 31, St.-Georg-Süd, Rothenburgsort, Bullerdeich, 18.45 Uhr;
Veddel: Gewerkschaftshaus Veddel, 18 Uhr.

Frauen und Mädchen, erscheint in Massen!

Der Frauenaktionsausschuß.

Der Parteivorstand.

privaten Besprechungen ihre Zuflucht nehmen, so in Köln, 1892, in Frankfurt 1894. Die Berichterstattung in der Gleichheit, die zuerst 1890 unter dem Titel „Die Arbeiterin" erschien, mußte sich

dern aufrechtzuerhalten und die nächste Frauenkonferenz (Marseille 1925) vorzubereiten.

Die Frauenkonferenz in Marseille, auf der 800 000 Frauen

Echo, 25. Mai 1930

»Dieser Tag gehört den Frauen!« Kleine Geschichte des Internationalen Frauentages

Woher die Anregung zu einem besonderen Frauentag kam, welches seine Vorläufer waren, dazu gibt es verschiedene Versionen. Die unmittelbare Anregung ging wohl von dem Beschluß der amerikanischen Sozialisten im Jahr 1909 aus, »...am letzten Februarsonntag große Propaganda für das Frauenwahlrecht und die Idee des Sozialismus zu veranstalten.«

Diese Anregung griff die II. Internationale Sozialistische Frauenkonferenz 1910 in Kopenhagen auf und beschloß die jährliche Durchführung eines Internationalen Frauentages Anfang März. Neben der Forderung nach dem Frauenwahlrecht sollte zentrale Parole des Frauentages die »Sozialistische Umgestaltung der bestehenden Gesellschaftsordnung« sein. Am 19. März 1911 fand der erste Internationale Frauentag auch in Deutschland statt. Nach der Novemberrevolution stellte sich die SPD auf den Standpunkt, mit der Errungung des Frauenwahlrechtes sei das Ziel des Frauentages erreicht. Obwohl die Internationale Sozialisti-

sche Frauenkonferenz bereits 1923 in Hamburg mit den Stimmen der deutschen Sozialdemokratinnen beschloß, alljährlich wieder den Internationalen Frauentag zu begehen, wurde erst auf dem SPD-Parteitag 1925 ein entsprechender Antrag der Genossinnen mehrheitlich angenommen.

Für die KPD wurde der Internationale Frauentag in den 20er Jahren wichtiger Bestandteil ihrer Frauenarbeit. Sie versuchte die Tradition der Sozialistischen Frauentages fortzusetzen, darum feierte sie ihn auch Anfang März. Der Protest der Frauentagsveranstaltungen richtete sich gegen Lohnungleichheit, Rationalisierung, Arbeitslosigkeit und Notverordnungen, die »Not verordneten«, gegen das Gebärzwang des § 218, gegen Militarismus und Faschismus.

Im Mittelpunkt ihrer Veranstaltungen stand der Kampf um den Erhalt und den Ausbau der Rechte der arbeitenden Frauen. So auch am 7. März 1931 in Hamburg: Die KPD rief zu Demonstration und großer Kundgebung für die Forderung »Gleicher Lohn für gleiche Arbeit« auf. In der »Hamburger Volkszeitung« wurde der Ablauf der

Veranstaltung beschrieben:
»In vier großen Zügen marschierte das Proletariat Hamburgs am Sonnabend auf für die Forderungen der Arbeiterinnen, für die Forderungen der gesamten Arbeiterklasse. Von 21.10 bis 22.30 trafen die Demonstrationszüge nacheinander auf dem Neuen Pferdemarkt ein... Die Beteiligung war eine starke, trotz des Schneegestöbers... Die Kundgebung im Schillertheater wurde zu einem mächtigen Bekenntnis für ein sozialistisches Deutschland... Das Schillertheater war bald überfüllt. Hunderte fanden keinen Einlaß mehr. Mit gemeinsamem Gesang des Liedes ›Brüder zur Sonne, zur Freiheit‹ nahm die Kundgebung ihren Anfang. Genossin Wosikowskis (MdB, d.V.) sprach...« In dem Kulturprogramm wirkten Mitglieder des Leninorchesters und der ›Roten Kolonne‹ mit.[19]

Die Frauenveranstaltungen der Hamburger SPD waren im Unterschied zu denen der KPD bis 1930 wenig kämpferisch. Erst die Veranstaltung im Jahr 1930 zum Thema ›Die Frau und der Sozialismus‹, deren Anlaß der 50. Jahrestag des Erscheinens von August Bebels gleichnamigem Buch war, mar-

kierte eine Zäsur: Unter dem Druck von Wirtschaftskrise, Massenarbeitslosigkeit und wachsendem Einfluß der NSDAP auch unter den Frauen wurde wieder – wenn auch zaghaft – der »alte Emanzipationsstandpunkt« vertreten. Parteivorstand und Frauenaktionsausschuß riefen die Frauen Hamburgs am 27. Mai 1930 zu Demonstration und Kundgebung auf. Die Frauen sollten in einem Sternmarsch aus den Stadtteilen geschlossen zu den beiden Kundgebungen im Curiohaus und im Gewerkschaftshaus demonstrieren. Neben den Ansprachen von zwei belgischen Sozialistinnen wurde den Teilnehmerinnen ein Kulturprogramm mit Rezitationen und dem Gesang des ›Chorvereines Treue v. 1877‹ bzw. der ›Arbeiter-Singakademie‹ geboten.[20]

1931 und 1932 war ein zentrales Thema der Frauentage bei SPD und KPD der Kampf gegen Krieg und faschistische Gefahr. Damit näherten sich die Ziele, die die Frauen beider Parteien mit der Ausrichtung des Internationalen Frauentages verfolgten, wieder an.

16 Int. Pressekorrespondenz, Nr. 51, 1926, S. 708 f.

17 Bericht der Bl. Wasserkante der KPD, S. 100 ff.; Kontos, S. 59 ff.; Die Frau u. d. Gesellschaft, 1974, S. 94 ff.

18 Dokumente, S. 61; Brot & Rosen, hg. v. Hervé, 1979, S. 86 ff.
19 HVZ, 9. 3. 1931.
20 Echo, 28. 5. 1930.

»Bauvolk der kommenden Welt«
Arbeiterjugendbewegung
von Maike Bruhns

Kinderfreunde: die Verwirklichung sozialistischer Erziehung
Herkunft und Organisation der Bewegung

Die Kinderfreundebewegung entstand in Österreich; ihr geistiger Vater war Felix Kanitz. In Deutschland griff dessen Theorien vor allem Kurt Löwenstein auf und entwickelte ein Konzept sozialistischer Kindererziehung. 1923 wurde in Berlin die »Reichsarbeitsgemeinschaft der Kinderfreunde« gegründet, in Hamburg bildete sich 1924 aus dem »Ausschuß zur Förderung der Jugendspiele« (Leitung: Gottfried Tente) der »Arbeiterverein Kinderfreunde«.

Die Bewegung breitete sich in Deutschland rasch aus: 1923 entstanden 54 Ortsgruppen, 1930 waren es schon 788 und 1932 dann 1100. Im Reichs-Vorstand waren 1931 u. a. Andreas Gayk, Vorsitzender der Kinderfreunde Schleswig-Holstein und Organisator der ersten Kinderrepublik in Seekamp, und Kurt Adams, Vorsitzender des Hamburger Bezirks und Direktor der Volkshochschule.

Eine Ortsgruppe umfaßte im allgemeinen 20 bis 30 Kinder, ein bis zwei Helfer und den externen Elternkreis. Die Kinder waren nach Alter in Nestfalken (bis zehn Jahre), Jungfalken (zehn bis zwölf Jahre) und rote Falken (zwölf bis vierzehn Jahre) geteilt. Die Falken trugen blaue Kittel mit einer roten Schnur und dem Falken-Abzeichen am Ärmel.

Die Helfer waren junge Pädagogen, Laienpädagogen der SAJ oder ältere Schüler, später auch Erwerbslose, die Mitglieder der SAJ oder SPD sein mußten. Um die meist jugendlichen Helfer auf ihre Aufgabe vorzubereiten, fanden Wochenendkurse (sog. Helferschulung) statt. Arbeitsmappen und Materialien wurden allen Gruppen als Orientierungs- und Schulungshilfe angeboten. Die darin entwickelte Form der Gemeinschaftserziehung proletarischer Kinder fand ihre Realisierung in der Gruppenarbeit – »die beste Schulung für den Helfer ist die Gruppenarbeit«. Für Aussprachen, Gruppenkritik und Differenzen waren die monatlichen »Zausestunden«. Die mo-

Kinderfreund Kurt Adams (Bildmitte, sitzend) in der Republik Seekamp 1927

natlichen Elternabende sollten Diskrepanzen in der Erziehungsmethode abbauen und Konflikten vorbeugen.

»... überall nur die Geduldeten...«

»Die große Erziehungsaufgabe unserer Zeit liegt darin, die proletarischen Massen für ihre soziale Demokratie zu aktivieren und zu disziplinieren«, erklärte Kurt Löwenstein, Vorsitzender der Reichskonferenz. Sozialistische Erziehung müsse demnach »im Gegensatz zu konservativer und auch zu liberaler Erziehung gesellschaftlich in ihrem Inhalt und dialektisch in ihrer Methode« sein, »wir brauchen eine Erziehung zur gesellschaftlichen Tatkraft für den Sozialismus«. Löwenstein sah in der Bewegung die Verwirklichung dieser Theorien, ihr Erfolg spreche für ihre Richtigkeit.

Voraussetzung für die Erziehung zur sozialistischen Gemeinschaft sei die Lebenssituation des proletarischen Kindes:

> »Unsere Kinder sind Proletarierkinder, sie haben minderwertiges Essen, schlechte Kleidung, ungesunde Wohnung, ihnen fehlen die Lernmittel für die Schule, sie müssen frühzeitig Erwerbsarbeit leisten, sie sind überall nur die Geduldeten, von denen man alles verlangen kann, die aber selbst nichts zu verlangen haben. Die Merkmale ihrer proletarischen Existenz sind sichtbar und so sichtbar, daß sie sogar von den Kindern bemerkt werden. Für die Kinder wird der Sozialismus antreibende Forderung. In ihrer Gemeinschaft werden sie stärker, sie lernen sich einzuordnen.« (Aus: K. Löwenstein »Freie Bahn den Kinderfreunden«, Berlin o. J.)

Leitwerte dieser Erziehung waren: Solidarität, Freundschaft, Disziplin, Ordnung, Sauberkeit, Körperertüchtigung, Toleranz gegenüber Andersdenkenden, Verantwortlichkeit für die Gemeinschaft und Friedenswillen.

Ein Jahr bei den Kinderfreunden

Die pädagogische Arbeit wurde erst allmählich systematisiert. Nach 1930 bemühte sich die Reichsarbeitsgemeinschaft um die stärkere Einbindung der Gruppen in einen pädagogischen Jahresplan. Er sah für 1933 folgende Aktivitäten vor, die durch das Verbot nicht mehr fortgesetzt werden konnten:

> 1. Vierteljahr: planmäßiges Wachstum der Organisation, Bemühen um Vermehrung der Gruppen, Vertiefung der Elternarbeit.
> 2. Vierteljahr: Ertüchtigung des einzelnen und der Gruppe durch Spiel und Sport, Wanderbetrieb und Üben von Zeltlagertechnik. Durchführung von mindestens einem Probezeltlager einschließlich aller pädagogischen und organisatorischen Vorbereitungen. Endveranstaltung: die große Wanderung, das Zeltlager, Ferienheim.
> 3. Vierteljahr: Ausweitung der Lagererfahrungen auf die Gesamtheit der Arbeiterkinder, Kasperlspiel, Laienspiel, Zirkus bei Wochenendfahrten für die Landarbeiterjugend usw.
> 4. Vierteljahr: Besinnung, Vertiefung, Ausgestaltung der eigenen Arbeit. Bastelmöglichkeiten für Spielzeug für Erwerbslosenkinder – »jede Falkengruppe eine Spielzeugfabrik«.

Alle Falken lernten mit den Richtlinien die Ziele der Gemeinschaftserziehung auswendig.

In Hamburg zählte die Bewegung bis Ende 1930 5000 Kinder und 350 Helfer. Das Wachstum verlief so stürmisch, daß die Organisation die Helferschulung intensivieren mußte. 1928 errichteten die Kinderfreunde im Jugendpark Langenhorn ein Heim für ca. 70 Kinder, das täglich mit Gruppen belegt war. Hier fanden auch Helferschulungen, Zusammenkünfte der SAJ und, auf dem Heimgelände, Probezeltlager statt.

Zu den in einer Werbeschrift angekündigten täglichen Veranstaltungen der Kinderfreunde in Langenhorn, in Schulen oder Volksheimen gehörten Baden, Tanzen (Volkstanz), Handfertigkeitsabende, Sonntagswanderungen und Spiele. Die »geistige Schulung« und Erziehungsarbeit erfolgte an den Hordenabenden.

Alle Falken lernten mit den Richtlinien die Ziele der Gemeinschaftserziehung auswendig

Die Kinderrepubliken

Die großen Sommerzeltlager der Kinderfreunde, in denen für drei bis vier Wochen bis zu 5000 Kinder Gemeinschaft und Erholung fanden, nannten sich nach ihrem Verwaltungsprinzip Kinderrepubliken.

Die erste Kinderrepublik entstand 1927 in Seekampf bei Kiel; bis 1933 folgten 27 weitere, z. B. auf der Rheininsel Namedy. 1929 fuhren rund 870 Kinder aus Hamburg in die Kinderrepubliken. 1930 waren allein 269 in der Kinderrepublik Lübecker Bucht. Auch im Ausland (Dänemark, Schweiz, Frankreich) wurden Zeltlager eingerichtet; deutsche Arbeiterkinder trafen mit ausländischen zusammen.

Zur Vorbereitung dienten die erwähnten Probelager, in denen die Eignung der Kinder zum Zeltlager getestet wurde und sie sich an das harte

Vor dem Jugendheim Langenhorn

und primitive Lagerleben gewöhnen sollten. Voraussetzung zur Teilnahme war eine mindestens sechsmonatige Mitgliedschaft der Kinder, eine dreimonatige der Helfer. Jede Gruppe sollte ihr Rundzelt mitbringen und selbst aufstellen können.

Wesentlicher Aspekt der »Kinderrepubliken« war die Erholung der Großstadtkinder, für die seit 1927 die Erholungsfürsorge in Anspruch genommen werden konnte, was eine Fahrpreisermäßigung von 75 Prozent bedeutete.

> »Die Kinder leben hygienisch und sozial unter den ungünstigsten Bedingungen. Ihre Erholungsbedürftigkeit resultiert aus Unterernährung, Mangel an Licht und Luft, Mangel an Gewöhnung, an Sauberkeit und gesundheitlicher Verantwortung. Die Vorbereitung zwingt sie, sich an Luft, Licht und Wasser zu gewöhnen. Alle Hygiene ist auch ein Stück technischer Disziplinierung. Oft nehmen die Kinder nachher den Kampf gegen die häusliche Unsauberkeit auf.«
> (K. Löwenstein, »Freie Bahn den Kinderfreunden«, Berlin o. J.)

Die Erfolge der Kinderzeltlager in gesundheitlicher Hinsicht waren unübersehbar: die Kinder waren gut ernährt, weniger nervös und fast immer größer geworden, wenn sie braungebrannt zurückkehrten.

Kinderrepublik Seekamp 1927

Das Leben in der Kinderrepublik

Mehrere Zelte bildeten ein Dorf, alle Dörfer die Kinderrepublik. Der neue Gedanke, der hier weitgehend verwirklicht wurde, war die Kinderselbstverwaltung als politische Erziehung. Jedes Zelt wählte einen Obmann, alle Obleute bildeten mit dem Bürgermeister das Dorfparlament. Das Lagerparlament bestand dann aus vier Abgeordneten aus jedem Dorf, einem Lagerpräsidenten, einem Lagerobmann, den Sachverwaltern und Bürgermeistern. Die Parlamente besprachen und lösten alle anfallenden Probleme. Kinderwachen sorgten Tag und Nacht für Ordnung und Sicherheit im Lager.

Der Beitrag für das Sommerlager belief sich auf 50 Mark – auch für die Helfer, die darüber hinaus ihren Urlaub opferten. Die Geldbeschaffung organisierten die Gruppen; zum Teil gab es Finanzhilfen von der AWO oder von Arbeitern in den Betrieben.

Ein fester Plan regelte den Tagesablauf in den Kinderrepubliken. Die Arbeiten wurden stets in Gruppen ausgeführt: z. B. der Aufbau des Zeltlagers, Lagerdienst, Kartoffelschälen u. a. Mit der Aufteilung der Arbeitsfunktionen wollten die Pädagogen ein Einfügen in kollektive Verantwortung erreichen:

> »Wir erziehen daher in der Kinderrepublik unsere Roten Falken für die Arbeitsart der werdenden modernen Gesellschaft. In der Form der Arbeitsverteilung und der Aufgabenverantwortung machen wir in unseren Kindern soziales Wollen und soziales Handeln zum frohen Kindererlebnis.« (Löwenstein).

Jungen und Mädchen lebten in den Zelten in geschwisterlicher Gemeinschaft – eine Tatsache, die von Sittlichkeitswächtern und Moralisten immer wieder kritisiert wurde. Die Lagererfahrungen rechtfertigten jedoch Löwensteins These von der Erziehung beider Geschlechter *durch* beide Geschlechter, wie sie auch in den Reformschulen praktiziert wurde. Hinsichtlich der angestrebten späteren Partnerschaft in Beruf und Ehe sei Koedukation geradezu eine Notwendigkeit, meinte er – Jungen und Mädchen müßten schon in frühester Jugend in Spiel und Arbeit aneinander gewöhnt werden.

»Bürgermeister« Hans Duus mit seiner Gruppe 1931 in Namedy. 1932 leitete er das Bezirkslager Glückstadt

Beim Zeltaufbau in der Kinderrepublik Lübecker Bucht 1930

Ein Moorindianer in Seekamp

Mieke lebend im Lager nachgestellt

Viel sportliche Betätigung stand auf dem Tagesplan in Seekamp: Gymnastik, Schwimmen, Wandern, Ballspiele. Die Parole hieß: »nicht Kampfrekord, sondern Massensport«. Neben der körperlichen Ertüchtigung waren Spiel, Spaß und Kreativität großgeschrieben. Ein Moorgraben gab Anlaß zu endlosen Schlammschlachten. Theater- und Musikgruppen bildeten sich. Möglichkeiten zu Basteln und anderen Kreativitäten bot an Regentagen die »Schmierkapelle«, das Malzelt. Es gab ein Bücherzelt, Neigungsgruppen verschiedener Art, wie z. B. den Lagerrundfunk zum Selbermachen, die Herausgabe von Lager- oder Wandzeitungen, Fotografieren u. a. m.

Die Besuchstage der Eltern und der örtlichen Arbeiterschaft waren Anlaß zu großen Kinderfesten mit »Orts- und Besuchskindern«, zu Spiel- und Sportfesten.

Der Rote Falke und Mieke Meier

Die politische Erziehung im Lager fand in spielerischer Form statt. So bildeten die Kinder z. B. zu den Lager-

Kasper auf der Suche nach einem neuen Platz für eine Kinderrepublik

parlamentswahlen lebende Wahlreklamen. Kasperspiele, in denen Kasper der Rote Falke war, brachten Tagesprobleme oder Erziehungsideen (z. B. Bub und Mädel, s. a. S. 148, 177) zur Sprache. Kasperspiele wurden auch als Möglichkeit der Agitation im nahen Ort oder zu Elternabenden im Heimatort benutzt. Texte und Stücke waren selbstgemacht oder aus dem Stegreif gespielt.

Eine Identifikationsfigur für jedes Arbeiterkind war Mieke Meier. Bildergeschichten, sozialistische Comics, stellen Miekes Kinderleben dar und damit die Schwierigkeiten eines Arbeiterkindes. Mieke löst ihre Begegnungen und Zusammenstöße mit Polizei, Reaktionären und Faschisten stets lustig und einfallsreich.

Höhepunkt dieser Form von Politerziehung waren die großen Kinderkundgebungen am Ende der Lagerzeit. So fand z. B. in Seekamp eine Anti-

kriegskundgebung unter großer Beteiligung der Kieler Bevölkerung statt. Die Kinder gestalteten sie mit Rezitationen, Massenchören, Bewegungsspielen und trugen Fahnen.

Jugend 173

Viele Hamburger Kinder fuhren 1932 in das Bezirkslager Glückstadt

Die Bezirkslager

Kurz vor den Ferien 1932 wurde von den preußischen Behörden die Fahrpreisermäßigung gestrichen und damit Tausenden von Arbeiterkindern die Möglichkeit zur Erholung genommen. Kinderrepubliken mit Tausenden Teilnehmern waren nicht mehr durchzuführen.

Die Lösung waren Bezirkslager mit 100 bis 300 Falken. Alle Gruppen blieben mindestens eine Woche, höchstens zwei Wochen im Lager. Dadurch konnte ein Lager im Lauf von vier Wochen 1000 Kinder aufnehmen. Bezirkslager waren weniger Kinderrepubliken als vielmehr »rote Zeltlager«. Das Massenerlebnis fehlte hier; es wurde ersetzt durch verstärkte Unternehmungen und Agitation.

Von vielen Seiten kam Kritik an der Kinderfreundebewegung. Die Kirche nahm Anstoß an der »weltlichen Orientierung der Erziehung«. Die Kinderfreunde argumentierten dagegen mit ihrer Erziehung zu Toleranz, auch der Religionsausübung gegenüber. Die Koedukation, die Geschlechtsgemeinschaft in den Zelten im Stadium der Pubertät, erregte die Öffentlichkeit besonders in katholischen Ländern. Politische Gegner kritisierten das Singen sozialistischer Lieder, besonders der »Internationalen«, und das Fahnentragen bei Wanderungen und Veranstaltungen.

1930 mußte auf Veranlassung der Reichswehr das Nestfalkenlager Munster vorzeitig beendet werden. Noch im selben Jahr verbot die Bayrische Regierung die Kinderfreundebewegung in ihrem Land.

Die stärkste Bedrohung ging von den Faschisten aus. In Glückstadt demonstrierte die SA 1932 gegen das Bezirkslager, auf der Rheininsel Namedy waren die Kinder regelmäßig Attacken der Nazis ausgesetzt, (»Nieder mit Löwenstein, Deutschland erwache«).

1933 wurde die Bewegung verboten und aufgelöst. Nach dem Krieg ist diese Form der Kinderbetreuung, -erholung und -aktivierung nicht wieder ins Leben gerufen worden.

»Laßt uns erst groß sein!«

Wie die Kinderfreunde-Bewegung eingeschätzt wurde:

Die Leiter:

»Unsere Falken sind zielgerichtet durch sozialistisches Ethos, erfinderisch in Gemeinschaftsaufgaben, selbständig und eigenverantwortlich im Umgang mit anderen und in der Schule« (Löwenstein).

»Unsere Kinderrepubliken sind sozial: einer hat es so gut wie der andere. Und sie sind demokratisch: jeder kann mitbestimmen und dafür sorgen, daß es noch besser wird. Warum ist das in der Republik der großen Leute nicht so? Sie wollen doch sonst alles besser wissen! Laßt uns erst groß sein, wir werden das schon ändern.« (Andreas Gayk in »Seekamp«)

Die Helfer:

»Die Kinder haben ein kindermäßiges Leben geschaffen.« (Georg Ehrlich)

»Es wurde gesungen, eingeübt, gebastelt, auch politische Unterweisung, z. B. zum Pazifismus und Koedukation, aber keine systematische Schulung. Wir hatten keine Disziplinschwierigkeiten, Streitfälle wurden vors Parlament gebracht. Das Ganze war zukunftsweisend, das hat man nie wieder fertiggebracht, es war eine politische Erziehung zur Demokratie.« (Hans Duus)

Eine Teilnehmerin:

»Mit etwa neun Jahren kam ich zu den Kinderfreunden. Hier war eine Gemeinschaft, in der ich mich sehr wohl fühlte. Wir spielten, bastelten, sangen, wanderten. Es war eine herrliche Zeit.« (Gertrud Eke)

Die Kommunisten:

»Lagerdemokratie war eine Illusion, die von den wirklichen Klassenauseinandersetzungen ablenkte.«
(K. H. Jahnke u. a., Geschichte der deutschen Arbeiterjugendbewegung, 1973).

Ein Bund zum Schutz der arbeitenden Jugend

Geschichte und Entwicklung der sozialistischen Arbeiterjugendbewegung bis 1933

Vorläufer der Sozialistischen Arbeiterjugend (SAJ) war der »Jugendbund«, der 1905 in Hamburg zum Schutz der Lehrlinge entstanden war. Die Arbeiterjugend war bei zehn- bis zwölfstündiger Arbeitszeit und weitgehender Abhängigkeit vom Lehrherrn, der das Züchtigungsrecht besaß, politisch und ökonomisch unterdrückt, hatte kaum Freizeit und konnte darum nicht an der bürgerlichen Jugendbewegung teilnehmen.

Als 1908 den Jugendlichen unter 18 Jahren im Reichsvereinsgesetz die Mitgliedschaft in politischen Vereinen untersagt wurde, gründeten SPD und Freie Gewerkschaften die »Zentralstelle für die arbeitende Jugend« in Berlin. Friedrich Ebert wurde Vorsitzender, Organ war die »Arbeiter-Jugend«. Da politische Betätigung verboten war, wandte sich die Jugend verstärkt Bildungsaufgaben zu.

Im ersten Weltkrieg brach die Arbeiterjugendbewegung auseinander, die Mehrheit der Jugendlichen resignierte. 1919 löste sich die Zentralstelle auf; statt ihrer entstand der »Verband der Arbeiterjugendvereine Deutschlands« (AJ), der sich in der Folgezeit zum größten proletarischen Jugendverband entwickelte. In der AJ entstand »ein neuer Geist« mit der Tendenz zu Selbständigkeit der Jugendlichen und schwärmerischer Wandervogelromantik – bei politischer Abstinenz. Die Konditionen schienen günstig: Der Achtstundentag war gesetzlich eingeführt, die Fortbildungsschulzeit lag größtenteils in der Arbeitszeit. Höhepunkt dieser Phase war der erste Arbeiterjugendtag im August 1920 in Weimar. »Weimargeist« war fortan das Kennwort für jugendlichen Sturm und Drang und romantisches Lebensgefühl in der Arbeiterjugendbewegung.

1922 vereinigten sich AJ und die Sozialistische Proletarierjugend (SPJ) zur SAJ. Der Idealismus des »Weimargeistes« verflüchtigte sich in der wirtschaftlichen und politischen Not der Inflationszeit. Aus den Jugendlichen sollten nun Kämpfer für sozialistische Ideale werden. Die ersten konkreten sozialpolitischen Forderungen zum Jugendschutz, die zeigten, wie wenig die Gesetze von 1918 realisiert worden waren, brachte der Hamburger Jugendtag 1925. Er stand unter der Parole »wir wollen, daß die Arbeit Freude werde« und forderte:

- **Festsetzung der Arbeitszeit auf 48 Stunden in der Woche einschließlich des Besuchs der Fortbildungsschule (Berufsschule)**
- **Verbot der Nachtarbeit**
- **bezahlter Urlaub von drei Wochen für Jugendliche und Lehrlinge bis 16 Jahre, zwei Wochen für Jugendliche bis 18 Jahre**
- **Begrenzung der Lehrzeit auf drei Jahre, usf.**

An der allgemeinen Not der Arbeiterjugend änderte sich jedoch bis 1933 wenig: Die Arbeitssituation blieb bestimmt durch Leistungsdruck, ungenügenden Arbeitsschutz, Betriebshierarchie, überlange Arbeitszeiten in Kleinbetrieben und wenig Urlaub.

Die Mitgliederzahl des Verbandes ging stetig zurück: Von 1923 bis 1927 reduzierte sie sich um die Hälfte. Die Partei versuchte, die SAJ attraktiver zu machen: Sie erhöhte die Altersgrenze auf 20 Jahre, um den Jugendlichen eine längere Mitgliedschaft im Verband zu ermöglichen, und führte für die Jüngeren Rote-Falken-Gruppen

ein, die sich bei den »Kinderfreunden« bewährt hatten. Das Interesse der Jugend an den politischen und sozialen Verhältnissen wuchs zunehmend, doch die SAJ besaß keine eindeutige politische Konzeption.

Arbeiter-Jugend
MONATSSCHRIFT DER SOZIALISTISCHEN ARBEITERJUGEND
22. JAHRG. / Nr. 9   BERLIN, SEPTEMBER 1930   PREIS 0,25 MARK

Politisch brisant wurde für SAJ und SPD schließlich die Haltung der Partei zur Wehrfrage und besonders die Zustimmung zum Panzerkreuzerbau. Sie führte 1931 zur Abspaltung eines Teils der aktiven Jugendlichen, die den Sozialistischen Jugendverband (SJV) gründeten. Er blieb nach Anfangserfolgen in Hamburg zahlenmäßig schwach und wurde bis zum September 1932 vom KJVD übernommen.

1928 wurde Erich Ollenhauer Vorsitzender der SAJ. In der Weltwirtschaftskrise kam die Bewegung mit dem Anwachsen jugendlicher Erwerbsloser (1930 eine halbe Million, 1933 1,5 Millionen) erneut zum Stagnieren. Die SPD sah sich veranlaßt, ihre Bemühungen um die Jugend zu verstärken. Sie proklamierte auf dem 6. Arbeiterjugendtag 1931 in Frankfurt: »Jugend und Partei stehen in einer Front«.

Der Frankfurter Jugendtag stärkte noch einmal das Gemeinschaftsgefühl; er war der letzte vor 1933. Die konkreten Fragen der Jugend zur politischen Situation und ihre persönlichen Probleme im Beruf und in der Gesellschaft wurden aber auch hier nicht beantwortet.

Die letzte Demonstration der SAJ in Hamburg fand am 15. Februar 1933 statt: Mehrere tausend Jugendliche demonstrierten gegen die Einführung der Arbeitsdienstpflicht für die Jugend. Am 21. Juni 1933 wurde der Verband verboten; Ollenhauer ging ins Ausland und blieb auf Jahre Sekretär der Jugendinternationale. Im Sommer 1933 begann die illegale Gruppenarbeit der Hamburger SAJ und der Widerstand gegen das NS-Regime. SAJ-Mitglieder erlitten Verhaftungen, Folterungen, Prozesse; viele von ihnen emigrierten.

Der Hamburger SAJler Ernst Vogel kam aus Stuttgart und wurde »Vögele« genannt. Er kleidete sich phantasievoll und dichtete gern.

Das Bedürfnis nach Disziplin und Selbstzucht

Die Organisation der SAJ

Die SAJ war ebenso wie die SPD organisiert. Sitz der Dachorganisation »Verband der Sozialistischen Arbeiterjugend Deutschlands« war Berlin. Das Reich war in Bezirke eingeteilt, diese in Unterbezirke und die wiederum in Ortsgruppen. Eine Ortsgruppe hatte bis zu 80 Mitglieder und verwaltete sich nach dem Gemeinschaftsprinzip selbst. Vom Bezirksvorstand kamen die Programme für die Jahresarbeit der Gruppen. Die SPD unterstützte die Jugendbewegung durch Geldmittel, Mitarbeit, den Unterhalt von Heimen, Sekretariaten usf. Der Hauptvorstand der SAJ veranstaltete zentrale Lehrgänge für Spielleiter und Wanderführer.

Die Verhältnisse in Hamburg

Hamburg hatte nach Berlin die meisten SAJ-Mitglieder im Reich. Der Bezirk Hamburg-Nordwest zählte 1921 3200 Mitglieder; 1925 waren es 1728 und 1930 3900. Die Zentrale befand sich im Parteihaus der SPD, Große Theaterstraße 44; Hilde Ollenhauer arbeitete hier als Sekretärin. Bekannte Persönlichkeiten der Hamburger SAJ waren Erich Lindstaedt, Heinz Gärtner und Heinrich Braune.

Die Ortsgruppen trafen sich in Schulen, Jugendheimen und Volksheimen. Eigene Jugendheime standen nur begrenzt zur Verfügung. 1931 kam die SAJ in den Heimen am Nagelsweg, in der Böhmckenstraße (für St. Pauli und Neustadt), Hinrichsenstraße, Wasmannstraße und Blücherstraße (für Altona) zusammen.

Seit 1927 wurde mit Unterstützung von Partei und Stadt ein Grundstück in Klecken erworben und das »Hans-Birckholtz-Heim« gebaut. Es war beliebt und sehr gut besucht. Die Bahnfahrt nach Harburg kostete 20 Pfennige, es folgte ein Zweistunden-Fußmarsch. Fuhren die Jugendlichen mit der Bahn nach Klecken, kostete die Fahrt 1,20 Mark. Ein anderes Heim, das häufig von der SAJ aufgesucht wurde, war das Landheim »Mudder Rieck« in der Neugrabener Heide, das näher zur Stadt lag.

Aus Hamburg kamen die Roten Pioniere

1927 gründete Heinrich Braune in Hamburg die ersten Pioniergruppen der SAJ. Die Roten Pioniere setzten sich rasch durch; 1928 gehörte bereits die Hälfte der Hamburger SAJ zu den Pionieren, bei denen sich anstelle der vorher mehr partnerschaftlichen Konstellation ein Führersystem entwickelte. Jede Gruppe wählte einen Führer aus ihrer Mitte; meist war er zwei bis drei Jahre älter als die anderen und entsprechend erfahrener. Im wöchentlichen Führerrat wurden Richtlinien und Abschnitte der Bildungsarbeit festgelegt. Zur Führerausbildung im Hans-Birckholtz-Heim gehörten Wandertechnik, Jugendpsychologie, die Geschichte der sozialen Revolution, der SPD und anderer Organisationen. In den Pionier-Gruppen wurde Disziplin geübt und Einheitskleidung getragen. Man lernte streng nach Plan und bekannte sich zu kollektiver Selbsterziehung. Auch die Bildungsarbeit war gezielter:

»Ich kam aus der SAJ Bergedorf und ging nach Eimsbüttel in die Gruppe von Erich Paul, die hieß ›Friedrich Ebert‹. Die roten Pioniere gaben ihren Gruppen selbstgewählte Namen von bekannten Persönlichkeiten, die anderen SAJ-Gruppen hatten nur Nummern, z. B. Eimsbüttel 1 und 2. Die Führer hatten eben irgendwelche Qualitäten, darum wurden sie von der Gruppe gewählt. Die Programme haben wir selbst festgelegt. Wir haben uns zum Beispiel mit dem Leben von Ebert intensiv befaßt. Wir kamen aus der Jugendbewegung, dann kam das Bedürfnis nach Disziplin und Selbstzucht, das fanden wir schicker als die laschen Mampes« (Anneliese Frank).

Der Erfolg der Roten Pioniere auch auf den Jugendtagen macht deutlich, daß die Jugend der späten 20er Jahre nach Disziplin und Ordnung verlangte. Aus dem Hamburger Beispiel entstand die Erziehungskonzeption für die Roten Falken der SAJ im Reich.

Der andere Teil der Hamburger SAJ, der die Disziplinierung nicht mitvollzogen hatte, wurde von den Pionieren »Mampe halb und halb« genannt – eine Bezeichnung für Unentschiedenheit. Fritz Wartenberg, damals 2. Vorsitzender der SAJ Hamburg, urteilt von deren Warte:

»Wir hatten den Standpunkt, daß die SAJ eine Kulturorganisation mit Erziehungsaufgaben und nicht eine militante Organisation mit primär politischen Zielen war. Die militanten Auftritte und die Kleidung der Pioniere paßten uns nicht. Ich erinnere noch ein Treffen mit Erich Paul, Heinrich Braune und Paula Karpinski, in dem wir uns über diese Standpunkte heftig auseinandergesetzt haben.«

Die ehemalige Schule am Nagelsweg wurde 1931 Jugendheim

Rote Pioniere 1929 in Wien – »Wien war überwältigend«

Politische Erziehung: ja — politische Betätigung: nein

Die Frage der politischen Erziehung der Jugend wurde von den Theoretikern und Funktionären der SPD stets positiv beantwortet. Erziehung zu Friedenswillen und selbständigem vernünftigen politischen Denken und Handeln waren Grundsätze sozialistischer Bildung.

Die politische Aktivität oder Eigeninitiative Jugendlicher sah die Partei dagegen nicht gern. Bis 1933 versuchte sie angestrengt, die Jugend aus der Politik herauszuhalten. Erste Konflikte entstanden durch die Haltung der SPD in der Frage des Panzerkreuzerbaus. Die Jugend, pazifistisch erzogen, demonstrierte:

»Republik ist uns nicht viel,
Sozialismus ist das Ziel«
und
»nie, nie wolln wir Waffen tragen
nie, nie wolln wir wieder Krieg
laßt die hohen Herren sich alleine
schlagen
wir machen einfach nicht mehr
mit, nein, nein, nein!«

Die SAJ opponierte immer stärker gegen die Anpassungspolitik der SPD. Die Partei reagierte zunächst väterlich herablassend:

»Als wir bei Sagebiel gegen den Panzerkreuzerbau argumentierten, hieß es: ›Nun werdet man erst mal ein bißchen erwachsen‹; wir haben das akzeptiert, empfanden das als natürlichen Reifeprozeß« (Anneliese Frank).

Später gab es dann Ausschlüsse:

»Nach den Auseinandersetzungen zum Verfassungstag 1931 hat uns Karl Meitmann alle einzeln aufgerufen und gefragt, ob wir der Parteilinie treu bleiben wollten. Alle hatten Angst und sagten ›ja‹. Ich habe als erste ›nein‹ gesagt und wurde ausgeschlossen« (Liselotte Plambeck).

Im Juni 1931 verwies der SAJ-Vorsitzende Erich Ollenhauer auf dem Leipziger Parteitag auf die Abhängigkeit der Jugend von der Partei und ihre Aufgabe, der Partei Mitglieder zuzuführen. Die eigentliche Politik, die »Gestaltung der neuen sozialistischen Welt«, dürfe der Jugend nicht zufallen,

denn sie erfordere »Wissen, Einsicht, Erfahrung«. Indem er den Radikalismus der Jugend, die Rebellion gegen das politische System als politischen »Wunderglauben« abtat, der unweigerlich »zu den neuen politischen Helden, zu Thälmann und Hitler« führe, entmündigte Ollenhauer die Jugend und enttäuschte ihre Erwartungen.

Erziehungsideen in der SAJ – die Koedukation

Gemeinschaftserziehung war ein Grundsatz der Arbeiterjugendbewegung. Der Weg zu einer humaneren Form des persönlichen und gesellschaftlichen Lebens führte über die Stärkung des Selbstbewußtseins, die Befreiung von Vorurteilen und Konventionen der alten bürgerlichen Welt zu Selbstbestimmung, Emanzipation und Partnerschaft. In der Koedukation sah auch die Jugend eine Möglichkeit sittlicher Erneuerung.

Rücksichtsvolle Jungen, selbstbewußte Mädchen

Sexualerziehung

Freies partnerschaftliches Verhalten war das Ziel der Sexualerziehung. Die meisten Jugendlichen kamen unaufgeklärt oder mit falschen Vorstellungen über Liebe und die Körperfunktionen in die SAJ. Viele Jungen hatten bereits Sexualerfahrungen bei Prostituierten gesammelt und Mädchen und Frauen gegenüber Vorurteile. Nach dem alten Rollenklischee sahen sie Frauen nur als Sexualobjekt oder Mutter.

Die fehlende Aufklärung und Informationen lieferten die Bücher von Max Hodann, vor allem »Bub und Mädel« und »Geschlecht und Liebe«, sowie die Schriften von Friedrich Wolf; am bekanntesten war sein Theaterstück »Cyankali«. Sie wurden in allen Gruppen gelesen und durchgesprochen, sie veränderten das Verhalten der Jugendlichen: Die Jungen wurden rücksichtsvoller, die Mädchen freier und selbstbewußter.

Pärchenbindungen in der Gruppe waren möglich und wurden toleriert. Meist herrschte aber puritanische Sittenstrenge. SAJler banden sich erst re-

lativ spät, mit 18 oder 19 Jahren. Geheiratet wurde dann erst nach dem 25. Lebensjahr.

Otto Hinrichs erzählt, er habe im Sommer 1933 im Arbeitsdienstlager Langenhorn gearbeitet. Der Leiter, Korvettenkapitän a. D. Götz, hielt eine Rede über das Verhältnis zu Frauen: »Wenn wir mit unserem geschlechtlichen Trieb nicht zurechtkommen, dann müssen wir ein Gebet zu Gott sprechen.« Hinrichs hielt daraufhin, von seinen Freunden animiert, eine Gegenrede: »Wir von der SAJ haben ein anderes Verhältnis zur Frau, als es sonst üblich ist. Wir haben Achtung vor ihr, weil wir zusammen erzogen worden sind.«

Gesundheitserziehung

Schulung zu »sauberer« und gesunder Lebensführung war ein weiteres Prinzip der Jugenderziehung. Dazu gehörten auch Abstinenz von Nikotin und Alkohol, die strikt befolgt wurde, wohl auch eine Reaktion auf schlechte Vorbilder in den eigenen Familien.

Viele Jugendliche gingen grundsätzlich nicht in Kneipen und weigerten sich sogar, dem Vater Bier zu holen. Eine Ausnahme bildeten »die vom Hafen« und »die aus Altona«, die es auch als SAJler weniger streng hielten. Ein gängiger Slogan lautete: »Der denkende Arbeiter trinkt nicht, der trinkende Arbeiter denkt nicht.«

Nach Schillerkragen – Falkenkluft

Bis 1927 unterschied sich die SAJ äußerlich nicht von der Wandervogelbewegung. Die Mädchen trugen Reformkleider, Beiderwandröcke, selbstgemachten Schmuck, Stirnreifen, Zöpfe oder Schnecken. Die Jungen hatten lang nach hinten gekämmte Haare, Hemden mit Schillerkragen und knielange Samthosen.

Bei den Roten Pionieren und Falken vereinheitlichte sich die Kleidung zur Kluft: Die Jugend trug blaue Hemden mit zwei gekreuzten Fahnen auf dem Ärmel, rote Schlipse mit SAJ-Zeichen, blaue Manchesterhosen oder -röcke, die Zöpfe fielen.

Jugend 177

SAJ-Mädchen vor 1925

SAJ-Jugend beim Volkstanz »Lange Reise«

»Wir machten alles gemeinsam« – SAJ-Gruppe bei einer Alpentour nach dem Wiener Jugendtag

»Die SAJ marschiert«

Auch mit Kochtöpfen und Wolldecken kann man Theater spielen

Bildungs- und Kulturarbeit

In der Arbeiterjugend bestand ein starkes Bildungsbedürfnis – eine Folge der mangelhaften Bildung in den Volksschulen. In der Lehre oder Fabrik gab es dann keine Fortbildung, die Berufsschulen waren einseitig berufsorientiert. Hier setzte die Arbeiterjugendbewegung mit breitgefächerter Aktivität ein.

Der SAJ-Vorsitzende Max Westphal teilte 1930 das Bildungsprogramm in folgende Kategorien (»Handbuch für sozialistische Jugendarbeit«): Die Lebenslage des jungen Proletariers – Die Arbeiterbewegung in Deutschland – Der Sozialismus und seine Probleme – Wirtschaftsgeschichte und -lehre – Politische, soziale und kulturelle Geschichte. Referenten der SPD hielten regelmäßig Vorträge auf den Hamburger Gruppenabenden, u. a. Max Zelck, Walter Elsner, Paul Deymann, Erna Wagner. Für 1928 waren mehr als 5000 Veranstaltungen gemeldet.

Anita Sellenschloh berichtet von einem spektakulären Vortrag:

»Wir diskutierten in der Gruppe das Streikrecht der Lehrlinge, das war 1927 sehr aktuell, und forderten von der SPD einen Referenten dazu an. Es erschien dann unser Biologielehrer, der wollte uns einen Vortrag über die Landschafts-Knicks in Schleswig-Holstein halten. Die Gruppenleiter haben sich dagegen gewehrt, der Referent bestand auf seinem Thema, so wurde die Versammlung aufgelöst. Dann griff die Leitung von oben ein, und es kam zum Ausschluß.«

Die Gruppenabende dienten der politischen Bildung. Hier wurden Wandzeitungen angefertigt, Zeitungen verschiedener Parteirichtungen gelesen und diskutiert, Berichte und Aufsätze geschrieben und Wahlarbeit für die Partei geleistet. Für weiterführende Bildungswünsche standen die Bibliotheken der Heime zur Verfügung. *»Nebenbei hatte ich aber immer noch Kurse belegt. Außerdem verschlang ich eine Unmenge Bücher«* (Gertrud Eke).

Kulturelle Aktivitäten gehörten selbstverständlich zum Wochenprogramm. SAJler hatten i. a. sämtliche Russenfilme gesehen, besuchten die Kunsthalle und die Kammerspiele:

»Als die ersten expressionistischen Bilder kamen, haben wir sie gleich angesehen. Ins Theater gingen wir mit rotem Schlips und kurzen Hosen, für 50 Pfennig in den 4. Stock« (Luise Frank).

Volkstanz war bei allen Jugendlichen beliebt, viele gingen einmal in der Woche zum Tanzen. Singen und selbst Musikmachen waren Tradition. Die SAJ hatte Liederbücher, die Volkslieder und sozialistisches Liedgut enthielten. Noch heute können ehemalige Hamburger SAJler ihre alten Lieder auswendig.

Wanderungen und Fahrten

Wandern und »auf Fahrt gehen« gehörte zu den beliebtesten Aktivitäten der Jugend – Kompensation für die Wohnungsmisere in der Stadt. Mit wenig Geld, primitiver Ausrüstung und viel Elan fuhren die Gruppen am Sonnabendnachmittag ins Grüne (Sonnabend war Arbeitstag). Dabei erlebten viele erstmals intensiv Natur und freizügiges Landleben. Die Gemeinschaftserziehung kam zum Tragen, lustige Erlebnisse und Rangeleien häuften sich. Meist beschränkten sich die Wanderungen auf Hamburgs Umgebung. Beliebte Ziele waren die SAJ-Heime, sonst übernachtete man eben im Heu.

Kampf um die Jugend – Lüneburg 1930

»Bauvolk der kommenden Welt« in der Frankfurter Festhalle beim Jugendtag 1931

»Den Sozialismus vorgelebt«

Die Partei betrachtete die SAJ als Teil der sozialistischen Bewegung, als Jugendschutz-, Bildungs- und Erziehungsbewegung:

> »Das sind nicht mehr die armen, bedrückten Lehrlinge und Lehrmädchen, die scheu und verschüchtert durch die Straßen schleichen, das sind Jungen und Mädchen, die sich stolz als Anhänger der sozialistischen Arbeiterjugendbewegung bekennen. Sie singen es nicht nur, sie fühlen es auch: Wir sind die junge Garde des Proletariats.« (Ollenhauer in: »Sozialistische Arbeiterjugend«, 1929)

Die politischen Aktivitäten der SAJ beschränkten sich im allgemeinen auf Wahlhilfe für die SPD und Aktionen zur Verbesserung der Situation der Lehrlinge. Seit 1930 wandte sich die SAJ verstärkt gegen die Einführung der Arbeitsdienstpflicht.

Ehemalige über die SAJ:

Emil Bien: »In der SAJ haben die Jugendlichen den Sozialismus vorgelebt; einer war für den anderen da, auch die Mädels wurden gleichbehandelt. In Teilen der Arbeiterjugend waren auch stark pazifistische Tendenzen.«

Anneliese Frank: »Wir waren nicht so ›tierisch‹ und ausschließlich wie die Jugend heute. Wir, die wir durch die SAJ gegangen sind, sind endgültig durch die SAJ geprägt, das ist nie mehr abzuwischen.«

Gertrud Eke: »Die größte Freude war mein Eintritt in die SAJ. Endlich wurden für mich all die erträumten Dinge wahr. In dieser Gemeinschaft erlebte ich die schönste, unbeschwerteste Jungmädchenzeit.«

Georg Ehrlich: »Sie SAJ wurde von der SPD an der langen Leine gehalten. Allenfalls kam Kritik wegen zu radikaler Jugendlichkeit. Die feste politische Meinung war bei allen: einen sozialistischen Staat mit demokratischen Mitteln und ohne Gewalt schaffen.«

Wir sind das Bauvolk der kommenden Welt

Jugendtage waren Höhepunkte und hatten Programm-Charakter: Diese großen Gemeinschaftsfeste stärkten das Zusammengehörigkeitsgefühl. Die Gruppen opferten dafür ihren ohnehin kargen Urlaub und boten alle Mittel auf, um dabei zu sein. Zum Frankfurter Jugendtag 1931 z. B. fuhr eine Hamburger Gruppe mit Fahrrädern, andere per Anhalter oder wanderten zum Main. Unterkünfte stellten Arbeiterfamilien bereit.

Wichtige Jugendtage waren: 1920 Weimar, 1925 in Hamburg (mit 30 000 Teilnehmern), 1928 in Dortmund mit 1350 Hamburger Teilnehmern; hier fielen die Roten Pioniere aus der Hansestadt erstmals durch Disziplin und ihre Kleidung auf. 1929 wurde der Internationale Jugendtag in Wien ein ganz großes Erlebnis für die 1200 Hamburger: »Wien war überwältigend.« 1930 Jugendtag in Lüneburg, die Parole hieß »Kampf um die Jugend«. Am Frankfurter Jugendtag 1931 nahmen 1400 Hamburger teil. Im Zeltlager auf der Rheininsel Namedy war zuvor das Bewegungsspiel »Das Weltenrad sind wir« mit dem Hamburger Bewegungschor eingeübt worden.

Der Kommunistische Jugendverband (KJVD)

Die Jugendorganisation der KPD ging aus der Freien Sozialistischen Jugend (FSJ) hervor, die seit 1918 bestand, und nannte sich ab 1920 »Kommunistische Jugend Deutschlands« (KJD). Sie war entsprechend der Tradition der Arbeiterjugendvereine internationalistisch gesinnt, dazu in Anlehnung an die KPD stark moskauorientiert.

In der revolutionären Nachkriegsphase hatte sich die KJD an der Seite der KPD zu einer kämpferischen Organisation entwickelt. Sie hatte z.B. starken Anteil an der bewaffneten Erhebung im Oktober 1923 in Hamburg, die 60 000 Mann blutig niederschlugen. Im Anschluß wurden KPD und KJD (7000 Mitglieder) verboten. Weil die (illegale) Organisation weiter viel Zulauf hatte, mußte dieser Erlaß jedoch schon ein Jahr später gelockert und schließlich aufgehoben werden. Von 1924 bis 1929 stabilisierte sich der, seit 1925 so genannte, Kommunistische Jugendverband Deutschlands (KJVD). 1925 waren von fünf Millionen jungen Arbeitern 20 000 im KJVD (und 100 000 in der SAJ).

Da der KJVD nicht in den Reichsausschuß deutscher Jugendverbände bzw. den Hamburger Jugendausschuß aufgenommen wurde, erhielt er keine finanzielle Förderung, wie z.B. die SAJ, und hatte ständig mit Geldmangel zu kämpfen.

1926 setzten sich alle Arbeiterjugendorganisationen noch einmal gemeinschaftlich in der Unterstützung des Volksbegehrens und Volksentscheids für die Fürstenenteignung ein. Seit 1929 geriet der KJVD dann immer stärker in Gegensatz zur SAJ. Es war einerseits die »parteiangepaßte« Haltung der SAJ in der Diskussion um den Panzerkreuzerbau, andererseits die Übernahme der Sozialfaschismusthese der KPD durch den KJVD, die das gegenseitige Mißtrauen ständig wachsen ließen.

1929 hatte der KJVD bereits 30 000 Mitglieder; die Zahl stieg bis 1933 auf etwa 50 000. Die Abspaltung des SJV von der SAJ brachte dem Kommunistischen Jugendverband allerdings nicht den erhofften Zulauf.

Bis 1932 stieg die Zahl der erwerbslosen Jugendlichen im Reich auf 1,5 Millionen. Die meisten Jungkommunisten wurden durch gezielte Entlassungen aus den Betrieben verdrängt. Der KJVD entwickelte sich zu einer Organisation erwerbsloser Jugendlicher. Als die KPD im Mai 1932 zur Antifaschistischen Aktion aufrief, fand sie bei großen Teilen der Jugend breiten Widerhall. Bis 1933 konzentrierte sich die Arbeit immer stärker auf den Kampf gegen die Faschisten, wenn es auch nicht gelang, die ersehnte Einheitsfront aller Arbeiterjugendlichen zu schaffen.

Die Organisation des Verbandes

Der KJVD war als Massenverband konzipiert und organisiert. Betriebszellen sollten aus mindestens fünf Mitgliedern gebildet werden. Ihre Aufgaben waren wirtschaftliche Aufklärungs- und Kampfarbeit, allgemeine politische Propaganda und Agitation sowie Mitgliederwerbung.

Die Ortsgruppen faßten Betriebszellen zusammen. Ihre Funktion bestand in der Kontrolle und Unterstützung der Arbeit der Betriebszellen, der Bildung von Fraktionen in den Gewerkschaften und im Arbeitersport, Arbeit unter den Gegnern auf dem Lande, in den Kindergruppen, der Bildungsarbeit und Organisation von größeren Veranstaltungen und Feiern.

Die Bezirksfraktionen waren Zusammenschlüsse der örtlichen Verbandsfraktion. Ihre Leitungen bildeten die Zentrale des KJVD in Berlin.

Die Verhältnisse in Hamburg

Der Hamburger KJVD gehörte zum KPD-Bezirk Wasserkante. In jedem Stadtteil bestand mindestens eine Ortsgruppe. 1929 hatte der Bezirk Groß-Hamburg 1146 Mitglieder, 53 Betriebszellen und 31 Ortsgruppen. 1932 zählte er 1958 Mitglieder in 15 Betriebszellen und 94 Orts- und Straßenzellen – Zahlen, die die Verdrängung des Verbandes aus den Betrieben demonstrieren.

Die Gruppen trafen sich meist in den Hinterzimmern von Kneipen, Verkehrslokalen der KPD, in Wohnungen von Genossen oder in den Volksheimen. Eigene Heime besaß der KJVD nur in Niendorf und Bramfeld.

Agitationslokal des KJVD am Nagelsweg um 1930

Zu einer Ortsgruppe des KJVD in Hamburg gehörten etwa 20 bis 30 Jugendliche, ein politischer Leiter, ein Organisationsleiter, ein Kassierer (Beitrag 1930: Erwerbslose monatlich 10 Pfennig, Arbeitende nach Verdienst), und ein Agitpropmann.

Wer in den KJVD wollte, mußte ein politisches Bewußtsein besitzen. Ille Wendt z. B. wurde erst nach einem Gespräch mit Willi Bredel im Parteilokal Riesler (Feldstraße) aufgenommen. Mitglieder konnten Jugendliche im Alter von 14 bis 20 Jahren werden, die Programm und Satzungen anerkannten.

Eigenstudium war großgeschrieben

Das kommunistische Erziehungssystem verlangte die Teilnahme der Jugend am proletarischen Klassenkampf. Zum Bildungsprogramm gehörte das Studium der Werke von Marx und Lenin und die Kenntnis der Geschichte der Kommunistischen Partei Rußlands (KPR), Kommunistischen Internationale (KI) und Kommunistischen Jugend-Internationale (KJI) sowie der deutschen Arbeiter- und Arbeiterjugendbewegung.

In zweiter Linie rangierten Kenntnisse der sozialistischen Klassiker, der klassischen deutschen Literatur, Kunst und Wissenschaft und vor allem des Arbeiterlieds. In Mitgliederversammlungen, Konferenzen, Wochenendkursen und Lehrgängen fand die Schulung statt. Für Funktionäre wurde seit 1925 jährlich für vier bis sechs Wochen die Reichsverbandsschule veranstaltet, die Leninschule des KJVD.

Die Schulungen wurden oft mit der Tagespolitik verbunden. Die Kosten mußten von den Jugendlichen selbst aufgebracht werden. Zusätzlich wurde die Bildungsarbeit durch das Fehlen geeigneter Räume und die schlechte finanzielle Lage des Verbands erschwert. Die Hamburger Gruppen hatten ihre Wochenendkurse oft in Grande (Aumühle).

KJI und KJVD empfahlen für die Programmauswahl »das, was am wichtigsten für die unmittelbare revolutionäre Erziehung ist«. Arbeitslose Jugendliche nutzten auch die Kursangebote der Marxistischen Arbeiterschule Hamburg (Masch). Wieweit sich die Bildungsansprüche der werktätigen Jugendlichen neben Arbeit, politischen Aktivitäten und Versammlungen erfüllen ließen, ist fraglich.

Schüler der Lenin-Schule des KJVD Wasserkante 1928. Unter ihnen spätere Widerstandskämpfer: Walter Hochmuth, Franz Jacob, Robert Abshagen, Käthe Hochmuth und Lucie Suhling.

»Sturmarbeit und Tempoverlust«

Der KJVD wollte die Arbeitssituation der werktätigen Jugend verbessern, mehr Jugendschutz und weniger Benachteiligung durch die Notverordnungen erreichen. Er wandte sich gegen die Auswirkungen der Rationalisierung, gegen Militarisierung im Freiwilligen Arbeitsdienst und die drohende Kriegsgefahr.

Daß die politische Arbeit der Jugendlichen den Ansprüchen der KPD in keiner Weise genügte, zeigte die heftige Kritik, die auf dem 12. Parteitag 1929 am KJVD geübt wurde. Die Massenarbeit wurde bemängelt, der »Tempoverlust«, das zu langsame Reagieren auf die politische Entwicklung. Die Aktivität in den Wirtschaftskämpfen sei ungenügend, z. B. im Hamburger Werftarbeiterstreik, wie auch die »Sturmarbeit«. Die KPD forderte von nun an eine konsequente Durchführung der Parteilinie im Jugendverband.

Wo bleibt die Sturmarbeit der Hamburger Jungkommunisten?

»Fünf politisch unorganisierte Jugendvertrauensleute der Werft Blohm & Voss organisierten eine öffentliche Jugendbelegschaftsversammlung mit der Berichterstattung vom Reichsjugendtag. Mehr als 300 Lehrlinge erschienen. In dem Betrieb besteht in der letzten Zeit keine Zelle, da diese durch den Unternehmerterror, durch Entlassung aller Jungkommunisten zerschlagen wurde. Die Genossen des Kommunistischen Jugendverbandes nutzten diese großzügige, glänzende Versammlung nicht zur Werbung für den Kommunistischen Jugendverband aus« (aus »Rote Jugend der Wasserkante«).

Ein Jahr später veröffentlichte der KJVD sein »Kampfprogramm gegen Hungeroffensive und drohende faschistische Diktatur«. Er rief damit zur Bildung der »revolutionären Einheitsfront im Betrieb und in der Berufsschule, in der Stadt und auf dem Land« auf. Programmpunkte u. a.: »Lohnerhöhungen für Jugendliche, die das Existenzminimum sichern, gleicher Lohn für gleiche Arbeit, tarifliche Festlegung aller Jugend- und Lehrlingslöhne und sechsstündige Arbeitszeit für alle Jugendlichen unter 18 Jahren«.

Im September 1930 unterstützte der KJVD den Kampfbund gegen Faschismus und bildete Jungstaffeln zum Schutz gegen Naziterror. Im Anschluß an die KPD veröffentlichte auch der KJVD seine Forderungen zur Arbeitsbeschaffung für die erwerbslose Jugend, entstanden aus der Not der werktätigen und der 1,5 Millionen erwerbslosen Jugendlichen. Im Beruf waren sie zeit- und kräftemäßig überfordert; als Arbeitslose blieben sie nach der 2. Notverordnung ohne Unterstützung sich selbst überlassen. Die Bemühungen des KJVD blieben wie die Forderungen und Programme der KPD ohne Erfolg (vgl. Arbeitsbeschaffungsmaßnahmen der KPD, S. 53).

»Es war eine ›hilde‹ (aufregende) Zeit!«

Gertrud Eke, Kontoristin, SAJ-Mitglied bis 1931, berichtet, wie sie in Hamburg zum KJVD kam und welche Aufgaben und Aktivitäten ihr dort zufielen.

»Im Oktober 1931 traf auch mich die Arbeitslosigkeit. Als Jüngste in der Firma wurde ich dort mit dem dritten Schub entlassen. In der Schlange vor dem Arbeitsamt wurde viel diskutiert. Ich hörte die vielen Meinungen aufmerksam, konnte mich aber keiner anschließen. Inzwischen hatte sich in den Wirren die SAP manifestiert mit ihrer Jugend, dem SJV. Die These von der Einigung von SPD und KPD leuchtete mir ein und war wie eine Hoffnung. Ich verließ die SAJ und wurde Mitglied des SJV. Mit mir noch etwa die Hälfte meiner Gruppe.

Dann lernte ich am Arbeitsamt einen Mann kennen, der in den Diskussionen so klare Argumente vorbrachte, daß ich mich mit meinen vielen ungelösten Fragen an ihn wandte. Es war Richard Tennigkeit, ein Kommunist. Er wurde mit seiner Frau im KZ Neuengamme umgebracht. Er öffnete mir die Augen. Er zeigte mir den Weg. Gegen meine Zweifel setzte er Argumente.

Ich wollte mehr wissen. Er lieh mir Bücher und Broschüren. Der Inhalt war einfach und verständlich. Aus all dem schälte sich allmählich für mich die einzige Möglichkeit heraus: Mitglied der KPD zu werden, um gemeinsam für die Rechte derjenigen zu kämpfen, die all die Werte schaffen und so schlecht dafür belohnt werden.

Im Februar 1932 wurde ich Mitglied des KJVD. Mit der Unbeschwertheit war es zwar vorbei; doch wurde mein Leben jetzt interessant. Plötzlich stand ich mit beiden Füßen mitten im politischen Tagesgeschehen. Meine Freunde und ich gründeten eine Gruppe des KJVD in Volksdorf. Unser Tagungsort war in Meiendorf bei dem später von den Nazis hingerichteten Genossen Walter Bunge. Die Genossen der KPD-Gruppe Volksdorf waren sozusagen unsere Paten und halfen uns, daß wir uns im Gewirr der Politik zurechtfanden. Wir wiederum, begeisterungsfähige, fröhliche junge Menschen, halfen bei allen Parteiarbeiten.

Es war eine »hilde« (d. h. aufregende) Zeit. Trotz meiner Arbeitslosigkeit war ich immer ausgebucht. Einmal im Monat fuhren wir mit den Rädern auf die Dörfer hinter Ahrensburg auf Landpropaganda. Wir verkauften Zeitungen, unsere Illustrierte und verteilten unser Material und diskutierten. Aus der Ferne wurden wir dann oft von SA-Gruppen belauert, die sich damals aber noch nicht an uns herantrauten.

Es gab auch viele öffentliche Veranstaltungen unserer Parteigruppe, die oft von unseren Agitprop-Gruppen »Nieter« und »Rote Kolonne« unterstützt wurden. Wir Jugendlichen besuchten auch Veranstaltungen kultureller und politischer Art im Hamburger Raum, gingen gemeinsam ins Kino, sahen z. B. »Der Weg ins Leben«. Hinterher werteten wir alles aus und lernten daraus. Ganz hervorragend waren die Aufführungen des Kollektivs Hamburger Schauspieler, die wir nie versäumten. Mit viel Eifer und Vergnügen verkauften wir am Wochenende von Tür zu Tür unsere »AIZ«. Trotz allem vergaßen wir nicht unsere Wanderungen und Fahrten in die Natur zu unternehmen, wo wir mit Spiel und Spaß den Tag verbrachten.

Gegen Ende 1932 gaben wir zweimal eine kleine eigene Zeitung heraus. Auch Wandzeitungen stellten wir her, auf denen wir ernst oder satirisch die augenblicklichen Zustände darstellten. Die Wandzeitungen wurden an öffentlichen Tafeln angebracht.«

»Wir sind doch keine feinen Herren«

Noch 1928 trugen die KJler blaue Hemden mit roter Schnur wie die SAJ. Ab 1929 legten sie Schnüre und Schlipse ab (»wir sind doch keine feinen Herren«), trugen jetzt graue Hemden, dazu Breeches oder kurze Hosen. Wer hatte, trug Motorradstiefel. Dazu gehörte eine blaue Schirmmütze mit Sturmriemen.

Die Mädchen trugen schwarze Baskenmützen, blaue Manchesterröcke und -Westen, weiße oder graue Blusen.

»Manchmal beschimpft oder rausgeworfen«

Die Landpropaganda hatte das Ziel, der verarmten Landbevölkerung konkrete Vorschläge der KPD zur Verbesserung ihrer Lage zu unterbreiten. Der KJVD übernahm die Agitation der Landjugend. An »roten Landsonntagen«

KJVD in der Schumannstraße vor dem Parteilokal 1928

fuhren Lastwagen oder Fahrradgruppen in die Dörfer um Hamburg oder zu den Landarbeitern in den Baumschulen Pinnebergs, deren Lage erbärmlich war. Rudolf Homes:

»Wir sind nach Vierhöfen oder Hanstedt in der Heide gefahren. Einmal mit einem großen Trupp nach Segeberg. Keiner von uns hatte eine Bahnkarte. Wir sind alle durchgegangen und haben gesagt: ›Der letzte hat die Karte‹. Von der Endstation sind wir dann stundenlang zu Fuß marschiert.«

In den Dörfern wechselten Agitationsreden mit Sprechchören, Songs und Gedichten zur Unterhaltung und Information der Zuhörer. KJler verkauften Zeitungen und die bekannten Zehnpfennig-Hefte (KPD-Broschüren).

1931 überprüfte der KJVD seine Arbeit auf dem Land und systematisierte sie. Statt zufälliger Fahrten wurde jetzt regelmäßig Kontakt gesucht, nach Möglichkeit mit Vertrauensleuten Ortszellen gebildet und Dorfzeitungen gemacht.

Haus- und Hofpropaganda in Hamburg führte jede Gruppe in Häusern, Hinterhöfen und »Burgen« durch. Fast jeden Sonntagmorgen wurde agitiert. Oskar Meyer berichtet:

»Es begann meist mit einem Sprechchor: »Achtung, Achtung, der KJVD ruft!« Dann hielt der mit der lautesten Stimme ein Kurzreferat, es folgten ein bis zwei Lieder und ein Ausschwärmen in die Häuser. Dort wurde geklingelt, nach Möglichkeit ein Gespräch begonnen und Zeitungen verkauft. Die Erlöse gingen an die Partei. Manchmal wurden wir beschimpft oder rausgeworfen.«

Ehemalige KJler berichten, daß sie

oft Angst beim Klingeln hatten und lieber zu zweit gingen.

Zur politischen Arbeit der Jugendlichen gehörten auch nächtliches Parolenmalen (wenn man in die Farbe Wasserglas mischte, haftete sie besser), Klebeaktionen und Wahlhilfe für die KPD.

Demonstrationen und Kundgebungen gehörten zu den wichtigen Aktivitäten des Verbands. Demonstriert wurde bei der großen Zahl der Arbeitslosen entsprechend häufig.

Anita Sellenschloh berichtet von einer Demonstration gegen den Panzerkreuzerbau. Der KJVD habe ohne Wissen der Polizei einen Riesenpanzerkreuzer gebaut und im Zug mitgeführt. Als die Polizei dagegen einschreiten und die Jugendlichen sich zur Wehr setzen wollten, habe der KPD-Bürgerschaftsabgeordnete Franz Jacob einen Balkon erstiegen und sie aufgefordert, den Panzerkreuzer stehenzulassen. Nun mußten sich die Polizisten zur allgemeinen Erheiterung vor das schwere Objekt spannen und versuchen, es weiterzubewegen.

Demonstration des KJVD im Luruper Weg in Eimsbüttel 1932

Die Betriebsarbeit des KJVD

»Zum Ärger der Werfthyäne Blohm, seiner Ingenieure, des gesamten Faschistengeschmeißes der Werft und zum Spott auf Blohms Stahlhelmfeuerwehr, flatterte stolz am Morgen des 6. März, am internationalen Kampftag, die rote Fahne vom Flaggenmast. Trotz der gewaltigen Horde Feuerwehrleute und Spitzel gelang es den Jungkommunisten, dieses zu vollbringen. Niemand weiß, wer es war und wann es war. Bis zum Mittag flatterte sie stolz über der Werft, zum Jubel aller Jungproleten. Weil die Fahne nicht zu entfernen war, mußte der Flaggenmast umgesägt werden.«
(aus »Rote Jugend der Wasserkante«)

KJVD-Betriebszellen mit eigener Betriebszeitung entstanden in Hamburg viele. Die Wirtschaftskämpfe fanden meist ein schnelles Ende durch Entlassung der streikenden Jungarbeiter, z. B. 1927 der Nietenwärmer bei Blohm & Voss. Seit 1930 waren Betriebszellenbildungen kaum mehr durchzuführen, und die Forderungen der Partei erwiesen sich bei der rasch ansteigenden Arbeitslosigkeit der Mitglieder als illusorisch und unrealistisch.

Mit Wasserglas versetzt haftete die Farbe besser – Losungen des KJVD 1932 in Barmbek

Kulturelle Aktivitäten

Festabende, Politrevuen, Fahrten, Lager und Treffen gehörten ebenso wie die politische Arbeit zu den Aktivitäten des KJVD.

Sehr beliebt waren Agitpropgruppen, wie die »Nieter«, die »Rote Kolonne« u.a. Die Gruppen übten auch selbst Agitpropstücke ein:

»Wir haben in der Schule Rothenburgsort geübt unter Leitung des Lehrers Hans Köpnick. Ein Stück haben wir im Zirkus Busch aufgeführt, das hieß »Morgenröte« und hatte Bezug auf die Sowjetunion. Dabei wurde aus Versehen ein Mitspieler erschossen, eines der geliehenen Gewehre war geladen gewesen. Wir dachten damals, das war Absicht. Wir haben diese Stücke zur Werbung und Geldbeschaffung einstudiert«. (Rudi Homes)

Mitglieder des KJVD rezitierten Gedichte von Brecht, Weinert u. a., Texte, Sketche, Sprechchöre, Vorträge und Lieder. Der Verband organisierte außerdem Filmveranstaltungen (Russenfilme und solche mit sowjetischen Schauspielern). Im Ganzen überwog nach Aussage ehemaliger Mitglieder jedoch die politische Betätigung:

»Ich war überzeugt vom KJVD, war aber immer etwas traurig, daß wir nicht so viele Fahrten machen konnten wie die SAJ« (A. Sellenschloh).

»Wir waren alle begeistert«

Kati von der Reith nahm 1930 am Reichsjugendtag in Leipzig teil:
»Unsere Gruppe fuhr mit dem Lastauto nach Leipzig. Es gehörte einem Genossen Fischhändler und hatte hintendrauf Bänke, darüber eine Plane, Essen haben wir mitgenommen. Thälmann hat seine Ansprache in Leipzig ohne Lautsprecher auf der Kundgebung gehalten. Wir waren alle begeistert. Auf der Rückreise ging der Laster kaputt, wir blieben auf der Strecke, mußten in Hannover übernachten – auf dem Laster. Wir sind zwei Tage und zwei Nächte liegengeblieben. Für die andern machte das nichts, die waren arbeitslos, aber ich war sehr unruhig, weil ich eine Stelle antreten sollte. Zum Glück hat meine Mutter mich entschuldigt.«

Die Jugendtage der KJVD

1927 fand in Hamburg der 2. Reichsjugendtag der KPD statt. Über 25 000 Jungkommunisten nahmen teil. Höhepunkt war die Massenkundgebung mit Ernst Thälmann.

1928 3. Reichsjugendtag, Chemnitz. Der Hamburger Ernst Thälmann wird Ehrenpionier.

1930 5. Reichsjugendtag, Leipzig. 30 000 Jugendliche kamen mit Lastautos, Fahrrädern oder zu Fuß. 100 000 demonstrierten.

1931 Der 6. Reichsjugendtag in Berlin wurde verboten. Zusammenkünfte fanden daraufhin in Jena, Frankfurt, Braunschweig und Berlin statt.

Das Verhältnis der kommunistischen Jugend zur SAJ

Im Anfang unterschieden sich SAJ und KJVD kaum: Die kommunistischen Jugendlichen gingen wandern, sangen zur Mandoline, sie trugen dieselbe Kleidung und lange Haare wie die SAJ. Als zunehmend junge Arbeiter, die nicht aus der Jugendbewegung kamen und deren Ziele gesellschaftliche Veränderungen waren, dem KJVD beitraten, wurde dieser stärker politisch ausgerichtet. Während bei der SAJ Bildung und fröhliches Jugendleben vor politischen Aktivitäten rangierte, hatten im KJVD politische Schulung und Betätigung Vorrang. Beide Organisationen lieferten sich bis 1933 in ihren Schriften verbale Schlachten. Zu tätlichen Auseinandersetzungen kam es in Hamburg nicht.

»Je weniger Mitwisser, desto weniger Entdeckungsgefahr«
Weiterbestehen in der Illegalität

Nach dem 30. Januar 1933 rief der KJVD die Jugend zu entschlossenem Kampf gegen das faschistische Regime auf. Die Bezirksleitungen in Hamburg wandten sich mit Einheitsfrontangeboten an die Bezirksvorstände der SAJ. Die illegale Arbeit wurde in Dreier- oder Fünfergruppen durchgeführt: Je weniger Mitwisser, desto geringer die Gefahr, entdeckt zu werden.

Im April 1933 fand im Clubraum des »Holstenjonni« in der Feldstraße die letzte größere Funktionärsversammlung statt. Illegale Arbeit bestand im Verteilen von selbsthergestelltem Material, Flugblättern usw., oder im Anbringen antifaschistischer Parolen (auf Hauswänden, Mauern). Oskar Meyer z. B. stellte Handzettel und Klebezettel her und verteilte sie: »Hitler spielt die Friedensgeige, Blohm & Voss baut Kampfflugzeuge«.

In allen Stadtteilen fanden weiterhin Gruppensitzungen statt:

»Wir waren jetzt ›Wanderverein Falke‹ und tagten in einer kleinen Gastwirtschaft in Oldenfelde. Falls wir mal überrascht worden wären, hatte einer immer einen Vortrag über Tiere, Pflanzen usw. zur Hand« (Gertrud Eke).

Im Mai 1934 erfolgte in Hamburg die erste große Verhaftungswelle, in der etwa 200 Jungkommunisten festgenommen wurden, Ende September die zweite (über 100 Festnahmen). 1936 löste sich der illegale KJVD auf; das ZK setzte seine Arbeit in den Emigrationsländern fort.

Alle bisher befragten ehemaligen Angehörigen des KJVD berichten von illegaler Betätigung, von Verfolgung, Verhaftung, Zuchthaus- oder KZ-Strafen.

Die KPD über ihre Jugend: »Mangelhafte Arbeit«

Die KPD blieb bis zum Ende dem KJVD gegenüber kritisch. So bemängelt der Bericht des Bezirks Wasserkante von 1932 »ungenügende Basis in den Betrieben, fast völliges Fehlen der Arbeit in den Jugendsektionen der Gewerkschaften, mangelhafte Arbeit unter den Jungerwerbslosen und in den Berufsschulen, unbedeutende Bemühungen um die Einheitsfrontbewegung, unregelmäßige antimilitaristische Arbeit« u. a. m.

Hier äußert sich einerseits das an den realen Gegebenheiten der Zeit vorbeigehende Wunschdenken der Partei, zum anderen aber ihre offensichtliche Unfähigkeit, jugendgemäßes Arbeiten einzuschätzen und den KJVD jugendgemäßer zu führen.

Ein Bewußtsein für dieses Manko war offensichtlich vorhanden. Ernst Thälmann betonte 1932 vor dem Zentralkomitee (ZK) des KJVD die Notwendigkeit, Methoden zu entwickeln, die nicht die Arbeitsweise der Partei kopierten, sondern mehr Schwung, Phantasie und Einfälle zeigten, um die Jugendlichen zum gemeinsamen Kampf zu begeistern. Zur Realisierung kamen diese Anregungen nicht mehr.

Ehemalige Mitglieder über den KJVD

»Wir sind locker gewesen, nicht so verhärtet wie die Großen und Erwachsenen in den Parteien, mehr jugendlich. Die Eimsbüttler KJler waren sehr freizügig, wir nannten sie »Latscher«, die Barmbeker waren eher die Proleten, die Hammerbrooker die Antifa-Leute.« (Rudi Homes)

»Ich möchte die Zeit nicht missen. Rückschauend hatten wir recht. Wir waren wacher, wir haben dagegen gekämpft, wir haben alle nicht geahnt, daß es so grausam werden würde.« (Ille Wendt)

Die Jugend im Volksheim
Bürgerliche Anfänge – Herkunft und Entwicklung

Die Volksheimbewegung kam aus der englischen Settlementidee; ihr Urheber war Arnold Toynbee (1852–83). Settlement heißt Siedlung und bedeutete als Bewegung eine Art Sozialeinrichtung: die Niederlassung gebildeter, wohlhabender Bürger in proletarischer Nachbarschaft mit dem Ziel der Wissensvermittlung und der Klassenbegegnung.

In Deutschland entstand 1901 die Gesellschaft »Volksheim«, die sich sowohl im Reich als auch in Hamburg ausdehnte. Das Hamburger Settlement war das einzige, das Krieg und Revolution überdauerte. Nach dem Krieg wurde das Patronatswesen durch ein Mitbestimmungssystem abgelöst, das auf die Jugend stark aktivierend wirkte. Um 1925 waren Jugendgruppen unterschiedlicher Richtung im Volksheim vertreten: die Jugendbewegung, der religiöse »Bund deutscher Jugendvereine« und die politische »Proletarische Jugend«. Um 1926/27 schlossen sich alle Jugendgruppen aus der Arbeiterschicht zur »Proletarischen Jugend im Volksheim« zusammen.

Seit 1928/29 eine politische Jugendorganisation

Die Bewegung war in den Anfängen vor allem auf Weiterbildung orientiert; Junglehrer hatten die schulisch benachteiligten Arbeiter und Jugendlichen unterrichtet. Seit 1928/29 wurde die Volksheimbewegung eine überwiegend politisch orientierte Jugendorganisation, die die Trennung von den Erwachsenenorganisationen, vor allem von den Parteien, betonte. Sie war frei und unabhängig. Freundschaftliche Beziehungen bestanden zur »Freien sozialistischen Jugend«.

Man propagierte und praktizierte eine undogmatische, parteiunabhängige Erziehungsarbeit. Das Volksheim galt als »Heimstätte und Hochschule zur Bildung des sozialen Menschen«, der »Volksheimgeist« als Verwirklichung der sozialistischen Gedankenwelt. Die Gemeinschaft wollte Menschen heranbilden, »die sich ihrer Pflicht und Verantwortung insbesondere ihren Klassengenossen gegenüber voll bewußt und später in der Lage sind, ohne Scheuklappen und Vorurteile sich auch in der Tagespolitik in den Dienst der Arbeiterbewegung zu stellen.« (Wolfgang Albrecht, Wandlungen des Volksheims in Hamburg, 1933)

Das Volksheim Rothenburgsort

»Im Volksheim war immer was los« – die Zeit um 1930

1930 gab es in Hamburg vier Volksheime: in Eimsbüttel (Eichenstraße), Hammerbrook (Sachsenstraße), Rothenburgsort (Billhorner Mühlenweg 41), Barmbek (Marschnerstraße). Sie waren beliebt und stadtbekannt. Die Geschäfte und Verwaltung der Häuser hatten die Jugendlichen selbst übernommen.

Erna Klasen erzählt:

»Wir hatten in der Zeit wenig Geld im Volksheim, da haben wir alles selbst gemacht, auch das Saubermachen. Es war oft problematisch; wenn z. B. gefeudelt wurde, ist das Wasser durch die Decke gelaufen. Ich glaube nicht, daß die Jugend heute das machen würde.«

Die Jugendlichen vermieteten vielfach Räume an andere Organisationen, z. B. an die SAJ oder den KJVD in der Eichenstraße. Jedes Haus besaß ein Lesezimmer, das viel benutzt wurde, »weil hier die ›Weltbühne‹ abonniert war« (Wolfgang Albrecht), einen Saal und eine Rechtsauskunftsstelle. Hier konnten Arbeiter kostenlos Rechtsbeistand und -auskunft erhalten.

Die Aktivitäten waren sehr unterschiedlich und von Heim zu Heim verschieden. In allen wurde intensive Gruppenarbeit geübt. Die Gruppen bestanden aus sechs bis zwölf Mitgliedern, die Effektivität ihrer Arbeit hing von der Persönlichkeit des Leiters und der jeweiligen Gemeinschaft ab. Man ging individuell und ohne festes Programm vor.

Wolfgang Albrecht war Mitglied in der Gruppe von Hinrich Klasen, dem Volksheimleiter nach 1945, die gezielt die Grundlagen des Marxismus und der Arbeiterbewegung erarbeitete. Zu ihnen gehörten Gymnasiasten, Handwerker und junge Arbeiter.

Theo Richters Gruppe hatte enge Verbindung zur »Freien Sozialistischen Jugend«, die wie die Volksheimer parteiunabhängig war. Für andere, vor allem die Jüngeren, war das Volksheim eher eine Art Jugendzentrum: »Wir haben alle vier Wochen in Barmbek getanzt, sonst geklönt und dummes Zeug gemacht« (Erna Klasen).

In den Volksheimen fanden regelmäßig kulturelle Veranstaltungen statt: In ihren Sälen traten die »Nieter« auf, wurden Theateraufführungen und Konzerte veranstaltet, Vorträge und Gesangsabende abgehalten. Die Jugend spielte auch selbst Theater und führte Kinderveranstaltungen durch: *»Es gab noch kein Fernsehen, darum bemühte man sich, die Kinder von der Straße zu holen und zu unterhalten«* (Wolfgang Albrecht). Für das Arbeiterpublikum spielte man überwiegend niederdeutsche Stücke. Auch Hobbygruppen fanden sich zusammen, zum Faltbootbau in Eimsbüttel, zum Segelflugzeugbau in Rothenburgsort und zum Radiobasteln in Hammerbrook.

Obwohl die Bewegung im Vergleich zum KJVD und zur SAJ klein war – sie hatte 1930 kaum über 200 Mitglieder – war das Volksheim Treffpunkt für Jugendliche aller Richtungen. Alle kamen dorthin zum Volkstanz. Es war die Atmosphäre der Offenheit und Toleranz, die die Begegnung auch kontrovers denkender Gruppen ermöglichte.

Alle Volksheime wurden 1933 von den Nazis übernommen. Sie fielen bis auf das Eimsbüttler Haus in der Eichenstraße 1943 den Bomben zum Opfer.

Der Freiwillige Arbeitsdienst
Eine umstrittene Einrichtung

Im Frühjahr 1931 wurde zunächst versuchsweise, dann ab Oktober 1931 als feste Einrichtung der Freiwillige Arbeitsdienst (FAD) eingeführt. Die Notverordnung vom 5. Juni 1931 hatte der Reichsanstalt für Arbeitsvermittlung die Möglichkeit gewährt, den FAD mit Mitteln der Arbeitslosenversicherung und Krisenfürsorge zu finanzieren und so die Gemeinden nicht zu belasten.

Während Notstandsarbeiten überwiegend für Familienväter bei voller Bezahlung reserviert blieben, sollte der FAD jungen Leuten zwischen 18 und 25 Jahren vorbehalten sein, um sie »körperlich gewandt und seelisch beweglich« zu erhalten. Seit der Notverordnung vom Juli 1932 war der FAD ausschließlich der Beschäftigung von Jugendlichen vorbehalten.

Die Nachfrage von seiten jugendlicher Erwerbsloser war groß. Das Arbeitsamt Nordmark (Hamburg) registrierte 1932 85 000 Jungerwerbslose. Hatte der FAD 1931 mit 29 Arbeitswilligen begonnen, so waren es 1932, ein Jahr später, bereits 10 000 in Hamburg in 600 »Arbeitsmaßnahmen«.

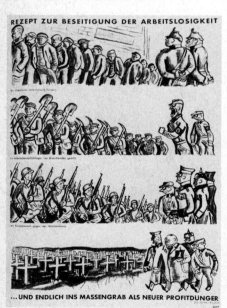

Weitsichtig prophezeite die AIZ (Nr. 35) schon 1932, wohin der Arbeitsdienst führen würde

Der FAD war zunächst als »arbeitspädagogische Maßnahme« mit dem Ziel konzipiert, Jugendliche vor Kräfteverfall und psychischen Schäden bei längerer Arbeitslosigkeit zu bewahren. Durch die Teilung der Verantwortlichkeit in Förderer des FAD (Arbeitsamt und Jugendbehörde) und Durchführende (freie Vereinigungen ohne kommerzielles Interesse mit Erfahrung in Jugendarbeit) sowie die Notverordnung vom Juni 1931, die das Arbeitsverhältnis im FAD festlegte (Beschäftigung *ohne* Arbeitsverhältnis, *ohne* Tarifverträge und gesetzliche Arbeitszeit), waren auch interessegerichteten Verbänden Tür und Tor geöffnet. Die Bezahlung sollte der durch die Notverordnungen immer weiter reduzierten Arbeitslosenunterstützung entsprechen, die Differenz zum üblichen Arbeitsentgelt für eine Siedlerstelle oder ein Eigenheim »gutgeschrieben« werden. Für die notleidenden Jugendlichen war diese Regelung illusorisch.

SPD, KPD und vor allem ihre Jugendorganisationen kritisierten einmütig und gegen Ende 1932 immer unüberhörbarer die Einrichtung. Die SAJ warnte vor einer Beschäftigung ohne Arbeitsverhältnis:

> »Arbeitsdienstpflicht? Das ist Arbeit ohne Lohn! Das ist Lohndruck für die in Arbeit Stehenden. Das ist verkappter Militarismus. Das bedeutet die Herrschaft des Kommißstiefels, das bedeutet Verzicht auf Selbständigkeit und Freiheit der Persönlichkeit.«
> (Flugblatt »Ruf an die Jugend«, Februar 1933)

KPD und KJVD wandten sich gegen die Verschickung Jugendlicher aufs Land – unter Androhung des Unterstützungsentzugs – als »Sklaven der Junker und Großgrundbesitzer« in Ostpreußen und Pommern. Vor allem protestierten sie auch gegen die Übernahme der Durchführung durch militante Verbände:

> »Unter dem Kommando von abgedankten Offizieren und Nazi-Röhmlingen wollen die Nazis den Kapitalisten eine Lohndruck- und Streikbruch-Armee, ein Reserveheer für den Raubkrieg gegen die Sowjetunion schaffen« (Wahlaufruf KJVD Wasserkante, 1931).

Der KJVD agitierte in den Lagern gegen Hungerlohn, Ausbeutung, für warme Kleidung, besseres Essen. 1932 gelang ihm in Altona die Auslösung eines Arbeitsdienststreiks, der zur Auflösung des Lagers führte (KPD-Bericht Wasserkante, 1932).

Otto Hinrichs, arbeitsloser Buchdrucker, Reichsbannermann, Gewerkschafter und SAJler, erzählt von der Regulierung der Tarpenbek:

> »Wir haben 1933 26 Wochen lang im Arbeitsdienstlager des Deutschnationalen Handlungsgehilfenverbands gearbeitet. Das war ein rechter Verein, die Zentrale war am Karl-Muck-Platz. Unser Leiter war Korvettenkapitän a. D. Götz. Wir mußten in Langenhorn die Tarpenbek regulieren. Es ging ziemlich militaristisch zu: Wir zogen im Gleichschritt zur Arbeitsstelle, am Ende hatten wir sogar einen Spielmannszug mit. Wir hatten auch Uniformen, dunkelbraune Khakiuniformen, keine SA- oder Naziuniformen. Manchmal gingen wir zum Schießen.
>
> Als negatives Beispiel für Militarismus weiß ich ein Lager bei Cuxhaven, Arbeitslager Groden, da waren überwiegend Reichsbannerleute, das war rein militaristisch mit Drill und Kommiß. Aber nicht alle FAD-Lager waren so. Es gab welche vom Arbeitersport und anderen Verbänden, wo es ganz anders zuging.
>
> Man arbeitete 26 Wochen, damit man dann wieder Arbeitslosenunterstützung kriegte. Man konnte bei uns jederzeit wieder aussteigen, wenn es einem nicht gefiel. Arbeitszeit war von acht bis 14 Uhr, als Lohn gab es nur ein Taschengeld, ich glaube drei bis vier Mark in der Woche – es gab ja auch Unterkunft und Verpflegung. Nachmittags war frei. Kurse zur Fortbildung wurden nicht abgehalten, nur gelegentlich Vorträge. Wenn man schon einige Jahre von zehn Mark Wohlfahrt bei fünf Mark Miete gelebt hatte, dann fühlte man sich schon als Ausgebeuteter, auch in den Lagern. Die Jugendarbeitslosigkeit war verheerend!
>
> Wir sind da hauptsächlich hingegangen, um unterzutauchen nach 33. Das Lager war im wesentlichen von uns beeinflußt; wir waren Reichsbannerleute, Arbeitssportler und SAJler. Ende 1933, Anfang 1934 wurde dann der Reichsarbeitsdienst gegründet, der ganze bisherige FAD ging darin auf.«

»Die Solidarität war ja überall!«
Arbeitersport von Werner Skrentny

»Neutralität kann es nicht geben«

Das Arbeiter-Sport-kartell

1930 bestanden Kartelle in Hamburg, Altona und Wandsbek. Zum Hamburger Kartell (Geschäftsstelle im Gewerkschaftshaus) gehörten folgende Organisationen und Sparten: Turnen, Fußball (Norddeutsche Spielvereinigung, »Spielbörse«, Danziger Str. 74), Wassersport, Korpsvereinigung der Trommler und Pfeifer Groß-Hamburgs, Touristenverein »Die Naturfreunde«, Arbeiter-Rad- und Kraftfahrbund »Solidarität«, Arbeiter-Athleten, Arbeiter-Samariter-Bund, Arbeiter Schachbund, Arbeiter-Schützenbund, Freikörperkultur, Freier Seglerbund, Arbeiter-Keglerbund, Arbeiter-Mandolinistenbund.

Die Zentralkommission

Den Kartellen übergeordnet war die 1912 gegründete Zentralkommission für Sport- und Körperpflege (Sitz: Berlin). Sie zählte 1928 fast 1,2 Millionen Mitglieder, 1930 rd. 1,3 Millionen. Zahlen für 1928:
Arbeiter-Turn- und Sportbund (ATSB) u. a. mit Turnen, Fußball, Wassersport 770 000 Mitglieder, RKB Solidarität 220 000, Naturfreunde 79 000, Athleten 56 000, Schachbund 12 000, Samariter 41 000, Verband Volksgesundheit 14 000, Schützen 5000, Segler 1500.

Über den bürgerlichen Sport:

»Ich-Bewußtsein, Herrengefühl, Rekordgesinnung, das sind die Kernstücke modern-kapitalistischen sportlichen Denkens (...) Sport ist Konkurrenz und kapitalistisch-menschliches Profitstreben.« »Sport-Sensationen dienen »zum Zweck der fortgesetzten Verstandesverstümmelung der Massen (...) zum Mittel, das Minderwertigkeitsgefühl des Proletariats zu erhalten.«

(Nach H. Wagner u. P. Franken, beide Theoretiker des Arbeitersports, aus Schriften 1931 bzw. 1930).

Über den Arbeitersport:

»Erst mit dem Arbeitersport, so seine Theoretiker, wird der Sport (...) in ein Mittel der politischen und sozialen Befreiung transformiert (...) Er befreit die Arbeiterklasse körperlich und geistig von dem Gefühl der Minderwertigkeit und packt die Massen für den Klassenkampf (...) Er verleiht dem Arbeiter Vertrauen in die eigene Kraft und stützt Entschlußkraft und Wagemut (...) Die großen Feste mit (...) exakten Massenübungen erfüllen die Arbeitersportler mit dem Gefühl einer tiefen gemeinsamen Kraft.«

(Nach H. Timmermann, Geschichte u. Struktur der Arbeitersportbewegung, 1973.)

Eine Hamburger Sport-Geschichte ist nach 1945 nie geschrieben worden, geschweige denn die des Arbeitersports, der in dieser Stadt von vor 1893 bis zur Vernichtung 1933 über vier Jahrzehnte lang – erst recht neben erstarkter SPD, Gewerkschaften und Genossenschaft – als »vierte Säule« einen wesentlichen Teil der Arbeiterbewegung darstellte.

Jene Geschichte des Hamburger Arbeitersports ist hier nicht zu leisten – allenfalls Beiträge, Berichte zu einer Organisation, die im Reich 1,3 Millionen, in Hamburg über 22 000 Mitglieder (Ende 1929) zählte.

Der Arbeitersport ist in Hamburg so vergessen wie die Schalmeien der Zeit um 1930 verklungen sind. Nostalgische Reminiszenzen allerdings sind fehl am Platze, denn Solidarität, das »Einer für alle, alle für einen«, der Zusammenhalt, im Arbeitersport stets »Grundwerte«, werden auch in Gruppen unserer ichbezogenen Gesellschaft zunehmend wieder erfahren. Solidarität wurde angesichts von 10 000 Erwerbslosen unter 16 000 Hamburger Arbeitersportlern im Jahr 1932 oft genug geleistet. Erst recht muß man angesichts eines heutzutage manchmal entarteten, z. T. dekadenten Spitzensports die Inhalte des Arbeitersports zurückrufen: Seine Forderung nach »Massensport«, jetzt mit dem Begriff »Breitensport« abgedeckt; Fairneß vor Sieg, freundschaftliche Begegnung anstelle des Wettkampfes um jeden Preis, die strikte Ablehnung von Nationenrummel, der »blöden Anhimmelung sogenannter Sportskanonen«, des »unbedingten Strebens nach Rekorden« (nach Echo, 1927); die Zuschauer ohne Fanatismus, ohne Haß – als ob das alles 1982 nicht relevant wäre (die Ausnahmen bestätigten damals nur die Regel).

Die Abgrenzung zum bürgerlichen Sport – der Hamburger Ausschuß für Leibesübungen/HAfL gab 1929 eine Million Mitglieder an; eine überhöhte Zahl, wird angenommen – wurde in Hamburg strikt durchgehalten – auch innerhalb der Senatssportwochen. Große Aktivitäten galten stets den noch unentschiedenen Arbeitern in bürgerlichen

Vereinen, vor allem aber der Jugend, die weggeholt werden sollte aus Kneipen und Tanzsälen, von Alkohol und Nikotin, hin zu dem neuen Körperbewußtsein, in die Natur, zu sozialistischem Gedankengut, denn:

»Neutrale Organisationen (...) kann es heute nicht geben in dem Kampf auf Leben und Tod zwischen zwei Weltanschauungen. Die gibt es nicht im bürgerlichen Lager, und sie sind bei uns unmöglich.« (Arbeiter-Turnzeitung, 1932.)

Die SPD »arrangierte« sich mit dem Sport zwar erst Ende der 20er Jahre, doch die zunehmende Identifikation des Arbeiter-Turn- und Sport-Bundes (ATSB) mit Partei und Republik (»Eiserne Front«) hatte sich im sozialdemokratisch regierten Hamburg schon früher abgezeichnet. Entsprechend fand die Auseinandersetzung der Arbeiterparteien SPD und KPD auch im Sport statt, meist verbal und sehr heftig. Der schwerste Zusammenstoß am 4. Dezember 1930 im Gewerkschaftshaus ließ einen toten Jugendlichen und viele Verletzte zurück.

Der Rotsport der KPD etablierte sich in Hamburg, nicht so stark wie in Berlin und anderen Gebieten, doch immerhin etwa mit einem Viertel der Stärke des ATSB von Hamburg.

1933 wurden beide zerschlagen – erst Rotsport, dann das sozialdemokratisch ausgerichtete Arbeitersport-Kartell. Die bürgerlichen Sportverbände, voran der Deutsche Fußball-Bund (DFB), beeilten sich mit Stellungnahmen:

»Diese (Arbeitersport-) Vereine haben den Sport bisher zur Verfolgung parteipolitischer oder klassenkämpferischer Ziele betrieben und den DFB bekämpft, weil der DFB den Sport und die Jugenderziehung *im Sinne der Erstarkung von Volk und Staat* löst.« (Hamburger 8-Uhr-Abendblatt, 22. 3. 1933)

Ein letzter Anbiederungsversuch vielleicht eines einzelnen Funktionärs widersprach nach allen bisher gewonnenen Erfahrungen dem Willen der Basis:

»Die Arbeiter-Turn- und Sportbewegung ist durchaus bereit, sich in den Dienst der Neuordnung zu stellen.« (Nordsport, Organ des 3. ATSB-Kreises, zu dem Hamburg gehörte, 24. 4. 1933)

August Postler, Kuddel Hacker, Walter Bohne und andere Sportler sind in der Nazi-Zeit ermordet worden. Viele weitere wurden in die KZs, Zuchthäuser, Gefängnisse gezwungen.

Ihnen gilt das Nachstehende – und all jenen, die mir ein so lebendiges Bild vom Arbeitersport in Hamburg um 1930 vermittelt haben.

Die Anfänge

Weil sie die Hurras zu Kaisers Geburtstag und die Sedanfeier im bürgerlichen Turnverein ablehnten, gründeten Wandsbeker Arbeiter schon 1881 einen Turnverein. Der Arbeiter-Turnerbund (ATB) entstand 1893 in Gera; im ersten Jahr stellten die Vereine aus dem Raum Hamburg ein Viertel aller Mitglieder im Reich, und die Arbeiter-Turnerschaft Harburg war nach Fichte Berlin sogar zweitgrößter Verein.

»Zu 95 Prozent SPD-Wähler«
z. B. Wandsbek 81

Arbeitersport und SPD – in Wandsbek und anderswo störte niemand die Eintracht. »Bei uns in Wandsbek hat sich Rotsport überhaupt nicht gerührt.«

Wandsbek 81, ältester Hamburger, vermutlich sogar ältester deutscher noch existenter Arbeitersportverein, stand zur SPD. Fritz Bauer, letzter Vorsitzender vor der erzwungenen Auflösung 1934: »Die Hälfte unserer Mitglieder war in der Partei, mindestens 90 bis 95 Prozent sympathisierten mit ihr, der Rest mit der KPD. Daß irgendwer politisch völlig indifferent war, gab es bei Wandsbek 81 nicht.«

Bauers Schwiegervater, Hermann Telschow (1884–1971), personifizierte geradezu die »Säulen der Republik« – SPD, Gewerkschaft, Arbeitersport. Er war Vorsitzender von Wandsbek 81 und 1920 Gründer des Arbeitersportkartells, in dem auch Sänger, Radfahrer, Jungsozialisten, Schach- und Bandoneonspieler zusammengefaßt waren. Das Kartell hatte – Telschow war einflußreicher Sozialdemokrat – einen festen Vertreter in der SPD-Stadtverordnetenfraktion des preußischen Wandsbek; der Bezuschussung und Gleichberechtigung des Arbeitersports gegenüber den Bürgerlichen stand bei einer absoluten SPD-Mehrheit in der Kreisstadt nichts mehr entgegen. Hermann Telschow initierte auch jenen Volkshausbund aus SPD, Gewerkschaften und Sportkartell mit, der einen für diese Zeit vorbildlichen »Sportplatz um die Ecke« realisierte, das 1928 eingeweihte Volkshausstadion (Gelände jetzt überbaut).

»Das Schicksal der Arbeitersportler«, schrieb der ATSB-Vorsitzende und SPD-Reichstagsabgeordnete Gellert 1931 den Wandsbekern zum 50jährigen ins Festbuch, »ist verkettet und verknüpft mit der Idee der Demokratie und der Republik.«

Ganz im Sinne dieser Republik war denn auch »die starke Bildungsarbeit des Arbeitersportkartells, mit politischer Information, mit Verfassungskunde und dergleichen mehr« (Bauer).

Die Nazis beenden die intensive sportliche Breitenarbeit des größten Wandsbeker Sportvereins (1929 rd. 400 Mitglieder). Die letzte große Veranstaltung, ein Unterhaltungsabend für Erwerbslose in der »Harmonie« unter Beteiligung des Reichsbanners, löst die Polizei am 7. März 1933 mit Maschinenpistolen und Gewehren im Anschlag auf. Telschow kommt vorübergehend in Haft, muß sich später als AOK-Angestellter vorzeitig pensionieren lassen. Fritz Bauer muß Wandsbek 81 am 7. Januar 1934 auflösen: »Manche meinten damals, die Nazis seien nur ein kurzer Spuk. Daß das Illusion war, zeigte sich dann sehr schnell.«

Wandsbek 81 wurde 1945 wiedergegründet. 1981, im 100. Jahr des Bestehens, zählt der Verein über 4000 Mitglieder.

Zum 50jährigen Vereinsjubiläum stellten die Wandsbeker Arbeitersportler 1931 (»Reisners Ballsäle«) sich und die Abteilungen dar.

Einweihung des Wandsbeker Volkshaus-Stadions 1928. Hintergrund: Holzmühlenstraße und Hanseatische Druckanstalt. Das helle Haus ist das Vereinsjugendheim.

Fritz Bauer geb. 1909. AOK-Direktor i. R. 1928 Beitritt SPD und Wandsbek 81. Leichtathlet und Handballer. Vereinsvorsitzender u. a. 1932–34. Vorsitzender des Hamburger Sportbundes (HSB) von 1962 bis 81. Präsidiumsmitglied des Deutschen Sport-Bundes (DSB).

Kein Lorbeer für Lorbeer?
Der Fußball-Bundesmeister aus Hamburg

»Lange wär' das ja sowieso nicht mehr gutgegangen«, sagen jene, die den Hamburger Arbeiterfußball um 1930, seine weithin bekannten Klubs wie Lorbeer 06 und BSV 19, die populären Akteure, die großen Spiele auf dem Victoria-Platz an der Hoheluftchaussee erlebt haben.

»Wir waren eine dolle Truppe!« — Lorbeerianer Seeler (r.), Endspiel um die Fußball-Bundesmeisterschaft 1929.

Erwin Seeler geb. 1910. Lehre im Hafen. 1925 bis 51 Ewerführer (Tagelohn), dann Stauer. 1919 FT Hammerbrook-Rothenburgsort. 1927 mit 17 Jahren 1. Fußball-Herren SC Lorbeer, Mittelstürmer. Bundesmeister 1929 und 31. Bundesauswahl, u. a. bei der Arbeiter-Olympiade Wien 1931. 1932 zum SC Victoria (bürgerlich). 1938 bis 49 Hamburger SV. 57mal repräsentativ für Norddeutschland. Seeler 1981: »Fußball und Arbeit – das war mein Leben!«

Daß es bis zum erzwungenen Ende 1933 gutging, mit geringen Ausnahmen, wundert heute noch: Amateurismus in Reinkultur, wo doch woanders schon Mäzene mit RM und anderen Vergünstigungen sich und ihre Kicker befriedigten. Der Hamburger SV (HSV), einzig verbliebener Gipfel einstmals faszinierender Hamburger Fußballandschaft, verfügte um 1930 längst über ausländische Spieler, zudem über Stars wie Tull Harder, den späteren KZ-Leiter, der zur Freude der Lokalpresse bei einem HSV-Spiel in Paris mit Josephine Baker durchs Moulin Rouge tänzelte. Applaus war gewiß nicht der einzige Lohn für jene Akteure – die Arbeitersportler dagegen mußten noch Geld mitbringen.

Beispiel SC Lorbeer 06 Hamburg, blaue Hose, weißes Hemd, blau-weiße Stutzen: eine Mannschaft, längst Legende, wäre sie bei den Bürgerlichen gewesen, nicht totgeschwiegen, vergessen gemacht. Bundesmeister 1929 und 1931, was bedeutete: Beste Fußballelf unter 8000 anderen im Arbeitersport. 15 000 und 20 000 Zuschauer bei den Endspielen gegen Döbern/Schlesien (5:4) und Pegau-Leipzig (4:2) an der Hoheluftchaussee; der Borgweg-Platz im Halbfinale schon ausverkauft.

Lorbeer aus Rothenburgsort: Fast alle Spieler dort, im Arbeiterviertel, auch beheimatet. Allenfalls spielte mal einer von nebenan, von der Veddel, mit. Und fast alle Arbeiter: Asphaltierer und Ewerführer, Steinträger und Transportkutscher. Oder Erwerbslose: »Die, die Arbeit hatten«, sagt Torhüter Frehse aus der Meisterelf, »haben die anderen dann mit durchgeschleppt. Das war unsere Kameradschaft.«

Arbeitersport: Da gab's nichts zu erben, abgesehen von der Anerkennung der Klassenbrüder. Sicher, die kleinen Geschäftsleute stellten in Rothenburgsort auch mal ein Bier hin. Zum Endspiel mußten die Spieler aber sogar noch Geld mitbringen: eine Mark, Fahrpreis für den Platz auf der Lkw-Pritsche, auf der sie aus ihrem Viertel gen Hoheluft reisten. Mittelstürmer Seeler: »Bei Lorbeer hab' ich nie mal 'ne Kaffeetafel für die Spieler gesehn. Nur einen ›Stiefel‹ haben wir nach der Meisterschaft bekommen.«

Als Torhüter Adolf (Otti) Frehse Fußballschuhe braucht, zahlt sie zwar der Verein. Frehse muß aber dafür ein Vierteljahr lang die Sportplakate austragen. »Die Schuhe hab' ich dann auch zwölf Jahre lang gehabt.«

Trainer hatten sie keinen bei Lorbeer. Mittwochs wurde geübt, Spiel auf zwei Tore. Frehse: »Wir waren eingespielt, sechs Jahre lang fast ein und dieselbe Mannschaft.« Wer arbeitslos war, kickte sowieso den ganzen Tag auf dem Platz an der Marckmannstraße in Rothenburgsort: »Da haben die ganzen Arbeitslosen gespielt, gegenüber vom Wohlfahrtsamt, bis Mittag war. Und nach dem Essen zu Hause waren sie alle wieder da.«

Die oft berichtete Kameradschaft der Lorbeerianer (Seeler: »Eine dolle Truppe!«) hatte ihre Basis in vielen Gemeinsamkeiten: das Viertel, »da war alles kompakt, man lebte zusammen, und der Billhorner Röhrendamm war abends unsere Promenade«; weiter die soziale Situation, der Arbeitersportverein als Fixpunkt, die politische Richtung, SPD, »in der Gewerkschaft waren fast alle, das war selbstverständlich«.

Mit den Prinzipien des Arbeitersports, der keine Heroen wollte und in Zeitungsberichten die Spieler oft einfach nur »Halbrechter« oder »Linksaußen« nannte, kollidierte als Erster bei Lorbeer Erwin Seeler, jener Bilderbuch-Mittelstürmer, mit 17 schon in der 1. Mannschaft. Als Seeler 1931 mit der Bundesauswahl beim Wiener Arbeiter-

---

Verirrte Proletarier!

Am 14. Februar haben zwei ehemalige Spieler des C. S. „Lorbeer" 06 als Mittelläufer und Mittelstürmer ihr erstes Debut im bürgerlichen Verein „Viktoria" gegeben. Wir haben diese beiden stets als echte Arbeitersportler betrachtet, nach ihrem ganzen bisherigen Benehmen im Sport wie auch im politischen Leben. Schon als Knaben sind sie im Arbeitersport groß geworden, haben hier ihre Talente weiter ausbilden können und sind im proletarischen Denken erzogen worden. Jetzt, wo sie auf der Höhe ihres Könnens stehen, haben sie plötzlich alle Beziehungen zu ihrer bisherigen Umgebung abgebrochen und sind Ueberläufer geworden. Ob ihnen der Hochmutsfimmel zu Kopf gestiegen ist, oder ob finanzielle Vorteile winken? Sie haben im Arbeitersport nicht nur repräsentative, sondern auch internationale Ehren genossen, darum ist ihr Handeln besonders zu verurteilen. Es gibt aber im Arbeitersport keinen Vorteil, auch keinen finanziellen für erstklassige Spieler, das müssen wir grundsätzlich feststellen. Wir dienen der Allgemeinheit und nicht dem einzelnen. Ob ihnen nun dieses nicht mehr gepaßt hat oder wirtschaftliche Not die Ursache ist? Wir wollen darüber nicht rechten, können nur feststellen, daß beim Mittelstürmer dies nicht in Frage kommt, er hat seine feste Arbeit. Bei ihm war also schon kein stichhaltiger Grund vorhanden. Es muß doch ein peinliches Gefühl sein, im Arbeiterviertel zu wohnen, täglich seinen ehemaligen Genossen begegnen zu müssen und dann verachtet zu werden. Habt Ihr beiden Euch das schon einmal überlegt? Nein? Dann werdet Ihr es bald merken, um wieder an Eure proletarische Pflicht erinnert zu werden, daß Euer Platz nur da sein kann, wo Ihr groß geworden seid. Als Paradepferde für die Kassen der bürgerlichen Bewegung herhalten zu müssen, dafür müssen sich Proletarier zu schade fühlen, da gibt's keine Ausrede von wirtschaftlicher Not, da gibt's nur ein allgemeines Pfui! Darum rufen wir beide zur Besinnung auf, nicht Verräter an ihrer Klasse zu bleiben.

„Lorbeer" und auch die Bewegung aber weinen Euch keine Träne nach, wir sind eine Massenbewegung und keine Kanonenzuchtanstalt!

Olympia auflief, besorgte er im Spiel gegen Ungarn (9:0) sieben Tore. Enthusiastische Zuschauer trugen ihn auf ihren Schultern aus dem Pratersta-

»Die, die Arbeit hatten, haben die anderen mit durchgeschleppt«: Die Lorbeer-Meisterelf von 1929.

Stehend v. l. Dziemba, Grewicke, Seeler, August Postler, Wulf, Wawrzyniak, Lüth, Bruno Postler, Springer, Klimkait. – Sitzend v. l. Möller, Frehse, Brandt.

Endspiel um die Bundesmeisterschaft: „Lorbeer" Hamburg–Döbern b. Forst 5:4.

Der Victoria-Platz in Hoheluft, Schauplatz der Fußball-Endspiele 1929 und 31 des Arbeitersports. Aufnahme um 1926.

dion. Erwin: »Was wolltest du da machen? 60 000 im Stadion und so eine Begeisterung.« In Hamburg erwartete ihn dann aber kein großer Bahnhof, und daheim, in Rothenburgsort, bekam er Kritik zu hören: »Vom Platz tragen lassen! – Ihr fangt ja ganz neue Moden an im Arbeitersport...«

Seeler und Alwin Springer, Mittelläufer des Bundesmeisters, verlassen Lorbeer 1932 im Februar, wechseln zum bürgerlichen Verein SC Victoria. Undenkbar, daß zwei so bekannte Arbeitersportler ins andere Lager gehen: Das SPD-Blatt Echo schickt böse Worte hinterher (s. a. Faksimile); das Wort vom »Arbeiterverräter« macht die Runde in den Hinterhöfen der Arbeiterviertel.

Zwar hatten die Bürgerlichen, insbesondere die Werksportvereine, schon mal den einen oder anderen mit dem Versprechen von Arbeit und Geld aus dem Arbeitersport »gezogen« bzw. »abgekocht«, wie's die Arbeitersportler nannten, doch nie welche wie Seeler und Springer. Als Seeler Jahre später weiter wechselt, zum Hamburger SV, empört sich ein Eimsbütteler Jung-Fußballer namens Walter Jens, jetzt Professor in Tübingen, mit seinen Kameraden: »Das ist Klassenverrat – Old Erwin spielt fürs Kapital.« Ex-Arbeitersportler Fritz Bauer merkt heute an: „Daß Erwin diesen Verlockungen letztendlich nicht widerstehen konnte, ist nur allzu menschlich."

Zwar noch fest an seinem Platz, war der sozialdemokratisch orientierte Arbeitersport 1932 heftig bedrängt von Bürgerlichen und vor allem Rotsport – auch Lorbeer. Erwin Seeler: »Damals fing das an mit Rotsport und so 'n Mist bei uns im Verein.«

Anfang 1932 läuft eine Lorbeer-Mannschaft sogar gegen Bergedorfs Rote Sportler auf – ohne Genehmigung des Vereins. Voran im »wilden« Lorbeer-Team der 25jährige August Postler, der Rechtsaußen, beliebt und bekannt im Verein und darüber hinaus. Seeler: »So einen Rechtsaußen gibt's heute kaum noch, den wollten alle haben.« Postler gehört zur Meisterelf, zur Bundesauswahl – und ist Kommunist. Er wird ausgeschlossen von Lorbeer, mit 14 anderen Sportlern, darunter auch der Leichtathlet und KPD-Mann Walter Bohne.

Daraufhin wird in Rothenburgsort ein Rotsportverein »FSV Lorbeer 1932« gegründet – mit Postler. Mit der Rotsport-Auswahl reist der arbeitslose Elektriker aus Rothenburgsort drei Monate lang durch die Sowjetunion, nach Moskau und Taschkent, spielt vor 65 000 und 60 000 Zuschauern. Es ist die letzte Reise deutscher Fußballer in die UdSSR für lange Jahre. Zurückgekehrt, hält August Postler Vorträge in Lokalen wie Wucherpfennig in Winterhude. »Der hat sich dann für Rußland gerade gemacht«, berichteten Augen- und Ohrenzeugen.

Fußball wurde weiter gespielt beim SC Lorbeer, trotz der »Verräter«, letztmals in großem Rahmen vor 8000 Besuchern am Rothenbaum, als Ende 1932 das Hamburger Endspiel gegen den VfL 4:5 verloren ging.

Über 50 Jahre später ist Lorbeers Lorbeer nicht gewelkt – nicht bei jenen, die die Mannschaft erlebten. Die heute erzählen, so stark wie die bürgerlichen Spitzenklubs von Hamburg sei Lorbeer allemal gewesen. Die, insofern sie ihren Prinzipien strikt treu blieben, bei aller Liebe zum Fußballsport nie HSV-Spiele besucht haben – ein halbes Jahrhundert lang nicht.

Der SC Lorbeer 06, »vom Spielerischen her einmalig« (Seeler), fusionierte nach 1945 mit der FT Hammerbrook-Rothenburgsort; er spielt 1981/82 in der untersten Hamburger Liga.

Seeler und Frehse sind Rentner; »Old Erwin« gilt heute als HSVer, als Vaterfigur des Klubs, in dem seine Söhne Dieter und Uwe so berühmt wurden.

August Postler, der Rotsportler, ging 1933 in den Widerstand, wurde verhaftet. Am 14. März 1934 kam der bekannte Arbeitersportler in der Haft um, noch vor Prozeßbeginn. Ob er im KZ Fuhlsbüttel oder im Stadthaus ermordet wurde, ist nicht endgültig geklärt. Walter Bohne, sein Rothenburgsorter Genosse, ist am 5. Januar 1944 von der Gestapo erschossen worden, am Klosterstern Eppendorf, auf offener Straße.

Adolf Frehse
geb. 1907. Klempner-Helfer. Vier Jahre lang arbeitslos. 1919 SC Lorbeer, 1926 1. Herren, Fußballtorwart der Meistermannschaft von 1929 und 31. Nach 1945 Bundesbahn-Beschäftigter, 15 Jahre lang Betriebsratsvorsitzender.

Alwin Schmersahl
geb. 1903. Dreher und Monteur. Vor 1933 zwei bis drei Jahre Kurzarbeit. 1924 nach Berne. Leiter Spielmannszug im Arbeitersportverein 1926–33 und 1945–73. 1931 Reichsbanner. 1945 SPD. Nach 1945 Vorsitzender und stv. Vorsitzender FTSV bzw. TuS Berne.

Vereinsalltag:
»Wenn ich von der Arbeit aus Lokstedt nach Hause kam, um fünf, halb sechs, waren um sechs schon die Knaben mit den Übungsstunden dran. Ab acht dann die Erwachsenen im Spielmannszug, so daß wir halb elf, elf zu Hause waren; da gab es dann erst was zu essen.«

Berne, ein Glücksfall

Berne stellte den Idealfall des ländlichen Arbeitersportvereins dar: Ohne bürgerlichen Konkurrenzverein, aber seit 1930 mit einer Turnhalle am Ort. Die Bevölkerung war zudem mehrheitlich sozialdemokratisch orientiert. Folge: Im Verbotsjahr 1933 ging der »Dorfverein« auf 1000 Mitglieder zu.

Alwin Schmersahl war 1924 mit den Eltern in die neue Hamburger Arbeiter-Siedlung gezogen; ein Spielmann, der zu der Zeit für zwei RM Abendgage im Circus Busch (Programm: »Tausend Jahre deutscher Rhein«, »Lady Hamilton«) flötete.

Spielmannszüge gehörten zum Arbeitersport, zur Arbeiterbewegung und ihren Festivitäten, ebenso die »Tendenzmärsche« wie »Sturmlied«, »Fichte-Marsch«, »Internationale«, »Sozialistenmarsch«. Hamburg bildete um 1920 ein Großkorps mit 400 bis 1000 Trommlern und Pfeifern, nach Berichten von Zeitgenossen geradezu »eine Sensation« im Arbeitersport.

Spielmann Schmersahl schloß sich denn auch dem 1924 gegründeten Berner Verein (seit 1925 im ATSB, Name ab 1930: Freier Turn- und Sportver-

»Wer zuerst kam, ob KPD oder SPD, für den haben wir gespielt.«
Spielmannszug Berne, vermutlich 1930

ein/FTSV) an, leitete dessen Spielmannszug von 1926 bis 1973 – »mit der Unterbrechung von tausend Jahren...«

Alwins Frau Elsa, seit 1929 in Berne und vorher im Arbeitersportverein Hinschenfelde 1890, durfte beim munteren Musizieren der Spielleute ebensowenig mittun wie andere Frauen – allenfalls mal »für 'ne Brause« Instrumente putzen. »Spielmannszug war Männerangelegenheit«, sagt ihr Mann, »vermutlich, weil das vom Militär her kam.«

Daß sie aber wie viele andere Arbeiterfrauen auch turnte, war klar: Freiübungen, Geräteturnen, Tänze, Spiele, Lauf- und Hüpfübungen dominierten im Übungsbetrieb der Frauen, in dem aus Gesundheitsgründen Spagat und Brücke vom ATSB streng untersagt waren; »einige haben's trotzdem gemacht.«

Elsa Schmersahl war seit 1930 Vorturnerin in Berne. Was geturnt wurde, stand in den Unterlagen vom ATSB aus Leipzig: »In Strichzeichnungen angegeben, da war alles drin, auch für Kinder.« Berner lernten in der Leipziger Bundesschule, die Vorturnerin von Wandsbek 81 zeigte in Berne Neues und Vorturnerin Elsa Schmersahl gab das dann wieder an den Nachbarverein FT Rahlstedt weiter. Alwin Schmersahl: »Die Bürgerlichen haben sich nach 1933 über unsere

Elsa Schmersahl
geb. 1906. Druckerei-Beschäftigte, nach Konkurs arbeitslos. Heirat, Hausfrau. Als Kind bei Hinschenfelde 1890, einem Arbeitersportverein. 1929 nach Berne. Ab 1930 Vorturnerin (Übungsleiterin) im FTSV. 1933 Berner TV, ab 1945 wieder FTSV. »Was ich bis heute verachte, ist der Spitzensport und daß Sport mit Geld verbunden ist.«

Spagat und Brücke streng verboten.
Berner Turnerinnen 1930 (oder später) bei der Ausdrucksgymnastik. Vorne r. Else Schmersahl.

»Wenn dicke Luft war, kriegten wir Bescheid.«
Schutzsportler des FTSV Berne 1931/32, 3. v. r. Alwin Schmersahl

Jiu-Jitsu geschult, hielten gemeinsame Übungen mit der »Sportriege Grausam«, den Barmbeker Reichsbanner-Genossen, ab – »die nannten wir so, weil da ziemliche Brocken mitgemacht haben«. Auch die Berner gehörten z. T. dem Reichsbanner an. »Wenn irgendwo dicke Luft war«, erinnert sich Alwin Schmersahl, »kriegten wir Bescheid. Was das hieß, wußte man ja: Da flogen dann die Fetzen. Aber in Berne ist nie was passiert.«

Die Vereinsfahne des FTSV Berne, in der Ausstellung zu sehen, hat die Nazizeit dank Alwin Schmersahl überdauert, zusammen mit der schwarz-rot-goldenen Flagge der Republik versteckt in seinem Bienenkorb. »Da ist keiner hingegangen. Denn wenn man meine Bienen anrührt, da werden die ganz wild...«

1933 wurde der FTSV Berne verboten. Alwin Schmersahl erinnert sich noch heute an Einzelheiten: »Da kam der Polizist Krüger, der war Mitglied bei uns, in die Turnhalle und sagte den Frauen, daß der Verein aufgelöst sei; alle müßten ihre Namen angeben. Da sagte Margot Jacobs, unsere Vorturnerin: »Mensch, stell dich nicht so an, du kennst uns doch!« Da wurde der knallrot, denn neben ihm standen ja die Nazis, die von der SA. Dann mußten aber doch alle raus; die er nicht kannte, hat er aufgeschrieben. Und dann gingen sie zu Carl Bremer hin, dem Vorsitzenden, haben das Vereinsmaterial beschlagnahmt, 250 Mark, die Druckmatrize. Der hatte noch eine Büste von Friedrich Ebert da stehen, aber die haben sie da gelassen, den kannten sie wohl nicht. Sie haben Carl ziemlich zusammengeschlagen, bis sein Schwiegersohn kam. Die Instrumente vom Spielmannszug mußten wir abliefern. Wo die geblieben sind, wissen wir nicht.«

Unterlagen gefreut, die waren besser als ihre.«

Die Berner Turnhalle wurde 1930 fertiggestellt; Sportler hatten die Pläne von der Bundesschule Leipzig mitgebracht. Der folgende Aufschwung war enorm, »wir turnten ja vorher in einem Kuhstall, in dem nur ein Barren stand«. 250 Kinder im Verein, 60 bis 70 bei der Altengymnastik, viele Frauen. Auf den Schulkorridoren wurde sogar Tennis gespielt. (Neben Berne betrieben nur noch drei andere Hamburger ATSB-Vereine die Sportart, darunter »Tennis-Rot«.)

Die Gegensätze zwischen SPD und KPD zeitigten in der Land-Siedlung eine kuriose Folge: Um 1930 existierten dort gleich drei Spielmannszüge – der des FTSV, einer der KPD, einer vom Reichsbanner. Schmersahl: »Obwohl wir am 1. Mai ja nicht nachgefragt haben, für wen wir spielten – 1. Mai war eben 1. Mai, und wer zuerst kam in Berne, ob nun SPD oder KPD, für den haben wir auch gespielt.« Geeinigt hat man sich erst wieder, als eines Tages SPD- und KPD-Spielleute gemeinsam von Farmsen heimwärts marschierten; »so hatte das ja keinen Zweck mehr«.

1931 entstand im Verein eine Schutzsportgruppe; ab Ende 1931 gehörten ja auch die Arbeitersportler der »Eisernen Front« an. Die 13 bis 15 Schutzsportler aus Berne besaßen durchweg Fahrräder, wichtig für die Mobilität. Sie waren in

Uebungszeiten:
★

Montag:	6 bis 8 Uhr:	Tennis, Halle
	8 bis 10 Uhr:	Tennis, Korridor
	8 bis 10 Uhr:	Tischtennis, Klasse
Dienstag:	6 bis 7.30 Uhr:	Knaben, Halle
	8 bis 10 Uhr:	Turner und Sportler, Halle
	8 bis 10 Uhr:	ältere Frauen, Gymnastik, Klasse
Mittwoch:	6 bis 7.30 Uhr:	Mädchen, Halle
	6 bis 7.30 Uhr:	Knaben (Spielleute), Klasse
	8 bis 9.30 Uhr:	Turnerinnen, Gymnastik, Halle
	8 bis 9.30 Uhr:	Spielleute, Klassen (9,30 bis 10 Uhr Halle)
	6 bis 10 Uhr:	Tennis, Korridor
Freitag:	6 bis 7.30 Uhr:	Knaben und Mädchen, Halle
	8 bis 10 Uhr:	Turner und Turnerinnen, Halle

Der FTSV Berne ist 1945 wiedergegründet worden. 1973 wurde er umbenannt in TuS Berne; die Schmersahls haben damals dagegen gestimmt. Der Verein hat heute 3650 Mitglieder.

Sport 193

»Wir waren alle gleiche Leute«
Freier WSV »Vorwärts«: Hamburgs größter Arbeitersportverein

Wassersport hat Tradition in Hamburg; um 1930 mögen zwischen 20 000 und 30 000 Paddler – viele davon Arbeiter – Elbe und Alster für ihren Sport genutzt haben. Der Freie Wassersportverein »Vorwärts«, erst 1921 gegründet, zählte bei der Auflösung 1933 über 2500 Mitglieder: Hamburgs größter Arbeitersportverein.

Mit zwei Wolldecken auf Wanderfahrt
Paddelgruppe des »Vorwärts« vor den Alsterarkaden; Bildmitte, heller Pullover, Hermann Schröder. »Wir hatten unsere ›Hütte‹ mit, ein kleines Zelt. Statt Luftmatratze ein Flurläufer von der Mutter und für die Nacht zwei Wolldecken zum Zudecken.«

Der Lehrling und Paddler Hermann Schröder, bis dahin (unzufrieden) in bürgerlichen Sportvereinen, schließt in einer Nacht um 1925 auf der Elbe Freundschaft mit dem WSV »Vorwärts« – lebenslang.

»Abends, halb elf, nach stürmischer Fahrt, kamen wir nach Luher Sand. Und dann, so was kannten wir gar nicht, kamen welche von oben runter gelaufen, faßten unsere Boote an, zogen sie rauf. Wir waren durchnäßt, es war ja Herbst, da hieß es: ›Komm, trink erst mal 'ne Tasse heißen Tee‹. Nächsten Morgen merkten wir dann: Das war die Paddelgruppe vom Freien Wassersportverein »Vorwärts«.

»Vorwärts« war 1921 als Abspaltung vom Arbeiter-Wassersportverein 09 (AWV 09) entstanden, in dem die damals dominierenden Syndikalisten den Anschluß an den ATSB ablehnten. Der »Vorwärts« war aufs engste mit dem Arbeitersportkartell liiert: Dessen Geschäftsstelle war auch die des Vereins; Kartell-Geschäftsführer Loh leitete den Verein von der Gründung bis zum Verbot. Das Kartell, das über beste Verbindungen zur SPD-regierten Stadt Hamburg verfügte (Schröder: »Bei finanziellen Wünschen hatten wir nie Schwierigkeiten, weil Hamburg sehr fortschrittlich war«), half gemeinsam mit den ATSB-Vereinen dem »Vorwärts«, das große Potential der unorganisierten Arbeiter-Wassersportler zu gewinnen.

»Hauptsache war Schwimmen lernen!« berichtet Schröder; nutzen ließ sich das dann im Wasserball und Springen, Stromschwimmen, als Paddler und Kanute, im Rettungsdienst; Rekordsport wurde abgelehnt. Um 1930 gliederte sich der Verein in sieben Abteilungen, orientiert an den Städtischen Bädern:

Hermann Schröder geb. 1907. Schiffbau-Ingenieur, Schiffexperte. Seit 1925 im WSV »Vorwärts«; Paddler, Kanute und Schwimmer. 1926 Gewerkschaft (DMV). 1927 SPD. 1929 Regattasieger (Faltboot-Einer) beim Bundesfest Nürnberg. Lehnt Angebote bürgerlicher Vereine ab: »Wir haben den Sport nicht aus persönlichem Vorteil betrieben.« Jugendleiter Paddelgruppe »Vorwärts«.

Altstadt-Neustadt (Badeanstalt Schaarmarkt), Barmbek (Bartholomästraße), Eppendorf (Holthusenbad), Eimsbüttel (Hohe Weide), St. Georg/Hammerbrook (Sedanstraße), Rothenburgsort (Heidenkampsweg) sowie die Vereinsbadeanstalt Lübecker Straße.

»Jede Abteilung war ein Verein für sich«, berichtet Friedrich Hochheim, Schwimmer und Wasserballer. St. Georg/Hammerbrook, wo er aktiv war, hatte 100 bis 150 Mitglieder. Schröder schwamm mit den Kanuten im Holthusenbad am U-Bahnhof Kellinghusenstraße.

Der »Vorwärts« war eine der Parade-Sparten des ATSB Hamburg, erst recht bei Großveranstaltungen wie z. B. dem RAST: Da gab es Reigenschwimmen und Figurenliegen im Zirkus Busch, vor allem aber auch im Barmbeker Kanal und in der Binnenalster – undenkbar heute. Geschwommen wurde natürlich auch noch in der Elbe – und auch daraus getrunken. Wasserfahrer Schröder: »Wenn Du Durst hattest unterwegs, hast Du eben die Wasserflasche in die Elbe gehalten; krank geworden ist nie einer.«

Seit 1925 besaß der Verein in Overwerder an der Oberelbe, 23 Kilometer vor Hamburg, ein Sport- und Sonnenbad, auf dessen Gelände das Hüttendorf entstand: angesichts beengter, düsterer Wohnverhältnisse der Arbeiterschaft in der Stadt, ein (erschwingliches) Idyll in der Natur. Bis 1933 standen dort rund 100 Hütten; Friedrich Hochheim gehörte eine davon:

»Angefangen hat das mit Zeltplätzen. Die Hütten wurden dann aus Persilkisten gebaut. Soviel Geld hatte doch keiner, daß er sich Holz anschaffen konnte. Und die Ersten da draußen hatten nur ein Zeltdach drüber.«

Hochheims Hütte bot vier Schlafplätze auf zehn Quadratmetern. Jährlicher Pachtsatz eine RM pro Quadratmeter; heute beläuft sich die Jahrespacht auf 3,50 DM pro qm. Tageseintritt: 20 Pfennige.

Hermann Schröder: »Wir waren alles gleiche

Trockenrudern in der Bundesschule

Als Regattasieger von Nürnberg und aktives »Vorwärts«-Mitglied wurde Hermann Schröder 1930 zur Bundesschule des ATSB nach Leipzig delegiert. Die Stadt Hamburg bezuschußte den 14-Tage-Lehrgang, zu dem auch Trockenrudern gehörte (Schröder 3. v. rechts).

Kaffeekränzchen im Hüttendorf

Ehefrauen von Arbeitersportkartell-Vorstandsmitgliedern in Overwerder.

Leute da draußen, die Lust am Schwimmen und der Freizeit hatten – Parteimenschen und Gewerkschafter unter Gleichgesinnten. Und der Sport war ja neben Partei und Gewerkschaft die »dritte Großmacht!«

»Wenn nicht Veranstaltungen oder Wanderungen stattfanden – und wir waren ja immer viel unterwegs – sind wir fast jedes Wochenende draußen gewesen in Overwerder«, berichtet Hochheim. »Und wenn wir das Geld von unseren Eltern zusammengeramscht hatten«, sagt Schröder, »konnten wir Sonntagabend auch mal schön mit dem Lauenburger Dampfer zurückfahren bis zum Stadtdeich. Dann war'n wir oben auf dem Deck oder unten in den Kajüten und sangen Wanderlieder zu den Klampfen.«

1930 erlebt Schröder die Spaltung im Arbeitersport mit:

»Die Fichte-Wasserfahrer wollten damals unseren Verein sprengen; da wurden Flugblätter für eine Versammlung in der Jarrestadt verteilt, im Gesellschaftshaus gegenüber Kampnagel. Ich ging hin und schrieb einen Artikel dagegen, im Echo, denn das war eine rein politische Organisation. Und kurz drauf, da paddelten wir vom »Vorwärts« mit zehn Booten los und da kamen 30 Einer an: Rotsport! Da hieß es neben mir: ›Hermann, paß auf, gleich wirst Du gekentert!‹ Aber die sind dann vorbeigefahren...«

Auch »Vorwärts« tätigt Ausschlüsse, so gegen den bekannten Kunst- und Turmspringer Paul Fritschen, den Olympiameister von Frankfurt 1925, wegen Beteiligung an der Rotsport-Spartakiade.

Am 15. Oktober 1933 ist der Freie Wassersportverein »Vorwärts« Hamburg aufgelöst worden. Friedrich Hochheim:

»Vorher hatten wir noch eine Versammlung der Hüttenbesitzer in Barmbek, da kamen die Nazis rein. Die haben sich auch Verschiedene von uns rausgepickt und haben die verprügelt. Und Du standst dabei und konntest nichts machen.«

In Overwerder besteht ein »Wochenendverein Hamburg« weiter. Das in großartiger Eigenleistung aufgebaute Bootshaus Peuter Elbdeich wird samt Inventar ebenso wie das Vereinsvermögen beschlagnahmt – Verlust rund 30000 RM. Nach 1945 und der Wiedergründung hat »Vorwärts« jahrelang prozessiert und schließlich 4000 DM Wiedergutmachung erhalten. 700 Mark Anwaltskosten mußten davon noch abgezogen werden.

Einweihung im Zeichen der drei Pfeile

1932 weihte der WSV »Vorwärts« sein Bootshaus am Peuter Elbdeich ein. Der Verein hatte eine bankrotte Yachtwerft gekauft und in Zusammenarbeit mit PRO und SAJ in vielen tausend freiwilligen Arbeitsstunden ein Bootshaus gebaut.

Friedrich Hochheim geb. 1911. Besitzer einer Motorenwerkstatt. 1930/31 länger arbeitslos. 1928 in WSV »Vorwärts«, Schwimmer und Wasserballer. Hüttenbesitzer in Overwerder. 1933 nach Auflösung des WSV »Vorwärts« in den Reichsbahn-Sportverein.

Die Bundesschule 1926 vom Arbeiter-Turn-und-Sportbund (ATSB) in Leipzig eröffnet. 1,179 Millionen Mark Kosten, viele Spenden der Arbeiterschaft. »Die vielleicht glänzendste Leistung des Arbeitersports überhaupt« (Timmermann a. a. O.). »Ich kenne keine Anlage in Deutschland oder im Auslande, die reicher ausgestattet wäre« (Diem, Generalsekretär bürgerlicher DRA). Sporttechnische und politische Schulung; Motto: »Mach Dich frei.« Schwerpunkt Jugenderziehung. 1930 z. B. Lehrgänge für über 600 Teilnehmer, einwöchig bzw. 14 Tage. 1933 von den Nazis beschlagnahmt.

»Wir waren immer unterwegs!«
Der Arbeiter-Radfahrerbund Solidarität in Hamburg

Die Solidarität Arbeiter-Radfahrerbund (ARB, später auch Kraftfahrer-Bund, d. h. ARKB) Solidarität, gegründet 1896. »Die roten Radler wurden (im Kaiserreich) von den Behörden wie Verbrecher behandelt.« Sitz der größten Radfahrer-Organisation der Welt war Offenbach. 1922 über 282 000 Mitglieder. Eigenes Fahrradhaus und -fabrik »Frischauf« in Offenbach, »arbeitet unter Ausschaltung privatkapitalistischer Gewinnerzielung nur im Interesse der Mitglieder«. 16 Filialen, viele Verkaufsstellen, 1925 über 1,8 Millionen Mark Umsatz. Zeitschrift »Arbeiter-Radfahrer« 215 000 Auflage (1925). Als »Sportorganisation mit sozialdemokratischer Weltanschauung« (Heydrich) Ende Mai 1933 verboten. Alle Gebäude, Fabrik von SS besetzt; Tausende von Rädern beschlagnahmt. Wiedergründung nach 1945.

Adolf Schulze geb. 1906. Klempner. Arbeitslos November 1930 bis November 33. 1924 zur Solidarität. Ab 1927 Sportleiter für Groß-Hamburg. 1925 Gewerkschaft. 1926 SPD. Mitglied im Vorstand des Arbeitersportkartell. 1933 bis 45 keine Tätigkeit im Sport, erst nach »Soli«-Wiedergründung.

»Daß jeder Arbeiter ein Rad hatte«, sagt der frühere Hamburger Sportleiter Schulze, »so war es bestimmt nicht.« Dennoch: die Solidarität war (mit rund 280 000 Mitgliedern) der größte Radsportverband der Welt.

Radrennen »Rund um die Alster«... Ziel vorm Rathaus; im Hintergrund Mitte (helle Jacke, Mütze) Adolf Schulze.

Adolf Schulze, damals noch Lehrling und als Echo-Leser entsprechend motiviert, zog am 1. Mai 1924 zum erstenmal mit der SPD-Demonstration zur Festwiese im Stadtpark. Da hatte auch der ARB Solidarität – später ARKB, gleich Arbeiter-Rad-und-Kraftfahrerbund – einen Stand aufgebaut: Schulze wurde Mitglied; ein Rad hatte ihm sein Vater geschenkt.

Auch Hermann Sanne bekam das erste Fahrrad vom Papa, der seit 1908 der »Soli« angehörte. Als das gestohlen wurde, bescherte ihm die Versicherung ein neues, ein 135 Mark-Prachtstück, Rennrad »Diamant«, made in Chemnitz. Die billigsten Fahrräder kosteten seinerzeit um die 50 RM, z. B. Nimbus (ein gewerkschaftliches Unternehmen?), bessere Tourenräder 120 RM. Der Preis von Hermanns »Diamant«-Rennrad, die 135 RM, entsprachen 13½ Wochen Arbeit als Lehrling.

Obwohl der Radsport in Norddeutschland nie den Stellenwert hatte wie anderswo im Reich – Schulze: »Im Vergleich war das bei uns hier eine kümmerliche Pflanze« – ist die Solidarität in Hamburg massiv präsent gewesen, mit 2500 oder mehr Mitgliedern in acht Abteilungen:
1. St. Pauli-Neustadt, 2. Hoheluft-Eimsbüttel, 3. Eppendorf, 4. Barmbek, 5. Hamm, 6. Rothenburgsort (die mitgliederstärkste), 7. Hammerbrook (später Langenhorn), 8. Motorradfahrer Groß-Hamburg.

Natürlich gab es die Solidarität auch im benachbarten Preußen: in Wandsbek, Altona, Bergedorf, Boberg, den Vierlanden.

Das sportliche Angebot entsprach der großen Mitgliederzahl und umgekehrt: »Jeder hatte bei uns viele Möglichkeiten zu wählen, was er gerne tun mochte.« Radball wurde gespielt, mit Sechser-Mannschaften auf Rasen – eine davon war Bundesmeister. Veranstaltet wurden Radrennen, später auch Motorrad-Orientierungsfahrten. Die Sportler übten Schul- und Kunstreigen ein, ein Hamburger war 1925 Olympiameister im Einzelkunstfahren. »Auf dem Flughafen haben wir sogar mal einen Hunderter-Reigen gefahren«, berichtet Adolf Schulze.

»Der Wettkampfsport wurde bei uns allerdings nicht so bitterernst verfolgt«, sagt Schulze, der von 1927 bis 33 Sportleiter der »Soli« in Hamburg war. »Das war mehr Freude am Spiel und am Zusammensein. Natürlich wollten wir auch mal Gaumeister werden, doch das war mehr so nebenbei. Die Hauptsache für uns war der Tourensport.«

In dieser Sparte legte die Solidarität stets zu Jahresbeginn eine Broschüre auf, in der nachzulesen war, wer wann wohin tourte – »wir waren ja immer unterwegs!« sagt Sanne. Schulze: »Da hat man dann nachgeguckt und gewußt: »Aha, 2. Abteilung zum Duvenstedter Forst, eine andere an die Elbe.« Gewertet wurden: a) die Teilnehmerzahl, b) die zurückgelegten Kilometer. Letztere entschieden bei Gleichstand, welche Hamburger Abteilung, welcher Radler, welche Radfahrerin eine Urkunde als Anerkennung erhielt. Preise und Medaillen waren, grundsätzlich im Arbeitersport, verpönt.

Hamburgs bürgerliche Radsportvereine verfolgten das Touren- bzw. Wanderfahren nie in dem Maße wie die Solidarität. Ein weiterer Unterschied: Bei den Arbeitersportlern waren Radrennen auf zehn (Jugendklasse) und 50 Kilometer (Erwachsene) begrenzt, aus gesundheitlichen Gründen. Die Bürgerlichen fuhren dagegen z. T. 100, 200, 300 Kilometer, etwa jährlich ein Rennen Hamburg–Berlin.

Politisch war die Hamburger Solidarität nach Aussagen der beiden Radsport-Veteranen im Gegensatz zu Entwicklungen im Bund (s. a. Beduhn, Chronik der Solidarität, 1978) auch um 1930 noch sozialdemokratisch orientiert und vor allem engagiert. »Im Vorstand hatten wir zu 90 Prozent Sozialdemokraten. Wer da drin war, mußte ohnehin mindestens in der Gewerkschaft sein.« (Schulze). Sanne: »Bei Wahlen ist die »Soli« Propaganda gefahren für die SPD. Meine Eltern zum Beispiel haben diese Korsofahrten mitgemacht.«

Beide geben an, daß auch viele Kommunisten Mitglied der Solidarität waren, doch eine Gegenbewegung wie in Rotsport zum ATSB entwickelte sich im Radsport nicht. Autor Beduhn sieht da u. a. den »ausgeprägten inneren Ausbau« der Solida-

... und Sechser-Radball auf dem Rasen ...
Pfingsten 1929 in Harburg

Korsofahrten für die SPD
Umzug der Solidarität in Eimsbüttel um 1931.

Reigen im Volkshausstadion von Wandsbek, RAST (Reichsarbeitersporttag) 1930 od. 31

135 RM gleich 13½ Wochen Arbeit
Hermann Sanne und sein erstes Rennrad, Marke »Diamant«.

Hermann Sanne geb. 1910. Nach 1945 Regierungshauptsekretär. Ungelernt, da seine Lehrfirmen pleite gingen. Erwerbslos. Freiwilliger Arbeitsdienst (FAD). 1925 zur Solidarität. Radrennfahrer, Saalsportler, Radballer. 1937 Vorsitzender Wandsbeker RSC (Tarnverein der Solidarität). 1951 bis 70 Landesvorsitzender Solidarität Hamburg.

»da kam (Anm. von der verbotenen Solidarität!) noch einmal alles was Beine hatte, ein Bombenfest!«. Die Hamburger Polizei beschlagnahmte kurz darauf das Heim, das Börnsener Nazis vorher schon beschmiert hatten und Bauern »die rote Hölle« nannten.

rität – gute Ausstattung an Sportgeräten, das Unterstützungssystem bei Tod, Unfall, Notfall, Raddiebstahl, weiter Haftpflichtversicherung und Rechtsschutz – als Integrationsfaktor.

Der Name der Organisation wurde im Vereinsleben wörtlich genommen: »Gemeinschaftsgefühl war bei uns eine Selbstverständlichkeit«, berichten Adolf Schulze und Hermann Sanne. »Wenn einer oder mehrere von uns auf Wanderfahrt gingen, bis nach Leipzig und Dresden, dann wurde vorher die andere Ortsgruppe angeschrieben – die Solidarität war ja überall! Für uns gab es dann Freiquartiere bei »Soli«-Mitgliedern, das war gang und gäbe. Da mußte keiner im Hotel wohnen wie heute.«

Als 1927 eine Festwoche in Rothenburgsort finanziellen Gewinn bringt, kauft die dortige Solidarität-Abteilung ein 7500 Quadratmeter-Grundstück in der Dahlbeckschlucht bei Börnsen (Schleswig-Holstein), auf dem eine ehemalige Polizeibaracke aufgebaut wird. 1931/32 finanziert die Stadt Hamburg die Ausbauarbeiten, den Freiwilligen Arbeits-Dienst (FAD) von etwa 40 Erwerbslosen bei Weiterzahlung des Arbeitslosengeldes, freier Unterkunft und Verpflegung. Vor allem Ältere nutzen das Heim im Grünen, »doch als alles einigermaßen fertig war, war es auch schon wieder weg.«

Der »Verein Erholungsheim Dahlbeckschlucht« der Solidarität bestand noch in der Nazizeit; Anfang 1934 veranstaltete man sogar eine Maskerade in »Bans' Gesellschaftshaus«, Besenbinderhof,

Lange vorher hatte die Hamburger Solidarität gerettet, was noch zu retten war. Schulze versteckte, bis sie ein Bombenangriff 1943 vernichtete, fünf oder sechs Saalräder auf seinem Eppendorfer Dachboden. Den 1. Mai 1933 feierten die Arbeiter-Radfahrer noch mit »Brüder zur Sonne, zur Freiheit« auf einer grünen Wiese bei Börnsen. »Auf das Photo davon hab' ich extra kein Datum geschrieben« (Schulze).

Die geplante Großveranstaltung der »Soli« am 5. Mai 1933 fand dann nicht mehr statt. Sportleiter Schulze: »Es war ein Glück, daß ich am 2. Mai morgens nicht früher im Gewerkschaftshaus war, um alles vorzubereiten. Denn als ich hinkam, führte SA die Genossen raus, die ihre Hände erhoben hatten und blutunterlaufen im Gesicht waren.«

Illegal trafen sich die Solidarität-Mitglieder noch länger. 1937 übernahm Hermann Sanne sogar den Vorsitz im Radsport-Verein (RV) Mifa, dem nach seinem Bericht in der Mehrzahl – »zu 85 Prozent« – ehemalige »Soli«-Sportler angehörten; der Verein wurde dann umbenannt in Wandsbeker RSC von 1901.

Sport 197

Die Reise nach Wien

Das 2. Arbeiter-Olympia 1931

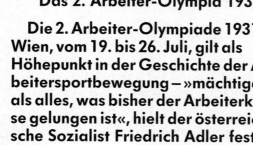

Die 2. Arbeiter-Olympiade 1931 in Wien, vom 19. bis 26. Juli, gilt als Höhepunkt in der Geschichte der Arbeitersportbewegung – »mächtiger als alles, was bisher der Arbeiterklasse gelungen ist«, hielt der österreichische Sozialist Friedrich Adler fest.

Einen Tag lang katholisch...

Hamburger ASC-Sportler, die nach Wien radelten; 2. v. l. Helmuth Grätz.

Über 77 000 Sportler aus 19 Verbänden der Sozialistischen Arbeitersport-Internationale, kurz SASI (2 Millionen Mitglieder), nehmen teil; 30 000 (!) reisen aus Deutschland an.

Von Hamburg-Winterhude treten vier Sportler des ASC die Reise nach Wien an, mit dem Fahrrad; unterwegs sind sie von Mai bis September 1931. Helmuth Grätz, Jahrgang 1909, Schiffszimmermann: »Wir waren doch alle arbeitslos, und da haben wir beschlossen: Nu' woll'n wir mal los. Wir mußten uns ja bloß beim Arbeitsamt abmelden.«

Unterwegs gibt es nur Unterstützung von der Gewerkschaft (DMV), eine Mark oder 1,50 und die Solidarität der Arbeitersportler in anderen Orten. »Übernachtet haben wir bei der Bahnhofsmission, in Heuhaufen und in München bei den ›Barmherzigen Brüdern‹. Da war'n wir dann eben mal einen Tag lang katholisch...«

Die etwa 20 Olympia-Reisenden von Wandsbek 81 fahren mit dem Sonderzug, der auch die Skandinavier nach Wien bringt; pro Kopf haben sie 100 Mark von der Stadt erhalten, 200 muß jeder selbst aufbringen. Ein VfLer ist mit dem Motorrad unterwegs. Die Sportler von Ottensen 93 benötigen zwei Wochen hin und zurück, mit einem Zweieinhalbtonner – 35 Kilometer Geschwindigkeit, keine Autobahn, drei Pannen, zweimal neue Bremsbeläge.

Turnwart Ernst Hoche (1905–1972) in seinen Erinnerungen:

»Fast hätten die neuen Bestimmungen des Grenzverkehrs unsere Teilnahme unmöglich gemacht. Bei Passau gelang es uns, mit Hilfe eines einheimischen Turngenossen bei nächtlichem Gewitter illegal die Grenze zu passieren.«

Verspätet erreichen die Ottensener Wien. Hoche:

»Unübersehbare Menschenmassen, die gerade von einer Abendveranstaltung kamen, jubelten uns zu, und immer wieder erscholl das ›Frei Heil‹ und ›Freundschaft!‹ aus tausendfachem Munde.«

Als drei Jahre zuvor, 1928, die Bürgerlichen ihr Olympia in Amsterdam veranstalteten, hatten zuvor mit dem Hamburger Ausschuß für Leibesübungen (HAfL) die Handels- und Gewerbekammer, diverse Syndikusse, die Reeder, Bürgermei-

---

Eisenbahnsonderzug nach Wien

Es ist in diesem Jahre nicht möglich, daß die Teilnehmer an dem Sonderzug nach Wien geschlossen nach dem Hauptbahnhof marschieren können. Jeder Zugteilnehmer muß so rechtzeitig am Hauptbahnhof eintreffen, daß er seinen Platz bis zur Abfahrt des Zuges einnehmen kann. Der Sonderzug, der die Bezeichnung Tuz 18 trägt, fährt von Hamburg Hauptbahnhof am Dienstag, 21. Juli, 19.18 Uhr ab. Gehalten wird an folgenden Orten: Hagenow Land, Ludwigslust, Wittenberge, Stendal, Magdeburg, Dessau, Bitterfeld, Leipzig. Ein längerer Aufenthalt ist in Reichenbach i. V. am 22. Juli von 5.20 bis 6 Uhr vorgesehen. 8.08 Uhr ist wieder ein Aufenthalt von einer halben Stunde und 9.08 Uhr ein Aufenthalt von drei Viertelstunden vorgesehen. Der Zug trifft in Wien auf dem Bahnhof Jedlersee am Mittwoch um 22.32 Uhr ein. Zu beachten ist noch für die Rückfahrer des Sonderzuges, daß nicht, wie auf der Fahrkarte angegeben, von Heiligenstadt abgefahren wird, sondern daß die Abfahrt am Montag, 27. Juli, um 15.33 Uhr wiederum ab Jedlersee vorgenommen wird. Der Sonderzug von Wien trifft am 28. Juli, nachmittags 17.45 Uhr, in Hamburg ein.

»Schaustellung der Sportkanonen«

»Schon der Auftakt zu den bürgerlichen olympischen Spielen in Lake Placid und Los Angeles stand im Zeichen der Geschäftemacherei und des Mangels an sportlicher Moral. Bei dem Training zu den Winterspielen hat der Vorsitzende des Organisationsausschusses (...) die Skispringer ersucht, nicht zuviel zu zeigen, sonst brauchten ja die Zuschauer nicht zu den Wettkämpfen zu kommen, und wo blieben dann die Einnahmen?

(...) Man sucht vergeblich nach Sportbrüderlichkeit und dem völkerannähernden und versöhnenden Geist, der auch von den bürgerlichen olympischen Spielen ausgehen soll.

Die Preise für die olympische Sommerveranstaltung sind eine Sache für sich. Geschäft ist eben auch im bürgerlichen Sport Geschäft. (...) Sind unter diesen Verhältnissen diese olympischen Spiele eine Angelegenheit des Volkssportes und der breiten Massen, wie die Arbeiter-Olympias? Das glaubt wohl kein Mensch. Sie sind eine Schaustellung herangezüchteter Sportkanonen für Geldleute, die mit ihrem Geld und ihrer Zeit nicht wissen, was sie Nützliches anfangen sollen. Von Volkssport keine Spur.«
(Echo, 16.2.1932)

Im Graben und illegal über die Grenze
Ottensener Sportler auf dem Weg nach Wien

Ottenser im Olympia-Festzug
(2. v. r. Ernst Hoche)

Mit Getöse stürzte der Kapitalistenkopf zur Erde
Massenspiel im Praterstadion, viermal vor insgesamt 260 000 Menschen aufgeführt.

Schnappschuß eines Olympia-Teilnehmers aus Hamburg-Berne von den Massenübungen vor der Rotunde in Wien.

ster Petersen u. a. in einer Anzeige zu Spenden aufgerufen:

»Deutsches Turnen und deutscher Sport haben bereits großen Ruf erworben... Sorgt alle dafür, daß 1928 in Amsterdam der Ruf ertönen kann: ›Hamburg in Deutschland, Deutschland in der Welt voran.‹«

Nichts von alledem in Wien 1931: Wettkämpfe zwar, aber keine Medaillen, keine Nationenwertung. Als wesentlicher Bestandteil dagegen Massensport: Hunderte schwimmen »Quer durch Wien«, Tausende nehmen an den Massenübungen teil, 100 000 am Festzug. »Bei uns der Wille zur Verbrüderung, im anderen Lager nur Nationalgedanke und Siegesrausch«, beschrieb die »Arbeiter-Turnzeitung« (ATZ) schon 1925 den Unterschied. Im Wiener Apollo verbrüdern sich 1931 zum Auftakt deutsche und französische Arbeitersportler:

> »Arbeiter, der Speer von Euerer Hand gefedert, trifft nicht mehr über die Grenze den Bruder, er fliegt Euch voraus im friedlichen Wettkampf.«

Die Hamburger Teilnehmer wohnen im 20. Bezirk von Wien, Floridsdorf: »Das war mit das Modernste, sehr viele von den Sozialisten lebten dort.« Noch ein halbes Jahrhundert später berichten sie von »unwahrscheinlicher Gastfreundschaft«. Keiner, der es sah, hat das Massenfestspiel im neu erbauten Praterstadion vergessen, betitelt »Kampf um die Erde« – viermal vor insgesamt 260 000 Menschen aufgeführt. Zum Ende des Spiels stürzte ein überdimensionaler Kapitalistenkopf krachend vom Podest.

Die sportlichen Erfolge der Hamburger Olympioniken sind eindrucksvoll: Fußballer Seeler von Lorbeer erzielt reichlich Tore, Speerwerferin Grete Schwarz vom VfL wird Olympia-Zweite, Paegelow ist bester Jiu-Jitsu-Kämpfer im Leichtgewicht. Doch wichtiger noch war den Hamburger Wienfahrern die Demonstration der Stärke, das gemeinsame Erlebnis, Solidarität und Freundschaft, die sie erfahren haben.

Das Gegenbeispiel: Im Jahr darauf berichtet die ATZ zum bürgerlichen Olympia in Los Angeles – »Leistungsfanatismus, Chauvinismus wie nirgendwo; ein Krieg im Frieden.«

Hamburgs Arbeitersportlern wird im September 1931 im Gewerkschaftshaus im Beisein von Tausenden zur Erinnerung an das 2. Arbeiter-Olympia die Rote Sturmfahne aus Wien-Floridsdorf überreicht. Die Fahne ist seit 1933 verschwunden. Die Floridsdorfer Arbeiter, die sie schickten, kämpften im Februar 1934 tagelang und doch vergebens gegen die Faschisten.

An der 3. und letzten Arbeiter-Olympiade 1937 in Antwerpen können Deutsche und Österreicher nur noch teilnehmen, wenn sie Emigranten sind. Viele Hamburger Arbeitersportler haben von dem Ereignis ohnehin erst nach 1945 erfahren.

»... für Freiheit und Recht«
»Am Sonnabendabend hatte das Arbeitersportkartell Hamburg im Gewerkschaftshaus zu einer großen Arbeitersportler-Kundgebung aufgerufen. Diesem Ruf waren ein paar tausend Mitglieder der Hamburger Arbeitersportbewegung gefolgt. Der erste Teil des großartig verlaufenen Abends war eine stimmungsvolle Feierstunde mit der Übergabe der Wiener Sturmfahne an die Hamburger Arbeitersportler, die ihnen auf der großen Arbeitersport-Olympiade in Wien von dem Stadtteil Wien-Floridsdorf ausgehändigt und nun auch in Hamburg auf der Kundgebung offiziell überreicht wurde (...) Karl Meitmann (Anm.: SPD-Vorsitzender) übernahm die Fahne, die er dem Vorsitzenden des Arbeitersportkartells, Lütkemeier, überantwortete, indem er der Hoffnung Ausdruck gab, daß nun für die Arbeitersportler die Zeit politischer Neutralität vorbei sein möge und daß die freien Sportler kämpfen werden für Freiheit und Recht. Lütkemeier (...) betonte, daß durch diese Fahne die Bande zwischen Sport und Partei enger geknüpft würden.«
(Echo 20.9.1931)

Nicht Deutschland gegen England — Deutschland mit England!

»Für den klassenbewußten Arbeiter darf es am Sonntag nur einen Weg geben: zum Victoriasportplatz, Hoheluft, nachmittags 4 Uhr.«

So und ähnlich mobilisierte das SPD-Blatt Echo 1926 zum ersten Auftreten einer sowjetischen Fußballmannschaft in Hamburg. 12 000 Zuschauer kamen; die Bergarbeiter-Elf aus dem Donezk-Gebiet (Ukraine) gewann gegen eine norddeutsche Auswahl 2:1.

Beim Willen, Internationalismus zu praktizieren, freundschaftliche Sportbegegnungen mit ausländischen Klassengenossen, stießen die Arbeitersportvereine an Grenzen — Grenzen finanzieller Art, erst recht in der Krise. Den Bürgerlichen allerdings waren sie noch immer voraus. Denn der Deutsche Fußball-Bund (DFB) traf erst 1931 im Länderspiel auf »Erbfeind« Frankreich — die ATSB-Auswahl bereits 1924. Noch 1927 erfuhr der (bürgerliche) Hamburger SV anläßlich eines Paris-Gastspiels Presseschelte, von wegen angeblich »unangebrachter Anbiederung«. 1929 wurde demselben Klub ein Fußballspiel in Polen untersagt (»vom nationalen Standpunkt höchst unerwünscht«), und auch Altona 93 durfte 1930 nicht in Prag antreten.

Der Hamburger Arbeitersportverein VfB 05 (später VfL) dagegen kickte schon 1919 — wohl eines der ersten internationalen Spiele nach Kriegsende im deutschen Arbeitersport! — gegen eine englische Crew, deren Schiff gerade im Hafen lag. 1929 – Beispiele – kam das Fußballteam von Helsingfors nach Hamburg und 1930 spielte in Hoheluft vor 15 000 Zuschauern die Auswahl der Londoner Labour-Party-Sportorganisation im Fußball-»Länderspiel« 4:4 (die KPD opponierte kräftig gegen den Vergleich, da die britischen Arbeitersportler, die mit dem Labour-Team nichts gemein hatten, kommunistisch orientiert waren).

Das SPD-Echo hatte zum Spiel eine Sonderausgabe veröffentlicht, Textauszug:

»Was heißt Deutschland gegen England? Die Erweiterung der internationalen Verbrüderung der Arbeiterklasse. Die Spieler wollen demonstrieren für die Einheit aller Arbeiter aller Länder.«

Problematischer waren die »Russenspiele« infolge der Gegensätze der beiden Arbeiterparteien. Die SPD-Senatoren von Hamburg z. B. blieben dem Gastspiel der Ukrainer 1926 fern.

»Mindestens 25 000«, laut Echo, nach anderen Quellen 20 000 bzw. 12 500 Zuschauer sind am 10. Juli 1927 beim Länderspiel ATSB — Sowjetunion (1:4) an der Hoheluftchaussee — das meistbesuchte Ereignis in der Geschichte des Hamburger Arbeitersports. Lob sogar vom bürgerlichen »Fremdenblatt« zu dem Ereignis: »Erstklassig, fair und hingebend in der Form.« Der Rundfunk überträgt bis nach Pommern und ins Rheinland, doch bei den Ansprachen schaltet sich die NORAG aus. Als die 400 Trommler und Pfeifer vom Groß-Korps »Internationale« und »Sozialistenmarsch« anstimmen, geht auch das nicht über'n Äther: Ersatzprogramm der Norddeutschen Sendergruppe soll der Marsch »Fridericus Rex« gewesen sein...

Politiker oder Sportler?

Der sowjetische Delegationsleiter Chamara bei seiner Rede 1926 auf dem Victoria-Platz.

»Verbrüderung der Arbeiterklasse«

Zuschauerkulisse beim Fußball-»Länderspiel« Deutschland — England (4:4) 1929.

Das »Russenspiel« 1926

»... die Russen kommen nicht als Politiker, die für eine besondere Staatsform Propaganda machen wollen; die Russen kommen als Sportler (...) um ihre Kräfte mit den Arbeitersportlern von Norddeutschland zu messen.« (Presseausschuß der Arbeitersportler, in: Echo, 1.10.1926)
Genosse Chamara, Ukraine, in seiner Ansprache am 3.10.1926 auf dem Victoriaplatz: »Wir sind wohl Fußballspieler, aber außerdem fühlen wir uns als Vertreter einer Klasse, die 1917 die rückständige Bourgeoisie vernichtend geschlagen hat.« Chamara weiter: »Wir sind über den Empfang (Anm. der 12 000) hier auf dem Platze überrascht, der Empfang auf dem Bahnhof hätte ein wenig besser sein können«; in Bremen hatte der RFB die Ukrainer begrüßt.
Das Echo zur Kritik des sowjetischen Delegationsleiters (oder der des Dolmetschers): »Lediglich die Kunst, in den Beinen besondere Veranlagung für das Treten eines Balles zu haben, soll zu derartigen unproletarischen Kundgebungen und Feiern führen?« (8.10.1926)

Sport   201

Heerschauen und Sportbataillone
Die großen Feste des Arbeitersports

Hamburgs Arbeitersport manifestierte sich bei zahlreichen Anlässen – Festen, Aufmärschen, in den Sportwochen und zuletzt auch immer entschiedener für Republik und SPD.

Der jährliche Reichsarbeitersporttag, der RAST, 1927 noch verbunden mit einem »Fest der Arbeit« (gemeinsam mit den Freien Gewerkschaften ausgerichtet), wurde 1930 zur »Reichsarbeiter-Sport-Woche« – »die Hamburger Arbeitersportler werden zeigen, daß trotz der kommunistischen Zerstörungsarbeit der Arbeitersport marschiert« (Echo). Demonstriert werden sollten die Inhalte, geworben werden für den Sport und um jene Arbeiter, die noch immer in bürgerlichen Vereinen waren.

> »Ein wesentliches, grundsätzliches Merkmal des Arbeitersports wird dabei zutage treten: nicht eitle Rekordjägerei (...) Die Betonung der Mannschaftsleistung (ist) ein gutes Stück sozialistischer Erziehung.«
> (RAST-Festbroschüre Altona 1928)

Wesentliche Ereignisse für Hamburgs Arbeitersport auch das Frankfurter Arbeiter-Olympia 1925, die Bundesfeste (Leipzig 1922, Nürnberg 1929), die Kreisfeste des Nordens; 1930 z. B. das in Hamburg – »eine Heerschau des Arbeitersports«, wie das Echo schrieb, nachdem einen Monat zuvor an gleicher Stelle, im Altonaer Stadion, KPD und Rotsport ihren Sport- und Kulturtag veranstaltet hatten (HVZ: »Die roten Sportbataillone marschieren«, 7000 Teilnehmer sind genannt).

Heftig umstritten die Senatssportwochen 1927 und 1929 – »Huldigung gegenüber dem Staate... ein ernstes Bekenntnis zur Verfassung«, wie ein Referentenentwurf vorsah. Zwar boten bürgerliche Sportvereine und Arbeitersportkartell *getrennt* nach Tagen ein Programm, doch opponierte die KPD deshalb kaum weniger heftig: »Kein Arbeiter beteiligt sich am Verfassungsrummel!« (HVZ). An anderer Stelle: »Sportwoche eine Pleite. Sozialfaschist Loh (1) und seine Getreuen feiern allein die kapitalistische Verfassung.«

Ärgerlich auch, angesichts der eindrucksvollen Kartell-Veranstaltungen, das (bürgerliche) »Fremdenblatt«: »Weshalb bringen sie (Anm. die bürgerlichen Sportvereine) keine Umzüge fertig? Weshalb demonstrieren sie nicht auch mit der Masse ihrer Aktiven?«

1930 rückten die Arbeitersportler zur Verfassungsfeier auf dem Flugplatz aus (11. August), zum »General-Appell zum 9. November« (Ausrufung Weimarer Republik 1918). Am 1. Dezember des Jahres der Aufruf im Echo: »Arbeitersportler, versäume deine Pflicht nicht! (...) kämpfe in der sozialdemokratischen Partei gegen die faschistische Gefahr!« Der 11. August 1931 im Zeichen der nahen Bürgerschaftswahl: »Wir wollen und müssen uns für viele Tage frei machen vom sportlichen Betrieb.« SPD-Vorsitzender Karl Meitmann im September 1931 in der großen Sportlerversammlung im Gewerkschaftshaus:

> »In Wien können die Genossen mit Stolz sagen, Partei und Arbeitersport sind eins. Sorgen wir dafür, daß es auch in Hamburg so werde.«

1932, im März, der Aufruf der Zentralkommission für Arbeitersport und Körperpflege, für Hindenburg als Präsident zu stimmen, »ein Akt der politischen Vernunft«.

Am 30. Januar 1933 ernannte Reichspräsident Hindenburg Adolf Hitler zum Reichskanzler.

Der Wegweiser und die Richtschnur soll unsere Veranstaltung der kommenden Reichsarbeitersportwoche sein. Diese Sportwoche beginnt am 15. Juni mit dem

Alsterlauf.

In diesem Jahre wird als Start und Ziel die Waffenschmiede der Arbeiterschaft benutzt. Dem Alsterlauf angegliedert sind Stafetten und Rennfahren der Radfahrer sowie Korsofahren der Motorfahrer. Umrahmt werden die Veranstaltung durch ein Konzert der Trommler und Pfeifer vor dem Gewerkschaftshaus. Auf der Außenalster findet anschließend eine Segelregatta des Freien Seglerverbandes statt. Schachveranstaltungen im Gewerkschaftshaus und Wettkämpfe der Arbeiterkegler im Hamburger Keglerheim Groth Wwe., Eppendorfer Landstraße 112, wo ein Städtekampf der ersten und zweiten Riegen Bremen gegen Hamburg und Klubkämpfe zwischen sämtlichen, dem Deutschen Keglerbund angeschlossenen Vereinen stattfinden, bilden den Abschluß des Eröffnungstages unserer Sportwoche.

Die Wochentage beginnen mit den sportlichen Veranstaltungen in den Stadtteilen.

Montag ist im Stadtteil Eimsbüttel-Eppendorf für diese Art der Veranstaltung die Einleitung durchzuführen.

Dienstag folgt Barmbeck, und am

Mittwoch ist der Hammer Park und der Sportplatz Louisenweg für diese Veranstaltungen ausersehen.

Donnerstag wird Rothenburgsort die Werbung für den Arbeitersport durchführen und den Schluß der Veranstaltungen anzeigen.

Die Radfahrer werden am Mittwoch auf dem Neuen Pferdemarkt ihre Leistungen den anwesenden Gästen zeigen.

Der Arbeiter-Wasser-Rettungsdienst wird in den Stadtteilveranstaltungen auf seine Bedeutsamkeit hinweisen.

Der Freitag soll als Sondertag für den AWRD. gelten. Im Barmbecker Kanal werden verschiedene Arten der Wasserlebensrettung und Vorschläge über das Verhalten bei Unfällen im oder auf dem Wasser gezeigt werden.

In der Kampfbahn des Stadtparksees werden am Sonnabend die Sonnenwendfeier durchgeführt.

Der 22. Juni ist der Abschlußtag der Reichsarbeitersportwoche. Im Wandsbeker Stadion werden nach einem Propagandaumzug alle Sparten ihre Darbietungen zeigen.

Echo, 10. 6. 1930

Am letzten Alsterlauf der Arbeitersportler 1932 nahmen 3500 Sportler, 250 Mannschaften, 56 Vereine teil. Mit dem Start/Ziel-Ort »Waffenschmiede der Arbeiterschaft« ist das Gewerkschaftshaus gemeint. AWRD heißt Arbeiter-Wasser-Rettungsdienst.

1) Arthur (»Adje«) Loh: Geschäftsführer des Arbeitersportkartells Hamburg. Kam aus dem Holzarbeiterverband. 1927 aus der KPD ausgeschlossen.

Sonntag, 7. August, 9½ Uhr vorm., Werbeveranstaltung des Arbeiter-Sportkartells im Zirkus Busch.
1. **Gesang:** Gemischter Chor, Arbeiter-Sänger-Bund, Gau Hambg. a) Wagner: Wach auf; b) Otto de Nobel: Morgenrot; c) Englert: Wann wir schreiten.
2. **Ansprache:** Herr Senator Paul Neumann.
3. **Musik:** Spezialkorps der Trommler- und Pfeifervereinigung Groß-Hamburg. a) Fichtemarsch, b) Münchner Kindl.
4. **Schwerathletik:** Arbeiter-Athletenbund. a) Boxen, b) Ringerfreiübungen, c) Ringen und Heben.
5. **Turnen:** Arbeiter-Turn- und Sportbund, 3. Kreis, 1. Bezirk, Gruppe Stadt. a) Freiübungen – Frauen, b) Gymnastik – Männer, c) Keulenübungen – Frauen, d) Barrenturnen – Männer, e) Ausdrucksübungen – Frauen, f) Reckturnen – Männer über 40 Jahre, g) Springtauübungen – Frauen, h) Fahnenschwingen – Frauen.
6. **Radfahren:** Arbeiter-Radfahrer-Bund »Solidarität«. a) Radfahrer-Kunstreigen von 6 Personen (Deutscher Bundesmeister), b) Einzelkunstfahrer (Olympiameister). Programm Hamburger Sportwoche (Senatssportwoche) 1927, S. 7

Tod eines Lehrlings

Gewerkschaftshaus Hamburg,
4. Dezember 1930

Als Fritz Wildung, Geschäftsführer der Zentralkommission für Sport- und Körperpflege, am 4. Dezember 1930 im Hamburger Gewerkschaftshaus in einer Großkundgebung des Arbeitersports spricht, ist auch Rotsport vor Ort. Der Reichsbanner-Saalschutz greift ein, 26 Menschen (KPD-Angaben) werden verletzt. Ein 15jähriger Lehrling aus Ottensen stirbt am nächsten Morgen an seinen Verletzungen.

»In Altona am Diebsteich ist die Beerdigung gewesen. Da hat sich dann die KPD mit in den Trauerzug geschmuggelt. Aber bevor die ihre Kränze ans Grab legen konnten, ist der Friedhofswärter gekommen und hat sie den Kommunisten abgenommen. Der Pastor, der den Jungen auch konfirmiert hatte, der sagte dann: ›Und meine Gedanken sind nicht Euere Gedanken und meine Gedanken sind soviel höher wie Euere Gedanken als der Himmel von der Erde entfernt ist.‹ Das leierte er runter und wenn man sich dann umguckte: Alles grinste! Denn die Einstellung der meisten Sozialdemokraten gegenüber der Kirche war damals nicht positiv.« (Adolf Schulze, Mitglied Arbeitersportkartell 1930).

Oskar Meyer war als Mitglied des Jungbanner als Saalschutz zu der Versammlung im Gewerkschaftshaus abkommandiert. Man marschierte zwar in Gruppen an, doch vorgeschrieben war ausdrücklich: ohne Uniform! Meyer erinnert sich noch heute an den Abend:

»Die von Rotsport haben sich in der Versammlung zu Wort gemeldet und einer von ihnen hat versucht, zu reden, aber der ist niedergebrüllt worden. Als die Rotsportler daraufhin einen Sprechchor anfingen, wurden die sogenannten Rollkommandos (Anm. Reichsbanner) eingesetzt, um den Saal zu räumen. Auf die Fichte-Sportler wurde mit Stühlen eingeschlagen, einer sogar von der Galerie geworfen. Dann stürmte eine Hundertschaft Sipo (Anm. Sicherheitspolizei), die in Bereitschaft stand, den Saal und prügelte mit. Ich seh' noch, wie die Fichte-Sportler versuchten, da raus zu kommen; die schrien nur noch: »Bloß raus hier!«

Mich hat das angewidert, wie die Leute geprügelt wurden. Das war für mich einer der ersten Anstöße, mich von SAJ und SPD zu distanzieren.« (Meyer ist später Mitglied des KJVD geworden).

Sowjetstern, Hakenkreuz, Republik und der Arbeitersport
Hamburger Arbeitersportler bekennen sich zur Sozialdemokratie

an. Ueberhaupt die Versammlung! Selten hat der große Saal des Gewerkschaftshauses eine solche Riesenmenge von Menschen gesehen. In den Seitengängen, in der Mitte, auf der Galerie, überall saßen und standen Arbeiterturnerinnen und Arbeiterturner eng, fürchterlich eng aufeinander.

Der geschlossene Eindruck wurde allerdings etwas beeinträchtigt durch das traurige, maßlos erbärmliche Verhalten von höchstens hundert Kommunisten. Versuchten sie schon während des Referats, die Versammlung zu stören, so ging es erst richtig los, als man in die Diskussion war. Nach allen Anzeichen war eine Sprengung der Versammlung von vornherein beabsichtigt gewesen. Es bedurfte auch nur des scheinheiligen Appells eines käuflichen Subjektes an die Kommunisten, während der Versammlung »Disziplin« zu bewahren, um eine Unruhe in die Versammlung zu bringen, die aber dank des energischen Eingreifens des Reichsbanner-Saalschutzes bald erstickt war. Als die Störenfriede an die frische Luft gesetzt waren, konnte die

machtvolle Kundgebung für gemeinsame Arbeit zwischen Arbeitersportbewegung, Gewerkschaften und Reichsbanner

ihr eindrucksvolles Ende finden. Die Kommunisten aber hatten gerade das Gegenteil von dem erreicht, was sie wollten. Ihr beschämendes Verhalten hat den Willen noch einmütiger, noch entschlossener entstehen lassen, endlich mit diesen kommunistischen Spaltpilzen und Verrätern an der Arbeiterbewegung zu brechen und sie nicht mehr in den Reihen zu dulden.

*

Abrechnung mit links und rechts

Organisierter Reichsbanner-überfall auf oppositionelle Arbeitersportler
(Nach Redaktionsschluß)

Hamburg, 5. Dezember. Auf der gestrigen Abendkundgebung des Arbeiter-Turn- und -Sportkartells Hamburg, zu der ausdrücklich freie Diskussion zugesagt war, vollführten sozialfaschistische Reichsbanner-Rollkommandos einen **organisierten Überfall** auf oppositionelle Arbeitersportler. Wild schlugen die aufgeputschten Reichsbannerleute in großer Übermacht auf die oppositionellen Sportler ein — mit Gummiknüppeln, Koppeln und mit Stühlen. Über 50 mehr oder minder schwer Verletzte wurden gezählt. Der Saal glich nachher einem Trümmerhaufen.

Der »verseuchte« VfL
Wie Rotsport in Winterhude Fuß faßte

»Der VfL 05 war immer links eingestellt. Und links, das war damals KPD.«

Die Hamburger Fußballmeister
1920 Komet Blankenese — 1921 FSV Lübeck (damals im selben ATSB-Kreis) — 1922 Lorbeer — 1923 Komet — 1924 Bahrenfelder SV 19 — 1925 Lorbeer — 1926 Herta 09 Harburg — 1927 Ottensen 93 — 1928 Lorbeer — 1929 BSV 19–Lorbeer 6:0 — 1930 Lorbeer–Komet 5:0 (6000–7000 Zuschauer) — 1931 BSV 19–Lorbeer 1:0 (8000 Z.) — 1932 VfL 05–Lorbeer 5:4 (8000 Z.)

Die Fußball-Bundesmeister
1920 TSV Fürth — 1921/22/23 VfL Leipzig-Stötteritz — 1924/25/26/27 Dresdner SV 1910 — 1928 Adler 08 Berlin — 1929 Lorbeer Hamburg — FT Döbern/Schlesien 5:4 (15000 Z.) — 1930 TSV Nürnberg-Ost–BSV 19 6:1 (35000 Z.) — 1931 Lorbeer — SV Pegau-Leipzig 4:2 (20000 Z.) — 1932 Nürnberg-Ost

Hermi Schmid, Winterhuder seit jeher, gehörte – als Linksaußen – jener Fußballelf des VfL 05 Hamburg an, die am 1. Mai fast geschlossen vorm Vereinslokal Wucherpfennig, Barmbeker Straße 33, stand, wenn die SPD am Nachmittag traditionsgemäß zum Stadtpark demonstrierte. Durch vornehmes Schweigen zeichneten sich die Zuschauer vor Wucherpfennig gewiß nicht aus: Sie hatten ja schon vormittags demonstriert, mit der KPD zur Moorweide.

Der VfL hatte Ende der 20er Jahre rund 500 Mitglieder und war in Hamburg mit führend in Leichtathletik und Fußball. Der Verein stellte den ersten großen Erfolg der Oppositionsarbeit der KPD im Sport dar. Einfluß hatten am Borgweg, Spielstätte des Klubs bis heute, über Jahre Kommunisten: Paul Stammer z. B., VfLer seit 1910, »für uns im Verein wie ein Vadder – de Mann, de allns for uns mokt hat«. Weiter auch Ferdinand Kilian, HVZ-Sportredakteur, engagiert im KJVD, »ein toller Redner, der oft bei uns aufgetreten ist«.

Kontroversen zwischen linken Sportlern und Arbeitersportkartell waren in Winterhude, so die Darstellung von SPD-Schulrat Ballerstaedt 1929 in der Bürgerschaft, schon 1924 im Verein Hamburg 93 aufgetreten — weil ein Sportplakat schwarz-rot-gold umrandet war. 1927 opponierte der VfL gegen die Senatssportwoche (an der auch die Bürgerlichen teilnahmen); beim RAST, dem Reichsarbeitersporttag, 1929 holte das Kartell Polizei, um ausgeschlossene Sportler samt Kapelle aus dem Festzug zu vertreiben; »(Die Ruhestörer) überfielen in Gemeinschaft mit Rotfrontkämpfern im Auto sitzende Kartellvorstandsmitglieder«, berichtete Ballerstaedt. Die HVZ: »ein Lügner«.

Die KPD hatte zu dem Zeitpunkt ihre Stellung im VfL ausgebaut: »Da sind dann viele Kommunisten bei uns eingetreten, vor allem vom Kommunistischen Jugendverband,« berichtet Hermi Schmid.

Reichsbanner-Rollkommando und Polizei prügeln V.f.L-Sportler
Mit Reichsbannerleuten und alten Tanten wird ein neuer Laden aufgemacht Loh als Denunziant — Die Mitgliedschaft steht treu zum VfL 05

Im August 1929 verfügte das Kartell – der ATSB hatte zuvor alle Berliner Arbeitersportler ausgeschlossen – den Ausschluß des VfL 05 Hamburg: »Weil der gesamte Verein von der Fraktionsarbeit der KPD verseucht ist. Er ist ein Opfer der KPD geworden, der er sich verschrieben hatte.« Die bundestreuen Mitglieder sollen der Neugründung ASC beitreten. HVZ-Schlagzeile nach der ASC-Gründungsversammlung: »Reichsbanner-Rollkommando und Polizei prügeln VfL-Sportler«.

Die KPD und ihre Presse starteten eine gewaltige Kampagne für die Ausgeschlossenen von Winterhude, denen wie allen anderen Rotsportlern auch Hallenverbot vom Oberschulamt erteilt wurde: »Übt Solidarität! Schließt Spiele ab!« Einige Hamburger ATSB-Vereine folgten dem Appell und einer der ersten VfL-Gegner war die bekannte Fußballmannschaft Adler 08 Berlin, gleichfalls ausgeschlossen. Mit 181 zu vier Stimmen allerdings bestätigte die Versammlung des Hamburger Kartells den Ausschluß.

Ausgeschlossene unter sich
Fußball 1929 am Borgweg: VfL 05 Hamburg (dunkler Dreß) gegen Adler 08 Berlin (6:2).

Doch ständig konnten Spielpartner nicht aus Berlin importiert werden: »Der Sport kam für uns an erster Stelle«, sagt Schmid, »und in Hamburg waren damals, 1929, eben noch kaum Vereine bei Rotsport – und wir ohne Gegner!« Um den Sportbetrieb aufrecht zu erhalten, landete der VfL sogar beim (bürgerlichen!) DFB, »für einige Gesellschaftsspiele«.

Als Rotsport in Hamburg später regelmäßige Sportvergleiche organisieren kann, ist der VfL schon wieder heimgekehrt zum ATSB und wird Ende 1932 am Rothenbaum dessen letzter Hamburger Fußballmeister. Das allerletzte VfL-Fußballspiel vorm Verbot, Schmid war dabei, wird heimlich ausgetragen, draußen vor der Stadt, in Billstedt. Gegner ist Bar Kochba, der jüdische Sportklub. »Danach hab' ich keinen Spaß mehr gehabt am Sport, da war Schluß für mich.«

HVZ-Sportredakteur Kilian muß emigrieren, hält von Dänemark die Verbindung zu den illegalen roten Sportlern (s. a. S. 207). Im März 1938 kommt er als Mitglied der XI. Internationalen Brigade bei der Verteidigung der spanischen Republik nahe Lerida ums Leben.

Ins VfL-Lokal Wucherpfennig ziehen noch 1933 die Nazis ein. Schmid: »Als wir das sahen, sind wir alle auf einen Schlag 'raus und auch nie mehr 'reingegangen.« Winterhuder Arbeiter, die bald darauf eine Bombe ins Lokal werfen, werden gefaßt und verurteilt.

»Wir mußten uns von der SPD trennen!«
Rotsport in Hamburg

»Rotsport marschiert« – nebenstehendes Transparent hätte die KPD Wasserkante auch als Zwischentitel in den Bericht ihrer Bezirksleitung vom November 1932 stellen können: Die »Kampfgemeinschaft für Rote Sporteinheit«, kurz KG, meldete zu dem Zeitpunkt 115 Vereine mit 7000 Mitgliedern – zwei Jahre zuvor waren es gerade 21 Klubs gewesen[1].

Für Groß-Hamburg bedeutete das 85 Vereine mit 5000 oder mehr Roten Sportlern. Zum Vergleich: Der ATSB zählte 1929 im selben Gebiet rund 23 000 Mitglieder in 144 Vereinen, im April 1932 circa 16 000. Ein Verhältnis von etwa 3:1 bis 4:1 zugunsten des ATSB gegenüber Rotsport kann für 1932 angenommen werden.

Erfolgsmeldungen aus dem KPD-Bericht 1932: Arbeiterschützen-Bund liquidiert (Originaltext!), Arbeiterathleten-Bund fast liquidiert, Schlagballsparte fast vollständig bei Rotsport; in Groß-Hamburg 43 Rotsport-Fußballvereine gegenüber 57 des Bundes.

Schwachpunkte werden zugegeben: »Schlechte politische Erziehung« der Rotsportler, zu geringe Aktivitäten in den Betrieben und nur punktuell auch eine Unterstützung der politischen Kämpfe Anfang der 30er Jahre.

Beispiele für Rotsport in Hamburg: die Fichte-Wasserfahrer, der Sportverein Fichte Eppendorf, die Barmbeker Kraftsportler.

1. Thälmann auf dem Treibersegel Arbeiter-Wasserfahrer Fichte Winterhude

»Nicht Sport des Sportes Willen, sondern für die Klasse«: Hinter der Parole auf einem überdimensionalen Transparent lagerten 1931 beim Werben für Rotsport im Zoologischen Garten Hamburgs (heute Planten un Blomen) auch Fichte-Wasserfahrer aus Winterhude. Ludn Levien, KPD-Mitglied seit 1928, hatte mit Fritz Rohwer u.a. die Sparte gegründet – vor allem, um unorganisierte Arbeiter, die in großer Zahl auf Elbe und Alster paddelten, zu gewinnen; um Jugendlichen Sport zu ermöglichen und die vielen in Parteien organisierten Wasserfahrer zusammenzufassen. »Gegen Verbürgerlichung und Verflachung des Arbeitersports, für Klassen- und Massensport« waren die Parolen anläßlich der Gründung 1930. Die Auseinandersetzung zwischen SPD und KPD und umgekehrt fand nun auch auf dem Wasser statt.

Neben Kommunisten waren Mitglieder von SPD und SAP sowie Parteilose unter den vielen

Rotsport-Tag 1931 im Altonaer Stadion (heute Volksparkstadion).

»Mit Thälmann zum Sieg!«
Fichte-Wasserfahrer am 1. Mai 1932, Barmbeker Straße in Winterhude

Ludwig (Ludn) Levien geb. 1907. Malergeselle. 1922 Arbeiterjugend (AJ), später SAJ. 1924 zum KJVD. 1928 KPD. 1930 Mitgründer der Arbeiter-Wasserfahrer Fichte im Rotsport. Widerstandsarbeit. Verurteilt zu 1½ Jahren KZ Fuhlsbüttel und Gefängnis. Vor 1933 oft lange arbeitslos; mit Musikgruppe »auf der Walz«.

Aktiven des Wassersportvereins, dessen Mitgliederzahl nicht mehr festzustellen ist. Die Diskussion zwischen KPDlern und Sozialdemokraten wurde damals zwar noch geführt, »aber sehr fruchtbringend war das nicht mehr«, berichtet Levien. »Für die SPD waren wir die ›Kozis‹. Ich erinnere da noch einen Vers von einem Wahlplakat der SPD:

> ›Hakenkreuz und Sowjetstern hat der Kapitalist so gern!‹.«

Sport 205

Curt Flegel
geb. 1908. Ingenieur. Bei Eppendorf 08. 1926 Hamburger SC. 1929 Mitgründer Fichte Eppendorf im Rotsport. 1930 als Student zur KPD. Rotsport-Landesleitung Hamburg. Im Widerstand, verurteilt (»Rotsport-Prozeß«): zwei Jahre Haft, u. a. KZ Fuhlsbüttel.

Amandus (Mandus) Spitzkopf
geb. 1915. Schlosser. Lehre 1926–30. Seit 1928 Ringer im Barmbeker KSV, später Boxer. Konnte, obwohl Halbjude, dank einiger Fürsprecher nach 1933 weiter beim BC Bramfeld aktiv sein. Nach 1945 bekannter Berufsboxer, u. a. gegen Bubi Scholz.

Levien: »Und dann hat SPD-Polizeipräsident Schönfelder ja im Januar '33 hier in Hamburg die Blitzdemonstrationen gegen die Nazis, an denen sich auch Sozialdemokraten beteiligten, auseinanderknüppeln lassen. Trotz aller Fehler der beiden Arbeiterparteien waren wir aber immer um die Einheit der Arbeiterbewegung bemüht.«

Für die Fichte-Wasserfahrer, angesiedelt im Bootshaus Gertigstraße in Winterhude, »waren sportliche Betätigung und das politische Ziel eins«. Bei Wucherpfennig, im KPD-Lokal (s. a. S. 204), wurde eine Ausstellung veranstaltet und auf den Kanälen von Hammerbrook und Rothenburgsort Faltbootrennen.

Agitation erst recht im Wahlkampf auf Hamburgs Gewässern. »An den Masten hatten wir große rote Fahnen. Dann wurden die Treibersegel gesetzt, darauf stand: ›KPD: Liste 4‹ und ›Mit Thälmann zum Sieg!‹ Sprechchöre wurden angestimmt. Das war, vom Ufer oder Alsterdampfer aus gesehen, sehr eindrucksvoll, weil wir doch immer mit 25 bis 40 Booten auf dem Wasser waren.«

Ludn Levien: »Unser Ziel war der Massensport, und damit auch die arbeitslosen Jugendlichen aufs Wasser konnten, haben wir zwei Zehner-Canadier gebaut, mit Namen ›Rotsport‹ und ›Solidarität‹, alles in Eigenarbeit, denn viele von uns hatten ja keinen Erwerb. Finanziert wurde das durch Spenden aus der Arbeiterschaft und von kleinen Geschäftsleuten, wie das meiste andere im Verein auch. Der Preis für ein Faltboot war 1930 ja etwa 300 RM. 1933 haben uns die Nazis dann die beiden Canadier geraubt.«

Die kleinen Fichte-Boote (Privateigentum) der Wasserfahrer hießen »Rosa Luxemburg«, »Karl Liebknecht«, »Köbis«, »Reichpietsch«, »Komintern«, »Sacco«, »Vanzetti« und ähnlich[2].

Jene, die der ATSB-Arbeiter-Ruderverein 1930 vom Senat geschenkt bekam, trugen die Namen »Friedrich Ebert«, »Otto Stolten«, »Republik« und »August Bebel«.

2. »Das muß geändert werden!« Der Sportverein Fichte Eppendorf

Als Lehrling schloß sich Curt Flegel dem Arbeiter-Turnverein Eppendorf 08 an, der sich, weil er Leichtathletik und Fußballsport nicht fördern wollte, 1926 spaltete. Flegel gründete daraufhin in Eppendorf den Hamburger Sport-Club (HSC) mit.

> »Wir waren stolz auf den Namen Fichte, der kam von dem Philosophen. Fichte, das war allen ein Begriff für fortschrittliche Körperkultur und Gesellschaftsordnung.« (Curt Flegel)

1929 initiierte er mit Mitgliedern einer Wandergruppe, die aus der Freikörperkultur-Bewegung entstand, den Sportverein Fichte Eppendorf im Rotsport. Unter den Gründern auch Richard Tennigkeit, 1944 im KZ Neuengamme umgekommen, und Bubi Maak, der die Fußballer anleitete. Curt Flegel:

»Die Fichte-Sportbewegung hing zusammen mit der ganzen politischen Entwicklung dieser Zeit. Körperliche Ertüchtigung ermöglichen und gleichzeitig faire soziale Voraussetzungen schaffen – das ist die Basis für den Aufbau von Fichte gewesen. Die Gegensätze waren damals kraß: Einerseits wurde Körperertüchtigung propagiert, auf der anderen Seite ließ man die Menschen verkommen – die hohe Arbeitslosigkeit, keine geregelte Sozialgesetzgebung. Vertrauen in die SPD war nicht mehr da: Mit deren Stimmen wurde doch Hindenburg gewählt, da war die Panzerkreuzer-A-Angelegenheit und der Ossietzky-Prozeß. All' diese Probleme wurden in der Jugend diskutiert. Und aufgrund dessen mußten wir uns von der SPD trennen!

Der ATSB in Hamburg war extrem sozialdemokratisch ausgerichtet, da mußte automatisch eine Gegenbewegung einsetzen, die geistig etwas Neues geboten hat. Entscheidend war der Wille: Das muß geändert werden! Fichte hat sich dann ja auch sprunghaft entwickelt.«

Die Eppendorfer Fichte-Abteilung – »bei der Gründung hat die KPD keine Rolle gespielt!« sagt Flegel – wächst von 50 auf rund 300 Mitglieder, überwiegend 20 bis 25 Jahre alt. Die Sportsparten im Verein: Fußball, Handball (die Mädchen wurden 1932 Deutscher Meister im Rotsport), Leichtathletik, Turnen, Frauengymnastik, eine Kinderabteilung, die Wandergruppe. »Eben alle Sportarten, die für uns erschwinglich waren. Alles lief ja unter schwierigsten Bedingungen: keine Hallen,

Robert Seiffert
geb. 1909. Dreher. Lehre 1923–27. Von 1923 bis 33 Ringer im Barmbeker KSV, als Jugendlicher Nordmeister. Kurze Zeit KJVD. Keine sportliche Betätigung mehr nach 1933. 1935 Mandolinisten-Verein. 1938 AWV 09 (ehem. Arbeiter-Wassersportverein).

Selber gebaut, von den Nazis geraubt.
Zehner-Canadier »Rotsport« aus Hamburg, Sommer 1931, Rückfahrt von Berlin.

Der Vorsitzende wurde ermordet.
Die Boxstaffel des Barmbeker KSV um 1930. 2. v. l. Halbschwergewichtler Kuddel Hacker (1906–1933).

keine Sportplätze. Aber wir haben es geschafft, weil eine ungeheure Begeisterung da war.«

Fichte Eppendorf muß sich 1933 auflösen. »Wir hatten keine Sportbedingungen mehr. Aber der Kader blieb zusammen«, zum Teil auch im Widerstand.

HSC und Fichte sind nach 1945 in Eppendorf nicht wieder entstanden. Eppendorf 08 hat fusioniert und besteht noch.

»Die Masse stand hinter uns«
Barmbeker Kraftsport-Verein (BKSV)

1928 beschließen die Mitglieder des Barmbeker KSV (BKSV), dessen Vorsitzender der KPD-Bürgerschaftsabgeordnete Fiete Michelsen ist, den Übertritt vom ATSB zum Rotsport. »Regierung und SPD haben sich damals für die breite Masse nicht so eingesetzt wie die kommunistische Bewegung«, berichten Robert Seiffert und Amandus Spitzkopf, beide Ringer im BKSV.

Folge des Beschlusses pro Rotsport: Ausschluß aus dem ATSB und Hallenverbot. Der BKSV muß die städtische Turnhalle an der Schleidenstraße verlassen und ins »Ballhaus Godemann«, ein privates Etablissement (Am Alten Schützenhof), umziehen. Den Zusammenhalt festigte das eher noch: »Daß dann so viele zu Rotsport und zum BKSV gekommen sind, lag an der Gemeinschaft und Kollegialität, die dort herrschte.« (In Schnelsen, Wedel und anderswo bauen sich Rotsportler in dieser Notsituation sogar rasch eigene Sportheime.)

Ringen, auf einer selbstgefertigten Matte betrieben, später auch Boxen, waren Hauptsparten im BKSV, der für 250 Mitglieder ein vielfältiges Angebot hatte: Handball, Gewichtheben, Jiu Jitsu (ein Berliner Fichte-Instruktor lehrte die Barmbeker Arbeitersportler die Selbstverteidigung), Gymnastik für Frauen und Mädchen, die Wandergruppen.

Seiffert und Spitzkopf: »Unsere Stärke: Die Masse stand hinter uns! Wir haben große Veranstaltungen abgezogen, bei Sagebiel, in der Civa (Anm.: Variete im Circus Busch, St. Pauli). Wir waren stolz, daß bei uns der Sport für die Massen gefördert wurde.«

Boxer wurde man um 1930 schnell, auch ein Zeichen der Zeit. Amandus Spitzkopf: »Wir waren wieder mal in Mecklenburg, da fehlte ein Fliegengewichtler in der Boxstaffel. Aber ich war ja Ringer. Da haben sie gesagt: ›Du mußt boxen, die Mannschaft muß komplett sein.‹ Hinterher hieß es: ›Siehst Du, Du kannst doch boxen!‹

1933 wird auch der BKSV verboten. Sein letzter Vorsitzender, der Heizungsmonteur und Halbschwergewichts-Boxer Karl (Kuddel) Hacker, »ein Kollege und Freund«, wird noch im selben Jahr, vor Beginn des »Rotsport-Prozeß«, von SA in der Haft in Fuhlsbüttel erschlagen; Hacker wurde 27 Jahre alt.

»Bei der Beerdigung in Ohlsdorf stand dann ringsum Gestapo in Zivil«, erinnert sich Seiffert, der sich mit dem Verbot von der Ringermatte zurückzog und nie mehr aktiv wurde.

Nach 1945 fusionierten die Barmbeker mit dem SC Goliath aus Hammerbrook-Rothenburgsort, dem ehemaligen Ringer-Bundesmeister des Arbeitersports.

---

1) Timmermann, Gesch. u. Struktur d. Arbeitersportbewegung 1893–1933, 1973: »Die Zahlenangaben über die Mitgliedsstärke der KG (= Rotsport) sind außerordentlich unsicher, da sie aus propagandistischen Gründen angehoben wurden ... Dürfte die Zahl von 60 000 bis Ende 1930 kaum übertroffen worden sein, so war sie nach kommunistischen Angaben bis Mitte 1931 auf 100 000 angewachsen und soll bis Ende 1932 schließlich eine Viertelmillion umfaßt haben. Diese sicherlich um 100 000 zu hoch gegriffene Ziffer kommt dadurch zustande, daß sogenannte ›Sympathisierende‹ einfach als Mitglieder gezählt wurden.« (S. 94).
2) Erhebung dt. Matrosen: Alwin Köbis, Heizer, und Max Reichpietsch, Obermatrose, vom Kaiserl. Marine-Kriegsgericht zum Tode verurteilt. 5. September 1917 in Köln-Wahn hingerichtet. S. a. Plievier, Des Kaisers Kulis (Roman).
Die beiden Linken Nicola Sacco und Bartolomeo Vanzetti, italienische Einwanderer, wurden 1927 in USA trotz weltweiter Proteste hingerichtet.

Sport 207

Vereine damals

Georg (Bob) Steinl, »Motor« des ATUS-Freundeskreises

Arbeiter-Turn- und Sport-Bund (ATSB)

Der Raum Hamburg, Altona, Lüneburg, Itzehoe war der 1. Bezirk im 3. Kreis des ATSB. Nach dem Geschäftsbericht für 1928/29 gehörten ihm 144 Vereine mit fast 23 000 Sportlern an, davon 9560 Turnerinnen und Turner, 4777 Fußballer (184 Fußballerinnen), über 1500 Wassersportler und 6602 Kinder; Sparten wie Schlagball, Handball, Leichtathletik u. a. sind darin enthalten.

ATSB-Vereine um 1930 – eine Auswahl; Mitgliederzahlen für 1929 in Klammern angegeben, soweit bekannt:

Arbeiter-Schwimmverein Altona (415), Fichte Altona (471), FT Altona 1896 (233), Gehörlosen-Sportverein Altona (48), FT Bergedorf-Sande (650), FTSV Berne (91), FT Blankenese (359), SK Oliva 29 Dulsberg (57), VfK Sparta Eimsbüttel, Fichte Eimsbüttel (764), FT Eilbek-Hamm (826), Eppendorf 08 (283), ASV Finkenwerder (87), Wassersptverein Schwarz-Rot-Gold (29); Freier WSV Vorwärts (1253), SK Staatskai (29), Hamburg 93 (1265), Tennis Rot, FTSV Roter Stern (Vereinslokal »Russischer Klub«/69), FT Hammerbrook-Rothenburgsort (1091), Freie Bahn (Kegelklub), Sportvereinigg. d. Sozialistischen Studentengruppen (21), Arbeiter-Schachverein, Freie Segler Harburg Süderelbe; FTSV St. Georg (131), Tschft. 1890 Hinschenfelde (414), Arb.-Tschft. Harburg-Wilhelmsburg (672), Fichte St. Pauli (234), Ottensen 93 (403), Lorbeer 06 (206), SV Rönneburg (100), FTuSpV Sasel (63), Arb.-Tschft. Moorburg (97), FT Veddel (436), FTuSpV Schiffbek-Horn 1891 (521), ATV Frischauf Volksdorf (126), Wandsbek 81 (396), Arbeiter-Wassersport-Verein 09 (ca. 800), nicht im ATSB.

1 2 3 4

Abzeichen ehemaliger Arbeitersportvereine: 1 Komet Blankenese, 2 SC Lorbeer 06 von 1896, 3 Altonaer TSV, 4 ASV Bergedorf 85, 5 Veddel (1970), 6 SV Lurup, 7 FSV Harburg, 8 BSV 19, 9 Ottensen 93, 10 VfL 93.

Rotsport in Hamburg 1930/31

Zentralsportverein Fichte sowie Fichte-Vereine u. a. in Rothenburgsort, Hammerbrook, Eppendorf, Hoheluft, Stellingen, Winterhude, Hamm-Eilbek, St. Pauli.

Weiter: KSV Achilles Altona, Teutonia 10 (Olympia-Schlagballmeister 1925), Barmbeker KSV, SK Adler 25, Boxclub Eiche 1924 Rothenburgsort, SK Wooterkant, Treue 25 Hinschenfelde, Jung-Siegfried, Schießklub Kommune, Freiheit Barmbek, ASV Fichte-Ost, Fliegersparte (im Lokal Höfer, Großneumarkt), Werder Harburg, KSV Hoffnung Zollenspieker, VfL Grünhof-Tesperhude, Fichte-Wasserfahrer u. a. m.

Auch marxistische Sportverbände haben kein Lebensrecht mehr.

Die Staatliche Pressestelle teilt mit:

Auf Grund einer Verfügung des Präses der Landesschulbehörde ist allen marxistischen Vereinen und Organisationen fortan die Genehmigung zur Mitbenutzung von Schulräumen, Turnhallen, Spielplätzen, Badeanstalten und Schwimmhallen entzogen worden.

Mit unbeirrbarer Folgerichtigkeit wird die Säuberung des öffentlichen Lebens fortgesetzt. Das Verbot der Benutzung von staatlichen Räumen durch marxistische Organisationen liegt durchaus im Zuge des tatkräftigen Kampfes gegen jede marxistische Lebensäußerung. Es dreht sich nicht etwa darum, daß jugendlichen Menschen die Gelegenheit zu gesunder, körperlicher Tätigkeit entzogen wird; denn sie finden diese Möglichkeit sofort wieder, wenn sie das neue Deutschland bejahen. Es wäre aber nicht tragbar, wenn Pflegestätten marxistischer Gesinnung erhalten blieben und sogar mit staatlichen Mitteln unterstützt würden. Diese allein sollten vernichtet werden.

Hamburger Nachrichten, 11. 4. 1933

Vereine heute

Wiedergegründet wurden 1945 und später in Hamburg eine Reihe von Arbeitersportvereinen, die bis heute bestehen:

SC Teutonia 10, TG Alster, Hinschenfelder FC, AWV 09, SC Nettelnburg, BSV 19, FTSV Komet Blankenese, TuS Berne, SV Rönneburg, Tschft. Hinschenfelde 1890, FTSV Altenwerder, SC Hamm 02, Barmbeker KSV, SV Lurup, Freier WSV »Vorwärts«, Ottensen 93, TuS Wandsbek 81, TG Alster, Vorwärts Ost, Eimsbütteler SV Grün-Weiß, Norddeutscher Ruderer-Bund, Adler 25 sowie der RKB Solidarität mit den Abteilungen Hamburg-Süd 95/09, Eppendorf, Kirchwerder, Bille, Motorsport

5 6 7

Zusammenschlüsse ehemaliger Arbeitersportvereine nach 1945:

ATSV d. h. Altonaer TSV: früher ATV Lassalle 1899, ATSV Fichte 1901, FT von 1896, Arb.-Schwimmverein 1911.
ASV Bergedorf 85: aus Allg. TV Bergedorf 1885, FT Bdf.-Sande 1911, Arb.-Wassersportverein Lohbrügge 1920.
VfL 93 Hamburg: Vorläufer VfL 05, Hamburg 93, ASC, BSV 13.
FTSV Lorbeer 06 Rothenburgsort 1896: entstanden aus SC Lorbeer und FT Hammerbrook-Rothenburgsort.
TuS 09 Eidelstedt: Vorgänger FT und SV 1920.
Freie Sportvereinigung (FSV) Harburg: Zusammenschluß von Arb.-Tschft. Harburg-Wilhelmsburg 1893, FK Herta 09, TV Vorwärts 08, Freier Wassersportverein 1922.

Mit ehemals bürgerlichen Vereinen haben fusioniert:

Eppendorf 08 (Name jetzt: TSV Groß-Borstel/Epp.df. 08); Fichte Eimsbüttel (nun Grün-Weiß Eimsbüttel); Freier ATSV 09 bzw. Fichte Langenhorn (jetzt SC Langenhorn), FT Veddel und FTSV Neuhof (zu TSC Viktoria Wilhelmsburg-Veddel), TV Vorwärts 93 (nun Wilhelmsburger SV 93), Hansa 10 und Fichte St. Pauli (jetzt Hansa 10/11).

Von den rund 140 Arbeitersportkartell- und Rotsport-Vereinen Hamburgs ums Jahr 1930 sind damit nur wenige geblieben, in denen zudem die Jahre vor 1933 und damit die große Zeit des Arbeitersports weitgehend in Vergessenheit geraten sind.

8 9 10

Der ATUS-Freundeskreis

Georg (Bob) Steinl, geb. 1906, seit 1912 in der FT Veddel, u. a. ehemaliger Fußball-Torwart der Städtemannschaft, ist seit Jahren Hamburger Koordinator und »Motor« des ATUS-Freundeskreis (ATUS steht für ATSB). Es gibt noch gelegentlich auf lokaler Ebene Treffen ehemaliger Arbeitersportler.

Steinl: »Wir sind ja schon 1946 wieder in Verbindung getreten, aber die erste Zusammenkunft auf Bundesebene hatten wir erst 1960, von 60 ehemaligen Fußballern in Minden. Jahrelang waren wir immer nur drei Ehepaare aus Hamburg bei den ATUS-Freundschaftstreffen, aber seit 1970 hat sich das mehr und mehr entwickelt.«

1975 traf man sich in Hamburg unter dem Zeichen der beiden »F«, des »S« und des »T«, was bedeutet: »Frisch (bzw. Froh), frei, stark und treu« – das ehemalige ATSB-Symbol. Zum 50. Jahrestag des Arbeiter-Olympia reisten 1981 über 200 ehemalige Arbeitersportler aus Bundesdeutschland nach Wien; das 23. Freundschafts-Treffen wird 1982 in Saarbrücken stattfinden.

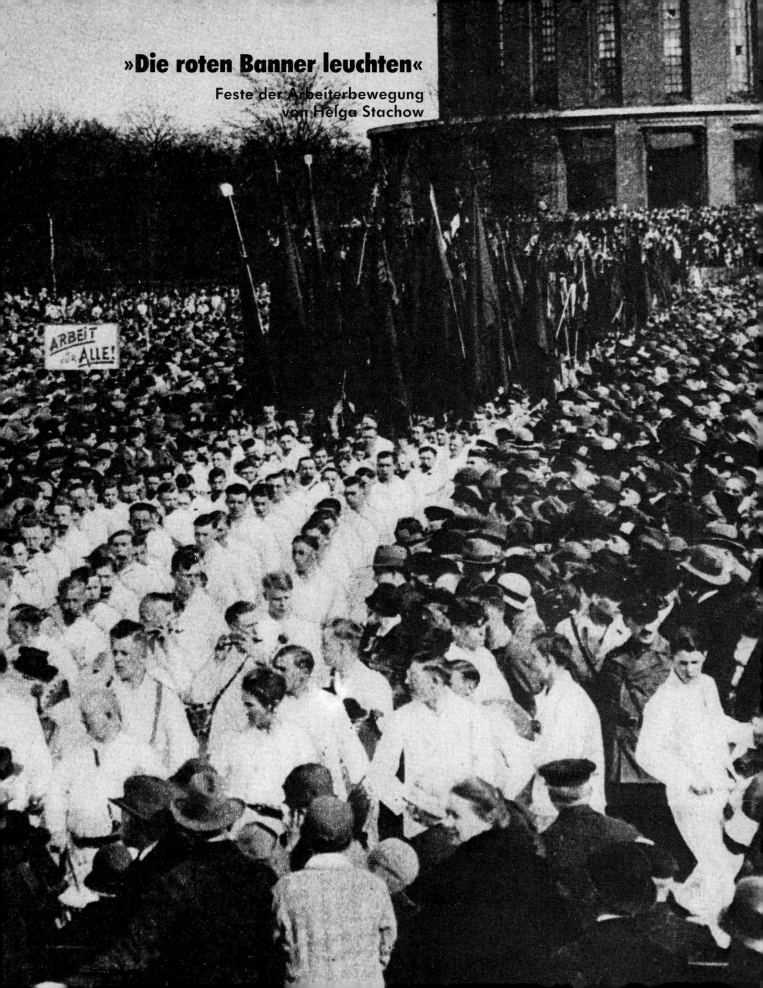

»Die roten Banner leuchten«
Feste der Arbeiterbewegung
von Helga Stachow

»Das wichtigste war wohl die Maifeier. Oder Revolutionsfeiern. Denn wir Jungen blieben ja noch länger revolutionär als Ältere, ja.« (Heinz Blievernicht, geb. 1899, SPD)

»1. Mai, da ging man unbedingt mit. Aber, ich meine, ich ging auch unbedingt zum 7. November, um das für uns große Beispiel der russischen Revolution zu feiern. Und zur L.L.L.-Feier. Die großen Feste, sie hatten alle ihre große Berechtigung.« (Katharina Jacob, geb. 1907, KPD)

»Also, das waren so dann die großen Feiern. Und dann ging's mit Musik, vielen Kindern –. Also, auf'n Verfassungstag haben sich schon immer alle gefreut, nicht.« (Emil Bien, geb. 1909, SPD)

Verfassungsfeier 1931: Schüler und die Kapelle der Ordnungspolizei konzertieren auf dem Rathausmarkt

1. Mai 1929: Schilder im Zug der SPD

Der 1. Mai
Seit 1890, und damit von Anfang an, feierte die Hamburger Arbeiterbewegung den 1. Mai unter politischen Grundsätzen und Tagesforderungen. Während in den meisten anderen Ländern des Reiches der Erste Mai in den letzten Jahren der Weimarer Republik kein gesetzlicher Feiertag mehr war, gelang es den beiden Arbeiterparteien in Hamburg trotz immer heftigeren Angriffen der rechten Opposition, ihren Kampf- und Festtag in der Bürgerschaft und im Senat jährlich neu durchzusetzen.
Die Spaltung der Arbeiterbewegung zeigt sich auch in den unterschiedlichen Orten der Feste und Feiern: SPD und Gewerkschaften feierten traditionell mit Demonstrationen, Kundgebungen und anschließendem Volksfest im Stadtpark. Unterdessen zog die KPD zu ihrem Kundgebungsort, der Moorweide. Abendliche Ansprachen und ein farbiges Kulturprogramm im Gewerkschaftshaus und in den Distrikten (SPD), in den großen Sälen des Civa, des Conventgartens oder bei Sagebiel (KPD) rundeten den 1. Mai ab.
Mit dem 1. Mai 1933 war auch dies zerstört.

Der Verfassungstag am 11. August
Schulfeier im Stadtpark, Laternenumzug für Kinder, Fackelzüge zum Rathaus, Kundgebung mit Reden und Kulturprogramm auf dem Rathausmarkt, offizieller Festakt, Sportfest, Feuerwerk – die Klammer um diese bunte Fülle unterschiedlichster Programmpunkte schloß der Verfassungstag. Die Unterzeichnung der parlamentarischen Verfassung am 11. August 1919 veranlaßte die republikanischen Organisationen, reichsweit die gesetzliche Grundlage der Republik zu feiern. So waren in Hamburg maßgebliche Initiatoren und Geldgeber des Verfassungstages der Senat und das Reichsbanner Schwarz-Rot-Gold.
Mit der Vernichtung des Festanlasses durch die endgültige Auflösung des Weimarer Rechtssystems ab 1931 (Notverordnungen, Außer-Kraft-Setzen der Verfassung) änderten sich auch die Feierformen. Nicht mehr ein freundliches Bekenntnis zur Republik konnte der Sinn sein, sondern eine Kampfwillen demonstrierende Kundgebung.
Die KPD stand dem »Verfassungsrummel« ablehnend gegenüber.

Die Lenin-Liebknecht-Luxemburg-Feiern
Im Januar 1919 wurden Rosa Luxemburg und Karl Liebknecht ermordet, im Januar 1924 starb Lenin. Die L.L.L.-Feiern der KPD zu Jahresbeginn machten es sich zur Aufgabe, über Bedeutung und Leben der drei Arbeiterführer zu informieren und gleichzeitig aktuelle Themen aufzugreifen. Stadtteilveranstaltungen der Zellen und anderer Organisationseinheiten verliefen parallel zur zentralen Kundgebung, die beispielsweise im Conventgarten oder bei Sagebiel stattfand.

Die Revolutionsfeiern am 7. und 9. November
Zwei Revolutionen schufen KPD und SPD Festanlässe: Die KPD feierte am 7. November die russische Oktoberrevolution, die SPD am 9. November die Ausrufung der Republik 1918.
Da Demonstrationen und Kundgebungen der KPD unter freiem Himmel immer wieder verboten wurden, fanden die zentralen Feiern in den ansonsten kommerziell genutzten Sälen des Conventgartens oder bei Sagebiel statt; programmatisches Kernstück war das Bekenntnis zur Sowjetunion als Gegenbild zum System der Weimarer Republik.
Für die Sozialdemokratie lassen sich von 1928 bis 1932 bei den Revolutionsfeiern drei Phasen unterscheiden: Distriktsfeiern, Antifaschistischer Appell im Stadtpark und zentrale Feier im Gewerkschaftshaus.
Gemeinsam war KPD und SPD nur das Gedenken ihrer Toten: Kranzniederlegungen auf dem Ohlsdorfer Friedhof waren Bestandteile beider Revolutionstage.

Revolutionstag der KPD: Gedenkstunde auf dem Ohlsdorfer Friedhof; 2. v. l. vom Denkmal Ernst Thälmann

Lenin-Liebknecht-Luxemburg-Feier 1931: Ankündigungsplakat

1. Mai 1931: Fahnenträger des Kommunistischen Jugendverbandes Deutschlands im Zug der KPD

»Die roten Banner leuchten«

»An Transparente erinnere ich mich jetzt nicht mehr so gut, aber wir gingen immer unter flatternden Fahnen.« (Ludolf Mevius, geb. 1908, SPD)

Die Hamburger Arbeiterbewegung konfrontierte die Bevölkerung auf all ihren Festen und Demonstrationen mit ihren Fahnen, Transparenten und Liedern. Rote Fahnen der KPD, rote, schwarz-rot-goldene und die historischen Fahnen der Sozialdemokratie machten auf verschiedenen Wirkungsebenen den politischen Standort der Feiernden sichtbar. Im privaten Bereich veröffentlichten sie ihn durch die Beflaggung der Fenster – überwiegend in den Arbeitervierteln Barmbek, Eimsbüttel, Hammerbrook und im Gängeviertel –, auf den Demonstrationen galten Fahnen als Ansatz einer proletarischen Gegenöffentlichkeit, in den Fahneneinmärschen bei den Kundgebungen schließlich als Symbole der gesamten Bewegung.

Fahnen und Abzeichen wie Maikarte und rote Nelke stellten Gemeinsamkeit her. Sie signalisierten in erster Linie jedoch politische Programme und damit alternative Vorstellungen über Arbeitswelt, soziales Leben und Politik. Wenn darin oft emanzipatorische Forderungen nicht durchgesetzt werden konnten, so gelang es wenigstens am 1. Mai, am Revolutions- und Verfassungstag, die Stadt mit den eigenen Ansprüchen und Grundsätzen zu durchziehen; von den Sammelplätzen in vielen Stadtteilen zog man zu den zentralen Kundgebungsorten.

»Und was ich immer daran am wichtigsten empfunden habe, war nicht die eigentliche Feier, sondern die Demonstration dahin. Die ja praktisch Stunden ging, durch ganz Hamburg. Und sternförmig kamen die Züge aus allen Stadtteilen.« (Liselotte Plambeck, geb. 1911, SPD)

Als Bindeglied zwischen Fest und Alltag, als symbolische Rückführung der Kundgebungs-Inhalte in die Wohngebiete galt auch der Rück-Zug der KPD von der Moorweide in die Stadtteile.

Transparente, Schilder und Plakate, aber auch gemeinsam gesungene Lieder propagierten und popularisierten auf diese Weise langjährige und aktuelle Parolen: Acht-Stunden-Tag, Humanisierung der Arbeitsbedingungen, Ausbau der Sozialgesetzgebung, Abrüstung, Weltfrieden, Völkerverständigung und viele andere.

Unter diesen Losungen waren in Zügen, auf Kundgebungen und Abendveranstaltungen alle Verbände der sozialdemokratischen und revolutionären Arbeiterbewegung präsent: Gewerkschaften, Parteien und Jugendverbände, Kultur-, Sport- und Selbsthilfeorganisationen ebenso wie Wehrorganisationen und Erwerbslosenblöcke. Die ganze Breite und Vielfältigkeit der Arbeiterkultur eröffnete sich dem Zuschauer, der immer wieder ihre Entwicklung und Ziele erkennen konnte. Den Feiernden vermittelte die massenhafte Anwesenheit unter gemeinsamen Symbolen Anschauung und Gefühl der kollektiven Stärke und Solidarität. Höhepunkte der selbstbewußten Manifestation waren die Fahneneinmärsche. Dabei trug ein Delegierter jeder

Organisationseinheit deren Fahne ins Festgeschehen.

»Und je näher man zum Stadtpark kam, um so mehr Zuschauer hatten sich natürlich eingefunden. Und beim Zug durch die Straßen – ich will mal sagen: durch Barmbek, war ja Arbeiterviertel –, da standen dann die älteren Genossen am Fenster oder auf dem Balkon und guckten raus, oder sie begaben sich vor die Haustür und sahen sich die jungen Leute an. Stellten sich an den Straßenrand, freuten sich. Und wir waren stolz. Wir marschierten hinter roten Fahnen und sangen mit Macht unsere Kampflieder. Wir freuten uns, wie kraftvoll unsere Lieder klangen und welche Wirkung das auf die Umstehenden ausübte. Und wir selbst waren auch – wollen mal sagen: stolz und siegesbewußt, nicht.« (Ludolf Mevius, geb. 1908, SPD)

Nun trugen die Sozialdemokraten dabei nicht nur rote Fahnen, sondern immer wieder die schwarz-rot-goldene Fahne der Republik. Überdies waren differierende Erscheinungsformen der Selbstdarstellung und Identifikation gebräuchlich. So empfahl die SPD, den 1. Mai in Sonntagskleidern würdig zu begehen. Trotzdem zeigten sich am 1. Mai viele Betriebsarbeiter in Arbeitskleidung, die Sportler in ihrem Dreß.

Demgegenüber forderte die KPD am 1. Mai den Auftritt in Arbeitskleidung. Sie verstand dieses Datum ausdrücklich als Tag der klassenkämpferischen Auseinandersetzung zwischen Unternehmern und Arbeitern.

Unterschiedliche Bewertungen, die sich z. B. im jeweiligen Fahnengebrauch und Kleidungsverhalten der beiden Arbeiterparteien ausdrückten, weisen auf die unterschiedlichen Festauffassungen und gegensätzlichen Haltungen zum Staat, zur parlamentarischen Weimarer Republik hin.

Dies wird besonders deutlich am Revolutionstag der KPD und am Verfassungstag der SPD. In den Mittelpunkt der Revolutionsfeiern rückten die Kommunisten Lieder, Referate und Szenen über die Sowjetunion. Deren Fahne, die roten Banner der Kommunistischen Internationale und Leninbilder veranschaulichten das traditionelle Prinzip des Internationalismus. Darüber hinaus signalisierten sie das oppositionelle Programm eines Rätedeutschlands.

1. Mai 1930: Klebezettel der KPD

Der Verfassungstag dagegen kündigte sich mit schwarz-rot-goldenen Fahnen in den sozialdemokratischen Wohnvierteln und auf öffentlichen Gebäuden an. Die staatstragende und repräsentative Rolle, in der sich die Hamburger Sozialdemokraten in Bürgerschaft und Senat sahen, läßt sich bis 1931 vor allem an den Kundgebungsorten Rathaus und Rathausmarkt ablesen. Die Höhepunkte der Verfassungsfeiern, Kundgebung und offizieller Festakt, fanden nach einem Fackelzug vor oder im Rathaus statt. Trotz antibürgerlicher Gesellschaftskritik, die sich auf einigen Transparenten und in manchen Reden äußerte, trug der Verfassungstag durch Beteiligung von Schülern, bürgerlichen Sportvereinen, der bürgerlich-liberalen Deutschen Demokratischen Partei und verschiedenen Beamtenorganisationen in Hamburg den Charakter eines klassenübergreifenden Nationalfeiertages.

»Und am Verfassungstag, da war das so, da war abends Laternen- und Fackelumzug. Und dann traf man sich am Barmbeker Markt, und dann kamen die ganzen Kinder, und dann kamen die Schrebergartenvereine und die einzelnen Parteibezirke. Und dann haben sie Wagen gemacht. Kleine und große. Mit Girlanden und Fahnen und Laternen dran.« (Emil Bien, geb. 1909, SPD)

Zum Liedprogramm auf diesen Zügen und Kundgebungen, auf Festakten und Schulfeiern im Stadtpark gehörten immer wieder die dritte Strophe des Deutschlandliedes, die »Republikanische Hymne« oder »Stadt Hamburg an der Elbe Auen«. Wurde am 1. Mai von der SPD versucht, eine politische Gegenöffentlichkeit herzustellen, so war der Verfassungstag eher auf die Einbindung vieler Kreise in den bürgerlichen Staat und dessen Verfassungsnormen gestimmt.

Verfassungstag 1929: Fackelträger auf der Kundgebung vor dem Rathaus

Feste 213

»Tag des Kampfes und der Freude«

Und dann wurden Großkundgebungen gemacht mit Tribünen, und dann wurden auch künstlerische Darbietungen gegeben. Das war so der 1. Mai.« (Emil Bien, geb. 1909, SPD)

»Die Civa, das heißt Circus-Varieté – von Circus Busch –, die wurde an solchen Abenden wie meinetwegen vor dem 1. Mai, am 30. April, von der kommunistischen Organisation gepachtet, und dann traten aus der roten Sportbewegung Gymnastikgruppen oder auch Tanzgruppen auf. Oder Keulenschwingen – wie's damals auch noch solche Dinge gab. Und was vor allen Dingen auftrat, das waren unsere damals hochentwickelten Agitproptruppen.« (Hellmuth Lasch, geb. 1910, KPD)

Neben Ansprachen gehörten zum Festprogramm von Sozialdemokraten und Kommunisten künstlerische Ereignisse. Die beiden Arbeiterparteien waren bemüht, eigene künstlerische Fähigkeiten und Formen zu entwickeln. So erhielten auf den Festen insbesondere die kollektiven Künste ein Forum der Selbstdarstellung und die Gelegenheit, ihre Vielfältigkeit zu beweisen. Zentrale Bedeutung hatten daher die Auftritte von Arbeiterchören, Orchestern, Sprech- und Bewegungschören, Agitproptruppen und Sportlern.

Auf der SPD-Maikundgebung im Stadtpark 1929 beispielsweise begann nach dem Hissen der roten Fahne und dem Fahneneinmarsch das Programm mit dem »Arbeiterlied« und einem Satz aus der »Eisernen Welt«, die beide der Volkschor Barmbek sang, und dem Schlußchor aus dem Sprechchorstück »Rote Erde« von Karl Bröger, den der Sprech- und Bewegungschor zeigte.

Auch die Maikundgebungen der folgenden drei Jahre versammelten Rezitatoren, Blasorchester, Spielkorps, den Sprech- und Bewegungschor und Arbeiterchöre. Unter den von ihnen vorgetragenen Liedern waren z. B. »Empor zum Licht« und der »Sozialistenmarsch«.

Auf den Revolutionsfeiern der Sozialdemokraten, die bis 1929 in allen Distrikten stattfanden, boten u. a. der Volkschor Barmbek »Du fernes Land«, der Eimsbütteler Männerchor Kampfweisen von Gustav Uthmann, der Chorverein Hamburg-Nord die Lieder »Wacht auf« und »Das deutsche Frühlingslied«. Andere Chöre hatten die »Republikanische Hymne« einstudiert, das Langenhorner Blasorchester die »Marseillaise«. Der Sprech- und Bewegungschor des Bildungsausschusses der SPD war im Gewerkschaftshaus mit dem »Requiem den gemordeten Brüdern« von Ernst Toller und dem dritten Bild seines Revolutionsstücks »Masse Mensch« zu sehen, in Barmbek mit Brögers »Der Morgen«. Rezitatoren trugen »Der 9. November und die Partei« vor oder Gedichte, u. a. von Heinrich Heine, Kurt Tucholsky oder Karl Bröger und Heinrich Lersch, auch von Richard Dehmel oder Schriftstellern von nur lokaler Bedeutung.

Das Sportfest am Verfassungstag bot in erster Linie den Arbeitersportlern Gelegenheit, ihr Können zu zeigen: mit Radballspielen des Arbeiter-Radfahrerbundes »Solidarität«, Übungen am Reck oder gymnastischen Vorführungen. Doch auch hier gab es immer Aufführungen der anderen Kulturorganisationen. So sangen Chöre, und der Sprech- und Bewegungschor führte z. B. 1930 Bruno Schön-

1. Mai 1930: Blasorchester der SPD im Stadtpark

lanks »Jugendtag« auf. Mehrere kollektiv rezitierende Sprechgruppen wie »Grauer Chor« und »Junger Chor« wechselten dabei mit Solostimmen wie »Zwietracht«, »Wahn«, »Haß« und »Selbstsucht«.

Die Themen und Motive der Lieder, Gedichte und Szenen auf sozialdemokratischen Festen bezogen sich in unterschiedlichem Maße auf den Festanlaß. Konkrete Probleme wie Rationalisierung und Arbeitswelt, Arbeitslosigkeit und Inflation sowie die politische Situation waren nur mittelbar Inhalte der künstlerischen Auseinandersetzung. Die eigene Geschichte, die Revolution 1918 beispielsweise, klang in abstrakten und durchaus pathetischen Formeln an. So wurde besonders Ernstes und Tragisches in den Vordergrund gerückt – vage Bilder vom Aufbruch, vom Geist der Freiheit und Menschlichkeit und vom »Land des Sozialismus'«. Unbestimmte Zukunftsvorstellungen über das soziale und politische Leben herrschten bei der SPD vor.

Dagegen suchten die Redner die direktere Verbindung zwischen politischem Festanlaß und Kultur zu schaffen. In den Resolutionen oder Hauptansprachen des 1. Mai wurde die Forderung nach dem Acht-Stunden-Tag, als Grundlage für die kulturelle Entfaltung des Einzelnen, mit der Forderung nach »kulturellem Ausbau der Republik« verknüpft. Im 1. Mai sahen die Redner in erster Linie einen Tag der »kulturellen Hebung der Massen«. An den Revolutions- und Verfassungstagen wurden weniger die sozialen und politischen Ansprüche, die mit der Revolution 1918 verbunden waren, thematisiert, als die Erfolge der SPD im Bildungs- und Kulturbereich.

In den Festen der Kommunistischen Partei wurden ebenfalls Teile ihrer intensiven Kulturarbeit zusammengefaßt. Beispielsweise traten auf den KPD-Kundgebungen am 1. Mai das Eimsbütteler Blasorchester, der Altonaer Männer- und Frauenchor, die Agitproptruppen »Rote Kolonne«, »Die

Aufruf zur Maifeier 1930!

40 Jahre zurück — 1. Mai 1890

Zum ersten Male begeht ein Fähnlein Aufrechter, feiern ein paar tausend Proletarier ein Fest, das sie sich selber schufen, das

Fest der Arbeit! Fest des Friedens! Fest der Freiheit!

Begrenzung der Arbeitszeit auf höchstens 8 Stunden! Dem Arbeiter gesetzlichen Schutz und gerechten Lohn! Gleiches Recht für alle! Krieg dem Kriege! Das waren die Forderungen. Allgemeine Arbeitsruhe! Das war das Kampfmittel der ersten Sozialisten.

20 Jahre zurück — 1. Mai 1910

Was sind 20 Jahre in der Geschichte der Menschheit? — Nichts! — Was sind 20 Jahre im Leben einer Menschengeneration? — Sehen wir zu! — Aus wenigen Tausend sind Millionen geworden. Aus der sittlichen Idee der Verbrüderung aller Unterdrückten ist der politische Schlachtruf eines erbitterten Riesenkampfes von Millionen fest verbundener Proletarier gegen ihre Unterdrücker und Ausbeuter geworden. Die unwissende, tatenlose Masse willfähriger Arbeitstiere ist durch die Idee der Vernunft und Gerechtigkeit in eine politische Partei, in eine Armee klassenbewußter Kämpfer umgeformt. Den sozialistischen Arbeitern ist

keine Mühe zu schwer, kein Opfer zu groß, am 1. Mai ruht die Arbeit

trotz Entlassungen, schwarzer Listen und Massenaussperrungen. Ausweisung und Gefängnis für die Führer, Hungerkuren für die Massen, nichts vermag ihn aufzuhalten, diesen modernen Kreuzzug

für das neue Evangelium der Menschheit, den Sozialismus.

10 Jahre zurück — 1. Mai 1920

Eine Revolution hat den Kapitalismus aus mancher Position geworfen. Der 8-Stundentag wurde Gesetz. Die Koalitionsfreiheit und der Arbeiterschutz wurden Bestandteile der Verfassung. Arbeiter selbst sind vielfach die Organe seiner Ueberwachung. Das Recht auf Arbeit und der gesetzliche Anspruch auf Unterstützung bei Arbeitslosigkeit sind erobert. Der 1. Mai in einzelnen Staaten, so auch in Hamburg, gesetzlicher Feiertag, und vor allem:

Die Arbeiter sind Staatsbürger geworden, das allgemeine, gleiche Wahlrecht ist erkämpft!

Aber auch ein Krieg von entsetzlichen Wirkungen ist über die Erde dahingebraust. Er brachte dem Lande schwere Lasten und fühlbare Abhängigkeit von Mächten außerhalb seiner Grenzen, unerhörte Not den werktätigen Massen.

die verderbliche Spaltung der Arbeiterschaft und die Wiedererstarkung der Reaktion!

Und jetzt? — 1. Mai 1930

Ein Generalangriff gegen die Arbeiter ist im vollem Gange. Die durch die Sozialdemokratie vertretene Arbeiterschaft ist aus der Leitung der Staatsgeschäfte heraus-

gedrängt. Das Bürgertum droht die Volksvertretung auszuschalten und die Gesetze mit der Diktatur des Ausnahmezustandes zu machen.

Das kapitalistische Bürgertum schließt seine Reihen.

Die Stärke der Sozialdemokratie in der Republik gestattet den einzelnen bürgerlichen Parteien nicht mehr getrennt zu marschieren. In der Regierung Brüning bilden alle bürgerlichen Parteien,

von den Demokraten bis zu den Deutschnationalen eine geschlossene Front gegen die Werktätigen!

Als erste Tat hat diese Regierung gewaltige Besitzsteuersenkungen für die Industrie beschlossen, unerhörte Zölle, Riesen-Kredite und -Prämien für die Landwirtschaft zum Gesetz erhoben, zugleich Massensteuern, Aufhebung der billigen Gefrierfleischeinfuhr, eine Sonderbesteuerung der Konsumvereine eingeführt und radikalen Leistungsabbau der Erwerbslosen-Unterstützung angekündigt.

Arbeiter! Angestellte! Beamte!
Werktätige Frauen und Männer aller Berufe!

Was lehren uns diese Tatsachen? Sie lehren uns, daß die Erkenntnis unseres großen sozialistischen Führers Karl Marx — niedergeschrieben vor 80 Jahren an der Wiege der Arbeiterbewegung — in diesen Tatsachen sich erneut bestätigt:

Die Befreiung der Arbeiterklasse kann nur das Werk der Arbeiterklasse selbst sein.

Das Bürgertum hat gesprochen! Bestätigt diese harte Wahrheit nun auch Eurerseits!

Heraus auf die Straßen am 1. Mai!
Demonstriert für den Sozialismus!

Für Arbeitsbeschaffung und Arbeitsschutz! Gegen den Abbau der Erwerbslosen-Unterstützung!

Für Verkürzung der Arbeitszeit und gerechten Lohn, gegen Ausbeutung und Preiswucher!

Für Mitbestimmung der Schaffenden in der Wirtschaft, gegen alle Vorrechte der Besitzenden!

Für Völkerverständigung, Abrüstung und Weltfrieden, gegen den Krieg und alle Gewalt!

Für die Einheit der Arbeiterklasse!

Für die Verbrüderung der Menschheit!

Vereinzelt seid ihr nichts!
Vereinigt riesenstark!

Die Vorstände der Sozialdemokratie des Städtegebiets Groß-Hamburg.

---

1. Mai 1930: Aufruf der SPD

Nieter« (s. a. S. 234 ff) und Sportgruppen auf. Lieder wie »Stehe auf, Prolet«, »Die ihr auf harter Erde« und die »Warschawjanka« waren zu hören. Die Zuschauer bekamen Revuen wie »Mai und Maikämpfe« und »Verteidigt die Sowjetunion« zu sehen. Turnerinnen boten Keulenschwingen nach dem russischen Lied »Rote Flieger«, und die Sportler des Kraftsportvereins »Achilles« Altona bauten »Marmorgruppen«.

1930 bestritten die Abendveranstaltungen in den Sälen des Circus Busch in St. Pauli das Uhlenhorster Blasorchester, die Arbeitermandolinisten, der Sportverein Fichte Barmbek und »Die Nieter«. Eine Rezitatorin trug »Krieg dem imperialistischen Krieg« vor. Die Sportler hatten Übungen am Barren und gymnastische Übungen einstudiert. »Die Nieter« mit ihrer Revue »Zirkus Republik« bedeuteten einen Höhepunkt des Abends.

»Das war 'ne Form, die ankam. Und das war auch 'n Anziehungspunkt, diese Agitproptruppen zu hören.« (Katharina Jacob, geb. 1907, KPD)

Revolutionsfeiern und L.L.L.-Feiern verbanden ebenfalls musikalische, szenische und referierende Elemente. Offenbar boten das Lenin-Orchester – dessen Mitglieder erwerbslose Berufsmusiker waren –, Arbeitermandolinisten und Schalmeienkapellen sowie die Chöre in der Mehrzahl internationale Musikstücke wie die polnische »Warschawjanka«

oder das russische Komsomolzenlied. Die Sowjetunion sollte nicht nur politisch, sondern auch kulturell vorgestellt werden. In jedem Falle wurde rezitiert: auf den L.L.L.-Feiern häufig die letzte Liebknecht-Rede »Trotz alledem«, daneben Auszüge aus Briefen, Tagebüchern und Reden Rosa Luxemburgs und Lenins. Persönliche Reiseberichte von Besuchern der Sowjetunion verstärkten noch die Identifikationsmöglichkeiten mit diesen Arbeiterführern und der Sowjetunion. Die Redner gingen konkreter als die Sprecher der SPD auf Tagespolitik, das politische Programm der KPD und die historische Rolle der Partei ein. Das Selbstverständnis als Teil der internationalen Arbeiterbewegung machten Auftritte ausländischer Gäste, z. B. aus Indien oder der Sowjetunion, sichtbar.

Ihre von kämpferischer Haltung gegenüber der SPD-Führung, dem Bürgertum und faschistischer Gefahr geprägten Festverläufe werden besonders deutlich in den Revuen, die präzis umrissene Themen wie Kampf um den 1. Mai, bürgerliche Reichsregierung, Republikschutzgesetz und NSDAP aufgriffen. Auch die scharfe Abgrenzung zur SPD-Politik und Kritik am System der Weimarer Republik werden immer wieder deutlich.

Überdies gab es in der Darbietungsform erhebliche Unterschiede.

Auf den Festprogrammen der SPD standen häufig Lieder und Gedichte aus den Anfängen der sozialistischen Bewegung. Nicht zu übersehen ist auch der sozialdemokratische

Feste 215

Verfassungstag 1929: Gedenkblatt für Hamburger Schüler

Anspruch auf Teilnahme an fortschrittlicher bürgerlicher Kultur; die Rezitation von Heine-Gedichten und Aufführung z. B. von Beethoven-Musik weisen darauf hin. Von zeitgenössischen Autoren wurden Sprechchorstücke bevorzugt. Mit deren stark rituellen und kultischen Momenten konnten zwar keine politischen Lösungen präsentiert, aber ein Gemeinschaftsgefühl hergestellt werden. Vielleicht gerade durch diese Tendenz inhaltlicher Entleerung und Entpolitisierung boten Sprechchorwerke später Möglichkeiten für ihre faschistische Indienstnahme.

Erst seit dem Herbst 1931 fand die SPD auf ihren Festen neue Wege der Agitation und Unterhaltung. Die »Revue der Revolutionen« und die Revue »Wir sind wach«, die an den Revolutionstagen 1931 und 1932 im Gewerkschaftshaus gezeigt wurden und szenisches Material, u. a. von Georg Büchner und Ernst Toller, zusammenmontierten, waren Beispiele für dichtere Ausdrucksformen, die Politik und Unterhaltung auf neuartige Weise verknüpften. Auch die »Kerngruppen« der Maidemonstration 1932 gehörten dazu. Sie banden Sportler, Musiker, Figurengruppen und Transparentträger unter verschiedenen, aktuellen Themen zusammen.

Dagegen setzte die KPD vor allem kampfgestimmte, internationale Massenlieder ein. Ihre kleinen Spielgruppen brachten Szenen, Songs, Instrumentalstücke und Rezitationen ohne feste dramatische Struktur auf die Bühne. Mittel

der Entlarvung und Anprangerung waren die politische Satire und Parodie, auch Polemik und Hohn fehlten keinesfalls. Die Mischung von Ernsthaftem und Lustbetontem bot gerade auf Festen die Gelegenheit, unter gleichen politischen Einstellungen gemeinsam zu lachen – Ziele dafür sah die KPD in der Weimarer Republik viele.

Auch auf den Demonstrationszügen der Kommunisten wurde versucht, sinnlich direkt und phantasievoll die Auseinandersetzung mit der Realität der Weimarer Republik zu führen, die eigene Politik zu propagieren und so auf die Zuschauer aktivierend zu wirken. Die Verknüpfung von sozialer und künstlerischer Phantasie wurde besonders im Mitführen selbstgemachter Modelle und Agitationswagen deutlich. So hatte der Jungspartakusbund am 1. Mai 1928 einen Handwagen mit Erde, Asche und Papierschnipseln gefüllt und das Schild »Das sind unsere Spielplätze« hineingepflanzt. Andere Wagen zeigten Panzerkreuzer, Großwohnanlagen, Kirchen oder Schulen.

1. Mai 1931: Agitationsmodell »Thälmanns neueste Waffe« im Zug der SPD. In der Arbeiterbewegung richteten sich erhebliche Energien gegeneinander; hier wird Ernst Thälmann als Torpedoboot »Großmaul« aufs Korn genommen

»Also, die Atmosphäre als solche, die war immer: Man freute sich, wenn man mit seinen Kameraden und Genossen zusammenkam. Das war eine Gemeinschaft! Das war eine Solidarität!« (Emil Bien, geb. 1909, SPD)

»Das war am 1. Mai, wenn man sich dann versammelte, öffentlich. Man kam lockerer zusammen. Viele trafen sich; man freute sich, sich wiederzusehen, Gespräche zu führen.« (Katharina Jacob, geb. 1907, KPD)

Zweifellos hatten die proletarischen Feste eine nicht zu unterschätzende soziale Wirkung und trugen, über die politische Funktion hinaus, Geselligkeitsbedürfnissen Rechnung. Ohnehin sind auf den Festen der Arbeiterbewegung Politik und Kultur, agitierende, unterhaltsame und gesellige Elemente nicht voneinander zu trennen. Besonders die SPD organisierte das Bedürfnis nach Gemeinschaft: Im Anschluß an die Kundgebungen des 1. Mai oder das Sportfest am Verfassungstag bot sie Veranstaltungen mit Volksfestcharakter an, die es ermöglichten, bei Spielen, Tanz und

Lenin-Liebknecht-Luxemburg-Feier 1931: Ankündigungsplakat

Sport vergnügt aktiv zu werden und das Beziehungsnetz untereinander enger zu knüpfen.

»*Die Erwachsenen gingen meistens in irgendein Lokal im Stadtpark oder lagerten auf der großen Festwiese. Und die Jugend ging meistens in den Sprunggarten. Und da wurde dann gesungen, gespielt und getanzt.*« (Ludolf Mevius, geb. 1908, SPD)

L.L.L.-Feiern konnten allerdings keine Orte festlicher Ausgelassenheit und Lebensfreude sein.

»*Und die L.L.L.-Feier, die hatte einen ganz anderen Charakter. Also, gerade mit den Namen Luxemburg und Liebknecht verband sich ja doch für viele Arbeiter, die nicht organisiert waren, doch irgend 'n Gefühl. Da kam man also anders zusammen. Das war alles vielleicht gedämpfter.*« (Katharina Jacob, geb. 1907, KPD)

Für Organisierte mit ihren Familien, Freunden und Sympathisanten hatte das Zusammensein eine wichtige Anziehungskraft. Besonders in der Krise war gemeinschaftliches Verhalten wesentlich für den einzelnen.

Eine entscheidende Rolle spielten dabei die Musik und der gemeinsame Gesang.

»*Da wurden dann natürlich Großkundgebungen gemacht. Und da wurde da gesungen, da waren die vereinigten Arbeiterchöre Hamburgs. Wenn die da gesungen haben: Das war schon was!*« (Emil Bien, geb. 1909, SPD)

»*Und vor allem, dieses große Zirkusgebäude, das wurde von den Marschrhythmen der Schalmeienchöre durchdrungen. Und es rief bei uns auch immer starke Emotionen hervor. Und es sind ja, wie gesagt, richtige emotionale Höhepunkte da entstanden.*« (Hellmuth Lasch, geb. 1910, KPD)

In beiden Parteien gab es unterschiedliche Repertoires. So pflegten die Sozialdemokraten in erster Linie die bewährten Lieder aus der sozialdemokratischen Bewegung wie »Bet' und arbeit' ruft die Welt« und neue, die Republik thematisierende wie Brögers »Republikanische Hymne«. Die KPD bevorzugte neue und internationale Agitationslieder wie »Wir schützen die Sowjetunion«.

Doch gab es auch hier Überschneidungen: Zum selbstverständlichen Liedbestand gehörte der »Sozialistenmarsch«, und der russische Trauermarsch »Unsterbliche Opfer« stand am Anfang der Revolutionsfeiern beider Parteien. Die Hymnen »Brüder, zur Sonne, zur Freiheit« und die »Internationale« schließlich wurden auf fast jedem Fest von SPD und KPD gesungen; ihre begeisternde und anregende Ausstrahlung verband sich mit Zuversicht.

»*Ich weiß noch, hab' sie so vom Gefühl her –, daß das schöne Feste waren, so gelockerte; begeisternd. Viele Menschen.*« (Katharina Jacob, geb. 1910, KPD)

Feste 217

Erste Beilage zum Hamburger Echo

56. Jahrgang / Nr. 120 — Harburg-Altonaer Volksblatt — **Freitag, 2. Mai 1930**

Die roten Banner leuchten!

Hamburgs strahlender Maitag: Massen-Meeting der Hunderttausend

Festtag — Feststadt

Kein gewöhnlicher Festtag war es, der mit dem neuen Morgen über der Stadt heraufzog. Der Stempel eines besonderen Festes mit einem ganz besonderen Sinn prägte sich der Stadt auf, ging ihr selbst denen auf, die ihn nicht sehen wollten. Ob das Wetter war Verheißung, Begünstigung. Nie schien der Himmel blauer, die Sonne wärmer, der Tag schöner, gerade nach vorausgegangenen unfreundlichen Witterungen. Man dem Festtag der Arbeit machte der Festtag der Natur heraus. Überall jubilierte es in frohe, kampfesfrohe Menschen in Massen auf die Straße. So spannte sich eine einheitlich festliche Stimmung über die Stadt und an einem, für einen sonst nicht gehört. Über die Stadt selbst steigerte den Tag. Und aus vielen kleinen Fenstern lachten rote und schwarzrotgoldene Fahnen in den Sonnenschein. In den Straßen und Häusern, wo die unentwegten Kämpfer für Fest und Freiheit der Arbeiterklasse wohnen, waren die Fronten in besondere Farben aufgestellt. Bekenntnis und Symbol traten in diesen Farben, die roten Klassenbewußten Arbeiter trauer stolz, froh und freudig hervor. Und so, wie leise ein und der Sommerwind, durch die Straßen gegen, die Heise floß fast nicht einheitlich war, denn manche Gegend verblieben abzeitz stand, die Stadt stand doch im Zeichen des Arbeitsfesttages. Und manche Straße in Barmbek, Hammerbrook und Eimsbüttel war in so vertiefter und um so größerer Liebe und Begeisterung für die Arbeitsbrüder und Arbeitsschwestern geschmückt.

Das übrige taten die Menschen, das Heer der Arbeiter mit ihren Frauen und Kindern, die in vollen Genuß ihres Feiertages die Straßen schon am frühen Morgen beherrschten. Damit ließen sie den Gegensatz zu den stillen Fabriken, geschlossenen Läden und dem ruhigen Hafen erst recht aufgehen. — Festtag 1. Mai — der ist nunmehr dank des Willens und der Kraft der Arbeiterklasse als Festtag in Ketten gelegt!

Massenschritt in den Straßen

Um die Mittagsstunde ehten sich die Haustüren und wie aus lauten Bächen spülen die Ströme aus Frauen und Kindern in den Straßen. Die Wohnungen sind entleert, die Häuser ausgesungen. Und so kam es in Pützen, an denen die sich liegenden Menschenmassen in ferner Fügen der Musikkapellen sich zusammenfügen. Treff, Treff und Größe hallten von den erstenFlaggenseiten schon ertönt die Stadtmusik über dem Sammelplatz. Und nun in sonnengoldener Minute schwanken die Jagen an, nimmt die frohe, bogenstarr Stimmung, die den Demonstrationen gift, zu, und mit jedem Kampfrufes des Festfaufels des einzelnen, des rot fahnnenumflossenden in der Vereinigung spannte sich an diesem lebendigen Beispiel über alle. Und was alle an Aussicht, erfassen den sicht jetzt gegen ein, das solche schnellen von den Häusern in die Werke der Straßen, in diesem lebendigen Spiel und wogenden roten Fahnen! Manche alte Partei- und Gewerkschaftsfahne ist darunter zu sehen, Symbole und Zeichen aus alter Kämpferzeit an manch ein Mittelpunkt einer neuen Kampfreise. Aus den jungen Jagen Roten manche Bilder und Transparente hervor. Mit großen Zettern spricht die organisierte Arbeit-

schaft zu den Abseitsstehenden, fordert von den Gegnern und ausgebildeten Rechtshaberen: "Ausbau der Arbeitslosenunterstützung!" – "Für den Reitungsbetrieb!" – "Kampf der Wirtschaftsmonarchie!" – "Schafft Arbeit für die Arbeitslosen!" – "Verbannet unsere Anteil, werdet Mitglied der Konsumvereine!" – "Krieg dem Kriege!" und viele andere.

Jetzt in Luxem, zwei mehrere Trommler- und Pfeiferkorps an der Spitze, der Gruß aus Fahnen der Jugendverbände, die Turner in Weiß, dahinter die Kinderfreunde mit ihren blauen Blusen. Ein Stück der Partei und der Gewerkschaft. Jetzt imponiert in ihrer einheitlichen Kleidung und straffen Organisation die Arbeiterjugend. Die blauen Blusen, der unendliche lange Zug und die vielen großen grauschwarzen Zeichen der Gewerkschaften, die in den Hospitalplatz führen. Die Arbeitsjugend ist auch das Fahnenführer einer Bewegung, und sie ist hier stetiger und wirkungsvoller transportiert mit Tat getragen.

Die Züge marschierten in den mutigen Zeitungen der Sozialisten. Einige haben stundenlangen Weg. Was schadet das? Die marschieren sich der Sozialisten. Kritiker wir uns in Worten zu, den Kommunisten vorbeizuziehen. Sie verstreckten sich prozeßweise durch das kleine 'Liederl' — aber der sich in mitkriegen Streit der kommunistischen Arbeit der Ordnungssäulen, marschierten die Züge der sozialdemokratischen Arbeit so kräftig durch die Straßen. Überall ausjubelnd und begeisterte Zurufe. Der Vorbeitragenden das Gut ebenso.

In allen der Zügen in den Stadtpark kommen, an der Spitze der Betrieb auf ihren Straßen. Übrigens, gesellen sich eine Straßengassen besondere Passanten, und mehr und mehr Menschen heraus. Durchschnittlich fühlen auf aller Seiten dunkel die Lust. Auf dem schmalen Mastern, die des Stadtparks hauen sich ihn, etwa Tausende. Mit Begeisterung und unter der Klänge der schönsten sozialistischen Lieder schwenken die Massen in den Stadtmann ein.

Das Gelöbnis im Stadion

Der Aufmarsch der Hunderttausend

Wer, der das schreiben durfte, hätte das Herz nicht höher geschlagen? Der etwa eingeschlossen gewaltigsten Kundgebung des Hamburger Sozialdemokraten im Stadion nicht durchmarschieren, wenn an den langen Gesellschaften der Straße die sozialistische Arbeit gewaltigen. Was war die Reihen. Die Stadt gewaltiger. Und die Generalprobe für den feiernden vorbei an Umzug und Eindrucksgewalt noch größer. Das deutet denn das erst in Hamburg, daß sonst an sonstiges der Hauptentwürfe Straßen und Wiederbemerkten fast festlich, daß ketzt Platz hatten in den mächtigen Armen hinter der Masternarr.

Eine Stunde und zehn Minuten dauerte der Aufmarsch. 2.35 Uhr traten die erste der Kolonne, der Trofenbeitrag bei, um 3.45 Uhr versammelten die letzte Trommelmitglied der innerkieblichen Sozialdemokraten. Großartig, je erlesen, wie immer neue Kolonnen in die Arena frisch einströmten und die Masternarr gekommen, ab und, laufen Trampe an den sozialistischen ablöfen, wie leicht heben sich, als Mann lesen den Platz erblickt gediehen, immer neuem Beinhaufen Taft trafen.

Nach der schönen Saiten der Stadien schon aus den Stadion (schwarz erweisen) Masternarr und manchen einträgten Geschäfts entgegen, klangen Stadtmarken immer einen Bosten erscheinen. Unter den Kaiserlichen Waterung gab den Stadion anmutiger. Um erschöpfend-erdrückend begann die Schmerz eine einmodrige. Wiese Hervor-drängen ein gemeinsamen Schaufels entrichten zwischen. Klangen, die Stahlzüge. Marschierende bereits in tellen Winter.

Fahnenaufmarsch zur großen Kundgebung

Selbstmütig. Chorgesang folgte. Ullmanns "Empor zum Licht." Dann nahm

Parteivorsitzender Karl Meitmann

das Wort zu seiner markanten Festrede:

1. Mai ist Kampfring. Unserer Kraft wollen wir uns erinnern, das ist das Fundament der Gesellschaft. Ein großer Zustand, unter uns in allem Leistungen des Bestehen Kraft zum Weltbruch aufzubauen und einer Rede mehr zu geben. Eine Neuordnung aus dem Wollen zu bauen. Die Forderungen, die vor 40 Jahren an des Sozialisten die Verbesserung des Arbeitsverhältnis und Wohlstandsteiles unmögliche werden, sind heute die gleichen, sowohl dem Mendes unserer fortsetzenden gemacht und heute in einem der sozialisten Wohnlichkeitsangeboten, "Veltersbau" das Bild.

Wir sind mit allen Fahnen in das Stadion gekommen. Alles auch an der marschieren auf, Raum für die Bewegungsachsen der Arbeiterklasse, eine der ersten Leitung der Lasten-Lebensfahrer Kraft einen der übergangenen Besinnungen durchdringenden Volkes demonstriert. Ganz allgemein die Kinder in dem Sozialismus Republikanern. Ein eingerichteter Bierkörper, des der Sozial-Linse der Grundlage der Bewegung ist, die Führer braucht, das ebenso, Republikaner der, Redner und Jusihanz sich einen im Mittelpunkt des Stadtmann.

Wohl in ihrem räumlichen Geschlechter ist, so den gemeinschaftgespannten zwischen Rufen und Jurisher eine volle kommen, das der ganze unser Festeschaft, dass ihr immer eben, die übergangene Lagen, Auf Wiedersehen! Der Mathnruf des Sozialismus und hier ein Festspielers erwiegenden sagen: Das Idel des Sozialistischen Gemeinsamen eines!

Die Kundgebung beginnt!

Und dann war's soweit. Der Lautsprecher bedröhnte: "Achtung! Achtung!" Die Massenorganisationen des Sozialen ersten und werden bezüglich Bewegung Hamburgs verzerrt. Hier sollen entgegen mit einem die werkstägige Volle der ganze Welt demonstrieren für ihre Forderungen.

- für die Beschaffung von Arbeit,
- Verteidigung der Republik,
- antifaschistische Arbeiterfrage!
- Rüstungsabbau und Weltfrieden!
- für die Republik!
- den Reichen der Einverständnisseuerung!

Die Verpassungen einer Forderungen in seiner Motto überzeugt, daß die Verwirklichung dieser Forderungen in keiner Maße abhängig ist von der

Entschließung:

Die am 1. Mai im Stadion des Stadtpark versammelten Massen der werktätigen Bevölkerung Hamburgs fühlen sich aufs engste verbunden mit dem werktätigen Volke der ganzen Welt und demonstriert für ihre Forderungen:

1. für die Beschaffung von Arbeit!
2. antifaschistische Arbeiterfrage!
3. Rüstungsabbau und Völkerfrieden!
4. für die Republik!
5. den Ausbau der Einverständnisseuerung!

Parteivorsitzender Meitmann vor dem Mikrophon

Stärke der Sozialdemokratischen Partei und der freien Gewerkschaften

Nur dann, wenn das werktätige Volk sich zu einer festen politischen Organisation zusammenfügt, ist es möglich, den Sozialismus zu verwirklichen. Die gleiche haben wir mit aller Kraft einzusetzen, um für den Weltkampf des freien Sozialismus, die Sozialdemokratische Partei Deutschlands!

Verläßlich ist also nicht,
verläßlich eisenstark!

Für die Entschließung erhoben sich zum Abertausende von Händen zum Bekenntnis. Bürgermeister Peitmann hielt eine frohe Rede:
Wollt der Arbeit uns fern aus Wohnen. So soll es im Sozialismus sein. Es werden Leuchtung und Wirtschaftsteilung der Rede sein! Innervereinigung ist der Schön dort bei dem Weltlaufzeig, dem der Wollt der Arbeit zu bedingend und wieder verreißt.
Kapitalistenlegt und wie das marschiert und wieder einer Lagerlosigkeit in Krieges an der Beruhung der Rede.

Wir glauben an den Sieg der Arbeit zum Sieg einer aufgeführten Wirts. Wir leben der Volksbetreuung eines aus sozialistischen dürfen, es lebe die innervereinigte Sozialdemokratie!

Vieltausendstimmig tobt der Orkan schall und Hoch über den Platz. Der eindrucksvolle Kundgebung klang aus in den gemeinsamen Gesang der "Internationale".

Das Fest der Jüngsten

In diesem Jahr sich die Kinderfreunde zum erstenmal mit einer eigenen Maifeier hervorgekommen, der die Meinungen der Kundgebung aus den Emplohnen der Kindes heraus. Eine schöne und wichtige Idee, ein eindrucksvolle Verwirklichung gefiel!

Als vom Massen von der Festleitung strömten, sammelten sich die rot-blauen Falkenarbeiter der Kinderfreunde der jüngsten Kindesmacht der Sozialisten. Mit wagenbedecke Wagen, die sich denn kleinen Mittel trugen und mit ihrem hellen Stimmen die Lieder sangen, die Mütze der Großen eben

Die Jüngsten Spielleute

durch die Straßen der Stadt gezogen hatte. Die Kleinen haben wir im allen Stadtteilen Sep, das haben weiter über 1000, 3000 blinde, braune und dunkle Waldsweise, die jetzt in der Lichttheatersale im Freilichttheater einmarschierten.

Die wunderbare Bild, wie sich hier eine in voller eigenliebenden Jagdmusik auf dem grünen Rasen langsam in des Zentrum der Platzes bewegten, von der glänzenden Heer der Kindes. Während die Ideen und der Bühne hinausgehen, bringen immer neue Formationen ein.

Schlicht, mit rotem Fahnen ist die Bühnenwand, zum Bewegungsraum für die Kinderfreunde, der jetzt unter der Leitung der Lustern-Legenkräfte, Kunst einen in überzeugendem Singstyl, dankenswert hergestellt. Mit der zum Ende erhaltigen Fahne, dank der Sache Lamps, Sprecher und Zuschauer sich einen im Mittelpunkt des Stadtmann.

Sowohl die werkmittigen aufgeheiztenren in der gemeinsterten Sterbel, ihrem zum Wohnen der Jubiläums verkommt. Das Wort Ach, wie als in Jubiläums, die nicht vorkommen. Der Nachlass des Sozialismus bündig ist den Mothumfern der Jahrhundertkraft, Sprecher und Festhal sich einen im Mittelpunkt des Stadtmann.

Festlicher Ausklang

Groß und voll liegt die Stadtpark da. Er ist begeistert, die Kundgebung aufzunehmen. Viele der Leute aus Stadtpark sind zumWunsch auf dem anderen Lage, die auch auf den Gedanken, den Nachmittag als Freiheit mit der Kleintruhe sowie eine einzige Art. Viele holfe gehen vorübergehend fach nach Heimat Neigung. Viele heißen in der Hamburgfrisch gewesen Manege mit Stadtpark. Wurde in jubelnd zu der hüpfenden ausgespannten Festkleid aufgebaut. Auf der Erzeugnisse beruhte viel ernstes Spiel der Kinder der Hausarbeit; die Festlichkeit ist da. Er des ein Tag der Jugendfreude und sich des Alters. Durchschnittlich darum ein Tag für alle. Aus der Durchwalt eines eigenen Salzstreuung geht viele, die Türe nicht. Aus die vor dem Großlaufer sind nicht sehen. Nicht in den Kinderkritik einmarschieren der Männer gesondert Umwohnen zu lass sind. Über auf allen aus Häusern gestern die Minder mit dem wiedergehörten Hunderten. Die Musik kommt noch zur Ruhe. Das ist aber noch ein Lage und Lagern, in ihr kommen der Wochentage des Matstaates und mit seinem weiteren Eindruck der Matmitterlich all seinen. Die Völlem, mit Landwirten auf dem

Die Forschung arbeitet:

Zwangsneurose

Die Ergebnisse des 5. Ärztekongresses für Einzeltherapie in Baden-Baden vom 26. bis 29. April 1930

Das diesjährige Referat von Vorsitzenden Prof. Kretschmer-Marburg, hatte zum Thema eine der interessantesten und schwierigsten nervösen Erkrankungen, die **Zwangsneurose**.

Dr. Stekel, Wien, der auf diesem Gebiet einer besonders reiche Erfahrungen auszüge, hab der Referat über die Psychoanalyse der Zwangsneurose. Die Zwangsneurotiker haben sich auf seine unglaublichen Pferdchen seiner Reformierung der Ehe versäumen, in erwartter Bezügig, wegen der unterragbaren Freiheit einer Jahrzeiten beherbergt mehr abhängend der schärferen sexuellen Freiheit. Erde Stekel liefern auch die psychotherapeutische Auffahrt aktiven Form der Psychotherapie.

Dr. Leiffmann, Tübingen, wies auf ein ähnliches Strebendes Kräfte im Charakter solcher Erkrankter hin. Der Zwangskreise der Gestalt der Jungenrichter Jotinggempfen in irgener Seele. — Karman erreichte job folge Kongreß von Zeugen und Söhnen.

Die Aufführungen der Eugeschlgen, München zeigten, daß die eröffneten Interlahnungen des Jugendfest von Abendplatz noch rechtsberte hat. Vorgesehenen Ergebnisse fehl hat Ergebnisbeweis einmal warm dagegen anzuerkennen.

Frau von Karen-Horvey, Berlin, erzählte in ihrem Vortrag zum Thema "Die Psychoanalyse der Kindheit und die Beiträge der Unseren die psychischen Gesichtspunkten und besondere Vorsätze des Angs, Gesinnung der reifen Schritt, kommt in der Vorbereitung, der Jugendenzeit in Luftlug. Die Redner ein magischen Charakter der Verhalensich und die Grundplatte Mittel magischen Einfluß aus, den dadurch magischen Verhalens.

Nach Dr. Schulz, Hende-Berlin, deren die Zwangskreise die Angst und der Aufschreite,

Zeppelin über Paris

Von unserem Pariser Korrespondenten

EPD. Paris, Ende April 1930.

Es war ein spannendes Ereignis, die der morgens Lufttür über dem Himmel an diesem Vogel, dreitausend fünfhundert Köpfe, unter den die Eltern und Bäcker der Parij zog, allen Sergeants auf dem Wünschzelten zu gehen. Die Pariser, die am Morgen der Rote-Bass, der Oper, dem Boulevard eines das Wunderbar der Technik unwiderrufliche waren, die Einfahrt vor an der Rotstime und Französischen das menschlichstes Boston, kommen aus Bäcker und Muskönen. Kam waren die goldt Welt. Auf die Antheile des Schiffgebörls ein wenig, als der die Heitzerkopf nicht der Verkehr, und um Mietmann zu müssen. Es in seinem dichtesten Trubel der Tscheinflug der Logen is an ge-sprech. Selbst vom einen der Mitte aus Masten auf einer der verbinden Strahlen geschossen, allein einzige Mitglieder so gefallen war. Er nichts für die Jahrhunderts. Nachmittags einbürgert der Rote-bass, der Sensation.

Eine halbe Stunde hatte eskursionen, der immer von immer an dem der Preise der bildlichen Kopf, der nacheinander er in die französische Hauptbahn stationiert. Jahrhunderte der Technik, aber die von Tage her Sachen her gediente schärfsten Abzeichen der Menschen Entwicklung — für die Machine der Mensch der Schweizerische Popularität unzuberechnen der Meinung an Ideals, er siegen jetzt gesegneten und der Wonne der Schein einer so freundlichen und Sieger der stellenschaftlichen Massen der Volfstatistik, jetzt und Freiheit, eine der schneller Gleichgeltung der Arbeit und der Meinung neuen Hoffnungen dargelben.

...es folgt, was täglich in Berlin und München von den Trawerbern des Herrn Hugenberg und Papen gearbeitet wird. Die "Französische Patrouille", die Vorher Mussolinis Militärkompagnien so reichlich gedient hatte, war ein Hauptteil der am Niemandsbezirk sophisticierten "Automobiler Verband" der irgend Meter bei der anderen Partei zu übertreiben. Um etwas allgemeiner gebührt- wollen Hauptteil dar Herz. Etwas geschrieben, waren ein seitiger Kap in der Berg des Eintreges unter den Lenz Triumphbogen, unter dem die "Unbekannten Soldaten" und zu Einem eidler Ehre.

Über dem Goldhemd läßt sich nicht streiten. Die Massen der Straßenwohner aus der Selbstsicht, die innen das Belag des Zeppelins gefolgt und die gar viele wiesen die entscheidende, auf die eine internationale Politiken über dem internationalen Flugzeugverkehr bringen und zwar. Eine sehr wundersame Lust, Coty und seinen reaktionären Gesinnungsfesten. Was hier gesagt und gewundigt ausdrücken wird, antragisch kennen

es alle Kurven des italienischen Luftwaltes, Coty und seinem reisigten Getreuen Gesichter des Friedens in der Welt verweigerten. Was hier gesagt und gewundigt ausdrücken ist, antragisch gewesen der fremden.

Lenin-Liebknecht-Luxemburg-Feier 1931:
Ankündigungsplakat

1. Mai 1930: Bericht im Echo

»Tag der Heerschau«

Revolutionsfeier der SPD 1930: Auf dem General-Appell marschiert das Reichsbanner Schwarz-Rot-Gold auf

Sportvorführungen auf Festen: »Massensport, sehr viel. Vorgeführter Massensport. Das ist nicht so ganz meine Art, aber man machte es eben. Das ist natürlich wieder eine Massen-, eine Disziplin des einzelnen, sich einzuordnen. Nicht sich unterzuordnen, sondern sich einzuordnen.« (Heinz Blievernicht, geb. 1899, SPD)

Bei den Festen der Sozialdemokraten und Kommunisten fällt immer wieder die Erscheinung disziplinierter Organisation auf. Dies bezieht sich nicht nur auf Sportvorführungen wie Pyramidenbau oder Massenturnen – deren kollektive Aspekte bereits erwähnt wurden –, sondern vor allem auf Reichsbanner, den Roten Frontkämpferbund und die Sportverbände, die in Marschordnung, mit Uniformen, Marschliedern und Marschmusik auftraten. Immer wieder werden die Marschrhythmen der Spielkorps betont, die geordneten Achterreihen aller Demonstranten und das einheitliche Aussehen; so beispielsweise in den Presseberichten über den 1. Mai, den General-Appell am Revolutionstag der SPD 1930 und über die Kundgebungen am Verfassungstag nach 1931.

Die Demonstration von Kampfkraft und Wehrwillen hatte bereits früher, auf den auch als Bestandsaufnahme geltenden Maiaufzügen, einen beträchtlichen Stellenwert gehabt. In der sich rapide verschärfenden ökonomischen, sozialen und politischen Situation seit 1929 war es nach Anspruch und Selbstverständnis der sozialdemokratischen und revolutionären Arbeiterbewegung eine historische Notwendigkeit, dem politischen Gegner, vor allem SA und SS, offensiv das eigene Widerstandspotential deutlich zu machen. Gemeinsame Herkunft, gemeinsame Lage und Bewußtsein unterscheiden die Formierungen in der Arbeiterbewegung inhaltlich von der militaristischen NS-Ideologie.

»Aber man hat demonstriert – etwas anders als heute. Man

Aus der SPD-nahen Zeitschrift Kulturwille, 1928.

1. Mai 1931: Ankündigungsplakat der KPD

war geschlossen. Man hatte wohl – ich weiß nicht, wer das gesagt hat – ›Takt, Takt auf Takt, hab acht‹. Ohne jetzt vom Marschtritt zu reden, der ja immer so'n bißchen bitter schmeckt. Aber den Takt hatte man. – General-Appelle im Stadtpark: Ja, die wurden ja ganz groß aufgezogen. Und dann vor allen Dingen auch hart; das war ja militärisch aufgezogen. Mußte wohl auch sein.« (Heinz Blievernicht, geb. 1899, SPD)

Am Bewahren der sozialen Errungenschaften und demokratischen Rechte der Weimarer Republik waren in erster Linie die Sozialdemokraten interessiert. Unter dem Eindruck ihres schlechten Reichstagswahlergebnisses im September 1930 beschloß die SPD, ihre Revolutionsfeier im November als General-Appell »Für Republik und Demokratie – gegen Diktatur und Faschismus« zu begehen. Im Stadtpark marschierten das Reichsbanner, der Hamburger Parteivorstand sowie die sozialdemokratischen Senatsmitglieder und die Bürgerschaftsfraktion unter den Klängen des Reichsbannermarsches und mit schwarz-rot-goldenen Fahnen auf. Waren bislang die Revolutionsfeiern immer in den Distrikten oder im Gewerkschaftshaus mit starkem Kulturakzent begangen worden, so bedeutete dies eine offensive Außenwendung, die Geschlossenheit und Abwehrwillen der republikanischen Front manifestierte. Die früher als Erinnerungstag angelegten Revolutionsfeiern hatten sich zu einem Tag der intensivierten Massenagitation und Mobilisierung für die Weimarer Republik gewandelt.

Am Verfassungstag hatten noch 1929 Gestaltungsmuster der früheren Jahre wie Auftritt der konzertierenden Polizeikapellen auf dem Rathausmarkt, Abnahme der Polizeiwachmannschaften, Einbezug der bürgerlichen Sportverbände und die Beteiligung der Schulen die Gelegenheit geboten, sich als Ordnungsgarant zu empfehlen und integrierend zu wirken. Mit der endgültigen Zerschlagung des verfassungsmäßigen Rechtssystems im Juli 1932 war diesem Zweck der Boden entzogen. Obwohl am 11. August 1932 Demonstrationen verboten waren, versammelten sich abends republikanische Organisationen auf dem Lübeckertorfeld zu einer Kundgebung. Doch trotz angriffslustiger Reden kanalisierten Flaggenhissung, Trommelwirbel, Schwur und inszenierte Tribüne unter rotem Licht die Entschlossenheit, die Republik zu verteidigen, nur ins Zeremonielle.

In der KPD hat es so gesteigerte und einmalige Demonstrationen im Rahmen der hier angesprochenen Feste nicht gegeben. Hier zeigte sich auf jedem Fest kämpferische Opposition in vielen Liedern, Reden und Szenen.

»Bei alledem muß man berücksichtigen: die Weimarer Zeit auch in der Arbeiterbewegung –, und es waren keineswegs nur die Nazifaschisten, und es war keineswegs nur der Stahlhelm, die einen sehr militanten Charakter hatten; sondern Militanz war in der Weimarer Zeit eine absolut akzeptierte Sache. ›Krieg dem Kriege!‹ war unsere Parole.« (Hellmuth Lasch, geb. 1910, KPD)

Politik und Kultur

Das Kennzeichnende an den hier vorgestellten Festen war, daß sie Aktionsrahmen für politische und kulturelle Eigentätigkeit der Parteimitglieder und der Kulturorganisationen bildeten. In ihnen verbanden sich Alltag und Politik, Unterhaltung und Kultur, Kunst und Agitation. Dafür waren neue und als spezifisch proletarisch verstandene Mittel entwickelt worden: Agitationsmodelle, Sprech- und Bewegungschöre, Agitproptruppen.

Dennoch wurden ja, über dieses Verbindende hinaus, unterschiedliche Akzentuierungen und Festanlagen deutlich. Unterschiedliche Festvorstellungen, die man zugespitzt als »Feste als Kulturtage« und »Feste als Kampftage« charakterisieren könnte, lagen dem zugrunde.

Gezielte Gestaltungsvorgaben bestimmten die Feste der Hamburger Sozialdemokraten, für die seit 1928 vom Bildungsausschuß ausgearbeitete »Hamburgische Leitsätze zur Sozialistischen Festkultur« vorlagen.[1] So sollten Feste – nach der herrschenden Eigendefinition der Sozialdemokratie als Kulturbewegung – vor allem zur »gefühlsmäßigen Erfassung der Massen« durch »kultartige« Festgestaltung beitragen. Dabei sollte es weniger um die »politische Aufklärung« gehen, als vielmehr um die Vermittlung von »auf hohem Niveau stehender Gesinnungskunst«. Vor allem kollektive Künste sollten ihr Forum haben. Als idealster Ausdruck sozialistischer Festkultur galt daher der Sprech- und Bewegungschor, der Selbsttätigkeit mit dem Grundsatz »Masse spricht zu Masse« verband.

Dagegen ging es der kommunistischen Partei ausdrücklich darum, mit politischen und künstlerischen Mitteln Klassenbewußtsein zu bilden und zu festigen. Ihre Feste hatten immer die Aufgabe, politisierend zu wirken. Auf den Tagesgebrauch abgestimmte Beiträge standen so neben kämpferischen, siegesbewußten, durchaus auch mal pathetischen oder sentimentalen.

Gleichwohl wurde in beiden Parteien versucht, den Besucher in seiner Gesamtheit anzusprechen. Bedürfnissen nach Aufklärung und Perspektive kam man – mehr oder weniger deutlich – nach, genauso wie Bedürfnissen nach Unterhaltung und emotionalen, zwischenmenschlichen Kontakten. Und damit gehen die Feste der Arbeiterbewegung weit über die von bürgerlicher und kleinbürgerlicher Seite gebotenen Inhalte hinaus.

1 Sozialdemokratischer Verein für das hamburgische Staatsgebiet; Bericht der Landesorganisation über die Geschäftsjahre 1927 und 1928. S. 169–171, 1929.

Sozialistenmarsch

Auf, Sozialisten, schließt die Reihen!
Die Trommel ruft, die Banner wehn.
Es gilt, die Arbeit zu befreien,
es gilt der Freiheit Auferstehn!
Der Erde Glück, der Sonne Pracht,
des Geistes Licht, des Wissens Macht,
dem ganzen Volke sei's gegeben!
Das ist das Ziel, das wir erstreben!
Das ist der Arbeit heil'ger Krieg!
Mit uns das Volk! Mit uns der Sieg!

Ihr ungezählten Millionen
in Schacht und Feld, in Stadt und Land,
die ihr um kargen Lohn müßt fronen
und schaffen treu mit fleiß'ger Hand.
Noch seufzt ihr in des Elends Bann!
Vernehmt den Weckruf! Schließt euch an!
Aus Qual und Leid euch zu erheben,
das ist das Ziel, das wir erstreben!
Das ist der Arbeit heil'ger Krieg!
Mit uns das Volk! Mit uns der Sieg!

Rote Flieger
(»Propellerlied«)

Wir sind geboren, Taten zu vollbringen,
zu überwinden Raum und Weltenall,
auf Adlersflügeln uns emporzuschwingen
beim Herzschlag sausender Motoren Schall,
Drum höher! Höher! Und höher!
Wir steigen trotz Haß und Hohn.
Und jeder Propeller singt surrend:
Wir schützen die Sowjetunion.

Wir reißen hoch die Riesenapparate,
mit Eisengriff die Hand das Steuer hält.
So kreiset wachend überm Sowjetstaate
die erste rote Luftarmee der Welt.
Drum höher! Höher! ...

Ein jeder Atem, jeder unsrer Blicke,
erfüllt ist jede Faser mit Entscheid:
Was man uns für ein Ultimatum schicke,
wir sind zur Antwort jederzeit bereit!
Drum höher! Höher! ...

»Mein ist die Welt«
Musik in der Arbeiterbewegung
von Marina Schneede

Musizieren gehörte dazu

Heute ist nicht mehr ganz vorstellbar, welche Rolle in den 20er Jahren – vor der Popularisierung des Massenmediums Schallplatte – das eigene Musizieren hatte.
In der Familie, auf Wanderungen, im geselligen Kreis und auf politischen Veranstaltungen gehörte das Singen dazu und immer auch das eine oder andere Instrument.

Was dem Bildungsbürgertum das Klavier, war der Arbeiterschaft die Mandoline. Beliebt waren auch – weil sie ebenso leicht zu transportieren waren und bei Wanderungen, Aufmärschen, geselligen Runden immer dabei sein konnten – Gitarre, Akkordeon, Bandonion und Mundharmonika.

Die meisten Menschen, die heute mit uns über ihre Jugend in den 20er Jahren sprechen, sind mit der Musik in Berührung gekommen, zumindest haben sie gern und bei jeder Gelegenheit gesungen. Viele von ihnen waren auch in Gesangvereinen organisiert; allerdings scheint der politische Standort bei der Wahl des Gesangvereins keine große Rolle gespielt zu haben. Das beweist die Tatsache, daß der bürgerliche Deutsche Sängerbund 70 Prozent seiner etwa eine Million Mitglieder als Arbeiter ausweisen konnte. Erst 1930 entschloß man sich in der SPD zu einer größeren Werbeaktion für den 1908 gegründeten Deutschen Arbeiter-Sängerbund (DAS). Der DAS hatte im Lauf der 20er Jahre an Bedeutung gewonnen; 1926 zählte er schon etwa 400 000 Mitglieder.

Am 12. Juni 1926 wurde in Hamburg die Internationale der Arbeitersänger (IdAS) gegründet, eine Vereinigung vor allem zum Zweck gemeinsamer Verlagspolitik. Das riesige Bundesfest vom 16. bis 18. Juni 1928 in Hannover war die glanzvolle Selbstdarstellung des DAS auf der Höhe seiner organisatorischen Entwicklung. Am Montag, den 18. Juni, 15 Uhr, bestritt die »Chorgruppe Gau Hamburg« im Kuppelsaal der Stadthalle Hannover das »9. Chor-Orchester-Konzert« mit zwei Uraufführungen: »Knöchel, Eiserne Welt« und »Olman, Arbeits-Auferstehung«. Solisten waren: Rose Walter (Sopran), Berlin; Hermann Schley (Bariton), Berlin; Rezitator Kurt Pabst, Hamburg. Die Leitung hatte der Hamburger Hans Hansen-Tebel.

Hans Hansen-Tebel, der ein halbes Jahrhundert Arbeiterchöre geleitet hat und immer mehrere Chöre gleichzeitig in seiner Obhut hatte, war neben Heinz Hamm und Michel Englert wohl der bekannteste Chorleiter im Hamburg der 20er Jahre.

Michel Englert hat sich – viele denken dankbar an ihn – besondere Verdienste um die Arbeiterjugend erworben. Englert, 1868 geboren, in den 20er Jahren bereits pensionierter Amtsrichter, hat schon um 1920 einen Jugendchor in Hamburg gegründet und von 1926 bis 1931 den »Englert-Chor Rothenburgsort« geleitet. Aber nicht nur Chören hat er vorgestanden, sondern auch Instrumentalgruppen – die Plakatankündigung beispielsweise für ein Mandolinen-Konzert im November 1928 im Gewerkschaftshaus nennt ihn als Leiter.

»Und nicht zu vergessen: Michel Englert hat Melodien geschrieben, die in der Arbeiterjugend oft und gerne gesungen wurden«, sagt der 75jährige Adolf Gottschalk heute und zählt einige auf: »Wann wir schreiten Seit an Seit«, »Wir sind jung«, »Aus der Städte dumpfen Banden«, »Wir heben unsre jungen Herzen«, »Wenn die Arbeitszeit zu Ende«, »Hebt unsre Fahnen in den Wind«, »Mein ist die Welt«.

Adolf Gottschalk selbst war Mit-

Musik- und Wandergruppen der »Naturfreunde«, Spielmannszüge des Arbeitersportvereins Hamburg 93 und der Erwerbslosenhilfe, Gruppenbilder des Mandolinen-Orchesters Altona und des Mandolinen-Clubs »Favorit«

glied in dem von 1924 bis 1929 bestehenden »Chor der Barmbecker Arbeiterjugend«, den der Lehrer Fritz Lorenz leitete. Ab 1929 sang Gottschalk dann im »Jugendchor Südost« der SAJ (Stadtteil Hammerbrook), dem der Lehrer Arthur Muhlhardt vorstand und zu dem auch ein Streich- und Blasorchester gehörte. Adolf Gottschalk erinnert sich: »Im Frühjahr 1933 sollten wir auf einer großen Jugendweihe-Feier in der Hamburger Musikhalle mitwirken. Wir standen zusammen mit den Mädchen und Jungen und ihren Eltern und Freunden vor der Musikhalle. Die Türen waren verschlossen, die Veranstaltung verboten.«

Einer der »Pioniere der Jugendmusik«, Leiter des Jugendchors der SAJ in den Stadtteilen Eimsbüttel, Hoheluft und Eppendorf (später »Jugendchor Stadtpark«), war der an der Schule Moorkamp in Eimsbüttel tätige Lehrer Fritz Voß, der 1933 nach Südamerika ging und dort verstorben ist. Auch Voß, der mit den Auftritten seines Jugendchors – wie ältere Hamburger sagen – größtes Aufsehen erregte, komponierte vieles selbst. 1928 kam im Arbeiterjugendverlag Berlin sein Buch »Lieder für Jugendchöre« (drei- und vierstimmige Sätze) heraus, und vom Arbeiterjugendbund Groß-Hamburg wurden Liederblätter mit zwei- und dreistimmigen Sätzen von ihm veröffentlicht. Fritz Voß komponierte auch »Gradaus den Blick« (Text Karl Henkell), ein Lied, das in Hamburg oft auf Jugendweihen gesungen wurde.

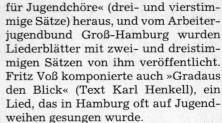

Zum Musizieren der Arbeiterschaft gehörten in den 20er Jahren auch – und das ist für uns heute ein besonders schwer vorstellbarer Bereich – die Sprech- und Bewegungschöre. Zwischen Musik und Darstellender Kunst angesiedelt, übten sie auf alle Beteiligten eine große Faszination aus und hatten bei öffentlichen Auftritten eine entsprechende Wirkung. »Volk und

Zeit« berichtet zu Neujahr 1927: »Recht schnell hat sich diese neue künstlerische Ausdrucksform bei den kulturellen Veranstaltungen der deutschen Arbeiterschaft eingeführt. Und mit Recht. Denn in ihm gestaltet sich zum erstenmal der Gedanke einer kollektiven Kunstgesinnung... Der Sprechchor des Hamburger Bildungsausschusses der SPD... hat seit seinem Bestehen vom Mai 1925 manchen großen und bemerkenswerten Erfolg verbuchen können.« Der weit über Hamburg hinaus bekannte Leiter des Sprechchors war der Schauspieler Adolf Johannesson.

Musik 225

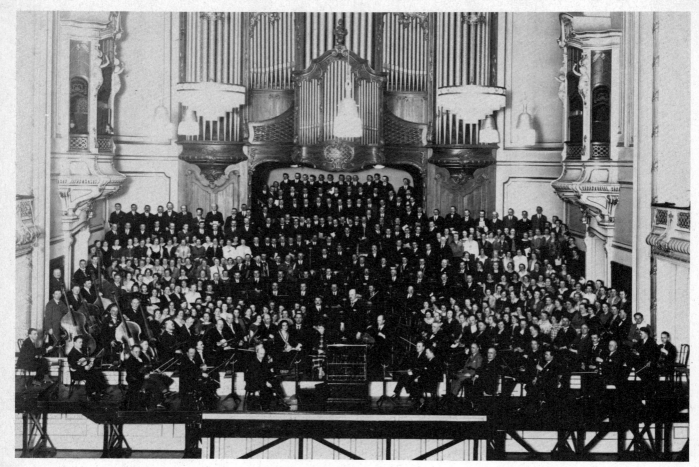

Von der Tendenzmusik zur Klassik: der Volkschor Barmbeck als Beispiel

Gruppenbild des Volkschors Barmbeck von 1928

1930 bestand der Volkschor Barmbeck (damals noch mit »ck« geschrieben) bereits 26 Jahre. Ursprünglich als Gesangsabteilung des Fortbildungsvereins Barmbeck-Uhlenhorst gegründet, existiert er noch heute als Hamburger Oratorienchor.

Ab 1909 wurde dieser typische (und im Lauf der Zeit mitgliederstärkste) Hamburger Arbeiterchor 40 Jahre lang von dem Lehrer Heinz Hamm geleitet, der 1920 auch einen Kinderchor mit bald 300 Stimmen und 1929 einen Jugendchor mit 130 Sängern gründete, so daß der Volkschor Barmbeck um 1930 rund 700 aktive Sänger hatte.

Im allgemeinen trat zu Beginn der 20er Jahre an die Stelle des vielstimmigen, homophonen Männerchorgesangs der schlichte zwei- bis vierstimmige, oft polyphon angelegte a-cappella-Gesang eines gemischten Chors, der nun oft »Volkschor« heißt. Mit dem gemischten Chor war die Voraussetzung für die Pflege des musikalischen Erbes, der großen Vokalmusik geschaffen, und vielerorts verschob sich nun der Schwerpunkt der musikalischen Intentionen von der »Tendenzmusik« auf die Werke der Klassik. Das gilt auch für den Volkschor Barmbeck, der – mit zunehmender Orientierung am bürgerlichen Musikbetrieb – große Chorwerke wie Haydns »Jahreszeiten« und Händels »Judas Makkabäus« sang. Der Deutsche Arbeiter-Sängerbund, dessen Mitglied der Volkschor Barmbeck war, beteiligte sich zudem regelmäßig an den Aufführungen der IX. Sinfonie von Beethoven.

In der Zeit zwischen 1919 und 1933 hatte der Deutsche Arbeiter-Sängerbund allein in Hamburg etwa 80 Mitgliedsvereine; 16 trugen den neu aufgekommenen Namen »Volkschor«. Der Hamburger Volkschor zum Beispiel, der viele Jahre von Gustav Kolbe geleitet wurde, besteht unter diesem Namen noch heute. Gustav Kolbe, der bei den Arbeiter-Musiktagen am 26. und 27. November 1932 in der Hamburger Musikhalle die gemischten Chöre leitete, hat sich erst 1978 aus der Arbeit im Hamburger Volkschor zurückgezogen.

Gruppen wie der Hamburger Volkschor und der Volkschor Barmbeck hatten – das berichten heute übereinstimmend viele Sänger und Zuhörer – im Leben breiter Bevölkerungsschichten eine starke integrative Kraft. Nicht nur die wöchentlichen Übungsabende und die Auftritte in Hamburg und außerhalb dieser Stadt, auch das ganze Vereinsleben mit Festen und geselligem Beisammensein spielte eine bedeutende Rolle für alle Beteiligten.

Als der Hamburger Oratorienchor (ehemals Volkschor Barmbeck) am 10. Januar 1982 in der Hamburger Musikhalle Händels »Messias« zu Gehör bringt, ist Käthe Jost, Sopran, wieder dabei, wie schon 1930 bei der Aufführung der IX. Sinfonie in der Silvesternacht. Auch ihre Eltern waren viele Jahre Mitglied in diesem Chor gewesen. 1920 trat sie (damals noch Käthe Müller) dem Chor bei, der als geselliger Treffpunkt eine große Anziehungskraft auf sie ausübte; politische Diskussionen und Gesang waren schon im sozialdemokratischen Elternhaus als zwei Seiten einer Sache empfunden worden. Im Chor lernt sie den Sozialdemokraten Adolf Jost kennen; beide heiraten 1931.

Das Gruppenbild des Volkschors Barmbeck von 1928 vereint die singenden Mitglieder der Familien Jost und Müller: Mutter und Tochter Müller auf der linken Seite beim Sopran, August Jost als Tenor in ihrer Nähe und die Bässe Adolf Jost und Georg Müller in der Mitte über dem Chorleiter Heinz Hamm.

Käthe Jost gerät ins Schwärmen, wenn sie vom »großen Gemeinschaftsgefühl« der 20er Jahre erzählt, von den

herausvergrößert v. l. n. r.: Käthe Jost, Käthe Müller, August Jost, Georg Müller, Adolf Jost und Chorleiter Heinz Hamm

Ausflügen, den kleinen Reisen mit dem Chor, den wöchentlichen Treffs im Saal hinter der Gaststätte »Mause« (damals Ecke Lohkoppel-/Schleidenstraße). Die jugendlichen Chormitglieder (»Familie Tüchtig«) schafften Spielgeräte an, gingen damit sonntags in den Stadtpark und machten gemeinsame Wanderungen.

Mitte der 20er Jahre, erinnert sich Käthe Jost, wurden hauptsächlich Volks- und Arbeiterlieder geprobt, die Arbeiterlieder vor allem für die traditionelle 1.-Mai-Demonstration im Stadtpark. »Als dann auch Madrigale gesungen wurden, sind viele Männer ausgetreten.« Käthe Jost bildete auf Anraten Heinz Hamms ihre Stimme weiter aus, und Hamm holte sie in einen kleinen Madrigal-Chor. Die IX. Sinfonie von Beethoven hat Käthe Jost mehr als 50mal mitgesungen.

Eins von vielen: das Hamburger Mandolinen-Orchester von 1928

Die Mandoline gehörte zu den beliebtesten Instrumenten gemeinsamen Musizierens in der Arbeiterbewegung. Einige dieser Instrumentalgruppen der 20er Jahre existieren heute noch, so der Mandolinen-Club »Favorit« von 1922 und das Mandolinen-Orchester der »Naturfreunde«. Als beispielhaft sei hier das Hamburger Mandolinen-Orchester herausgegriffen.

1928 geht das Orchester aus dem Arbeiter-Wassersport-Verein von 1909 hervor. Acht Jahre lang wird es von Ernst Sennholt geleitet, der heute nicht mehr lebt. Ein Mitspieler von damals ist Herbert Balzer, gelernter Quartiersmann und Ewerführer, um 1930 im Hafen tätig, heute Leiter des Orchesters. Er erinnert sich: »Das vom Arbeiter-Wasser-Sportverein unter großen Schwierigkeiten geschaffene Freigeländre an der Oberelbe war für uns Jugendliche ein Ort der Freiheit und Unabhängigkeit. Der AWV war zwar politisch nicht gebunden, aber seine Mitglieder kamen alle bis auf wenige Ausnahmen aus der Arbeiterbewegung: unabhängige Sozialisten, Sozialdemokraten, Kommunisten, Freidenker, Naturfreunde, FKK-Anhänger und Antroposophen. Hier bekamen viele ihren Anstoß zur kulturellen und politischen Bildung. Diese Verbindung von Breitensport, Kultur, Politik und jugendbewegtem Wandern, Singen und Volkstanz war vielleicht in Hamburg einmalig.«

Nach Herbert Balzer erfüllte das Orchester damals zwei Aufgaben. Zum einen spielte es im internen Rahmen, bei geselligen Veranstaltungen in den verschiedenen Abteilungen des Arbeiter-Wassersport-Vereins und an den Sommer-Wochenenden im Freibad Warwisch an der Oberelbe, auch bei Wanderausflügen und Sonnenwendfeiern. In diesem Zusammenhang wurden Arbeiter- und Wanderlieder angestimmt. Zum andern trat das Orchester mit Walzern, Märschen, Operetten-Ouvertüren bei öffentlichen Veranstaltungen auf, zum Beispiel im Volksheim Marschnerstraße, im Conventgarten und bei Werbeaktionen für die »Produktion«.

Heute verfügt das Hamburger Mandolinen-Orchester von 1928 über ein breites Repertoire von Volksliedern bis zu klassischen, für die Mandoline umgeschriebenen Stücken (Vivaldi, Beethoven, Mozart u. a.). Und die alten Arbeiterlieder sind nicht vergessen.

Herbert Balzer über den Zusammenhang zwischen Musizieren und Alltag: »Wir haben unsere Sache ernst genommen und haben sie ohne fremde Hilfe bis heute lebendig erhalten; eine intakte Gemeinschaft, die nicht zurückgezogen lebt, sondern aus ihrer jahrzehntelangen Zusammengehörigkeit Kraft für den Alltag schöpft.«

Hans Schult hat Tischler gelernt. Seit 50 Jahren ist der 1905 in Hamburg Geborene aktives Mitglied im Hamburger Mandolinen-Orchester.

Wie ist er dazu gekommen, ein Instrument zu spielen? Kontakt zur Mu-

Herbert Balzer Anfang der 30er Jahre (3. v. l., 1. Reihe)

Herbert Balzer heute

sik findet Hans Schult im letzten Schuljahr, als sich Wander- und Musikgruppen aus Schülern und Lehrlingen bilden. Um 1920 bekommt er zu Weihnachten eine Mandoline. »Ersten ordentlichen Unterricht«, erinnert er sich, »nahmen wir Lehrlinge am Feierabend bei dem Musiklehrer Willy Hahn.« Dort lernt Hans Schult den Dreher Ernst Sennholt kennen, der ihn um 1930 in das von ihm gegründete Hamburger Mandolinen-Orchester aufnimmt.

Hans Schult heute: »Probenräume standen nicht zur Verfügung. Die Musiklehrer der Schulen kümmerten sich nicht um die überall entstehenden Mandolinengruppen. Geübt wurde in den Wohnungen der Spieler oder im Heizungskeller der Schule mit wohlwollender Genehmigung des Hausmeisters. Größere Gruppen probten in den Hinterzimmern oder Clubräumen von Gastwirtschaften, obgleich die Mehrheit der Jugendlichen Nikotin und Alkohol ablehnte.«

Während wir das Damals für diesen Katalog und diese Ausstellung zu erkunden suchen, bereitet sich das Hamburger Mandolinen-Orchester von 1928 – Hans Schult ist wie immer dabei – mit wöchentlichen Übungsabenden auf einen Auftritt in der Hamburger Musikhalle vor.

Mit den Kollegen in der Tischlerei, Rothenburgsort: Hans Schult (4. v. r.), 1924

Hans Schult heute

Musiklehrer Willy Hahn und Schüler, 1924: Hans Schult (3. v. r.) und der Gründer des Hamburger Mandolinen-Orchesters Ernst Sennholt (1. v. l.)

Musik 229

Volk und Zeit, Neujahr 1927.
Mitte: Adolf Johannesson, Leiter des
Sprechchors, unten links: Olga Brandt-Knaak,
Leiterin des Bewegungschors

Im Sprech- und Bewegungschor wird, heißt es 1927 in »Volk und Zeit« zu dieser Montage-Seite, die Masse selbst zum Sprecher, verkündet Massenerlebnisse und wendet sich damit an die Masse, »der das einzelne Individuum untergeordnet ist wie die Zelle dem Organismus«.

»Die Bühne betritt der Prolet«

Arbeiter und Theater
von Michael Diers

»Wer irgend Geld hat, gehe hin...«

Die Hamburger Kammerspiele unter Erich Ziegel und das politische Theater

> »Wir erkennen den Mut Erich Ziegels an, der immer wieder, trotz räumlicher und wirtschaftlicher Schwierigkeiten versucht, seine Bühne linksgerichteten Schriftstellern zur Verfügung zu stellen. Trotzdem wird sich herausstellen, daß die politisch besten Stücke zugleich den kleinsten Erfolg für die Kasse bedeuten.«
> (Hans Käbnick in HVZ, 8. 10. 1930).

Die Theaterarbeit Erich Ziegels wurde von der Hamburger Arbeiterschaft mit kritischer Sympathie begleitet. Das sogenannte gutbürgerliche Publikum distanzierte sich in den ersten Jahren sehr deutlich von der neuen Bühne: Ziegel hieß in diesen Kreisen nur »Ziegler (!), ach, der mit den freien S-tücken«. Das Theater, das nur durch einen Hausdurchgang zu erreichen war und im Hinterhof am Besenbinderhof lag, bot im übrigen nicht das gewohnte Entrée.

Die proletarischen Zuschauer dagegen erkann-

Erich Ziegel (1876–1950), Gründer und Leiter der Hamburger Kammerspiele (1918–1934), für zwei Spielzeiten in den Jahren 1926 bis 1928 Intendant des Deutschen Schauspielhauses.

ten recht bald die fortschrittliche Rolle, die die Kammerspiele in der »Theaterstadt Hamburg« übernommen hatten. Neben dem überwiegend auf die literarische Moderne abgestellten Spielplan – Erstaufführungen von Sternheim, Wedekind, Kaiser, Schnitzler, Klabund, Jahnn, Barlach, Hasenclever, Brecht und Toller – und den vielbeachteten Klassikerinszenierungen waren es vor allem die Zeitstücke der späten 20er Jahre, die durch ihren sozialen und politischen Gehalt zu lebhaften Diskussionen gerade unter Arbeitern führten. Stücke von Alfons Paquet, Ehm Welk, Hans J. Rehfisch, Peter Martin Lampel machten in Ausschnitten die gesellschaftlichen Kräfte und Machtkonstellationen sichtbar und forderten zum Eingriff in die Wirklichkeit auf. Themen wie Giftgas, Arbeitslosigkeit, Abtreibung, politische Justiz und Todesstrafe, Fürsorgeerziehung, sexuelle Tabus und Geschlechtsnot der Jugend wurden im Zeittheater mit sozialkritischem Engagement dargestellt.

Sieht man von wichtigen Gastspielen ab, die aus Raumgründen nur in den größeren Theatern – Volksoper, Schiller-Theater oder Carl-Schultze-Theater – veranstaltet werden konnten (im Januar 1930 die Piscator-Bühne mit Credés »§ 218 / Frauen in Not« oder im Februar die »Gruppe Junger Schauspieler« mit »Cyankali« von Friedrich Wolf), so kamen Stücke des Zeittheaters vorwie-

Haus der Hamburger Kammerspiele am Besenbinderhof 50, das 1927 abgerissen wurde. 1928 zog das Theater in das Haus »Kaisergalerie«, Große Bleichen 23/27 (»Kammerspiele im Lustspielhaus«), von 1932 bis 1934 ins Thalia-Theater.

gend an der kleinen Privatbühne Erich Ziegels heraus.

»Eine Bühne«, so Carolus Bernitt, Mitglied der Agitproptruppe »Die Nieter«, »die besser in unsere Richtung paßte, ein kämpferisches Theater.« Und Ludwig Levien schreibt in seinen Erinnerungen: *»Wenn wir auch eifrig unsere politischen Schulungsabende besuchten, die Kultur kam nicht zu kurz. Oft war unsere KJ-Gruppe Winterhude in den Kammerspielen am Besenbinderhof zu finden. Max Halbes ›Jugend‹, Frank Wedekinds ›Erwachen‹, Ernst Tollers ›Die Wandlung‹, Friedrich Wolfs ›Kolonne Hund‹ (am Schauspielhaus unter Ziegel) und ›Cyankali‹, Gorkis ›Nachtasyl‹ und viele andere fortschrittliche Bühnenwerke lernten*

Edmund von der Meden
geb. 1902 in Hamburg. Zunächst kaufmännische Ausbildung, dann Musikstudium und Schauspielunterricht; tätig als freier Komponist und Klavierspieler (Bühnenmusiken und Tanzbegleitung). Früh Kontakt zur Arbeiterbewegung, befreundet u. a. mit Willi Bredel. Für die KPD und Massenorganisationen als musikalischer Leiter und Klavierbegleiter bei Veranstaltungen tätig, u. a. auch Zusammenarbeit mit dem Tänzer Hans (Jean) Weidt. Seit etwa 1922 Mitglied der »Proletarischen Bühne«, Musik für die »Nieter« und das »Kollektiv Hamburger Schauspieler«. 1927–1932 als Kapellmeister und Chargenspieler an den Hamburger Kammerspielen, ab 1932 bis zur Pensionierung am Thalia Theater. Lebt in Hamburg.

Georg Kaiser, Gas (I). Aufführung der Hamburger Kammerspiele im Januar 1920.
Regie: Erich Engel, Bühne: Johannes Schröder. Als Milliardärssohn Max Wesolowski (auf dem Podium): »Fordert... und ich will erfüllen!«

Richard Duschinsky, Stempelbrüder.
Erstaufführung an den Kammerspielen im Januar 1930. Regie: Ernst Held. Von links nach rechts: Günther Amhof, Hans Schalla, Maria Loja, Eugen Klimm, Loni Michelis, Walter Gußmann.

wir dort kennen, ebenso die Tanzkunst von Mary Wigman, der Palucca usw.«

Ziegel entdeckte und förderte zahlreiche junge Schauspieler und Regisseure, darunter Fritz Kortner, Paul Kemp, Hans Otto, Gustaf Gründgens, Victor de Kowa, Axel von Ambesser, Carl Heinz Schroth, Werner Hinz und Erich Engel. »Die Art, wie Theater gespielt wurde, war einfach sensationell. Abgesehen davon, daß es – vor allem in den ersten Jahren – ein unbeschreiblich gutes Ensemble war.« (von der Meden).

Auch das Arbeitertheater holte sich Anregungen bei Ziegel. Einige Stücke und Inszenierungen waren richtungsweisend. Piscator stellte als Gastregisseur das soziologische Prinzip seiner Inszenierungen vor: Die Hintergründe der Stücke wurden ausgeweitet und dokumentarisch belegt, um die Figuren aus ihrer Zeit heraus und in ihren sozialen Bedingungen darzustellen. Weniger der technische Apparat (Film, Lichtbild), der Piscator auf den bürgerlichen Bühnen zur Verfügung stand, als vielmehr der politische Anspruch beeindruckte und ließ sich in das »arme« Theater der Agitproptruppen und Schauspielerkollektive übersetzen. Die Tagebücher Hans Käbnicks und seine Theaterkritiken für die HVZ belegen die kritische Auseinandersetzung mit den neuen, fortgeschrittenen Formen des politischen Theaters. Als Mitglied der »Proletarischen Bühne« und Leiter der »Nieter« versuchte er, diese Erfahrungen praktisch werden zu lassen.

Bezeichnend für das Klima an den Hamburger Kammerspielen ist auch der Plan für ein »Revolutionäres Theater«:

> »Gustaf Gründgens, der Spielleiter der Hamburger Kammerspiele, wird im Winter unter dem Titel ›Revolutionäres Theater‹ eine Reihe von Vorstellungen an Sonntagvormittagen in den ›Hamburger Kammerspielen‹ veranstalten, an denen neben ersten Darstellern sämtlicher Hamburger Theater auch Mitglieder der Arbeiter- und Jugendverbände mitwirken werden. Es werden ›nur‹ solche Dichter aller Nationen zu Wort kommen, deren Schaffen – im strengsten Gegensatz zu der tendenzlosen Gleichgültigkeit des bürgerlichen Theaters – den Forderungen unserer Zeit entspricht, die zu dem heutigen Unterhaltungstheater keine Beziehung mehr hat. Die erste Vorstellung wird am 19. September Tollers ›Masse Mensch‹ sein. Die Reihe der Aufführungen wird u. a. mit Werken von Paquet, Rolland, einer modernen Bühnenbearbeitung des Büchnerschen ›Danton‹ und einer politischen Revue fortgesetzt.« (Pressenotiz vom 10. Juli 1926).

Es blieb bei diesem Plan, der mehr aus Unzufriedenheit mit dem bürgerlichen Theater als aus sozialem Engagement erwachsen war. Vor Revolutionären, denen das Monokel vom rechten ins linke Auge rutsche, müsse man sich in Acht nehmen, spottete Rudolf Selke in der HVZ.

Im April 1927 wurde mit Otto und von Wangenheim in den Hauptrollen Friedrich Wolfs Zeitstück »Kolonne Hund« uraufgeführt. Carolus Bernitt erinnert sich, daß als Statisten auch eine RFB-Gruppe mitwirkte. Der Kampf um eine sozialistische Siedlerzelle im Moor, den der Arbeiterführer Hund (Gustav von Wangenheim) leitete, wurde von den Arbeiterzuschauern – die KPD und die proletarischen Massenorganisationen hatten zum Theaterbesuch aufgerufen – mit Spannung verfolgt. Die Aufführung endete mit einem großen Aufmarsch von Arbeiterformationen, der unter Beifallskundgebungen und dem Gesang proletarischer Kampflieder ausklang.

Erich Ziegel versuchte am Schauspielhaus das anspruchsvolle Programm seiner Kammerspiele fortzusetzen. Doch schon nach zwei Spielzeiten erzwangen die Aktionäre des Thalia-Theaters, die im Sommer 1928 auch hier Stimmrechte erworben hatten, durch massiven Druck auf die Kreditgeber beider Häuser seinen Rücktritt. Er blieb noch bis Anfang 1934 in Hamburg und verließ, »von Ekel vor der braunen Pest geschüttelt« (in einem Abschiedsbrief, zit. n. P. Möhring, Von Ackermann bis Ziegel, Hamburg 1970, S. 188), die Stadt.

Hans Otto (1900–1933)

»Damals waren am Schauspielhaus unter Ziegel zwei wirklich aktive Kommunisten: Wangenheim und Hans Otto. Otto trug zwar wie Gründgens ein Monokel und wirkte eher wie ein Dandy, begann aber durch Kontakte zu Heinrich Liebers, Mitglied der ›Proletarischen Bühne‹ und Chargenschauspieler an den Kammerspielen, und zu Gustav von Wangenheim, der für die KPD 1927 im Zirkus Busch das Massenspiel ›Erinnert Euch!‹ mit Laienspielern einstudierte, immer stärker seine Arbeit als Schauspieler politisch zu verstehen. Später war Otto als künstlerischer Obmann im Vorstand des Arbeiter-Theater-Bundes tätig und leitete selbst eine Berliner Agitproptruppe. Außerdem war er aktiv in der Revolutionären Gewerkschafts-Opposition, Sektion Bühne. – Den Durchbruch zum sogenannten Mittelpunktschauspieler erlangte er durch die Darstellung des Königs Eduard II. in Brechts Marlowe-Bearbeitung ›Leben Eduards II. von England‹. Gustav von Wangenheim spielte die Rolle des Gaveston. Beide kamen beim proletarischen Publikum sehr gut an.« (von der Meden)

Theater 233

»Wir nieten zusammen die rote Front.«
Die Nieter –
Hamburger Agitproptruppe des Arbeiter-Theater-Bundes

Irma Braun (Hübener) geb. 1911 in Hamburg-Barmbek. Vater Tischlergeselle, Sozialdemokrat, in den Jahren 1928 bis 1933 erwerbslos, vier Kinder, Wohnung in der Weidestraße (42 Quadratmeter). Volksschule Bachstraße, Lyzeum Lerchenfeld. Ab 1929 Verkäuferin, u. a. bei der Produktion. Zunächst Mitglied der SAJ, später im KJVD. Lernte 1927 Hans Käbnick kennen, 1930 gemeinsamer Sohn geboren. Nach dem Krieg Kurzausbildung zur Volksschullehrerin, 1958 Studienrätin an Sonderschulen für Gehör- und Sprachgeschädigte. Nach der Pensionierung 1975 bis 1981 freiberuflich als Sprachtherapeutin im Landkreis Harburg tätig. Lebt in Maschen.

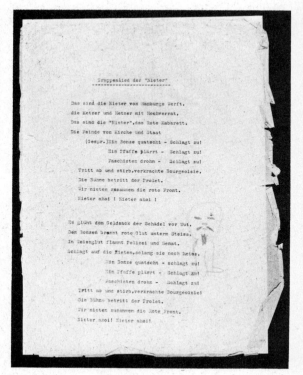

Franz Winzentsen geb. 1901 in Hamburg. Schulausbildung. Als Angestellter bei den Hamburger Gaswerken. Tätig als Gewerkschaftsfunktionär. Zusammen mit seinen Brüdern Seppl und Karl Mitglied der »Proletarischen Bühne«, anschließend bei den »Nietern«. 1933 als Angestellter entlassen, danach u. a. als Werkstattschreiber bei Blohm & Voss. Soldat, russische Gefangenschaft. Aufgrund der Wiedergutmachung nach dem Krieg wieder bei den Gaswerken eingestellt. Lebt als Rentner in Hamburg.

»Mancher von uns jungen Genossen machte auch begeistert mit, wenn die ›Proletarische Bühne‹ unter der Leitung des Lehrers Hans Käbnick und des Schauspielers Hein Liebers ›Masse‹ oder Sprechchor brauchte. Ich war oft dabei, wenn es um Proben und Vorstellungen im Schiller-Theater Altona ging. Nur fand das alles über Nacht statt, nach dem offiziellen Abendprogramm der Theater. Trotzdem waren alle diese Nachtvorstellungen der KPD überfüllt. 1927 ging dann – unter gleicher Leitung – aus der ›Proletarischen Bühne‹ das rote Kabarett ›Die Nieter‹ hervor.« (Ludwig Levien)

Die »Proletarische Bühne«, Ortsgruppe Hamburg des Deutschen-Theater-Bundes (DAThB), trat zum erstenmal anläßlich der Revolutionsfeier im November 1922 im Zirkus Busch auf. Unter der Leitung von Erich Schönlank, KPD-Mitglied und Regisseur an den Hamburger Kammerspielen, spielten im Auftrag der KPD Laiendarsteller vor Arbeiterpublikum das Stück von Franz Jung »Die Kanaker«, ein Schauspiel gegen anarchistische Tendenzen innerhalb der Arbeiterschaft, die ein geschlossenes Vorgehen des Proletariats gefährdeten.

Die »Rote Fahne« hatte über die Uraufführung durch das Proletarische Theater in Berlin im April 1921 geschrieben:

> »Das ist das grundlegend Neue an diesem Theater, daß Spiel und Wirklichkeit in einer ganz besonderen Weise ineinander übergehen. Du weißt oft nicht, ob du im Theater oder in einer Versammlung bist, du meinst, du müßtest eingreifen und helfen, du müßtest Zwischenrufe machen... Es wäre herzlich zu wünschen, daß das Arbeiterpublikum und daß vor allem Arbeiterorganisationen sich der Förderung des Proletarischen Theaters mehr annehmen.« (»Rote Fahne«, 13. 4. 1921)

Die Versuche mit Proletarischen Theatern in Berlin, München und Hamburg knüpften an die Tradition des frühen sozialdemokratischen Arbeitertheaters zwischen 1847 und 1918 an, gingen aber in ihrem politisch-ideologischen Anspruch weit über die Arbeiterlaienspiel- und Vergnügungsvereine hinaus. Die Proletarische Bühne in Hamburg stellte keine feste Organisation dar; die Mitglieder wurden in den ersten Jahren jeweils anläßlich der Vorbereitung von Liebknecht-, Luxemburg-, März- oder Revolutionsfeiern zusammengerufen, zunächst nicht nur Kommunisten, sondern auch Sozialdemokraten oder Unabhängige. Regie führten wechselnd u. a. Heinrich Liebers, Edmund von der Meden, Hans Käbnick und Gustav von Wangenheim.

Truppenlied, 1927.
Original-Typoskript

Aufgeführt wurden in den folgenden Jahren Stücke und Szenen von Rudolf Selke (»Rot gegen Weiß«, 1925), Andor Gábor (»Rotkäppchen und der Wolf«, 1925), Hans Käbnick (»Auf Vorposten der Revolution« und »Die Kommune lebt«, beide 1926), Alfons Paquet (»Fahnen«), Georg Büchner (»Dantons Tod«, 1926), Emile Verhaeren (»Die Morgenröte«, 1928). Klassische Dramen standen neben modernen Bühnenstücken, mehraktige Dramen neben Kurzszenen mit Sprechchören auf dem Programm. Die Veranstaltungen fanden in den traditionellen Versammlungssälen der Hamburger Arbeiterschaft statt (Sagebiel, Conventgarten, Zirkus Busch, Schiller-Theater, Volksheime).

Anläßlich eines Gastspiels des Moskauer Kammertheaters unter der Leitung des sowjetischen Regisseurs Alexander J. Tairow in Hamburg verglich Hans Käbnick – selbst Mitglied der Proletarischen Bühne – in einem Artikel in der HVZ vom 6. August 1925 den Stil des Tairow-Theaters mit dem der Hamburger Arbeiterbühne:

Dem bürgerlichen Stoff bei Tairow stehe ein revolutionärer Stil zur Seite, die Arbeiterbühne aber zeige zwar revolutionäre Stoffe, jedoch in einem der bürgerlichen Bühne entlehnten »Schmierenstil«, der den neuen Inhalten in keiner

Die Nieter – eine politische Theatertruppe der Hamburger Arbeiterschaft

Aus einer satyrischen Revue der Nieter

Sechs Mitglieder des Nieter-Kollektivs

Die Nieter zeigen eine politische Revue. Mit den einfachsten Mitteln wird die größte Wirkung erzielt

AIZ, Nr. 24, 1928, S. 11
(Abb. oben: Werbeszene für die HVZ, darunter Satire auf die SA; unten: »Die politische Verkehrspolizei: Koalition – Reaktion«)

Weise angemessen sei. Das Bemühen um ein proletarisch-revolutionäres Theater, wie es die Proletarische Bühne anstrebe, werde durch billige, überholte Theatralik zunichte gemacht.

Anderntags erwiderte Heinrich Liebers der angriffslustigen Polemik des »Genossen haka« (Hans Käbnick):

> »Nach ›haka‹ wäre also nicht der Stoff für ein proletarisch-revolutionäres Theater maßgebend, sondern der Stil? Wirklich sonderbar. – Was nun den ›Schmierenstil‹ der P. B. (d. h. Proletarische Bühne) anbelangt, so mag sich ›haka‹ gesagt sein lassen, daß die P. B. weder einen ›gutbürgerlichen Schmierenstil‹ noch sonst irgendeinen irgendwie sanktionierten Stil hat, sondern, daß sich der jeweilige Stil nach dem jeweiligen Stück richtet, das zur Aufführung gelangt. Die P. B. ist kein bürgerliches Experimentiertheater, sondern einfach eine Proletarische Bühne, in der sich Proletarier nach ihrem Tagewerk zusammenfinden, um, wie es in den Satzungen der P. B. heißt, ›die revolutionäre Klassenkampfpropaganda durch Aufführung revolutionärer Theaterstücke wirksam zu unterstützen.‹«

H. Käbnick, H. Liebers, F. Winzentsen und E. Höhn
vor einem Auftritt in Geesthacht

Hans Käbnick im Gespräch mit Heinrich Liebers

Diese Entgegnung mußte dem jungen Hans Käbnick, der sich intensiv theoretisch und praktisch mit neuen Formen und Inhalten eines proletarischen Theaters auseinandersetzte, ausweichend erscheinen. Ihm schwebte ein zeitgemäßes, eingreifendes proletarisches Theater vor Augen, das weder im Stoff noch in der Form Kompromisse zu machen hätte, ein Theater, wie es Piscator im selben Jahr in Berlin mit seiner Revue für die KPD »Trotz alledem!« erfolgreich vorgeführt hatte. Erfahrungen mit bürgerlichem Theater hatte Käbnick zum einen als Theaterkritiker für die Volkszeitung gesammelt, zum anderen in einem Theaterkreis des Lehrervereins um Gustav Grund. Qualifiziertes Theaterspiel allein reichte für ein Theater vom proletarischen Standpunkt ebensowenig aus, wie revolutionärer Stoff andererseits schon wirksames klassenkämpferisches Theater garantierte.

Die Diskussion mit Heinrich Liebers und innerhalb der Proletarischen Bühne war mit diesem Streit nicht beendet. Das gemeinsame Interesse aber und die gegenseitige Achtung und Offenheit waren ausschlaggebend dafür, daß trotz so entschieden formulierter, gegensätzlicher Auffassungen die Zusammenarbeit nicht aufgesteckt wurde.

Im Jahr darauf schrieb Käbnick für die Proletarische Bühne zwei Stücke. »Die Kommune lebt!« zeigte sechs Bilder aus dem Kampf der Pariser Kommunarden, »Auf Vorposten der Revolution« schilderte Szenen aus der Revolte der Kieler Ma-

---

Mitglieder der »Nieter«
(Anfang 1928)
Heinrich Liebers*, geb. 1892
Glasmaler/Schauspieler
Lene Liebers*, geb. 1894
Putzmacherin
Hans Käbnick, geb. 1904
Volksschullehrer
Heinz Augustin*, geb. 1904
Angestellter/Klavierspieler
Erna Höhn, geb. 1906
Stenotypistin
Maria Tennemann, geb. 1900
Hausfrau
Otto Gittersonke, geb. 1900
Ewerführer
Seppl Winzentsen*, geb. 1902
Malergeselle
Franz Wintzentsen*, geb. 1901
Angestellter
Karl Winzentsen*, geb. 1901
Versicherungsangestellter
Carolus Bernitt*, geb. 1903
Angestellter/Geschäftsführer
Walter Saladin, geb. 1900
Angestellter/Kassierer
Herbert Seibt, geb. 1905
Handwerker
Hermann Kunze*, geb. 1907
Maler
Werner Kunze*, geb. 1907
Maler
Otto Gröllmann*, geb. 1902
Bühnenbildner/Dekorationen

Mitglieder ab 1930, neben den oben mit Stern* gekennzeichneten:
Kati Kunze, geb. Klug, geb. 1907
Stenotypistin
Adolf Mehl, geb. 1910
Tischler
Hermann Stelling, geb. 1907
Maschinenbauer
Elli Gruß, geb. 1910
Schneiderin
Mitglieder der »Proletarischen Bühne« waren schon vorher Heinrich und Lene Liebers, C. Bernitt, Erna Höhn, H. Käbnick, Franz und Karl Winzentsen.

Hans Käbnick, Selbstbildnis als »Nieter«. Ölgemälde 1928/29

Hans Käbnick
geb. 1904 in Hamburg-Barmbek. »Ich bin der Sohn eines Maurers, das jüngste Kind von fünfen. Ich besuchte die Volksschule in Hamburg zur Zeit der Kriegsentbehrungen und Unregelmäßigkeiten von 1911 bis 1919. Ostern 1919 wurde ich nach bestandener Aufnahmeprüfung in das Lehrerseminar Binderstraße (Hamburg) aufgenommen, das ich sechs Jahre unter dem Druck der Nachrevolutionszeit und der Inflation besuchte, gezwungen durch wirtschaftliche Not und häufige Erwerbslosigkeit meines Vaters den größten Teil aller Schulferien zu arbeiten (Kontor, Werft und Baustelle).« (Aus dem Lebenslauf für die Oberschulbehörde Hamburg / Gesuch um Zulassung zur zweiten Lehrerprüfung, Februar 1929). 1925 Beginn eines Studiums, das aus wirtschaftlichen Gründen nach einem Semester abgebrochen werden mußte. Vertretungsstelle als Lehrer an der Landschule Moorwärder, dann Volksschule Vierländer Straße 61, später Schule Meerweinstraße. Über SAJ, KJVD zur KPD. Durch Heinrich Meyer (Hamburger Volkszeitung) schon früh aufgefordert, Kritiken zu schreiben (Theater, Film, Kunst und Literatur). Neben der schriftstellerischen Tätigkeit (»rote« Erzählungen, Kurzromane, Tagebücher, zahlreiche Revue- und Kurzszenen, Sprechchöre, Texte für die »Proletarische Bühne« und für die »Nieter«,

trosen von 1918. Der Kritiker der HVZ würdigte die neue Qualität:

> »Mit der Aufführung von ›Auf Vorposten der Revolution‹... hat die Proletarische Bühne ihre Existenzberechtigung klipp und klar bewiesen. Diejenigen Genossen, die (soweit es ihre unendlich wichtigeren Dingen geweihte Zeit erlaubt) keine Gelegenheit vorbeigehen lassen, die Proletarische Bühne als ›nicht proletarisch‹ und ›den breiten Massen fremd‹ herabzusetzen, werden ihre Meinung revidieren müssen... Die stärksten Wirkungen gingen von dem Spiel des ersten (indifferenten) und zweiten Matrosen und von dem Darsteller des Hansen aus. Es war ein prachtvolles, einheitliches Zusammenspiel.« (HVZ vom 19. Januar 1926; Hans Schulz und Seppl Winzentsen als Matrosen, Käbnick als Hansen, Franz Winzentsen als Offizier und Otto Gittersonke als Obermaat).

Einen entscheidenden Einschnitt in der Geschichte der Hamburger Proletarischen Bühne stellte das Gastspiel der Moskauer »Blauen Bluse« im Oktober 1927 dar. Die sowjetische Spieltruppe machte auf ihrer Deutschlandtournee für drei Tage in Hamburg Station und trat am 23. Oktober bei Sagebiel auf. In mehreren Artikeln hatte die HVZ auf die »Blaue Bluse« hingewiesen, die vorher schon in Breslau, Berlin, Dresden, Chemnitz, Leipzig, Erfurt, Braunschweig, Hannover und Bremen mit sensationellem Erfolg vom Arbeiterpublikum aufgenommen worden war und auf das deutsche Arbeitertheater in der Folgezeit einen nachhaltigen Einfluß ausüben sollte.

In der Volkszeitung konnte Hans Käbnick schon zwei Monate später von der Wirkung auf die Hamburger Arbeiterbühne berichten. Unter der Überschrift »Die Nieter. Eine proletarische Propagandatruppe« hieß es:

> »Schon lange vor dem Auftreten der ›Blauen Bluse‹ hatte die Proletarische Bühne in Hamburg... in kleinen ›Nummern‹, die abseits von den großen Bühnenwerken lagen, in satirischem, von Gesang und Tanz durchsetzten Stil versucht, die aktuellen politischen Tagesfragen (Fürstenabfindung, Reichstags- und Bürgerschaftswahl, Rationalisierung, Roter Mai) kurz und lustig und wirkungsvoll von der Bühne her den Massen zu stellen. Beifall und Kritik bewiesen bald, daß die Bühne auf dem rechten Wege war mit ihrer Abkehr vom großen Drama, vom komplizierten Drei- und Vierakter mit seinem umständlichen technischen Apparat und den hohen Anforderungen, die sie an das Laienkönnen stellten. Die proletarische Bühne brauchte also nur auf diesem Wege fortzufahren, brauchte nur die Erfahrungen des Gastspiels der ›Blauen Bluse‹ sich zu eigen machen, brauchte sich nur endgültig von der zeit- und kraftraubenden alten Form

Collage aus dem Fotoalbum von Hans Käbnick.
In Masken: E. Höhn, F. Winzentsen, O. Gittersonke, H. Liebers, H. Seibt; darüber K. Winzentsen und L. Liebers

loszusagen und sich ausschließlich dem Neuen zu widmen. Was dabei herauskam, nach vielen Proben, Experimenten, nach unermüdlicher Arbeit, nach endlosen Übungsabenden – das stellt sich heute den Hamburger Arbeitern und allen Sympathisierenden dar als die Rote Truppe der Proletarischen Bühne, als ›Die Nieter‹.« (HVZ, 28. 12. 1927)

Sofort im Anschluß an die Vorstellung der russischen Truppe, berichtet Irma Braun, habe sich Hans Käbnick mit einigen Mitgliedern der Proletarischen Bühne zusammengesetzt und überlegt, wie diese Form des Theaters auf deutsche Verhältnisse zu übertragen sei. Maßgebend sollte vor allem die lebendige Vortragsweise und der schnelle Szenenwechsel sein. Die politische Aussage sollte gegenüber dem russischen Vorbild vom Allgemeinen ins mehr Aktuelle, Tagespolitische übersetzt werden. Nach vierzehn Tagen schon lagen die ersten Kurzszenen und Songs vor, bald darauf ein abendfüllendes Programm aus zwölf bis 14 Nummern. Die allererste Szene knüpfte an die Diskussion innerhalb der Proletarischen Bühne um ein neues Theater an: »Die morschen Bühnenträume eines alten Schmierenfritzen werden verulkt«, schrieb die Rote Fahne am 12. April 1928.

> »Wenn daher die ›Nieter‹, die ja jetzt schon in einigen Aufführungen ihre nicht ohne Erfolg bestandene Feuerprobe abgelegt haben, in ihrer ersten Nummer das alte Theater (das alte bürgerliche und das schlechte, tief im Bürgerlichen steckende Vereins-Arbeiter-Theater) zeigen und darauf das aus dem Zuschauerraum gewissermaßen herausgesuchte neue, wirklich proletarische ›Theater‹ (der Name ›Theater‹ trifft schon nicht mehr auf die ›Nieter‹ zu), das wie ein Hammerschlag in das verlogene Gesäusel des bürgerlichen Schauspielers hineinsaust mit den Worten:

Szenenfoto: »Gottgewollte Abhängigkeit«

»Die Nieter«.
Abschlußszene: »Unter dem Sowjetstern«.

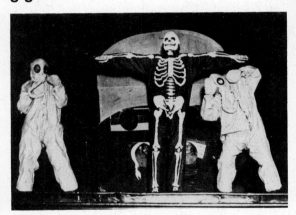

Die Nieter erinnern 1930 an den Giftgasskandal bei der Firma Stoltzenberg auf der Veddel von 1928: »Phosgen-Gas / nur zum Spaß / weil's noch keiner kennt.«

›Schluß mit der alten, vermoderten Zeit! Schluß jetzt mit Helden und Liebe und Leid! Achtung! Hier kommt der lebendige Tag! Kampf für die Freiheit! Schlag um Schlag!‹

dann will das mehr sein als ein vielleicht wichtiger Bühneneinfall, es will ein für allemal kundtun die Absage an das alte, lächerliche ›Liebhaber-Schmierentheater‹, es will festlegen das Programm und das Ziel, das ›Die Nieter‹ sich gestellt haben und das folgendermaßen aussieht:

›Die Nieter‹ behandeln in kurzen, bildartig, skizzenhaft hingeworfenen ›Nummern‹, die verbunden werden durch das launige Geplauder eines Ansagers, aktuelle Tagesfragen aus den politischen Ereignissen, aus dem Alltagsleben der Werktätigen, aus dem Gewerkschafts-, Partei- und Aufklärungskampf. Sie wollen keine lange ›Entwicklung der Handlung‹ geben, keine dramatischen Dialoge und langatmigen Auftritte...

Ihr Hauptgebiet ist naturgemäß die Satire, die ironische, ja, wo es nötig wird, unbarmherzig scharfe und freche Behandlung der neuesten Geschehnisse, die ja auch keineswegs zu idyllischer Betrachtung einladen. Sie sollen, wie es die Arbeiterzeitung tut, in kurzen Notizen, in denen nur das Wichtigste, Dringendste gesagt wird, in einfacher, jedem Arbeiter verständlichen Form (mag er auch müde sein nach der Tagesschufterei) die Ereignisse klar, kraß und eindeutig den Zuhörern vor Augen führen, wollen ihr Urteil, ihre Kritik und ihr Lachen herausfordern.« (Käbnick in HVZ: 28. 12. 1928)

Nicht nur in Hamburg, sondern in fast allen größeren Städten des Reiches entstanden ähnliche Agitproptruppen; z. T. formierten sich schon länger bestehende Arbeiterspieltruppen – dem anregenden Beispiel der »Blauen Bluse« folgend – um, oder aber sie wurden neu ins Leben gerufen. Nach dem russischen Vorbild kleideten sich die Truppen meist einheitlich und gaben sich schlagkräftige, einprägsame Namen wie »Rote Reporter«, »Kolonne links«, »Rote Blusen«, »Rote Raketen« oder »Rotes Sprachrohr«. Der Name der Hamburger Truppe war schnell gefunden, als man nach einem für Hamburg typischen Beruf suchte: die schwere Arbeit der Nietkolonnen auf den Werften. Die Truppenkleidung bestand aus blauen Leinenhosen und blau-weiß gestreiften Schauermannskitteln. Schon die Kleidung sollte die Verbundenheit der Spieler mit dem Hamburger Proletariat signalisieren.

Das erste Programm der »Nieter« umfaßte Szenen zu den Themen Schule und Kirche, Faschismus, Achtstundentag, Paragraph 218 und proletarische Presse: »ein kleines politisches Kompendium, von einer unerhörten Lebendigkeit, mit

1932 die Revue »Hamburg bei Nacht« für das »Kollektiv Hamburger Schauspieler«) künstlerische Arbeiten (Zeichnungen, Vignetten für die HVZ und den Norddeutschen Volkskalender, Plakatentwürfe, Gemälde – siehe die Abbildungen im Katalog S. 248). Mitarbeit bei der »Proletarischen Bühne« seit etwa 1925, Herbst 1927 bis Herbst 1930 Leiter der Agitproptruppe »Die Nieter«. Mitglied des Vorstandes des Arbeiter-Theater-Bundes (ATBD) und des Bundes proletarisch-revolutionärer Schriftsteller (BPRS). Ging 1931 – als Lehrer beurlaubt – nach Stuttgart, dort, von Aufenthalten in Hamburg unterbrochen, bis Mitte 1933. Rückkehr nach Hamburg, als Lehrer an der Volksschule Bullenhuserdamm 94.
Starb dreißigjährig durch Freitod am 24. Juli 1934 auf Westerland/Sylt.
Sein Nachlaß – während des Krieges in der elterlichen Wohnung bei der ältesten Schwester verwahrt und zu einem Teil (Gemälde) bei einem amerikanischen Bombenangriff im August 1943 unter den Trümmern des Hauses verbrannt – befindet sich heute in der Akademie der Künste, Berlin/DDR, in der Sammlung der Thälmann-Gedenkstätte, Hamburg, und im Besitz von Irma Braun, Maschen.

Theater 237

Gedruckter Handzettel mit Nieter-Schlager

»Deutschland, Deutschland über alles...«
Szenenfoto 1931. Vorn am Klavier Heinz Augustin

Nieter-Publikum in Geesthacht, 1930

einem beispiellosen Reichtum an politischen und szenischen Einfällen.« (Rote Fahne, 12. 4. 1928)

Schon im Oktober 1928 brachten »Die Nieter« ihr zweites, »gänzlich neues Programm« heraus, das bis zum Januar 1930 in 122 Aufführungen vor etwa 80 000 Zuschauern gezeigt wurde. Durchschnittlich trat das »rote Kabarett«, wie es auch genannt wurde, in zwei Wochen dreimal auf. Schwerpunkte bildeten jeweils die Kampagnen zur Bürgerschaftswahl in Hamburg und zu den Reichstagswahlen. Die Truppe machte Propaganda für die KPD, die Freidenker, den RFB, den Arbeiter-Turn- und Sportbund, die Hamburger Volkszeitung und die Norddeutsche Zeitung, die IAH und andere Massenorganisationen.

Die Szenen des zweiten Programms hießen »Der kommende Giftgaskrieg«, »Die drohende Kriegsgefahr«, »Hände weg von Sowjetrußland!«, »Der Panzerkreuzerbetrug der SPD-Minister«, »Zehn Jahre Hamburger Volkszeitung«, »Wohnungselend«, »Der Hamburger Hafen erwacht« usw. Gespielt wurde im Stadtgebiet Hamburg (bei Sagebiel an der Drehbahn, bei Wachtmann in Altona), im Stadtrandgebiet und im ganzen Bezirk Wasserkante: Harburg, Geesthacht, Elmshorn, Pinneberg, Wesselburen, in Husum und Kiel, auch in Heide und Braunschweig.

»*Wenn die ›Nieter‹ spielten, liefen die Arbeiter von Barmbek bis nach Rothenburgsort. Sie waren so beliebt, daß sich mancher eine Vorstellung auch beim zweiten und dritten Mal nicht entgehen lassen wollte.*« (Irma Braun)

Es wurde in kleinen Sälen, die nur 50 Personen faßten, bis hin zu Sälen für 2000 Personen gespielt. Anlaß waren Werbeveranstaltungen der betreffenden Organisationen, Versammlungen, Stiftungsfeste, Kundgebungen, Fahnenweihen, Demonstrationen und Kongresse.

Die Hamburger Agitproptruppe gehörte schon bald zu den besten Kollektiven in Deutschland. Bis zum Oktober 1928 waren »Die Nieter« allein fünfmal nach Berlin eingeladen worden.

»*Die Postkarten und roten Nieter-Schlager, die wir oder der Theater-Bund hatten drucken lassen, wurden uns förmlich aus den Händen gerissen, wenn wir unterwegs waren.*« (Carolus Bernitt)

Anfang 1930 traten »Die Nieter« in einen revolutionären Wettbewerb mit der Berliner Agitproptruppe »Das Rote Sprachrohr«. Jede Truppe verpflichtete sich, aufgrund der örtlichen Verhältnisse ein konkretes Arbeitsprogramm für zwei Monate aufzustellen und durchzuführen. Vornehmlich ging es darum, die revolutionäre Massenarbeit, d. h. vor allem die Beziehungen zu den Betrieben zu verstärken. Der Wettbewerb fiel in die Periode der Betriebsrätewahlen, und damit war der politische Inhalt bestimmt. Im Heft 6 (Juni 1930) gab die Zeitschrift »Arbeiterbühne und Film« (Verbandsorgan des Arbeiter-Theater-Bundes) das Ergebnis bekannt: »Die Nieter« hatten in

Das Rote Sprachrohr.
Titelblatt der Zeitschrift

AIZ, Nr. 16, 1930, S. 310f.

33 Veranstaltungen innerhalb zweier Monate ihr Arbeitsprogramm erfüllt und das gesetzte Ziel erreicht. Sie lagen mit ihrem Ergebnis vor dem des »Roten Sprachrohrs« – für die Hamburger Truppe ein sehr großer Erfolg.

Hans Käbnick gab Mitte 1930 die Leitung der »Nieter« an Heinrich Liebers ab. Auf dem 11. Bundestag des Arbeiter-Theater-Bundes im April 1930 in Dortmund hatte er in einem ausführlichen Referat seine Vorstellungen von der nächsten Etappe des Arbeitertheaters erläutert. Er selbst wollte sich von da an stärker seinen schriftstellerischen Arbeiten zuwenden. Wie er waren übrigens sämtliche Mitglieder des Kollektivs in ihren Hauptberufen tätig und leisteten die Arbeit als »Nieter« in ihrer Freizeit.

Neben den »Nietern« gab es in Hamburg Ende der 20er, Anfang der 30er Jahre weitere Arbeitertheatergruppen, darunter »Die Proleten« und den »Roten Ring« (1929 gegründet). Auch die »Proletarische Bühne« arbeitete – zeitweise in zwei Gruppen geteilt – weiter bis Ende 1932. Neue Mitglieder waren hinzugekommen. In Eimsbüttel hatte sich 1929 unter der Leitung von Willi Müller die Spieltruppe des KJVD, »Die Rote Kolonne«, gebildet – eine Spieltruppe der Jugend für die Jugend. Sie trugen kleine Sketche, Lieder von Brecht und Eisler und Gedichte (u. a. von Erich Weinert) vor. Einige Texte wurden im Kollektiv verfaßt, andere von Truppen oder aus den Heften der Zeitschrift »Das Rote Sprachrohr« übernommen. Die »Rote Kolonne« trat – auch in Haus- und Hofagitation – in Eimsbüttel, Hoheluft und Altona auf (Seemannsclub, Hansa-Saal). Anita Sellenschloh, Mitglied der »Roten Kolonne«, erinnert sich auch an die Auftritte in den Baumschulen rings um Hamburg, wo die dort beschäftigten Mädchen von ihren Brotherren in extremer Weise ausgebeutet wurden.

Die Dokumente zur Geschichte der »Roten Kolonne« sind – von einigen Hinweisen auf Plakaten abgesehen – fast sämtlich verlorengegangen. Ein Mitglied der Truppe hatte nach 1933 einige Unterlagen in einen Pfeiler der Sternschanzenbrücke eingemauert, dann aber, als Gefahr drohte, das Material wieder herausgenommen und zum Schutz der ehemaligen Mitglieder vernichtet.

An den letzten Auftritt der »Nieter« Ende 1932 – bis dahin hatten die Arbeiterspieler Auswege und Möglichkeiten gefunden, das Spielverbot zu umgehen – erinnert sich Carolus Bernitt:

»Eine KPD-Veranstaltung in Harburg. Wir trugen unseren »Nieter«-Rock. Als wir ankamen, erklärte uns die Polizei, daß unser Auftritt verboten sei. Da habe ich mit dem betreffenden Polizeileutnant verhandelt und habe ihm Texte gezeigt, ›harmlosere‹ Gedichte von Tucholsky und Weinert. Den ›Roten Feuerwehrmann‹ von Weinert allerdings nicht. Dann sind wir so verblieben: er wolle sich hinten links in den Saal stellen, die Vorstellung beobachten und den Arm heben, wenn wir aufhören müßten... Als ich den ›Roten Feuerwehrmann‹ vortrug, habe ich natürlich nur nach rechts geblickt.«

Mehrere Monate danach wurde Heinrich Liebers als Leiter der »Nieter« 1933 von der Gestapo verhaftet. Bei Carolus Bernitt, dem Geschäftsführer des Arbeiterkollektivs, fand eine Hausdurchsuchung statt. Liebers kam noch im selben Jahr wieder frei. Nach dem Krieg gründete er in Hamburg die Arbeitertheatergruppe »Das Rote Sprachrohr«.

Den »Nietern« gelang es, in die Großbetriebe vorzustoßen und dort größere Massen Betriebsarbeiter zu erfassen. Folgende Zahlen gaben einen anschaulichen Vergleich:

Veranstaltungen der »Nieter«

Hafenbetriebe
1250 Teilnehmer
Bauarbeiter
1200 Teilnehmer
Blohm & Voss
800 Teilnehmer
Seeleute
300 Teilnehmer
Hochofenwerk Lübeck
150 Teilnehmer
Straßenbahn
120 Teilnehmer
Deutsche Werft
103 Teilnehmer
Reiherstieg
63 Teilnehmer
Erwerbslosenversicherung Lübeck
– 1600 Teilnehmer
Kiel
1500 Teilnehmer
– Hamburg
1400 Teilnehmer

Veranstaltungen des »Roten Sprachrohrs«

Jonas
600 Teilnehmer
Leiser
450 Teilnehmer
R. A. W. Ben.
200 Teilnehmer
Opp. Eisenbahner
150 Teilnehmer
Auer
110 Teilnehmer
Daimler
100 Teilnehmer
Böcker
100 Teilnehmer
R. A. W. Grunewald
80 Teilnehmer
Stationsbahnh. Bülowstr.
75 Teilnehmer
Karstadt
71 Teilnehmer
Telefunken
70 Teilnehmer

aus: Arbeiterbühne und Film, Nr. 6, 1930

»Ja, wenn nicht du, wer sonst? Und wenn nicht heut, wann dann?«
Das »Kollektiv Hamburger Schauspieler«

Hanuš Burger, geb. 1909 in Prag. 1920 mit den Eltern nach Frankfurt, später über Wien (kaufmännische Ausbildung) nach München (Ausbildung als Bühnenbildner). 1930 ans Schauspielhaus Bremen, 1931 als Anfängerregisseur und Dramaturg nach Hamburg ans Thalia Theater. Mitglied des »Kollektivs Hamburger Schauspieler«. Ende 1932 nach Prag als Dramaturg und Regisseur, u. a. Arbeit mit Agitpropgruppen. 1935 Eintritt in die KP. 1939 nach New York emigriert, dort Dokumentar- und Spielfilme. Soldat. 1950 zurück nach Prag: Arbeiten fürs Theater, den Film und später fürs Fernsehen; u. a. Kindertheater (auch am »Theater der Freundschaft« in Berlin/DDR). Ende August 1968 über Österreich nach München emigriert. Lebt als Regisseur in München.
Hanuš Burger liest die alten Kritiken (im Januar 1982).

Im Frühjahr 1932 schlossen sich junge, engagierte Darsteller der Hamburger Sprechbühnen zu einem sozialistischen Schauspieler-Kollektiv zusammen. In Gastspielen in der Volksoper, im Schiller-Theater und in den Volksheimen führte das Kollektiv zeitkritische Szenenmontagen und politische Kabarettprogramme auf und wirkte in Veranstaltungen der Massenorganisationen mit. Die HVZ schrieb am Tag nach der ersten Premiere: »Endlich hat auch Hamburg sein proletarisches Theater«. Bis in den März 1933 hinein kamen Aufführungen zustande.

Die Initiative zur Gründung eines freien Schauspielerkollektivs, das abseits von den bürgerlichen Bühnen in eigener Verantwortung zeitnahes politisches Theater insbesondere für das »andere«, das proletarische Publikum machen wollte, ging von Gerhard Hinze aus, dem Nachfolger Hans Ottos als 1. jugendlicher Held und Regisseur am Hamburger Schauspielhaus. In Berlin, Leipzig und Düsseldorf hatten sich z. T. schon 1928 unabhängige Theater-Gruppen aus meist erwerbslosen Schauspielern gebildet, so die »Gruppe Junger Schauspieler«, die »Truppe 1931«, das »Kollektiv junger Schauspieler« und die »Truppe im Westen«.

Die neue Organisationsform bot den Mitgliedern zum einen wirtschaftlichen Rückhalt – in den Jahren nach 1930 waren zeitweilig 40 Prozent der Theaterschaffenden arbeitslos –, zum anderen die Möglichkeit, ihre politischen Vorstellungen mit engagierter Theaterarbeit zu verbinden: Aufklärung zu leisten über den Hintergrund der kapitalistischen Weltwirtschaftskrise und den zunehmend deutlicher werdenden Faschisierungsprozeß.

Die erfolgreiche Tätigkeit der Agitproptruppen und ihre Auffassung von der Bühne als Tribunal wirkte als Vorbild. Auch deren theatralische Formelemente sowie die konsequente Hinwendung zum proletarischen Zuschauer gaben Anregungen für das eigene Arbeitertheater. Anders jedoch als die Agitproptruppen, deren Stärke die Kurzszenen bildeten, konnten die gelernten Schauspieler auch zum abendfüllenden Stück greifen, das einen ungleich größeren Aufwand an szenischer Gestaltung erforderte. Autoren und meist auch gleichzeitig Mitglieder dieser Kollektive waren u. a. Friedrich Wolf und Gustav von Wangenheim. Neben »Cyankali«, dem Stück über den Abtreibungsparagraphen von Wolf, war die »Mausefalle« von Wangenheim – eine Szenenmontage über die kleinbürgerlichen Illusionen des Angestellten Fleißig – das bekannteste; etwa 350 Vorstellungen hat die »Truppe 1931« in Berlin und im Reich gegeben. Ein Höhepunkt dieses neuen Theaters der Kollektive war die Uraufführung von Brechts Stück »Die Mutter« durch die »Gruppe Junger Schauspieler« im Jahre 1932 in Berlin.

Das Hamburger Kollektiv konnte sich bei seiner Gründung auf das Vorbild der anderen Gruppen beziehen, z. T. auch vermittelt durch persönliche Kontakte zu Hans Otto und Gustav von Wangenheim. Im Unterschied zu den schon bestehenden Kollektiven waren die meisten der Hamburger Schauspieler gleichzeitig noch an den bürgerlichen Theatern unter Vertrag. So konnte die erste Veranstaltung, organisatorisch von der KPD betreut, zu Gunsten erwerbsloser Schauspieler gegeben werden; die Mitglieder des Kollektivs selbst erhielten nur das Fahrgeld erstattet.

Die Arbeit für das Kollektiv wurde in Nachtstunden erbracht. Edmund von der Meden, im Hauptberuf Kapellmeister und Schauspieler an den Kammerspielen, erzählt, daß vor der ersten Aufführung nicht weniger als ein Vierteljahr lang jede Nacht geprobt worden sei. Die Proben fanden – eine eigene Bühne stand ja nicht zur Verfügung – im Café Hornung in den Colonnaden statt. In seinen »Erinnerungen« (»Der Frühling war es wert«, Frankfurt 1977) hat Hanuš Burger ausführlich von der Gründung des Kollektivs, seiner Arbeit, den Schwierigkeiten und vom ersten Erfolg berichtet. Burger war 1931 als Dramaturg und Anfängerregisseur von Bremen aus ans Thalia-Theater nach Hamburg gekommen. »Dort fraß mich dann die Politik mit Haut und Haar ...« beginnt der Abschnitt über seine Mitarbeit beim Kollektiv. Durch die Bekanntschaft mit Gerhard Hinze – und wie dieser von der seichten Unterhaltung des Vergnügungs- und Geschäftstheaters abgestoßen – traf er zur Gruppe der jungen Schauspieler.

»Das Stück, das die Grundlage unserer Arbeit bilden sollte, hatte ich entdeckt. Es war von der Direktion meines Theaters abgelehnt worden. Ein Mann namens Jan Mangels Prigge hatte es geschrieben, und es hieß »Unser Schaden am Bein«. Es hatte mit dem heutigen Deutschland, dem Deutschland von 1931, zu tun. Aber es war mehr das Skelett eines Stücks. Da war viel ausgespart, und wir waren alle so jung, daß wir nichts auslassen wollten, was wir für unsern Schaden am Bein erkannt hatten: das Wohnungselend, die Arbeitslosigkeit, die militärische Aggression Japans in China, den Zwischenhandel, der die Milch verteuerte, den bedrohlich wachsenden Nationalsozialismus – alles. Justin Steinfeld, unser Hausschriftsteller, würde das, was im Stück fehlte, schon ergänzen. Aber dazu brauchte er Fakten. Also ging ich Fakten sammeln. Ich ging nach Barmbek, nach Eimsbüttel, ich klingelte an Wohnungstüren, ich fragte verhärmte Arbeiterfrauen aus ... Ich ging zu den Stempelstellen, sprach mit Entlassenen und Kurzarbeitern bei Blohm & Voss. Und gleichzeitig probte ich im Thalia-Theater irgendeine Posse, deren Inhalt mir nicht nur albern vorkam, sondern empörend.«

Justin Steinfeld, der das zur Uraufführung durch das Kollektiv ausgewählte Stück bearbeitete, war im Brotberuf Theaterkritiker; das Stück »Unser Schaden am Bein« war gerade als Bühnenmanuskript veröffentlicht worden und stammte von Bruno Wellenkamp, der es unter Pseudonym verfaßt hatte. Steinfeld arbeitete das »ungelehrte Lehrstück mit Chören«, wie es im Untertitel heißt, um und versuchte, durch Einschübe sowie vor allem durch die (von Edmund von der Meden vertonten) Songs dem recht trockenen Text mehr Wirklichkeitsgehalt und politische Aussagekraft zu geben. Die Bearbeitung der Szenenmontage trug den neuen Untertitel: »Kritische Revue in drei Teilen von ›unserer Zeiten Spott und Geißel‹« – eine Analyse der kapitalistischen Wirtschaft und ihrer Widersprüche (Überproduktion – Sinken der Kaufkraft der Massen, Überfluß – Armut) in Kurzszenen, Kommentaren, Songs und Liedern.

Die Proben im Hinterzimmer des Cafés begannen in der Regel um elf Uhr abends: »Zuerst wurde eine Szene gestellt, mit eigenen, improvisierten Worten. Dann ging Justin Steinfeld ... ins Vorderzimmer, und dort faßte er in gute Worte, was wir soeben improvisiert hatten. Ich selbst spielte kleine Rollen und versuchte vor allem, die Erfahrungen, die ich während des Tages gesammelt hatte, ... den Freunden mitzuteilen und in szenische Aktion umzusetzen.« (Burger). Als Regisseur der Revue war zunächst Hans Stiebner von den Kammerspielen vorgesehen. Wegen politischer Differenzen schied er jedoch aus, und Burger trat an seine Stelle; für ihn eine Arbeit, bei der er so viel gelernt habe, wie nie zuvor.

Die Uraufführung fand als Gastspiel in der Hamburger Volksoper am 8. Mai 1932 in einer Matineevorstellung statt. Die Eintrittspreise lagen zwischen 60 Pfennig und zwei Mark, Arbeitslose zahlten auf allen Plätzen die Hälfte. Schon zwei weitere Vorstellungen waren ausverkauft.

Einen Eindruck von der szenischen Gestaltung des ersten Auftritts vermittelt das folgende Zitat: »Edmund von der Meden intonierte am Klavier die musikalische Einführung, und wir traten einer nach dem anderen hinaus. Jeder hatte einige Wor-

Das »Kollektiv Hamburger Schauspieler« nach der Premiere der Revue »Unser Schaden am Bein« auf der Bühne der Volksoper am Millerntor.

Unten links sitzend Axel von Ambesser, Justin Steinfeld, Edmund von der Meden; dahinter stehend Kurt Ackermann, Louise Elber, Hans Paschen und, halb verdeckt, Gerhard Hinze; auf dem Podest sitzend vorn: Karl Böss, Ilse Apel, Hanuš Burger, Lilo Raehse; darüber Wolfgang Hildebrandt, Herta Dilsizian, Johansen; hinter ihr stehend Lux Rodenberg.

Theater 241

An der Rampe
(von links nach rechts): Ackermann, Elber, Hildebrandt (?), Johansen, von der Meden, Raehse, Dittmann, Rosovsky, Böss, Rodenberg, Paschen, Apel, Hinze, Dilsizian, von Ambesser.

Auf dich kommt's an!
Ja, wenn nicht du, wer sonst?
Und wenn nicht heut, wann dann?
Auf dich kommts an
›Genosse‹!
Auf dich kommt's an.

Und wenn Millionen aufmarschieren,
Wir dürfen keinen Mann verlieren.
Und heut tritt ein. Und jetzt tritt ein,
Denn morgen kann zu spät es sein.
Auf jeden Mann da kommt es an,
Auf dich kommt's an!

Song aus »Dem Nagel auf den Kopf« von Justin Steinfeld

Abrüstungsszene:
am Tisch links Hans Paschen und rechts Gerhard Hinze.

Szenenfoto:
auf dem Podium links Hinze, rechts von Ambesser; in der Mitte Burger, Hildebrandt (?), Dittmann, Rosovsky, Apel, Paschen.

te des Prologs zu sprechen. Auf dem linken Podium erschien Dittmann und verlas die Ernteresultate aus dem vergangenen Herbst. Dann fiel ein Lichtkegel auf das rechte Podium. Dort stand schmal und blaß Mira (Rosovsky) und verlas die steigenden Lebensmittelpreise. Inzwischen hatten wir andern im Dunkel der Mitte eine Gruppe gebildet. Axel (von Ambesser) trat vor und sang das Lied vom Brot, das bald keiner mehr bezahlen konnte.« (Burger).

Das Publikum dankte dem Kollektiv durch ungewöhnlich starken Beifall. Die HVZ, die die Arbeit der Schauspieler von Anfang an mit großem Interesse begleitet hatte, schrieb: »Mit allereinfachsten Mitteln werden in diesem Stück stärkste Wirkungen erzielt, nicht zuletzt deshalb, weil hier die Sprache der Tatsachen gesprochen wird, die durch den Kapitalisten selbst, durch seine eigene Statistik, seine eigene Presse, seine eigenen Dokumente belegt werden. Möge manches an dem Stück noch nicht klar genug herausgearbeitet sein, auf jeden Fall hat das Schauspielerkollektiv mit seiner zeitkritischen Revue ein lebendiges politisches Lehrstück geschaffen, das weitesten Kreisen der werktätigen Bevölkerung zugänglich gemacht werden muß.« (HVZ 9. 5. 1932).

Am selben Tag erschien auch in den »Hamburger Nachrichten« eine dreispaltige Besprechung. Der bürgerliche Theaterkritiker trat als politischer Zensor auf: Da es sich beim Kollektiv nicht um eine Notgemeinschaft erwerbsloser Schauspieler handele, mache es in schwierigen Zeiten den bürgerlichen Theatern, »die heute auf die Arbeit und die Anziehungskraft eines jeden einzelnen Mitgliedes angewiesen sind«, Konkurrenz. Darüberhinaus handele es sich hier »um eine politische Vereinigung, zum mindesten um eine Sympathiegemeinschaft politisch Gleichgesinnter (...), die sich am Sonntagmorgen eindeutig und nachdrücklich zur kommunistischen Propaganda bekannt haben... Oder hat man etwa angenommen, daß der Berichterstatter einigen sympathischen Erscheinungen zuliebe das Ganze für die Erbauungsstunde eines Backfisch- und Jungmännerkränzchens halten würde?« (F.-C. Kobbe, 9. 5. 1932).

»Die Kritik wirkte wie eine Denunziation«, sagt Hanuš Burger. Er und andere Mitglieder des Kollektivs wurden zu ihren Theaterdirektoren zitiert und vor die Alternative gestellt, hier oder dort zu spielen. »Wer bei so etwas mitmacht, muß wissen, was er auf sich nimmt. Der Kobbe hat schon ganz recht. Von wegen ›künstlerisches Experiment‹! Hochverrat ist das!« (Friedrich Lobe, Interimsdirektor des Thalia Theaters, zitiert nach Burger). Nur Erich Ziegel, Leiter der Kammerspiele und ein liberaler Mann, habe mit den Achseln gezuckt und seinen Kapellmeister gefragt: »Muß denn das

Vier Fotomontagen aus Bildmaterial der AIZ von dem Bühnenbildner Wolfgang Hildebrandt. Die Montagen wurden als Lichtbild projiziert (deutlich im Foto der Abrüstungsszene). Die Themen: Gerechtigkeit, Arbeitslosigkeit, Rüstung und Krieg.

sein, von der Meden?«

Die Mitglieder des Kollektivs waren mit unterschiedlich starkem Engagement bei der Sache, so daß es nicht verwundert, daß sich nicht alle weiter dem politischen Druck aussetzen wollten und das Kollektiv nach kurzer Zeit verließen oder verlassen mußten. Schon zur Premiere des ersten Stücks hatte die Polizei eine Hundertschaft vor dem Eingang und in der Nähe der Volksoper postiert, da Zusammenstöße mit Nationalsozialisten nicht ausgeschlossen waren und – in erster Linie – um die kommunistische Veranstaltung zu kontrollieren, die jedoch ebenso von Gruppen der SAJ und des SJV besucht wurde.

Die Bedingungen, unter denen in der Folgezeit noch gespielt werden konnte, verschärften sich von Mal zu Mal. Neben zwei Kabarettprogrammen, u. a. mit Brecht/Eisler-Liedern, und häufiger Mitwirkung bei Massenveranstaltungen kam am 18. Dezember 1932 ein neues Stück von Justin Steinfeld in der Oper im Schillertheater zur Aufführung. »Dem Nagel auf den Kopf«, eine Revue von »Übergang und Konsequenz«. Die letzte Veranstaltung des Kollektivs im März 1933 wurde für die Universitätsorganisation der Roten Studenten im Studentenhaus (Neue Rabenstraße) gegeben. »Ein Trupp Nazischläger brach eine blutige Saalschlacht vom Zaun, es gab Verwundete im Saal und auf der Bühne. Einen der Schauspieler stürzten die Nazis aus dem Fenster, er wurde schwer verwundet.« (Klaus Pfützner, Kunstanspruch und politisches Theater, in: Theater der Kollektive, hg. v. L. Hoffmann, Berlin/DDR 1980, Bd. 2, S. 791).

Die von Hans Käbnick, dem Leiter der »Nieter«, für das Kollektiv geschriebene Revue »Hamburg bei Nacht« konnte in Nazi-Deutschland nicht mehr auf die Bühne gelangen.

Edmund von der Meden und Hanuš Burger haben beide vom Schicksal ihres kommunistischen Schauspielerkollegen Gerhard Hinze erzählt, der – wahrscheinlich aufgrund einer Denunziation – 1933 von der Gestapo verhaftet wurde. Das grausame Schicksal seines besten Freundes Hans Otto, der noch im selben Jahr ermordet wurde, blieb Hinze erspart; er kam durch Vermittlung nach einem Jahr aus dem Konzentrationslager frei und ging in die Sowjetunion, später nach England, wo er als Schauspieler unter dem Namen Gerard Heinz gearbeitet hat.

Programmübersicht

»Unser Schaden am Bein. Zeitkritische Revue in drei Teilen von ›unserer Zeiten Spott und Geißel‹«. Nach einem Stück von Jan Mangels Prigge (d. i. Bruno Wellenkamp), bearbeitet und mit Songs von Justin Steinfeld. Regie Burger, Bühne Hildebrandt, Musik Edmund von der Meden. Uraufführung in der Hamburger Volksoper (Gastspiel) am 8. Mai 1932, vormittags 11 Uhr.

Kabarettprogramm »Neue Songs von Brecht und Eisler und neue Szenenmontagen«. Premiere am 16. September 1932 im Volksheim Hammerbrook, Sachsenstraße 21.

Kabarettprogramm »Wir sehen hell ...«. Premiere am 12. November 1932.

»Dem Nagel auf den Kopf. Von Übergang und Konsequenz«. Revue und Szenenmontagen von Justin Steinfeld. Uraufführung in der Oper im Schiller-Theater am 18. Dezember 1932, vormittags 11 Uhr. Mitwirkende: Ilse Apel, Karl Böss, Georg Fuchs-Martin, Hans Geissler, Wolfgang Hildebrandt, Gerhard Hinze, Heinz Kahnemann, Max Klein, Wolf Kraaz, Käthe Massante, Friedel Mischke, Hans Paschen, Hannes Schmidt, Pippa Sigrit, Justin Steinfeld, Olga Treigar.

Nicht mehr zur Aufführung gelangt: »Hamburg bei Nacht«. Revue von Hans Käbnick.

Mitwirkung bei zahlreichen Massenveranstaltungen der KPD, der Roten Hilfe, der Roten Studenten u. a.

Theater 243

»... der Feind steht rechts!«
Das Kabarett »Lachen links«

Das sozialdemokratische Hamburger Kabarett »Lachen links«, zusammengesetzt aus Berufsschauspielern, trat an Wochenenden mit Sketchen und politischen Revuenummern vor Arbeiterpublikum im Theatersaal des Gewerkschaftshauses am Besenbinderhof auf. Vor den Reichstagswahlen 1930 ging das Kabarett zum ersten Mal auf die Straße.

Trude (Gertrud) Possehl, geb. 1900 in Hamburg, aus sozialdemokratischem Elternhaus; Schauspielausbildung, Engagements in Gelsenkirchen, Recklinghausen, Berlin und Karlsruhe. SPD-Mitglied, 1928–1931 in Hamburg, u. a. beim Kabarett »Lachen links«; anschließend bis 1933 in Bremen, dann wieder Hamburg (Schiller-Oper). Nach dem Krieg zunächst an den Sattler-Bühnen, später am St. Pauli-Theater. Lebt als Volksschauspielerin in Hamburg.

Wenn ich gewußt hätte, daß sich heute noch einer dafür interessiert, hätte ich viel mehr Material von damals aufgehoben. Obwohl es in der Nazizeit schwierig gewesen wäre. Aber ich hätte die Sachen versteckt«, sagt heute Trude Possehl, ehemals Mitglied von »Lachen links«, eines Theaters, das der Politik nicht aus dem Wege ging. »Heute gibt es in Hamburg ja leider kein so politisches Kabarett mehr.«

Als Dokumente sind nur einige Fotos und zwei größere Zeitungsartikel übriggeblieben; bis auf vier Zeilen sind auch sämtliche Texte verlorengegangen. Trude Possehl: »Die schrieb alle Franz Andresen, der das Kabarett auch gegründet und geführt hat. Er war leitend tätig bei der AOK in Hamburg. Aber wir waren kein Straßentheater. Wir sind nur vor der Wahl ›auf die Straße‹ gegangen. Meist trat die Gruppe im Gewerkschaftshaus mit ihren Sketchen im Anschluß an eine Rede oder ein Referat auf; oft hat dort Adolf Biedermann gesprochen. Das Kabarett machte ich auch nur nebenbei, die Auftritte wurden bezahlt. Wir hatten ja kein festes Haus.«

»Lachen links« wurde Ende der 20er Jahre gegründet. Mitglieder waren neben Trude Possehl noch Wally Wolf, Grete Twachtmann, Ludwig Meybert, Max Waechter und Felix Glogau. Trude Possehl wurde von Wally Wolf, einer Schauspielerkollegin, geworben. »Ich machte mit, weil es meiner ›Geschmacksrichtung‹ entsprach; im übrigen war das – neben der politischen Aufgabe – für einen Schauspieler eine dankbare Sache, da die Vorstellungen im Gewerkschaftshaus immer gut besucht waren. Wenn wir auftraten, herrschte dort sonder Jubel und Trubel. Wir machten auch bei sogenannten Bunten Programmen mit; da traten zur ›Verschönerung‹ auch Tanzgruppen auf. Ich erinnere mich an die Ballettmeisterin vom Stadttheater, Olga Brandt-Knaak, auch an die Tänzerinnen Lotte Krause und Lotte Lobenstein.«

Glanznummer für Wally Wolf war der »Schusterjunge«, eine Rolle, über die ich allerdings nichts mehr weiß; für mich war es die »Reinmachefrau«: die Bühne war voll gehängt mit Plakaten und Transparenten, hier mußte ich aufräumen, den »Augiasstall ausmisten«, wie es im Text hieß. Da habe ich alles heruntergeholt und zusammengekehrt.

Manchmal gaben wir auch Vorstellungen außerhalb Hamburgs, so in Geesthacht. Daran erinnere ich mich noch ganz genau – es zeigt, wie gefährlich es damals schon war: Wir fuhren zusammen mit Dr. Alfred Mette von der SPD in einem Kleinbus hinaus. Felix Glogau trat in einer Hitler-Parodie auf. Das hat man uns sehr verübelt. Als wir nämlich auf der Rückfahrt durch ein Waldstück kamen, wurden wir von Nazis mit scharfer Munition beschossen. Ich weiß noch, wie Dr. Mette schrie: ›Alles hinlegen!‹ – Das muß so um das Jahr 1930 gewesen sein.«

Nach ihrem Ausscheiden aus der Regierung im März 1930 griff die SPD zu »gänzlich neuen Methoden« der Wahlarbeit (VuZ). Begleitet von einem Propagandawagen der Partei fuhr die Kabarettgruppe mit einem Theaterkarren in die Wahlbezirke. Ähnliche Agitationsmethoden hatten vor allem die Spieltruppen der KPD und des KJVD schon entwickelt und erprobt.

»Der Malermeister Paul Junge stellte uns seinen Lieferwagen zur Verfügung. Er war auch zuständig für die Umrüstung des Wagens und die Aufbauten«, berichtet Trude Possehl. Auf der Ladefläche stand eine Holzwand: ein gemalter Schaubudeneingang, über dem in großen Lettern »Abnormitätenschau« zu lesen war. Die Ladeklappen wurden mit Karikaturen versehen, die – wie auch die Bildtafeln für die »Bänkelsänger« der Aufführung – von dem »Volk und Zeit«-Zeichner Max Deiters stammten.

Die satirischen Angriffe in Wort und Bild richteten sich vor allem gegen die Politik des seit Ende März 1930 regierungsverantwortlichen ersten »Präsidialkabinetts« unter Heinrich Brüning und die Minister der Regierungsparteien (Zentrum, DStP, DNVP, BVP, DDP— DVP). Auch die Kommunisten und Nationalsozialisten wurden attakkiert.

Am Tag vor der Wahl, am 13. September 1930, erschien ein Bericht des Echo über den Auftritt des Straßentheaters, der die politische Stoßrichtung und den Ablauf der Veranstaltung deutlich macht; er stellt zudem die einzige ausführliche Beschreibung über diese Form der Wahlarbeit dar.

»... und gewählt wird Liste 1!«

»So geht's los! Irgendwohin, wo viele Leute sind. Der Sozialistenmarsch wird gespielt. In alle Wohnungen und Höfe schallt es: ›Auf Sozialisten, schließt die Reihen!‹ Im Nu ist der Wagen von johlenden Kindern umringt, Passanten bleiben stehen, Fenster und Türen öffnen sich, auf einmal ist die stillste Straße lebendig. ›Achtung! Achtung! Hier ist der

sozialdemokratische Wahlpropagandawagen!‹ Um die Wagen stehen jetzt viele Menschen, sie haben es schon an den bissigen Bildern gesehen, wen sie vor sich haben. Man lacht, man ärgert sich darüber, man kann sich nach Belieben bedienen, aber man bleibt stehen [...] Die alte Bänkelsängerei ist wieder auferstanden. Die mutigen Sängerinnen sind die kleine Wally Wolf und die größere Gertrud Possehl, die soeben aus ihrer ›Garderobe‹ – dem Führersitz – herausgekrochen kommen. Wally klettert, mit einem Stock und Sprachrohr bewaffnet, auf den Wagen, Gertrud klettert mitten auf der Straße auf einen Schemel, den sie sich mitgebracht hat. An den langen, dünnen, gebogenen Hörnern – eine sinnreiche Vorrichtung – werden Bilder hochgezogen, der Mann hinter den ›Kulissen‹ stimmt seine Ziehharmonika und dann geht's los. Mit dem Sprachrohr am Mund beginnt Wally: ›Hört, ihr Leute, die Musike,/in der deutschen Republike/macht zum Gärtner man den Bock.‹ So beginnt die Bürgerblockballade, und man kann sie großartig auf den alten ›Prinz Eugen, der edle Ritter‹ singen. Wally Wolf steht dort oben und singt, so gut sie kann, sie hat eine Stimme wie ein Gassenjunge, wie ein sympathischer Gassenjunge natürlich. Nach

Das Kabarett »Lachen links« in Barmbek. Unter den Zuschauern zum Schutz vor Störungen Reichsbannerleute.

drei Zeilen wird sie von der stärkeren Gertrud Possehl, die eine Stimme hat wie ein Mann, abgelöst, den Refrain singen sie dann gemeinsam, und es ist ziemlich weit zu hören.

Und jeder Vers, den sie singen, wird mit trefflichen, charakteristischen Bildern, die immer abwechselnd hochgezogen werden, illustriert. Der Anschauungsunterricht, den die beiden Sängerinnen erteilen, sitzt. Seht hier, Brüning, sich vor der Rechten verbeugend, der kleine Seekadett Treviranus, Wirth mit dem gebrochenen Rückgrat, Schiele, der den Arbeiterbrotkorb höher hängt und die Junker beschenkt, Stegerwald, der Doktor Eisenbart, Dietrich, der die Spartöpfe leert, Bredt mit der zweierlei Justiz, das ganze schöne Kabinett ist zu sehen. Alle Schandtaten des Bürgerblocks werden angeprangert, das Ende der Ballade mündet in den weithin schallenden Refrain: Und gewählt wird Liste 1!

Kaum ist die Ballade beendet, schleudert der Lautsprecher eine kurze, markante Wahlrede ins lauschende Publikum, die mit der Aufforderung, Sozialdemokraten zu wählen, schließt. [...]

Und das Publikum? Es reagiert mehr nach Partei als nach Temperament. Aber ohne irgendeine Wirkung bleibt die Ballade auf niemand.«

Die genannten Politiker hatten im Juni 1930 folgende Ämter: Heinrich Brüning (Zentrum), Reichskanzler; Gottfried Treviranus (DVP), Reichsminister für die besetzten Gebiete; Joseph Wirth (Z), Reichsmin. des Innern; Martin Schiele (DNVP), Reichsmin. für Ernährung und Landwirtschaft; Adam Stegerwald (Z), Reichsarbeitsminister; Hermann Dietrich (DStP), Reichswirtschaftsminister und Stellvertreter des Reichskanzlers; Johannes Bredt, Reichstagsabgeordneter und Führer des Wirtschaftsrats des Mittelstandes.

»Jagt sie fort mit Schimpf und Spott«: Kapitalist, Pfaffe, Nationalsozialist und Kommunist werden aus der Stadt getrieben (auf dem Reichstagswahlplakat der SPD). – Mit Sprechtüten: Wally Wolf und Trude Possehl; halb verdeckt vom Reichsbannermann der Musiker mit der Ziehharmonika.

Als Parteivertreter und Redner traten bei solchen Veranstaltungen u.a. Irma Keilhack, Dr. Mette, Adolf Biedermann, Peter Grassmann, Karl Meitmann und Hans Podeyn auf.

»Wir machten mit«, sagt Trude Possehl, »weil wir alle sagten, das ist wichtig. Und ich erinnere mich noch an die letzte Zeile der Bürgerblockballade: ›Volk, gib acht, der Feind steht rechts!‹«

»Die Kunst dem Volke!«

Arbeiter als Publikum: die Volksbühne Groß-Hamburg e. V.

»Zu einer Volksbühne gehören alle, die einer neuen Gemeinschaftskultur zustreben und denen die Kunst berufen erscheint, Künderin und Wegbahnerin eines wahren Gemeinschaftserlebens zu sein; zu ihr alle, die sich nach dem Erlebnis reifer Kunstwerke sehnen, als Glieder einer gleichgesinnten Gemeinde, ohne selbst als Dilettanten ein unzulängliches Können fortzuführen, alle, die schöpferischen Anteil am Aufbau eines volkhaften Kulturtheaters nehmen wollen.« (Der Vorspruch, Blätter der Volksbühne Groß-Hamburg. Jg. 6, 1930, Heft 4)

Volk und Zeit, 1929, Nr. 23. Beitrag von Gustav Leuteritz, Schriftleiter des Vereinsorgans »Der Vorspruch«

Die »Volksbühne Hamburg« wurde am 4. Januar 1919 im Hamburger Gewerkschaftshaus gegründet. In der Tradition der frühen sozialistischen Arbeiterbewegung ging es dem Verein vor allem um die Aufhebung des besitzbürgerlichen Theaterprivilegs und um die Durchsetzung moderner, zeit- und gesellschaftskritischer Theaterstücke. Durch einen gemeinsamen Aufruf der Gewerkschaften, der Arbeiterbildungsvereine und anderer kultureller Vereinigungen gelang im Herbst 1920 der Zusammenschluß zur »Volksbühne Groß-Hamburg e. V.«. Die Volksbühne wurde »zur alleinigen Theaterbesucher-Organisation der arbeitenden Bevölkerung in Hamburg«. (Wartenberg, Chronik der Hamburger Volksbühne, 1969). Grundsatz des Dachverbandes der deutschen Volksbühnenvereine war parteipolitische und konfessionelle Neutralität, allerdings unter Ablehnung aller der »sozialistischen Bewegung« entgegengesetzten Tendenzen.

Im Herbst 1930 zählte der Dachverband der deutschen Volksbühnenvereine 305 Volksbühnengemeinden mit rund 500 000 Mitgliedern. Die Hamburger Volksbühne hatte damals etwa 10 000 Mitglieder, überwiegend Arbeiter und Angestellte, denen sie zu erheblich reduzierten und einheitlichen Eintrittspreisen Theaterbesuche in den bürgerlichen Stadt- und Geschäftstheatern bot.

Der niedrige Einheitspreis wurde mit Recht als soziale Errungenschaft der Volksbühnenbewegung und als zunächst praktische Einlösung des Verbandsmottos »Die Kunst dem Volke« herausgestellt:

»Zunächst mußte die Volksbühne ihr erstes Streben auf die sozialen Bedingungen des Theaterbesuchs konzentrieren. Bedeutet doch eben diese soziale Frage einen der Hauptgründe für die seitherige Fernhaltung

großer Volksschichten vom Theaterbesuch. Erstes Ziel war und blieb demnach die Verbilligung des Theaterbesuchs. Und sofort im Anschluß daran die Beseitigung aller Klassenmerkmale beim Theaterbesuch durch Einführung des einheitlichen Eintrittspreises. Beides geht Hand in Hand. (...) Die regulären Theaterpreise schließen in Deutschland in der Regel den Gedanken einer sozialen Kunstpflege aus. Es ist Millionen unmöglich, die ordentlichen Kassenpreise aufzubringen, es sei denn, daß sie sich stets mit den Plätzen billigster Güte begnügen und auch dann nur gelegentlich in den bescheidenen Genuß einer Darbietung gelangen.« (A. Brodbeck, Handbuch der deutschen Volksbühnenbewegung. Berlin 1930, S. 14).

So konnte der Vorsitzende der Hamburger Volksbühne, Bürgermeister Rudolf Roß, auf der ordentlichen Mitgliederversammlung im Gewerkschaftshaus im Oktober 1930 folgenden Bericht geben:

»Im abgelaufenen Spieljahr erhielt jedes Mitglied gegen Entrichtung der 12 Monatsbeiträge 11 Vorstellungen in den Hamburger Theatern, und zwar wie folgt verteilt: 5 bis 6 Aufführungen im Schauspielhaus an Sonntagmittagen, 3 Aufführungen im Thalia-Theater, 1 bis 2 Aufführungen in den Kammerspielen an Werktagabenden, eine Oper im Hamburger Stadttheater an Sonntagmittagen.«

Insgesamt waren für die Mitglieder 123 000 Theaterplätze belegt worden. Nur durch diese hohen Belegquoten und durch die langfristigen Abnahmegarantien waren die Niedrigpreise gegenüber den Theaterbetrieben durchzusetzen; ihr Kassenrisiko wurde dadurch wesentlich gemildert oder sogar ausgeschaltet.

Das Angebot der Volksbühne umfaßte außerdem an eigenen Veranstaltungen eine Frühlingsfeier – im April 1930 gestaltet vom Sprechchor des Bildungsausschusses, dem Barmbeker Volkschor und vom Norag-Orchester –, sogenannte »Sonntagsunterhaltungen« (Tanz- oder Rezitationsabende; musikalische Veranstaltungen, Abende mit gemischtem Programm, Lichtbildervorträge) sowie Kultur- und Spielfilmveranstaltungen. Die Spielschar der Jugendvolksbühne führte im Dezember das Märchenspiel »Hans Dampf« auf.

Die Bilanz konnte über ein zunehmend deutlicher werdendes Dilemma, in dem der Volksbühnenverein steckte,

nicht hinwegtäuschen: Angetreten als Hüter des kulturellen Erbes, den Einzelnen über den Kunstgenuß kulturell und über das »gesellschaftsbildende Moment des Kunsterlebnisses« auch sozial zu emanzipieren, hatte man sich in die einseitige Abhängigkeit vom Angebot der bürgerlichen Theater gebracht. Einflußnahme auf den Spielplan war von seiten der Volksbühne nur mittelbar und in bescheidenem Umfang möglich. Als spätestens unter dem Druck der wirtschaftlichen Verhältnisse die Theater mehr und mehr dazu übergingen, mit Blick auf möglichst hohe Besucherzahlen ihre Spielpläne mit seichter Unterhaltung zu spicken und dem reinen Geschäftstheaterprinzip nachzugehen, konnte die Volksbühne ihrem selbst gestellten Anspruch nicht mehr gerecht werden.

So wurde denn auch im Jahr 1930 die Forderung nach einem eigenen Theater, wie es der Volksbühne nur in Berlin (Theater am Bülowplatz) zur Verfügung stand, verstärkt erhoben: In eigenen Theatern sollte das »Volkstheater der Zukunft« vorbereitet werden. Als Besucherorganisation ins Leben gerufen und dem Theater als Waffe abschwörend (»Überall freilich, wo man das Theater als Waffe auffaßt, entstehen nur Splittergruppen. Der Kreis dieser Theater ist sehr eingeschränkt.« Julius Bab auf dem Theaterkongreß 1930), besann man sich zu spät auf die Möglichkeiten, die Konsumentenvereinigung in eine »Produzentengemeinschaft« umzuwandeln, in der man selbstbestimmt nach eigenen Vorstellungen Theater hätte realisieren können. Statt dessen hielt man fest an der These, daß es zwei Sorten politischer Dichter gäbe: »Solche, die politische Zustände darstellen und solche, die politische Zustände herbeiführen wollen. Die ersteren sind die weitaus bedeutenderen. (...) Wir zählen Shakespeare, Schiller und Kleist zu ihnen.« (Der Vorspruch, 1930, Heft 9).

Diese Auffassung stellte eine Ehrenrettung des bürgerlichen Theaters aus dem Geist des deutschen Idealismus dar. Indem man ein an der politischen Wirklichkeit der Gegenwart orientiertes Theater verwarf – Bab: »Das Theater soll nicht diesen oder jenen Zwecken dienen, es soll die Ererschütterung in uns erwecken.« – hatte man sich in eine Sackgasse manövriert, aus der, durch die wirtschaftliche Not verschärft, kein Ausweg herausführte. Der Traum vom »eigenen Hamburger Volkstheater«, wie immer es unter den obengenannten Voraussetzungen auch ausgesehen hätte, war ausgeträumt.

Zur Geschichte der Hamburger Volksbühne

»In Hamburg hat einst der Volksbühnengedanke früh Niederschlag gefunden. Bald nach Schaffung der Freien Bühne Otto Brahms und der Freien Volksbühne in Berlin wurde auch in Hamburg eine Freie Volksbühne gebildet. Es war im August 1893, als ein Häuflein kulturfortschrittlicher Intellektueller und vor allem in der Gewerkschaftsbewegung stehender Arbeiter zusammentrat und den Verein ins Leben rief. Nach etlichen Propagandaversammlungen wollte er mit Gerhart Hauptmanns Drama ›Vor Sonnenaufgang‹ seinen Mitgliedern und Hamburg zum ersten Male ein Werk des jungen deutschen Naturalismus bieten, den Hamburgs Bühnenleiter bislang vollkommen sabotiert hatten. Aber schon seinem ersten Wollen stellte sich Dummheit und Haß entgegen. Der alte Chéri Maurice hatte sein Thalia-Theater für die Vorstellung versprochen, Pollini, der Gewaltige des Stadttheaters und große Kunstverschleißer

des Nordens, veranlaßte den Alten in letzter Minute, seine Zusage zurückzuziehen. Eine höchst unzulängliche Aufführung des Dramas in einem Vorstadttheater blieb übrig.
Sieben Jahre hat sich die Freie Volksbühne in Hamburg, an deren Spitze zeitweilig der Dichter Gustav Falke stand, dann zwischen Haß, Konkurrenzneid und Dummheit von Vorstellung zu Vorstellung hindurchwinden müssen. Törichten Theaterdirektoren gesellten sich Polizei und Militärgewalt zu, um die rührend treuen Mitglieder des Vereins nicht zum Genuß kommen zu lassen. Eine Vorstellung von Hauptmanns ›Einsame Menschen‹ wurde von geharnischten Polizeibeamten als ›verbotene Versammlung‹ aufgelöst, noch ehe sie beginnen konnte. Von einem Saal zum andern, durch die traurigen Vorstadttheater wurde der Verein durch Militärboykott und Polizeischikanen getrieben, bis er im Jahre 1900 nach tapferem und stets von höchstem Kunstidealismus erfülltem Ringen seine Tätigkeit einstellte, weil er

einsehen mußte, daß die Schwierigkeiten, die man gegen sein Streben aufhäufte, unüberwindlich geworden waren.
Über zehn Jahre besteht nun die Volksbühne Groß-Hamburg. Die neue Zeit hat die Theaterleiter vernünftiger werden lassen. Polizei und Militär sind im Volksstaat Diener, und nicht mehr Gegner des Volks. Darum war es der Volksbühne und ihren eifrigen und geschickten Leitern möglich, den Mitgliedern viele gute Vorstellungen, manchen wertvollen Schatz dramatischer Literatur zu bieten. Aber ein Ziel blieb auch jetzt noch unerreicht: die eigene Bühne, deren Spielplan die Organisation der Theaterbesucher selbst bestimmt. Wann wird es erreicht werden? Nötig ist, immer daran zu denken!«
Emil Krause, SPD-Senator für Schul- und Erziehungswesen (vor dem 1. Weltkrieg Vorstandsmitglied der Freien Volksbühne), in seiner Rede am 12. Juni 1930 zur Eröffnung des IV. Internationalen Theaterkongresses in Hamburg.

Künstlerische Arbeiten von Hans Käbnick aus den Jahren 1924 bis 1930

Plakatentwürfe

Werbung für die HVZ, Federzeichnung

Selbstbildnis

Hinterhof in Barmbek

Schiff im Dock, Zeichnung

Vignette aus dem Norddeutschen Volkskalender 1927

Angst vor dem Giftgas, Ölgemälde

Rosa Luxemburg und Karl Liebknecht, Linolschnitte

»Wir durften nicht abseits stehen«
Kunst und Agitation
von Marina Schneede

Trotz allem Kunst

Nach dem Erleben des Ersten Weltkriegs, nach dem Zusammenbruch der Monarchie und der Novemberrevolution setzte sich eine Vielzahl von namhaften (George Grosz, John Heartfield, Heinrich Vogeler) und weniger namhaften Künstlern in den politischen Auseinandersetzungen für die Unterprivilegierten, gegen Kapital und Militarismus ein. Noch wenig bekannt sind die politischen Aktivitäten von Künstlern in Hamburg.

1928 entstand unter der Obhut der KPD die »Assoziation revolutionärer bildender Künstler Deutschlands« (Asso). Vor allem in Berlin, aber auch in Leipzig und Dresden entwickelten sich, wie neuere Dokumentationen belegen, rege Aktivitäten. Die Ende 1928 in Hamburg gegründete Asso-Gruppe war bei weitem nicht so festgefügt und wirkungsvoll.

In der Asso gab es zwei Richtungen. Auf der einen Seite machten professionelle, zumeist aus dem Kleinbürgertum stammende Künstler die Sache der Arbeiter zu der ihren, indem sie Motive aus der Arbeitswelt, einfache Menschen, gesellschaftliche Widersprüche darstellten oder ihre künstlerischen Mittel der tagespolitischen Arbeit (Bildtransparente, Plakate, Agitationsgrafik) dienstbar machten. Auf der anderen Seite stellte sich die KPD die Aufgabe, Arbeiter zu selbst tätigen schöpferischen Menschen zu erziehen. Zu diesem Zweck wurde 1927 in Berlin die Marxistische Arbeiterschule (MASCH) eingerichtet, die eine Vielzahl allgemeinbildender Kurse anbot, beispielsweise zu Problemen der Geschichte und der Kunsttheorie, aber auch – und das war 1930 neu – zur Erarbeitung der Grundlagen künstlerischen Schaffens. Sehr schnell – im Oktober 1930 – entwickelte sich daraus in Berlin ein erster Zusammenschluß von Arbeiter-Zeichnern. Eine solche Organisation ging in den beiden folgenden Jahren in viele Ortsgruppen der Asso ein, auch in Hamburg.

Die »Marxistische Arbeiterschule Groß-Hamburg« eröffnete ihre Kurse Anfang Januar 1930 (damalige Geschäftsstelle: Kaiser-Wilhelm-Str. 85, Holstenhof, I. Stock). Neben Sprachen, Geschichte, Radiotechnik und einer kunstgeschichtlichen Einführung von R. Steinberg zum Thema »Proletariat und bildende Kunst« wurde im Winter-Quartal – 17. November bis 31.

Dezember 1930 – mit dem Kurs »Schriftzeichnen« auch in Hamburg der Grund zu einer Arbeiter-Zeichner-Bewegung gelegt. Der Hamburger Asso-Künstler Emil Kritzky hielt diesen Kurs in seinem Atelier Lübecker Str. 110 a, 4. Etage, ab. Im darauffolgenden Sommer bot er – jetzt im Atelier Imstedt 24 – zusätzlich einen Kurs »Form und Farbe« an.

Nicht »Arbeiterkünstler mit Künstlerfimmel« sollten, wie die »Rote Fahne«, das Zentralorgan der KPD, im Oktober 1930 schrieb, in diesen Kursen herangebildet werden, »sondern mit den Mitteln der Kunst politisch immer wirksamer arbeitende revolutionäre Politiker des Proletariats«.

Während also die KPD den Künstlern und Arbeiter-Zeichnern vorwiegend praktische, tagespolitische Aufgaben stellte, förderte die SPD vor allem die breite künstlerische Entwicklung der arbeitenden Menschen.

Dies belegt eine vom Bildungsausschuß der SPD Hamburg im Dezember 1930 in der Hamburger Kunsthalle veranstaltete Ausstellung mit 13 »Künstlern, die aus dem Arbeiterstande hervorgewachsen sind, größtenteils völlig unbekannt und ihre Kunst nur nebenberuflich ausübend«. In dem zur Ausstellung herausgegebenen Faltblatt des SPD-Bildungsausschusses heißt es weiter: »Man darf an ihre Arbeiten nicht den Maßstab anlegen, der für die Leistungen geübter und routinierter Nurmaler in Betracht kommt. Die Ausstellung will in erster Linie dokumentarisch gewertet werden. Sie will aufzeigen, daß mit dem wirtschaftlichen Kampf des Proletariats auch kulturelle Kräfte ans Licht streben. Sie will beweisen, daß wertvolle und edle menschliche Kräfte in den wirtschaftlich unterdrückten Volksschichten rege sind trotz der ungeheuren Last sozialer Übelstände ... Überhaupt stellt die ganze Ausstellung den Anfang einer größeren Aufgabe dar, deren sich der Bildungsausschuß in den nächsten Jahren anzunehmen gedenkt. Im folgenden Jahr wird das Material aus ganz Deutschland zusam-

Ankündigung der Arbeiter-Zeichenkurse von Emil Kritzky im MASCH-Sommerprogramm 1931 aus der HVZ

MARXISTISCHE ARBEITERSCHULE

Geschäftsstelle: Kaiser-Wilhelm-Straße 85 (Holstenhof)

Die neuen Kurse beginnen in der Woche vom 26. Mai bis 1. Juni

Stundenplan und Kursusräume

	Mo	Di	Mi	Do	Fr	So
Geschäftsstelle	18—20 Uhr: Kluge: Russisch für Anfänger	18—20 Uhr: Meyer: Dialektik	17.30—19 Uhr: Klockmann: Russ. für Fortgeschrittene	18—20 Uhr: Behrens: Englisch f. Fortgeschr.	18—20 Uhr: Stefan: Wirtschaftsgeographie	17—19 Uhr: Wandschneider: Englisch für Anfänger
Geschäftsstelle 20—22 Uhr	Friedell: Krisen	Paduck: Ökonom. Grundlehren	19—21 Uhr: Klockmann: Russ. f. Teiln. mit Anlangskenntnissen	Heesch: Geschichte der Arbeiterbewegung	Paduck: Fünfjahrplan	
Volksheim Barmbeck, Marschnerstraße 36	20—22 Uhr: Ing. Knabe: Radiotechnik	20—22 Uhr: Gymnastik (Dövenfleth)		20—22 Uhr: W. Behrmann: Esperanto	20—22 Uhr: Zänker: Proletarische Literatur	
Jugendheim Winterhuder Weg 52 (b. Mundsburg)		20—22 Uhr: Dohrn: Genossenschaft und Klassenkampf		19.30—21.30: Rednerschule 20—22 Uhr: Prigge: Korrespondenz		
Atelier Imstedt 24	20—22 Uhr: Kritzky: Schriftzeichnen			20—22 Uhr: Kritzky: Form und Farbe		
Heimstätte Nagelsweg		20—22 Uhr: Photokursus				

TEILNEHMERGEBÜHR: 2 Mark für in Arbeit Stehende, 1 Mark für Erwerbslose (mit Ausnahme der Sprach- und Gymnastikkurse). Sprachkurse 4 Mark, 2 Mark für Erwerbsl. Gymnastik 3 Mark, 1,50 Mark für Erwerbsl.

Doppelseite aus VuZ Nr. 50, 1930

mengetragen und in größerem Maßstabe zu einer Ausstellung vereinigt werden.«

In der im Faltblatt genannten Reihenfolge waren die 13 Teilnehmer der Ausstellung 1930:
Herbert Stein, geb. 1907
Ferdinand Wegener, geb. 1905
Hans Wienberg, geb. 1904
Adolf Wriggers, geb. 1896
Rolf Böhlig, geb. 1904
Willy Dahrendorf, geb. 1900
Max Deiters, geb. 1892
Karl Groß, geb. 1902
Otto Larsen, geb. um 1890
Ernst Lemke, geb. 1899
Willi Naß, geb. 1899
Gustav Schleede, geb. 1899
W. Reinke, geb. 1897

Da das Faltblatt zur Ausstellung keine Abbildungen enthält und auch weiter keine Auskunft über Menge und Art der ausgestellten Bilder gibt, weiß man heute nicht mehr genau, wie die Ausstellung in der Kunsthalle 1930 ausgesehen hat. Man weiß, daß es vier Räume am Glockengießerwall waren – einen kleinen optischen Eindruck gibt das in Volk u. Zeit wiedergegebene Foto einer Raumecke. Mit Arbeiten sind mir von den genannten Künstlern bisher nur Adolf Wriggers und Max Deiters bekanntgeworden. Für das Faltblatt 1930 hat zum Beispiel Adolf Wriggers folgende Daten zusammengetragen:

»1911 Malerlehrling. 1915 Malergeselle. 1918 Trainkutscher. 1919 freier Künstler. Erich Engel sah 1915 Zeichnungen von mir und gab den Anstoß. Unregelmäßiger Besuch der Kunstgewerbeschule Hamburg. Im wesentlichen Autodidakt. Stoffmalerei und praktische Arbeit waren Hindernisse bis 1927. Mein Ziel: ein ordentliches Bild. Mir imponieren van Gogh, Cézanne – sonst kann ich schwer etwas sagen. Jedoch ich fühle meinen Weg. Ich gebe meine Arbeiten billig fort, um weiterzukommen, das heißt vor allem, um überhaupt bei der Palette bleiben zu können.«

Adolf Wriggers lebt heute noch in Hamburg. Er hat bei einem Bombenangriff 1943, als sein Atelier am Jungfernstieg vollständig ausbrannte, die künstlerische Arbeit aus drei Jahrzehnten verloren, an die 1000 Zeichnungen und über hundert Bilder. Ende der 20er Jahre hat er Industrielandschaften gemalt, vor allem auch Werksmotive der HEW. An die Ausstellung in der Hamburger Kunsthalle und seinen Beitrag dort kann er sich nicht mehr erinnern.

Max Deiters: Zeitungsillustrator

Während Adolf Wriggers als sein Ziel »ein ordentliches Bild« angibt, formuliert Max Deiters in seiner Biographie 1930 eine kunstpolitische Perspektive:

»*14. September 1892 in Altona geboren. Werftarbeiterkind. Vier Jahre Lehrzeit als Lithograph. Der Geselle besucht nebenher abends die Kunstgewerbeschule. 1912 bis 1914 Soldat, 1914 bis 1918 im Felde, nach Kriegsende Mitglied des Soldatenrats. Also sieben Jahre ununterbrochen Soldat. Endlich kehrte ich zur Malerei zurück, das heißt in einen luftleeren Raum. Während die Kollegen in der Inflation expressionistische Phrasen droschen, versuchte ich, Zeitungszeichner zu werden. Damals waren noch eigene Redaktionssitzungen zur Klärung der Frage nötig, ob eine Tageszeitung bildliche Illustrationen aufnehmen dürfe.*

Max Deiters, Arbeitslose, Zeichnung, um 1930, Hamburger Kunsthalle

Das Gesicht der heutigen Zeitung ist ja gar nicht mehr denkbar ohne reichsten illustrativen Schmuck. Ich hatte also das Glück, den Anfang einer zukunftsvollen Entwicklung beim Schopfe zu fassen. Die Malerei leidet allerdings unter dem Übermaß der Tagesarbeit; nur gelegenheitsmäßig komme ich zu einem Bilde, von denen viele, viele ungeboren in mir ruhen. Mein Zeichnen und Malen ist mein Beitrag zum Klassenkampf. Beides soll eine klare, jedem verständliche Sprache reden, um die Aufgabe erfüllen zu können, den Beschauer zu aktivieren für das wichtigste Ziel unseres Jahrhunderts: die Umwandlung der Gesellschaft.«

Der in den 40er Jahren verstorbene Max Deiters war um 1930 in Hamburg ein angesehener und bekannter Künstler. Vor allem durch seine Titelseiten in Volk u. Zeit und seine Wahlplakate für die SPD hat er sich in dieser Zeit einen Namen gemacht. Kulturpolitiker wie der heute noch in Hamburg lebende Erich Lüth und der Zeitungsmann Heinrich Braune rühmen ihn als einen verläßlichen und politisch engagierten Mitstreiter.

Mit dem damaligen Kommunalredakteur Erich Lüth hat Max Deiters am »Hamburger Anzeiger« oft zusammengearbeitet. Erich Lüth heute:

»Die Zahl der von ihm illustrierten

Max Deiters, Essen für Arbeitslose, Zeichnung, um 1930, Hamburger Kunsthalle

Max Deiters, Arbeitslosenunterkunft, Zeichnung, um 1930, Hamburger Kunsthalle

Zeichnungen zu unseren Hafenreportagen war sehr groß. Wir glaubten gemeinsam, durch Zeichnungen zu unseren Hafenthemen mehr sagen zu können als durch Fotografien. Er sah immer den Menschen im Hafen. Werften,

Titelseite von Max Deiters

Max Deiters, Wahl-Plakat, 1927

Zum Jahrestag der Verkündung einer Deutschen Republik: Titelseite von Max Deiters, VuZ Nr. 45, 1930

Max Deiters, Titelseite VuZ Nr. 36, 1930

Schiffe und Kaischuppen waren die sehr bildhaften Hintergründe. Schauerleute waren für ihn wichtiger als Schiffsreeder.«

Deiters' Grafiken, Zeitschriften-Titelblätter und Plakate behandeln das Elend der Hungernden, der Arbeitslosen und appellieren an die kämpferischen Kräfte in der Solidarität. Sowohl seine Lithografien als auch seine Holzschnitte sind von der eine Generation älteren, damals allen sozial engagierten Künstlern als Vorbild dienenden Käthe Kollwitz beeinflußt. Vor allem in seinen Zeitschriften-Titelblättern gelingt Deiters immer wieder die große aufrüttelnde Form, wie sie sonst in der tagespolitischen Kunst außerordentlich selten ist.

Kunst 255

Kunst für jedermann:
Die Griffelkunst-Vereinigung Langenhorn

Eine bis heute einzigartige Einrichtung entstand in den 20er Jahren in Hamburg: die Griffelkunst-Vereinigung, die immer noch in der Schumacher-Schule in den ihr Anfang der 30er Jahre zugewiesenen Räumen arbeitet.

Die Griffelkunstvereinigung präsentiert sich in der Hamburger Kunsthalle innerhalb der Ausstellung »Trotz allem Kunst«, Dezember 1930

Johannes Böse, Lehrer an der Siedlungsschule Langenhorn, veranstaltete – nach dem Vorbild Alfred Lichtwarks – an Sonntagen »Übungen im Betrachten von Kunstwerken« für die Siedler. Weil die Kunsthalle zu weit entfernt war, bewegte er Künstler, ihre Arbeiten nach Langenhorn zu bringen: ein frühes Beispiel für Stadtteilkultur.

Aber die wahre innere Aneignung von Kunst, so Johannes Böse, vollziehe sich nicht allein durch das Betrachten, sondern durch die tägliche Auseinandersetzung mit Kunst, durch ihren Erwerb und Besitz. Aus diesen Überlegungen entwickelte Böse Mitte der 20er Jahre das Griffelkunst-Prinzip, das im Lauf der Jahre immer mehr Anhänger gewonnen hat: niedrige Preise, hohe Grafikauflagen, gute Qualität, Verbot des Weiterverkaufs.

»Die Prinzipien des Vorgehens sind bis heute eigentlich dieselben geblieben, wenngleich die veränderte Zeitla-

Die Griffelkunstvereinigung Hamburg-Langenhorn

ist eine reine Kulturvereinigung. Sie vermittelt ihren Mitgliedern für den geringen Monatsbeitrag von 1,20 Mk. allvierteljährlich ein vom Künstler signiertes Original-Graphikblatt nach freier Wahl unter sechs bis acht verschiedenen Blättern. Besonderer Wert wird auf die Güte jedes einzelnen Drucks gelegt.

Die Leitung der Vereinigung geschieht ehrenamtlich. In den Einkommensschichten der Wenig-Bemittelten sind die Mitglieder zu finden. Begüterte sind ausgeschlossen, da sie reichlich Gelegenheit haben, im Kunsthandel die gleichen Kunstwerke zu normalen Preisen zu kaufen.

Von Zeit zu Zeit werden Oelbilder und Aquarelle zu einem geringen Preise den Mitgliedern zur Verfügung gestellt. Ebenso Plastiken, wobei die Gefahr einer Massenware sorgfältig vermieden wird. Ausstellungen unterstützen die Absichten der Vereinigung.

In den sechs Jahren ihres Bestehens hat die Vereinigung über 100 Oelgemälde und Aquarelle, etwa 70 Plastiken und weit über 7000 Original-Graphikblätter an die Mitglieder verteilt. In der gleichen Zeit konnten den Künstlern über 26 000 Mk. ausgehändigt werden. Jetzt, Ende 1930, hat der Mitgliederbestand die Zahl 600 überschritten. In Bergedorf, Geesthacht, Plauen i. V., Clausnitz im Erzgebirge, Wismar, Bochum, Frohnhausen, Dresden haben sich Ortsgruppen gebildet.

Bisher haben folgende Künstler ihre Arbeiten der Vereinigung zur Verfügung gestellt:

Werner Bley	Hermann Mende
Berthold Claus	Rudolf Neugebauer
Fritz Dingkuhn	Ernst Odefey
Elsa Haensgen-Dingkuhn	Carl O. Petersen
Ernst Eitner	Johannes Poppen
Rudolf Fredderich	Otto Rodewald
Alexander Friedrich	Friedrich Schaper
Arnold Fiedler	Hugo Schmidt
Josua Leander Gampp	Will Spanier
Georg Greve-Lindau	Heinrich Stegemann
Willi Habl	Arthur Siebelist
Arnold Hartleff	Josef Steiner
Arthur Illies	Otto Thämer
Helene Kröger	Frido Witte
Edward Lindahl	

Mit steigender Mitgliederzahl wird sich der Kreis der Künstler in und außer Hamburg ständig erweitern. Freunde der Kunst, die Mitglied werden möchten, melden sich hier in der Ausstellung oder später bei der Griffelkunstvereinigung Hamburg-Langenhorn, Timmerloh 25. J. Böse.

Begüterte ausgeschlossen:
Konzept der Griffelkunst-Vereinigung, 1930

Porträt eines namhaften Zeitgenossen: Hans Henny Jahnn von Heinrich Stegemann, Steindruck für die Griffelkunst, 1930

»Alster im Schnee«, aus einer Radier-Folge von Ernst Eitner für die Griffelkunst, 1930

Radierung »Hochwasser«, Gerhard Greve-Lindau, 1929

ge einige Funktionen verschoben hat. Eine Gruppe wie jene Siedler der Weimarer Zeit, finanziell ohne jede Bewegungsfreiheit, dabei von sich aus aufgeschlossen und aktiv trotz der gravierenden Behinderungen durch das Milieu und bildungsmäßig deutlich zu kurz gekommen auch im Rahmen der ohne Hilfe gegebenen geistigen Möglichkeiten Unterprivilegierter – eine solche Gruppe wird man wohl heute vergebens suchen« (Carl Vogel in: Grafische Techniken, Berlin 1973)

Aber das Ziel der Griffelkunst-Vereinigung, deren Mitglieder heute allen Schichten der Bevölkerung angehören und überall in der Bundesrepublik wohnen, ist dasselbe wie vor über 50 Jahren: Originalgrafik zu äußerst günstigen Preisen anzubieten.

Kunst 257

Emil Kritzky: Künstler im politischen Alltag

Emil Kritzkys exemplarischer Lebenslauf: 1903 in Hamburg geboren, in einem unpolitischen Elternhaus – der Vater war Geschäftsmann im Hafen – aufgewachsen, Anstreicherlehre, Abendkurse im Zeichnen an der Kunstgewerbeschule, Theaterspiel in einer Laiengruppe. Beeindruckt und bewegt von großen Arbeiterdemonstrationen trat er um 1925 in die KPD ein. »Wir durften«, sagt der heute in Celle lebende Künstler, »nicht abseits stehen, wollten uns mit denen solidarisieren, und wir wollten auch was tun. Das artete dann so aus, daß ich zum Malen gar nicht mehr gekommen bin. Ich hab für die Bezirksgruppe hier alles gemacht, die hatten ja kein Geld, und Plakate für die Rote Hilfe, für die Internationale Arbeiterhilfe.«

Das waren oft große Linolschnitte, von denen heute kein einziger mehr erhalten ist. Zum letztenmal sah Emil Kritzky große Mengen dieser Arbeiten im Hauptquartier der Gestapo, die ihn 1933 verhaftete.

Bis zu diesem Zeitpunkt hatte Emil Kritzky fast ausschließlich für die KPD gearbeitet: Plakate, Transparente, Flugblätter, Titelseiten der HVZ. 1931 nannte ihn die Zeitschrift »Die Linkskurve« als Kontaktmann (Hasselbrookstr. 117, II.) der Hamburger Asso. Ab 1930 hielt er Arbeiterzeichenkurse in der MASCH ab.

Selbstporträt Emil Kritzky mit Sacco und Vanzetti, 1929. Im Besitz der Hamburger Kunsthalle

Emil Kritzky heute

1930 von der Hamburger Kunsthalle angekauft, über vier Jahrzehnte im Depot: »Liebespaar« von Elsa Haensgen-Dingkuhn, 1929

Nüchtern-liebevolle Blicke auf den Alltag: Radierung für die Griffelkunst von Elsa Haensgen-Dingkuhn, 1930

Elsa Haensgen-Dingkuhn heute

Elsa Haensgen-Dingkuhn: Malerin der Kleinen Leute

Elsa Haensgen-Dingkuhn, 1898 in Flensburg geboren, seit dem Beginn ihres Kunststudiums 1919 in Hamburg lebend, war um 1930 eine bekannte Künstlerin, geschätzt als Malerin der kleinen Leute.

Johannes Böse, der Initiator der Griffelkunst-Vereinigung Langenhorn, nahm sie 1930 in sein Programm auf (Abb. vorhergehende Doppelseite), und die Kunsthalle kaufte von ihr: »Als 1976 die Hamburger Kunsthalle das 1930 erworbene, aber seit über vier Jahrzehnte deponierte Gemälde ›Liebespaar‹ wieder in ihrer Abteilung ›Malerei in Hamburg‹ zeigte, in der Nachbarschaft von Kurt Lohse und Heinrich Stegemann, und es bald darauf zu mehreren Ausstellungen in Berlin und Danzig auslieh, wurde ein Bild wieder sichtbar, das eine besonders eindrucksvolle und authentische Darstellung eines Arbeiterpaares der zwanziger Jahre ist. Das Bild wirkt zugleich monumental und genau, bewegt unser Gefühl und ist doch ganz unsentimental. Auf der Ausstellung ›Stadt‹, die der Berufsverband bildender Künstler Hamburgs im Herbst 1980 im Kunsthaus zeigte, war das ›Liebespaar‹ in der Gruppe ›Bilder aus Hamburg 1900 – 1925 – 1950‹ zu sehen.« (Helmut R. Leppien im Ausstellungskatalog Elsa Haensgen-Dingkuhn, Kunsthaus Hamburg, 1981)

Das junge Arbeiterpaar hat auf einem Sonntagsausflug die Stadt hinter sich gelassen und genießt den Frühlingstag. Dieses »Liebespaar« ist eins der sprechendsten Dokumente für den Aufbruch der Arbeiterschaft in der Weimarer Republik.

Die Malerin lebte damals mit ihrem Mann, dem Maler und Kunsterzieher Fritz Dingkuhn, in Barmbek; sie hat die Menschen in ihrer Umgebung genau beobachtet und mit Zuneigung teilgenommen an ihren mühevollen Alltagen und den kleinen feiertäglichen Freuden.

Kunst   259

Hamburger Volkszeitung

Organ der KPD für die Werktätigen der Wasserkante

Einzelpreis 10 Pf. — Dienstag, 23. Oktober 1928 — 11. Jahrg. ★ Nr. 249

Fünf Jahre Hamburger Oktober-Aufstand!

Geschlossen vorwärts im Geiste der Barrikadenkämpfer!

Solidarität mit den Werft- und Hafenarbeitern

Heraus zur heutigen Kundgebung bei Sagebiel! Genosse Thälmann spricht!

Otto Gröllmann: Schriftführer der Asso

1. Mai 1930. Eine der kleinsten Gruppen bei der großen traditionellen Demonstration mit anschließender Kundgebung auf der Moorweide war die der Asso-Künstler. Sie waren zum erstenmal dabei. Drei Mitglieder der Hamburg-Sektion der »Assoziation revolutionär bildender Künstler Deutschlands« trugen ein Transparent – orangefarbene Schrift auf blauem Tuch – mit kulturpolitischen Forderungen. Einer von ihnen, der, der sich heute noch an den kleinen Zug erinnert, ist der in Hamburg geborene, jetzt

Erinnerung an die Revolution von 1918 mit einem Liebknecht-Porträt: Titelzeichnung von Otto Gröllmann für die HVZ, 1928

Jubiläum einer Zeitung und Jahrestag der November-Revolution: Titelzeichnung von Otto Gröllmann für die HVZ, 1928

in Berlin/DDR lebende, in diesem Jahr seinen 80. Geburtstag feiernde Otto Gröllmann.

»Wir waren Jugendfreunde, während des Krieges in der Freien proletarischen Jugend in Hamburg und nach der Novemberrevolution im Kommunistischen Jugendverband« – das schrieb Willi Bredel zu Otto Gröllmanns 60. Geburtstag.

Nach einer Bühnenmaler-Lehre am Hamburger Schauspielhaus war Gröllmann bis 1929 am Operettenhaus und am Altonaer Stadttheater als Bühnenbildner tätig. Die politisch engagierten Hamburger erkennen in Otto Gröllmann aber auch den Mitstreiter

Otto Gröllmann heute

der Agitprop-Gruppe »Nieter« wieder, der er trotz geringster finanzieller Mittel mit Bühnenversatzstücken und Kostümandeutungen einen optischen Rahmen gegeben hat.

Und schließlich war Otto Gröllmann bildender Künstler, befreundet mit Emil Kritzky und Mitbegründer der Hamburger Asso, als deren Kontaktmann (damalige Adresse: Wiesendamm 15) er noch 1930, im Jahr seiner

Übersiedlung nach Oldenburg, in der Zeitschrift »Die Linkskurve« genannt wird.

In den HVZ-Titelbildern benutzt Gröllmann mit zeichnerischen Mitteln das Montageprinzip, wie es Heinrich Vogeler in seinen Komplexbildern entwickelt hatte. Anklage und Aufruf sind in diesen von klaren Schwarzweiß-Kontrasten geprägten, agitatorischen Blättern durchdrungen vom Pathos des solidarischen Kampfes.

Neben Flugblättern und Transparenten schuf Otto Gröllmann zahlreiche Titelseiten der HVZ. 1933 wurde er, der seit 1922 Mitglied der KPD war, verhaftet; es folgten Konzentrationslager, illegale Tätigkeit, Verurteilung und Flucht. Außer den Titelseiten der HVZ hat sich von Otto Gröllmanns künstlerischer Tätigkeit kaum etwas erhalten; 1933 fiel alles in die Hände der Nazis.

Zwischenergebnis:

Die Kunst der Hamburger Arbeiterbewegung ist ein nach wie vor verschütteter Teil der Hamburger Kultur. Die Kunstgeschichte der Hamburger Arbeiterbewegung ist noch nicht geschrieben. Spuren sind während der Vorbereitung zu dieser Ausstellung entdeckt und gesichert worden, aber das kann nur der Anfang einer langen und, weil es immer weniger überlebende Mitgestalter dieser Kultur geben wird, auch mühevollen Rekonstruktionsarbeit sein. Mühevoll und vielleicht auch ergebnislos deshalb, weil ein großer Teil der künstlerischen Arbeiten von den Nazis vernichtet oder im Krieg zerstört worden ist.

Als Tatsache hat sich in den Gesprächen mit Otto Gröllmann und Emil Kritzky herausgestellt, daß die Hamburger Gruppe der »Assoziation revolutionärer bildender Künstler Deutschlands« mit sechs stetig aktiven Mitgliedern relativ klein und unzusammenhängend war gegenüber den Gruppen in anderen Großstädten. Nach Otto Gröllmann gehörten dazu: der verstorbene Heinz Führmann, Gröllmann selbst, Emil Kritzky, Fritz Schreck, der noch in Hamburg lebende Walter Stiller und der verstorbene Ernst Witt. Gröllmann und Kritzky können sich nur an wenige gemeinsame Aktionen erinnern, etwa an eine

Straßenpropaganda am Luruper Weg (möglicherweise von Walter Stiller)

Asso-Ausstellung in der Gaststätte Höfer am Großneumarkt, an Propaganda-Stände bei politischen Veranstaltungen und Saaldekorationen zum Beispiel bei Sagebiel.

Für die Flugblätter, Straßentransparente und auch für die Illustrationen der »Hamburger Volkszeitung« arbeiteten sie oft anonym, um der Verfolgung zu entgehen. Deshalb fällt es heute schwer, abgedruckte Illustrationen namentlich zu identifizieren.

In Hamburg wurden um 1930 Ausstellungen wie die des SPD-Bildungsausschusses in der Hamburger Kunsthalle mit Bildern aus der Arbeiterschaft organisiert und als »Anfang einer größeren Aufgabe« angesehen. Was für Bilder waren das? Wo sind diese Werke geblieben? Was ist aus den Autoren geworden? Was kaum zu keimen begonnen hatte, wurde 1933 erstickt.

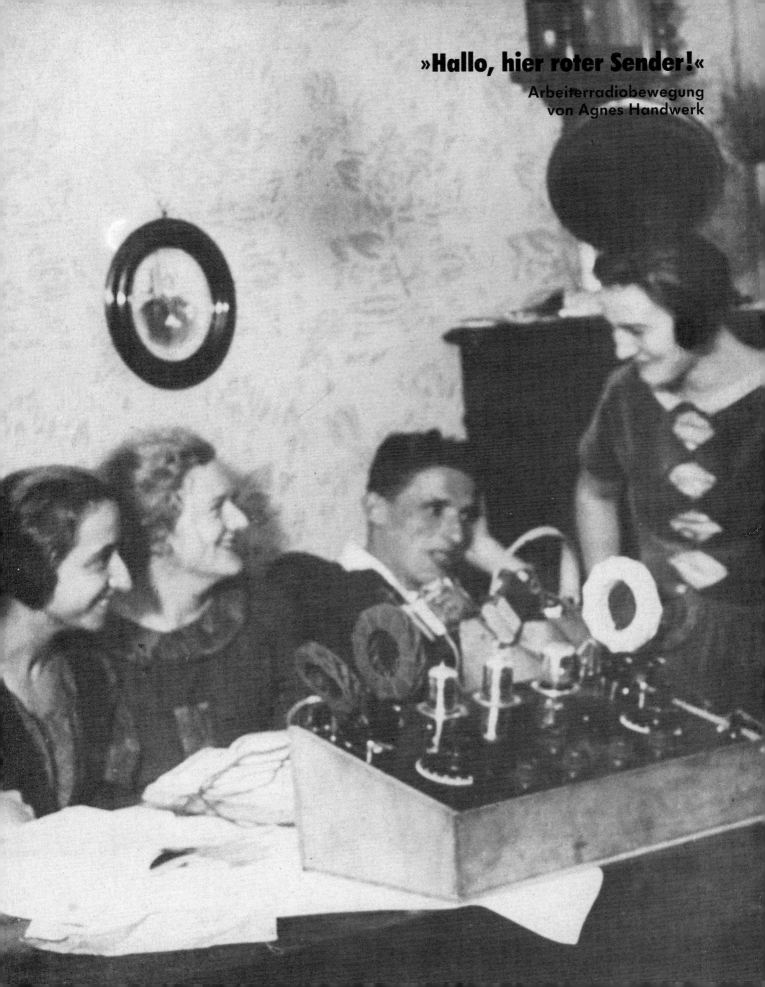

»Hallo, hier roter Sender!«
Arbeiterradiobewegung
von Agnes Handwerk

Hallo, hier roter Sender
über die Arbeiterradiobewegung in Hamburg

In der Ausgabe der SPD-Tageszeitung »Hamburger Echo« vom 7. März 1930 sind unter der Rubrik »Arbeiterbildung« die Mitteilungen des »Arbeiter-Radio-Bundes« verzeichnet: »Gruppe St. Georg. Am 13. März findet eine allgemeine Besprechung über selbstgebaute Apparate statt. Alle Genossen werden gebeten, ihre selbstgebauten Apparate mitzubringen und die Geräte respektive Mängel zu besprechen. Beginn 20 Uhr im Volksheim Sachsenstraße.«

Spuren der praktischen Tätigkeit der Hamburger Ortsgruppe des Arbeiter-Radio-Bundes sind immer wieder nur Mitteilungen und Nachrichten in der Presse. Persönliche Erinnerungen von Arbeiter-Radioamateuren könnten einen anderen Zugang zur Geschichte der Arbeiter-Radio-Bewegung ermöglichen. Auch bestimmte Orte, wie ehemalige Versammlungslokale, könnten heute noch Anhaltspunkte und eine sinnliche Vorstellung des »Schauplatzes« vermitteln, doch sie sind nicht mehr vorhanden.

Aber die Arbeiter-Radio-Bewegung, das »erste Radiohören«, das »Radiobasteln« etc. hatte für die Menschen, die ich gesprochen habe, eher episodischen Charakter und Stellenwert in ihren lebensgeschichtlichen Erinnerungen:

»Ich habe das gar nicht so notiert, aber wichtig war es wiederum, denn wir haben ja Radio gehört!«

Für einige war die Radioamateurarbeit nicht so wichtig wie die politische Arbeit:

»... da hat mich die Politik eigentlich mehr interessiert als alles andere, als ich die Marxistische Arbeiterschule besucht hatte.«

Selbst Orte, die Erinnerungen wieder ins Gedächtnis bringen könnten, sind zerstört. An der Stelle des Volksheims z. B., wo sich die Arbeiter-Radio-Gruppe St. Georg regelmäßig traf, steht heute das Verwaltungsgebäude eines Konzerns. Im Gewerkschaftshaus am Besenbinderhof, wo diese Gruppe ein Radio-Laboratorium eingerichtet hatte und Beratungen »jeden Abend ab 18 Uhr« durchführte, wo sich die Kurzwellengruppe traf, die nach Hitlers Machtübernahme ein illegales Informationsnetz aufzubauen versuchte –, in diesem Gewerkschaftshaus hat die Arbeiter-Radioamateur-Bewegung nach dem 2. Weltkrieg, in den Jahren des »Neubeginns«, keine Kontinuität gefunden.

Liegt es nur an der Zerschlagung der Arbeiterkulturorganisationen im Faschismus, daß die Arbeiter-Radioamateure sich nicht wieder organisiert haben?

Oder hat die Arbeiterradiobewegung schon an Eigenständigkeit eingebüßt, nachdem es nicht gelungen war, einen eigenen Sender zu »erobern«, d. h., Rundfunkprogramme selbst zu bestimmen und damit dem staatlichen Rundfunksystem nur propagandistisch Vorschläge entgegensetzen konnten?

Und welche Folgen hatte die immer stärker werdende apparative Funktionalisierung des Arbeiter-Radio-Bundes durch SPD und KPD?

War die Forderung nach einem Arbeitersender unrealistisch?

Der »Arbeiter-Radio-Klub« (ARK, 1928 in »Arbeiter-Radio-Bund« / ARB umbenannt) entstand zur Zeit der ersten öffentlichen Rundfunkübertragungen in Berlin, als die »Deutsche Stunde« ab 1923 regelmäßig Programme sendete. Der ARK konstituierte sich 1924 überregional, nachdem auch in anderen Städten Rundfunkgesellschaften ihren Betrieb aufgenommen hatten. Aus dem Bedürfnis, sich die neue Technik anzueignen, um Rundfunksendungen empfangen zu können, entstanden 1923/24 viele Radiovereine, doch war der ARK keine Massenorganisation; die Ortsgruppe Hamburg zählte 1925 etwa 300 Mitglieder.

Im »Arbeiter-Radio-Klub« organisierten sich interessierte Arbeiter »klassenmäßig« – im Unterschied zu den bürgerlichen Amateuren, die sich »standesgemäß« zusammentaten. Mit der drahtlosen Wellenverbreitung kannten sich vorwiegend ehemalige Angehörige der Nachrichtentruppen des 1. Weltkriegs aus. Es ist bezeichnend, daß dem »Hamburger Radioverein« mit der exklusiven Adresse »Überseeklub« ein Vizeadmiral a. D. vorstand und in den ARK-Gruppen oftmals ehemalige Funker organisiert waren, die in den Revolutionstagen 1918 die Nachrichtenvermittlung zwischen den lokalen Arbeiter- und Soldatenräten bewerkstelligt hatten. Diese Polarität war nicht durchgängig, denn Vorsitzender des Hamburger Arbeiter-Radio-Klubs wurde der Schriftsetzer und Sozialdemokrat Johannes Begier, der spätere technische Leiter der parteieigenen Auer-Druckerei.

Beachtlich in dieser Phase der weit verbreiteten Begeisterung für das Radio war, mit welcher konsequenten Programmatik die Gründer des Arbeiter-Radio-Klubs die Klasseninteressen für dieses neue Medium 1924 formulierten:

»Der Arbeiter-Radio-Klub bezweckt:
a) den Zusammenschluß der im Radiowesen interessierten werktätigen Bevölkerung Deutschlands;
b) den Rundfunk in den Dienst der kulturellen Bestrebungen der Arbeiterschaft zu stellen;
c) das Verständnis für die Radiotechnik in der arbeitenden Bevölkerung zu wecken und zu fördern«.

Weiter sollten gesetzliche Bestimmungen zur »praktischen Betätigung auf dem Gebiete der Funktechnik« und Einflußnahme auf die Gesetzgebung und Sendeprogramme durchgesetzt werden. (Der neue Rundfunk, 17. 7. 1926.)

Erfolge auf technischem Gebiet waren jedoch leichter zu erzielen. So wurde die »Audion-Versuchserlaubnis« (Verordnung der Reichspost von 1924, wonach der Bau und Betrieb von Empfangsanlagen an eine aufwendige Genehmigungspflicht gekoppelt war) durch Protest, auch von bürgerlichen Amateuren und wegen massenhafter Mißachtung der Bestimmung 1925 rückgängig gemacht.

Mit derartigem Widerstand wäre es vielleicht sogar möglich gewesen, einen Arbeitersender zu »erobern«. Aber die Einigkeit, die sich in dieser technischen Frage hergestellt hatte, kam für die Durchsetzungsformen einer solchen Forderung nicht mehr zustande.

Nicht drum gekümmert, »weil wir selber aktiv waren«

Aus einem Gespräch mit Ludwig und Ulla Levien, 7. 1. 82

Ludwig Levien: »Die ersten Erinnerungen bei mir an Radio sind, daß ich mir erstmal selber einen Detektorapparat gebaut habe. Ich hatte einen etwas älteren Freund, der fing überhaupt mit der Radiobastelei an, von dem hab ich es auch gelernt. Der ging mit mir damals auf eine Veranstaltung auf der Reeperbahn, wahrscheinlich vom Arbeiter-Radio-Bund. Da wurden Detektorengeräte herumgereicht; die Spule – das konnte man alles selber anfassen. Ich kam dadurch auch darauf, mir selber ein Gerät zu basteln. Für einen Groschen konnte ich mir eine Zeichnung kaufen, besorgte mir Material, und dann haben wir uns das selber gebaut. Das muß ganz am Anfang der Radiobewegung gewesen sein.«

Ulla Levien: »Mein Vater war von Beruf Elektriker. Er hat in wochenlanger Kleinarbeit einen Apparat gebaut. Donnerstags bekam er Geld, und freitags bin ich dann Einzelteile kaufen gegangen. Am Steindamm gab es dafür ein größeres Geschäft. Bis eines Tages alles beisammen war. Und wie dann der erste Ton 'rauskam, das weiß ich heute noch! Bis in die Nacht hinein haben wir gehört!«

Sind Ihnen bestimmte Sendungen in Erinnerung geblieben?

Ludwig Levien: »Immer nur Musik. Nachrichten auch. Die Nachrichten waren sowieso im Interesse der herrschenden Klasse. Damals wohl mehr wie heute.«

Sie waren aktiv in der proletarischen Jugendbewegung. Sind Sie nie mehr stärker in Berührung mit der Arbeiter-Radio-Bewegung gekommen?

Ludwig Levien: »Das war für uns Jugendbewegte zu technisch oder zu fremd. Das kann ich heute nicht mehr sagen. Aber es war ja nur Musik zu hören, die wir Jugendbewegte gar nicht mochten. Wir kannten nur Wander- und Volkslieder, und da hörte man nur Schlager. Vielleicht hing das auch damit zusammen.

Unsere Nachbarn hatten später ein Röhrengerät, und da habe ich ab und zu auch Radio Moskau gehört, aber an Gemeinschaftsempfang kann ich mich nicht erinnern.

Vielleicht haben wir uns deshalb nicht so sehr um die Radiogeschichte gekümmert, weil wir selber aktiv waren und selber Lieder gesungen haben und auf Veranstaltungen Darbietungen ohne technische Hilfe machten, aus uns heraus.«

Ludwig Levien, Weihnachten 1924

»Vergiß es keinen Tag, Prolet, daß hinter deinem Funkgerät, ob Spiel, ob Ernst, von früh bis spät der Gegner deiner Klasse steht.«

Das billige Bauen von Empfangsgeräten war sicherlich eine vorherrschende Motivation für Arbeiter-Radioamateure, sich zu organisieren, denn es war unerschwinglich, vom Arbeiterlohn einen Radioapparat zu kaufen.

Die staatlichen Behörden hatten größte Befürchtungen, daß es dem Arbeiter-Radio-Klub gelingen könnte, das staatliche Rundfunksystem durch den Bau eigener Sender und gegebenenfalls durch Sendebetrieb zu unterlaufen. Den Hamburger Senat erreichte 1926 ein Rundschreiben des Berliner Polizeipräsidenten, der darauf hinwies:

»Die Beschaffung beweglicher Sendestationen ist ohne weiteres möglich, und es bestehen Anzeichen dafür, daß der ARK bereits im Besitz solcher Stationen ist. Es würde in diesem Falle ein einfacher Detektor-Apparat für eine Reichweite von 25–40 Kilometer zum Empfang ausreichen ...

Zur Zeit verhandelt die Reichsleitung des ARK mit dem Reichspostministerium wegen Genehmigung eines Übungssenders. Über das Ergebnis konnte nichts Sicheres in Erfahrung gebracht werden, es ist jedoch mit einer Ablehnung zu rechnen. Die mit Funkkontrollen beschäftigten Beamten sind angewiesen, auf Apparate des ARK zu achten.« (Schreiben Reichsinnenministerium, 25. 1. 1926)

Der Staatssekretär im Reichspostministerium Bredow (1), beauftragt mit der Etablierung des öffentlichen Sendebetriebs, verfolgte gegenüber dem ARK eine raffinierte Hinhaltetaktik.

Bredow, vor dem Weltkrieg Direktor bei der Firma Telefunken und 1918 nach eigenen Angaben »an der Abwehr der revolutionären Funkbestrebungen schon aus rein sachlichen Gründen interessiert«, stellte dem ARK in dessen Anfangsphase einen Sender in Aussicht, setzte jedoch gleichzeitig Verordnungen durch, die die staatliche Kontrolle über den Rundfunk absicherten. Der Bau von Sendern, die Rundfunkverbreitung und der gesamte technische Betrieb unterstanden der Deutschen Reichspost, die wiederum die Sendekonzessionen an die Programmgesellschaften vergab. Und diese waren nach privatwirtschaftlichen Grundsätzen arbeitende Handelsgesellschaften.

In Hamburg wurde im Januar 1924 die »Nordische Rundfunkaktiengesellschaft« (NORAG) von Kaufleuten, einem Generalmajor a. D. und einem Bankier gegründet. Ein Unternehmen mit dem Zweck der »Veranstaltung und drahtlosen Verbreitung von Vorträgen, Nachrichten und Darbietungen künstlerischer, belehrender, unterhaltender sowie sonst weitere Kreise der Bevölkerung interessierenden Inhalts in Hamburg und weiterem Umkreise«. Die NORAG sendete ab Mai 1924 täglich ein Rundfunkprogramm.

Der politische Nachrichtenteil wurde zunächst von der örtlichen Polizeibehörde kontrolliert. Von 1926 an wurde diese Funktion von einem Überwachungsausschuß übernommen, ernannt vom Reichsinnenministerium und dem Hamburger Senat. Die NORAG war verpflichtet, dem Überwachungsausschuß Manuskripte vor Sendung vorzulegen und war an die Weisungen des Gremiums gebunden.

Der Kulturbeirat, dessen Mitglieder ebenfalls bestimmt und nicht gewählt wurden, konnte Empfehlungen zur Programmgestaltung machen.

Sozialdemokratische Funktionäre im ARK sahen im Überwachungsausschuß und Kulturbeirat die Möglichkeit, die Rundfunkprogrammgestaltung mitzubestimmen, was sich als Illusion erwies. Es gab aber offensichtlich in der Organisation auch andere Ansprüche. So teilte das Reichspostministerium dem Hamburger Senat im Januar 1926 mit:

»Ich habe daher den Führern des Arbeiter-Radio-Klubs anheimgestellt, ihre Wünsche (nach Beteiligung am Überwachungsausschuß und Programmbeirat, d. Verf.) bei den zuständigen Landesregierungen geltend zu machen. Hier steht jedoch der Eindruck, daß es den hinter den Arbeiter-Radio-Klubs stehenden Kreisen nicht nur darauf ankommt, die Aufnahme von Vertretern in die Programmbeiräte zu erreichen. Bei verschiedenen Gelegenheiten ist vielmehr offen ausgesprochen, daß diese Kreise eigene Rundfunksender zur Verbreitung ihrer Ideen beanspruchen.« (Schreiben des Berliner Polizeipräsidenten im Staatsarchiv Hamburg.)

Die Forderung nach einem eigenen Sender war 1926 keineswegs unrealistisch. Ausländische Vorbilder gab es: In Österreich betrieb die Gewerkschaft einen Sender, die holländische Arbeiter-Radiovereinigung verfügte an einem Abend in der Woche über einen Landessender, und die vereinigten Arbeiterverbände der USA besaßen eine Rundfunkstation in Chicago.

Weil das Programm des ARK aber radikaler formuliert war, als es der damaligen SPD-Politik entsprach, die sich eher auf bürgerliche Parteien stützte, als mit der KPD zusammenzuarbeiten, blieb von der Forderung nach einem eigenen Sender bald nichts mehr übrig. Der ARK schwenkte allmählich auf den Kurs legalistischer SPD-Politik ein und beließ es dabei, Vertreter in die Überwachungsausschüsse und Kulturbeiräte zu entsenden.

Im Hamburger Überwachungsausschuß war die SPD mit Landrat Adler aus Flensburg vertreten. Staatsrat Alexander Zinn, Regierungsrat Stoltz und Herr Thalenhorst standen der DDP, der späteren Deutschen Reichspartei (DStP), nahe. Was konnte ein SPD-Mitglied in einem solchen Gremium, das einer staatlichen Zensurbehörde entsprach und weder »überparteilich« noch »neutral« war, ausrichten? Kalkulierten ARK-Funktionäre nicht schon die Selbstzensur ›als notwendiges Übel‹ ein? Die Frage stellt sich beim folgenden Zensurbeispiel:

Adolf Biedermann, sozialdemokratischer Reichstagsabgeordneter von Hamburg, sollte im Oktober 1929[3] über das »Republikschutzgesetz«[4] im Rundfunk referieren. Die NORAG legte das Manuskript dem Überwachungsausschuß vor, der es als »unzulässig« erachtete, Biedermann sprechen zu lassen, weil es »untunlich und sehr bedenklich sei«, diese Auffassung im Rundfunk, der sich an alle Bevölkerungskreise wende, zu verbreiten. Vier Tage später schickte der Arbeiterbildungsausschuß der SPD Hamburg dem Vorsitzenden des politischen Überwachungsausschusses, Alexander Zinn, das Manuskript in einer neuen Fassung: »Wir hoffen, daß der Vortrag nunmehr die Billigung des politischen Überwachungsausschusses findet.« Es bestanden denn auch keine Bedenken mehr gegen Biedermanns geänderte Rede.

Die Sendung wurde im Echo wie folgt kommentiert: »Das Manuskript des Vortrages vom Reichstagsabgeordneten Adolf Biedermann hat es nicht leicht gehabt, vor der Zensur des politischen Überwachungsausschusses zu bestehen. Der Vortrag mußte wegen Beanstandungen um eine Woche verschoben werden und konnte schließlich nur nach etlichen

»Die Sinfonie der Arbeit, die Melodie unserer Zeit, versucht der Rundfunk zu erfassen. Er geht in Fabriken und Werkstätten hinein und erschließt sie dem Ohr der Allgemeinheit.« (aus: Das fünfte Jahr der NORAG).

Streichungen gehalten werden.« Der Protest erschöpfte sich in dem Schlußsatz: »Wir werden diesen unerhörten Fall einer Bevormundung nicht vergessen.« (Echo 2. 11. 1929)

»Merkt euch das, Werktätige!«

Im Februar 1928 wurde in das Programm der NORAG die Sendereihe »Stunde der Werktätigen« aufgenommen. Jeweils montags um 19 Uhr befaßten sich Sendungen mit Themen wie: »Der Wohlfahrtspfleger, ein Freund in der Not«, »Die Masse und ihre Bedeutung in der Politik«, »Mensch und Maschine«, »Gesangskultur in den Vereinen der Werktätigen«, »Der Achtstundentag, eine gesundheitliche Forderung«.

Referenten dieser Sendereihe waren »Personen aus dem öffentlichen Leben«, vom SPD-Senator bis zu den Vorsitzenden der Arbeiterkulturorganisationen. Am 17. März 1930 sprach z. B. Johannes Begier, Vorsitzender des Arbeiter-Radio-Bundes in Hamburg, über das »Verhältnis der Werktätigen zum Rundfunk«. Da weder Tonaufzeichnungen noch Manuskripte dieser Sendungen vorliegen, sind die einzigen Anhaltspunkte in Rezensionen und der Hörerkritik im Echo, der HVZ und dem »Arbeiterfunk«, der Programmzeitschrift des ARB, zu finden.

Zum 1. Mai verweigerte die NORAG demonstrativ Übertragungen von Maifeiern der Arbeiterkulturorganisationen:

»Die Norag stiftet kein Sonderprogramm am 1. Mai! Das einzige, was ›zugelassen‹ wurde, ist ein Vortrag vom Parteivorsitzenden Karl Meitmann ›Vierzig Jahre 1. Mai‹. Severings Plan einer allgemeinen Maifeier über die Deutsche Welle ist umgestoßen worden. Hamburg scheint sich damit zufriedenzugeben. Merkt euch das, Werktätige! Merkt euch, daß die Programme am Karfreitag und an den Osterfeiertagen mit knüppeldicker Rücksicht auf die kirchlichen Interessen zurechtgestutzt waren! Wo es gilt, der Arbeiter-Internationale an ihrem einzigen Jahresweltfest auch nur den zwanzigsten Teil einer ähnlichen Rücksicht einzuräumen – völliges Versagen!« (Echo 26. 4. 1930)

Grundsätzlich ist festzustellen, daß zwar Themen, die die Arbeiterschaft betrafen, ins NORAG-Programm aufgenommen wurden, wenn auch verhältnismäßig wenige. Gravierender ist die Tatsache, daß die inhaltlichen Ausführungen vorab vom Überwachungsausschuß genehmigt werden mußten – politische Positionen, die dem Ausschuß nicht opportun erschienen, kamen nicht zur Sendung.

Zugeständnisse, die auf Grund der Hörerproteste, die unter anderem vom ARB organisiert wurden, im Echo und der HVZ auch ständig zur Veröffentlichung kamen, wurden nur in Randbereichen des politischen Lebens getroffen. So wurden Sendungen über Jugendweihen ins NORAG-Programm aufgenommen, um einen Ausgleich zu den häufigen kirchlichen Sendungen herzustellen.

»Die roten Techniker«

Nachdem die Forderung nach einem eigenen Arbeitersender gescheitert und 1928 offiziell aus dem Programm des »Arbeiter-Radio-Bundes« gestrichen worden war, wurden die Ortsgruppen immer mehr zu »technischen Hilfstruppen« von SPD und KPD.

Die Hamburger Gruppe des Arbeiter-Radio-Bundes war ein Zusammenschluß von im Stadtteil arbeitenden Amateuren. Wöchentlich, jeweils freitags, waren im Echo (und selbst 1930 noch in der KPD-Tageszeitung HVZ) die Treffpunkte der Arbeiterradiobastler ausgeschrieben. In fast allen Arbeitervierteln Hamburgs waren sie vertreten: Barmbek, Hoheluft-Eppendorf, Winterhude, Eimsbüttel, St. Georg, Hamm-Horn, Rothenburgsort, Bergedorf und Altona. Die Treffen fanden in Nebenzimmern von Vereinslokalen oder in den Volksheimen statt.

Die Gruppe St. Georg, die den Mitteilungen nach sehr aktiv war, siedelte 1930 vom Volksheim in der Sachsenstraße ins Gewerkschaftshaus am Besenbinderhof um, wo sie ein Radio-Laboratorium eingerichtet hatte:

»Am Donnerstag, 21. August, findet die Einweihung unseres neuen Heimes und des Laboratoriums Besenbinderhof 69 statt. Alle Funkgenossen werden gebeten, sich recht zahlreich mit ihren Frauen hieran zu beteiligen.«

Ein zweites Radio-Laboratorium entstand später in Rothenburgsort.

Das Laboratorium war zum einen Beratungsstelle für »Jedermann«, »abends ab 18 Uhr« (Echo 17. 10. 1930). Die Arbeiteramateure hatten sich dort vermutlich die technischen Voraussetzungen für den Bau komplizierter Geräte geschaffen, was in Gaststätten oder zu Hause nicht zu bewerkstelligen war. Durch Basteln und den ständigen Austausch auch kleiner Erfindungen hatten die Mitglieder des ARB einen beträchtlichen Kenntnisstand, der mindestens jährlich in Ausstellungen einer breiten Öffentlichkeit zugänglich gemacht wurde. Diese »Bastelschauen« fanden meist im Gewerkschaftshaus oder in den Vereinslokalen statt. Im Echo vom 1. Oktober 1928 wird von einer Ausstellung des Arbeiter-Radio-Bundes im Hamburger Museum für Kunst und Gewerbe berichtet, an der sich die Herstellerfirmen Produktion, Philips, Valvo, Telefunken sowie die NORAG beteiligten.

»Es sind 85 Arbeiten zu loben – wir würden kein Ende finden, wollten wir damit anfangen, dieses Koffergerät ohne Antenne und Erdung, oder jenen von einem Fensterputzer gebastelten Ein-Röhren-Reflex, oder diesen mit Marmeladegläsern hergestellten Tantal-Gleichrichter, oder den großen von der technischen Arbeitsgemeinschaft des ARB selbstgebauten Kraftverstärker hervorzuheben... In dem großen Bastlerheer der ganzen Erde hat der professionelle Erfinder wie der Fabrikant einen freiwilligen Mitarbeiterstab, der keine minderwertige Type durchläßt.«

Tatsächlich hat die Industrie Erfindungen und Verbesserungen der Arbeiter, z. B. an Schaltungen, für ihre Produktion profitabel ausgebeutet. Ende der 20er Jahre verlagerte sich die Amateurarbeit vom ›Radiobasteln‹ auf den Bau von Lautsprecheranlagen und Kurzwellensendern.

Im »Radio-Laboratorium« am Besenbinderhof traf sich die »Kraftverstärkergruppe«, die Großlautsprecher für Übertragungen auf Massenkundgebungen, Parteiveranstaltungen und bei Arbeiter-Sportwettkämpfen baute. Radiogeräte, inzwischen in industrieller Serienproduktion hergestellt, waren im Handel ab 40 Reichsmark zu kaufen und damit erschwinglich für Arbeiter geworden.

Die Hamburger SPD dankte dem »Arbeiter-Radio-Bund«

»Das größte Bastlerheer, das es je gab«: ARB-Ortsgruppe Hamburg-Hamm.

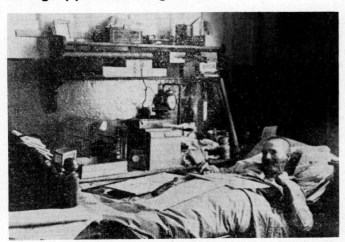

»Die hiesige Ortsgruppe ist dabei, gute Detektorgeräte für alle Arbeiterinvaliden zu bauen, um sie an den Darbietungen des Rundfunks teilnehmen zu lassen.«

Ausstellung der Hamburger Ortsgruppe des Arbeiter-Radio-Bundes

für die technische Hilfe: »Die Anlage funktionierte ausgezeichnet, was wir besonders in der großen Kundgebung der Eisernen Front am 14. Januar bei Sagebiel festgestellt haben. Wir freuen uns, im Besitz einer so ausgezeichneten Lautsprecheranlage zu sein, weil wir sie in den Dienst unserer Propaganda stellen können.«

Im Wahlkampf rüstete der ARB Propagandawagen für die Übertragung von Wahlreden und Musik von Schallplatten aus. Von einer Landagitationsfahrt wird berichtet: »Achtung! Achtung! Achtung! Hier ist der Großlautsprecher der SPD! So ertönt unsere Stimme. Nach einem kurzen Einleitungsvortrag wird Otto Braun – in absentia – das Wort erteilt. Die Ansammlung wächst von Minute zu Minute, die angrenzenden Fenster öffnen sich, jeder Passant bleibt stehen.« (Echo der Woche, 17. 4. 1932.)

Die Radioamateurarbeit konzentrierte sich zunehmend auf die Bereitstellung technischer Apparate. »Die Hamburger Ortsgruppe des ARB hat den Arbeiter-Funktag[4] sehr glücklich durch eine soziale Radiohilfe eingeleitet. Wie wir bereits vor einigen Tagen im Echo berichten konnten, ist die hiesige Ortsgruppe dabei, gute Detektorengeräte für alle Arbeiterinvaliden, für die Blinden, Körperbehinderten zu bauen, um sie an den Darbietungen des Rundfunks teilnehmen zu lassen.« (Echo 15. 3. 1930.)

Gespräch mit Herbert Begier

Herbert Begier, geb. 1909, war Mitglied der Ortsgruppe Hamburg des Arbeiter-Radio-Bundes.

Es kann sein, daß ich auf einer Ausstellung Kontakt zum Arbeiter-Radio-Klub bekommen habe. Ich wollte an und für sich damals eine Lehrstelle in einem Radioladen. Aber zu der Zeit gab es noch keine Lehrstelle, das war noch kein Beruf! Ich habe dann Motorenbauer gelernt, aber in der Zwischenzeit habe ich mich mit Radio beschäftigt und habe dann später als Volontär in einem Radioladen gearbeitet.

Ich war in der Eimsbüttler Gruppe vom Arbeiter-Radio-Bund. Ich bin da nicht so unerfahren hingegangen wie die meisten anderen, die immer irgendwelche Probleme hatten

Herbert Begier war in der Radiowerkstatt der »Produktion« beschäftigt. Er hatte die Photographie eines selbstgebauten Radiogerätes mit Netzanschluß, das er damals für das Universitätskrankenhaus Eppendorf gebaut hatte, aufbewahrt.

und dann was von mir wissen wollten.
Da fällt mir auch ein, daß ich im Auftrag des Radiobundes in der Bürgerweide, in dem dortigen Altenheim, die Radiogeräte der alten Leute wieder in Ordnung gebracht habe. Das war unentgeltlich.

Da Sie damals in der SAJ organisiert waren – gab es für Sie eine Verbindung zwischen dem Radiobasteln und Ihrer politischen Betätigung?

Begier: Von der SAJ her nicht. Ich kann mich nur noch an endlose politische Diskussionen auf dem Weg nach Hause erinnern, wenn wir von unseren Treffen kamen.
Ich war aber auch nicht speziell tätig. Ich weiß auch nicht, ob die Wahlhilfe einzelne Gruppen gemacht haben, oder ob das nicht mehr von oben organisiert war. Ich bin überall nicht hundertprozentig gewesen!

Können Sie sich erinnern, warum für Sie die Verknüpfung des Radiobastelns mit der politischen Arbeit nicht so wichtig war?

Begier: Ich wußte von den Tätigkeiten des Arbeiter-Radio-Bundes. Daß die Mitglieder z. B. Wahlhilfe machen. Aber ich habe keine Notwendigkeit gesehen, mich zu engagieren. Mein Vater war engagierter Sozialdemokrat, und als Kinder sind wir immer so ein bißchen zur Schau gestellt worden. Bei Demonstrationen z. B. standen wir mit breiten Schärpen am Straßenrand. Und da ist was kleben geblieben. Eine Antipathie. Nicht gegen die Partei als Prinzip – ich bin heute noch SPD-Mitglied.

Im »Arbeiterfunk« ist Ihr Name aufgeführt als technischer Beisitzer der Hamburger Kurzwellengruppe.

Begier: Ich habe früher mal mit dem Gedanken gespielt, auch zu senden. Aber dann mußte man das Morsealphabet beherrschen, mußte Prüfungen ablegen. Ich hätte das natürlich schaffen können, aber damals in jungen Jahren war mir das nicht so wichtig. Ich könnte mir auch jetzt eine Funkbude einrichten und senden. Aber für die Jahre, die man noch lebt, kann ich mir was Schöneres vorstellen, wie man die Zeit rumkriegt! Das ist auch ein bißchen einseitig. Ich bin kein Mensch, der gerne allein sein mag.«
(Gespräch am 13. 1. 1982)

»Rundfunk in der Hand des Staats«

Am Arbeiterfunktag im März 1930 in Berlin, der als Alternative zu den Funkausstellungen der Industrie und Rundfunkgesellschaften vom Arbeiter-Radio-Bund organisiert wurde, zeigte sich, wie stark sich die Trennung zwischen Basis und sozialdemokratischer Führung entwickelt hatte; bezeichnenderweise in einer historischen Situation, in der die SPD staatstragende Partei war.

Die praktischen Tätigkeiten der Arbeiterradioamateure hatten sich immer mehr auf Randbereiche des gesellschaftlichen Lebens wie die »soziale Radiohilfe« verlagert. Die politische Komponente der Rundfunk- und Programmpolitik wurde Sache der Funktionäre im ARB und der »Genossen« in der Regierung wie den »Genossen Carl Severing«, dem damaligen Innenminister, überlassen.

Zur Vorbereitung auf den Arbeiterfunktag baute die Hamburger ARB-Ortsgruppe Detektorgeräte für Arbeiterinvaliden, Blinde und Körperbehinderte – eine Initiative, mit der die »soziale Radiohilfe« des ARB weiter ausgebaut werden sollte.

»Freilich sind wir nicht soweit, noch wird sehr viel Wasser die Elbe hinunterfließen, ehe der Rundfunk zu dem Ideal wird, wie wir ihn uns denken. Noch wird der Arbeiter-Radio-Bund, dieses Glied der modernen Arbeiterbewegung, viel Arbeit zu leisten haben. Es wird noch sehr viel Arbeit

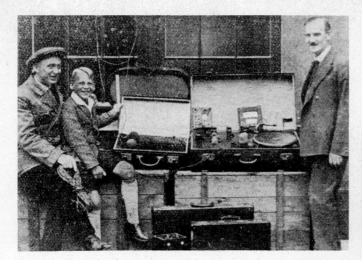

Im »Arbeiterfunk«, der Zeitschrift des Arbeiter-Radio-Bundes, wurde über die praktische Arbeit der Ortsgruppen berichtet.

»Achtung! Hier ist der Lautsprecherwagen der SPD!« – Arbeiterradioamateure im Wahlkampf.

und Mühe kosten, ehe das stolze Wort des Arbeiter-Radio-Bundes Wahrheit wird: »der Sender sei die Kanzel des Volkes« (Echo vom 15. März 1930)

So hilfreich die »soziale Radiohilfe« gewesen sein mag, so war es doch die Stärke des ARB in seiner Anfangszeit, den Selbstbau von Rundfunkempfangsgeräten nicht von der Frage nach den Inhalten und der Forderung nach einem eigenen Arbeitersender zu trennen. Nun wurde diese Frage an die parlamentarischen Vertreter delegiert, die die Radioamateure inzwischen mehr als technische Hilfstruppe betrachteten. Sozialdemokrat Franz Künstler, Mitglied des Reichstages, auf dem Arbeiterfunktag: »Anstrengungen müssen verdoppelt werden, um den Arbeiter-Radio-Bund zu einer starken Hilfstruppe der deutschen Arbeiterbewegung auszubauen.«

Die SPD-»Reformvorschläge«, die der Arbeiterschaft mehr Einfluß in den Sendegesellschaften einräumen sollten, waren darauf ausgerichtet, den Rundfunk zum Staatsmonopol unter »parlamentarischer Kontrolle« auszubauen. Grundsätzlich verhindert wurde jedoch, den Rundfunk anderen Medien wie Zeitung und Zeitschrift in Hinsicht auf den Spielraum publizistischer Freiheiten, d.h. der Veröffentlichung von Kritik an herrschenden Verhältnissen, gleichzustellen.

Reichsinnenminister Carl Severing führte dazu auf dem Arbeiterfunktag aus:

»... von Zeit zu Zeit tauchen auch in Deutschland Wünsche auf, die auf eine Privatisierung des Rundfunkwesens in irgendeiner Form abzielen. Demgegenüber kann nur gesagt werden, daß der Rundfunk in die Hand des Staates gehört und in der Hand des Staates verbleibt.«

Diese SPD-Medienpolitik, die auch von der ARB-Führung verfolgt wurde, konnte von den KPD-Mitgliedern nicht mehr mitgetragen werden.

»Hier ist der große proletarische Sender...«

Die immer stärkere Inanspruchnahme des Arbeiter-Radio-Bundes für die SPD-Parteiarbeit und die Zuspitzung der politischen Auseinandersetzungen zwischen SPD und KPD führten 1929 zur Spaltung der Organisation. In Berlin wurden kommunistische Mitglieder ausgeschlossen, die daraufhin eine neue Organisation gründeten: den Freien Arbeiter Radiobund Deutschland (FRBD). Es entstand damit aber keine neue Basisbewegung, sondern analog der »technischen Hilfstruppe« der SPD bildete die KPD eine Organisation für ihre Agitationszwecke.

In Hamburg vollzog sich die Spaltung erst 1930/31. 1929 noch ist im Tätigkeitsbericht der KPD, Bezirk Wasserkante, zu lesen: »Der Arbeiter-Radio-Bund befindet sich in den Händen der SPD. Unsere Fraktion ist sehr schwach...«

Man muß sich dabei vorstellen, daß zu dieser Zeit in der Hamburger Ortsgruppe die einen Radioamateure Geräte für SPD-Wahlhilfe herstellten, um gegen den Bolschewismus zu agitieren, und gleichzeitig kommunistische Bastler Lautsprecher bauten, um die Sozialfaschismusthese zu propagieren.

In der HVZ vom 13. Mai 1930 wird dann schon ein Aufruf veröffentlicht, der auf den Aufbau einer eigenen Ortsgruppe des FRBD in Hamburg verweist:

»Alle Genossen, die der Arbeiter-Radio-Bewegung angehören, treffen sich am 14. Mai zu einer wichtigen Aussprache.« Und im März 1931: »Achtung, Rundfunkhörer Altonas! Am Dienstag, 10. März, 20 Uhr, findet im Saal des Mietervereins Altona eine Versammlung aller Rundfunkhö-

Radio 271

rer zwecks Gründung einer Ortsgruppe des »Freien Radio Bundes der Werktätigen« statt. Es ist Pflicht aller Genossen, welche Rundfunk hören, zu erscheinen.«

Im April 1932 hat die Ortsgruppe Hamburg des FRBD die Durchführung folgenden »Sturmplanes« bis Ende April beschlossen:

1. Unterstützung der Wahlarbeit (rote Wahlhelfer);
2. Neugründung von zwei Ortsgruppen und zwei Betriebsgruppen des FRBD;
3. Erhöhung der Mitgliederzahl um 30 %;
4. Einzelverkauf des »Arbeiter-Sender« um 100 % steigern;
5. Broschürenverkauf pro Mitglied 20 Pf. während der Wahl;
6. Massenprotestveranstaltungen und Kundgebungen gegen Rundfunkreaktion;
7. Fortsetzung der Unterschriftensammlung Maiprogramm (bisher 3500 Unterschriften);
8. Protestkorrespondenzen in der Tagespresse;
9. Herausgabe einer eigenen Radio-Gruppenzeitung;
10. Moskau-Abhörabende;
11. Alle Kraftverstärker arbeiten bei Veranstaltungen zur Wahl.« (Arbeitersender, 8. 4. 32)

Die Hamburger Ortsgruppe des FRBD hatte dem KPD-Programm entsprechend die Propaganda für die Forderung »Thälmann ans Mikrophon« und »Moskau-Abhörabende« zu organisieren. Mit Protestresolutionen an die Adresse der NORAG gegen die arbeiterfeindlichen Rundfunksendungen propagierte der FRBD mit Gegenprogrammvorschlägen das Abhören von »Radio Moskau«, dem sowjetischen Komintern-Sender, mit vierröhrigen Geräten, die die »Roten Radisten« herzustellen aufgerufen waren.

Ein eifriger Hörer der Moskauer Darbietungen« schreibt in der Arbeiterkorrespondenz Nr. 452 in der HVZ vom 24. April 1931:

»Schon bei der ersten Übertragung des Hörspiels ›Panzerkreuzer Morgenrot‹ hatte ich einen größeren Zirkel Interessenten in meiner Wohnung versammelt, teils Genossen der KPD, teils Parteilose... Ich hatte elf Personen bei mir, als Max Hoelz von Leningrad am Mikrophon stand und wo etwas später von Moskau das Hörspiel der ›Kommunard‹ gesendet wurde. Alle waren einer Meinung: ›Wäre nur erst

der Rundfunk in unseren Händen!‹... Leider ist die große Masse heute nicht in der Lage, sich ein gutes Empfangsgerät kaufen zu können, um der Darbietungen aus Moskau und Leningrad teilhaftig zu werden. Darum ist es Pflicht eines jeden Genossen, der ein solches Gerät besitzt, dieses zu Aufklärungsarbeiten zu benutzen. Nur wenige können eine Maifeier in Rußland mitmachen, wir sind schon ›zufrieden‹ mit dem, was unser Sprachrohr, der russische Sender zu uns herüberschickt, bis – ja, bis wir genau nach russischem Muster an vielen Stellen Lautsprecher aufhängen werden, die dann donnernd ins Land hinausschreien: Hallo, hallo! Hier ist der große proletarische Sender ›Sowjetdeutschland‹! Das große Blasorchester der Roten Armee spielt die ›Internationale‹ zur Einleitung des proletarischen Weltfeiertags.«

Der Hörerprotest des FRBD gegen das Rundfunkprogramm war radikaler als der der ARB, weil alle Anträge, Ernst Thälmann und anderen KPD-Vertretern Redezeit im Rundfunk einzuräumen, ergebnislos blieben. Außerdem war der Protest für die NORAG offensichtlich unkalkulierbarer. In Anbetracht eines Vorfalls 1928 in Berlin, wo Mitglieder der KPD den Redakteur des SPD-Organs »Vorwärts«, Wolfgang Schwarz, der einen Rundfunkvortrag halten sollte, mit einem Wagen abholten (Aufschrift: »Gästewagen der Funkstunde AG«) und ihn außerhalb der Stadt chauffierten, während in der Zwischenzeit ein Landtagsabgeordneter der KPD sich als »Wolfgang Schwarz« Zugang zum Sender verschaffte und dort eine Agitationsrede hielt, verschärfte die NORAG auf Grund von »telephonischen Bedrohungen« während der Sendung von Auflagenachrichten und Ministerreden die Sicherheitsvorkehrungen. Der Vorsitzende des politischen Überwachungsausschusses Alexander Zinn schrieb im April 1931 an den Hamburger Polizeipräsidenten:

»Man wird überhaupt damit rechen müssen, daß bei einer gewaltigen Zuspitzung der Lage Aufrührer versuchen werden, das so wichtige Instrument des Rundfunks in ihre Hand zu bekommen... Der zweite Wunsch geht dahin, eine unmittelbare telephonische Verbindung zwischen der NORAG und der Staatspolizei zu haben, um auch innerhalb des Betriebes der NORAG selbst vertrauliche Gespräche mit der Polizei führen zu können. Die Norag glaubt auch, auf diese

Zeittafel:

1898 In Deutschland gründen Siemens & Halske und AEG Gesellschaften für drahtlose Telegraphie.

1906 Telefunken nimmt die Großfunkstation Nauen bei Berlin mit einem 100 m hohen Antennenmast in Betrieb.

1917 Im Auftrag des Chefs der Feldtelegraphie unternehmen Hans Bredow und Alexander Meissner an der deutschen Westfront drahtlose Telephonie mit Röhrensendern, bei denen auch Musik und Vorlesungen aus Zeitungen und Büchern übertragen werden.

9. 11. 1918 Revolutionäre Arbeiter und Soldaten besetzen das Wolffsche Telegraphenbüro in Berlin. Soldaten der Nachrichtentruppe gründen die Zentralfunkleitung zur Koordinierung der 40 über Deutschland verstreuten Funkstationen und unterstellen sie dem Vollzugsrat der Arbeiter- und Soldatenräte.

19. 10. 1923 Eröffnung des deutschen Rundfunks. Die »Deutsche Stunde« beginnt aus dem Dachgeschoß der Schallplattenfirma Vox in Berlin mit regelmäßigen Sendungen.

2. 5. 1924 Eröffnung des Sendebetriebs der NORAG

10. 4. 1924 Gründungsversammlung des Arbeiter-Radio-Klubs Deutschland im Berliner Gewerkschaftshaus. 3000 Mitglieder werden aufgenommen.

April/Mai 1924 Täglich 15 Minuten Sendezeit für Wahlpropaganda der bürgerlichen Parteien. Die KPD ist ausgeschlossen.

1. 1. 1926 Eine Million Rundfunkteilnehmer in Deutschland.

6./7. 3. 1926 Die 2. Reichskonferenz des ARK erhebt Forderung nach einem eigenen Arbeitersender.

1. 4. 1926 »Der neue Rundfunk« als Organ des ARK erscheint.

2. 9. 1927 Gründung der Arbeiter-Radio-Internationale in Berlin durch Vertreter der holländischen, dänischen, tschechoslowakischen und deutschen Arbeiter-Radio-Organisationen.

Januar 1928 Die Deutsche Welle sendet politische Streitgespräche. Durch eine Verfügung des Reichsinnenministeriums ist die KPD davon ausgeschlossen.

11. 9. 1929 Konstituierung des Freien Radio-Bundes in Berlin.

1. 1. 1930 Der »Arbeitersender« er-

scheint als Organ des FRBD

7. 6. 1932 Reichsinnenminister von Gayl gibt den Rundfunk für NS-Redner frei.

10. 6. 1932 Einführung der »Täglichen Stunde der Reichsregierung«

27. 6. 1932 »Bereitstellung des Rundfunks für die politischen Parteien im Wahlkampf« – mit Ausnahme der KPD

Juli 1932 »Neuordnung des Rundfunks«: völlige Verstaatlichung der Sendegesellschaften, bevollmächtigte Staatskommissare, Zentralisation, verschärfte Zensur, neue Programmrichtlinien.

20. 8. 1932 Aufruf des Arbeiter-Radio-Bundes gegen die Rundfunkpolitik der Regierung Papen.

28. 12. 1932 Letzte legale Reichsleitertagung des FRBD, Vorbereitung auf die Illegalität.

30. 1. 1933 Hitler ist Reichskanzler. Der Rundfunk zelebriert eine Reportage vom Fackelzug der Nazi-Anhänger.

(Auszüge aus Zeittafel in: Dahl, Arbeitersender und Volksempfänger: Proletarische Radiobewegung und bürgerlicher Rundfunk bis 1945; 1978).

Lautsprecheranlage der Hamburger Ortsgruppe des FRBD – Ernst Thälmann spricht anläßlich der Beerdigung des ermordeten KPD-Bürgerschaftsabgeordneten Henning 1931.

In der Zeitschrift des ARB »Arbeiterfunk« wurden die technischen Erfindungen und Neuerungen der Ortsgruppen veröffentlicht.

»Nicht das Gerät allein, das Programm entscheidet, sagt der Arbeitersender, die Rundfunkzeitschrift der Werktätigen.«

Radio 273

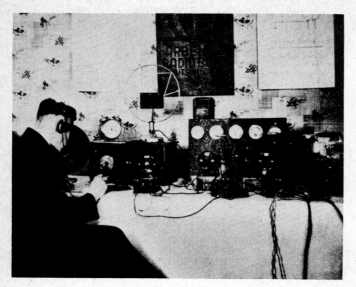

»Wir funken jetzt von dieser Stelle«

Weise leichter eine Möglichkeit zu haben, bei Bedrohung durch Benachrichtigung der Polizei diesen sofort auf die Spur zu kommen.«

Aus Berlin ist bekannt, daß offizielle Rundfunksendungen, wie z. B. eine Silvesteransprache Hindenburgs, von einem »roten Schwarzsender« übertönt wurden.

Aus Hamburg ist Ähnliches nicht bekannt. Auf jeden Fall waren die Kurzwellengruppen des ARB und FRBD in der Lage, Sender zu bauen. Daß es auch Überlegungen gab, diese Sender für die politische Arbeit einzusetzen, geht zumindest aus Akten der Staatspolizei vom August 1933 hervor:

»Der ›Freie Radiobund‹ ist nicht aufgelöst, arbeitet aber jetzt illegal. Eine weitere marxistische Vereinigung ist der ›Arbeiter-Radiobund‹ mit seiner Kurzwellengruppe. Wenn auch seine Heime vom Reichsverband der Rundfunkhörer übernommen worden sind, so sind doch die Mitglieder nicht behelligt worden. Es steht fest, daß viele von ihnen in der Kurzwellenempfangs- und Sendetechnik so ausgebildet sind, daß sie ohne weiteres von den ins Ausland geflüchteten Führern der SPD und des Reichsbanners auf dem Funkwege Anweisungen für illegale Maulwurfsarbeit entgegennehmen können. Die Überwachung eines solchen Funkverkehrs ist mindestens so schwierig, da selbstverständlich die benutzten Wellen dauernd gewechselt und Funksprüche verschlüsselt würden. Die Tatsache, daß es möglich ist, einen Kurzwellenempfänger durch einige Handgriffe in einen Sender zu verwandeln, ist ein weiterer Beweis für die Gefahr, die ein Kurzwellenempfänger in Händen von Marxisten bedeutet.«

Von der Staatspolizei wurde ein Stadtplan gefunden mit »acht durch Kreise markierten Stellen«, wobei die Anordnung so getroffen war, »daß eine Verbindung untereinander mittels Ultra-Kurzwellen-Sender« möglich war. Ein Zettel mit stenografischen Aufzeichnungen schien dies zu bestätigen; darauf waren folgende Funkstellen verzeichnet:

»Heimstätte«, »Produktion« in der Wendenstraße, Veddel, Thalstraße in Altona, Hegestraße für Eppendorf und Winterhude, Langenfelder Damm für Eimsbüttel und Stellingen.

Feierabendverein oder Agitprop-Gruppe?

Weder mit der »reformistischen« SPD-Linie im Arbeiter-Radio-Bund, noch mit dem »revolutionären« Neubeginn des FRBD nach der Spaltung 1929 konnte sich in der knapp zehn Jahre bestehenden Arbeiterradiobewegung eine eigenständige Kulturarbeit entfalten.

Der SPD-Einfluß mit der Orientierung auf den »Radio-Parlamentarismus« (jene idealistische Hoffnung, die Arbeiterschaft als »wesentlicher Kulturfaktor« könne auf Grund ihrer zahlenmäßigen Stärke mehr Einfluß bei den Sendegesellschaften und »Gleichberechtigung« erlangen), hatte zur Folge, daß sich die Radioamateurarbeit zunehmend auf die Bereitstellung technischer Apparate konzentrierte und der ARB zu einem Feierabendverein für Radiobastler zu werden drohte.

Ein weiterer Einschnitt, durch den die Bewegung an Eigenständigkeit einbüßte, vollzog sich mit der Verschärfung der politischen Auseinandersetzungen zwischen KPD und SPD. Die Parteien funktionalisierten die Arbeiterradiobewegung für die Agitproparbeit. Für diejenigen Radioamateure, die sich nicht uneingeschränkt einer Parteilinie unterordnen konnten, wurde die Mitarbeit in der Organisation immer problematischer.

Bei der kadermäßigen Organisationsstruktur des FRBD scheint es nur die objektive Notwendigkeit zur Arbeit für die Partei gegeben zu haben, die sich von der wirtschaftlichen und politischen Krisensituation ableitete. Unbeantwortet bleibt die Frage, ob die im FRBD organisierten Arbeiterradioamateure im Einklang mit diesem Anspruch waren oder eine selbstbestimmte Kulturarbeit auf der Strecke blieb.

Der größte Rückschlag traf die Arbeiterradiobewegung jedoch schon 1926, als die Entscheidung gefällt wurde, den Rundfunk zum Staatsmonopol auszubauen und den Arbeiterorganisationen keinen eigenen Sender zur Verfügung zu stellen. Der ARB konnte keine eigene Programmarbeit verwirklichen. Die Lautsprecherwagen, die in der Agitationsarbeit eingesetzt wurden, blieben immer nur »Ersatz« für eine eigenständige, inhaltliche Programmarbeit.

Zwar behauptete die Arbeiterradiobewegung trotz ihrer ambivalenten Seiten ihr klassenmäßiges Selbstverständnis gegenüber dem bürgerlichen Rundfunkbetrieb: Mit eigenen Organisationen, sogar auf internationaler Ebene (Arbeiter-Radio-Internationale) und mit eigenen Programmzeitschriften (»Arbeiterfunk«, »Arbeitersender«) waren die Arbeiter-Radioamateure bestrebt, ihr technisches Wissen und die politische Nutzung des »Kommunikationsapparates Radio« zu verbinden. Aber es blieben nur einzelne, die den ursprünglichen Anspruch trotz der Gefahr, zu Strafen verurteilt zu werden, verwirklichen wollten und sendeten – in der Hoffnung, gehört zu werden.

1) Hans Bredow (1879–1959), Funkingenieur. 1919 Ministerialdirektor im Postministerium und Leiter der Reichsrundfunkbetriebsverwaltung. 1925 Reichsrundfunkkommissar.
2) Flugblatt des Arbeiter-Radio-Bundes von 1928, mit dem um Mitglieder geworben wurde.
3) Republikschutzgesetz: nach der Ermordung W. Rathenaus gegen staatsfeindliche Umtriebe erlassenes Strafgesetz von 1922; 1932 außer Kraft gesetzt.
4) Arbeiterfunktag, 1930 stattfindende alternative »Funkschau«, die vom ARB organisiert wurde.

»Kamera als Waffe«
Arbeiterfotografie
von Marina Schneede

Fotografie für alle

Als die Fotoapparate Anfang der 20er Jahre billiger werden und einfacher zu handhaben sind, wird die Fotografie eine der beliebtesten Freizeitbeschäftigungen. Der Arbeiter bekommt mit dem Fotoapparat zum erstenmal ein Mittel in die Hand, sein Leben und seine Umwelt selbst aufzuzeichnen. Während um die Jahrhundertwende allenfalls ein Hochzeitsbild in konventioneller Pose beim Fotografen bestellt wurde, entsteht jetzt in vielen Familien eine Fülle von Bildern, die das Aufwachsen der Kinder, Ausflüge und geselliges Leben mit Freunden dokumentieren.

Diese private Fotografie fixiert Momente des individuellen Lebens, die fröhlichen eher als die traurigen. Sie dient dem einzelnen zur Erinnerung, aber auch der Kommunikation mit anderen, indem sie hilft, Verflossenes gemeinsam zu rekonstruieren, aus dem Erscheinungsbild Stimmungen, Geschichten, Orte, Zusammenhänge wachzurufen.

Den technischen Anfang macht in den 20er Jahren manchmal eine selbstgebaute, oft eine gekaufte oder ererbte alte Plattenkamera, in die später auch die von der Fotoindustrie angebotenen Filmpacks eingeschoben werden können. In einer Abseite der Wohnung oder im Keller richtet man sich eine Dunkelkammer ein; die chemischen Grundstoffe für die Filmentwicklung gibt es in der Drogerie. Der Vergrößerungsapparat wird häufig selbst gebastelt: Fotografieren darf nur so wenig wie möglich kosten.

Um voneinander zu lernen und um durch gemeinsame Anschaffungen das relativ kostspielige Hobby erschwinglicher zu machen, tut man sich in Fotoklubs zusammen. Schon 1908 war ein »Verband Deutscher Amateurphotographen-Vereine« gegründet worden, der 1929 etwa 8000 Mitglieder hatte.

In den politisch motivierten Fotografen-Vereinigungen gewinnt die Fotografie eine bis heute nicht wieder erreichte neue Qualität: Hier geht es nicht um das private Foto, sondern um die Herstellung von Öffentlichkeit durch die Fotografie.

Die Arbeiterfotografie – dieser Begriff hat sich Ende der 20er Jahre durchgesetzt – ist kein Freizeitvergnügen und keine Liebhaberei. Die Arbeiterfotografie geht ausschließlich im Interesse der Arbeiterschaft vor und ist deshalb parteilich. Der Austritt aus bürgerlichen Fotozirkeln und das »Bekenntnis zur sozialistischen Weltanschauung« sind beispielsweise Voraussetzung für die Mitgliedschaft in der 1927 gegründeten »Vereinigung der Arbeiterfotografen Deutschlands«.

Der Arbeiterfotograf sammelt authentisches Beweismaterial. Er will Mißstände, auf die sich die bürgerlichen Apparate nicht richten, unwiderruflich fixieren, will diese Mißstände aufdecken und damit an ihrer Beseitigung mitwirken.

Die organisierte Fotografie »von unten« hat ganz entscheidend zur Dokumentation der sozialen Lage in Deutschland um 1930 beigetragen; sie hatte eine zentrale Funktion im Kontext der politischen Agitation.

Reklame aus: Der Arbeiter-Fotograf, Nr. 7, 1929

Reklame aus: Der Arbeiter-Fotograf, Nr. 10, 1929

Arbeitsplatz von Alfred Heyder in der Großdreherei bei Blohm & Voss, um 1930

Hans Hansen an der Karusselldrehbank,
Blohm & Voss, 1930

Franz Katzbichler an der Spitzendrehbank,
Blohm & Voss, 1930

F. K. an der Spitzendrehbank, Blohm & Voss, 1930

F. K. an der Kurbelwellendrehbank,
Blohm & Voss, 1930

Blumenstock an der Zylinderbuchsendrehbank,
Blohm & Voss, 1929

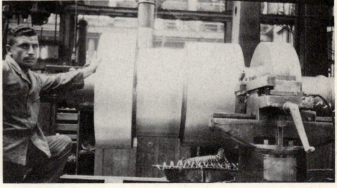

F. K. an der Spitzendrehbank, Blohm & Voss,
um 1930

In den Großbetrieben war das Fotografieren streng verboten; wer es dennoch wagte, stand unter Spionageverdacht.

Einer der Dreher bei Blohm & Voss – wir kennen seinen Namen nicht, vielleicht war es Franz Katzbichler – hat sich darum nicht gekümmert und zwischen 1928 und 1930, so berichtet sein Arbeitskollege Alfred Heyder, immer mal wieder zur Nachtschicht den Fotoapparat eingeschmuggelt, vorbei an den Kontrollen des Zolls und der Werftpolizei. Gab es einen besonderen Grund, sich der Gefahr, entdeckt zu werden, auszusetzen? Der heute im Ruhestand in Sasel lebende Alfred Heyder sagt: Nein, keinen besonderen Grund, nur der Stolz des Großdrehers auf seine Arbeit. Er selbst hat sich damals Abzüge bestellt, weil er seinen Arbeitsplatz treffend dargestellt fand. Und seine Familie sich ein Bild machen konnte.

Fotografie 277

Kamera als Waffe 1
Die Arbeiterfotografen-Vereinigung

Werbepostkarte der Arbeiterfotografen-Vereinigung

Die kämpferische, die proletarische Fotografie kann ihren Aufgaben nicht nachkommen, wenn sie nicht öffentliche Verbreitung findet; dazu bedarf es eines Publikationsorgans. Willi Münzenberg hat es 1925 in Berlin mit der »Arbeiter-Illustrierten-Zeitung« (AIZ) geschaffen, deren Kreis von Arbeiterkorrespondenten er um Arbeiterfotografen erweiterte, um als Antwort auf die bürgerliche Presse mit dem anschaulichen und beweiskräftigen Foto für die Sache der Arbeiter zu argumentieren. Mit ihren kämpferischen Inhalten und ihrem ausgefeilten Fotolayout wurde die AIZ zu einer der beeindruckendsten und meistgelesenen Publikationen in der Weimarer Republik.

Im März 1926 schrieb die AIZ einen Wettbewerb für proletarische Fotoamateure aus.

In diesem Zusammenhang sind in der AIZ die Ziele der Arbeiterfotografie formuliert worden:
1. Aufnahmen, die die revolutionäre Bewegung in der Arbeiterschaft kennzeichnen;
2. Aufnahmen, die die soziale Lage der Arbeiterschaft kennzeichnen;
3. sogenannte Genreaufnahmen, die das tägliche Leben der Arbeiter in allen seinen Phasen gut zur Darstellung bringen;
4. Aufnahmen von den Arbeitsstätten, die die Arbeitsbedingungen, den Arbeitsort deutlich erkennen lassen;
5. Aufnahmen, die die moderne Technik und ihre Arbeitsformen, die industriellen Bauten und ihre Fabrikationsmethoden veranschaulichen.

Noch im selben Jahr – 1926 – gründete Münzenberg die Zeitschrift »Der Arbeiter-Fotograf« (Auflage 1929: 7000 Exemplare), die mit weiteren Wettbewerbs-Ausschreibungen, mit Bilderkritik und technischen Hinweisen das zentrale Organ der von der KPD geförderten Arbeiterfotografen-Bewegung wurde. Auf Anregung dieser Zeitschrift bildeten sich in vielen Städten Arbeiterfotografen-Vereinigungen, die erste 1926 in Hamburg. 1927 soll es bereits 25 Ortsgruppen gegeben haben, die sich der Ausbildung, der politischen Schulung, der Bildberichterstattung für die Arbeiterpresse widmeten und Ausstellungen veranstalteten.

»Achtung, Sonnenwendfeier! Sonnabend, 20. Juni. Alle Arbeiterphotographen gehen zur Sonnenwende in Pinneberg. Treffen 20 Uhr unter der ›Jungsuhr‹, Hauptbahnhof Hamburg. Erscheinen ist Pflicht eines jeden Genossen.«

»Sonnabend, 15. August. Alle erwerbslosen Genossen treffen sich um 13.30 Uhr auf dem Großneumarkt bei der Tankstelle, Lernaufnahmen. Apparate mitbringen.«

»Sonntag, 23. August. Alles geht zum Arbeiter-Sport- und Kulturtag. Abmarsch vom Neuen Pferdemarkt um 13 Uhr. Apparate und Platten sind mitzubringen. Alles hat zu erscheinen!«

Die Geschichte der – anfangs aus sechs Mitgliedern bestehenden – Hamburger Arbeiterfotografen-Vereinigung ist noch nicht geschrieben. Einige Anhaltspunkte für ihre Aktivitäten liefern uns einerseits die aus Hamburg kommenden Beiträge für die AIZ (Abbildungen auf den folgenden Seiten), andererseits die Aufrufe, Ankündigungen und Mitteilungen – wie die obigen aus dem Sommer 1931 – in der »Hamburger Volkszeitung« und Zeitschrift »Der Arbeiter-Fotograf«. Ein überlebendes Mitglied der Hamburger Vereinigung haben wir bisher noch nicht getroffen.

Die Übungsabende fanden beispielsweise 1929 jeden Donnerstag, später immer mittwochs um 20 Uhr im Tiefkeller der Heimstätte Nagelsweg 10 statt (nachzulesen in den Ortsgruppenberichten des »Arbeiter-Fotograf«).

Werbeplakat der Arbeiterfotografen-Vereinigung, 1929

Werbung der Arbeiterfotografen-Vereinigung, 1930

Die Teilnahme an den Abenden und den Ausflügen stand anfangs jedermann offen, Gäste waren jederzeit willkommen. Das änderte sich 1930, als sich die Bewegung spaltete, als die SPD-nahen Arbeiter-Fotogilden gegründet wurden.

Die Leitung der Hamburger Arbeiterfotografen-Vereinigung wechselte jährlich. Auf Ernst Meyer (damalige Wohnung: Zimmerstr. 57) folgten 1930 F. Lisowski (Hessenstr. 43), 1931 Alwin Zang (Rambachstr. 8) und Gerhard Daehnel (Hoheluftchaussee 41). 1931 ist im Jahresbericht der Ortsgruppe – nach der Abspaltung der Foto-Gilde – von einer »Bereinigung der Mitgliederreihen« die Rede.

Anläßlich der Gründung der Ortsgruppe Altona 1930 hielt F. Lisowski von der Hamburger Gruppe einen Vortrag, den die HVZ am 27. Juni 1930 in Auszügen wiedergab: »Die bürgerlichen Photoorganisationen erblicken ihre Aufgabe darin, das Photographieren als eine rein sportliche Angelegenheit aufzufassen. Sorgfältig vermeiden sie alles, was politisch anrüchig erscheint, was irgendwie geeignet wäre, die krassen Gegensätze zwischen Proletariat und Bourgeoisie aufzuzeigen... Wer kennt nicht die immer wiederkehrenden bürgerlichen Motive vom ›Glück im Winkel‹ und den ›zufrieden dreinschauenden Arbeiter‹, vom ›Versorgten Alter‹, schöne Landschaften, Blumen oder Altstadtstraßen mit Häusern gotischen und Renaissance-Stils, vom Sonnenschein goldig umrahmt. Motive, die die Meinung hervorrufen, als sei die Erde ein Paradies voll Zufriedenheit, die nichts kennen von all jenem menschenunwürdigen Elend, das in Wirklichkeit dahinter steckt, wie Krankheit, Arbeitslosigkeit, Hunger, Wohnungselend, Polizeiterror, Streik, Aussperrung, § 218 usw. Unerschöpflich sind für die Arbeiterphotographen die Möglichkeiten, die Welt zu zeigen, wie sie unter dem kapitalistischen System wirklich ist. Aber auch die krassen Gegensätze hierzu photographieren sie. Wie sie leben, all die Schlot- und Krautbarone, die Bankiers, Generäle und Minister, und nicht zu vergessen: die Judasse am Proletariat. Erst durch die Gegenüberstellung dieser Gegensätze werden die Arbeiterphotographen ihrer Aufgabe gerecht. Sie schaffen Empörung gegen Menschenunwürdigkeit, Versklavung. Sie erziehen zum Sehen und zum Nachdenken. Das ist der Sport der Arbeiterphotographen, ein Sport, Mittel zum Zweck, ein Sport als Waffe im Klassenkampf.«

Vorträge und Übungsveranstaltungen, von denen man liest, sprechen für ein reges Gemeinschaftsleben. Als Beispiel für die Aktivitäten der Hamburger Arbeiterfotografen ein Auszug aus dem Sommerprogramm 1930:

5. Juni: Referat: »Politische Fotokomposition« – Übung: Fotomontage
12. Juni: Übung: Fotomontage
19. Juni: Bilderkritik, Erfahrungsaustausch. – Theoretische Übung: Hundert Fragen, über die der Arbeiter-Fotograf im Bilde sein muß
26. Juni: 17 Uhr: Treffen Dunkelkammer zur Studienwanderung durch Hamburg. Motive der Straße

Titelseite der Hamburg-Nummer, AIZ, Nr. 35, 1931

Die erwähnte Dunkelkammer befand sich in der Heimstätte am Nagelsweg und stand den verschiedenen Gruppen, zum Beispiel auch den Fotogruppen der »Naturfreunde«, offen; dort wurden auch – wie man aus der HVZ erfährt – dienstags die Fotokurse der MASCH (Marxistische Arbeiterschule) abgehalten, die von Mitgliedern der Arbeiterfotografen-Vereinigung, 1931 Ernst Meyer, geleitet wurden.

Die Heimstätte am Nagelsweg war ein Neubau des Allgemeinen Deutschen Gewerkschaftsbundes (ADGB) von 1926 mit einem Hotel für durchreisende Gewerkschafter, Lesesälen und Werkstätten; eine für Hamburg neue Einrichtung, ein soziales Experiment, dem nachzugehen wäre.

BLOHM u VOSS
deutschlands grösste Werft

Auf der Elbinsel Steinwärder bei Hamburg ragen weithin sichtbar die Helgen und Kräne der Schiffswerft Blohm & Voß empor. Seit 52 Jahren werden in diesem Unternehmen die Profite aus den Knochen schlechtbezahlter Werftproleten herausgeholt und dadurch hat sich Blohm & Voß zur größten deutschen Werft und zu einem in Politik und Wirtschaft führenden Unternehmen entwickelt. Gegenwärtig sind 10 000 Arbeiter, d. h. mehr als die Hälfte der Hamburger Werftarbeiter, bei Blohm & Voß beschäftigt. Die Werft steht unter der Leitung reaktionärer Scharfmacher, die an der Spitze der „Norddeutschen Gruppe des Gesamtverbandes deutscher Metallindustrieller" eine hervorragende Rolle in diesem Unternehmerverband einnehmen. Schon zwei Mal wehte von den Helgen der Firma Blohm & Voß die rote Fahne. Das war in den Jahren 1919 und 1921, aber auch am 6. März dieses Jahres, dem Internationalen Kampftag der Erwerbslosen, flatterte die rote Fahne wieder über Blohm & Voß, dem Hamburger Hafen ein Zeichen von der wachsenden Radikalisierung der „Werftgrandis" gebend.

Die Hauptvertreter der Firma Blohm & Voß (Walter Blohm und Dir. Gok) sitzen jetzt dank der „freiesten Verfassung der Welt" als deutschnationale „Volksvertreter" in den Parlamenten. Fritz Ebert feierte im Jahre 1924 anläßlich des Stapellaufes des Hapagdampfers „Deutschland" Reedereien und Werftkapital als deutschen Anteil an der Weltwirtschaft. Fast 250 Handelsschiffe haben die Helgen dieser Werft verlassen. Aber dieses Unternehmen ist gleichzeitig einer der wichtigsten Rüstungsbetriebe. Im Jahre 1898 nahm der Reichstag das Flottengesetz an und als erster Auftrag aus diesem Bauprogramm wurde der Werft der Bau des Linienschiffes „Kaiser Karl" übertragen, dessen Stapellauf am 18. Oktober 1899 stattfand. Insgesamt wurden ca. 200 Kriegsfahrzeuge mit 376 021 Tonnen Deplacement gebaut, darunter verschiedene Kriegsschiffe für die späteren „Feinde" von 1914.

Jeden Werktag früh zwischen 6 und 7 Uhr morgens stauen sich vor dem von St. Pauli nach Steinwärder führenden Elbtunnel die dunklen Massen der Werft-

Oben: Einsetzen eines 9½ Meter hohen neuen Wasserrohrkessels in den „Albert Ballin" durch den Riesenkran

Mitte: Schiffbau-Anbringer beim Anbringen von Deckbalken

Rechts: Die hygienischen Verhältnisse bei Blohm & Voß lassen sich am besten an den Massenlatrinen demonstrieren. Sie sind so eingerichtet, daß der Zugwind jämmerlich durchpfeift – der Kontrolle mit einem Blick zugänglich – z. T. in einem widerlichen Zustand, damit die Arbeiter – auch wenn sie hundemüde sind – gar nicht in Versuchung kommen, einen Augenblick länger zu bleiben als unbedingt notwendig

Werftpolizisten haben das Recht, jeden Arbeiter im Betrieb zu sistieren. Oft genug wird ohne Wissen des Arbeiters eine Anzeige gegen ihn erstattet, die trotz ihrer Haltlosigkeit zumeist zur Entlassung führt.

Auf schwankenden Planken hoher Stellagen verrichten die Schiffbau-Arbeiter ihre schwere und gefährliche Arbeit. Auf engen Räumen von wenigen Quadratmetern arbeiten oft 4—5 Feldschmieden. Der erzeugte Kohlenqualm hat faktisch keine Abzugsmöglichkeit.

Nach wenigen Minuten stellen sich heftige Kopfschmerzen ein und doch müssen die Arbeiter den ganzen Tag hier verbringen. Ohrbetäubend ist der Lärm der Pressluftwerkzeuge — fast alle im Schiffbau beschäftigten Leute ziehen sich Gehör- und Nervenleiden zu. Schlosser, Schweißer, Bohrer, Schiffbauer, Nieter, Maurer, Stemmer, Zimmerleute, Tischler, Maler, Stellagenbauer, Schmiede, Hilfsarbeiter ein Gewimmel (Schluß auf Seite 358.)

Links: Ein Werftgrandi (Werftarbeiter)
Oben: Hafenarbeiter werden an ihre Arbeitsstätte befördert. Auch die Beförderung der Werftarbeiter geschieht fast ausschließlich auf solchen offenen Barkassen

Fotografie 281

Fast täglich wächst die Zahl der stillgelegten, oft erst neuerbauten Schiffe, deren Betrieb für die Reeder nicht mehr profitabel genug ist

Hamb

"Alles für die Armen — nichts für die Reichen", daß ist die Parole, unter der die Hamburger Werktätigen am 27. September die Bürgerschaftswahlen durchführen. Wie richtig diese Forderung ist, zeigen die Zahlen über Erwerbslosigkeit, Krankheit und Not und noch viel deutlicher ein Gang durch die Straßen Hamburgs, ein Streifzug durch den Hafen. Erschreckend lange Schlangen Erwerbsloser stehen vor den Stempelstellen, die zur Untätigkeit Verurteilten lungern am Hafen herum, Kleinhändler machen „Ausverkauf" und müssen die Läden schließen, der Strom der hunderttausenden Angestellten zu den großen Handels- und Bürohäusern ist versiegt. Auch die Angestellten gehen stempeln, müssen die schwer errungene Neubauwohnung räumen und sind dem Elend preisgegeben. Keine Reklame kann dem nächtlichen St. Pauli mehr die Fülle Vergnügungs- und Erholungsuchender von ehedem geben. Hamburg ist ein Weltzentrum des Handels und Transports. Die Wirtschaftskrise aller kapitalistischen Länder macht sich hier besonders bemerkbar, große Teile des Hafens liegen still, Kräne recken sich tot zum Himmel und auf vielen Teilen der Werften ertönt kein Hammerschlag mehr. Von 68 000 000 Tonnen Gesamtwelttonnage waren im Mai 1931 12 000 000 Tonnen aufgelegt. In den acht seefahrenden Ländern Deutschland, Frankreich, Italien, Holland, Belgien, USA, Japan und England wurden im Jahre 1930 33 1/2 Millionen Tonnen Waren weniger befördert als im Jahre 1929. Das ist der kapitalistische Niedergang, der unzählbare Hamburger Familien vor das Nichts stellt. Nur in der Sowjet-Union ist wirtschaftlicher Aufschwung. Viele Schiffsladungen von Maschinen und Waren gehen vom Hamburger Hafen nach der Sowjet-Union. Von den russischen Schiffen weht die rote Fahne des siegreichen Sozialismus.

Die Hamburger Werktätigen stehen vor der Entscheidung. Die wenigen, die in den rationalisierten Betrieben mit abgebautem Lohn arbeiten, werden der Sozialdemokratischen Partei, den Bürgerlichen und den nationalsozialistischen Volksbetrügern die Quittung für ihre arbeiterfeindliche Politik geben. Die Schauerleute, die auf den Arbeitsverteilungsstellen Gesundheit und Arbeitskraft anbieten müssen wie auf einem Sklavenmarkt, haben es satt, in diesem System um Arbeit zu betteln. Die Seeleute, die längst nicht mehr auf den Schiffen, sondern auf den Stempelstellen ihren Platz haben, wollen nicht feiern. Sie sind zur Abrechnung mit dem Klassenfeind bereit. All die Angestellten, die Kleingewerbetreibenden und Handwerker, die Beamten und Hausfrauen, die gesamte arbeitende Bevölkerung Hamburgs hat die Wahl zwischen Arbeitslosigkeit, Faschismus, Lohnabbau, Hunger und Not oder dem Kampf für sozialistischen Aufbau, durch ein rotes Hamburg in einem freien sozialistischen Deutschland.

Zum Elend den Spott! Der Wohlfahrtsempfänger er sich seine vollkommen durchlöcherten Stiefel abgelehnt, „da Selbsthilfe möglich" sei... So ver Senator dreißigtausend Mark Gehalt zahlt, die Ae wirklicher Selbsthilfe schreiten, mit Polizeigew

eilungsstelle des Hafen- s ist längst zu einer rteilungsstelle geworden

Im „Stall" strecken sich hunderte arbeitsuchende Hände den Vermittler entgegen, wenn einmal ein paar Schauerleute verlangt werden, die nicht nach der Dauer der Erwerbslosigkeit, sondern nach Ansehen ausgesucht werden

Hamburg zahlt seinen beiden Bürgermeistern jährlich 758 000 Mark Gehalt, den Wohlfahrtspflichtarbeitern täglich 75 Pfennig!

Reichstagsabgeordneter Herm. Remmele eröffnet in einer Versammlung von zehntausend Wählern den Bürgerschaftswahlkampf in Hamburg, den die Kommunisten gegen alle Volksfeinde führen

rgs graue Kolonnen

Kapitalistische Rationalisierung und Weltwirtschaftskrise haben 35%, aller Wassertransportarbeiter arbeitslos gemacht. Von 61 000 deutschen Seeleuten sind ca. 21 000 ohne Beschäftigung. Das herrschende System wird ihnen nie wieder Brot und Arbeit geben, sondern läßt sie nach wochenlangem Anstehen um die Bettelpfennige der Unterstützung in Hunger und Elend verkommen. Bei den Hamburger Bürgerschaftswahlen werden die Seeproleten darauf antworten!

ese hatte um Mittel ersucht, damit lassen kann. Sein Antrag wurde Senat der Pfeffersäcke, der jedem r Armen, denen er, wenn sie zu gentritt

Früher war es am Elbtunnel schwarz von Menschen, die von der Arbeit kamen. Heute kann man dort stundenlang stehen, ohne den geringsten Massenandrang zu bemerken, da die Entlassungen allein bei der Blohm & Voß-Werft seit 1928 über 7000 Arbeiter brotlos gemacht haben. Sie werden wie alle Hungernden und Ausgebeuteten bei der Bürgerschaftswahl für die rote Liste, für Arbeit und Brot stimmen!

Erich Rinka, Stillgelegte Schiffe im Hamburger Hafen, 1931

Wer »Hamburgs graue Kolonnen« aufnahm

Erich Rinka: Agitatorische Fotografie

Um komplexe Vorgänge, um gesellschaftliche Widersprüche mit dem Foto darstellen und belegen zu können, wurde Ende der 20er Jahre in der AIZ aus der bürgerlichen Reportage die Fotomontage (analog zur Filmmontage im sowjetrussischen Film) entwickelt. Deren Höhepunkt bildeten ab 1930 die ganzseitigen AIZ-Montagen von John Heartfield.

Die auf den beiden vorangegangenen Doppelseiten wiedergegebenen Fotomontagen waren in der AIZ abgedruckt. Mit der Zuordnung von Totale und Nahaufnahme, von tiefenräumlicher Szene und freigestellten Figuren, mit Ausschnitten und Überschneidungen wird die argumentative und agitatorische Kraft des Fotos hervorgekehrt.

Die Autoren der »Blohm & Voss«-Montage sind uns unbekannt. Während die Fotografen 1926/27 in der Regel genannt wurden, blieben sie jetzt anonym, um vor Verfolgungen durch die Behörden, vor Schikanen durch Unternehmer und Hauswirte geschützt zu sein.

Die AIZ-Doppelseite »Hamburgs graue Kolonnen« stammt – das konnte jetzt in Erfahrung gebracht werden – von dem heute 80jährig in Berlin/DDR lebenden Erich Rinka, der seit Januar 1931 Reichssekretär der »Vereinigung der Arbeiterfotografen Deutschlands« war. Bereits seit 1923 hatte der gelernte Buchdrucker, wenn er bei Freunden in Hamburg zu Besuch war, mit seiner ersten 9 x 12-Plattenkamera, einer Voigtländer Avus, in den Arbeitervierteln und im Hafen fotografiert. Seine Aufnahmen von der Arbeitslosigkeit 1930/31 in Hamburg – die stillgelegten Schiffe, die endlose Schlange beim Arbeitsnachweis der Seeleute – gehören zu den berühmt gewordenen (in der AIZ mehrfach verwendeten) Zeugnissen der Arbeiterfotografie.

Erich Rinka galt – beispielsweise auch mit der 1930 entstandenen AIZ-Reportage »Neue Bluttat der Nationalsozialisten. Der bestialische Mord an dem Schuharbeiter Jopp in Fürstenwalde« – als einer ihrer Köpfe. Den Übergang von der Bildserie zur Fotomontage, die auf Ursache und Wirkung eingeht, hat Rinka in seinem 1981 in Leipzig veröffentlichten Buch »Fotografie im Klassenkampf« an einem Berliner Beispiel beschrieben: »Unsere Wohnverhältnisse waren dort so miserabel, daß ich einmal den Gedanken faßte, das in einer Bildserie zu dokumentieren. Ich fing in der eigenen Wohnung an, mit dem verrosteten eisernen Ausguß, über den ich mich täglich neu ärgerte, nahm mir dann das auf halber Treppe gelegene Klosett vor, das nicht weniger als vier Familien gemeinsam benutzten, das halb zerfallene Treppenhaus und den finsteren, engen Hinterhof voller Ratten und stinkender Müllkübel. Als ich meine Platten in der Gruppe entwickelte und kopierte, kamen wir dort auf eine Idee. Wir machten uns auf und besuchten die Wohnung des Hauswirts, eine Villa in Zehlendorf. Hinein kamen wir natürlich nicht, man hätte uns hinausgeworfen. Aber wir fotografierten sie von der Straße aus. Und dann suchten wir

Erich Rinka, Ausschnitt aus der Hamburg-Bildtafel, Reichsausstellung der Arbeiterfotografen-Vereinigung, Berlin, Oktober 1931

uns im Berliner Westen ein elegantes Geschäft für Sanitäranlagen und fotografierten dort ein gekacheltes Badezimmer mit ausgeklügeltem Komfort. Dieses ganze Material gaben wir nicht an die Presse, die litt an solchen Bildern inzwischen schon keine Not mehr, sondern machten daraus eine Ausstellung: ›So wohnen die Proleten – und so wohnen die Hausbesitzer.‹ Darin stellten wir gegenüber – unser Haus mit der zerbröckelten Fassade und die Villa in Zehlendorf, den verrosteten Ausguß und das elegante Badezimmer.«

Erich Rinka, Arbeiter im Hamburger Hafen, Roter Stern, Nr. 11, 1931

Ganzseitige Werbung für die Arbeiter-Fotogilden, VuZ, 1930

Kamera als Waffe 2
Die Arbeiter-Fotogilden

Ende der 20er Jahre hatte sich der Gedanke, mit dem Foto propagandistisch zu arbeiten, auch in der sozialdemokratischen Presse durchgesetzt, und das Lichtbild wurde in zahllosen sozialdemokratischen Aufklärungs-, Bildungs- und Werbevorträgen als unterstützendes und agitierendes Mittel erkannt.

Raum der Hamburger Arbeiter-Fotogilde in der Ausstellung »Trotz allem Kunst!«, Hamburger Kunsthalle, Dezember 1930

Angesichts des Agitprop-Konzepts der KPD, das im Frühjahr 1930 mit der »Interessengemeinschaft für Arbeiterkultur« (IfA) wirksam wurde, mußte die SPD in den eigenen Reihen eine zunehmende Beziehungslosigkeit zwischen der gängigen Kultur- und Bildungsarbeit und der politischen, besonders der aktuellen tagespolitischen Parteiarbeit feststellen.

Um diese Entwicklung aufzuhalten, ersann die Partei einige kulturpolitische Maßnahmen, deren eine war, die sozialdemokratisch gesinnten Arbeiterfotografen in einer eigenen Organisation zusammenzufassen. Im Dezember 1929 traten erstmalig Vertreter einer Reihe bestehender sozialdemokratischer und gewerkschaftlicher Fotogruppen zu einer Arbeitsgemeinschaft zusammen, aus der Anfang 1931 der »Arbeiter-Lichtbild-Bund« (ALB) hervorging.

Die Werbung für die neue Organisation nahm der heute noch in Hamburg lebende Journalist Heinrich Braune in die Hand; er war als Redakteur beim »Hamburger Echo« seit 1925 auch für »Volk u. Zeit« verantwortlich, die Tiefdruckbeilage der sozialdemokratischen Tageszeitungen in Norddeutschland. Anfang 1930 entstanden auf seine Initiative, auf seine Aufrufe in »Volk u. Zeit« hin zahlreiche sozialdemokratische Fotogruppen, Arbeiter-Fotogilden, deren Mitglieder sich in Abgrenzung zu den Arbeiterfotografen Arbeiterlichtbildner nannten.

Ein Zentrum der Fotogilden war Hamburg, Kontaktadresse in der 1930 gegründeten und bis Ende 1931 bestehenden sozialdemokratischen Fotogilden-Zeitschrift »Das Neue Bild«: Heinrich Braune, damals Fehlandstr. 11. Mitte 1930 meldete die in Berlin herausgegebene Zeitschrift, Bundesorgan des ALB, auch den Beitritt der »Naturfreunde«-Fotogruppen zum »Arbeiter-Lichtbild-Bund«.

Die »Naturfreunde« – in Hamburg war ihr fotografischer Berater Fritz Am Ende (damals Prachtsweg 15) – kündigten in dieser Zeitschrift ihre Zusammenkünfte ebenfalls in der zentralen Dunkelkammer der Heimstätte am Nagelsweg an – für montags.

Titelmontage Heinrich Braune, in Zusammenarbeit mit Max Deiters, Das Neue Bild, 1. Heft, Juli 1930, und Titelseite VuZ, Nr. 8, 1930

Der Freitisch des Arbeiterrates

Im Kreis: Essenausgabe für den Freitisch
Rechts: Freitisch im Hamburger Gewerkschaftshaus

Selbsthilfe der Arbeiterschaft

Fotos: Erich Andres, Text: Heinrich Braune, VuZ, Nr. 11, 1930

Fotografie 289

Arbeiter-Fotogilde Hamburg — Gasbehälter

aus: Das Neue Bild, März 1931

Schönheit und Tendenz

Die Arbeiterfotografie hatte um 1930 für die KPD einen anderen Stellenwert als für die SPD. Während die KPD das Foto in den Dienst des politischen Kampfes stellen wollte, ging es der SPD primär darum, das Medium Fotografie zu popularisieren und ästhetische Ansprüche unter den Arbeitern zu wecken und durchzusetzen.

Die auf der vorangegangenen Doppelseite abgebildete Montage »Krise!« erweist sich, wenn man die illustrierte Beilage »Volk u. Zeit« aus dem Jahr 1930 durchsieht, als eine der politisch engagiertesten. Der Text stammt vom verantwortlichen Redakteur Heinrich Braune; die Fotos (mit Ausnahme des Verzweifelnden links oben, ein Szenenfoto aus einem Hochbaum-Film) machte der heute noch in Hamburg lebende Erich Andres.

Anfang 1930 bekam Erich Andres über eine Arbeiterfotogruppe Kontakt zu Heinrich Braune, der Fotomaterial aus der Arbeiterschaft für das »Hamburger Echo« und für »Volk u. Zeit« suchte. Die einzige größere Zusammenarbeit, an die sich beide noch erinnern können, ist die Montage »Krise!«

Heinrich Braune beschreibt 1979 in einem Interview rückblickend den ästhetischen Anspruch der Sozialdemokraten: »Durch das Bauhaus Weimar und später Dessau wurde in den Fotografien eine neue künstlerische Linie entwickelt. Die Fotografie wurde als Kunstmittel entdeckt, mit dem man neue, ästhetische Aussagen machen konnte. Dabei wurde etwa die Grafik Lyonel Feiningers ins Fotografische übersetzt: Jeder bekannte Gegenstand wurde durch eine neue Sicht, eine neue Perspektive neu entdeckt. Diese neue fotografische Ästhetik war eine künstlerische Revolution. Was mich und ein paar Freunde interessierte, war, diese Fotografie auch politisch zu nutzen.«

1930 hieß es in dem programmatischen Artikel »Zielsetzung einer sozialistischen Lichtbildpflege« des ersten Heftes von »Das Neue Bild«: »Das sozialistische Foto, so hat man es definiert, müsse nicht nur schön sein, sondern müsse eine Tendenz haben. Heißt das: Wir wollen das bloß schöne Foto aus unserer Arbeit ausschalten? Heißt das: Eine Fotografie kommt erst in dem Augenblick der sozialistischen Gesinnung entgegen, wenn ein soziales Motiv oder ein Elendsmilieu oder ein Demonstrationszug drauf sind? Ich meine, ein Sozialist bleibt Sozialist, auch wenn er ein Naturmotiv, eine Landschaft, Tiere oder Pflanzen fotografiert. Womit nur gesagt sein soll: Hüten wir uns vor einer allzu gewaltsamen Verengung des Begriffes »Tendenz« und damit einer Verengung des Motivgebietes. Die ganze Welt sei das Feld des Arbeiterfotografen! Damit ist eine grundsätzliche und hauptsächliche Frage angeschnitten, zu der es in den Arbeiterfotogilden Stellung zu nehmen gilt... Unsere Arbeit will reichere Frucht tragen, so meine ich, wenn wir Individualpflege treiben... Vielleicht entwickelt sich unter uns ein begabter Tierfotograf, ein stiller intensiver Waidmann ohne Schrot und Korn à la Bengt Berg oder Rudolf Zimmermann. Tiere kann man nicht gut – oder vielleicht nur im Falle der Nutztiere, bei Pferden, Kühen usw. – mit sozialistischer Einstellung fotografieren – aber es wird das Verdienst sozialistischer Arbeit sein, einen guten Tierfotografen ausgebildet zu haben. Vielleicht

Arbeiter-Fotogilde Hamburg   Hamburger Hafen

aus: Das Neue Bild, März 1931

ist da unter unseren weiblichen Gildenmitgliedern eine geduldige Beobachterin des Kleinlebens in der Natur: sie wollen wir bestimmt nicht aus unserer Arbeitsgemeinschaft verjagen! Vielleicht hat sich einer unter uns eine große fotografische Lebensaufgabe gestellt, meinetwegen eine Sammlung von charakteristischen Arbeitsszenen aus allen möglichen Berufen, eine monumentale Serie mit dem Titel ›Der Arbeiter‹ – nun gut, ihm soll genau die gleiche Hilfe und Unterstützung zuteil werden, wie unserer Naturwissenschaftlerin oder unserem Tierfotografen. Je vielfältiger das Leben in unseren Gruppen pulst, um so besser. Der Naturfotograf und der politische Reporter, der Liebhaber von Sach- und Stillebenaufnahmen (und ein Stilleben mit sozialistischer Tendenz wäre noch zu schaffen!) und der Experimentalfotograf, sie alle müssen in den Arbeiterfotogilden Platz und Anregung finden.«

Diesen Text für »Das Neue Bild« schrieb der 1903 in Hamburg geborene, dort 1979 verstorbene Schriftsteller und Journalist Hugo Sieker, eine der zentralen Persönlichkeiten in der proletarischen Jugend der 20er Jahre.

Titelfoto der Hamburger Fotogilde, Das Neue Bild, Juni 1931

Fotografie   291

Erich Andres, Werftmonteure in den Laufkatzen der Helgen im Hamburger Hafen, Anfang der 30er Jahre

Erich Andres, Hamburger Schauermann, Anfang der 30er Jahre

Erich Andres: Fotos aus der Arbeitswelt

Erich Andres, der Autor der »Volk u. Zeit«-Fotos »Krise!«, war von dem Thema selbst betroffen: 1930 war er als Schriftsetzer arbeitslos – die eigene Arbeitslosenkarte hat er in der Fotomontage mitverwendet.

Um 1930 war Andres, heute Journalist und Berufsfotograf, ein Amateurfotograf und nicht organisiert. Durch den losen Kontakt zu einer Arbeiterfotogruppe ergab sich die Möglichkeit, mit Heinrich Braune und der Zeitschrift »Volk u. Zeit« zusammenzuarbeiten.

Der 1905 in Leipzig geborene, damals der Christlichen Jugend angehörende Erich Andres war 1923 nach Hamburg gekommen und hatte hier als Schriftsetzer zunächst in der Druckerei des Rauhen Hauses gearbeitet. Schon als Lehrling – um 1920 – baute er sich selbst eine Kamera. Mit dem ersten gekauften Apparat, einer 9 × 12-Plattenkamera, hielt er 1929/30 Szenen der Arbeit und der Arbeitslosigkeit vor allem im Hamburger Hafen fest. 18 Platten zu diesem Thema haben sich bis heute bei Erich Andres erhalten. Anfang der 30er Jahre entstand zudem für den »Hamburger Anzeiger« eine Reportage über Hamburger Hafenarbeiter, zu der er, wie er sich erinnert, sieben bis acht Porträtfotos, Momentaufnahmen von ihm unbekannten Arbeitern eingereicht hat (siehe Abbildung).

Ab 1931 besaß Erich Andres eine Leica-Kleinbildkamera. Der erfolgreiche Umgang mit neuen technischen Mitteln und fotografischen Methoden ermutigte ihn, Anfang der 30er Jahre das Hobby Fotografieren zum Beruf zu machen.

Erich Andres, Hamburger Hafenarbeiter,
Anfang der 30er Jahre

Ernst Scheel　　　　　　　　　　　　　　　　　　Im Dock der Vulkan-Werft in Hamburg

Ernst Scheel, aus: Das Neue Bild, November 1930

Ernst Scheel: Fotos von Architektur und Technik

Das oben abgebildete Foto ist Teil einer Werft-Reportage von Ernst Scheel, der um 1930 in der sozialdemokratischen Fotogilden-Zeitschrift »Das Neue Bild« immer wieder als Vorbild hingestellt wird. Nach Anfängen als Gebrauchsgrafiker war der 1903 in Hamburg geborene Ernst Scheel zu dieser Zeit bereits Berufsfotograf – nicht irgendeiner, sondern der kongeniale Mitarbeiter des Architekten Karl Schneider.

»Ich liebe das klare, harte Gegeneinander von Bauflächen, das straffe Linienspiel von Eisenkonstruktionen, die strengen Überschneidungen von modernen sachlichen Formen«, sagt Ernst Scheel 1930 in einem Interview mit Hugo Sieker in »Das Neue Bild«, das bei dieser Gelegenheit mitteilt, Sieker sei Mitarbeiter der Fotogilde Hamburg und Scheel stände ihr nahe. Im Gespräch mit Sieker fügt Scheel hinzu: »Uns neuen Fotografen liegt gar nichts mehr an sogenannten ›schönen Motiven‹, im Gegenteil, wir suchen die Reize ganz alltäglicher, unscheinbarer Gegenstände zu offenbaren.«

Ernst Scheel, der alle seine Negative im Krieg verloren hat, war einer der Exponenten der Neuen Sachlichkeit. Die moderne Ästhetik von Technik und Architektur lag mehr in seinem Interesse als die Abbildung arbeitender Menschen oder gar ihres Lebenszusammenhanges.

Dennoch bezog Scheel wesentliche Anregungen aus den Publikationen der Arbeiterbewegung, vor allem aus der »Arbeiter-Illustrierten-Zeitung«. Als die AIZ 1926 – wie erwähnt – den ersten Wettbewerb zur Aktivierung der Arbeiterfotografen ausschrieb, schickte Ernst Scheel drei Arbeiten ein, darunter das Foto »Im Hamburger Freihafen«, das überraschenderweise einen Preis gewann. Im Juli 1926 meldete die AIZ: »Der dritte Preis: eine Arbeiterbibliothek, bestehend aus 10 Bänden, auf: Ernst Scheel, Hamburg 19, Hoherade 18«. »Das war eine Enttäuschung«, sagt Ernst Scheel heute, »statt der Bücher kamen nur einige Broschüren.«

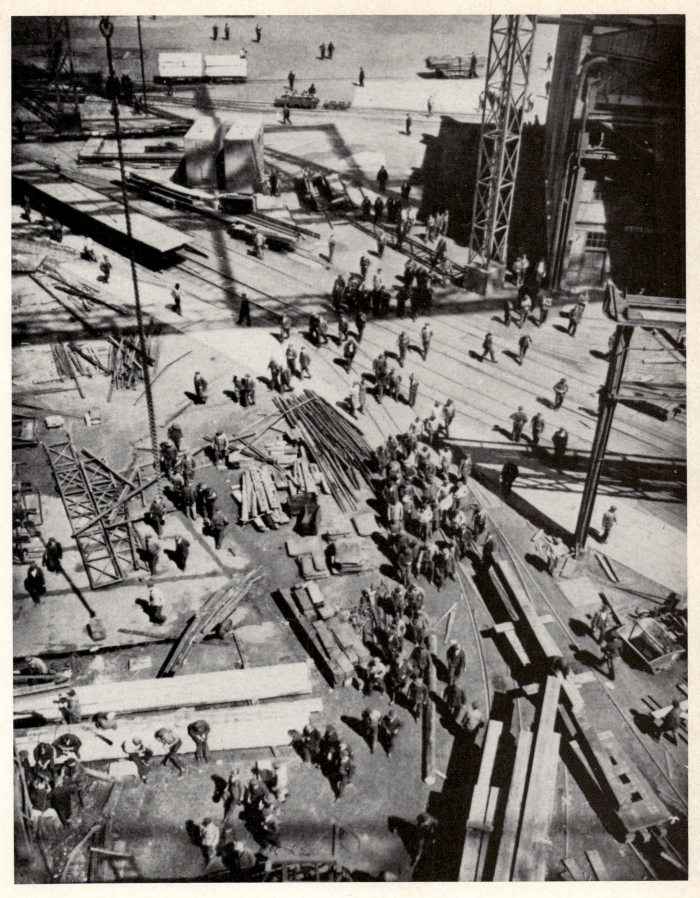

Ernst Scheel, aus: Das Neue Bild, März 1931

Mit Blitzlicht fotografierender Mann, aus: Der Arbeiter-Fotograf Nr. 4, 1930

Das Foto, egal, ob es Wirklichkeit wiedergibt oder inszeniert, ist nie die ganze Wahrheit. Es schwankt zwischen Kunst und Wahrheit und ist dennoch immer authentisch, immer Beweismaterial: mal mehr für die Realität, mal mehr für die Haltung des Fotografen zur Realität. Indem der Fotograf aus einer Bewegung einen bestimmten Moment herausgreift, indem er aus einer Totalität einen Ausschnitt wählt, indem er seinen Blickwinkel festlegt (nah oder fern, von unten oder von oben, seitlich oder frontal, mit dem oder gegen das Licht), macht er seine Person zugleich mit der Szenerie zum Gegenstand des Fotos. Je nach dem Gewicht dieser Eingaben wechselt die Sprache, wechselt die Mitteilungsweise, wechselt die Funktion, die historische Fotos für uns heute haben, die historische Fotos im Kontext dieser Ausstellung und ihres Kataloges haben.

Was uns aus der neueren Geschichte geblieben ist, sind (sieht man vom Film ab, der im Katalog nicht reproduzierbar ist) Gegenstände, Aufzeichnungen, Erinnerungen, Fotos, Kunst. Die Gegenstände, die Schreibmaschine, der Henkelmann, das Vertiko, machen Mitteilungen über Materialien, Brauchbarkeitsvorstellungen, ästhetische Vorlieben, wirtschaftliche Zwänge. Aber ihre Isolierung im Rahmen einer Ausstellung oder einer Publikation läßt außer vagen Assoziationen alle Zusammenhänge außer acht. Aufzeichnungen und Erinnerungen sind immateriell und abstrakt. Fotos aber sprechen anschaulich über Zusammenhänge, beweisen die Verwendung der Gegenstände, verifizieren die Erinnerung oder rufen sie hervor. Sogar ohne die persönliche Erinnerung ist das Foto, getrennt von seinem Autor, mitteilsam; es übermittelt Information und Stimmung oder Haltung oder Atmosphäre, also das, was wir Zeitgeist nennen, auf direktem Weg, in der Regel ohne die Übersetzung, die das Charakteristikum von Kunst ist.

Wir unterscheiden zwischen dem privaten und dem öffentlichen (für die Öffentlichkeit gemachten) Foto. Wird das private Foto – wie in diesem Katalog – seinem ursprünglichen Zweck (Familienalbum) entrissen, entfremdet und öffentlich gemacht, so interessiert den Außenstehenden nicht, ob Tante Erna oder Vetter Ernst darauf zu sehen ist, sondern was für Mützen die Dargestellten tragen, in welchem Ambiente sie untergeordnet oder beherrschend gezeigt sind, was ihre Körpersprache mitteilt, welche Vorstellung von Glück und Familiarität hier festgehalten ist, kurz: die Haltung. Vor allem aber: Mit seinem Zackenrand, mit dem chamois Papier, mit dem kleinen Format, etwas vergilbt, ist dieses Foto heute selbst ein gegenständliches Dokument. Private Fotos aus einem bestimmten Zeitraum, in dem es einigermaßen gleiche technische Voraussetzungen fürs Amateurfotografieren gab, sind nicht als einzelne, sondern alle zusammen Sprachorgan. In der Menge der ähnlichen Fotos liegt ihr dokumentarischer Charakter.

Anders die bewußte Aufnahme (gleich, ob sie vom Profi oder vom Amateur stammt), die sich dem Besonderen eines Interieurs, einer Straße, eines Menschen, der Gegenstände widmet, nicht auf das familiäre Glück hinauswill und nicht Zeit für die Erinnerung festhalten, sondern im Ausschnitt exemplarisch eine Zeiterscheinung beweisen will. Nicht das Foto ist hier das Dokument, sondern dokumentarisch ist, was das Foto durch das Motiv überliefert: So, wie dargestellt, war es und nicht anders. Die Sache steht im Zentrum.

Eine weitere Variante. Der fotografiert, hat, bevor er auf den Auslöser drückt, schon eine Vorstellung. Er sucht das Motiv, das seine Vorstellung oder die Vorstellung seiner Gruppe anschaulich macht. So beispielsweise geht die Arbeiter-Fotografie vor. Sie sucht und zeigt vor, was bürgerliche Fotografie und Ästhetik auslassen, was aber Teil von Wirklichkeit ist, die negativen Seiten der Technisierung, die Arbeitslosigkeit, das Elend der unteren Schichten. Diese Fotografie dokumentiert ebenfalls, aber sie benutzt die Dokumentation zugleich als Mittel der Anklage und des politischen Kampfes. Um Anklage und Kampf zuzuspitzen, benutzt die Publizistik das (aus der Kunst übernommene) Montage-Prinzip, in dem das Foto nicht mehr allein und als Ganzes funktioniert, sondern im Ausschnitt und in der Konfrontation mit anderen. Die politische Sache steht im Zentrum.

Ganz im Gegenteil dazu das Foto, das seinen Gegenstand im ästhetischen Gewand präsentiert. Der Fotograf verifiziert an seinem Motiv eine Formvorstellung, die ihrerseits wieder dokumentarisch wird. Ernst Scheel beispielsweise geht es weniger um das Aussehen eines Schiffes im Dock als um die fortgeschrittene Ästhetik der Technik (und des Fotos). Solche Fotos lesen wir heute als Ausdruck eines optimistischen Verhältnisses zur Technik, lesen sie gleichermaßen als Ausdruck eines künstlerischen Individuums, das die Fotoästhetik vorangebracht hat. Das Foto ist hier ein künstlerisches Produkt, nicht weniger wahrhaftig als das Familienfoto oder die realistische Reportage oder die agitatorische Montage, nur wieder auf eine andere Weise, nämlich durch die gestalterische Kraft des Individuums.

Erich Andres, Zeichengeber für den Kranführer im Hamburger Hafen, Anfang der 30er Jahre

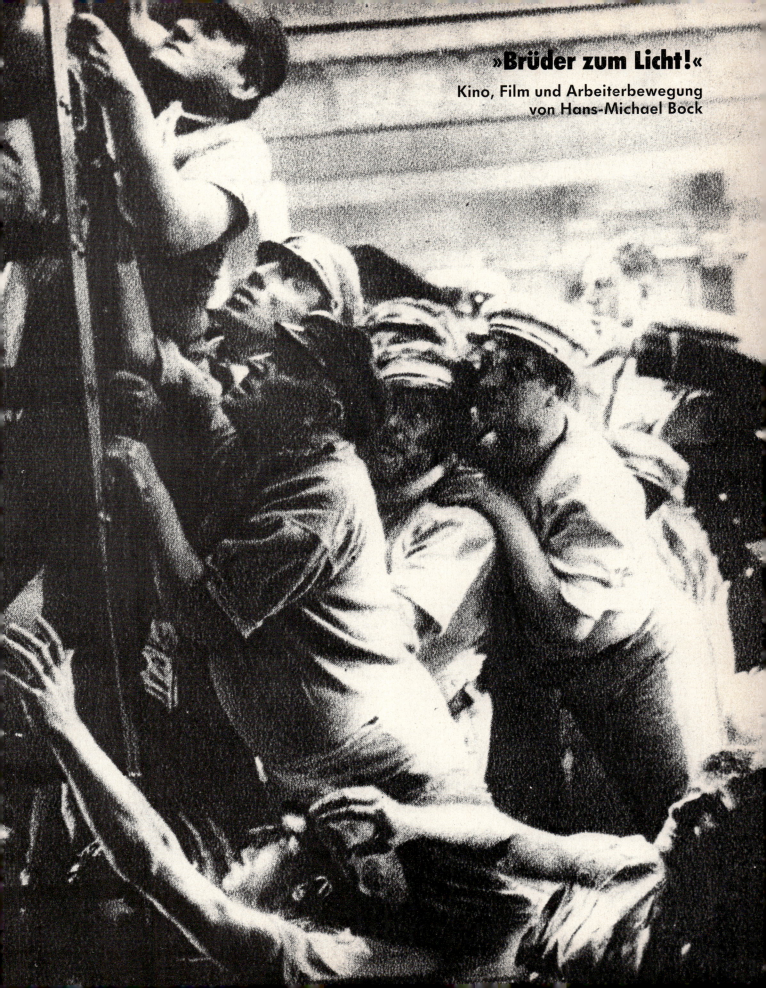

»Brüder zum Licht!«

Kino, Film und Arbeiterbewegung
von Hans-Michael Bock

Bevor Hamburg Kinoprovinz wurde: 72 Kinos, 50 000 Plätze

Die Saison 1929/30 war im Laufe der langen, traditionsreichen Kino-Geschichte Hamburgs wohl der Höhepunkt. Der Tonfilm kam nach Hamburg, einiger der größten Kino-Paläste Europas öffneten ihre Tore, die Branche feierte sich im August 30 durch Ausrichtung des Jahreskongresses des Reichsverbandes Deutscher Lichtspieltheaterbesitzer.

Für die Bevölkerung der Hansestadt war das Kino das bedeutendste Unterhaltungsmedium: 1929 zählte man über 14 Millionen Kinobesuche, d. h., jeder Hamburger war im statistischen Durchschnitt mehr als 13mal im Kino – ein wahres »Massen«-Vergnügen, zumal wenn man bedenkt, daß »fast 80 bis 90 Prozent Arbeiter sind oder doch der Arbeiterbewegung nahestehen«, wie Willi Münzenberg in seiner Schrift Erobert den Film feststellt.

Durch Werner Hochbaum, der in jenen Jahren als Filmpublizist und Regisseur in Hamburg arbeitete, gab es von seiten der SPD den Versuch, an das Vorbild der Russenfilme anknüpfend, so etwas wie einen proletarischen Film in Deutschland zu schaffen; sein Film Brüder hatte im April 1929 Premiere.

Ein genaues (statistisches) Bild der Kinosituation in Hamburg zu geben ist unmöglich, denn gerade in den damaligen »Grenzbereichen« St. Pauli/Altona, Eimsbüttel oder Barmbek/Wandsbek drängten sich Eckkinos wie Lichtspielpaläste, so daß durch den »grenzüberschreitenden Verkehr« die starren Bereiche der Statistiken verwischt wurden.

So brauchte z. B. ein Fan der amerikanischen Schauspielerin Louise Brooks, der Anfang März 1929 wegen des großen Andrangs in den Harmonie Lichtspielen (damals: Hamburger Straße 38) keinen Platz fand, um sie in G. W. Pabsts Meisterwerk *Die Büchse der Pandora* zu bewundern, nur ein paar Ecken weiter über »die Grenze« zu gehen, um im Central-Theater der Ufa (Wandsbeker Chaussee 102) ihren Lustspielfilm *Blaue Jungen – Blonde Mädchen* von Howard Hawks zu sehen. In beiden Kinos gab es als Beiprogramm einen Western.

1930 gab es in Hamburg 72 Kinos mit etwa 50 000 Plätzen; hinzu kamen in Wandsbek 4 Kinos mit 3788 und in Altona 14 Kinos mit 9473 Plätzen – um kleinere Ortschaften wie Blankenese im Westen oder das rote Schiffbek im Osten nicht weiter zu berücksichtigen.

Die Größe dieser Kinos reichte von 164 Plätzen in der Alten Blumenburg (Hoheluftchaussee 117, erbaut 1908) bis hin zum neueröffneten Ufa-Palast im Deutschlandhaus (Ecke Dammtorstraße/Valentinskamp) mit 2667 Plätzen.

22 dieser Kinos mit insgesamt über 25 000 Plätzen, also mehr als der Hälfte, wurden von vier Konzernen betrieben: Zur Emelka gehörten 4 Kinos, an der Spitze der im März 1928 neueröffnete Emelka-Palast an der Osterstraße; 2 waren ihr angegliedert, darunter Knopfs Lichtspielhaus am Spielbudenplatz, das älteste feste Kino der Welt; außerdem 1 Kino in Altona. Der Bestand des Hirschel-Konzerns war auf 3 Kinos geschrumpft, darunter das 1927 gründlich renovierte Waterloo-Theater an der Dammtorstraße. Als Ufa-Theater zählten 6 Kino-Paläste. Zur regional bedeutendsten Kino-Gruppe war innerhalb weniger Jahre der Henschel-Konzern geworden, der in Hamburg 8 moderne Schauburgen betrieb, dazu eine in Wandsbek sowie die älteren Kinos Apollo und Burgtheater.

Geografisch waren die Kinos weit über das gesamte Stadtgebiet verstreut. Quer durch die Innenstadt zog sich ein dichter Gürtel von Reeperbahn/Spielbudenplatz, wo sich zwischen Nobistor und Millerntor 7 Kinos reihten, über Neustadt (4 Kinos) und Gänsemarkt (3 Kinos) bis hin zum Steindamm (4 Kinos). Doch auch heutige Kino-Wüsten wie Barmbek (7 Kinos) oder Eimsbüttel/Hoheluft (9 Kinos) besaßen ihre eigene Kino-Szene, selbst Hammerbrook (4, darunter eine neue Schauburg mit 1451 Plätzen) oder Billwärder Ausschlag (3 Kinos).

Über die meisten der kleineren »Eck«-Kinos der Vorstädte ist so gut wie nichts mehr festzustellen, da sie keine Anzeigen in den Zeitungen veröffentlichten — im *Echo* z. B. zeigten montags und donnerstags etwa 40 Kinos ihr Programm an.

4 Tote, 42 Verletzte — oder: Europas größtes Kino

Ein — heute leider weitgehend vergessenes — Phänomen der Hamburger Kinoszene jener Jahre waren die Schauburgen des Henschel-Konzerns. James Henschel, der wie so viele Filmleute »von der Konfektion« kam, war einer der ersten Hamburger Kino-Pioniere. 1905 eröffnete er mit dem Helios-Theater sein erstes Kino. 1918 verkaufte Henschel seine Häuser an den neuentstandenen Ufa-Konzern und zog sich ins Privatleben zurück.

Mitte der 20er Jahre begannen Henschels Schwiegersöhne Hermann Ulrich-Saß und Hugo Streit mit dem Neuaufbau eines norddeutschen Kino-Konzerns (zu dem auch das größte Lübecker Kino gehörte). Neben der Übernahme einiger älterer Kinos begannen sie in den verschiedenen Stadtteilen Hamburgs mit dem Neubau riesiger, modern ausgestatteter Lichtspielpaläste: Februar 1927 die Schauburg am Millerntor, mit 1556 Plätzen das bis dahin größte Kino der Stadt; September 1928: Schauburg Hammerbrook, mit 1451 Plätzen nur wenig kleiner; März 1929: Schauburg Wandsbek (1100 Plätze); Dezember 1929: Schauburg Hamm (1600 Plätze).

Da der Henschel-Konzern im Gegensatz z. B. zu den Ufa-Kinos an keine Produktions-Firma gebunden war, konnte er ein vielseitigeres Programm zusammenstellen, darunter traditionsgemäß den jeweils neuesten Chaplin-Film, oder auch, wie die *Hamburger Volkszeitung (HVZ)* lobend erwähnte, die »von der Zensur zugelassenen Russenfilme«. Werner Hochbaums Hamburg-Film »Brüder« hatte in den Schauburgen Premiere, der Volks-Film-Verband benutzt die Säle für seine Matinee-Vorstellungen.

Am 21. Dezember 1929 eröffnete der Ufa-Konzern im Deutschlandhaus mit dem Ufa-Palast das zu der Zeit größte Kino Europas. Nach einem bunten Varieté-Programm präsentierten Dr. Arnold Fanck und Leni Riefenstahl »vor vollbesetztem Hause — Vertreter des Senats, der Bürgerschaft und der Behörden, des künstlerischen und wissenschaftlichen Hamburgs waren anwesend« *(Echo, 22. 12. 29)* — ihren Tonfilm *Die weiße Hölle von Piz Palü*.

Am 23. Dezember 29 berichtete auch die *HVZ* ausführlich über die Eröffnung des »Hugenberg-Palastes«. Alle Details der kostbaren Ausstattung wurden liebevoll wiedergegeben:

»Die Wandflächen sind mit braunem kaukasischen Nußbaum ausgelegt. Die Seiten der Wandelgänge mit dunkelblauem Samt ausgestattet. Von der unteren Wandelhalle führt eine breite Treppe zur ersten Etage, wo sich jeder erquicken kann, der das Geld dazu hat. (...) Die Bühne ist die technisch vollkommenste. Eine versenkbare Unterbühne, in der das 45 Mann starke Orchester sitzt. Das Bühnenhaus hat eine Höhe von 36 Meter und eine Breite von 38 Meter. (...) Außerdem Rauchklappen und Kippfenster, die sich bei Überdruck im Bühnenhaus automatisch öffnen,

Sprinkleranlage. Eine der größten Wurlitzer Orgeln ist ebenfalls eingebaut. Ein Netz von Lichtsignalen, Klingeln und Telephonen. Dann die Beleuchtung. Richtig schreibt die bürgerliche Presse: »Verschwenderisch!« 350 Kilowatt für Glühlicht und 100 Kilowatt für Bogenlicht können gleichzeitig in Betrieb gesetzt werden. Alles in allem: Ein Palast der Hugenbergianer.«

Doch der Berichterstatter ließ sich nur einen Augenblick blenden und berichtete auch von den Schattenseiten des Neubaus:

»Während sich die feiste Bourgeoisie in den Sesseln wälzt, die hornbebrillten Monokelfritzen und Longjettetanten sich der Darstellung erfreuen, sitzen die Familien der Schöpfer dieser Luxusstätte, die Arbeiterfamilien, in dunklen Kellerlöchern und führen ein Hungerdasein. Das Resultat der Antreiberei des ungeheuren Arbeitstempos, der Überstunden- und Nachtarbeit, sieht folgendermaßen aus:

4 Tote, 42 Verletzte, darunter 6 so schwer, daß sie für immer, zumindest für lange Zeit, ihrem Beruf nicht nachgehen können. (...) So ist ein Palast aus der Erde gestampft worden mit dem Schweiße und dem Blute derjenigen, die sich den Bau nach seiner Inbetriebnahme nicht einmal von innen ansehen können. Parasiten, Schmarotzer fühlen sich auf diesem mit Schweiß und Blut der Arbeiter gedüngten Boden wohl. Sie werden schlemmen und prassen, die Nächte dort verbringen – solange bis das Proletariat diesen Bau sowohl als auch andere in seinen Besitz nimmt und Häuser des Proletariats daraus macht. Heute Hugenberg-Palast. Aber gemach! Einst Revolutionspalast des Proletariats!
(HVZ, 23. 12. 29)

Am Mittwoch, dem 23. Januar 1929, »nachmittags präz. 13 Uhr«, begann in der Schauburg am Millerntor auch für Hamburg das Zeitalter des Tonfilms – und löste zunächst eine heftige Presse-Debatte über Wert und Unwert der neuen Technik aus.

Gezeigt wurde *Ich küsse Ihre Hand, Madame* von Robert Land mit Marlene Dietrich und Harry Liedtke, der erste deutsche Spielfilm mit einer Tonpassage, die allerdings nur 132 Sekunden dauerte. Dazu gab es einige musikalische und kabarettistische Kurztonfilme, darunter *Das letzte Lied* mit Ludwig Hoffmann, unter der Regie von Frank Clifford. Heinrich Braune, damals Feuilletonredakteur und Filmkritiker des *Echo*, schrieb in seiner Kritik:

»Und ›Das letzte Lied?‹ Eine kleine Erzählung aus einer Hamburger Hafenkneipe. Wieder die gleichen Klippen: Gespräche in einem Lokal werden zu einem breiigen Lärm. Aber der ausgezeichnete Experimentator Guido Seeber entdeckt hier für den Tonfilm den Wert der akustischen Kulisse: Wir hören freche, von einem Kaschemmenpodium über einen Korridor herüberdringende Tanzmusik, während im Bilde ein Mensch in müder Verzweiflung hockt. Da die Illusion der Zusammengehörigkeit zwischen Ton und Bild in allen Szenen überzeugend ist, ist der Eindruck der dissonierenden Wirkung der beiden eindringlich und frappant. Man mag an diesem ersten vorsichtigen und unsicheren Tasten erkennen, daß der Tonfilm in sich außerordentlichen Variationsmöglichkeiten verbirgt, daß mit seiner technischen Vervollkommnung auch die regiemäßige zu erwarten ist.«
(Echo, 26. 1. 29)

Doch der Tonfilm blieb zunächst umstritten. Im Februar wagte das *Echo* die Prognose:

»Bis heute haben die europäischen Skeptiker recht behalten: Was der Sprechfilm bis zu diesem Augenblick hervorgebracht hat, ist nur eine Störung des zweidimensionalen geschlossenen Film-Kunstwerkes. Das beweist aber noch nicht Endgültiges gegen den Tonfilm überhaupt, sondern nur gegen sein gegenwärtiges, trotz aller technischen Fortschritte noch völlig unzulängliches Entwicklungsstadium. Was aber ganz allgemein gegen ihn vorgebracht werden kann, das ist die Desinternationalisierung des Films durch ihn. Bis heute war der Film wundervollstes internationales Verständigungsmittel. Eben weil er wirtschaftlich den Drang zur internationalen Expansion hatte. Der stumme Film wird voraussichtlich dieses wesentlichste internationale »Sprach«-Rohr noch jahrzehntelang bleiben. Und so wird auch wohl der Sprech-Spielfilm noch jahrzehntelang eine sekundäre und sprach-national begrenzte Angelegenheit bleiben müssen.«
(Echo, 23. 2. 29).

Knapp zwei Wochen später schon kündete das *Echo* unter der Überschrift »Tonfilm! Tonfilm!« die Premiere des Walther Ruttmann-Films *Melodie der Welt* an, eines Werbe-Dokumentarfilms, den die Hamburg-Amerika-Linie in Zusammenarbeit mit der Tobis herstellen ließ. Während die Kritiker bürgerlicher Blätter jubelten, blieb Braune im *Echo* skeptisch:

»Tonfilm! Tonfilm!« Mit Atlantic zu neuen Ufern

»Der Film ist als Tonfilm angekündigt. Aber nur winzige Teile
sind gleichzeitige Aufnahme von
Bild und Ton. Diese, wie etwa das
Pfeifen der Schiffsirenen, der
Kommandos, die seltsame Melodie eines Asiaten oder das Sport-
geschrei sind ausgezeichnet mit
verblüffender Wirkung aufgenommen. In solchen Augenblik-
ken wird der Film zur idealen
Reportage. (...) Die Tonrepro-
duktion ist technisch bereits wesentlich erfreulicher als bei den
ersten Tobis-Fabrikaten. Zwar
klingt noch vieles heiser, rauh
und hohl, aber – was man bei den
ersten Versuchen nicht glaubte –
ein abendfüllender Tonfilm ist
heute bereits keine unerträgliche
Ohrenbeleidigung mehr.« (Echo,
14. 3. 29)

Und so setzte sich langsam, aber sicher der Tonfilm auch in Hamburg
durch. Im Mai war auch die Schauburg
Hauptbahnhof mit einer Tonanlage
ausgerüstet, auch wenn sie vorerst nur
für das Beiprogramm aus Kurztonfil-
men genutzt werden konnte, da die
Produktion deutscher Sprech- und
Tonfilme erst schleppend anlief und
die Vorführung bereits fertiger ameri-
kanischer Filme (z. B. *The Singing Fool*
und Stroheims *Hochzeitsmarsch*) wegen Patentstreitigkeiten zwischen der
deutschen Telefunken und der amerikanischen Western Electric gerichtlich
untersagt war. Michael Curtiz' Monu-
mentalschinken *Arche Noah*, der er-
folgreichste amerikanische Film des
Jahres in Deutschland, mußte so ohne
seinen Vitaphone-Ton als Stummfilm
herauskommen. Doch im Oktober waren z. B. auch das Passage-Theater und
der Emelka-Palast auf Ton umgerüstet
und zeigten den mit Geräusch-Effek-
ten unterlegten »Groß-Tonfilm« *Sub-
marine* von Frank Capra.

Vor allem die Konzerne konnten es
sich leisten, ihre Kinos mit den teuren,
in ihrer Anwendung noch sehr unsicheren Tonanlagen auszurüsten. So
waren denn auch bis Mitte 1930 alle
Konzernkinos (bis auf die Kammer-
Lichtspiele) mit Tobis- oder Klang-
film-Geräten ausgestattet, insgesamt
etwa 50 Prozent aller Kinos mit (wegen
der Größe der Konzernkinos) über
zwei Dritteln aller Plätze. 1932 war
dann die Umstellung in 74 von 75 Kinos abgeschlossen.

Die neue Technik und die damit zusammenhängenden Kosten auf der ei-

nen Seite – die besondere Attraktivität
des Tons andererseits – ließen dann
auch sofort die Eintrittspreise steigen.
Während sie bei Mindestpreisen von
RM 0,60–0,80 bis einschließlich 1928
jahrelang bei durchschnittlich RM 1,01
lagen, stiegen sie 1929 auf RM 1,03,
1930 auf RM 1,08, um dann – infolge
der gesamtwirtschaftlichen Entwicklung und unter dem Wehklagen der
Kinobesitzer – auf RM 0,97 abzustür-
zen, was Mindestpreise von RM 0,40
(nachmittags) und RM 0,60 (abends)
bedeutete, in den kleinen Nachauffüh-
rungskinos und Volkskinos der Vorstädte zum Teil noch weniger.

Den ersten künstlerischen Erfolg erlebte der Tonfilm dann am Bußtag
1929, dem 19. November, an dem zugleich in der Schauburg Millerntor
(Henschel) und im Lessing-Theater am
Gänsemarkt (Ufa) »der erste deutsche
hundertprozentige Sprechfilm« *Atlantic* Premiere hatte, den E. A. Dupont in
Londoner Studios gleichzeitig in drei
Versionen (deutsch, englisch, franzö-
sisch) gedreht hatte. Wie die Kinos
wochenlang in großen Anzeigen ver-
kündeten, ist der Film der »größte Erfolg seit Jahren«. Und während am 20.
Dezember 29 *Atlantic* als Weihnachts-
programm aus den Premierenkinos in
die Nachspielhäuser Harvestehuder
Lichtspiele, Schauburg Wandsbek und
Central-Theater überwechselt, später
dann auch in andere Kinos, hat in den
Passage- und Waterloo-Kinos endlich
»der Welt erfolgreichster Tonfilm« *The
Singing Fool* seine Hamburger Premiere. Ab dem 17. Januar 1930 ist dann
auch die Ufa mit ihrer Produktion *Melodie des Herzens* mit Willy Fritsch und
Dita Parlo mit von der Ton-Partie.

Doch schon im November 1930 ist
die große Euphorie verflogen. Im Fach-
blatt *Licht-Bild-Bühne* veröffentlicht
der Henschel-Konzern einen offenen
Brief »an alle, die mit der Herstellung,
dem Vertrieb und der Wiedergabe von
Tonfilmen zu tun haben«: »So geht es
nicht weiter!«, in dem festgestellt
wird:

»Nach dem ersten großen Erfolg von Atlantic, nach den guten
Geschäften von Dich hab' ich ge-
liebt und Die Nacht gehört uns
ging das Tonfilmgeschäft rapide
zurück, von einem dauernden
»run« auf die Theater war überhaupt keine Rede. Als wir glaubten, nun ginge es richtig los, da
war es schon wieder vorbei.«

Man kommentierte die wenigen er-

folgreichen Tonfilme des Jahres:

»Westfront, Greifer, Dreyfus
und Liebeswalzer waren Erstlin-
ge der Genres Kriegs-, Detektiv-,
Reportage- und Operettenfilme.
Sous les toits de Paris bezauberte
die Massen – trotz des französischen Dialogs –, weil wirkliche
Menschen mitspielten und weil
man endlich wieder neue Gesichter sah. Die Tauber-Filme gefie-
len, speziell in der Provinz, da
das Publikum Tauber, diesen be-
gnadeten Sänger und liebens-
würdigen Menschen, nicht oder
selten auf der Bühne hören kann.
Der blaue Engel endlich heftete
den Erfolg an seine Fahnen, weil
er ein Starfilm im guten Sinne
war, und weil der Versuch, einen
interessanten Roman interessant
zu verfilmen, durchaus geglückt
ist.«

Dem werden die Serienprodukte
persiflierend gegenübergestellt:

»Wir verbluten uns an Euren
Feld-, Wald- und Wiesen-Fil-
men. Auch am Rhein trinkt man
nicht egal weg Wein, in Wien
singt man nicht immer und ewig
Heurigenlieder, Eure Kasernen-
luft ist muffig und verbraucht,
und mit hundert noch so süßen
Revuebeinchen und -brüstchen
lockt man nicht einmal mehr den
Kanzleirat Bemmchen aus Köt-
schenbroda hinter dem Ofen heraus, geschweige denn kann man
allabendlich 10 000 Plätze in einer Stadt wie Hamburg damit
füllen, wie wir es eigentlich müßten; denn wir haben unsere acht
großen Schauburgen schließlich
gebaut, damit sie mit erwar-
tungsvollen Menschen gefüllt
sind, die sich erholen und amüsieren, die sich für den Film in-
teressieren sollen, und die Woche
für Woche gern wiederkommen,
die aber nicht, auf den Tonfilm
schimpfend, das Theater verlassen sollen.« (Licht-Bild-Bühne,
8. 11. 1930)

Und nur fünf Jahre später:

»Was einmal umstritten war,
hat sich als Fortschritt erwiesen.
Vamps und Tenöre werden vergehen, aber der Tonfilm bleibt
bestehen.« (Hamburger Fremdenblatt, 29. 11. 34)

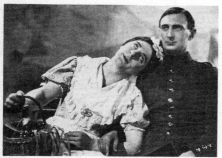

Saison 1930
Tonfilme

1. Die Drei von der Tankstelle. R: Wilhelm Thiele. D: Lilian Harvey, Willy Fritsch, Heinz Rühmann.
2. Drei Tage Mittelarrest. R: Carl Boese. D: Fritz Schulz, Felix Bressart, Lucie Englisch.
3. Das Flötenkonzert von Sanssouci. R: Gustav Ucicky. D: Otto Gebühr, Renate Müller.
4. Das Land des Lächelns. R: Max Reichmann. D: Richard Tauber.
5. Die Privatsekretärin. R: Wilhelm Thiele. D: Renate Müller, Hermann Thimig, Felix Bressart.
6. Zwei Herzen im ¾-Takt. R: Geza von Bolvary. D: Gretl Theimer, Walter Janssen.
7. Dreyfus. R: Richard Oswald. D: Fritz Kortner, Grete Mosheim, Heinrich George.
8. Stürme über dem Montblanc. R: Arnold Fanck. D: Leni Riefenstahl, Sepp Rist, Ernst Udet.
9. Westfront 1918. R: G. W. Pabst. D: Fritz Kampers, Gustav Dießl.
10. Der blaue Engel. R: Josef von Sternberg. D: Emil Jannings, Marlene Dietrich, Kurt Gerron, Hans Albers.

Stummfilme

1. Die Somme. R: Heinz Paul. D: Hermine Sterler, Oscar Marion.
2. Die weiße Hölle von Piz Palü.
3. Die Frau im Mond.
4. Andreas Hofer.
5. Pat und Patachon als Modekönige. R: Lau Lauritzen, R und D siehe oben.
(nach »Film-Kurier«; R = Regie, D = Darsteller).

Uniform in allen Lagen: Filmszenen aus »Die letzte Kompagnie« (1930), »Drei Tage Mittelarrest (1930), »Das Flötenkonzert von Sanssouci« (1930) und »An der schönen blauen Donau« (1926).

Kritik und Realismus: Filmszenen aus »Dreyfus« (1930), »Markt in Berlin« (1929); »Atlantic« (1929), dem erfolgreichsten Tonfilm der Saison 1929, und aus »Kameradschaft« (1931).

SOS
Die Filmsituation in diesem Augenblick

Es kriselt in der Filmindustrie. Das ist nicht etwa nur eine deutsche Erscheinung, wenn auch die Anzeichen eines Zusammenbruches der Filmindustrie in Deutschland am sichtbarsten hervortreten, sondern in allen Filmländern der Welt scheint der allgemeine Zerfall rapide in ein akutes Stadium zu treten.

Der Tonfilm ist schuld. Die Filmfachpresse der ganzen Welt singt diese Leierkastenmelodie. Die übrige über die inneren Zusammenhänge nicht orientierte Presse nimmt diese Jeremiade auf. Man ist froh, einen Sündenbock gefunden zu haben, der die wahren Ursachen des allgemeinen wirtschaftlichen Zusammenbruches verschließen hilft. Zweifellos hat der Tonfilm, der seine Entstehung einer halbpleiten amerikanischen Filmfirma verdankt, einen gewissen Einfluß auf die ökonomische Gestaltung der Filmproduktion ausgeübt, dieser Einfluß war aber niemals so stark, daß er einen ganz wichtigen Wirtschaftszweig, und das ist heute die Filmindustrie, derart lahmlegen konnte.

Jetzt endlich, nach Jahren der Hochkonjunktur, rächt sich eine Filmpolitik, die in uferloser Profitwirtschaft und kultureller Verantwortungslosigkeit vermeinte, das müsse ewig so weitergehen. Hemmungslos wurde mit Kapital gewirtschaftet; es kam ja trotzdem mit hundertprozentiger Verzinsung wieder herein. Aus den Verdiensten wurden nicht etwa Rücklagen gemacht, sondern das Geld floß durch viele Kanäle in die Taschen einzelner. Der Finanzier mußte froh sein, wenn er sein investiertes Kapital wiedersah. Aus diesem Grunde zogen sich die Banken, wenigstens in Deutschland, seit langem aus dem Filmgeschäft zurück. Es blieben die privaten Filmfinanziers, vielseitige Geschäftemacher. Diese hatten während der großen wirtschaftlichen Depression des letzten Jahres so mit ihren sonstigen Börsenspekulationen zu lavieren, daß für Filmgeschäfte keine Zeit und vor allem kein Geld blieb. Eigenkapital war nicht vorhanden. Die Produktion stockte. So kommt es, daß eine an sich kleine Filmfirma wie die Aafa, die nur mit Eigenkapital und auf der Grundlage eines gesunden Produktionssystems arbeitete, heute als das wirtschaftlich gefestigste Unternehmen anzusprechen ist.

Und die Großkonzerne? Die Ufa? Auch dieser Koloß, in seinen Ausmaßen lediglich in die Breite organisiert, ist krank an Haupt und Gliedern und liegt in der Agonie. Der Niedergangsprozeß kann sich eine Weile hinziehen, aufzuhalten ist er nicht. Daran werden auch die lebenslänglichen Verträge der leitenden Angestellten, deren Rangstufe beim Major beginnt, nichts ändern. Wir wollen Herrn Geheimrat Hugenberg nicht unrecht tun. Heute denkt er sicherlich nicht mehr daran, politischen Einfluß auf die Programmgestaltung der Ufa zu nehmen. Ohnmächtig seinen Produktionsleitern ausgeliefert, wird er heilfroh sein, wenn er mit dem blauen Auge davonkommt. Es geht um den Geldbeutel, und da hören Rücksichten auf. Ob er aber wirklich davonkommt? Es wäre ein Treppenwitz der politischen Geschichte der letzten Jahre, wenn Herr Hugenberg ausgerechnet den Bissen Ufa nicht verdauen könnte und einen unheilbaren Darmkatarrh davontragen würde. Wenn das Produktions- und Verwaltungssystem der Ufa so bleibt, wie es jetzt ist, sieht es ganz danach aus. Augenblicklich werden in den Ufa-Ateliers zwei Filme gedreht, in denen eine Wüste vorkommt. Da ist es natürlich nicht möglich, daß beide Regisseure in derselben Wüste drehen. Für den gesunden Menschenverstand bleibt doch Wüste, Wüste, nein, für jeden Film muß in einem andern Atelier unter großen Kosten eine Privatwüste gebaut werden. Geld spielt ja keine Rolle. Es ereignen sich sonderbare Dinge in den Ateliers, die von allem andern zeugen, nur nicht von sinnvoller Kalkulation. Aber da die Ufa-Leute allein wissen müssen, wie sie damit zurechtkommen, wollen wir mancherlei mit Schweigen übergehen.

Das sind die Methoden des Spitzenunternehmens der deutschen Filmindustrie. Und wie es hier im großen geschieht, geschieht es überall im kleinen.

Daß sich in der breiten Masse der Filmkonsumenten eine starke Filmmüdigkeit bemerkbar macht, die auf die geradezu ungeheuerliche Verantwortungslosigkeit der Filmproduktion in kultureller und künstlerischer Hinsicht zurückzuführen ist, sieht man überhaupt nicht. I wo, die Leute fressen doch den Kitsch. Nein, sie fressen ihn nicht mehr. „Die neuen Herren", ein hochkünstlerischer Jaques Feyder-Film, den überhaupt kein Verleih herausbringen wollte, ist der größte geschäftliche Erfolg der Letztzeit, weil er ein Gegenwartsproblem künstlerisch und konzessionslos anpackt. Hier ist wirklich Gestaltung, und das will die breite Masse der Kinobesucher, mögen auch die Filmverleiher anderer Meinung sein. Auch der einfache Kinobesucher entwächst allmählich den Kinderschuhen, in denen er die Märchenwelt der Leinwand bestaunte. Der Film, ob stumm, ob tönend, ist wirklich eine neue Kunstform geworden, die Volkskunst eines kollektivistischen Zeitalters, dessen Anbruch wir erleben dürfen. Als Kunstform muß der Film Stellung nehmen zu den Problemen der Gegenwart oder zu den Problemen der Vergangenheit aus dem Gesichtswinkel der Gegenwart. Das ist ein ehernes Gesetz. Bis die Filmproduzenten der ganzen Welt das begriffen haben, werden sie längst pleite sein.

Und der Russenfilm? Den Russen gebührt das Verdienst, die künstlerische Mission des Weltanschauungsfilms bewiesen zu haben. Sie haben künstlerisch und formal filmisch die Anwendung der dialektischen Methode im Film aufgezeigt. Diese kunsthistorische Mission scheint vorläufig beendet zu sein. Der Russenfilm stagniert. Die Ueberspitzung des rein ingeniösen Prinzips der Montage ist zum Dogma erstarrt. Auf Kosten des Inhaltlichen. Die breite Masse, dies instinktiv empfindend, bleibt kühl. Russenfilme sind keine Erfolge mehr. Die Chance der Russen, in die latente Filmsituation der Welt aufwühlend und läuternd einzubrechen und sich damit gleichzeitig große neue Absatzgebiete zu erobern, müssen sie wohl oder übel ungenützt verstreichen lassen.

Aber es regen sich neue Kräfte. Die deutsche und englische Arbeiterbewegung unternehmen die ersten Gehversuche einer eigenen Filmgestaltung. Erfahrungen sammelte man in Organisationsfilmen, die sich bald zu eigengesetzlichen Spielfilmen ausweiten.

Anfeuernd waren die Erfolge und schon spürt man das Werden eines eigenen Stils, der unsicher noch, aber energisch zu endgültigen Formen drängt. Und hier liegt die Keimzelle einer neuen im Volke wurzelnden Filmkunst, die der Gleichgewichtsverschiebung im Empfinden der breiten Volksmasse, die das Kino besucht, Rechnung trägt.

Die Regierung des deutschen Volksstaates bekundete ihr Interesse an der Volkskunst, dem Film, durch den Erwerb der Emelka. Das ist gut so. Wenn das Reichsunternehmen Emelka Einfühlungsvermögen genug haben wird, der notwendigen inneren und äußeren Neugestaltung der Filmproduktion gerecht zu werden, so harrt ihm eine große Aufgabe, eine Aufgabe, die nur annähernd gelöst, starke ideelle und auch die zur Erhaltung und zum Ausbau nötigen Erfolge zeitigen wird.

Davon wird noch die Rede sein müssen.

Werner Hochbaum.

Das Ende der Flugblattfilme
— ein neuer Anfang?

Während in der zweiten Hälfte der 20er Jahre Willi Münzenberg die Film- und Kino-Arbeit der Kommunisten durch die IAH, die »Prometheus-Film« und das Film-Kartell »Weltfilm« in Berlin koordiniert und zentralisiert hatte, war die Filmarbeit der Sozialdemokraten zersplittert.

Zwar existierte seit 1925 der »Film- und Lichtspieldienst« der SPD, geleitet von Marie Harder, doch weiterhin produzierten einzelne Bezirke und Gewerkschaften ihre eigenen Propagandafilme unkoordiniert nebeneinander her.

Der ubique Heinrich Braune, der auf regionaler Ebene eine ähnlich aktive Phantasie für die Medienarbeit seiner Partei entwickelte wie auf (inter-)nationaler Ebene der von ihm bewunderte Willi Münzenberg, analysierte 1931 die »Wege und Ziele sozialistischer Filmproduktion« und begründete darin die Forderung des Hamburger Bildungsausschusses der SPD nach Zentralisierung der Filmarbeit:

»Der Antrag geht von der Tatsache aus, daß alljährlich von den Arbeiterorganisationen und Genossenschaften eine nicht unbeträchtliche Anzahl von Filmen in Auftrag gegeben wird. Allerdings dienen diese Streifen fast immer eng begrenzten Sonderinteressen der Auftraggeber, ihr Gebrauchswert für die Arbeiterbewegung in ihrer Gesamtheit ist somit – obwohl sie zusammen ein ganz erkleckliches Kapital darstellen – unverhältnismäßig gering. Eine grundlegende Änderung würde eintreten, wenn die berechtigten Sonderinteressen der Auftraggeber in den Rahmen des Allgemeininteresses der Arbeiterbewegung eingeordnet würden oder, organisatorisch gesprochen: wenn einer Zentralfilmkommission, die der Reichsausschuß für sozialistische Bildungsarbeit mit den betreffenden Instanzen der Gewerkschaften, Genossenschaften und Kulturverbände bildet, die Filmpläne vorgelegt würden, die sie in ein umfassendes Produktionsprogramm einordnet.«

Nach Überlegungen zur produktionstechnischen Abwicklung der Arbeit (keine eigene Firma, aber fachkundige Kakulatoren und Dramaturgen) kommt Braune auf die inhaltlich-formale Seite des Programms zu sprechen:

»Bisher hat sich die Produktion eigentlich, von wenigen Ausnahmen abgesehen, auf ausgesprochene Werbefilme, besser gesagt Flugblattfilme, beschränkt, die mit der psychologisch etwas robusten Methode der Handzettelwerbung deutlich und gerade auf ihr Ziel losgingen: von dem Wert der Organisation zu überzeugen und neue Mitglieder zu werben. (...)

Man stelle vor allen Dingen einen Film her, der durch seine Fotografie, seine Regie, seine ausgesprochen filmischen Werte jeden fesselt und dadurch auch für den vorgetragenen Stoff wirbt. Hier ist bisher manches Mal gesündigt worden, das ist eine der Ursachen des bisher nicht immer ermutigenden Erfolges der Eigenproduktion. Man überlasse darum die filmische Formung der Absichten, die man auf die Leinwand gebracht sehen will, ruhig den erfahrenen Fachleuten, die allerdings neben ihren speziellen Kenntnissen und Erfahrungen über das nötige Einfühlungsvermögen in die ihnen gestellte Aufgabe verfügen müssen. Ebenso wenig wie man von dem Gewerkschafts- oder Parteisekretär verlangt, daß er die Kampflieder der Organisation selbst komponiert, soll man von ihm erwarten, daß er berufen sei, ein Filmmanuskript zu schreiben oder eine Filmaufnahme zu leiten. (...)

Es wäre verkehrt, hier nur den ausgesprochenen Spielfilmen das Wort zu reden. Nicht minder große Aufgaben stehen uns für den Beifilm bevor, den sozialistischen Kulturfilm, der Fragen der Wohnkultur, der kommunalen Kleinarbeit usw. behandelt, allgemein sachliche Wirklichkeitsberichte aufzeichnet und sich auch der dankbaren Erfolge des kleinen Lustspiels und der gezeichneten Groteske bedient. (...)

Natürlich läßt sich das nicht von heute auf morgen erfüllen, die Presse hat auch Zeit gebraucht (und an Kinderkrankheiten gelitten!), aber von heute auf übermorgen sollte es eigentlich gehen.« (Das neue Bild, November 1931)

Das schrieb Heinrich Braune im November 1931. Ein Übermorgen gab es nicht.

Filme der SPD – Eine Auswahl

1924
Die Schmiede. Regie: Martin Berger, Berlin.

1925
Freies Volk. Regie: Martin Berger, Berlin.
Zwei verschollene Spielfilme. »Beide waren künstlerisch wie technisch unzulänglich.« (Echo, 2. 2. 29)

1927
Bilder aus dem Schulleben in Hamburg.
Produktion: Ausschuß für das Lichtbildwesen, Oberschulbehörde Hamburg.
Propagandafilm der sozialistischen Hamburger Stadtverwaltung über sportliches und hygienisches Schulleben. (Reichsfilmarchiv)

Kieler Parteitag.
Im Auftrag des Reichsausschusses für sozialistische Bildungsarbeit.
»Es ist wohl das erstemal in der Geschichte des Films, daß eine Partei ihren Parteitag verfilmt hat und die Aufnahmen so großzügig zur Berichterstattung verwendet.« (Echo, 19. 6. 27)

1928
Vorwärts. Regie: Werner Hochbaum, Hamburg.
Kurzfilm über den Gewerkschaftskongreß in Hamburg.

Dein Schicksal.
SPD-Wahlfilm.

Im Anfang war das Wort. Regie: Ernö Metzner, Berlin.
Kurzer Spiel- und Dokumentarfilm über »die Entwicklung der Sozialdemokratie und ihrer Presse in 80 Jahren«. (Kulturwille, 7/8, 1930)

Werbefilm für die Volksfürsorge.
»Die sonst so trockene Materie wird hier in wohlgelungenen Bildern in durchaus fesselnder Weise behandelt.« (Echo, 8. 3. 28)

Rote Falken. Regie: Niels Brodersen, Kiel, für Reichsarbeitsgemeinschaft der Kinderfreunde. »Was gelten die kleinen Mängel, die sich vereinzelt in der Aufnahmetechnik zeigen; diese Aufnahmen sind ein niemals fortzustreitendes Dokument sozialistischer Gesinnung, sozialistischer Erziehung, sozialistischer Arbeitsauffassung, sozialistischer Staatsbürgerlichkeit und sozialistischer Lebensfreude!« (Echo, 5. 11. 27).

Freie Fahrt. Ein Film vom werdenden Menschenrecht. Regie: Ernö Metzner, für Film- und Lichtbilddienst, Berlin.
»Der Film zeigt im Rahmen einer Spielhandlung das, was durch die wachsende politische und wirtschaftliche Macht der Arbeiterklasse, durch die wachsende Macht der Sozialdemokratischen Partei in dem letzten Menschenalter erreicht worden ist. Er stellt die Vergangenheit der Gegenwart gegenüber – 1880 – 1905 –1928 – und vergegenständlicht dadurch die sozialen Errungenschaften innerhalb dieser Zeitspanne.« (Vorwärts, 11. 12. 28)

1928/29
Dem deutschen Volke.
Produktion: Film und Lichtbilddienst, Berlin.
Trickfilm für den Wahlkampf gegen die bürgerlichen Parteien.

1929
Wie Hamburgs Jugend die Verfassung feiert. Regie: Jam Borgstädt. Produktion: Kosmos-Film, im Auftrag des Staatlichen Lichtbildamtes.

Brüder. Regie: Werner Hochbaum, Hamburg. Spielfilm.

Zwei Welten. Regie: Werner Hochbaum, Hamburg. Wahlfilm der Hamburger SPD.

Wille und Werk. Regie: Werner Hochbaum, Hamburg.
Wahlfilm der SPD Altona und Kiel.
(Zu Werner Hochbaum und seinen Filmen siehe die folgenden Seiten).

Sozialistische Fürsorgeerziehung. Regie: Hans Fuhrmann. Produktion: Aufbaufilm, Hamburg.

1930
Lohnbuchhalter Kremke. Regie: Marie Harder. Produktion: Film- und Lichtbilddienst, Berlin. Spielfilm.
»Dieser Film ist eine Erfüllung unserer so vielfach erhobenen Forderung nach sozialistischer Produktion, das heißt nach einer Filmkunst, die frei von

jedem Kitsch das Leben und seine Probleme aufzeichnet, wie sie der Mann auf der Straße sieht und empfindet.« (Echo, 15. 11. 30)

Aufstieg. Regie: Gustav Riemann, Willi Scheinhardt. Produktion: Verband der Fabrikarbeiter, Hannover.
»Der Film ist unsere Seele, unser Geist, unsere Arbeit, unsere Art, unser Elend, unser Kampf, unsere Niederlage, unser Sieg, unser Groll und unser Jubel, und er ist unsere Hoffnung auf endliches Gelingen.« (Der Proletarier, 25. 1. 30)

1931
Vorstoß.
Propagandafilm des sozialdemokratischen Bildungsausschusses in Hamburg über seine zehnjährige Aufbauarbeit auf sozialem Gebiet. (Reichsfilmarchiv)

Freundschaft. Regie: Willi Scheinhardt.
Produktion: Verband der Fabrikarbeiter, Hannover.
»Das ist gerade das Wertvolle an diesem Jugendfilm, daß er, ohne irgendwie sentimental zu werden, graue Bilder des Alltags aus dem Leben der proletarischen Jugend aneinanderreiht, die in ihrer Lebenswahrheit, in ihrer Unmittelbarkeit weit stärkere Wirkungen erzielen als ein gestellter Spielfilm.« (Echo, 29. 8. 31)

Des Geistes Schwert. Regie: Jam Borgstädt, Hamburg.
Ein Lehrfilm mit Trick- und Dokumentarpassagen, »der den Versuch macht, in lebendiger Bildfolge das Fortschreiten der Gesellschaft vom primitiven Urkommunismus durch die Zerrissenheit der Klassengesellschaft zu den Vorstufen einer neuen, auf dem Gemeinbesitz an Produktionsmitteln ruhenden Gesellschaft freier und gleicher Menschen aufzuzeigen«. (Echo, 2. 11. 31)

Streiter heraus – Kämpfer hervor.
Produktion: Film- und Lichtbilddienst, Berlin.
Werbefilm über den Parteitag der SPD in Leipzig.

Ins Dritte Reich.
Wahlfilm: »Stärkt die antifaschistische Sozialdemokratie, jedermann mehr stärkt die Abwehrfront!«

Der 1. Mai ist als eine Demonstration für den Achtstundentag von der Arbeiterschaft manifestiert worden. Heißt heute die Forderung: Ratifizierung des Washingtoner Abkommens, so ist damit bereits zum Ausdruck gebracht, daß die erste Etappe zur Erreichung des Zieles bereits überschritten ist. Bis dahin aber war ein langer und aufopferungsreicher Weg zu beschreiten. Die Rückschau auf diese heroische Zeit ist keineswegs müßige geschichtliche Betrachtung, sondern diese heldische Tradition ist unversieglich Kraftborn für alle kämpfenden

Hamburger

Hafenarbeit

Bild links:
Die Sitzung des Streikkomitees

Die Streikversammlung

Der film
Eine zeitgemä

Der Sprech

Geschlechter. Verlebendigung ihrer Episoden und Höhepunkte ist darum eine begrüßenswerte sozialistische Tat. Wir können heute auf eine solche hinweisen. In aller Stille ist in Hamburg ein **Hafenarbeiter**film gedreht worden, der den grandiosen Hafenarbeiterkampf im Jahre 1896 zum Vorbild hat. Schlichte Hafenarbeiter, die nie vor der Kamera gestanden haben, haben an den großen eindrucksvollen Szenen mitgewirkt, wie überhaupt der ganze Film ohne irgend einen Berufsschauspieler gedreht wurde. Unsere Bilder vermögen vielleicht eine Ahnung von der geistigen Haltung des Filmwerks, das unter dem Namen „Brüder" herauskommen wird, vermitteln.

Oben rechts und rechts:
Feierabendszenen am Hamburger Hafen

Unten rechts:
Die Streikversammlung

Film 307

Ein Hamburg-Film, der nie gedreht wurde

Die Erscheinung des Filmregisseurs Werner Hochbaum in Hamburg ist ebenso einmalig – wie sie immer noch weitgehend im Dunkeln bleibt.

Ende der 20er Jahre (1927/28) kommt Hochbaum, der 1899 in Kiel geboren wurde und dort am Theater als Schauspieler und/oder Dramaturg gearbeitet hat, mit seiner Frau, der Tänzerin Margarete Küchenmeister-Duwe, nach Hamburg. »Er tauchte plötzlich eines Morgens in der Redaktion auf und sagte: Ich bin Werner Hochbaum«, erzählt Heinrich Braune, damals Kultur-Redakteur des *Echo*, der für die drei Hamburger Jahre zu einem Förderer und Mitarbeiter Hochbaums wird. »Ich weiß nicht, wie er sich über Wasser gehalten hat. Es war meist so, daß er vorbeikam, kettenrauchend, mit nikotingelben Fingern, und sagte: Ich muß endlich mal wieder was zu Mittag essen.«

Für die Wochenend-Spalte *Film und Funk* des *Echo* schreibt Hochbaum kurze Kritiken und einige theoretische Artikel. »Es gab für eine Filmkritik 10 bis 15 Mark, für die großen Artikel 25 bis 40 Mark. Mehr gab es nicht, und es war schon ein guter Satz. Er hat neben den Filmkritiken auch anderswo Artikel geschrieben. Er lebte wohl von Vorschüssen.« (H. Braune)

In seinen Filmkritiken über die normale Kino-Ware – mit einer Vorliebe für deutsche und amerikanische Komödien wie Carl Froelichs *Lotte* mit Henny Porten, Harold Lloyds *Ausgerechnet Wolkenkratzer*, Rudolf Walther-Feins *Robert und Bertram* oder Buster Keatons *Wasser hat Balken* – fällt auf, daß er oft auf die Dramaturgie und Regie des Films zu sprechen kommt und stets ein Wort zur Kameraarbeit einfließen läßt. Ebenso drehen sich seine ausführlicheren theoretischen Auseinandersetzungen mit dem Film eher um die handwerklichen, technischen und wirtschaftlichen Aspekte der Kinematografie als um rein ästhetische Fragen.

Doch schon bald muß sich Hochbaum auch der praktischen Seite der Filmherstellung zugewandt haben. Heinrich Braune berichtet:

»Ich kannte die Vera-Filmgesellschaft in der Alsterkrugchaussee und war da schon häufig gewesen. Die machten Werbefilme, Stummfilme, und wollten immer wieder ins Geschäft kommen. Das Atelier war natürlich völlig veraltet. Wir haben damals mehrere Hamburg-Filme gemacht, zu den Wahlen. Auch für Altona, das war damals noch preußisch. Ich habe ihn zu all diesen Dingen mit rangeschleppt. Er hat auch rangeschleppt.«

Am Anfang steht offensichtlich der Plan eines Hamburg-Films im großen Stil von Ruttmanns *Berlin – Die Sinfonie der Großstadt* unter dem Titel *Hamburg, das Erlebnis einer Welthafenstadt*.

In seinem Artikel *Filmprobleme* schildert Hochbaum unter anderem:

»In meinem Hamburg-Film will ich versuchen, diese Elemente (des rhythmischen Schnitts) in absoluter Weise zu vereinen. Es handelt sich um eine Stelle, wo ein nach Hamburg heimgekehrter Seemann das grandiose Arbeitsbild im Hafen als gewaltige Impression empfindet.

Den Takt wird ein in alle Bilder einkopiertes Pendel angeben, das durch ein fortwährendes Tik-Tak, das Rastlose der Arbeit symbolisierend, akustische Assoziationen hervorrufen muß. Der seitliche Rhythmus des Pendels wird durch stampfende Maschinen in senkrechter Richtung aufgenommen und durch eine schwirrend sich drehende Erdkugel zu kosmischer Wirkung gesteigert. In diesem nun genau fixierten Rhythmus wird eine Reihe der Bilder, die in den Einstellungen lediglich das Eindringlichste der Hafenbilder wiedergibt, geschnitten oder überblendet. Der Fluß der Bildfolge wird, immer im gleichen Rhythmus, unterbrochen durch Symbole und andere absolute Filmelemente. Die Aufnahmen werden aus charakteristischen Perspektiven vorgenommen. Die Handelshäuser müssen den Eindruck von Massigkeit und ragender Bedeutung hervorrufen, die Eisenbahnzüge fahren schräge über das Bild, um mit dem ansteigenden Rhythmus in visuellen Beziehungen zu bleiben.« (Echo, 14. 4. 28)

Nachdem dieses Projekt – wie damals so oft – an den Finanz-Verhandlungen gescheitert ist, dreht Hochbaum noch im gleichen Jahr einen viertelstündigen Kurzfilm: *Vorwärts*. »Schöne Bilder vom Jugendtreffen der Gewerkschafter und vom Gewerkschaftskongreß in Hamburg« heißt es in der Anzeige für eine Vorführung am 1. Januar 1929 im Gewerkschaftshaus.

Gleich anschließend beginnt er mit der Verwirklichung eines langen Spielfilms, der in den Vera-Filmwerken und im Hafen gedreht wird: *Brüder*. Produziert wird der Film von der *Werner Hochbaum Filmproduktion GmbH*, die er mit finanzieller Unterstützung des Rechtsanwalts und SPD-Bürgerschaftsabgeordneten Dr. Herbert Pardo gegründet hat; weitere Gelder kommen vom Deutschen Verkehrsbund, einer Gewerkschaft. Der Film schildert, »fußend auf Tatsachenmaterial, eine Episode aus dem großen Hafenarbeiterstreik von 1896«. (*Echo*, 2. 2. 29)

Der Film hat am 28. April, vormittags 11 Uhr in sämtlichen Schauburgen Premiere. Heinrich Braune beschreibt in seiner Kritik die Reaktion:

»Die überfüllten Lichtspielhäuser am Sonntag haben den Film mit großer echter Begeisterung aufgenommen. Ein schöner Erfolg, für den Regisseur und alle Ungenannten, die daran mithalfen. Jeder verspürte, daß in dieser Stunde ein Versprechen gegeben wurde, das Versprechen, den

deutschen sozialistischen Film zu schaffen, und auch das Versprechen des Publikums, der Arbeiterschaft, diesem kommenden Film jene große und allgemeine Anerkennung zu bezeugen, mit der bereits dieser erste Schritt begrüßt worden ist.« (Echo, 29. 4. 29)

Die allgemeine Reaktion der Presse ist eher zwiespältig. Auch Braune differenziert in seiner kritischen Analyse:

»In (den) spezifisch filmischen Dingen der Bilderfassung und vor allem auch in der sorgfältigen Montage der einzelnen Elemente liegt Hauptwert und auch Eindruck des Films. Weniger gelungen ist Hochbaum die Steigerung der dramatischen Linie. Die Pointen kommen nicht heraus. Natürlich sind hier bei ungeschulten Laien die allergrößten Schwierigkeiten zu überwinden, weil ihnen das Wesen des Dramatischen abgeht. Vielleicht wäre es richtiger gewesen, den Film ganz aufs Epische zu stellen und auf eine dramatische Fundierung völlig zu verzichten.« (Echo, 29. 4. 29)

Besonderes Lob, auch der Fachpresse, bekommt Kameramann Gustav Berger für seine Hafenaufnahmen.

Brüder läuft einige Tage in den Schauburgen Millerntor und Hauptbahnhof, 60 000 Zuschauer sehen ihn in den ersten drei Tagen. Der Film- und Lichtbilddienst der SPD übernimmt den Film in sein Programm, doch einen allgemeinen, überregionalen Kino-Einsatz erlebt er nicht. Er wird vergessen. Ebenso die beiden Kurzfilme, die Hochbaum (Regie), Braune (Autor) und Berger (Kamera) für den Wahlkampf der SPD in Hamburg, Kiel und Altona drehen: *Zwei Welten* (in dem auch Szenen aus *Brüder* verwendet werden) und *Wille und Werk – Der Film vom Aufbau des neuen Altona*.

Über die Arbeit erzählt Heinrich Braune:

»*Damals gab es praktisch nie Drehbücher, es waren Exposés und Treatments als Höchstes der Gefühle. Höchstens einige wichtige Szenen, Kernszenen, hab' ich drehbuchmäßig geschrieben. Es wurde viel nach Schnauze gemacht.*«

Mitte Oktober 1929, bei den Dreharbeiten in Kiel, wo man Szenen aus den Revolutionstagen 1918 rekonstruiert, werden die Filmleute verhaftet. Doch schon am 1. November wird *Wille und Werk* in Wahlveranstaltungen eingesetzt.

In den nächsten Monaten arbeiteten Hochbaum und Braune für den Verkehrsbund ein Exposée zu mehreren zusammenhängenden Kultur-Tonfilmen über die Geschichte der Transportarbeiter »Von den Sklaven zu freien Partnern« (Braune). Dabei soll vor allem die kulturgeschichtliche Bedeutung des Verkehrs und der eigenständige Anteil der Arbeiter an dessen Entwicklung herausgestellt werden.

Zu einem weiteren Projekt Hochbaums, das ebensowenig realisiert werden kann, schreiben Heinrich Braune und Béla Balázs das Drehbuch. Arbeitstitel ist *Kokain*, später geändert in *Die weiße Gefahr*. Durch diesen Film soll die von Hochbaum sehr verehrte Asta Nielsen wieder für den deutschen Film gewonnen werden. Die Sprachhindernisse durch den Ton werden geschickt dadurch umgangen, daß man für Asta Nielsen die Rolle einer dänischen Ärztin vorsieht. Doch auch dies Projekt kommt nicht zustande.

Hochbaums nächster vollendeter Spielfilm handelt wieder im Hamburger Hafenmilieu: *Razzia in St. Pauli*, produziert ist der Film jedoch 1932 in Berlin, wohin Hochbaum inzwischen gezogen ist. Und so ist es »ein St. Pauli, wie es sich der kleine Moritz vorstellt. Nichts als verwegene Zuhälter und Verbrechergestalten, die einen Dialekt sprechen, wie er in einem Bouillonkeller an der Spree, aber nicht in einer Köminsel an der Elbe zu Hause ist«. (HVZ, 1. 6. 32)

Zu einer Art Nachruf auf den ehemaligen Mitstreiter wird die Rezension des Films durch Heinrich Braune:

»**Der Regisseur dieses Films ist der Hamburger Werner Hochbaum, der unsern Lesern nicht ganz unbekannt ist. Er ist der Hersteller des Hafenarbeiterfilms ›Brüder‹ und hat sich ebenfalls an Filmen für gewerkschaftliche und politische Aufgaben der Arbeiterschaft beteiligt. Er schloß sich in Berlin einer Gruppe fortschrittlicher Filmleute an, aber hat inzwischen all diese Verbindungen, die ihn geistig und filmisch förderten, gelöst. Dieser Film entspringt ganz seiner eigenen Initiative, er steht vor uns als das Produkt eines zu allem bereiten Opportunismus.**« (Echo, 28. 5. 32)

Hochbaum bleibt in Berlin und dreht unter Schwierigkeiten bis zu seinem Tod 1946 noch eine Reihe Spielfilme. Im Laufe des Wiederaufbaus gerät er völlig in Vergessenheit. Erst 1973 präsentiert das Staatliche Filmarchiv der DDR den wiedergefundenen *Brüder*, und Werner Hochbaum wird 1976 in einer Retrospektive der Viennale als »genialer Cineast und Streiter für die Filmkunst« (Herbert Holba) gefeiert.

Film 309

Friedrich-Ebert-Block

Block Helmholtzstraße

„Schichttorten"-Haus

Montessori-Block

Detail vom Montessori-Block

Block Schützenstraße

Mächtige Wohnblocks zeugen von den Aufbauwillen der Stadt

VOM ALTEN ZUM

Einst mußte sich so das Elend verkriechen

Heute steht jedem das Altersheim offen!

Wir helfen dem Alter!

Nicht nur in den Landgemeinden, sondern auch in den kleineren und sogar noch in den Mittelstädten liegt das kommunale Geschehen offen vor den Augen eines jeden Einwohners. Nicht aber mehr in der Großstadt, wo die örtliche Presse der weit verzweigten Kommunalpolitik nicht mehr den Raum geben kann, der erforderlich für eine tiefergehende Kenntnis der Dinge ist. Und wenn es schon geschieht: wer behält über den Zeitraum einer Wahlperiode von mehreren Jahren was geschaffen ist, um was gekämpft wurde und was noch zukünftiger Lösung harrt. Kaum die Nächstbeteiligten wissen es noch erst, wenn

Wir helfen Mutter und Kind, der heranwachsenden J

man an eine Zusammenstellung all des Materials geht, das geeignet ist, den W Urteil über das Geschaffene zu geben, kommt die Größe der Leistung wieder Bewußtsein. Diese Leistung in Artikeln, in Wahlzeitungen darzustellen, ist um lich, es fehlt das Bildhafte, das plastisch Wirksame, das durch den unmittelbaren

Willi Münzenberg, Sekretär der WIAH und genialer Motor kommunistischer Medien-Politik, stellt schon 1925 in seiner programmatischen Schrift *Erobert den Film!* fest:

> »Eine gleich große Schwierigkeit wie die Frage der Produktion revolutionärer Filme ist die Frage ihrer Aufführungsmöglichkeit, ist die Frage: Wie bringen wir die proletarischen Filme vor die Massen?«

Ähnlich wie er sich bei seiner Kampagne zur Gründung der IAH der Unterstützung zahlloser parteiloser, linksbürgerlicher Künstler und Intellektueller versichert hat, so findet sich im Januar 1928 eine erlauchte Versammlung linksbürgerlicher Film-Künstler und Intellektueller zusammen, um in Berlin einen Volksverband für Filmkunst e. V. zu gründen. Vorsitzender wird Heinrich Mann; zu den zahlreichen Mitgliedern von Vorstand und Ehrenausschuß gehören Käthe Kollwitz, Béla Balázs, G. W. Pabst, Asta Nielsen, selbst der Chefredakteur der *Vossischen Zeitung*. Redakteur der programmatischen Zeitschrift *Film und Volk*, die ab Februar/März 1928 erscheint, wird jedoch Dr. Franz Höllering – Redakteur der AIZ und enger Mitarbeiter Münzenbergs –, der auch bald die Geschäftsführung des Verbandes übernimmt.

Nach der ersten Veranstaltung, auf der Heinrich Mann redet und der Russenfilm *Das Ende von St. Petersburg* läuft, werfen einige bürgerliche Zeitungen dem Verband »scharfen Linkskurs« vor, worauf Heinrich Mann feststellt:

> »Der Volksverband für Filmkunst ist linksgerichtet, aber parteipolitisch neutral. Er will die Volksbewegung gegen den schlechten, unwahren und reaktionären Film zusammenfassen. Diese Volksbewegung schließt alle fortschrittlichen Elemente ein, einerlei welcher politischen Partei sie angehören.« (Film und Volk, 2/28)

Im gleichen Heft kündigt das Sekretariat des Volks-Film-Verbandes (VFV) in Hamburg – Leitung: Max Holländer – seine erste Veranstaltung für den 15. April an. Als Mitglieder des Ehrenausschusses werden eine Reihe von Professoren, Schauspielern (darunter Gustav von Wangenheim), Lehrern und anderen Akademikern genannt.

Über diese erste Veranstaltung in der Schauburg am Millerntor berichtet der bürgerliche *Hamburger Anzeiger* im April 1928:

> »Zuerst ein parodistischer Einleitungsfilm: Was wir nicht sehen wollen und was wir öfter sehen möchten. Einander jagende Ausschnitte von Rhein-, Wein-, Wien- und Studentenfilmen, das Brimborium von militärischem Geiste bestimmter Wochenschauen und als Gegenüberstellung kurze Szenen aus Chaplins ›The Kid‹ und ›Goldrausch‹, aus ›Varieté‹ und aus dem Russenfilm ›Mutter‹ und ›Potemkin‹. Sodann der Vortrag eines ausgezeichneten Aufsatzes von Heinrich Mann (vorgetragen durch G. v. Wangenheim – H-M.B.); Thema: das Elend der deutschen Filmproduktion, die schlechte Literatur in schlechtere Bewegung umsetzt und den guten Namen des künstlerischen Deutschlands verunstaltet. Ein Aufsatz, der die kulturelle Bedeutung des Films so ernst nimmt, wie sie bei der beispiellosen Frequenz des Films genommen werden muß, wenn man überhaupt noch etwas Kulturbewußtsein aufbringt. An Stelle einer angekündigten Wochenschau des Volks-Film-Verbandes danach eine Fanfare gegen die Filmzensur, die wohl die reaktionärsten Tendenzen der üblichen Wochenschauen dulde, aber eine, die es sich Aufgabe machte, das Gesicht der Wirklichkeit zu zeigen, verbot. Eine sehr tapfere Ansprache von Hans von Zwehl (Berlin) über die Aufgaben des Volks-Film-Verbandes gegenüber dem unseligen Zustand, den der nackte Geschäftssinn bereitet hat. Und zum Schluß eine Vorführung des ausgezeichneten Films des französischen Regisseurs Feyder: ›Jeremias Crainquebille‹, nach einer Novelle von Anatole France.«

Ähnlich freundlich berichtet das *Hamburger Fremdenblatt*; im sozialdemokratischen *Echo* – kein Wort.

Es meldet auch keine der nun regelmäßig veranstalteten Film-Vorführungen des VFV. Gezeigt werden vorwiegend qualitätsvolle Literaturverfilmungen wie: *Die Hose* von Hans Behrendt, *Die Weber* von Friedrich Zelnik, *Der Biberpelz* von Erich Schönfelder und *Tartüff* von F. W. Murnau; oder die Russenfilme *Die Mutter* von Vsevolod Pudovkin, *Polikuschka* von Aleksandr Sanin und *Brand in Kasan* von Jurij Tarič. Kein sehr revolutionäres Programm.

Doch das oberflächlich so unpolitische Bild bekommt eine neue Farbe, wenn man im empörten Bericht des *Hamburgischen Correspondenten* über die Aufführung der *Hose* liest:

> »In einer Pause betrat nämlich ein recht jugendlicher Agitator das Podium, der zwar zunächst auf die weiteren Pläne des Volksfilmverbandes einging, dann aber diesen festen Boden verließ und das schwankende Schiff politischer Stimmungsmache betrat. – Kampf der geistigen Finsternis und politischen Reaktion (welcher?), Kampf dem unheilvollen Einfluß kapitalistischer Filmgesellschaften – deren Vergünstigungen im Verleih man aber wohl gern in Kauf nimmt? – Kampf der bürgerlichen Tagespresse, die das ›Verbrechen‹ begeht, das Phosgenunglück nicht vom einseitig politischen Standpunkt aus zu betrachten usw. usw.« (Correspondent, 9. 6. 28)

Doch das ist nur eine harmlose Mäkelei, verglichen mit dem, was Ende 1928 an massiven Angriffen in der SPD-Presse vorgebracht wird, offensichtlich ausgehend von Berlin, wo der *Vorwärts* schreibt:

> »Der Volksfilmverband ist eine kommunistische Gründung, wird mit kommunistischem Gelde finanziert, was nicht ausschließt, daß einige Edelkommunisten und radikale Schriftsteller an der Spitze stehen.« (10. 11. 28)

Gegen: Schwertergeklirr und Wogenprall!
Die Arbeit des Volks-Film-Verbandes zwischen progressiver Filmkunst und kommunistischer Propaganda.

Dieser Artikel wird ergänzt durch eine Aufdeckung der politischen Hintergründe der Gründung und organisatorischen Entwicklung des VFV.

Zu diesem Artikel erscheint in der nächsten Wochenendausgabe ein anonymer Leserbrief, der – offensichtlich von einem Insider geschrieben – über Querelen innerhalb der Bezirksleitung der KPD Wasserkante berichtet:

> »Gleich nach Gründung des ›Volksfilmverbandes‹ machte sich in kommunistischen Kreisen, besonders unter den Funktionären, eine sehr starke Opposition gegen das sogenannte ›Protektorat‹ des Volksfilmverbandes bemerkbar. Die an dieser Sache beteiligten Funktionäre forderten nicht mehr und nicht weniger als die sofortige Absetzung bzw. Auflösung der Leitung des Volksfilmverbandes, in der sich bekanntlich reinbürgerliche, halbbürgerliche, kommunistische sowie andere Elemente mit mehr oder weniger hochklingenden Namen befanden, mit deren Hilfe man zunächst über die ganze Sache einen neutralen Schleier decken wollte. (...)
>
> So kam dann Ende April dieses Jahres in einer engeren Sitzung der B. L., Gau Wasserkante, unter Hinzuziehung der oppositionellen Genossen des Volksfilmverbandes ein Schreiben zur Verlesung, worin mitgeteilt wurde, daß sich die Berliner Instanzen um Münzenberg verpflichteten, die bürgerlichen Reklameschilder in längstens zwei Jahren aus der Leitung des Volksfilmverbandes hinauszuwerfen, und wie weiter nachdrücklich versichert wurde, diese Leute nur von vornherein als Mittel zum Zweck dienen sollten, die Funktionäre sollten sich nunmehr nicht mehr beirren lassen, sondern ihrerseits eine tatkräftige Propaganda für den Volksfilmverband aufnehmen.
>
> Jedoch trotz dieser Versicherung blieben die Ansichten der Opposition nach wie vor geteilt, und hieraus ergibt sich auch die weitere Folge, daß der Volksfilmverband heute noch im Gau Wasserkante nichts mehr als ein kläglicher Klub ist, der, um seinen Verpflichtungen gerecht zu werden, auf Betteleien in der Öffentlichkeit angewiesen ist.

Das *Echo* greift diese Kampagne auf und veröffentlicht unter der Überschrift »Kommunistische Geheimpropaganda« einen Artikel von Curt Kramarski aus der *Welt am Montag*, in dem gegen Münzenbergs Einfluß polemisiert wird:

> »Hält Herr Münzenberg seine Sache selbst für so schlecht, daß er einen irreführenden Namen wählt? Trotzdem liebe ich den russischen Film, weil er hochkünstlerisch und wertvoll ist. Aber nur deshalb... Als ›politisches Dokument‹ zur Zeitgeschichte lehne ich ihn ab. Wozu also das falsche Flaggenspiel? Wer ehrliche Gesinnung hegt, öffne das Visier und – kämpfe.« (Echo, 17. 11. 28)

Film 313

Man ist eben in der Kommunistischen Partei sehr mißtrauisch geworden und hat unter den Funktionären ob der vielen Gründungen in der Partei nachgerade die Nase voll.« (Echo, 24. 11. 28)

Die gleichen Umstände lesen sich im *Bericht der Bezirksleitung der KPD* für die Jahre 1927–29 so:

»Der Volksfilmverband wurde auf Initiative der IAH Ende Februar 1928 gegründet. Der Vorstand setzt sich zusammen aus 2 Parteilosen, 1 Demokraten, 1 SPD und 2 KPD. Die BL der Partei kümmerte sich ursprünglich überhaupt nicht um die Entwicklung des VFV, so daß sich sehr rasch die Gefahr herausbildete, daß der VFV unserem Einfluß entzogen werden könnte. Erst Ende des Jahres 1928 gelang es durch das Eingreifen einiger Genossen der Agitpropabteilung der BL, die Führung der Organisation wieder fest in die Hand zu bekommen. Seitdem hat der Verband einen sehr raschen Aufschwung genommen. Während bis zum Oktober 1928 die Mitgliederzahl stagnierte (etwa 700) und vorwiegend aus bügerlichen Intellektuellen bestand, stieg bis zum März 1929 die Mitgliederzahl auf 1500, wobei fast ausschließlich Arbeiter aufgenommen wurden. (...) Gegenwärtig sind etwa 100 Genossen im VFV organisiert. (...) Bis heute besteht noch keine Klarheit über die organisatorische Zusammensetzung aller Ortsgruppen im Reich und über die Bildung einer Reichsleitung des VFV. Alle Bemühungen der Hamburger Ortsgruppe, diesen Zustand zu beseitigen, waren bisher erfolglos. Ohne Zweifel ist gegenwärtig die Hamburger Ortsgruppe die politisch und organisatorisch bestentwickelte im Reichsmaßstabe. Gegenwärtig ist ein Genosse als technischer Sekretär der Organisation angestellt.«

Eine verwirrende Situation: initiiert von der IAH, in interner Absprache mit der KPD, mit bürgerlichen Intellektuellen als Aushängeschildern, mit einem auf den künstlerisch progressiven Film ausgerichteten Programm, freundlich unterstützt von der bürgerlichen Presse – jedoch verschwiegen bzw. bekämpft von der linken und SPD-Presse, in KPD-interne Fraktionskämpfe gezogen.

Doch – wie schon die BL feststellt – ab Ende 1928 kommt eine klare Linie in die Arbeit des VFV Hamburg. Von nun an werden fast ausschließlich Russenfilme bzw. Produktionen des VFV und der Prometheus gezeigt.

Vermutlich geht dies zurück auf die Übernahme des Vorsitzes durch Willi Bredel (s. a. S. 141). Ein genauer Zeitpunkt oder Bredels genaue Funktion ist aus den damaligen Veröffentlichungen nicht belegbar. Doch spätestens ab Januar 1929 begleitet Bredel die Veranstaltungen mit einer ausführlichen Vor- und Nachpropaganda in der *Hamburger Volkszeitung,* die sonst nur wenig Interesse für den Film als Kunst oder Medium zeigt.

Das Jahr 1929 beginnt mit einem Paukenschlag. Am 6. Januar zeigt der VFV gleichzeitig in drei Schauburgen (mit über 4000 Plätzen) den Dokumentarfilm *Das Dokument von Schanghai* und Lev Kulešovs *Sühne (Vor dem Gesetz).* In den nächsten Monaten laufen in den Sonntags-Matineen des VFV: Pudovkins *Sturm über Asien,* Vertovs *Im Schatten der Maschine,* der Kulturfilm *Die Wunder des Films* von Edgar Beyfuß, Evgenij Červenkos *Zar und*

Dichter sowie der Dokumentarfilm *Das weiße Geheimnis*, schließlich *Der Kampf um Paris (Das neue Babylon)* von Kosinzev und Trauberg.

Doch trotz dieser eindrucksvollen Aktivitäten muß ein Flugblatt – wahrscheinlich vom Juni 1929 – feststellen:

»Der Volks-Film-Verband hat mit großen Schwierigkeiten zu kämpfen; die Helfer aus den Mitgliederkreisen sind nicht zahlreich, die finanzielle Lage des Verbandes ist schlecht, und der planmäßige Boykott fast sämtlicher bürgerlicher Filmverleihgesellschaften hemmt uns in der Arbeit. (...) Doch die Aufgaben unseres Verbandes werden auch oft noch falsch ausgelegt. Wir sind keine Zweck- oder Konsumorganisation, mit der einzigen Aufgabe, gute und billige Filmveranstaltungen zu liefern, wir sind kein Konkurrenzunternehmen für Kinotheater, die gute Filme spielen; sondern vornehmlich eine Kampf- und Kulturorganisation, die als erste aktive Kinobesucherorganisation bei entsprechenden Anlässen auch an die Öffentlichkeit treten wird. (...) Mitglieder, Freunde unseres Verbandes, unterstützt unsere Organisation, und werdet aktive Helfer und Werber in unserem Kampf für Fortschritt und Kultur im Film!«

Doch im Oktober kann die HVZ den Höhepunkt des Jahres, nicht nur für den VFV, sondern für die gesamte hamburgische Kino-Szene ankündigen. Am 13. Oktober 1929 soll der gefeierte Regisseur Eisenstein über den russischen Film sprechen und unter anderem einen Ausschnitt aus seinem neuen Film *Die Generallinie (Der Kampf um die Erde)* zeigen, der gerade erst am 7. Oktober in Moskau uraufgeführt worden ist.

Als Eisenstein wegen einer Erkrankung in Berlin aufgehalten wird, schreibt ihm Willi Bredel am 15. Oktober folgenden Brief:

Werter Gen. Eisenstein.
Ich schreibe Ihnen als 1. Vorsitzender des hiesigen Volksfilmverbandes (dies ist die einzige konkrete Benennung, die erhalten ist – H.-M.B.) und Redakteur der Hamburger Volkszeitung und hoffe, daß Sie gesundet sind. Seien Sie bitte so liebenswürdig und senden uns einige Zeilen, die

wir in bezug auf Ihren Vortrag am Sonntag in unserer Presse ausnutzen können.
Sie werden in der größten Schauburg Hamburgs sprechen, und mindestens 1600 Arbeiter und Intellektuelle werden kommen. Erfüllen Sie bitte unseren Wunsch – werden Sie gesund (unbedingt), und seien Sie herzl. gegrüßt.

Rot Front!
Willi Bredel

Eisenstein sendet gemeinsam mit seinen Mitarbeitern Alexandrow und Tisse einen Gruß an die Werktätigen Hamburgs. – Die Veranstaltung (eine Woche später) wird zum Triumph:

»Gestern sprach der sowjetische Filmregisseur Eisenstein auf einer Matinee des Volksfilmverbandes in der überfüllten Schauburg am Millerntor.
Mit stürmischem Beifall und einem dreimaligen ›Heil Moskau‹ von der anwesenden Arbeiterjugend begrüßt, schilderte Eisenstein sofort die besonderen Eigenschaften der Russenfilme.
Der russische Film ist nicht die Schöpfung eines Genies, sondern das kulturelle Produkt der sozialen Umwälzungen in der Sowjetunion, der Herrschaft der Arbeiter- und Bauernmacht.
Eisenstein schilderte dann in längeren Ausführungen (...) die Art der Beteiligung der breiten werktätigen Massen in der UdSSR an der Herstellung eines Films.
Auch seine Ausführungen über den Tonfilm waren einfach und so klar, wie es bisher noch nicht ausgesprochen war. (...)
Anschließend zeigte Eisenstein zwei Akte aus ›Panzerkreuzer Potemkin‹, den ersten Akt aus ›Generallinie‹ und zwei Akte aus ›Zehn Tage, die die Welt erschütterte‹«.
Die Begleitung der Orgel zu den einzelnen Akten war geschickt dem Inhalt angepaßt. Leider spielte der Organist am Schluß die ›Internationale‹ wie einen Trauermarsch. Unter nicht endenwollendem Beifall und dem Gesang der ›Internationale‹ fand dann die interessante Veranstaltung ihren Abschluß.« (HVZ, 22. 10. 29)

Zu diesem Zeitpunkt unterliegt der VFV schon der Polizeiüberwachung. Seine Mitgliederversammlung im Oktober 1929 schlägt sich im geheimen Lagebericht Nr. 4 der Nachrichtenstelle der hamburgischen Polizei nieder, in dem auch ausführlich über die Eisenstein-Veranstaltung referiert wird, »weil hier die kommunistische Einstellung des Verbandes und seiner Mitglieder besonders auffällig in Erscheinung trat«.

Ein ganz neuer Aspekt der Arbeit des VFV zeigt sich Ende 1929. Am 1. Dezember läuft gleichzeitig im Palast-Theater Barmbek und in der Münzburg Altona der Dokumentar-Spielfilm *Hunger in Waldenburg*, den der Schriftsteller und Drehbuchautor Leo Lania im Auftrag des VFV und der Weltfilm gedreht hat. Während Willi Bredel den »Hungerfilm« schon im April zum Anlaß zu einem langen, heftigen Angriff auf die SPD genommen hatte *(HVZ, 4. 4. 29)*, ist sein Artikel

Film 315

nach der Premiere eine scharfe Kritik am Film und der Reichsleitung des VFV:

> »Daß der Volksfilmverband auf den Einfall kam, einen eigenen Film aus dem schlesischen Bergwerkrevier herzustellen, ist nur zu begrüßen. In der praktischen Arbeit jedoch zeigte die Reichsleitung des Volksfilmverbandes eine erschreckende Unfähigkeit. (...)
> Und so hat auch dieser Film Hunger in Waldenburg weder eine Linie, noch ein Gesicht, noch eine Gesinnung.
> Leo Lania und die maßgebenden Leiter im Volksfilmverband haben nichts vom Russenfilm gelernt. Bei ihnen ist Jammer und Klagen und Wehgeheul – und kein Ausweg, so, als gäbe es keinen.
> Aber es gibt einen! Es gibt einen:
> Die proletarische Revolution! Die Herrschaft der Arbeiterklasse! Der Aufbau einer sozialistischen Wirtschaft und die Zertrümmerung der kapitalistischen Herrschaft – das ist der Ausweg!« (HVZ, 4. 12. 29)

Dieser Artikel soll zugleich auf absehbare Zeit die letzte von Willi Bredel gezeichnete Filmkritik in der *Hamburger Volkszeitung* bleiben, denn am 10. Januar 1930 verurteilt ihn das Reichsgericht in Leipzig zu zwei Jahren Festungshaft wegen eines Artikels über geheime Kriegsrüstungen in einem Kieler Werk, für den er als verantwortlicher »Sitzredakteur« der HVZ gezeichnet hatte.

Doch der »Umzug« ins Amtsgefängnis Bergedorf schränkt seine Aktivitäten nicht völlig ein. Während seines Hamburg-Besuchs hatte nämlich Sergej Eisenstein angeregt, eine Filmzeitung herauszugeben, die dann ab Februar 1930 unter dem Titel *Sozialistische Film-Kritik* erscheint. Redakteur – natürlich ungenannt – ist Willi Bredel.

Diese »erste außerparteiliche filmkritische Zeitschrift der Kinobesucher« – von der bislang nur acht Nummern wieder aufgetaucht sind – ist eine Mischung aus langen Berichten zu den Veranstaltungen des VFV, polemischen Artikeln zu Filmpolitik und Zensurfragen, Nachdrucken aus internationalen Zeitschriften, Buchbesprechungen und kurzen, teils sehr schar-

fen Kritiken der laufenden Filme.

> »So ist die Sozialistische Film-Kritik eine wichtige Waffe im revolutionären Kulturkampf, die den kitschigen, verlogenen und nationalistischen Film der kapitalistischen Filmproduktion unbarmherzig angreift und den kulturpolitisch fortschrittlichen und inhaltlich wertvollen und künstlerisch guten Film unermüdlich fördert und unterstützt!« (HVZ, 20. 3. 30)

Neben dieser im Reich einmaligen publizistischen Tätigkeit setzt der Hamburger VFV auch seine Filmvorführungen fort. Er zeigt (meist in der Schauburg Millerntor) zum Beispiel: Stroheims *Gier nach Geld*, Leo Mittlers *Jenseits der Straße* und Jakov Protasanovs *Kellner aus dem Palast-Hotel*, Eisensteins *Der Kampf um die Erde* und Turins Dokumentarfilm *Turksib*. Zur (west-)europäischen Premiere seines Films *Arsenal (Kiew in Flammen)* am 20. Juli 1930 kommt der Regisseur Dovšenko nach Hamburg; anläßlich der Uraufführung von Lidija Stepanovas *Gigant* und Phil Jutzis *Todeszeche (Das Bergwerksunglück in Neurode – Juli 1930)* spricht der Schriftsteller Ludwig Renn über das Thema »Krieg und Sowjetunion«.

Doch hinter dieser Fassade von interessanten Aktivitäten steckt der VFV in Hamburg, vor allem aber die Berliner Zentrale, in einer tiefen Krise. Die Zeitschrift *Film und Volk* stellt im März 1930 ihr Erscheinen ein und ist ab Juni 1930 nur noch Teil des Zentralorgans des Arbeiter-Theater-Bundes *Arbeiterbühne und Film*. Mit der Nummer 8 vom August 1930 verschwindet auch dort die Unterzeile »Offizielles Organ des Volks-Film-Verbandes Deutschland«.

Die Situation der Hamburger Gruppe wird deutlich aus dem Lagebericht der Polizeibehörde Hamburg über die Mitgliederversammlung am 23. Oktober 1930:

> »Der Geschäftsführer des Verbandes Cohnfeld führte in seinem Referat über die Tätigkeit und die Geschäftslage des Verbandes aus, daß der VFV im verflossenen Geschäftsjahr mit großen Schwierigkeiten zu kämpfen gehabt habe, weil er einerseits von der Kulturreaktion boykottiert worden sei und andererseits viele Mitglieder verloren habe. Die Einnahmen seien von RM

15 000 auf RM 966 (soll wohl heißen RM 9660 – H.-M.B.) zurückgegangen. Die Mitarbeit der Mitglieder lasse viel zu wünschen übrig.
> Cohnfeld führte weiter aus, daß der VFV ›sein Feld auf andere Schienen verlegen‹ müsse. Durch Terrorakte und Inszenierung von Theaterskandalen in den bürgerlichen Kinos müsse die Vorführung von Filmen, die ›das Hirn der werktätigen Massen benebeln‹ verhindert werden. Es müsse erreicht werden, daß die Zeitungen nach einem solchen Theaterskandal schreiben, das Publikum sei mit der Vorführung des Films nicht einverstanden. Keinem der Angehörigen des Volksfilmverbandes stehe die Zugehörigkeit zum VFV vor der Stirn geschrieben, und niemand werde als Urheber solcher Akte die Freunde des Volksfilmverbandes vermuten.« (Lg.-Bericht vom 19. 11. 30)

Diese neue Taktik, praktisch eine Übernahme der Methoden, mit denen die Nazis Ende 1930 in Berlin den Skandal um die Remarque-Verfilmung *Im Westen nichts Neues* anzettelten, ist nichts anderes als eine Bankrott-Erklärung, bedenkt man die Ziele, die bei der Gründung des VFV postuliert wurden.

Das Jahr 1931 brachte noch einige interessante Veranstaltungen, so die Aufführung von *Kanonen und Traktoren (Heute)* von Esfér Šub (25. 1. 31). Aus Anlaß des Antifaschisten-Kongresses am 8. Februar erschien eine Sondernummer der *Sozialistischen Film-Kritik*. Ob während seines Aufenthaltes im März 31 in Hamburg auch eine Veranstaltung mit dem sowjetischen Filmregisseur Vsevolod Pudovkin stattfand, ist (bislang) nicht geklärt.

Das letzte erhaltene Lebenszeichen des VFV Hamburg – die Berliner Gruppe ist wohl schon vorher sanft entschlummert – ist die Nr. 8 der SFK vom 8. September 1931, in der als »Film-Sensation in Hamburg« die Uraufführung des ersten russischen Ton-Films *Enthusiasmus (Donbass-Sinfonie)* in Anwesenheit des Regisseurs Vertov angekündigt wird.

1933

Das Ende von Arbeiterbewegung und Arbeiterkultur in Hamburg

5. März 1933, gegen 22 Uhr: Noch am Abend der Reichstagswahl besetzen die Nazis das Hamburger Rathaus und ziehen die Hakenkreuzflagge auf.

Das Kommando führt der Polizei-Reichskommissar und SA-Standartenführer Richter, auf Anweisung der Reichsregierung vom SPD/DStP-Senat ernannt.

»Endlich marxistenfrei«: Was Hitler 1926 im Hotel Atlantic Hamburg vor Großindustriellen angekündigt hatte, ist Wahrheit geworden —

»Wir haben nicht eher Ruhe, bis die letzte Zeitung vernichtet ist, die letzte Organisation erledigt ist, die letzte Bildungsstätte beseitigt ist und der letzte Marxist bekehrt oder ausgerottet ist.«

30. 1. Hitler Reichskanzler

28. 2. Notverordnung Hindenburgs, »Zum Schutze von Volk und Staat« (Aufhebung der Grundrechte)

2. 3. SPD Hamburg sagt auf Anweisung der Reichsregierung Groß-Demonstration des Reichsbanner ab.

3. 3. Rücktritt der SPD-Senatoren, weil sie das Echo nicht verbieten wollen. Das Verbot der Zeitung vollzieht der DStP-Rumpfsenat. Zuvor hatte SPD-Senator und Polizeipräsident Schönfelder noch das KPD-Haus am Valentinskamp versiegeln und zahlreiche KPD-Funktionäre verhaften lassen, »auf Ansuchen des Herrn Reichsinnenministers«.

5. 3. Reichstagswahl: SPD und KPD erhalten trotz Behinderung und Verfolgung in Hamburg zusammen 365 081 Stimmen, die Nazis 318 747.

8. 3. »Wahl« des Senats aus NSDAP, DVP, DNVP, DStP. SPD und KPD beteiligen sich nicht.

2. 5. Besetzung des Hamburger Gewerkschaftshauses. Festnahme vieler Funktionäre, nachdem schon früher Kommunisten und Sozialdemokraten verhaftet wurden.

11. 6. Verhaftung SPD-Landesvorstand, Mitglieder mißhandelt.

21. 6. Verbot der SPD

7. 7. Verbot der »Gewerkschafts-Fraktion«, die sich (unter Führung von John Ehrenteit) von der SPD abgespalten hatte und mit den Nazis zusammenarbeiten wollte.

1. 8. Hinrichtung von August Lütgens, Walter Möller, Bruno Tesch, Karl Wolff in Altona (»Blutsonntag-Prozeß«) durch das Handbeil von dem Schlachter und SS-Mann Voth aus der Johannesstraße Altona.

Der 19jährige Bruno Tesch in seinem Tagebuch: »Für mich ist es noch immer ein Trost zu wissen, daß, wenn ich hingerichtet werde, ich in der Arbeiterschaft nicht vergessen werde.«

Zum Gedenken an die Hamburger Bürgerschafts- abgeordneten, die Opfer der Nazis wurden.

Am 8. Mai 1981 wurde – 36 Jahre nach der Befreiung vom Faschismus – im Hamburger Rathaus eine Gedenktafel für die Bürger- schaftsabgeordneten enthüllt, die »Opfer totalitärer Verfolgung« wurden. Nach dem Willen des Bürgerschaftspräsidenten Schulz (SPD) nennt diese Tafel die Namen der Nazi-Opfer nicht.

Dr. phil. Kurt Adams
geb. 1889 Hamburg. Studienrat. SPD. MdHB 1924–33.
Direktor Volkshochschule Hamburg, Förderer der Kinderfreunde.
7.10.1944 im KZ Buchenwald umgekommen.

Etkar Andre
geb. 1894 Aachen. Schauermann. KPD. MdHB 1927–33.
KPD-Bezirksleitung, Leiter RFB Wasserkante seit 1926.
Haft seit 5.3.1933, Todesurteil Hanseat. Oberlandesgericht.
4.11.1936 in Hamburg hingerichtet.

Bernhard Bästlein
Geb. 1894 Hamburg. Feinmechaniker, Redakteur. KPD. MdHB 1921, seit 1932 Preußischer Landtag.
18.9.1944 im Zuchthaus Brandenburg hingerichtet.

Adolf Biedermann
geb. 1881 Hamburg. Angestellter i. Arbeitsamt, SPD-Sekretär Hamburg bis 1925. SPD. MdHB 1919–27, MdR 1926–33.
11.5.1933 bei Recklinghausen neben den Bahngleisen tot aufge- funden.

Gustav Brandt
geb. 1894 Wolstorf. Seemann und Werftarbeiter, Betriebsrat. KPD. MdHB 1931–1933.
Seit 1929 Leiter Rote Marine Wasserkante.
Frühjahr 1945 beim Transport vom Zuchthaus Werl nach Celle von SS erschossen.

Valentin Ernst Burchard
geb. 1891 Hamburg. Kaufmann. Deutsche Staatspartei (DStP). MdHB 1932–33.
8.11.1941 nach Minsk deportiert. Verschollen.

Dr. jur. Max Eichholz
geb. 1881 Hamburg. Rechtsanwalt. DStP. MdHB 1921–1933.
Förderer der Volksheimbewegung.
1943 im KZ Auschwitz ermordet.

Hugo Eickhoff
geb. 1906 Wandsbek. Angestellter. KPD. MdHB 1931–33.
Politischer Leiter KJVD Eimsbüttel, Arbeiter-Fotobund.
15.12.1944 im Sonderbataillon Dirlewanger in Rumänien umgekommen.

Dr. phil. Theodor Haubach
geb. 1896 Frankfurt/M. Journalist. SPD. MdHB 1927–29.
Redakteur des »Echo« 1927–29, Leiter Presseabteilung Preußisches Innenministerium.
31.1.1945 in Berlin gehenkt.

Wilhelm Heidsiek
geb. 1888 Cuxhaven. SPD. MdHB 1933.
16.11.1944 im KZ Neuengamme umgekommen.

Ernst Henning
geb. 1892 Magdeburg. Former. KPD. MdHB 1928–31.
Politischer Leiter KPD Bergedorf u. Vierlanden sowie Kr. Lauen- burg. Stadtparlament Bergedorf seit 1927. Betriebsrat.
14.3.1931 im Omnibus in Kirchwerder von SA erschossen.

Hermann Hoefer
geb. 1886 Hamburg. Lehrer. KPD. MdHB 1928–31.
13.12.1945 an den Haftfolgen in einem Hamburger Krankenhaus verstorben.

Hermann Louis Erich Hoffmann
geb. 1885 Hamburg. Hafenarbeiter, Journalist. KPD. MdHB 1920–27.
7.7.1936 von den Nazis in den Tod getrieben, gestorben in Hamburg.

Franz Jacob
geb. 1906 Hamburg. Schlosser. KPD. MdHB 1932–33.
1928/29 Organisationsleiter KPD Wasserkante. Bezirksleitung.
18.9.1944 im Zuchthaus Brandenburg hingerichtet.

Alfred Levy
geb. 1885 Hamburg. Schriftsetzer, Angestellter. KPD. MdHB 1924–27.
1935 oder 36 in die Tschechoslowakei geflüchtet. Verschollen.

Friedrich (Fiete) Lux
geb. 1892 Imten/Ostpreußen. Schauermann. KPD. MdHB 1928–33.
KPD-Bezirksleitung seit 1930. ZK der KPD.
6.11.1933 im KZ Fuhlsbüttel in den Tod getrieben.

Adolf Panzner
geb. 1892 Hamburg. Kfm. Angestellter. KPD. MdHB 1931.
6.2.1944 an Haftfolgen verstorben.

Fritz Simon Reich
geb. 1868 Königsberg. Makler. Reichspartei des Dt. Mittelstandes. MdHB 1927–28.
19.1.1944 ins KZ Theresienstadt deportiert, dort umgekommen.

August Schmidt
geb. 1894 Königsaue/Quedlinburg. Werftarbeiter. KPD. MdHB 1928–31.
Leiter der illegalen KPD in Winterhude.
3.8.1939 an den Haftfolgen gestorben.

Otto Schumann
geb. 1888 Magdeburg-Buckau. Former, Arbeitsvermittler. SPD. MdHB 1931–33.
Funktionär von Gewerkschaft und Reichsbanner.
3.5.1945 bei Evakuierung des KZ Neuengamme beim Untergang des Schiffes »Cap Arcona« in der Lübecker Bucht ertrunken.

Theodor Skorzisko
geb. 1899 Raschlowitz. Elektromonteur. KPD. MdHB 1931–32.
Leiter der illegalen KPD in Eppendorf.
Haft 1933–35. Emigration Tschechoslowakei. 1938 nach Paris. Seit 10.5.1940 verschollen. Als Todestag gilt der 31.12.1941.

Ernst Thälmann
geb. 1886 Hamburg. Transportarbeiter, Vorsitzender der KPD. MdHB 1919–33, MdR 1924–33.
Vorsitzender RFB. Exekutivkomitee der Komintern. Reichspräsi- dentschaftskandidat 1925 und 1932.
18.8.1944 im KZ Buchenwald nach elfeinhalb Jahren Haft er- mordet.

Hans Westermann
geb. 1890 Hamburg. Schneider. KPD. MdHB 1927–30.
1925–30 KPD-Bezirksleitung, Leiter Gewerkschaftsarbeit.
16.3.1935 im KZ Fuhlsbüttel ermordet.

MdHB = Mitglied der Hamburger Bürgerschaft
MdR = Mitglied des Reichstags

Waffenschmieden der Hamburger Arbeiterschaft

Die Heimstätte der Freien Gewerkschaften

„Die Waffenschmiede des Hamburger Proletariats", so nannte August Bebel das Haus der Hamburger Gewerkschaften am Besenbinderhof, das einst zu den schönsten Gebäuden Deutschlands gehörte und wieder, wie so oft, der Tagungsort der deutschen Gewerkschaften sein wird. Es ist inzwischen nicht mehr das einzige Haus der freien Gewerkschaften. In dem imposanten Bau der Heimstätte ist der Gedanke eines Arbeiterhotels in vollkommenster Weise verwirklicht worden. Und der kürzlich eröffnete Zweigbetrieb der Hamburger Gewerkschaften, in dem Arbeitervorort Veddel, mitten unter modernen Großwohnbauten, zeugt von neuem Arbeitswillen des Hamburger Gewerkschaftshauses. Hinzu kommt der gegenwärtig in Angriff genommene Umbau einer einst feudalen Gaststätte in Altona, die ebenfalls als Altonaer Gewerkschaftshaus der organisierten Arbeiterschaft als Heim und Versammlungsstätte dienen wird.

Das Hamburger Gewerkschaftshaus

Rechts:
Der „Betrieb Veddel" des Hamburger Gewerkschaftshauses

Vorwärts – und nicht vergessen

Stadtbild als historischer Lernort: Das »rote Hamburg« ist noch zu entdecken.

Der Otto-Stolten-Gedenkstein (Bronzerelief von Richard Luksch, Architektur von Paul A. Frank) in Hammerbrook, 1929

> Willst Du mehr über Groß-Hamburg wissen?
> dann lese den soeben erschienenen
> **Führer durch Groß-Hamburg.**
> Herausgegeben von A. Rado. 86 Seiten. 3 Karten. Preis kart. RM 1.—. Ausführliche Beschreibung des Stadtbildes, der wirtschaftlichen und sozialen Struktur und der sozialistischen Bewegung.
> **Neuer Deutscher Verlag, Berlin W 8.**

Ausgangspunkt für Suchaktion: Anzeige in der Arbeiter-Illustrierten-Zeitung (AIZ), 1929

Wo sind sie geblieben, die »Waffenschmieden der Arbeiterschaft«? Das Gewerkschaftshaus am Besenbinderhof gibt es noch, und kürzlich konnte hier sogar das 75jährige Jubiläum seiner Einweihung durch August Bebel gefeiert werden. Viele andere Orte aber, an denen sich vor über 50 Jahren das politische und kulturelle Leben der Hamburger Arbeiterschaft abgespielt hat, sind *spurlos* verschwunden. Was die Nazis nicht beseitigten, besorgten britische Bomben und hernach die Stadtsanierung.

Viele historische Schauplätze der Hamburger Arbeiterbewegung konnten jetzt bei den Recherchen für die Ausstellung »Vorwärts – und nicht vergessen« mit Hilfe der Erinnerungen von Zeitzeugen rekonstruiert werden. Abbildungen aus Presse und Privatbesitz gaben Anhaltspunkte. Einiges ist nicht zerstört: Das ehemalige Bezirksbüro der KPD Wasserkante am Valentinskamp 40–42 zum Beispiel.

Anderes taucht per Zufall wieder auf – wie die Porträt-Plakette vom Otto-Stolten-Gedenkstein. 1929 im gleichnamigen Park am Heidenkampsweg in Hammerbrook zu Ehren des ersten sozialdemokratischen Bürgermeisters von Hamburg aufgestellt, wurde das Denkmal offenbar von entschlossenen Genossen vor den Nazis in Sicherheit gebracht. Heute lagert nun zumindest die Porträt-Plakette im Museum für Hamburgische Geschichte.

Ein anderes Beispiel, an dessen Anfang eine Anzeige stand: Die AIZ hatte 1929 einen »roten Stadtführer« durch Groß-Hamburg annonciert, erschienen im Neuen Deutschen Verlag zu Berlin. Der Autor, Alex Rado (nach dem Kriege als Universitätsprofessor in Budapest tätig und dort 1981 verstorben), veröffentlichte Ende der 20er Jahre auch einen großen Führer durch die Sowjetunion und einen antiimperialistischen Weltatlas. Welt, Sowjetunion und Hamburg – kennzeichnend für die Bedeutung der Hansestadt innerhalb der revolutionären Arbeiterbewegung der Weimarer Republik.

Um so erstaunlicher, daß dieser Hamburg-Führer nicht aufzufinden war, weder in Hamburg selbst, noch in den Bibliotheken von Berlin-West und -Ost. Lediglich Karteikarten erinnerten dort an die in den Kriegswirren verschollene Broschüre. Kurz vor Redaktionsschluß dieses Kataloges kam Post aus Leipzig: Die Deutsche Bücherei schickte eine Kopie der schon verloren geglaubten Hamburgensie. Wieder ein Mosaikstein mehr. Vorwärts – und nicht vergessen!

Adressen der Arbeiterbewegung

Zehn Beispiele zur politischen Topographie Hamburgs um 1930:

1 **Große Theaterstraße 42–44:** SPD und Unterorganisationen
2 **Fehlandtstraße 11–19:** Auer & Co, »Hamburger Echo«
3 **Valentinskamp 40–42:** KPD und Unterorganisationen, Graphische Industrie, »Hamburger Volkszeitung«
4 **Besenbinderhof 57:** Gewerkschaftshaus des ADGB.
5 **Kohlhöfen 20:** Bezirksbüro der RGO

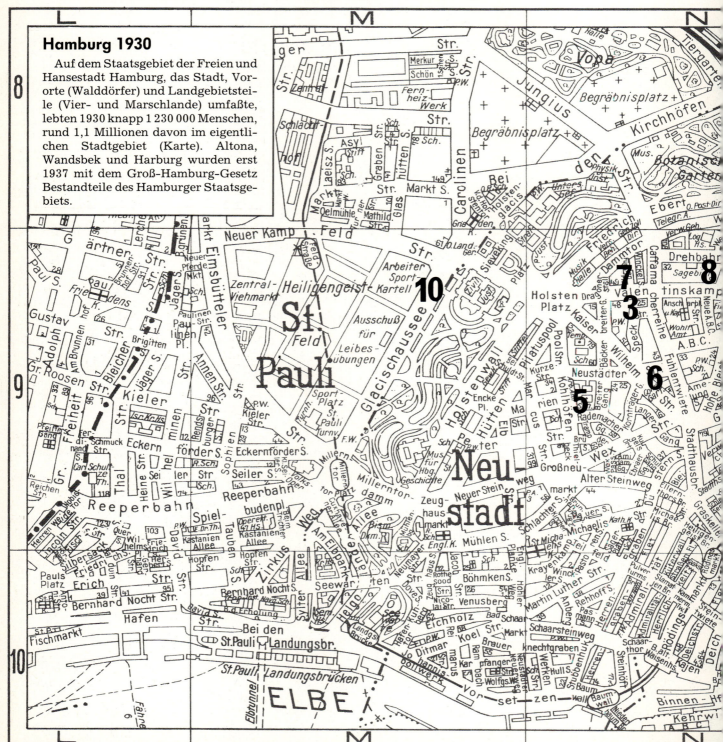

Hamburg 1930

Auf dem Staatsgebiet der Freien und Hansestadt Hamburg, das Stadt, Vororte (Walddörfer) und Landgebietsteile (Vier- und Marschlande) umfaßte, lebten 1930 knapp 1 230 000 Menschen, rund 1,1 Millionen davon im eigentlichen Stadtgebiet (Karte). Altona, Wandsbek und Harburg wurden erst 1937 mit dem Groß-Hamburg-Gesetz Bestandteile des Hamburger Staatsgebiets.

6 Kaiser-Wilhelm-Straße 14—16:
»Heinrich-Heine-Buchhandlung«,
»Internationales politisches Antiquariat«
7 Valentinskamp 49:
»Viva-Buchhandlung«
8 Drehbahn 15—23:
Veranstaltungsort Sagebiel
9 Moorweide:
Kundgebungsort
10 Heiligengeistfeld:
Arbeitersportkartell-Plätze

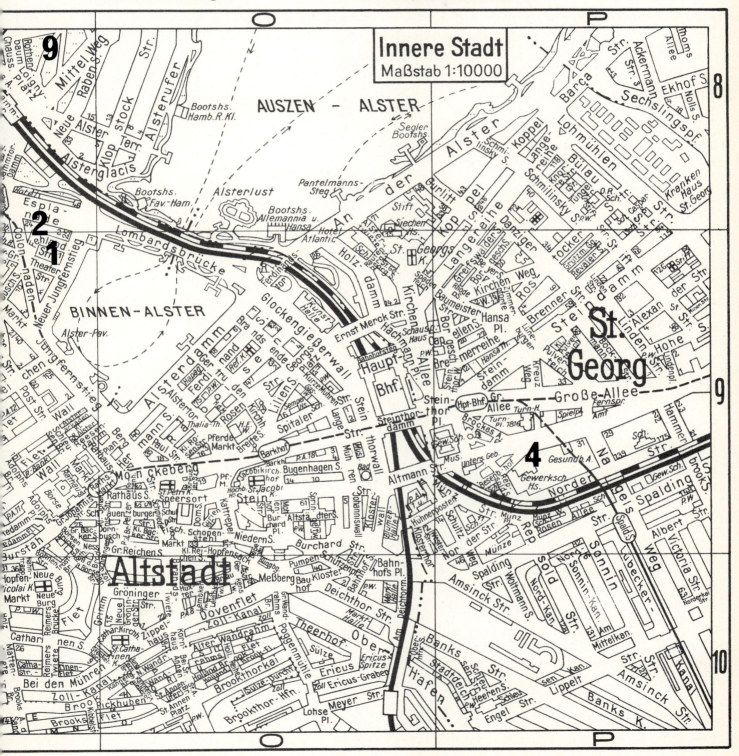

Literaturhinweise

Achten, Udo (Hrsg.): Illustrierte Geschichte des 1. Mai; Oberhausen 1979.

Arbeiterfotografie; Verband Arbeiterfotografie (Hrsg.); Amsterdam/Berlin-West 1978.

Ausstellungskatalog: Mit uns zieht die neue Zeit. Arbeiterkultur in Österreich 1918–1934; Wien 1981.

Ausstellungskatalog: Weimarer Republik; Berlin 1977.

Ausstellungskatalog: Wem gehört die Welt – Kunst und Gesellschaft in der Weimarer Republik; Berlin 1977.

Bayohr, Stefan: Die Hälfte der Fabrik. Geschichte der Frauenarbeit in Deutschland 1914 bis 1945; Marburg 1975.

Berlin, Jörg (Hrsg.): Das andere Hamburg. Freiheitliche Bestrebungen in der Hansestadt seit dem Spätmittelalter; Köln 1981.

Boehncke, Heiner (Hrsg.): Vorwärts und nicht vergessen. Ein Lesebuch. Klassenkämpfe in der Weimarer Republik; Reinbek 1973.

Bredel, Willi: Maschinenfabrik N+K; München 1977.

Dahl, Peter: Proletarische Radiobewegung und bürgerlicher Rundfunk bis 1945; Frankfurt/M. 1978.

Deutsche Arbeiterbewegung vor dem Faschismus; Berlin 1981 (Argument-Sonderband 74).

Droste, Eberhard u. a.: Ich möcht' einmal am Sender steh'n; Hamburg 1981.

Eberts, Erich: Arbeiterjugend 1904–1945; Sozialistische Erziehungsgemeinschaft – politische Organisation; Frankfurt/M. 1980.

Film und revolutionäre Arbeiterbewegung in Deutschland 1918–1932, 2 Bde.; Berlin/DDR 1975.

Frauengruppe Faschismusforschung (Hrsg.): Mutterkreuz und Arbeitsbuch. Zur Geschichte der Frauen in der Weimarer Republik und im Nationalsozialismus; Frankfurt/M. 1981.

Fromm, Erich: Arbeiter und Angestellte am Vorabend des Dritten Reiches. Eine sozialpsychologische Untersuchung (bearb. und hrsg. von Wolfgang Bonß); Stuttgart 1980.

Fuhr, Werner: Proletarische Musik in Deutschland 1928–1933; Göppingen 1977.

Hänsel, Sylvaine u. a.: Die Jarrestadt. Eine Hamburger Wohnsiedlung der 20er Jahre; Hamburg 1981.

Hermand, Jost/Trommler, Frank: Die Kultur der Weimarer Republik; München 1978.

Hipp, Hermann: Die Wohnstadt Hamburg; Hamburg 1982.

Hinrichs, Peter/Peter, Lothar: Industrieller Friede? Arbeitswissenschaft, Rationalisierung und Arbeiterbewegung in der Weimarer Republik; Köln 1976.

Hochmuth, Ursel/Joachim, Dirk: Betr.: Heimatkunde. Faschismus und Widerstand in Hamburg. Kommentiertes Literaturverzeichnis; Hamburg 1980.

Hoffmann, Ludwig (Hrsg.): Theater der Kollektive. Proletarisch-revolutionäres Berufstheater in Deutschland 1928–1933; Berlin/DDR 1980.

Jahnke, Karl Heinz u. a.: Geschichte der deutschen Arbeiterjugendbewegung 1904–1945; Dortmund.

Klönne, Arno: Die deutsche Arbeiterbewegung. Geschichte – Ziele – Wirkungen; Düsseldorf/Köln 1980.

Krammer, Reinhard: Arbeitersport in Österreich. Ein Beitrag zur Geschichte der Arbeiterkultur in Österreich bis 1938; Wien 1981.

Neuland, Franz/Werner-Cordt, Albrecht (Hrsg.): Die junge Garde. Arbeiterjugendbewegung in Frankfurt am Main 1904–1945; Gießen 1980.

Nörnberg, Hans-Jürgen/Schubert, Dirk: Massenwohnungsbau in Hamburg; Berlin 1975.

Rinka, Erich: Fotografie im Klassenkampf; Leipzig 1981.

Ritter, Gerhard A. (Hrsg.): Arbeiterkultur; Königstein/Ts. 1979.

Sozialismus und persönliche Lebensgestaltung. Texte aus der Zwischenkriegszeit; Wien 1981.

Sozialistische Studiengruppen: Kulturindustrie und Ideologie. Arbeiterkultur. Theorie des Überbaus. Freizeit. Sport; Hamburg 1980.

Sozialistische Studiengruppen: Spaltung der Arbeiterbewegung und Faschismus. Sozialgeschichte der Weimarer Republik; Hamburg 1980.

Timmermann, Heinz: Geschichte und Struktur der Arbeitersportbewegung 1893–1933; Ahrensburg 1973.

Ueberhorst, Horst: Frisch, frei, stark und treu. Die Arbeitersportbewegung in Deutschland; Düsseldorf 1973.

Witt, Friedrich-Wilhelm: Die Hamburger Sozialdemokratie in der Weimarer Republik. Unter besonderer Berücksichtigung der Jahre 1929/30–1933; Hannover 1971.

Zenker, Edith (Hrsg.): Wir sind die rote Garde. Sozialistische Literatur 1914 bis 1935; Leipzig 1980.

Zimmermann, Axel/Zimmer, Jochen: Seekamp. Dokumentation des ersten sozialistischen Kinderlagers 1927; Stuttgart 1976.

Bildnachweise

Vermerke nach Seiten; als Zeilen zu lesen.
Abkürzungen AIZ = Arbeiter-Illustrierte Zeitung; HA = Hamburger Anzeiger, Wochenbeilage; HE = Hamburger Echo; HHLA = Hamburger Hafen- und Lagerhaus A.G.; HVZ = Hamburger Volkszeitung; IRZ = Illustrierte Republikanische Zeitung; MHG = Museum für Hamburgische Geschichte; PAH = Projektgruppe Arbeiterkultur Hamburg; Slg. = Sammlung; StA. Hbg. = Staatsarchiv Hamburg; TG = Gedenkstätte Ernst Thälmann; VuZ = Volk und Zeit. Portätfotos – wenn nicht anders angegeben – von Manfred Scharnberg.
S. 7: Staatliche Ermitage Leningrad. S. 8/9: Der Rote Stern, 1932, Nr. 4. S. 2; TG; Kampnagel-Festschrift, Hamburg 1925. S. 10: Beide Staatliche Landesbildstelle. S. 11: Hamburger Hochbahn-AG, Archiv; HA, 1931, Nr. 5. S. 12: MHG; Wegweiser zum Reichsbanner-Gautreffen in Hamburg, 1931. S. 13: AIZ, 1931, NR. 35, S. 599. S. 14: Blohm & Voss. Archiv. S. 15: AIZ. 1931, Nr. 35, S. 695; TG. S. 16: AIZ, 1929, Nr. 36, S. 6; Blohm & Voss, Archiv; AIZ, 1929, Nr. 36, S. 6; Hamburg-Führer 1931. S. 17: HA, 1930, Nr. 27; HA, 1931, Nr. 5; alle folgenden ebenda. S. 18: AIZ, 1928, Nr. 45, S. 3; VuZ. S. 19: AIZ, 1928, Nr. 48, S. 16; Der Rote Stern, 1929, Nr. 2; AIZ, 1928, Nr. 49, S. 2. S. 20: TG; StA Hbg. S. 21: SPD-Betriebszeitung Blohm & Voss, 1930, Nr. 10. S. 22: Alle Blohm & Voss, Archiv. S. 23: Ebenda. S. 24: HA, 1930, Nr. 27; Erich Andres. S. 25: Blohm & Voss, Archiv; Erich Andres; beide Blohm & Voss, Archiv. S. 26: HHLA, Archiv; AIZ, 1930, Nr. 51, S. 1002; MHG. S. 27: Die ersten drei HHLA, Archiv; Jahresberichte der Verwaltungsbehörden, Hbg. 1926, S. 40, S. 28: HHLA, Archiv; HA, 1931, Nr. 5; HHLA, Archiv. S. 29: Beide ebenda. S. 30: Die Entwicklung der Brauindustrie in Hamburg-Altona, Holsten-Brauerei 1879–1929, 1929, S. 60. S. 31: Fritz Giese: Methoden der Wirtschaftspsychologie, 1927, S. 402; ebenda; ebenda, S. 391. S. 32: Ebenda. S. 306. S. 35: Museum der Arbeit e. V., Hbg; Deutsche Werft Hamburg 1918–1928, 1928, S. 70, S. 36: Alle K. H. Mommertz: Bohren, Drehen, Fräsen, 1981, S. 145. S. 38: Beiersdorf, Archiv. S. 39: PAH. S. 42: Magazin für Alle, 1932, H. 6, S. 29. S. 43: HA, 1931, Nr. 39. S. 44: VuZ, 1931, Nr. 52; beide HHLA, Archiv. S. 45: Lachen links, 1927, Nr. 5. S. 46: Beide PAH. S. 47: PAH; Lachen links, 1932, Nr. 17. S. 48: Der wahre Jacob, 1930, Nr. 24; Anita Sellenschloh; PAH. S. 49: Der Arbeitslose, 1931, Nr. 13; Willi Bredel: Rosenhofstraße, Repr. Berlin 1971, n. S. 144; Der Arbeitslose, 1931, Nr. 13; PAH. S. 51: HE, 12. 11. 1930; Arbeitsbeschaffung, Hrsg. ADGB, Berlin 1932; PAH. S. 52: StA Hbg.; Der Arbeitslose, 1931, Nr. 9; Der Rote Stern. S. 53: PAH. S. 54/55: Alle Anni Hartwig/Karen Hagemann. S. 56: Karl Büscher. S. 57: TG. S. 59 VuZ, 1928, Nr. 39; ebenda, Nr. 8. S. 60: VuZ, 1927, Nr. 41; Fotoarchiv Lachmund. S. 61: MHG. S. 62: AIZ, 1931, Nr. 35, S. 697. S. 63: Staatl. Landesbildstelle. S. 64: Der Rote Stern, 1930, Nr. 13; StA Hbg.; AIZ, 1931, Nr. 40, S. 790. S. 65: AIZ, 1930, Nr. 7, S. 123; Slg. Levien; MHG; HHLA, Archiv. S. 66: Beide Wilhelm Bauke. S. 67: TG. S. 68: HA, 1931, Nr. 29. S. 69: Beide Baubehörde, Lichtbildnerei; beide TG. S. 70: VuZ, 1931, Nr. 25. S. 71: Staatl. Landesbildstelle; VuZ, 1930, Nr. 33. S. 72: Slg. Luise Frank; Norddeutsches Echo, 1932, Nr. 10; Recken/Krafft: Hamburg unterm Hakenkreuz, Hbg. 1933, S. 59. S. 73: Privat. S. 74: L. Neundörfer: So wollen wir wohnen, 1931, S. 59; ebenda. S. 62; Die Form, 1930, H. 15, S. 409. S. 75: Neundörfer (s. S. 74), S. 13; ebenda. S. 76: Beide Erna Meyer: Der neue Haushalt, 1929, S. 83; Frauenwelt, 1930, H. 16, S. 371. S. 77: Probleme des Bauens, Hrsg. Fritz Block, 1928, S. 192. S. 78: Erna Meyer (s. S. 76), S. 80; Neundörfer (s. S. 74), S. 105; ebenda, S, 43. S. 79: Beide ebenda, S. 48. S. 80: Beide VuZ, 1927, Nr. 1; Hygiene und Sozialhygiene in Hamburg, Hrsg. Gesundheitsbehörde, 1928, S. 626; Jahresbericht der Verwaltungsbehörden, Hbg. 1927, Tafel XL, Abb. 1; Hygiene und Sozialhygiene in Hamburg, Hrsg. Gesundheitsbehörde, 1928, S. 627. S. 81: Denkmalschutzamt; Horst Apelt. S. 82: Ursula Schneider; Jahresbericht der Verwaltungsbehörden, Hbg. 1927, Tafel LXXXI; Manfred Scharnberg. S. 83: Lilly Dähne; Anita Behrens; Lilly Dähne. S. 84: Beide Manfred Scharnberg; Gretl Strauch; Manfred Scharnberg; HE, 1933, Nr. 7; Produktion, Archiv. S. 85: Die Genossenschaftsfamilie, 1933. Nr. 4. S. 86: Hans Wichmann: Aufbruch zum Neuen Wohnen, 1978, S. 300; beide ebenda, S. 292, S. 87: Beide Lilly Dähne; beide Anita Behrens. S. 88: Konsumgenossenschaftl. Volksblatt, 1930, Nr. 22, S. 15; Erna Meyer (s. S. 76), S. 81; Konsumgenossenschaftl. Volksblatt, 1931, Nr. 4, S. 14; ebenda, 1930, Nr. 9, S. 12; ebenda, 1931, Nr. 18, S. 12. S. 89: HE, 9. 10. 1930; HE, 13. 12. 1930; HA, 1931, Nr. 18; Denkmalschutzamt. S. 90: Erna Meyer (s. S. 76), S. 66; Frauenwelt, 1926, H. 8, S. 117; Erna Meyer (s. S. 76), S. 67. S. 91: Frauenwelt, 1931, H. 13, S. 310; ebenda, 1930, H. 5, S. 113; ebenda, 1931, H. 3, S. 65. S. 95: HA, 1930, Nr. 22. S. 96: Konsumgenossenschaftl. Volksblatt, 1930, Nr. 90. S. 97: Ebenda, 1932, Nr. 19; Produktion, Archiv. S. 98: Konsumgenossenschaftl. Volksblatt, 1931, Nr. 12, S. 12; ebenda, 1932, Nr. 11; Unser die Macht, 1928. S. 99: Konsumgenossenschaftl. Volksblatt, 1931, Nr. 9; beide ebenda, 1931, Nr. 20, S. 15; ebenda, Nr. 18. S. 100: Produktion Archiv. S. 101: Geschäftsbericht der Produktion, 1930; MHG. S. 102: HE, 9. 3. 1930; Echo, 1933, Nr. 6. S. 103: Produktion, Archiv. S. 104: StA Hbg.; VuZ, 1925, Nr. 8. S. 105: VuZ, 1931, Nr. 46; Jugendweihetag 1928, Hbg. 1928, S. 17. S. 106: VuZ, 1927, Nr. 45; MHG; beide Kienast/Karen Hagemann. S. 108: Alle MHG. S. 109: Alle MHG, S. 110: Alle MHG. S. 111: StA Hbg. S. 112: SPD-Tätigkeitsbericht 1927/28, n. S. 24; Slg. Levien. S. 113: Museum für Kunst und Gewerbe (Foto: Andreas Feininger); HE, 25. 9. 1931; Slg. Levien; Fotoarchiv Lachmund; Slg. Levien. S. 114: TG; StA Hbg. S. 115: VuZ, 1929, Nr. 9; HA, 1931, Nr. 33. S. 116: Beide StA Hbg. S. 117: HE, 11. 9. 1930; StA Hbg. S. 118: Beide ebenda. S. 119: Beide ebenda. S. 120: VuZ, 1928, Nr. 15. S. 121: IRZ, 1932, Nr. 32, S. 501; StA Hbg. S. 122: Beide TG. S. 123: StA. Hbg.; HVZ, 26./27. 9. 1931. S. 124: Beide StA. Hbg. S. 125: Ebenda; Der Rote Helfer, 1928, Nr. 8, S. 16. S. 126: IRZ, 1931, Nr. 40, S. 629; Wegweiser zum Reichsbanner-Gautreffen in Hamburg, 1931. S. 127: TG. S. 128: TG. S. 129: HHLA, Archiv. S. 130: StA Hbg. S. 131: Ebenda; Slg. Levien. S. 132: Ebenda. S. 133: AIZ, 1930, Nr. 33. S. 134: HE, 8. 3. 1932; »Was ist Sozialfaschismus?«, Broschürentitel; AIZ, 1931, Nr. 49, S. 986. S. 135: AIZ, 1932, Nr. 36, S. 861. S. 136: HE, 25. 9. 1931; HE, 2. 5. 1930; Volksgericht, Blätter zur Reichstagswahl 1930; Kampf, Blätter zur Reichstagswahl 1930. S. 137: VuZ, 1927, Nr. 45. S. 138: Slg. Levien; TG. S. 139: Slg. Braun; AIZ, 1928, Nr. 6, S. 1; Der Rote Stern, 1930, Nr. 13; AIZ, 1928, Nr. 24. S. 11. S. 140: Slg. Levien. S. 141: Der Arbeitslose, 1931, Nr. 27; TG; TG. S. 142: VuZ, 1929, Nr. 12; Der Rote Helfer, 1927, Nr. 7, S. 15; HE, 12. 8. 1931. S. 143: Hamburger Öffentliche Bücherhallen, Archiv; ebenda; Echo der Woche, 1932, Nr. 14. S. 144: Die Büchergilde, 1930, Nr. 10; Hamburger Arbeiterbibliothek, 1927, Nr. 6; Der Rote Stern, 1929, Nr. 26. S. 145: AIZ, 1929, Nr. 12, S. 415. S. 148: Maria Winter: Abtreibung oder Verhütung von Schwangerschaft; Max Hodann: Bub und Mädel. S. 149: Jugendweihetage 1928, Hbg. 1928, S. 16. S. 151: Alice Lex-Nerlinger: Paragraph 218, 1931. S. 152: StA. Hbg. S. 153: VuZ, 1931, Nr. 15. S. 154: StA Hbg. S. 155: VuZ, 1930, Nr. 20. S. 156: Beide Paula Karpinski/Karen Hagemann. S 157: IRZ, 1930, Nr. 6, S. 84. S. 158: PAH. S. 159: TG. S. 160: StA Hbg.; TG; beide PAH. S. 161: PAH. S. 162: Frauenwelt, 1930, H. 18; PAH. S. 164: PAH. S. 165: AIZ, 1932, Nr. 2, S. 45. S. 166: Beide PAH. S. 168: PAH.

S. 169: Arbeiterkinder erobern die Welt, Berlin 1930. S. 170: Kathi von der Reith. S. 171: Otto Hinrichs; TG. S. 172: Seekamp, Kiel 1927; Kinderland 1933, Berlin 1933; beide Hans Duus. S. 173: Alle Seekamp, Kiel 1927. S. 174: VuZ, 1930; Arbeiterkinder erobern die Welt, Berlin 1930; Hans Duus. S. 175: Oskar Meyer, S. 176: VuZ, 1929, Nr. 11; HE, 1931; Slg. Luise Frank. S. 178: Oskar Meyer; Slg. Luise Frank; Otto Hinrichs; VuZ. 1929, Nr. 11; TG; Slg. Luise Frank. S. 179: Gustav Pfaffenberger; VuZ, 1931, Nr. 19; Otto Hinrichs. S. 180: Slg. Levien. S. 181: Rudolf Homes. S. 82: TG. S. 183: Slg. Levien; K.-H. Jahnke u. a.: Geschichte der deutschen Arbeiterjugendbewegung, Dortmund 1973; StA Hbg. S. 185: Hamburger Öffentliche Bücherhallen, Archiv. S. 186: AIZ, 1932, Nr. 35, S. 827. S. 187: FTSV Berne 1930, Vereinsalbum. S. 189: Beide Fritz Bauer. S. 190: HE, 4. 5. 1931; Freie Sportwoche, 1929, Nr. 23; HE, 18. 2. 1932. S. 191: Freie Sportwoche, 1929, Nr. 23; Nordischer Arbeitersport, 1926, Nr. 24. S. 192: TuS Berne, Vereinsalbum. S. 193: Die ersten drei ebenda; Festschrift Turnhalleneinweihung Berne 5. 10. 1930. S. 194: Hermann Schröder. S. 195: Hermann Schröder; HE, 18. 6. 1932; Hermann Schröder. S. 196: Adolf Schulze. S. 197: Adolf Schulze; Hermann Sanne; alle anderen Adolf Schulze. S. 198: Helmuth Grätz; VuZ, 1931 Nr. 30; HE, 17. 7. 1931. S. 199: Festschrift 75 Jahre TuS Ottensen 93, 1968; 2. Arbeiter-Olympiade in Bild und Wort, Wien 1931; Festschrift 75 Jahre TuS Ottensen 93, 1968; TuS Berne, Vereinsalbum. S. 200: HE, 1. 10. 1926; beide Hermi Schmid. S. 201: MHG. S. 202: VuZ, 1927, Nr. 26. S. 203: Flugblatt Mörder u. Messerhelden: TG; Bild Lehrling: AIZ, 1930, Nr. 52; Bild Versammlung: Ebenda; Karikatur: Arbeiter-Zeitung Bremen, 9. 12. 1930; Schlagzeile: HE, 5. 12. 1930, Text Abrechnung: Ebenda; Text Überfall: HVZ, 5. 12. 1930; Text Die roten Brüder: Deutsche Tageszeitung. 6. 12. 1930; Text Todesopfer: HE, 8. 12. 1930; Text Beerdigung: HE, 12. 12. 1930; Text Erklärung Ottensen 93: HE, 29. 12. 1930. S. 204: Hermi Schmid; HVZ, 2. 9. 1929. S. 205: AIZ, 1931, Nr. 36; Slg. Levien. S. 206: StA Hbg. S. 207: StA Hbg.; Slg. Levien; Albert Kasten. S. 209: HA, 1930, Nr. 19. S. 210: HA, 1931, Nr. 34; HE, 2. 5. 1929. S. 211: TG; StA Hbg. S. 212: TG. S. 213: IRZ, 1929, Nr. 34; StA Hbg. S. 214: Der Arbeiter-Fotograf, 1930, Nr. 9. S. 215: HE, 20. 4. 1930. S. 216: STA HBG. 1 HE, 2. 5. 1931. S. 217: StA Hbg. S. 218: HE, 2. 5. 1930. S. 219: StA Hgb. S. 220: HE, 10. 11. 1930; Kulturwille, Monatsblätter für Kultur der Arbeiterschaft, 1928, Nr. 5. S. 221: StA Hbg. S. 223: Hans Mauermann. S. 224: Hans Mauermann. S. 225: Die ersten drei Erich Ahrend; Hans Mauermann; Heinrich Bendfeld. S. 226: Elisabeth Rundshagen. S. 227: Beide Wilma Buck; alle anderen Elisabeth Rundshagen. S. 228: Beide Herbert Balzer; Hans Mauermann. S. 229: Alle Hans Schult. S. 231: Slg. Braun. S. 232: Beide Theaterslg. der Univ. Hbg. S. 233: Ebenda; Hans-Otto-Gedenkbuch für einen Schauspieler und Kämpfer, Hrsg. A.-G. Kuckhoff, Berlin 1948; Theaterslg. der Univ. Hbg. S. 234: Michael Diers; Slg. Braun; Michael Diers. S. 235: TG; beide Slg. Braun. S. 236: Beide ebenda. S. 237: Alle ebenda. S. 238: Slg. Braun; TG; Slg. Braun. S. 239: PAH. TG. S. 240: Michael Diers. S. 241: Beide Slg. Hanuš Burger. S. 242: Alle ebenda. S. 243: Alle ebenda. S. 245: Beide Trude Possehl. S. 248: Alle Slg. Braun. S. 249: VuZ, 1930, Nr. 50, S. 252: Alle Hamburger Kunsthalle. S. 254: VuZ, 1930, Nr. 9. S. 255: MHG. S. 256: VuZ, 1930, Nr. 50; Faltblatt des Bildungsausschusses der SPD zur Ausstellung »Trotz allem Kunst«; Griffelkunst-Vereinigung Langenhorn. S. 257: Beide ebenda. S. 258: Hamburger Kunsthalle; Otto Gröllmann. S. 259: Hamburger Kunsthalle; Griffelkunst-Vereinigung Langenhorn; Elsa Haensgen-Dingkuhn. S. 260: HVZ, 23. 10. 1928. S. 261: HVZ, 9. 11. 1928; HVZ, 8. 11. 1928; Otto Gröllmann. S. 262: TG. S. 263: Gretl Strauch. S. 264: Arbeiterfunk, 1927, H. 48. S. 265: Slg. Levien. S. 267: Das fünfte Jahr, Hrsg. Rufu-Verlagsgesell. Hbg. 1929. S. 268: Arbeiterfunk, 1930, H. 23. S. 269: Arbeiterfunk, 1931, H. 21; ebenda, H. 33; ebenda, 1928, H. 20. S. 270: Alle Herbert Begier. S. 271: Arbeiterfunk, 1929, H. 47; ebenda, 1930, H. 45; ebenda. S. 273: TG; Arbeiterfunk, 1929, H. 13; ebenda, 1928, H. 12. S. 274: Volksfunk, 1932, H. 21. S. 275: Alfred Heyder. S. 277: Alle Alfred Heyder. S. 278: Arbeiterfotografie, Hrsg. Verband Arbeiterfotografie, Amsterdam u. Berlin/West 1978, S. 43; ebenda, S. 48; AIZ, 1930, Nr. 26, S. 512, S. 284: Beide Erich Rinka. S. 286: VuZ, 1930, Nr. 12; ebenda, Nr. 8; Faltblatt des Bildungsausschusses der SPD zur Ausst. »Trotz allem Kunst«. S. 292: Beide Erich Andres. S. 296: Erich Andres. S. 297: Archiv HMB. S. 298: Tim Schümann. S. 299: HA, 1930, Nr. 1. S. 300: HE, 19. 12. 1929. S. 302: Stiftung Deutsche Kinemathek; Archiv HMB. S. 303: He, 25. 1. 1930. S. 304: Echo der Woche, 1932, Nr. 12. S. 305: VuZ, 1931, Nr. 37. S. 306/07: VuZ, 1929, Nr. 17. S. 308: VuZ, 1929, Nr. 43. S. 309: Ebenda, Nr. 45. S. 310/11: Ebenda, Nr. 43. S. 313: Sozialistische Film-Kritik, Nr. 1, 6. 2. 1931. S. 316: Beide StA Hbg. S. 318/19: StA Hbg.; Hamburger Tageblatt, 3. 3. 1933. S. 320: VuZ, 1928, Nr. 36. S. 321: HA, 3. 6. 1929; AIZ, 1929, Nr. 36, S. 6. S. 322: Aus Hamburgs Verwaltung und Wirtschaft, 1931, S. II; Hamburg-Führer 1931.

Die Autoren

Hans-Michael Bock, geb. 1947, Filmhistoriker

Jürgen Bönig, geb. 1953, Diplom-Soziologe

Maike Bruhns M.A., geb. 1940, Mitarbeiterin des Museumspädagogischen Dienst

Michael Diers M.A., geb. 1950, Literatur- und Kunsthistoriker

Karen Hagemann, geb. 1955, promoviert in Geschichte

Agnes Handwerk, geb. 1949, Medienarbeiterin

Dr. Hermann Hipp, geb. 1944, Architekturhistoriker und Denkmalpfleger.

Roland Jaeger, geb. 1955, Kunsthistoriker und Journalist

Dr. phil. Axel Schildt, geb. 1951, Historiker

Dr. phil. Marina Schneede, geb. 1936, Kunsthistorikerin

Ursula Schneider M.A., geb. 1943, Mitarbeiterin des Museumspädagogischen Dienst

Werner Skrentny, geb. 1949, Journalist

Helga Stachow, geb. 1953, promoviert in Volkskunde

(alle in Hamburg)

Abkürzungsverzeichnis

AIZ	=	Arbeiter Illustrierte Zeitung (KPD)
ARB	=	Arbeiter-Radio-Bund
ARB	=	Arbeiter-Radfahrer-Bund Solidarität
ARK	=	Arbeiter-Radio-Klub
ARKB	=	Arbeiter-Rad-und Kraftfahrerbund Solidarität
Asso	=	Assoziation revolutionärer bildender Künstler Deutschlands
ATSB	=	Arbeiter-Turn-und-Sportbund
ATZ	=	Arbeiter-Turnzeitung
AWO	=	Arbeiterwohlfahrt
DMV	=	Deutscher Metallarbeiter-Verband
DNVP	=	Deutschnationale Volkspartei
DStP	=	Deutsche Staatspartei
DVP	=	Deutsche Volkspartei
Echo	=	Hamburger Echo (SPD-Zeitung)
FAD	=	Freiwilliger Arbeitsdienst
FbHE	=	Frauenbeilage des Hamburger Echo
FRBD	=	Freier Radio-Bund Deutschland
FT	=	Freie Turnerschaft
FTSV	=	Freie Turn-und-Sportvereinigung
Ge	=	Die Genossin (SPD-Zeitschrift)
HVZ	=	Hamburger Volkszeitung (KPD)
KJVD	=	Kommunistischer Jugendverband Deutschlands
KPD	=	Kommunistische Partei Deutschland
MASCH	=	Marxistische Arbeiterschule
MdHB	=	Mitglied der Hamburger Bürgerschaft
MdR	=	Mitglied des Reichstag
NORAG	=	Nordische Rundfunkaktiengesellschaft
NSDAP	=	Nationalsozialistische Deutsche Arbeiterpartei
PRO	=	Konsum-Spar-und Bauverein Produktion
RAST	=	Reichsarbeitersporttag
RGO	=	Revolutionäre Gewerkschafts-Opposition/Organisation
RFB	=	Rotfrontkämpferbund
Rotsport	=	Kampfgemeinschaft für Rote Sporteinheit
RM	=	Reichsmark
SAJ	=	Sozialistische Arbeiter-Jugend
SAP	=	Sozialistische Arbeiter-Partei
SJV	=	Sozialistischer Jugendverband
SPD	=	Sozialdemokratische Partei Deutschlands
VuZ	=	Volk u. Zeit (Beilage Hamburger Echo)
WSV	=	Wassersportverein
Z	=	Zentrum (Partei)

Inhalt

Impressum Katalog S. 4 – Titel S. 5 – Impressum
Ausstellung S. 6 – Vorwort S. 7 – Schauplatz N & K
S. 8 – Wege zur Arbeit S. 10

»Das hält der Stahl nicht aus!"

Arbeitswelt / von Maike Bruhns, Karen Hagemann,
Ursula Schneider 13

Die größte Werft in Hamburg, Blohm & Voss S. 14 – Beschäftigungslage der
Werft S. 15 – Arbeiten auf der Werft S. 17 – Der Werftarbeiterstreik 1928/29
S. 18 – Das Ende des Streiks S. 19 – 80 Prozent entlassen S. 20 – Die
Entmachtung der Gewerkschaften S. 21 – Die »Europa« S. 22 – Die Nieter
bei Blohm & Voss S. 24 (von M. Bruhns) – Arbeitsplatz Hafen S. 26 –
Rationalisierung ging jeden etwas an S. 30 – Rationalisierung aus der Sicht
der Gewerkschaften S. 33 – Die Haltung der KPD S. 34 – Der Dreher, ein
Lieblingsobjekt der Rationalisierer S. 35 (von U. Schneider) – Die
Frauenerwerbsarbeit ist das gute Recht der Frau . . .« S. 37 (von
K. Hagemann) – »Kontoristin, das war schon was« S. 42 (von M. Bruhns)

»Opfer von Zuständen, die sie nicht verschuldet haben . . .«

Arbeitslosigkeit / von Maike Bruhns 43

Wirtschaftskrise und Arbeitslosigkeit S. 44 – »Die Arbeitslosen sind
Opfer . . .« S. 45 – Die Notverordnungen S. 47 – Nur noch eine Nummer in
der Masse S. 48 – »Schlechter behandelt als ein Tier« S. 49 – Wie Hamburg
die Arbeitslosigkeit bewältigen wollte S. 50 – Das Programm von ADGB
und SPD S. 51 – Die Politik der RGO S. 52 (von M. Bruhns) – »Neues Leben
blüht aus den Ruinen . . .« S. 54 (von K. Hagemann) – Selbsthilfe der
Erwerbslosen S. 56 (von M. Bruhns)

»Wo wohnt das Proletariat?«

Wohnverhältnisse der Arbeiterschaft / von Hermann
Hipp und Roland Jaeger 57

»Immer noch Wohnungsnot!« S. 58 (von H. Hipp) – Soziales
Spannungsgebiet S. 63 – »Klein Moskau« S. 64 – »Latenter Bürgerkrieg«
S. 65 (von R. Jaeger) – Wo kehren wir ein? S. 66 (von Agnes Handwerk) –
»Mietskasernen« und »Terrassen« S. 68 – »Bonzenburgen« S. 72 (von
R. Jaeger)

»Wie richte ich meine Wohnung ein?«

Wohnen und Haushalt / von Ursula Schneider 73

»Wie richte ich meine Wohnung ein?« S. 74 – Die neue Küche, der neue
Haushalt S. 76 – Gegen Staubfänger und Spitzendeckchen S. 78 – Neue
Wohnkultur mit alten Möbeln S. 79 – Die neue Wohnkultur in Hamburg S. 80
– Wie die Arbeiter wirklich wohnten S. 82 – »Wenn man eingerichtet war,
war man eingerichtet« S. 83 – »Glatt und ›ohne Rosetten‹ war modern«
S. 84 – Vielen zu schlicht, aber nicht unbedingt teurer S. 86 – Handarbeit
S. 88 – Hausarbeit war aber noch mehr S. 90 – Löhne, Preise, Lebenshaltung
S. 92

»Einer für alle, alle für einen«

Selbsthilfe-Organisationen / von Karen Hagemann
und Ursula Schneider 95

Genossenschaften, die »dritte Säule« S. 96 – Schrittweise Übergang zur
Eigenproduktion: die GEG S. 98 – »Schon meine Mutter war dabei« S. 100
– Die Genossenschaften als Arbeitgeber S. 103 (von U. Schneider) –
»Arbeiterwohlfahrt ist Selbsthilfe der Arbeiterschaft« S. 104 – »Arbeitende
Mutter, wir betreuen Dein Kind« S. 106 – »Wir wollen zum Köhlbrand!«
S. 108 – »Wir Arbeiterkinder, wir wohnen in der Stadt . . .« S. 109 (von
K. Hagemann)

»Schafft uns die Mehrheit!«

Arbeiterbewegung zwischen Politik und Straße /
von Axel Schildt (Text) und Roland Jaeger
(Dokumentation) 112

»Hamburg bleibt rot!« S. 112 – »Produkt der Verzweiflung« S. 116 – »Welle
der Radikalisierung« S. 118 – »Sozialismus als tägliche Pflicht« (SPD) S. 120
– »Partei der Erwerbslosen« (KPD) S. 122 – »Gegen Hunger! Gegen
Krieg!« (IAH) s. 124 – »Kampf der Klassenjustiz!« (Rote Hilfe) S. 125 –
»Schutzwall der Republik« (Reichsbanner) S. 126 – »Rot Front!« (RFB) S. 127
– »Verrohung des politischen Kampfes« S. 128 – »Mit aufgepflanztem
Bajonett« S. 129 – Hamburg unterm Hakenkreuz S. 130 – »Ernst Henning
von Nazis ermordet« S. 131 – »Krieg dem imperialistischen Krieg!« S. 132 –
»Eiserne Front« und »Antifaschistische Aktion« S. ;33 – »Sowjet-Nazis« und
»Sozialfaschisten« S. 134

»Lesen! Lernen! Kämpfen!«

Arbeiterpresse und Arbeiterbuch /
von Roland Jaeger 135

SPD-Presse S. 136 – KPD-Presse S. 138 – »Der Arbeiter schreibt seine
Zeitung selbst« S. 140 – Willi Bredel S. 141 – Buchhandlungen S. 142 –
Bücherhallen S. 143 – Bücher S. 144

»Politik war Männersache«

Die Frauen kämpften anders /
von Karen Hagemann 145

»Wann endet die Not der Frauen« – Ursachen der »Abtreibungsseuche«
S. 146 – »Abtreibung oder Verhütung der Schwangerschaft?« S. 148 –
»Nieder mit dem Abtreibungsparagraphen« S. 150 – »Für uns Frauen war
es viel schwieriger als für die Männer . . .« S. 156 – »So hat die Republik die
Stellung der Frau verbessert . . .« S. 157 – »Frauen, Ihr habt die Wahl!«
S. 159 – »Wo bleibt der zweite Mann?« Frauen in Arbeiterorganisationen
S. 163 – »Die Frauenarbeit war furchtbar schwer . . .« S. 167 – Kleine
Geschichte des Internationalen Frauentages S. 168

»Bauvolk der kommenden Welt«

Arbeiterjugendbewegung / von Maike Bruhns 169

Kinderfreunde: die Verwirklichung sozialistischer Erziehung S. 170 – Ein Jahr
bei den Kinderfreunden S. 171 – Das Leben in der Kinderrepublik S. 172 –
Ein Bund zum Schutz der arbeitenden Jugend (SAJ) S. 175 – Das Bedürfnis
nach Disziplin und Selbstsucht S. 176 – Politische Erziehung: ja – politische
Betätigung: nein S. 177 – Wir sind das Bauvolk der kommenden Welt S. 179
– Der Kommunistische Jugendverband Deutschlands S. 180 – »Sturmarbeit
und Tempoverlust« S. 181 – »Es war eine ›hilde‹ (aufregende) Zeit!« S. 182 –
Kulturelle Aktivitäten S. 183 – »Wir waren alle begeistert« / »Je weniger
Mitwisser . . .« / Die KPD über ihre Jugend S. 184 – Die Jugend im Volksheim
S. 185 – Der Freiwillige Arbeitsdienst S. 186

»Die Solidarität war ja überall!«

Arbeitersport / von Werner Skrentny 187

»Neutralität kann es nicht geben« S. 188 – »Zu 95 Prozent SPD-Wähler« z.
B. Wandsbek 81 S. 189 – Kein Lorbeer für Lorbeer? S. 190 – Berne, ein
Glücksfall S. 192 – »Wir waren alle gleiche Leute« (Freier WSV Vorwärts)
S. 194 – »Wir waren immer unterwegs!« (ARB Solidarität) S. 196 – Die Reise
nach Wien S. 198 – Nicht Deutschland gegen England – Deutschland mit
England! S. 200 – Heerschauen und Sportbataillone S. 202 – Tod eines
Lehrlings S. 203 – Der »verseuchte« VfL S. 204 – »Wir mußten uns von der
SPD trennen!« (Rotsport) S. 205 – Vereine damals, Vereine heute S. 208.

»Festtag! Kampftag!«

Feste der sozialistischen Arbeiterbewegung /
von Helga Stachow 209

»Die roten Banner leuchten« S. 212 – »Tag des Kampfes und der Freude«
S. 214 – »Tag der Heerschau« S. 220 – Politik und Kultur S. 222

»Mein ist die Welt«

Musik der Arbeiterbewegung / von Marina
Schneede 223

Musizieren gehörte dazu S. 224 – Von der Tendenzmusik zur Klassik: der
Volkschor Barmbeck als Beispiel S. 226 – Eins von vielen: das Hamburger
Mandolinen-Orchester von 1928 S. 227

»Die Bühne betritt der Prolet«

Arbeiter und Theater / von Michael Diers. 231

»Wer irgend Geld hat, gehe hin . . .« (Hamburger Kammerspiele) S. 232 –
»Wir nieten zusammen die rote Front« (Die Nieter) S. 234 – »Ja, wenn nicht
du, wer sonst?« (Kollektiv Hamburger Schauspieler) S. 240 – ». . . der Feind
steht rechts!« (Kabarett »Lachen links«) S. 244 – »Die Kunst dem Volke!«
(Volksbühne Groß-Hamburg e.V.) S. 246 – Künstlerische Arbeiten von Hans
Käbnick S. 248

»Wir durften nicht abseits stehen«

Kunst und Agitation / von Marina Schneede 249

Trotz allem Kunst S. 250 – Max Deiters S. 251 – Kunst für jedermann: Die
Griffelkunst-Vereinigung Langenhorn S. 256 – Emil Kritzky S. 258 – Elsa
Haensgen-Dingkuhn S. 259 – Otto Gröllmann S. 261 – Zwischenergebnis
S. 262

»Hallo, hier roter Sender!«

Arbeiterradiobewegung / von Agnes Handwerk . . . 263

»Hallo, hier roter Sender!« S. 264 – Gespräch mit L. u. U. Levien S. 265 –
»Die roten Techniker« S. 268 – Gespräch mit H. Begier S. 269 – »Rundfunk in
der Hand des Staats« S. 270 – »Hier ist der große proletarische Sender . . .«
S. 271 – Feierabendverein oder Agitprop-Gruppe? S. 274

Kamera als Waffe

Arbeiterfotografie / von Marina Schneede 275

Fotografie für alle S. 276 – Kamera als Waffe 1, die Arbeiterfotografen-
Vereinigung S. 278 – Wer »Hamburgs graue Kolonnen« aufnahm (Erich
Rinka) S. 284 – Kamera als Waffe 2, die Arbeiter-Fotogilden S. 286 –
Schönheit und Tendenz S. 290 – Erich Andres: Fotos aus der Arbeitswelt
S. 292 – Ernst Scheel: Fotos aus Architektur und Technik S. 294

»Brüder, zum Licht!«

Kino, Film und Arbeiterbewegung / von Hans-
Michael Bock 297

Bevor Hamburg Kinoprovinz wurde S. 298 – Europas größtes Kino S. 299 –
»Tonfilm! Tonfilm!« S. 300 – Die erfolgreichsten Filme 1929 und 1930 S. 303
– Das Ende der Flugblattfilme – ein neuer Anfang? S. 305 – Filme der SPD –
Eine Auswahl S. 305 – Ein Hamburg-Film, der nie gedreht wurde S. 308 –
Gegen: Schwertergeklirr und Wogenprall! (Volks-Film-Verband) S. 312

1933 S. 318 – Gedenktafel S. 319 (W. Skrentny) –
Hamburg 1930: Vorwärts und nicht vergessen S. 320
– Stadtplan S. 322 (R. Jaeger) – Literatur zum Weiter-
lesen S. 324 – Bildnachweise S. 325 – Die Autoren
S. 326 – Abkürzungsverzeichnis S. 326 – Inhalt S. 327 –
Dank S. 328

DANK

**Für Unterstützung dankt die Projektgruppe
nachstehenden Personen, Organisationen,
Vereinen, Gruppen, Institutionen und Firmen,
ohne deren Hilfe die Ausstellung nicht zu
realisieren gewesen wäre (sofern nicht anders
vermerkt: alle Hamburg).**

Erich Ahrend
Kersten Albers
Wolfgang Albrecht
Erich Andres
Gerhard Angerer
Horst Apelt
Irmgard Aulerich

Herbert Balzer
Frieder Bars
Ulrich Bauche
Fritz Bauer
Wilhelm Bauke
Christian Beim
Herbert Begier
Anita Behrens
Heinrich Bendfeld
Friedrich (Fiete) Benn
Carl (Carolus) Bernitt
Annette Bertram-Lycko
Emil Bethge
Emil Bien
Heinz Blievernicht
Henry Bockwoldt
Anita Boethling
Carl Böttcher
Carl Bohn
Waldemar Bomme
Irma Braun (Maschen)
Heinrich Braune
Wilma und Klemens Buck
Friederike und Karl Büscher
Hans Bunge
Hanuš Burger
Martha und Karl Busch
Arie Byl

Lilly und Herbert Dähne
Iris Dörmann
Hans Duus

Hermann Echtermeier
Gisela Eckers
Hans Eden
Georg Ehrlich
Fiete Eising
Gertrud Eke
Otto Engel
Ursula Ertel-Hochmuth

Herbert Fietz
Curt Flegel

Anneliese Frank
Luise Frank
Adolf (Otti) Frehse
Friedrich Fuchs

Günther Gerlach
Wolfgang Gersch (Berlin/DDR)
Helmuth Grätz
Otto Gröllmann (Berlin/DDR)
Michael Grüttner

Elsa Haesgen-Dingkuhn
Rolf Hannemann
Bettina Harbeck
Wilhelm Harder
Anni Hartweg
Hannes Heer
Carl Heins
Inge Henker
Fritz Hennig
Horst Henze
Karl Ernst Herrmann
Alfred Heyder
Otto Hinrichs
Hermann Hipp
Nel Hoche
Friedrich Hochheim
Ludwig Hoffmann (Berlin/DDR)
Klaus Hohn (Nürnberg)
Rudolf Homes
Otto Hormann

Katharina Jacob
Klara Jaschob
Eric Oluf Jauch
Willi Jens
Werner Johe
Käthe Jost
Joachim Jütte
Frank Jürgensen
Peter Junkuhn

Franz-Wilhelm Kahl
Willi Kamowski
Paula Karpinski
Ekkehard Kaum
Hermann Keesenberg
Helmut Kern
Erna Klasen
Herta und Paul Kloss
Helga Kloth
Karl Klußmann

Werner Knabe
Horst Königstein
Wilhelm Körner
Grete und Ernst Köster
Johann Kraft
Gernot Krankenhagen (Dortmund)
Kurt Kreker
Emil Kritzky (Celle)
Danielle Krüger
Willy Kruse

Fritz Lachmund
Otto Lange
Hellmuth Lasch
Ludwig Levien
Anna Maria Lindner
Hilmar Liptow
Olga Loeding
Ulrike Löhrl
Karl Heinz Luckmann

Hans Mauermann
Edmund von der Meden
Georg Meier
Adolf Mehl
Michael Mende (Braunschweig)
Oskar Meyer
Ludolf Mevius
Irmgard Michelsen
Charlotte Möhring
Ludwig Möller
Hein Mohr
Conny von Morandell
Reinhard Müller
Walter Müller

Ernst Nalop
Erna Niemann
R. Noelter

Hans Ohlsen
Ingeborg Osbar
Erwin Olsen
Franz Osterroth (Lübeck)

Emmi Peters
Friedrich Peters (Wedel)
Willi Peters
Gustav Pfaffenberger
Liselotte Plambeck
Käthe Pohl
Erna Pohnke (Oranienburg/DDR)
Heinrich Possehl
Trude Possehl
Elsa Porepp
Hannelore Pries

Wilhelm Radwe (Henstedt-Ulzburg)
Kati von der Reith
Johann Repenn
Erich Rinka (Berlin/DDR)
Klara und Theo Richter (Bremen)
Ilse Rodenberg (Berlin/DDR)

Lola Rogge

Ernst Sander
Manfred Sanders
Hermann Sanne
Friedrich Schäfer
Hannelore Schäfer
Christine Schaffer
Ernst Scheel
Irmgard Schleier
Caroline Schluck
Hermann Schmalbruch
Alwin und Elsa Schmersahl
Hermann (Hermi) Schmid
Jörg Schöning
Hermann Schröder
Kurt Schröder
Tim Schümann
Lotti Schütt
Johannes Schult
Adolf Schulze
Hertha Schwarz (München)
Gunnar Schweer
Otto Schwenke
Erwin Seeler
Irmelin Seeler-Manz
Robert Seiffert
Anita Sellenschloh
Amandus Spitzkopf
Georg (Bob) Steinl
Helga von Stendal
Walter Stiller
Elli Stockhusen
Edmund Stöwer
Gretl Strauch
Annette von Stürmer
Lucie Suhling†

Jörg Taute
Marion Thar
Andreas Thewes
Irma Tode
Klaus Trinker
Bruno Tydocks

Volker Ullrich

Elke Walford
Fritz Wartenberg
Artur Wendlandt
Ille Wendt
Otto Wiech
Franz Winzentsen
Martin und Lotty Wirz
Johannes Wist
Grete Wöhrmann
Adolf Wriggers
Ernst und Else Wulf
Richard Wulff

Martha Zallin
Horst Zickau
Hans-Joachim Zickert

Akademie der Künste mit Heinrich-Greif-Archiv (Käbnick) und Bertolt-Brecht-Archiv (Berlin/DDR)
Altonaer TSV 1899
Amerika-Haus
Arbeitsgemeinschaft für Sport und Körperkultur Österreichs (ASKÖ)
Arbeitsgruppe Kinogeschichte »Igo Sym«
Archiv für soziale Demokratie (Bonn-Bad Godesberg)
AC Einigkeit Elmshorn
BSV 19 Hamburg
Beiersdorf AG
Blohm & Voss AG
Bundesfilmarchiv (Koblenz)
Deutscher Gewerkschaftsbund (DGB)
Denkmalschutzamt
FSV Harburg
FTSVg Lorbeer 06 Rothenburgsort 1896
FTSV Komet Blankenese
Freier WSV »Vorwärts« Hamburg
Griffelkunst-Vereinigung Langenhorn
Gedenkstätte Ernst Thälmann
Hamburger Bibliothek für Sozialgeschichte und Arbeiterbewegung
Hamburger Hafen- und Lagerhaus-AG
Hamburgische Electricitätswerke (HEW) AG, Abt. Öffentlichkeitsarbeit
Hamburger Kunsthalle
Hamburger Sportbund
Hansa 10/11
Firma Larsen und Blech, Dacharbeiten
Institut für Marxismus-Leninismus beim ZK der SED/ Zentrales Parteiarchiv (Berlin/DDR)
Museum der Arbeit e. V.
Museum für Hamburgische Geschichte
Museum Wilhelmsburg
Norddeutscher Rundfunk (NDR) Fernsehen, „extra drei"
Österreichische Gesellschaft für Kulturpolitik (Wien)
PRO-Verbraucher AG
Rad- und Kraftfahrerbund Solidarität
Fa. Schaulandt
Sprinkenhof AG
SC Langenhorn
SV Lurup 1923
SV Rönneburg 1923
Staatliche Landesbildstelle
Staatsarchiv
Staatsbibliothek Preußischer Kulturbesitz (Berlin-West)
Stadtarchiv Lübeck
Stiftung Deutsche Kinemathek (Berlin-West)
Teutonia 10
Theatersammlung der Universität
TSC Viktoria Wilhelmsburg-Veddel
TuS Berne
TuS Ottensen 93
Turn- u. Sportgem. Güldenstern Stade
TuS Wandsbek 81
Rüdiger Urlass (Frankfurt a. M.)
Vereinigung der Verfolgten des Naziregimes (VVN)
VfL 93 Hamburg
Verein Verkehrsamateure und Museumsbahn e.V. (VVM)
Volksbühne Hamburg e. V.
Württembergisches Landesmuseum (Stuttgart)
Besonders danken wir dem Thalia-Theater und dem Deutschen Schauspielhaus in Hamburg für ihre Hilfe beim Bau der Ausstellungsarchitektur.

(abgeschlossen 1. März 1982)